Claudie bossel

Ottawa, nov. 2001

L'État en Afrique

JEAN-FRANÇOIS BAYART

L'ÉTAT EN AFRIQUE

La politique du ventre

FAYARD

du même auteur

L'État au Cameroun, Paris, Presses de la Fondation nationale des sciences politiques, 1979 (nouvelle édition augmentée, collection « Références », 1985).

La politique africaine de François Mitterrand, Paris, Éditions Karthala, 1984.

Le trouble a gagné les grandes profondeurs et toutes les civilisations, les trois vieilles ou plutôt les trois glorieuses, avec pignon sur les grandes avenues de l'Histoire, les plus modestes également. De ce point de vue, le spectacle actuel le plus excitant pour l'esprit est sans doute celui des cultures « en transit » de l'immense Afrique noire, entre le nouvel océan Atlantique, le vieil océan Indien, le très vieux Sahara et, vers le Sud, les masses primitives de la forêt équatoriale [...]. Cette Afrique noire a sans doute, pour tout ramener une fois de plus à la diffusion, raté ses rapports anciens avec l'Égypte et avec la Méditerranée. Vers l'océan Indien se dressent de hautes montagnes. Quant à l'Atlantique, il a été longtemps vide et il a fallu, après le XVᵉ siècle, que l'immense Afrique basculât vers lui pour accueillir ses dons et ses méfaits [...]. Au fait, si j'avais à chercher une meilleure compréhension de ces difficiles évolutions culturelles, au lieu de prendre comme champ de bataille les derniers jours de Byzance, je partirais vers l'Afrique noire. Avec enthousiasme.

(F. BRAUDEL, Écrits sur l'histoire, Paris, Flammarion, 1969, p. 313).

Partout le Plein fait le visible de la structure mais le Vide structure l'usage.

(F. CHENG, Vide et Plein. Le langage pictural chinois, Paris, Seuil, 1979, p. 30).

AVANT-PROPOS

En 1984, à Garoua, dans le nord du Cameroun, Djoda, employé d'une grande entreprise de textile, vit soudain son loyer doubler. Pressé par le besoin d'argent, il se fit présenter à un chef traditionnel de la ville comme étant un agent spécial du président de la République. Le notable se laissa berner. Il accueillit Djoda avec les honneurs dus à son rang et, lorsque celui-ci lui en fit la demande, il lui consentit bien volontiers un terrain dans un quartier huppé, puis une maison tout équipée. D'un voyage imaginaire à Yaoundé et d'un entretien non moins mythique avec le chef de l'État, notre employé rapporta à son bienfaiteur la promesse que des membres de sa famille seraient désignés comme maire de Garoua et comme responsable de la section départementale du parti unique. Toujours dupe, le notable ne s'étonna pas quand Djoda lui demanda un million de francs CFA * pour appuyer la candidature de ses protégés. Peu après, l'employé pria le chef traditionnel d'intercéder auprès de l'un des riches commerçants du cru pour que lui fût donnée une voiture. Ce fut chose faite. Et il reçut encore une nouvelle épouse avant d'être confondu [1].

L'anecdote ne trahit pas seulement la naïveté d'un notable peu lettré et traumatisé par les péripéties d'une année politique mouvementée. A la même époque, un détenu échappé de la prison de Bafoussam, dans l'ouest du pays, se faisait pareillement passer pour un membre de la police secrète, en mission spéciale. Il extorquait aux gros commerçants de la ville d'importantes sommes d'argent en leur garantissant de mirobolantes nominations. Pour convaincre ses interlocuteurs, il leur montrait des numéros de télé-

* 20 000 francs français.

phone qu'il disait être ceux de l'épouse du chef de l'État et simulait parfois devant eux de fausses communications avec celle-ci ou avec ses collaborateurs. Ironie de la vie, il fut arrêté alors qu'il venait de persuader le propriétaire de l'hôtel « Le Président » de l'imminence d'un séjour du magistrat suprême dans son établissement et de la nécessité de lui confier, à lui Kenfack Jean-Claude, une enveloppe de 100 000 francs CFA pour les premiers préparatifs d'une réception digne de son hôte illustre. Le faux policier se faisait fort d'obtenir la nomination de l'hôtelier à la vice-présidence de l'Assemblée nationale.

« Un notable qui croit au Père Noël », commenta la presse locale [2]. Nous sommes en effet dans le domaine de ce que Michel de Certeau nommait le « faire croire [3] ». Des affaires similaires se rencontrent dans d'autres pays du continent, au Kenya par exemple [4]. Ce type de croyances, la facilité notamment avec laquelle les notables pressentis s'imaginent promus à des postes de responsabilité moyennant finance et contre toute vraisemblance institutionnelle, dénotent une conception relativement cohérente de la politique. Les Camerounais parlent à ce propos de « politique du ventre ». Ils savent que la « chèvre broute là où elle est attachée » et que les détenteurs du pouvoir entendent « manger ». « Un décret présidentiel relève-t-il un directeur ou un préfet de ses fonctions, le petit cercle d'amis et l'entourage familial expliquent l'événement aux villageois en disant : " On lui a enlevé la bouffe. " Au contraire, si c'est une nomination à un poste important, le commentaire triomphant devient : " On lui a donné la bouffe. " Le plus embêtant, c'est que l'intéressé lui-même, démis ou promu, est convaincu intimement qu'on lui a enlevé ou donné la bouffe », déplore l'éditorialiste de *Cameroon Tribune* [5]. Et, toujours à Yaoundé, on a vite transformé le terme de « crédit » – dont l'octroi par les banques est le plus souvent conditionné par des considérations politiques – en « *kel di* », expression qui veut dire « aller manger » [6]. Cet idiome de la « politique du ventre » n'est pas propre au Cameroun. Les Nigérians évoquent « le partage du gâteau national ». En Afrique orientale, la faction se nomme *kula* (« manger », en swahili). Et à un observateur qui s'inquiétait de « l'appétit » de ses ministres, le chef du gouvernement guinéen rétorqua : « Dis donc, laisse les gens là bouffer tranquillement. Ils auront ensuite tout le temps de réfléchir [7]! »

Lourde erreur, celle qui consiste à rapetisser cette acception du politique au phénomène morbide de la corruption ou à la décadence de l'État. En vérité, ces représentations peuvent être d'ordre institutionnel. Au Nigeria, en 1976, les rédacteurs du projet de Constitution définissaient ainsi l'enjeu de la politique comme « la possibilité d'acquérir la richesse et le prestige, d'être capable d'en distribuer les bénéfices sous la forme d'emplois, de contrats, de bourses, de dons d'argent, etc., à ses parents et à ses alliés politiques [8] ». Pour ne pas être toujours aussi explicite, la « politique du ventre » se réfère peu ou prou à cette dimension de la médiation institutionnelle et aux « situations » – au sens congolais du mot – qu'elle procure. En outre, elle est en elle-même génératrice d'institutions dans la mesure où elle a directement contribué à l'hypertrophie de la fonction et des structures bureaucratiques. Un cadre du parti unique ivoirien expliquait de la sorte les tentatives forcenées des habitants de Kouto, dans le nord du pays, en vue de faire ériger leur bourgade en sous-préfecture :

> « Vous savez, cette histoire de sous-préfecture [...] tire son origine réelle du fait que les responsables politiques d'autres villages et nous, les responsables de Kouto, nous avons des ambitions. Ainsi, si tu arrives à avoir une sous-préfecture chez toi, tu peux en être fier car tout le monde te regarde et te considère, tu peux développer ton village et les autres villages de ta circonscription. S'il y a des élections, les villageois de ta circonscription seront de plus en plus nombreux à voter pour toi puisqu'ils diront que tu as travaillé dans ton coin beaucoup plus que les autres responsables politiques, tu peux devenir ainsi secrétaire du parti et même député de la région du Nord et même siéger à l'Assemblée nationale ou être nommé ici ou quelque part à Abidjan si on remarque le travail que tu fais chez toi. Disons la vérité, c'est la raison pour laquelle nous, les responsables de Kouto, [...] nous nous sommes battus pour obtenir la sous-préfecture chez nous. Quand tu as une sous-préfecture, tu es tranquille, tu peux regarder ton avenir politique avec beaucoup plus d'espoir que quelqu'un qui n'a pas de sous-préfecture chez lui et qui ne peut donc rien faire chez lui. Quand tu as une sous-préfecture chez toi, tu peux faire concurrence sur le plan politique avec les autres responsables politiques des autres villages, comme chez nous, ici à Kouto, un proverbe dit qu'il vaut mieux être regardé plutôt que les autres [9]. »

Ce témoignage ivoirien pourrait être aussi bien nigérian ou sénégalais. La demande de création de nouvelles circonscriptions administratives est à l'origine de nombreux mouvements sociaux au sud du Sahara, et pour les hommes au pouvoir, il n'est peut-être pas de moyen plus commode de gagner en popularité que de la satisfaire.

L'expression même de « politique du ventre » est riche de plusieurs significations qu'il convient de ne pas méconnaître. Elle

indique au premier chef les situations de pénurie alimentaire qui
continuent de prévaloir en Afrique. Se nourrir reste fréquemment
un problème, une difficulté, une inquiétude [10]. Le plus souvent,
néanmoins, le terme de « manger » (prononcé au Cameroun avec
une intonation inimitable!) désigne des envies et des pratiques
autres qu'alimentaires. Avant tout, les activités d'accumulation,
qui ouvrent la voie à l'ascension sociale et qui permettent au
détenteur de la position de pouvoir de « se mettre debout ». Mais il
n'est guère envisageable que les femmes soient absentes de ce
manège puisque, dans maintes sociétés anciennes, elles étaient « la
substance même de la richesse [11] ». La « politique du ventre » est
aussi celle du marivaudage, de ce que les Congolais appellent le
« deuxième bureau », et les maîtresses sont l'un des rouages de
l'État postcolonial. Le « ventre », c'est simultanément la corpulence qu'il est de bon ton d'arborer dès lors que l'on est un puissant. C'est aussi le lignage qui demeure une réalité sociale très
présente et non dénuée d'effets politiques à l'échelle nationale.
C'est enfin, de manière plus suspecte, la localisation des forces de
l'invisible dont la maîtrise est indispensable à la conquête et à
l'exercice du pouvoir : la manducation peut être symbolique et
assassine sous la forme dramatique mais quotidienne de la sorcellerie.

En définitive, la « politique du ventre » est un phénomène social
total, tel que l'entendait Marcel Mauss. La condescendance avec
laquelle les Occidentaux toisent ses représentations, le mépris avec
lequel ils se gaussent de ses pratiques sont lourds de contresens.
Les pages qui suivent s'efforcent de donner une compréhension
plus nuancée de cette trajectoire du politique et de l'État. Une trajectoire spécifique, sans doute, au regard des expériences occidentales ou asiatiques du pouvoir, mais d'une spécificité de nature
strictement historique. Nous ne prétendons naturellement pas en
donner une description exhaustive, et encore moins une explication définitive. Une telle tâche, vraisemblablement impossible
pour un sous-continent morcelé en quelque 36 États (contre 13 en
Amérique du Sud, par exemple, et 18 en Extrême-Orient), dépas-
serait de toute manière notre compétence. Notre intention, plus
modeste, est de proposer un mode de raisonnement et d'analyse,
d'esquisser un paradigme susceptible d'aider à des monographies
et à des comparaisons ultérieures, de nourrir un débat scientifique
qui tend à s'essouffler depuis les grandes discussions théoriques
des années soixante et soixante-dix.

LA MÉTHODE

Plusieurs des perspectives développées ci-après – à commencer par le thème de l'historicité propre de l'État postcolonial et le refus de la vulgate dépendantiste – se situent dans le prolongement direct d'un premier ouvrage, *L'État au Cameroun* (Paris, Presses de la Fondation nationale des sciences politiques, 1979). Nous annoncions alors notre souhait de poursuivre une réflexion plus générale sur l'État en Afrique. En voici donc le fruit, mûri par les critiques dont nous avons bénéficié et préparé par quelques articles intermédiaires que *Politique africaine*, la *Revue française de science politique* et *Pouvoirs* ont bien voulu publier [12]. Le lecteur n'aura évidemment pas à se reporter à ces textes, sinon peut-être les chercheurs soucieux de méthodologie. Nous avons en effet allégé au maximum ce type de considérations, de crainte de lasser et pour nous consacrer à l'évocation de situations politiques concrètes ou à l'écoute des acteurs eux-mêmes. Dans les pages qui suivent, notre démarche consiste ainsi en un va-et-vient entre la dimension empirique et la dimension de la conceptualisation, celle-ci fût-elle implicite. Elle est à l'image de nos investigations tout au long de ces dernières années. D'une part, nous nous sommes rendu le plus souvent possible sur le terrain – comme l'on dit – pour y recueillir une documentation primaire originale, pour y observer directement certains processus politiques et pour y conduire des entretiens, sources irremplaçables dans ces cultures de l'oralité. D'autre part, nous nous sommes attaché à consulter la littérature scientifique disponible, hélas trop considérable pour être entièrement connue, mais elle aussi irremplaçable.

A la fois en signe de reconnaissance pour le travail de nos collègues, sans lequel cette recherche n'eût pas été envisageable, et dans le souci de permettre au lecteur de vérifier la validité de nos interprétations, nous avons très largement cité nos sources, sous forme de notes. Mais, détail important, celles-ci ne comportent pas d'autres précisions et peuvent donc être sans dommage délaissées.

En privilégiant une problématique de l'énonciation, en parvenant à la conclusion que la « politique du ventre » offre un exemple de « gouvernementalité » selon le concept qui intéressait Michel Foucault à la fin de sa vie, nous mettons en quelque sorte l'accent sur la production de sens en tant que production de rapports sociaux. Néanmoins, ce livre est un ouvrage de science politique. Nous écartant sur ce point de la démarche foucaldienne [13], nous n'avons pas voulu nous en tenir à une analyse de régimes d'énoncés qui exclue tout sujet de l'énonciation. Conformément à l'approche de l'individualisme méthodologique [14], nous avons au contraire insisté sur le jeu des acteurs, sur les stratégies sociales, sur les fondements matériels de cette « gouvernementalité », quitte à remettre à plus tard une étude systématique des genres discursifs du politique dans le contexte historique de l'Afrique contemporaine. Trop souvent, en effet, la problématique de l'énonciation du politique, en faveur de laquelle nous plaidons [15], est réduite à la présentation désincarnée des discours du politique. Or il doit s'agir de bien autre chose. Il n'y a point, d'un côté, le Verbe et, de l'autre, la Chair de la société, qui serait engendrée par lui. Certes, les choses se passent en partie ainsi et, nous le verrons dans le chapitre IX, l'État postcolonial procède largement de sa représentation. Mais les deux ordres de la réalité sont indissociables et doivent être pensés ensemble autant que faire se peut.

De même, nous avons renoncé à la distinction habituelle entre la vie politique intérieure des États et l'environnement international dans lequel ils s'insèrent. Contrairement à un usage assez fastidieux, ce dernier ne fait pas l'objet d'un chapitre particulier, du genre « L'Afrique dans le monde », que l'on pourrait lire (ou ne pas lire !) indépendamment du reste de l'ouvrage. Les « dynamiques du dehors » ne sont pas vraiment séparables de celles « du dedans » et l'État postcolonial est produit à leur point d'interférence. Aussi avons-nous préféré nous tourner vers le système international chaque fois que cela nous est apparu utile à notre démonstration, en particulier dans les chapitres consacrés aux stratégies de l'extraversion (introduction), à la stratification sociale (chapitres II, III et VII) et à l'hybridation du politique (chapitre IX).

Pour des raisons qui seront exposées plus loin et qui ne tiennent pas seulement à notre ignorance, cet ouvrage traite d'une Afrique subsaharienne amputée de certains de ses pays : essentiellement le Soudan, l'Éthiopie, les îles de l'océan Indien, la République sudafricaine et son glacis. Pratiquement, nous avons réservé à quelques États une attention plus grande qu'à d'autres, soit parce qu'ils revêtent des configurations politiques exemplaires, soit parce qu'ils ont suscité des travaux scientifiques décisifs pour notre propos. Se retrouvent dans cette catégorie le Sénégal, la Guinée, la Côte d'Ivoire, le Ghana, le Nigeria, le Cameroun, le Congo, le Zaïre, le Kenya et la Tanzanie, soit 222 millions d'habitants environ, sur un total approximatif de 355 millions pour l'aire culturelle considérée. Ce n'est certes pas à nous d'en juger. Néanmoins, les trajectoires des autres pays de la zone ne nous paraissent pas infirmer notre paradigme, encore que le Zimbabwe, la Zambie, le Botswana, le Malawi, la Somalie, le Liberia et, dans une mesure moindre, l'Angola et le Mozambique auraient certainement mérité un meilleur traitement de notre part.

En ce qui concerne l'orthographe des noms propres, nous avons retenu, sans excès d'érudition, celle qu'a fixée l'usage contemporain, de façon fréquemment incertaine. L'important est de savoir que les ethnonymes sont invariables.

LE PLAN

Il ne serait guère charitable d'abandonner notre lecteur sans lui fournir un petit *vade mecum*.

L'introduction situe intellectuellement notre entreprise et en circonscrit le champ.

Dès lors que nous nous préoccupions de l'historicité propre de l'État postcolonial, le premier problème que nous avons eu à poser était celui de sa genèse (première partie). Ni les concepts de l'ethnicité (chapitre I) ni ceux de la stratification en classes sociales (chapitres II et III) ne nous ont paru cerner les unités pertinentes d'analyse. La prise en compte de l'arrière-plan historique sous-jacent à l'État contemporain nous a suggéré de raisonner plutôt en termes de formation d'une classe dominante et de recherche hégémonique (chapitre IV).

Restait alors à repérer les scénarios de cette recherche hégémonique (deuxième partie). Ceux, extrêmes, de la modernisation conservatrice et de la révolution sociale se rencontrent, sous une forme plus ou moins pure, dans les situations de centralisation monarchique, de dispersion lignagère ou de domination d'une minorité allogène (chapitre v). Le scénario intermédiaire de l'assimilation réciproque des segments de l'élite semble pourtant être le plus courant (chapitre VI). Il nous a incité à voir dans l'État postcolonial le vecteur d'une « révolution passive » et d'un « bloc historique » (chapitre VII).

Toutefois, le danger serait de se faire de ces processus une idée par trop mécaniste et téléologique. En réalité, les stratégies des acteurs soumettent la production de l'État postcolonial à de multiples incertitudes (troisième partie). Ces stratégies se déroulent surtout dans le cadre de réseaux personnalisés et de factions, sous la houlette d'entrepreneurs politiques (chapitre VIII). Elles ont notamment pour enjeu – outre la simple survie – l'accumulation et prennent la forme privilégiée de la « politique du ventre »; celle-ci, néanmoins, peut aller de pair avec l'institutionnalisation de l'État, sur un mode culturellement hybride (chapitre IX).

Pour être spécifique, une telle trajectoire n'est pas sans contreparties historiques. Le modèle de « gouvernementalité » dont elle est porteuse, avec ses pratiques centrales de la manducation et de l'escapade, introduit à une réflexion plus générale sur la comparaison politique et sur le caractère inachevé de tout système de pouvoir. La voie est ainsi ouverte à une analyse ultérieure des genres discursifs du politique qui sont constitutifs de l'État postcolonial en Afrique (conclusion).

REMERCIEMENTS

Lancé en 1984, notre projet a bénéficié d'un financement spécial du Centre d'études et de recherches internationales de la Fondation nationale des sciences politiques, et, par-delà, du soutien, de la compréhension, de la patience de Guy Hermet et de Jean-Luc Domenach, ses directeurs successifs, des membres de son conseil de laboratoire et de Serge Hurtig, secrétaire général de la FNSP. Tâche redoutable s'il en est, Sylvie Haas, Hélène Cohen, Nicole Percebois ont fait passer notre texte de l'état de magma manuscrit à celui de manuscrit présentable aux éditions Fayard. Nos remerciements vont d'abord à toutes celles-ci et tous ceux-ci, sans qui notre livre n'aurait pas vu le jour, ainsi qu'à Pierre Birnbaum et à Eric Vigne, qui nous ont demandé de l'écrire.

Ils vont également à tous ceux que nous ne pouvons citer, parce qu'ils sont trop nombreux ou parce qu'ils nous ont demandé l'anonymat, et qui ont aidé à l'élaboration de cet ouvrage en discutant nos thèses, en nous informant, en nous conseillant, en nous accueillant. Ce serait néanmoins une trop grande injustice que de ne pas nommer : les membres du Groupe d'analyse des modes populaires d'action politique, du Groupe d'analyse des trajectoires du politique en Afrique et en Asie et de la rédaction de *Politique africaine* qui ont abrité et stimulé notre réflexion, de pair avec le Centre d'études et de recherches internationales; l'équipe du Centre de recherches, d'échanges et de documentation universitaires (CREDU) qui, à deux reprises, nous a reçu à Nairobi; M. Bérengier, conseiller culturel auprès de l'ambassade de France en Tanzanie et son épouse, qui nous ont offert la plus chaleureuse des hospitalités lors de notre séjour à Dar es Salaam; Elizabeth et Olivier Karcher dont nous avons retrouvé l'amitié en Abidjan; l'Afrika-Studiecentrum de l'université de Leiden et le Center of African Studies de la School of African and Oriental Studies de Londres, qui ont bien voulu débattre de notre approche; les gouvernements de la République du Cameroun et de la République populaire du Congo qui se sont prêtés à notre travail d'enquête et l'ont grandement facilité; les responsables politiques et administratifs sénégalais qui ont allié compétence et libéralisme pour nous ouvrir leurs archives; le Centre d'étude et de documentation africaines (CEDAF) de Bruxelles qui nous a accordé un accès généreux à sa bibliothèque et à ses dossiers de presse; et enfin, en courant le risque de l'oubli et de l'indélicatesse, Olivier Vallée, Gilles Duruflé, Pierre Meyer, Gérard Wolber, Denis Martin, Jean Bachelerie, Bernard du Chaffaut, François Gaulme, Zaki Laïdi, Comi Toulabor, Jean Coussy, Peter Geschiere, Jean-Claude Willame, Achille Mbembe, Richard Joseph, Yves-André Fauré, Jean-François Médard, Jean Copans, François Soudan, Jean-Pierre Chrétien, Donal Cruise O'Brien, John Dunn, Jean-Pierre Warnier, Anne Blancard, Christian Coulon, François Constantin, Jean-Luc Saucet, qui, tous, à un moment ou à un autre, d'une manière ou d'une autre, nous ont appuyé.

Il est à craindre que le lecteur, maintenant informé de l'ampleur des collaborations dont nous avons pu profiter, n'attende trop de nous. Nous sollicitons son indulgence. Ce livre n'est qu'un essai. Nous demandons que soient tenues pour nôtres ses imperfections et ses erreurs, et que son éventuel intérêt soit attribué à ceux qui nous ont épaulé. Nous nous sentirions délivré d'une partie de notre dette à leur égard si notre propos pouvait contribuer à une perception moins simpliste des sociétés africaines.

INTRODUCTION

L'historicité des sociétés africaines

Comprendre que les sociétés africaines sont « comme les autres », penser leur banalité et, singulièrement, leur banalité politique : voilà ce qu'un siècle d'africanisme n'a guère facilité en dépit de la masse considérable de connaissances qu'il a engrangées. Bien qu'elle ne soit nullement homogène ni, sans doute, entièrement erronée, l'image du continent qu'il a sécrétée ou confortée est aussi ambiguë que le fantasme de l'Orient dénoncé par un M. Rodinson ou un E.W. Saïd [1].

Quant à l'ailleurs et à l'autrement du pouvoir et de l'État, l'opinion publique occidentale est gorgée de stéréotypes. Souvent, ceux-ci exhalent un racisme que l'on aimerait dire d'antan. Toujours, ils trahissent une paresse à saisir les ressorts historiques de sociétés perçues comme exotiques. C'est ce travers qui commande les représentations misérabilistes d'une Afrique moins sujet qu'objet de son devenir. Afrique « mal partie », « désemparée », « désenchantée », « déboussolée », « convoitée », « trahie », « étranglée », pour laquelle il convient d'« accuser [2] ». Avec son talent habituel, le dessinateur Plantu reproduit ce lieu commun au lendemain d'une catastrophe naturelle au Cameroun, quand il figure un Noir à la loterie de la Mort : la roue tournera entre la famine, la guerre civile, la sécheresse, l'apartheid, l'invasion de criquets, l'éruption volcanique et l'épidémie de Sida. C'est ce travers, encore, qui tend à ériger la science politique en pathologie sitôt qu'elle parle des sociétés subsahariennes dépendantes, immatures et morbides. C'est lui, à nouveau, qui sert d'alibi commode à nombre d'Africains et les dispense de luttes domestiques.

LE PARADIGME DU JOUG

La réticence à reconnaître dans les sociétés africaines des sociétés historiques et politiques à part entière n'est pas sans liens avec leur mise en dépendance par l'Occident, de la traite esclavagiste à la colonisation. Sir Harry H. Johnston, l'un des théoriciens de l'impérialisme britannique, doutait ainsi que les Africains eussent une histoire antérieure à l'irruption des envahisseurs asiatiques et européens [3]. Teintées de mysticisme biblique ou politique, l'étude des migrations, la recherche des origines, l'identification des peuples dominants occupèrent une part notable de l'historiographie coloniale [4].

Mais, par-delà, l'équation entre le défaut d'historicité des sociétés africaines et le caractère pathologique du pouvoir en leur sein plonge ses racines dans une tradition intellectuelle qui remonte au moins à Aristote. De la servilité supposée des peuples d'Asie qui était censée leur faire supporter « le pouvoir despotique sans aucune gêne », celui-ci tirait la conclusion que « le Grec au barbare a droit de commander ». L'axiome traversera les siècles et les continents. Néanmoins, son concept clef, celui de « despotisme », est indissociable de l'histoire d'une menace qu'a fait peser l'Asie sur l'Occident et qu'a un moment incarnée l'Empire ottoman [5]. En ce qui concerne l'Afrique, rien de tel, une fois que les Européens, dont la géographie a longtemps été incertaine, eurent cessé de percevoir les « Éthiopiens » à travers leur représentation fantasmatique de l'Orient [6]. Comme l'Asie, elle est certes le lieu d'élection du despotisme : l'histoire s'y abolit, le temps s'y immobilise, par exemple chez Montesquieu ou chez Voltaire. Mais de dangers il n'y eut point, autres qu'individuels, ceux qu'apportent les fièvres, les fauves, les cannibales ou la corruption des mœurs. Entre l'Europe et l'Afrique noire, le rapport, inégal, a toujours été à l'avantage de la première : « La plupart des peuples des côtes de l'Afrique sont sauvages ou barbares [...]. Ils sont sans industrie. Ils n'ont point d'arts, ils ont en abondance des métaux précieux qu'ils tiennent immédiatement de la nature. Tous les peuples policés sont donc dans un état de négocier avec eux avec avantage; ils peuvent leur faire estimer beaucoup de choses de nulle valeur, et en recevoir un très grand prix [7]. »

La démesure supposée du pouvoir dans les sociétés subsahariennes a ainsi gardé une altérité radicale aux yeux des philosophes occidentaux. Ces derniers y discernèrent moins une perversion toujours possible du politique qu'une carence de celui-ci, « entre ces deux degrés d'imbécillité et de raison commencée que plus d'une nation a vécu pendant des siècles [8] ». Il était entendu que « la race des nègres est une espèce d'hommes différente de la nôtre, comme la race des épagneuls l'est des lévriers », et cela fût-ce pour se réjouir d'une « liberté » qui faisait des Cafres des « sauvages [...] infiniment supérieurs aux nôtres [9] ». Dans la lignée de ce répertoire, l'affirmation péremptoire de Hegel devient littéralement paradigmatique : « [L'Afrique] n'est pas intéressante du point de vue de sa propre histoire mais par le fait que nous voyons l'homme dans un état de barbarie et de sauvagerie qui l'empêche encore de faire partie intégrante de la civilisation. L'Afrique, aussi loin que remonte l'histoire, est restée fermée, sans lien avec le reste du monde; c'est le pays de l'or, replié sur lui-même, le pays de l'enfance qui, au-delà du jour de l'histoire consciente, est enveloppé dans la couleur noire de la nuit [10]. »

Le thème de l'enclavement de l'Afrique par rapport au monde, et des sociétés africaines les unes par rapport aux autres, est inhérent à la dénégation de leur historicité. Déjà Montesquieu attribuait leur sauvagerie et leur barbarie au fait « que des pays presque inhabitables se parent de petits pays qui peuvent être habités [11] ». Le XIXe et le XXe siècle ont propagé cette fable qui a culminé dans les motifs de la Forêt et du Désert. Des profondeurs de la sylve congolaise, le capitaine Vallier écrivait en 1900 : « [...] Nous ne trouvons ici qu'anarchie et mauvaise volonté, en un mot une société dans l'enfance, sans aucune organisation, véritable poussière d'hommes, échappant à notre contact et paralysant par inertie nos efforts les plus généreux. » Cinquante ans plus tard, le gouverneur Hubert Deschamps lui faisait écho au sujet du Sud-Cameroun : « La grande forêt était autrefois un obstacle aux communications et un lieu de refuge pour les gens refoulés par la savane. Elle apparaissait faiblement peuplée de tribus exiguës, très diverses, isolées les unes des autres par d'immenses espaces de désert végétal, formant des entités politiques distinctes, vivant du brûlis et de la culture itinérante dans les clairières, mal fixées au sol, mal alimentées et, sauf quelques côtiers qui avaient participé à la traite, menant leur existence traditionnelle à l'abri du monde extérieur, comme dans une autre planète [12]. »

Or ce thème de l'enclavement en appelle un second, plus fondamental : celui du viol d'un continent lové sur lui-même et contraint à entrer dans une histoire exogène. Sur ce point, il y eut identité de vue entre le praticien de l'impérialisme, Johnston, et les critiques de celui-là, Hobson ou Lénine. Ensemble, ils posaient les peuples africains en « objets de manipulations extérieures [13] ». L'historicité des sociétés subsahariennes a été ramenée à celle du monde occidental qui les avait placées en situation de dépendance. Les siècles antérieurs n'avaient été qu'attente et préparation de la colonisation. Celle-ci ne fut que prosternation accablée et fit table rase d'un passé à jamais effacé [14]. A cet égard, les intellectuels anticolonialistes de l'après-guerre – Fanon dans *Les Damnés de la terre*, Sartre le préfaçant ou dans sa *Critique de la raison dialectique* – ne tinrent pas, eux non plus, un discours vraiment différent de celui de leurs adversaires : « Il n'y a pas si longtemps la terre comptait deux milliards d'habitants, soit cinq cents millions d'hommes et un milliard cinq cent millions d'indigènes. Les premiers disposaient du Verbe, les autres l'empruntaient. Entre ceux-là et ceux-ci, des roitelets vendus, des féodaux, une fausse bourgeoisie forgée de toutes pièces servaient d'intermédiaires. » Et quand l'Africain reprenait les rênes de son destin, c'était pour retrouver son innocence a-historique, « sa transparence perdue [15] ». Le thème du « sauvage » est de la sorte revenu en force dans l'imaginaire philosophique occidental au lendemain des décolonisations. En exorbitant la césure de la formation de l'État et la spécificité essentielle des sociétés primitives qui en découlerait, des philosophes marxistes comme L. Althusser et J. Rancière les assignent à la métaphysique et les évacuent du champ de l'histoire [16]. Ce faisant, ils rejoignent des auteurs qui leur sont par ailleurs antagonistes, tels C. Turnbull, R. Jaulin, P. Clastres, G. Deleuze, F. Guattari, chez qui l'évocation du Sauvage, selon un genre littéraire bien établi, vaut moins pour elle-même que pour une critique de la civilisation occidentale. Le trait saillant de cette démarche tient à ce que « l'histoire [y] joue le rôle du curé pour les mourants » : « on ne la convoque que pour l'extrême-onction », celle de sociétés vouées à la disparition par voie d'ethnocide, d'occidentalisation ou de capitalisation [17].

Pays de l'or, pays de l'enfance vivant son histoire par procuration et dans un mode tragique, l'Afrique l'est demeurée sous l'éclairage des sciences du politique. Elle est d'ailleurs remarquablement absente des raisonnements fondateurs des grands théoriciens, de Montesquieu à Hegel, de Marx à Weber, par comparaison avec l'attention plus ou moins informée que ceux-ci accordent à la Chine, à l'Inde, au Japon ou aux puissances mahométanes. Il a fallu attendre la maturation de l'anthropologie pour que les sociétés subsahariennes soient pleinement intégrées à l'analyse du politique. Et il est vrai que, par ce biais, elles y détiennent désormais une position primordiale. Leur historicité n'a pas toujours été mieux admise pour autant. La tradition de l'ethnographie atemporelle, l'influence de Durkheim au détriment de celle de Pareto et de Max Weber, l'audience du structuralisme s'y sont longtemps opposées, avant que ne s'affirme la réhabilitation de la dimension diachronique sous la plume de S.F. Nadel, de E.E. Evans-Pritchard, de E.R. Leach, de G. Balandier, de J. Vansina ou, de manière plus ambiguë, de M. Gluckman et de ses collègues de l'école de Manchester. En vingt ans, des progrès immenses ont été accomplis dans la connaissance du passé des sociétés africaines, en dépit des préjugés auxquels se heurtent leurs historiens de la part de leurs collègues spécialistes des autres continents. Il n'empêche que l'on peut encore, en France, écrire d'excellentes monographies de royautés africaines en faisant presque complètement abstraction de la situation étatique, coloniale ou postcoloniale, dans laquelle elles sont enserrées depuis un petit siècle [18].

Limite révélatrice car la prise en compte des sociétés africaines dans l'étude du politique contemporain est restée, elle, somme toute marginale. Au lendemain de la Seconde Guerre mondiale, les théoriciens de la modernisation politique entendaient remédier à cette lacune et délivrer l'analyse comparative des systèmes politiques de l'esprit « paroissial » qui l'habitait [19]. Ils n'y sont parvenus que sous la forme d'un universalisme éthéré qui a eu tôt fait d'oublier l'épaisseur historique et culturelle des sociétés du « tiers monde » [20]. L'école de la dépendance – pour conserver la dénomination contestable entrée dans le langage académique – est née de l'observation des formations économiques latino-américaines; son application à l'Afrique a donné lieu à un raffinement du dogme et de l'anathème plus qu'à une lecture attentive des dynamiques politiques. Déficience autrement lourde de conséquences, la sociologie de l'État d'obédience weberienne, qui a redressé la tête après une longue éclipse, a superbement ignoré le continent [21].

Finalement, les catégories autour desquelles s'organise la réflexion contemporaine – en particulier celles de démocratie, d'autoritarisme et de totalitarisme – ont été élaborées, affinées et discutées à propos d'expériences historiques autres qu'africaines.

Le continent, décidément, n'a jamais été l'épicentre des sciences du politique. La part mineure et anecdotique dans laquelle la cantonnaient les pères fondateurs est à peu près inchangée. On ne s'étonnera pas outre mesure qu'elle continue de dicter une même incapacité à en embrasser l'historicité propre. Cette impuissance éclate au détour de quelques contresens qui émaillent les discours scientifiques tenus depuis trois décennies et qui participent d'un commun paradigme du joug : joug que les pays occidentaux font peser sur les pays africains, joug que les despotes autochtones infligent à leurs peuples, joug qu'une nature inclémente et une tradition obtuse imposent à un continent en perdition.

Tout d'abord, l'histoire des sociétés africaines est volontiers découpée selon une périodisation exogène dès lors que leur historicité est censée se confondre avec celle du monde occidental dont elles sont devenues dépendantes. Ce sont les seules étapes de ce processus de sujétion que l'on reconnaît appropriées et qui confèrent aux événements leur sens. La continuité des formations historiques africaines dans la longue durée est de la sorte occultée, tandis que les épisodes de la pénétration européenne acquièrent un relief décisif [22]. La discrimination de ces moments varie naturellement suivant les présupposés des auteurs. L'occupation coloniale et plus encore l'introduction d'institutions représentatives procurent aux politistes libéraux les dates utiles qui, en définitive, isoleront l'État contemporain de ses origines sociales. Les économistes, les anthropologues et les historiens soucieux de mettre l'accent sur l'insertion du continent dans le système mondial privilégient les différents stades de la traite en tenant pour secondaires les péripéties politiques, administratives ou militaires de la colonisation, voire l'incident des « fausses indépendances ».

Mais ces périodisations exogènes du passé africain reflètent un contresens plus profond qui consiste à situer dans le champ occidental les dynamiques déterminantes, constitutives d'historicités périphériques. Tel est, presque par définition, le postulat majeur des travaux relevant de l'école de la dépendance [23]. « Presque par définition » car, on l'oublie trop souvent, les *dependentistas* latino-américains s'étaient fixé comme objectif premier la compréhension des dynamiques internes de la périphérie [24]. Un historien africain comme B. Barry ne définissait pas autrement son étude d'un royaume de Sénégambie : « [...] Quelle que soit l'importance de ce phénomène externe qui constitue une expérience capitale pour l'Afrique, on doit le regarder comme un simple élément d'explica-

tion, capable d'éclairer l'histoire interne du Waalo. » Il invoquait à
ce sujet Nkrumah : « Nous devons écrire notre histoire comme
l'histoire de notre société, jouissant de sa propre intégrité, son histoire doit être le reflet d'elle-même et le contact avec les Européens ne doit y figurer que sous l'angle de l'expérience des Africains [25]. » C'est par un effet de dérive que l'inflexion a été placée
sur le système économique mondial et que le surgeon militant de
cette perspective méthodologique a vu derrière chaque soubresaut
politique du « tiers monde » la main maléfique de « l'impérialisme ». Cette dégradation du projet initial de l'école de la dépendance a été d'autant plus nette en Afrique qu'elle y a été introduite par des auteurs étrangers – S. Amin et W. Rodney, en
particulier –, que l'œuvre, singulièrement mécaniste et économiciste, de A.G. Frank y a été privilégiée, et que les recherches historiques n'y étaient pas encore assez avancées pour y faire contrepoids. L'anthropologie économique française n'a pas tardé à
corriger le tir en insistant sur la prégnance des modes de production autochtones auxquels s'était articulé le mode de production
capitaliste dominant et en en déduisant une théorie de l'alliance
des classes. Cependant, elle n'a pas résisté longtemps au tropisme
« dépendantiste » et, tributaire de la pensée totalisante de
L. Althusser, elle s'est transmuée en discours fonctionnaliste à
l'échelle du système international [26].

Il n'a pas été suffisamment dit que les approches rivales de la
modernisation et du développement politique ressortissaient au
fond à une logique explicative similaire. Contrairement à ce que
l'on écrit parfois [27], elles n'ont pas fait du changement social un
processus essentiellement immanent, sinon d'un point de vue très
général et quasi philosophique. Loin d'oblitérer l'intervention des
facteurs externes aux sociétés du tiers monde, elles ont discerné
dans leur caractère « transitionnel » la conséquence de l'intrusion
coloniale qui les aurait catapultées sur la voie difficile de la
modernité. L'intégration nationale, la construction de l'État renvoyaient à l'activité réformatrice et mobilisatrice d'élites restreintes et prenaient la forme d'une diffusion des valeurs exogènes
de l'universalité. G.A. Almond et G. B. Powell parlaient explicitement « d'accident historique » au sujet des systèmes modernes de
« prémobilisation » (premobilized modern systems) : l'existence
d'une « élite modernisée », la différenciation d'une « infrastructure
politique » étaient dues à « l'impact du colonialisme ou à la diffusion d'idées et de pratiques provenant de parties du monde déve-

loppées longtemps auparavant [28] ». Leur propos, en définitive, n'était pas si différent de celui de D. Apter qui définissait la « modernisation » – distinguée de la notion plus diffuse de « développement » – par l'importation, au sein des sociétés traditionnelles, de rôles nouveaux issus de la société industrielle [29].

Inexorablement, le privilège d'historicité dévolu au système mondial amène à conférer aux champs politiques africains des origines extérieures et récentes et à imputer à cette distorsion la responsabilité de leur débilité. Pour les « développementalistes », l'État participait de la sphère du moderne et s'opposait à celle de la tradition qu'il s'efforçait de « pénétrer », à moins qu'il ne fût pénétré par elle. Ses racines autochtones étaient négligées ou niées, elles n'apparaissaient que sur le mode résiduel de la résistance au changement. Les « dépendantistes » ont grossi le trait jusqu'à parfois refuser à l'État la moindre autonomie par rapport au système économique mondial. Évoquant la « constitution rapide de nouvelles couches locales, privilégiées, presque uniquement de type administratif, dont la prospérité et le pouvoir dépendent de l'aide extérieure et qui ne font preuve d'aucun dynamisme économique », S. Amin affirmait : « La société ivoirienne n'a pas d'autonomie propre, elle ne se comprend pas sans la société européenne qui la domine : si le prolétariat est africain, la bourgeoisie véritable est absente, domiciliée dans l'Europe qui fournit capitaux et cadres [30]. » Outre la prédation domestique, les fantoches gérant les « fausses indépendances », auxquels néanmoins il était parfois reconnu quelque représentativité nationale, ne pouvaient nourrir d'autres ambitions que celles de laisser les segments de la bourgeoisie autochtone grignoter les intérêts de la bourgeoisie métropolitaine et, pour les plus puissants d'entre eux, de devenir les « relais » régionaux de l'impérialisme.

Le débat qui s'est noué à propos de l'autonomie de l'État en Afrique orientale, notamment dans les colonnes de l'excellente *Review of African Political Economy*, a fait preuve de plus de raffinement grâce au sérieux des recherches de terrain dont il a étoffé des considérations théoriques inspirées de N. Poulantzas et de H. Alavi. Prisonnier de son économicisme, il a cependant continué de tenir pour acquise l'extranéité génétique de l'État, tout en s'interrogeant sur le poids réel de l'héritage colonial [31]. Pour les mêmes raisons, les anthropologues marxistes ont eux aussi renoncé à une problématisation endogène des champs politiques contemporains, bien qu'ils aient attiré l'attention, en particulier à propos du

Congo-Brazzaville, sur la répercussion en leur sein de dynamiques lignagères [32].

L'étonnement provient de ce que la sociologie historique ne se soit pas démarquée de cette optique, dans la faible mesure où elle s'est intéressée à l'Afrique. Déplaçant son intérêt de l'analyse des régimes postcoloniaux à celle du « système-monde », I. Wallerstein s'est aligné sur les postulats dépendantistes en des termes que ne répudierait pas S. Amin : « L'une des caractéristiques d'une zone périphérique est que l'État indigène est faible, allant de sa non-existence (c'est-à-dire une situation coloniale) à un État de faible autonomie (c'est-à-dire une situation néo-coloniale) [33]. » Plus nuancés, B. Badie et P. Birnbaum estiment toutefois que « les sociétés du tiers monde ont abordé la construction étatique essentiellement par mimétisme, par reprise plus ou moins forcée de modèles exogènes, issus des sociétés industrielles de l'Est et de l'Ouest, artificiellement plaqués sur des structures économiques, sociales et politiques qui réclamaient probablement un autre type d'organisation ». Et d'en conclure que « [...] l'État reste en Afrique comme en Asie un pur produit d'importation, une pâle copie des systèmes politiques et sociaux européens les plus opposés, un corps étranger de surcroît lourd, inefficace et source de violence [34] ».

Pour les uns et pour les autres, la greffe de l'État – l'expression est couramment utilisée – est un échec. En témoignent les diverses manifestations d'instabilité et de coercition politiques qui focalisent les commentaires. Le parti unique, le régime militaire, l'autorité présumée charismatique du chef présumé « africain » deviennent les figures modernes du despotisme des « roitelets sanguinaires » qu'avait combattu l'œuvre civilisatrice du colonialisme et qu'un anthropologue s'est plus tard efforcé de construire en modèle, sous forme de réplique de son grand frère « oriental » [35]. Fruit de l'extranéité de l'État, l'autoritarisme semble inéluctable eu égard au stade de développement des sociétés africaines ou à leur insertion dépendante dans le système capitaliste mondial. Les personnages emblématiques de Bokassa et d'Amin Dada désignent le possible politique qui guette le continent et le menace à chaque instant. Ils font front aux héros positifs, bâtisseurs d'une Cité vouée à la sécularisation et à l'institutionnalisation progressives, à moins qu'ils ne soient édificateurs du socialisme. L'asthénie de la médiation politique est révélatrice de la désarticulation de la société elle-même. Le thème est lancinant chez les dépendantistes. Les théoriciens de l'articulation des modes de production l'ont atténué, non sans envisager les formations sociales périphériques comme un assemblage de cubes qu'unissent les nécessités fonctionnelles de la dominance capitaliste. Chez les développementalistes, la dichotomie entre la tradition et la modernité commandait une série de césures *(gaps)* au sein de « l'État nouveau » qui devaient interdire de parler à son propos de « société politique » ou de « société civile », tant celle-ci était « profondément hétérogène, aussi bien en elle-même que par rapport à l'État [36] ». Il fut pourtant reproché à ce courant d'avoir surestimé le degré d'intégration des systèmes politiques africains sitôt qu'une première vague de coups d'État attesta la fragilité des partis uniques et les risques de « déclin politique [37] ». Des anthropologues soulignaient le caractère plural des sociétés sur lesquelles s'édifiait l'État [38]. Et A.R. Zolberg suggérait de distinguer deux secteurs, « moderne » et « résiduel », au sein des systèmes politiques, dont il précisait heureusement qu'ils n'étaient point exclusifs l'un de l'autre [39]. Quelques années plus tard, C. Coulon, en substituant à ces notions celles d'un « secteur politique central » et d'un « secteur politique périphérique », en réitérait les prémisses : « En Afrique noire, les phénomènes politiques totaux n'existent qu'à l'état embryonnaire [...], le système politique nouveau n'affecte pas dans son entier l'espace politique de la société. Il y a un décalage entre le système politique et les structures sociales [40]. »

Il s'ensuivit un autre cliché, celui de la passivité ou tout au moins de l'impuissance des groupes sociaux subordonnés, « inertes » ou « indifférents », englués dans la « tradition », l'analphabétisme et le particuralisme [41]. Parce qu'ils ont négligé la dimension de la production au bénéfice de celle de l'échange, se montrant en cela plus proches de Ricardo et de Smith que de Marx [42], les dépendantistes ont transposé cette idée à l'échelle planétaire. Ils ont ainsi ouvert la voie à une sociologie de la domination qui n'a pas toujours su éviter d'assimiler l'acculturation à une entreprise de décervelage et de la décrire à l'instar des méta-anthropologues, pourfendeurs d'ethnocides et chantres éplorés des « derniers Africains ». Surtout, les représentations et les stratégies des acteurs sociaux surbordonnés qu'elle a analysées, souvent avec minutie, continuaient en dernière instance à renvoyer aux structures logiques du pouvoir, ainsi qu'il fut soutenu lors d'un riche débat consacré aux pratiques de l'invisible [43]. En tout état de cause, elles apparaissaient comme relativement inopérantes au regard du mode de production capitaliste, impitoyable *deus ex machina*, tant qu'elles ne se résolvaient pas en une problématique révolutionnaire conforme au canon marxiste-léniniste.

La parenté entre les allégories philosophiques classiques et les images scientifiques modernes d'une Afrique a-historique, ployant sous le poids du joug, ne se traduit évidemment pas en une reproduction à l'identique des fantasmagories du XVIIIe ou du XIXe siècle. Grâce à un travail acharné, ingrat, parfois dangereux, notre compréhension des sociétés subsahariennes a effectué des pas de géant. Quelle serait-elle sans les premières ethnographies souvent écrites par des administrateurs coloniaux? Sans l'œuvre des historiens, des sociologues et des anthropologues qui, décennie après décennie, se sont appliqués à saisir les mutations par lesquelles passait le continent? Sans les fresques documentées des systèmes politiques naissants qu'ont tracées les auteurs structuro-fonctionnalistes? Sans les analyses marxistes des procédures de domination et d'exploitation dans des formations sociales jadis présentées comme primitives et consensuelles? Sans les chroniques, parfois modestes, toujours irremplaçables, mais hélas trop rares, qu'ont tenues journalistes et acteurs politiques, illustres ou anonymes? Dans leur foisonnement, les sources sur lesquelles nous nous appuierons témoignent qu'il n'y a pas, positivement, *un* paradigme du discours occidental sur l'Afrique, excluant toute reconnaissance de son historicité. « Races supérieures, races supérieures, c'est bientôt dit », s'écriait Clemenceau dès la fin du XIXe siècle à l'encontre du « parti colonial ». « Pour ma part, j'en rabats singulièrement depuis que j'ai vu des savants allemands démontrer scientifiquement que la France devait être vaincue dans la guerre franco-allemande parce que le Français est d'une race inférieure à l'Allemand. Depuis ce temps, je l'avoue, j'y regarde à deux fois avant de me retourner vers un homme et vers une civilisation et de prononcer : homme ou race inférieure [44]. » Et fort de son érudition, le gouverneur Deschamps regrettait justement, dans les années cinquante, que les programmes scolaires français ne fissent apparaître les peuples africains que « sous l'aspect de la conquête coloniale, comme un épisode de notre histoire militaire [45] ». Il y a bien plutôt une réticence tendancielle à penser l'historicité des sociétés africaines dont il ne faut pas sous-estimer l'audience puisqu'elle se retrouve quelquefois sous la plume des auteurs les plus avertis.

POUR UNE SOCIOLOGIE HISTORIQUE DE L'ACTION

Or cette syntaxe africaniste latente ne résiste pas à l'examen des faits. Non que l'on puisse nier les phénomènes de la dépendance et de la domination dont est tissée l'historicité du continent. « Ce qui est premier pour le Muntu * n'est ni étonnement ni émerveillement, mais seulement stupeur causée par une défaite totale », avertit le philosophe camerounais F. Eboussi Boulaga [46]. Mais cette « défaite totale », il importe de la conceptualiser en marge du paradigme du joug. Nous pourrions naturellement réfuter celui-ci point par point. L'objection la plus aisée – sinon la plus honnête intellectuellement – tiendrait à ce qu'aucune des prévisions avancées par les développementalistes et les dépendantistes, à grand renfort d'arguments scientifiques, ne s'est en définitive réalisée. L'Afrique a contourné tout à la fois la croissance et la révolution. Empreintes d'évolutionnisme téléologique, les deux approches qui se sont partagé le marché académique au lendemain des indépendances étaient étroitement associées à la *praxis* de l'État postcolonial en tant qu' « État bien policé » *(Policeystaat)*, ordonnateur suprême de la modernité, à ce titre assez proche dans sa philosophie des monarchies de l'Europe centrale des XVIIᵉ et XVIIIᵉ siècles, mais plus encore héritier direct de l'administration coloniale et de ses rêves de « mise en valeur ». Les années quatre-vingt ont parachevé la faillite des moutures « capitalistes » et « socialistes » de cette conception volontariste du « développement », en même temps que de leurs prétentions à restructurer le système économique mondial.

Cependant, cette réfutation polémique, outre qu'elle commet l'injustice de jeter l'opprobre sur nombre d'écrits intéressants en dépit de leurs postulats initiaux, fait passer à côté de l'essentiel. Avec l'avantage que procure le recul du temps, on peut bien sûr se gausser des naïvetés des développementalistes : ils se rangeaient sous le patronage du « manifeste non communiste » de W.W. Rostow avec l'espoir non tu d'aider à la formulation de « stratégies d'investissement politique », ils sélectionnaient comme critères de modernité la différenciation structurelle et la sécularisation propres aux trajectoires historiques occidentales et ils en concluaient, impavides, que les sociétés anglo-américaines étaient

---

* *Muntu :* l'Être, l'Homme (ici, africain).

les plus proches du modèle de la « démocratie politique » [47]! Mais il est plus utile de se demander comment ils en sont arrivés à de telles aberrations alors qu'ils souhaitaient explicitement échapper aux définitions normatives, en vogue entre les deux guerres, de l'autoritarisme et du totalitarisme [48]. Pareillement, les multiples erreurs de raisonnement économique de l'économicisme dépendantiste, dont la critique besogneuse est devenue superflue, ne doivent pas cacher une faute plus radicale de méthode.

Structuralistes dévoyés, les uns et les autres ont invoqué des catégories explicatives définies en marge de toute considération historique et pourvues, grâce à ce subterfuge, d'une cohérence fictive. Il en est ainsi de la notion de « tradition » dont on sait désormais qu'elle a été largement « inventée » par le colonisateur et par les groupes sociaux autochtones qui entendaient tirer parti de sa domination [49]. Des philosophes ont bien montré comment la mise en dépendance du continent avait attribué à la « culture africaine » et aux « cultures ethniques » cette unité factice en procédant à leur subordination, à leur folklorisation et à leur réification. De telles représentations expriment la tentative de confiscation du changement social et de la modernité par l'envahisseur étranger, avant de s'instituer éventuellement en « utopie critique » et mobilisatrice [50].

Dans les faits, la tradition, non seulement n'était pas une, mais encore n'était ni immobile ni fermée. Les idées, dans les sociétés sans écriture, sont liées aux circonstances contextuelles de leur énonciation, plus qu'à un programme abstrait de croyances, impossible à consigner graphiquement; elles sont ainsi sujettes à des variations constantes [51]. Par ailleurs, les acteurs sociaux contemporains chevauchent sans arrêt les secteurs arbitrairement circonscrits de la tradition et de la modernité. Il est même douteux qu'ils aient une claire conscience de leurs frontières. Les attaches que le citadin conserve avec son milieu rural d'origine donnent à penser l'inverse. Le Bamiléké urbanisé participe à la vie de sa chefferie avec ce que cela suppose de présence physique aux assemblées et de dépenses financières. Sa réussite sociale n'est pas complète si elle ne se solde pas par la détention d'un titre, vénal, dans l'une des sociétés de notables. Il contribue aux opérations de développement de sa région, dont il a fréquemment l'initiative, et au gré de voyages et d'échanges incessants, il y diffuse les modèles de nouvelles façons de manger, d'habiter, de se vêtir. Dans le sud cacaoyer du Cameroun, les retraites prises au village suggèrent également que le passage à la condition citadine n'est pas irréversible, contrairement à ce que laisse accroire le concept dramatique d'exode rural. Et en corollaire, on évoque de plus en plus la « ruralisation » des villes tandis que les situations d'urbanisation intermédiaire des districts kikuyu au Kenya ou du pays yoruba au Nigeria achèvent de rendre bien problématique le repérage d'une sphère géographique de la tradition [52]. Dans ces circonstances, les acteurs des sociétés africaines poursuivent des stratégies familiales, thérapeutiques, économiques ou politiques qui transcendent les clivages habituels auxquels on cherche à les rattacher. Un malade consultera tour à tour le médecin de l'hôpital d'Abidjan, le prophète guérisseur de la banlieue lagunaire et le devin de son village car il émarge simultanément ces différents univers. De semblables « itinéraires » au sein du champ social, pour reprendre une expression utilisée par les sociologues de la santé, dénotent une intégration et une plasticité culturelles qui contredisent les catégories dichotomiques chères aux développementalistes.

De même, le système capitaliste mondial n'a jamais revêtu la cohésion que lui prêtent les interprétations dépendantistes. En tant que structure, celui-ci n'a pas été intangible, par exemple de la traite esclavagiste au « commerce légitime » du début du XIXe siècle ou à la dépression des années 1870 qui stimula l'expansionnisme militaire de l'Europe. Malgré sa brièveté, la colonisation a elle-même subi des mutations décisives, comme cette « seconde occupation », sous la forme d'une intensification de l'encadrement des forces productives indigènes, à laquelle conduisirent la grande crise et les menaces qu'elle fit peser sur la reproduction fiscale des possessions européennes [53]. Et puisqu'elles relevaient bien évidemment de l'histoire, les formes d'assujettissement et d'exploitation du continent africain étaient parcourues de fractures irréductibles à l'adhérence mécanique d'une « dernière instance ». Un journal patronal français pouvait accréditer la thèse des décolonisations falsifiées et planifiées dans l'intérêt du mode de production capitaliste en écrivant, dès le lendemain de la Seconde Guerre mondiale, que « mieux vaut changer le nom et garder la chose [54] ». Il affichait de la sorte, en même temps qu'un beau cynisme, une indéniable lucidité économique dans la mesure où les chiffres lui donnent raison quarante ans après et où le capitalisme français souffre plus des survivances de son empire que de sa disparition [55]. Mais quoi qu'en pense le lecteur de *Tricontinental,* il ne confessait pas pour autant la preuve d'une conspiration entre les milieux d'affaires et le pouvoir politique métropolitain, complot dont la tangibilité n'a jamais été démontrée. Dans le cas de la France, la concertation entre les deux sphères a au contraire été incommode. Le « divorce » a prévalu à partir des années trente et il a rendu singulièrement laborieux le processus de décolonisation en en faisant « le produit de temps historiques contradictoires ». Quant à la marche à suivre, les milieux économiques étaient eux-mêmes divisés selon des lignes mouvantes et les entreprises les plus engagées outre-mer ne constituaient pas, dans la vie des affaires, un « parti colonial » au sens où C.R. Ageron l'identifie dans la classe politique [56]. Le « troisième empire » du Portugal n'a pas mieux répondu aux exigences fonctionnelles du capitalisme lusophone; le décalage entre l'insertion croissante de celui-ci dans l'espace économique ouest-européen et la crispation autoritaire du régime salazariste l'a même empêché de sauvegarder en Afrique l'influence néo-coloniale qu'il s'était ménagée au Brésil au XIXe siècle [57].

Les contradictions entre les acteurs dominants du colonialisme étaient encore plus aiguës à l'intérieur des sociétés africaines. Le Kenya en fournit une illustration classique. De la Première Guerre mondiale à la proclamation de l'indépendance, l'administration britannique et les colons, en désaccord sur les questions économiques et sur le statut politique des Noirs et des *Asians,* se sont disputé le contrôle du territoire. En outre, l'administration goûtait peu le zèle intempestif avec lequel les missions protestantes combattaient la pratique de l'excision. Mais les colons ne constituaient pas de leur côté une communauté homogène : ceux d'entre eux qui vivaient sur la côte ou dans les villes se montraient politiquement plus modérés que les fermiers des Highlands, et les hommes d'affaires, les plus grands des planteurs, comprirent dans les années cinquante la nécessité d'un compromis avec le mouvement nationaliste [58]. L'institutionnalisation de la ségrégation raciale en Union sud-africaine, l'Acte unilatéral d'indépendance en Rhodésie du Sud indiquent les enjeux dont sont porteurs ce genre de clivages. De toute évidence, ils renvoient à des intérêts économiques divers, voire divergents. Néanmoins, il n'est pas indifférent, pour la compréhension de ces trajectoires politiques différenciées d'un territoire à l'autre, de savoir, par exemple, que la fraction dominante des Blancs installés au Kenya était d'une extraction sociale plutôt supérieure à celle des Blancs d'Afrique australe et qu'elle avait peut-être gardé des liens plus constants

avec la société britannique. En d'autres termes, une sociologie
politique, et une sociologie tout court, des acteurs européens de la
colonisation, trop longtemps négligées, nuanceraient opportunément les thèses du fonctionnalisme économiciste en permettant de
dégager des stratégies, enchâssées dans la durée et productrices de
cours historiques spécifiques [59].

La dépendance est processus, avant d'être structure. Sa chrono-
logie, sa géographie, ses modalités démographiques et institutionnelles, les âpres rivalités inter-européennes dont elle a été
ponctuée font sens. Il est en particulier décisif, pour l'intelligence
du présent, de se remémorer l'ancienneté de certaines implantations européennes et la sédimentation complexe de leurs influences
successives. Elles font contraste avec les zones d'occupation et
d'acculturation récentes. La Sénégambie, la Gold Coast, le delta
du Niger, l'embouchure du Zaïre, la rade de Mombasa étaient fré-
quentés depuis trois ou quatre siècles par des Européens quand les
Allemands pénétraient dans la forêt sud-camerounaise et enta-
maient l'ascension des Grassfields dans les années 1880-1890. De
vastes régions du continent – à commencer par l'hinterland angolais, de colonisation réputée ancienne – n'auront en définitive
connu que cinq ou six décennies de présence européenne, tandis
qu'ailleurs des communautés de *lançados,* de *pombeiros* et de *pra-
zeiros* survécurent au démantèlement du premier empire portugais
comme autant de foyers de métissage et que la colonie hollandaise
du Cap, fondée en 1652, eut la postérité que l'on sait. Ces disparités diachroniques entrent pour beaucoup dans les attitudes affi-
chées à l'égard de l'Occident, ainsi que le remarque avec finesse
F. Gaulme au sujet des Mpongwé du Gabon [60]. En outre, les péripéties de la conquête et les modalités de la « mise en valeur » coloniale figurent parmi les gènes de l'État contemporain. On a beaucoup glosé sur les dissimilitudes des types d'administration –
britannique, français, portugais, allemand ou belge, accessoirement italien ou espagnol – au risque de les exagérer. Dans la réalité, une puissance impériale comme la France appliquait des
formes variées de gouvernement, y compris cette fameuse « administration indirecte » à laquelle elle ne répugnait pas autant que le
veut une légende tenace; elle a infligé à ses colonies d'Afrique
équatoriale le traumatisme de l'exploitation concessionnaire qu'a
stigmatisée Gide, mais en a préservé ses possessions d'Afrique
occidentale. Le différentiel de l'impact colonial est donc plus
complexe qu'on ne le croit souvent, mais il est indéniable. Le

prouve, entre autres exemples, la singularité qu'ont imprimée au mouvement nationaliste camerounais la pluralité des expériences coloniales du territoire – allemande, puis française et anglaise – et la spécificité de son statut juridique, qui en découla [61]. Sans même parler de ceux d'entre eux qui ont échappé à la colonisation (le Liberia, l'Éthiopie), les pays africains ont ainsi accédé à la souveraineté internationale moderne en étant dotés d'un passé institutionnel et administratif hétérogène qui aurait dû dissuader de les traiter en périphérie indifférenciée d'un centre capitaliste.

Les déterminations structurelles de l'évolution politique récente de l'Afrique – des diverses étapes de la colonisation à son élimination – ont été médiatisées par des situations et des stratégies hors desquelles il est vain de vouloir les saisir. L'erreur foncière des années soixante et soixante-dix aura été de tourner le dos aux enseignements de l'histoire mais aussi aux préceptes d'une indispensable « théorie de l'action [62] ». Elle aura d'abord consisté à ignorer que la nature « traditionnelle » des sociétés africaines anciennes procédait d'une illusion d'optique entretenue par l'ethnologie, plutôt que de leur prétendue « facilité de s'abandonner à la répétition satisfaite de soi-même » : « La " fabrique " sociale et culturelle africaine n'a jamais été inactive, elle a constamment eu à produire les sociétés et les cultures nègres en traitant, à la fois, les dynamismes internes et ceux résultant du rapport à l' " environnement " [...], il devient impossible de méconnaître le fait que toutes les sociétés africaines ont affronté les épreuves de l'histoire [...] [63]. » Comme telles, elles étaient des sociétés de débat, au sens où M. Finley le dit de la Cité grecque, et assez comparables à celle-ci, au moins à certains égards [64]. Elles n'étaient point des « despotismes », ni, d'ailleurs, des « démocraties ». Elles agençaient plutôt des interactions subtiles entre le cercle de la domination et celui de la sujétion, qui incitent, au moins dans un premier temps, à récuser à leur propos l'idée facile de totalitarismes archaïques, d'ordre structurel, symbolique ou idéologique. Étudiant l'un des vingt royaumes moose, M. Izard parle avec bonheur de « métabolisme de la prédation » : « Étrange univers où le respect dû au chef ne va pas sans la ferme intention – non exempte d'un certain humour – d'échapper le plus qu'il est possible à une autorité qui ne répugne jamais à être lourde en sachant jusqu'où il lui est possible d'aller [65]. » La délibération, plus ou moins institutionnalisée suivant le degré de différenciation structurelle du pouvoir, feutrée et comme démultipliée, visant à l'union du groupe plutôt qu'à la manifestation des clivages, était inhérente à l'exercice de l'autorité. On a relaté de façon saisissante les conclaves des « excellents » dans la monarchie sacrée des Moundang, auxquels fait contrepoids un deuxième collège émanant, lui, de la puissance royale. Les deux instances qui assistent le monarque ne détiennent pas à proprement parler une partie du pouvoir mais elles expriment « la division de la souveraineté à l'intérieur d'elle-même [...] », entre le roi comme « être hors clan » et les clans « maîtres de la terre » [66].

L'enjeu des débats, des compromis et des résistances au sein des sociétés anciennes avait trait à leur « engendrement », ainsi que l'a vigoureusement souligné G. Balandier. A cet égard, la césure entre sociétés sans État et sociétés étatiques, magnifiée par l'ouvrage classique de E.E. Evans-Pritchard et M. Fortes, est maintenant relativisée et débarrassée de ses éventuelles connotations évolutionnistes. Moment fort, à n'en pas douter, le passage à l'État n'est nullement inévitable (les Igbo de l'Est nigérian ont adopté un autre type d'organisation politique en dépit de leur degré de développement économique et de leur insertion dans un espace commercial prospère), ni irréversible (les royaumes kongo, l'empire mandingue du Mali ont cédé la place à des sociétés segmentaires). Ces oscillations sont cumulatives et appartiennent au relief de la longue durée. Le royaume bamoum, au Cameroun, s'est de la sorte institué au sein d'un lignage coextensif à la société et a continué d'en utiliser les procédures politiques. De même, les Kotokoli, au centre du Togo, sont passés, en deux siècles, d'un système « acéphale » à la chefferie, puis au royaume : à chaque stade, l'organisation lignagère s'est maintenue dans le cadre de la nouvelle construction politique en y remplissant des fonctions autres. Corollairement, la dissolution de l'empire des Mandingue et leur rétractation politique autour des *kafu* traditionnels n'entraînèrent pas la disparition des représentations impériales qui tinrent leur rôle dans le réaménagement des structures politiques locales de substitution et dans la perpétuation de projets expansionnistes, jusqu'à l'épopée de Samori, au XIXe siècle [67]. En outre, aucun de ces deux concepts de lignager et d'étatique ne paraît correspondre à des configurations politiques uniformes. Paradoxalement, les anthropologues marxistes français ont avancé au sujet de l'Afrique l'hypothèse d'un mode de production lignager au moment où la notion de lignage suscitait des réserves croissantes; les monographies de sociétés segmentaires * corroborent la grande diversité de situations que recouvre en réalité cette catégorie [68]. Et l'idée d'État, qui peut au reste prêter à discussion en ce qui concerne la plupart des royautés du continent, se rapporte elle aussi à une pluralité de conformations, évolutives dans le temps : les mutations successives de l'Asante l'illustrent bien, du modèle de la monarchie sacrée akan à la « révolution bureaucratique » entreprise par Osei Kwadwo à la fin du XVIIIe siècle, puis à l'institutionnalisation d'une monarchie constitutionnelle et quasi républicaine au cours du XIXe siècle [69].

Les sociétés centralisées n'avaient pas (et n'ont pas) le monopole de l'innovation politique. Certes, ce sont elles qui ont élaboré les projets de rénovation sociale les plus globaux et, peut-être surtout, les plus perceptibles à nos yeux. Outre le précédent fameux du Kongo dès les XVe et XVIe siècles, la « révolution bureaucratique » de Kwadwoa au XVIIIe siècle, que nous avons déjà évoquée, et celle, précoce et moins connue, de oba Ewuare au Bénin, au XVe siècle, ou encore les réformes essentiellement militaires d'un Samori, d'un Shaka, d'un Rabeh, d'un Behanzin, d'un Mirambo, les essais de « modernisation autoritaire » – si l'on nous pardonne ce demi-anachronisme – les plus consistants semblent avoir été ceux des monarchies imerina, éthiopienne et bamoum, au XIXe siècle. Dans leurs principes et leurs motivations, ils sont comparables aux tentatives que menèrent, sous la pression de l'impérialisme ouest-européen, la Russie, le Japon, le Siam, l'Empire ottoman, l'Égypte. Mais ils ne doivent pas dissimuler l'incapacité des États les plus imposants, comme le califat de Sokoto, le Buganda, le Bunyoro, l'Asante ou le Bénin, à relever le défi, notamment en termes productifs. Et de toute manière, l'invention du fusil à répétition, du vapeur, de la quinine, du télégraphe rendait définitif le déséquilibre des forces militaires et technologiques, à l'avantage de l'Europe, dans le contexte de conflits territorialisés [70]. De leur côté, les sociétés lignagères étaient autant ouvertes aux vents du changement et disposaient des ressources de leur élasticité. Sur le plateau de Mouyondzi, au

* Suivant en cela une partie de la littérature ethnographique, nous utiliserons tout au long de cet ouvrage le terme de société segmentaire comme synonyme de société lignagère, afin de désigner l'ensemble des sociétés acéphales se caractérisant par un pouvoir diffus plutôt que centralisé ou étatique. Il conviendrait en réalité de distinguer du reste des sociétés acéphales les véritables sociétés segmentaires, au sens strict du concept, dont les Tiv et les Nuer fournissent les exemples classiques.

Congo, les exploits pacificateurs d'un Mwa Bukulu, dans la deuxième moitié du XIXe siècle, annonçaient l'édification politique du pays beembé et la « naissance d'une société » qui découvrait l'institution des marchés et se distinguait par la vitalité de son agriculture [71]. Dans la ceinture sahélienne, les peuples montagnards, souvent qualifiés de paléonigritiques, ont su répondre à la pression démographique par la mise au point de façons culturales intensives et par un « conservatisme actif » [72]. Par la suite, les sociétés lignagères – et plus spécialement les sociétés segmentaires *stricto sensu* – ont maintenu, dans le cadre colonial et postcolonial, cette aptitude à s'accommoder, de manière unitaire et dynamique, des exigences de l'État, disposition qu'elles n'avaient cessé de démontrer jadis au sein des royautés qui les englobaient [73].

En dépit du rapport inégal que le continent entretenait avec l'Occident mais aussi, bien auparavant, avec les mondes arabe et asiatique – point que les dépendantistes occultent généralement – la production des sociétés africaines ne répondait pas, sur un mode périphérique, à des déterminations exogènes. Les mutations de l'économie-monde européenne, en particulier le déplacement de son axe de la Méditerranée à l'Atlantique, se répercutaient en leur sein [74]. Elles n'avaient pas l'influence qu'on leur a attribuée, et quand celle-ci était patente, elle n'était pas simple. La traite, si elle semble effectivement avoir favorisé la centralisation politique sur la côte de l'Afrique occidentale, paraît avoir provoqué la parcellisation du pouvoir plus au sud, sur le littoral de l'Afrique centrale. Le poids de la présence européenne dans la structuration des Cités-États du delta du Niger passe en tout état de cause pour avoir été surévalué et il n'explique pas la cristallisation d'une instance monarchique chez les Nkomi du Gabon, antérieure à l'arrivée des Portugais. De même, les guerres yoruba qui portèrent le coup de grâce à la suprématie régionale d'Oyo, les *jihad* qui consacrèrent l'hégémonie des Foulbé dans le nord du Nigeria et du Cameroun, ou le *Mfecane* qui déboucha sur la création d'une série d'États en Afrique australe, ne furent pas provoqués, au début du XIXe siècle, par la pression croissante des Européens. Dans les années 1860-1880, l'aventure de Samori renvoyait encore aux contingences des rivalités internes malinké, davantage qu'au resserrement de l'étau franco-britannique. Enfin, de nombreux espaces économiques se tenaient à l'écart des échanges avec l'Occident, tels l'Est nigérian ou, de façon plus nette, le Soudan central, dont le marché du sel ne fut pas vraiment affecté par l'expansion capitaliste avant les toutes dernières années du siècle [75].

Cependant le rapport à l'environnement extérieur était indissociable de la production du politique. Après que E.R. Leach l'eut établi à propos des Kachin de Birmanie et que G. Balandier l'eut confirmé à l'aide de matériaux africains, de multiples études anthropologiques ont permis de préciser ces imbrications entre les dynamiques internes et les dynamiques externes [76]. Elles empêchent de poser les sociétés anciennes en monades repliées sur elles-mêmes, conformément au vieux mythe de leur enclavement. Le continent n'a lui-même cessé d'être perméable aux échanges avec le reste du monde, notamment en tant qu'exportateur d'or, d'esclaves ou d'ivoire. La pérennité du christianisme en Éthiopie, la diffusion de l'islam sur le littoral, l'installation de colonies indonésiennes à Madagascar, le commerce régulier avec l'Inde, le golfe Persique et la Méditerranée révélaient l'intégration multiséculaire de l'Afrique orientale et australe aux économies-monde pré-modernes. Ce fut au reste dans ses ports que les Portugais trouvèrent, à la fin du xve siècle, les pilotes qui devaient leur faire franchir l'océan Indien et contourner les antiques voies d'échanges entre l'Asie et l'Europe [77]. Le Sahara, pour sa part, n'était pas cet « océan de sable et de désolation » auquel J.S. Coleman imputait le prétendu « isolement » de l'Afrique noire [78]. Sillonné de caravanes, maillé de réseaux tribaux et confrériques, véhicule de l'islam, trait d'union entre les États akan producteurs d'or et les marchés méditerranéens, il était l'axe géographique d'espaces politiques suffisamment prégnants pour faire résurgence après l'intermède colonial. Dès le xve siècle, les Portugais entreprirent de doubler par la côte occidentale du continent ce commerce transsaharien que contrôlaient leurs adversaires arabes. Ils jetèrent les bases d'un négoce maritime régulier, inter-africain et européano-africain, avant d'être supplantés par les Hollandais, les Anglais et les Français. La traite transatlantique des esclaves et le « commerce légitime » amplifièrent et diversifièrent tragiquement cette insertion de l'Afrique noire dans le système mondial. Les progrès de la navigation aidant, il se créa un champ africanoatlantique dont les communautés créoles étaient les charnières régionales. L'articulation des sociétés subsahariennes à l'économie-monde occidentale était de ce fait plus complexe que ne peut au prime abord le suggérer leur tête-à-tête colonial avec les métropoles qui les conquirent ultérieurement. Cas limite, sans doute, que celui de l'Angola, abritant des métissages croisés à l'image de l'empire lusophone pluri-continental, plus intégré au XIXᵉ siècle à l'espace économique brésilien qu'à celui du Portugal et accueillant le capital international dans une proportion inconnue ailleurs avant la Seconde Guerre mondiale [79]. Mais il exacerbait seulement le caractère multilatéral qu'a toujours revêtu la dépendance de l'Afrique noire et que vint encore compliquer l'immigration asiatique et syro-libanaise. En ce sens, la pénétration du Japon ou des États-Unis, qui inquiétait les puissances européennes dès l'entre-deux-guerres, n'est qu'un avatar des vieilles rivalités mercantilistes du XVIᵉ et du XVIIᵉ siècle ou des affrontements impérialistes du XIXᵉ siècle. Elle confirme, comme telle, que l'Afrique est, indissolublement, un continent dans le monde.

Par ailleurs, l'intérieur des terres n'était nullement compartimenté. Il était structuré en espaces économiques – commerciaux, monétaires et productifs –, en espaces politiques et guerriers, en espaces culturels, linguistiques et religieux. Il était irrigué de courants permanents dont le commerce sur la longue distance et les déplacements démographiques – qualifiés trop généralement de « migrations » – étaient les marques les plus visibles [80]. Parfaitement entretenu, le réseau des grand-routes qui rayonnait autour de Kumasi et constituait l'épine dorsale de la confédération ashanti ne doit certes pas faire illusion [81]. Les communications étaient la plupart du temps pénibles et hasardeuses. Mais quelles que fussent les difficultés qu'elle opposait à la circulation des hommes et des biens, la forêt équatoriale elle-même n'annulait pas tout dynamisme spatial. La dispersion de son peuplement ne rompait pas les échanges. Chez les Beti du Sud-Cameroun, le *nkul*, le tam-tam téléphone, qui portait à trois ou quatre kilomètres, parfois davantage, « parlait » continuellement et relayait sur des dizaines de kilomètres les informations les plus importantes (en septembre 1945, il transmit encore en quelques heures, de village en village et jusqu'à Yaoundé, la nouvelle des émeutes de Douala [82]). L'attrait des fabuleuses richesses que les peuples de l'intérieur savaient être échangées « plus à l'ouest » provoqua des bouleversements politiques considérables dans ces régions, que le quadrillage administratif de la colonisation s'efforça de pétrifier avec un succès mitigé, mais qui a conduit à une « extraordinaire imbrication des clans », si caractéristique de la géographie humaine du Sud-Cameroun [83]. L'intensité des liens inter-sociétaux à l'échelle du continent, leur rapport organique à la configuration interne des formations politiques anciennes amènent les anthropologues et les historiens à souligner l'existence d'un véritable « espace international », de « chaînes de sociétés » et de « relations symplectiques » [84]. Et au sein de ces ensembles régionaux prévalaient des inégalités, à l'avantage de pôles étatiques et guerriers, eux-mêmes hiérarchisés entre eux et qui avaient parfois « englobé » des sociétés paysannes en les repoussant dans les massifs montagneux. Les royaumes d'Oyo et du Dahomey, Bornou et le califat de Sokoto, l'Asante et le sultanat de Zanzibar offrent des exemples connus de tels États dominants. Leur fortune changeante indique que la conformation de ces complexes régionaux n'était pas figée dans le temps, bien qu'elle s'incrustât dans la longue durée des paysages et de la localisation des activités productives [85].

L'HISTORICITÉ DANS L'EXTRAVERSION

La vigueur des espaces régionaux, la profondeur de leurs racines historiques – deux phénomènes que la périodisation exogène du passé occulte – introduisent à une remarque autrement plus importante pour la suite de notre propos. Ces sociétés n'ont jamais été, ne pouvaient être les objets passifs de leur mise en dépendance, fût-ce après leur défaite militaire. La colonisation n'a pas radicalement édulcoré leur capacité à poursuivre des stratégies globales de production de leur modernité. Certes, elle a pu entraîner la destruction ou la diminution de certaines d'entre elles, au même titre que n'importe quel processus historique. Mais l'Afrique n'a pas attendu l'Europe pour voir disparaître ou s'affaiblir des communautés par voie de conquête, de déclin économique, d'assimilation culturelle, d'étiolement démographique ou de catastrophe écologique. L'aptitude des sociétés à tirer parti des suites de l'occupation étrangère a naturellement été variable et leur comparaison sous cet angle est devenu un genre favori de l'anthropologie depuis l'étude classique de G. Balandier : sa *Sociologie actuelle de l'Afrique noire*, tout en insistant sur la « reprise d'initiative » dont firent preuve les Fang du Gabon, par le biais du mouvement de reconstruction clanique *alar ayôg*, leur opposait la résistance plus efficace de l'ensemble ba-kongo, qu'il proposait d'expliquer, entre autres facteurs, par l'ancienneté de ses échanges avec l'Occident et par ses traditions urbaines [86]. Dans la même veine, G. Dupré a récemment mis en parallèle l'acclimatation du pays beembé à l'économie contemporaine et la destruction de l'ordre nzabi sous le choc colonial [87]. Lourde de violence physique et, peut-être plus encore, symbolique, la situation coloniale n'a pas suspendu l'historicité des sociétés africaines. Elle en a été un rebondissement, en ce qu'elle a causé une nouvelle donne des cartes, singulièrement énergique. Sous-jacentes à l'univers totalitaire à laquelle elle tendait et qu'elle a approché en Afrique australe, en imposant des rapports de production impitoyables, on retrouve des stratégies sociales pleines, irréductibles à ses logiques, épousant les lignes de la durée autochtone [88]. Les meilleurs historiens estiment aujourd'hui que ces dynamiques ont plus pesé sur le devenir de la colonisation que les nécessités fonctionnelles du mode de production capitaliste [89]. Et si l'on excepte le cas de la République sud-africaine, le trait saillant qui se dégage en définitive des trois derniers siècles est, non pas l'intégration croissante de l'Afrique à l'économie-monde occidentale, mais au contraire l'impuissance de celle-ci à faire basculer le continent dans son champ d'attraction [90].

Des révolutions agricoles ont bien eu lieu, concomitantes des étapes du processus de mise en dépendance. Elles résultaient néanmoins d'innovations autochtones, avant de répondre aux facteurs exogènes privilégiés des dépendantistes et des développementalistes. Succédant à de nombreux travaux consacrés aux planteurs de cacao de la Gold Coast et de la Nigeria, une recherche de J.-P. Chauveau et de J.-P. Dozon confirme, au sujet de la Côte d'Ivoire, « que le développement de l'économie de plantation relève au premier chef de processus socio-économiques largement autonomes » et qu'il a débordé, voire subverti, le projet colonial de « mise en valeur » [91]. M. P. Cowen était parvenu à la conclusion convergente que l'intervention multiforme de l'État dans l'agriculture kenyane avait probablement retardé l'accumulation du capital agraire dans un contexte d'expansion par ailleurs remarquable [92]. De façon significative, les planteurs européens avaient jugé utile d'obtenir de l'administration coloniale le quasi-monopole réglementaire des cultures les plus lucratives; la suppression de ces dispositions discriminatoires et malthusiennes – dont la revendication était inhérente à l'éclosion des mouvements nationalistes entre les deux guerres – se solda effectivement par une explosion de la production [93]. Mais en dépit de ces booms agricoles qui ont fait de quelques régions de grandes exportatrices, la paysannerie africaine a tenu tête à la « seconde occupation colo- niale » voulue par les métropoles dans les années quarante et cin- quante [94]. Elle ne s'est pas laissée « capturer », pour reprendre la séduisante expression de G. Hyden, tout comme elle s'était aupa- ravant distinguée par sa faculté historique à résister à l'extraction d'un surplus conséquent de ses activités productives [95].

Nous touchons du doigt le problème majeur que l'Afrique noire pose à des appareils conceptuels élaborés à partir des expériences historiques occidentales. Les acteurs dominants des sociétés subsa- hariennes ont incliné à compenser leurs difficultés à autonomiser leur pouvoir et à intensifier l'exploitation de leurs dépendants par le recours délibéré à des stratégies d'extraversion, mobilisant les ressources que procurait leur rapport – éventuellement inégal – à l'environnement extérieur [96]. Cette récurrence de l'histoire du continent résulte du faible développement de ses forces produc- tives, comparativement à l'Asie et à l'Europe, mais aussi – et les deux facteurs sont probablement inextricables – de l'âpreté des luttes sociales qui l'ont habité. Les groupes subordonnés contri- buaient à la production des sociétés anciennes, nonobstant la dureté des mécanismes de sujétion qui leur étaient appliqués. Ils disposaient tout d'abord de l'arme de la mobilité, dont l'usage était rendu possible par la disponibilité des terres et la légèreté des technologies agraires, et que redoutaient les puissants dès lors que leur influence se calculait d'abord en nombre de gens sous leur autorité. A. O. Hirschman a très justement noté combien l' « *exit option* » qui prévalait dans les sociétés acéphales, sous la forme de la scission institutionnalisée des clans et des lignages, a contrarié l'émergence d'États centralisés [97]. En filigrane, elle confortait éga- lement la force de négociation des acteurs subordonnés, y compris dans le cadre des sociétés étatiques. Et en cas de nécessité, elle leur offrait une issue périlleuse mais réaliste face aux exactions ou aux exigences démesurées de leurs dominants. « La fuite, c'est une chose qui ne disparaîtra pas », admettaient, philosophes, les rédac- teurs de l'*Histoire et coutumes des Bamum* [98]. Anthropologues et historiens sont unanimes à reconnaître la généralité de ces conduites d'escapisme dans l'Afrique ancienne et coloniale. Celles-ci, cependant, n'excluaient pas d'autres modes d'action politique, dans les registres de la participation conflictuelle, de l'énonciation idéologique ou de la lutte symbolique. Le domaine de l'invisible et ses pratiques en sorcellerie, les manipulations des généalogies ont toujours été des sites majeurs des antagonismes sociaux. Surtout, les dépendants n'étaient pas « sans voix » au sein des sociétés lignagères ou centralisées. Des conseils, des associations, des sociétés les y représentaient peu ou prou et ils y détenaient souvent des fonctions notables. Sur la base d'un échantillon solide, un auteur estime ainsi que 36 % des monarchies et des chefferies comportaient des conseils de roturiers impliqués dans la prise de décision politique et que plus de 75 % des chefferies et la quasi-totalité des monarchies avaient créé des cours roturières de justice [99]. Pour indicatifs qu'ils soient, ces chiffres ont au moins le mérite de cerner les limitations que les acteurs subordonnés faisaient peser sur les dominants. Une monarchie aussi considérable que celle du Yatenga devait par exemple savoir composer avec eux et « n'usait pas de contrainte pour amener la population d'un village à accepter un chef ». Quand néanmoins un choix malheureux survenait, une contestation subtile invitait le pouvoir à y renoncer :

> « Jamais un homme nommé par le roi ne quittera son village d'affectation en piteuse situation de chef non voulu et mal aimé. Il n'a pas eu à affronter des manifestations d'hostilité : il a été salué respectueusement mais par des gens muets; le maître de la terre notamment n'a rien dit mais la duplication locale de la cérémonie royale de la nomination, qui a lieu devant l'autel de la terre du village, a sans cesse été remise à plus tard, et à chaque fois que le chef a convoqué le dignitaire de la terre, celui-ci, protestant son grand âge ou une maladie, a envoyé un de ses suivants, etc. Tout est conduit de telle manière qu'un beau jour le chef "découvre" que ce village ne lui convient décidément pas, parce qu'il ne comprend pas la langue de ses habitants[...], parce que l'autel de la terre est trop puissant, plus banalement parce qu'il y a trop de termites ou parce que l'eau n'a pas bon goût, etc. Et dans l'entourage du roi, on trouve à l'infortuné chef une nouvelle affectation [100]. »

Il était enfin courant que les acteurs subordonnés se soulevassent. Les révoltes de cultivateurs et d'esclaves, les dissidences régionales, le banditisme ne se ramenaient pas, dans leur ampleur, au rituel de la rébellion dans lequel M. Gluckman discernait des vertus intégratrices [101]. Ils étaient porteurs de ruptures authentiques dont la révolution ashanti de 1883, sous la pression des jeunes gens *(nkwankwaa)* excédés par les coûts de la guerre, constitua un point extrême d'aboutissement [102]. Le colonisateur s'est lui-même heurté à des résistances armées, spécialement de la part des sociétés segmentaires. Contrairement à la thèse célèbre de V. Lanternari, ces insurrections associaient les élites précoloniales et n'étaient pas à proprement parler « populaires » [103]. Mais elles témoignaient de l'acharnement avec lequel les peuples hors États entendaient défendre leur autonomie envers tout pouvoir extérieur susceptible de les soumettre à une exploitation productiviste.

Qu'elle prît la forme d'un authentique antagonisme de classes (comme en Éthiopie, au Rwanda ou dans le califat de Sokoto) ou qu'elle visât précisément à prévenir l'émergence de classes (comme dans les sociétés lignagères du Sud angolais) [104], la lutte sociale fut telle qu'elle fit de l'Afrique un continent sous-exploité où le pouvoir d'infliger la violence ne se soldait point par celui de mettre au travail. Dans ces conditions, et bien que la corrélation entre formation de l'État, traite et commerce sur la longue distance n'apparaisse plus aussi simple qu'on le soutenait il y a quelques années, le rapport à l'environnement extérieur est devenu une ressource majeure du processus de centralisation politique et d'accumulation économique. Les mythes d'origine enregistrent souvent cette autonomie génétique du pouvoir par rapport à la communauté autochtone et la part décisive, dans sa conquête et sa consolidation, des « gens sans feu ni lieu », des « rois ivres » [105]. L'ouverture du continent à l'économie accentua naturellement l'extraversion de ses configurations politiques en multipliant les opportunités et les potentialités des fonctions de médiation marchande et en rendant encore moins indispensable l'intensification de l'exploitation interne. Les monarchies malgaches présentent une illustration presque caricaturale de ce type de trajectoire historique, tant elles se sont constituées à partir de l'alliance avec l'étranger dans les domaines de l'échange économique et de la légitimation idéologique [106]. De même, le sultanat omani de Zanzibar a largement bâti son hégémonie régionale, aux XVIIIe et XIXe siècles, sur sa position d'intermédiaire dans le commerce des esclaves, puis de l'ivoire. Dans les royaumes de la savane, en Afrique centrale, les factions rivales s'appuyaient constamment sur les Portugais ou sur les Arabes pour se combattre. Et dans la ceinture sahélienne l'adhésion à l'islam, venu du Nord, était le vecteur presque obligé de la conquête du pouvoir. On pourrait multiplier les exemples de cette nature. Aucun ne serait aussi éloquent que celui du royaume d'Ilesha, en pays yoruba, tel que J. D. Y. Peel l'a remarquablement analysé dans son espace régional. Le concept de *Qlaju,* qui valorisait le changement social au point qu'on peut le traduire par celui de « Lumières » et qui désigne encore aujourd'hui le « développement », se référait d'ailleurs explicitement au contrôle des ressources extérieures par le monarque [107].

C'est dans ce contexte que les Africains ont été les sujets agissants de la mise en dépendance de leurs sociétés, tantôt pour s'y opposer, tantôt pour s'y associer. La naïveté consiste à se livrer à une lecture anachronique de ces stratégies autochtones, en termes de « nationalisme » ou de « collaboration », là où intervenaient en priorité des considérations locales d'intérêt, dans un monde indifférent à l'idée nationale mais soumis à de graves tensions intra et inter-sociétales. Les factions et les groupes qui se disputaient le pouvoir et l'accès aux richesses ont sollicité l'appui de l'étranger pour triompher des partis rivaux ou pour conjurer des menaces de révolution interne. Simultanément, les formations politiques ont usé de l'implantation ou de l'occupation européennes pour sauvegarder ou parfaire une hégémonie régionale, ou au contraire se prémunir d'un danger militaire qui pesait sur elles. Il n'est guère de pages de l'histoire africaine du dernier siècle qui ne puissent être comprises sous l'un de ces éclairages. Aussi la coopération entre le colonisateur et les acteurs africains qui se prêtaient à son jeu était-elle par nature ambivalente. Elle opérait par le biais de « malentendus opératoires » *(working misunderstanding)* que le *Yauri Day Book,* tenu dans un émirat nord-nigérian de 1928 à 1931, exemplifie à merveille [108]. Même un personnage comme celui du roi Denis, « ami de la France » sur la côte gabonaise, n'avait pas la limpidité que lui attribuent ses détracteurs nationalistes contemporains. Et la quasi-totalité des sociétés africaines auront finalement fait alterner résistance et collaboration, selon les circonstances. La biographie d'un Martin Paul Samba, agent dévoué et doué de l'armée allemande au Kamerun avant de prendre la tête d'une révolte bulu, résume à elle seule cette oscillation [109].

En tant que système d' « articulation syncrétique » réceptif aux contradictions sociales autochtones [110], la colonisation a perpétué les stratégies politiques d'extraversion, tout en apportant aux dominants des possibilités inédites d'accumulation domestique : celles de l'économie monétaire. La production des sociétés africaines n'a plus pu s'abstraire de la civilisation technicienne occidentale. Mais le caractère extraverti, voire centrifuge des processus politiques que ce référent implique à l'évidence n'atténue en rien le rôle des acteurs autochtones. C'est ce que démontrent à leur tour les constructions politiques nées de la décolonisation. On

sait que M. Houphouët-Boigny, en Côte d'Ivoire, a d'emblée joué
la carte de l'alliance structurelle avec l'ancienne puissance coloniale. Il a vite été rejoint, *mutatis mutandis,* par ceux de ses pairs
qui le lui avaient vertement reproché. Les voies endogènes
d'accumulation et de développement que les variantes subsahariennes du socialisme valorisaient ont avorté. Les groupes dominants qui détiennent le pouvoir en Afrique noire continuent de
vivre pour l'essentiel des rentes que leur assure leur position
d'intermédiaires vis-à-vis du système international. Les revenus
tirés du surplus agricole paraissent plus limités – à quelques
exceptions près, dont celle, ironie de l'histoire, de la Côte d'Ivoire
– que les prélèvements opérés sur les exportations minières, sur les
diverses importations, sur les investissements étrangers ou sur
l'aide au développement. Le Niger est un cas idéal typique de ce
modèle : le marasme persistant du monde rural a dissuadé le président Kountché d'exiger de la paysannerie ce qu'elle ne pouvait
décidément plus donner et la principale source d'accumulation,
pour les acteurs dominants du pays, réside dans le commerce plus
ou moins licite avec le Nigeria et dans le détournement de l'assistance internationale [111]. De surcroît, la recherche de protecteurs
étrangers dans le combat politique ou militaire interne est souvent
de règle. Elle a été le principal moteur de la guerre civile tchadienne. Et en Angola, le MPLA, dépourvu de base rurale, a plutôt
tiré avantage de son alliance avec des segments de l'armée portugaise au lendemain de la révolution des œillets, puis de l'intervention cubano-soviétique. Face à lui, l'UNITA, forte de l'appui
sud-africain et américain, achève de reproduire le schème historique des vieilles guerres inter-monarchiques auxquelles se
mêlaient si assidûment les Portugais.
   Pour autant, on ne peut conclure à l'inconsistance des champs
politiques autochtones et à l'extranéité de leurs ressorts. Non que
les ingérences étrangères soient inexistantes. Sans parler des opérations militaires spectaculaires, mais point exceptionnelles, elles
sont à vrai dire quotidiennes. Elles ne relèvent pas même du
complot, dans la mesure où elles sont tranquillement confessées.
Un ancien ambassadeur de France à Libreville peut ainsi raconter,
sans émoi excessif, comment, en 1966, le vice-président du gouvernement gabonais, P. M. Yembit, « presque illettré », lui demandait
« s'il pouvait – ou non – apposer sa signature au bas de certains
documents » en l'absence du chef de l'État malade, comment lui-
même prenait « régulièrement les instructions de Jacques Foccart

qui suivait de très près l'évolution de la situation », et comment il fut en définitive conduit à obtenir d'un Léon Mba mourant un projet de réforme constitutionnelle à l'avantage de M. Bongo [112]. Mais il serait abusif de déduire de ces aveux que le pouvoir politique au Gabon est l'expression fantoche d'une « fausse indépendance ». Loin d'être prisonniers de leur très réelle vulnérabilité, les gouvernements africains usent, parfois avec talent, des ressources d'une dépendance dont on ne soulignera jamais assez combien elle est savamment fabriquée, autant que prédéterminée. Ils poursuivent, sur leur scène politique et au sein du système mondial, des objectifs qui leur sont propres, avec la marge d'échec et de réussite que comporte la mise en œuvre de toute stratégie.

Cela est vrai sur le plan économique : la prodigieuse régression du Ghana est le fruit de choix erratiques, et non d'une nécessité immanente au mode de production capitaliste [113]. Cela est encore plus clair dans le domaine des relations internationales où leur fragilité n'accule pas les pays africains à un quelconque alignement diplomatique. L'alliance de certains d'entre eux avec l'Union soviétique ne traduit pas la « satellisation » que fantasme une mythologie entêtée; elle est d'ordre instrumental, même si elle participe également à la structuration des champs politiques internes [114]. Les relations préférentielles que d'autres régimes ont instaurées avec le camp occidental ne préjugent pas plus de leur subordination. Ainsi, « la politique étrangère du Kenya se décide au Kenya en fonction des intérêts de la couche dominante et des tribulations de la politique locale », quel que soit au demeurant son « manifeste penchant » pour l'Ouest [115]. Étonnamment « néocoloniales » aux yeux des observateurs anglophones, les relations entre la France et ses anciennes possessions n'infirment pas cette constatation. La guerre civile nigériane a vu le Cameroun et le Niger refuser de soutenir la sécession biafraise malgré les objurgations de l'Élysée, et la Côte d'Ivoire maintenir son engagement à ses côtés après que le général de Gaulle y eut renoncé. En quelques années, les capitales africaines francophones ont imposé une renégociation conflictuelle des accords de coopération qui les liaient à Paris, ont promu une diplomatie distanciée et ont diversifié leurs relations économiques. Tant et si bien que la brouille et l'épreuve de force sont devenues des modalités coutumières des rapports franco-africains. Les dirigeants les plus tributaires, apparemment, de l'Élysée – par exemple le maréchal Bokassa en Centrafrique, le général Eyadéma au Togo – n'ont pas été les derniers

à y recourir. Et la diplomatie du chantage pratiquée de 1981 à
1986 aux dépens d'une gauche empêtrée dans ses présupposés
dépendantistes a rappelé qu'au guignol les marionnettes tirent
souvent les fils [116]. L'évolution des relations zaïro-belges, depuis
l'accession au pouvoir de M. Mobutu, en 1965, est également
assez conforme à ce modèle [117]. Or la multilatéralisation de la
dépendance du continent, qu'ont accentuée, dans les années
soixante-dix, la recherche par les capitales africaines de nouveaux
partenaires économiques, l'internationalisation des conflits en
Angola et dans la Corne, et le déclenchement de la crise mondiale,
a plutôt élargi cette marge de manœuvre des États subsahariens,
non seulement en augmentant le montant des aides mises à leur
disposition, mais surtout en leur permettant d'attiser la compétition entre les bailleurs de celles-ci. Impressionnantes par leur
ampleur et par la sévérité des conditionnalités qu'elles prescrivent,
les interventions de la Banque mondiale et du FMI sont imposées
par la dure loi des faits et sont, non sans raison, vécues par la plupart des dirigeants africains comme une atteinte à leur souveraineté. Pourtant, elles ne font pas exception à notre propos dans
la mesure où les crédits octroyés à l'issue de longues négociations
et d'accords théoriquement contraignants semblent être détournés
de leurs objectifs originels dans une mesure appréciable [118].

Tout indique en définitive que leur insertion inégale dans le système international est depuis plusieurs siècles un mode majeur et
dynamique de l'historicité des sociétés africaines, et non la suspension magique de celle-ci. Leur structuration interne procède elle-
même de ce rapport à l'économie-monde. Sans doute le concept de
dépendance garde-t-il sa pertinence, mais à condition de ne pas le
dissocier de celui d'autonomie, comme nous y invite A. Giddens en
parlant de « dialectique du contrôle [119] ». Et il n'est pas d'assujettissement qui ne soit action. Ce point se comprend mieux quand on
interroge la relation des sociétés africaines aux cultures allogènes
introduites par la traite et la colonisation. Pénétrables et, serait-on
tenté de dire, voraces, elles n'ont cessé d'emprunter à l'étranger au
point que l'on a longtemps souri de leur mimétisme maladroit,
avide de verroteries et de colifichets. L'épisode colonial a conféré
à cet appétit la connotation suspecte d'une aliénation contre
laquelle le discours militant n'a pas eu de mots assez durs.
Ouvrons à nouveau la préface des *Damnés de la terre* par Sartre :
« L'élite européenne entreprit de fabriquer un indigénat d'élite; on
sélectionnait des adolescents, on leur marquait sur le front, au fer

rouge, les principes de la culture occidentale, on leur fourrait dans la bouche des bâillons sonores, grands mots pâteux qui collaient aux dents; après un bref séjour en métropole on les renvoyait chez eux, truqués. Ces mensonges vivants n'avaient plus rien à dire à leurs frères [120]. » Tout emprunt, cependant, est réappropriation et réinvention. Peut-être n'est-il pas superflu de citer un exemple, plus parabolique qu'anecdotique. Au gré des informateurs, le mot *fula-fula* qui désigne à Kinshasa et à Brazzaville les châssis de camion carrossés pour le transport de passagers proviendrait du lingala (il signifierait alors « qui va vite », « qui se faufile »), de l'anglais *full* (nul besoin d'explication!), de l'imitation du bruit de la locomotive à vapeur du chemin de fer Congo-Océan, ou d'une langue angolaise (il y exprimerait l'action de souffler sur le feu, qui évoque elle-même la vélocité de ces véhicules) [121]. Le transfert des représentations, des attitudes, des modèles culturels – et singulièrement, pour ce qui nous concerne, dans la dimension politique – obéit à de semblables procédures de dérivation créative. Se confondant avec celui de la dépendance, le phénomène de la créolisation est inhérent à l'historicité des sociétés africaines. Fruit de cette « défaite totale », il ressortit précisément au répertoire ludique des vaincus et, de ce strict point de vue, il n'est pas sans s'apparenter aux cultures égyptienne ou italienne de la dérision. Les *zwam* * issus des anciens quartiers d'esclaves et de serviteurs royaux de Tananarive qui parlent un malgache *vary amin' anana* (truffé de mots français), les jeunes adeptes du *sheng* et du *nouchi*, les langues syncrétiques de Nairobi et d'Abidjan, revendiquent à leur manière, humoristique et provocatrice, cette extériorité sur laquelle les dominants assoient leur puissance [122]. Ces pratiques dénotent une projection de la lutte sociale dans ce domaine historiquement si crucial du rapport à l'étranger, plus que l' « européanisation » dont s'offusquent les élites dirigeantes contemporaines, à l'instar des missionnaires et des administrateurs coloniaux, et dont se désole un culturalisme chagrin. Aujourd'hui comme hier, au temps de la traite, l'enjeu véritable en est, plutôt que la sauvegarde d'une problématique véracité culturelle, le contrôle des ressources idéologiques et matérielles qui émanent de l'intégration à l'économie-monde. Et il porte en définitive sur la définition contradictoire de la modernité dont ces conflits sociaux sont la matrice. Bien loin d'exprimer le blanchiment des sociétés africaines, leurs épousailles avec des représentations culturelles

* *zwam* : groupes urbains de jeunes sans travail, à Madagascar.

d'outre-mer manifestent leur tempérament. Puisant dans les répertoires et l'habillement militaire occidentaux, la danse beni qui
s'était répandue comme une traînée de poudre, au début du siècle,
à l'ensemble de l'Afrique orientale, témoignait non pas des performances hégémoniques du colonialisme, mais de l' « extraordinaire
élasticité » des peuples sous son emprise. De façon plus ouvertement contestataire, les élèves kenyans d'une école technique de
Kabete ne répugnèrent pas, en 1929, à reprendre un chant swahili,
le *Mselego,* et à lui adjoindre des éléments de *fox-trot* pour protes-
ter contre la condamnation de l'excision par les missions. Une
vingtaine d'années plus tard, les sympathisants du Mau Mau mettaient en musique, sur les mélodies d'hymnes chrétiens, les principaux thèmes revendicatifs de l'insurrection, poussant l'impudence
jusqu'à « pirater » de la sorte le sacro-saint *God save the Queen* [123].
Ces mixages ne se réduisaient pas à l'utilisation instrumentale de
registres hétérogènes, vouée à berner la police coloniale ou à
récupérer, à des fins identitaires, les insignes culturels de
l'occupant. La fusion de rythmes akan et d'harmonies européennes
au sein du *highlife* ghanéen, en tant que « réponse créative au
monde moderne », montrait, dès les années vingt, que l'on était en
présence de vraies innovations culturelles, comparables sur ce
point au jazz, au tango ou au rebetiko [124]. Le développement
d'autres genres inédits, la musique *juju* et l'*afro-beat* nigérians ou
la musique dite « congolaise » en ont depuis confirmé la verdeur.
En ce sens, il ne suffit pas d'analyser la dépendance comme une
idiosyncrasie. Ce sont bel et bien des productions pleines de
modernités irréductibles qu'elle recouvre.

   Grave erreur, donc, celle qui emprisonne l'Afrique dans un tête-
à-tête avec une tradition mythique. Aussi loin que l'on puisse
remonter, le continent s'est montré désireux d'accéder à l'universel des richesses et des valeurs. L'idée de progrès ne lui était pas
indifférente, et des idéologies autochtones du développement –
chez les Yoruba, chez les Ashanti, chez les Beembe, par exemple
– vantaient les mérites du changement social, du bien-être et de
l'enrichissement [125]. En matière de technologie, les facultés inventives des sociétés anciennes n'étaient pas négligeables, quelle que
fût la distance qui les séparait de la civilisation occidentale et qui
leur fut militairement fatale. Dans ces conditions, les Africains se
sont souvent empressés d'épouser des pratiques et des représentations culturelles qui s'associaient à la formidable puissance matérielle de l'occupant et leur semblaient, non sans raison, en être les

préalables. A un émissaire qui entendait le convaincre du désir altruiste de la Couronne britannique d'apporter à son royaume les bienfaits de la civilisation, l'Asantehene répliquait en substance : « Votre motivation ne peut être celle-là. Pour ce qui est de l'industrie et des arts, vous nous êtes supérieurs. Mais nous sommes en relation avec un autre peuple, les Kong, qui sont par rapport à nous aussi peu civilisés que nous le sommes par rapport à vous. Or il n'y a pas un seul de mes sujets, même parmi les plus pauvres, qui accepterait de quitter son foyer dans le but de civiliser les Kong. Maintenant, comment espérez-vous me persuader que vous avez laissé la prospère Angleterre pour un motif aussi absurde? [126] » Les Myènè de la côte gabonaise qui se désignaient par l'expression *ayogo*, les « civilisés », par opposition aux gens de l'intérieur, le chasseur qui protestait furieusement auprès du marquis de Compiègne : « Moi il connaît parler français, faire commerce, chasser; moi il né Mpongwé : Mpongwé il connaît tout comme blanc; Mpongwé il pas nègre », les « évolués » qui se déclaraient, lors de la conférence de Brazzaville, « pour l'extension intégrale en Afrique de la civilisation occidentale », étaient vraisemblablement aussi lucides que le souverain ashanti [127]. Le rapport à l'Occident concernait le rapport autochtone des forces et il était une question de survie, avant d'être un problème d'« authenticité ». Aussi l'école, dispensatrice du savoir européen, a-t-elle bénéficié d'un engouement extraordinaire, si l'on fait abstraction des réticences initiales et particulières de certains groupes dominants à y envoyer leurs rejetons ou de l'hostilité inévitable des « anciens » envers la diffusion de mœurs insolentes. Elle continue d'être un enjeu social primordial et de susciter une singulière mobilisation financière, dont le mouvement *harambee*, au Kenya, n'est que l'exemple le plus illustre. Gros poste du « commerce légitime » au XIXe siècle, le vêtement européen est devenu d'emblée une parure convoitée par laquelle on affirmait son rang tant sur la scène sociale domestique – où la nudité symbolisait souvent le statut dépendant – que par rapport au maître étranger. Les voyageurs occidentaux ont décrit en termes excessifs le prix que les « grand monde » mpongwe, par exemple, attachaient à leur mise [128]. Et dans les années trente, des élèves de Chidya, au Tanganyika, menacèrent de se révolter dans le climat passionnel créé par la suspicion des missions envers la danse beni, pour obtenir le droit de porter le short au lieu du *shuka* [129]. La fraction notable des revenus familiaux dévolue à l'habillement – environ 20 % à

Brazzaville en 1951 [130], – le faste ludique avec lequel les jeunes citadins se costument et que les « sapeurs * » congolais poussent à l'extrême, selon une tradition déjà perceptible dans les années cinquante, le sens du décorum qu'affichent les élites dirigeantes sont autant de démentis au passéisme qu'affectionne le culturalisme dépendantiste. Et quand on considère la scène religieuse, la part de l'occidentalisation revendiquée, dans la rencontre conflictuelle entre l'Afrique et l'Europe, s'éclaire définitivement. A l'instar de l'islam, le christianisme importé par les Blancs a pénétré les cœurs, si bien que l'on a vu en lui un ferment particulièrement pernicieux de la colonisation. Mais peut-on sérieusement s'en tenir à cette vue des choses au regard de la déflagration syncrétiste qu'il a engendrée et du travail de recherche que mènent les Églises demeurées au sein des institutions religieuses occidentales, en particulier dans les domaines de la liturgie et de la thérapie? L'axiome sartrien de l'aliénation paraît décidément très étriqué, et le chanteur ivoirien Alpha Blondy, en « idiot total », le récuse d'une déclaration lapidaire :

> « Nous sommes un *melting pot* culturel, des mutants culturels que l'Occident a créés et qui font se gratter la tête. Ils sont venus et nous ont dit : " On va vous coloniser. Laissez tomber les pagnes et les feuilles. Prenez le tergal, le blue jean, ray ban style ". Et puis en cours de route, ils changent d'avis : " Écoute, ça revient trop cher, vous êtes indépendants! " Ça serait trop facile. Nous ne voulons pas de cette indépendance-là. Nous voulons que cette coopération qui a si bien démarré continue. Tu sais que tu es condamné à me reconnaître, tu ne peux pas m'appeler bâtard : je suis le fruit de ta culture. Je suis maintenant une projection de toi [...]. Les Blancs ne doivent pas démissionner. Celui qui m'a conquis et qui m'a mis son verbe sur la langue, il n'a pas intérêt à se tromper. Je ne peux pas le lui permettre [131]. »

Ainsi va le devenir d'une Afrique dont on peut se stupéfier qu'il ne soit pas mieux admis en tant qu'historicité totale. Car la trajectoire extravertie des sociétés subsahariennes est somme toute ordinaire. Par son rapport inégal à l'environnement international, elle grossit un vieux problème académique, celui de « l'influence des facteurs " externes " sur l'ordre politique interne [132] ». R.H. Lowie, O. Hintze, M. Weber le posaient déjà et l'anthropologie, l'histoire,

* Enfants du quartier de Bacongo, à Brazzaville, les « sapeurs » – devenus « Parisiens » à la « descente » de leur « aventure » à Paris – se réclament de la « Société des ambianceurs et de personnes élégantes » (autrement dit, la Sape).

la théorie des relations internationales, la sociologie de l'État l'ont repris sans désemparer [133]. Il est maintenant établi que l'on ne peut isoler la structuration des champs politiques de leur articulation aux champs connexes et que « les deux explications (interne et externe) sont inextricablement mêlées », comme le disait si simplement Braudel [134]. L'insertion dépendante des sociétés africaines dans le système mondial ne brille pas non plus par son originalité et elle mérite d'être *scientifiquement* dédramatisée. L'inégalité est la chose la mieux partagée dans le temps et – répétons-le *ad nauseam* – elle n'annule pas l'historicité. L'extraversion qu'elle provoque, les césures culturelles qu'elle engendre ont été monnaie courante dans le passé. Elles constituent des modalités viables du politique. P. Veyne en fait la remarque à propos de Rome, « un peuple qui a pour culture celle d'un autre peuple, la Grèce [135] ». Le Japon, l'Europe médiévale, l'Empire ottoman se sont pareillement rassemblés autour de représentations exogènes et ne s'en trouvaient pas moins japonais, européenne, ottoman, pas moins « authentiques » dirait-on en Afrique. Mais précisément, celle-ci connaît-elle l'heur de ces civilisations puissantes? L'objection, fallacieuse, achève seulement de prouver qu'une société peut être extravertie *et* s'inscrire au hit-parade de l'histoire, et que le misérabilisme du paradigme du joug est un catéchisme.

Notre propos n'est pas d'embellir, contre toute évidence, le parcours historique et le sort d'un continent meurtri dans sa chair et dans sa conscience. Il n'est pas non plus de présenter en modèle « l'habileté » que récusait justement la revendication nationaliste de la « dignité », pour emprunter les termes utilisés par un responsable du Parti de la fédération africaine à la veille des indépendances [136]. Il n'est pas enfin de disqualifier toute prétention à une identité autre qu'occidentale. L'hybridation constitutive de l'invention culturelle en situation coloniale ou postcoloniale est toujours un déchirement. A l'instar du héros de Cheikh Hamidou Kane, l'acteur y est « en détresse de n'être pas deux [137] ». Et l'exigence de V.Y. Mudimbe est trop partagée au sud du Sahara pour qu'il soit envisageable de n'y pas prêter l'oreille : « Pour l'Afrique, échapper réellement à l'Occident suppose d'apprécier exactement ce qu'il en coûte de se détacher de lui; cela suppose de savoir jusqu'où l'Occident, insidieusement peut-être, s'est approché de nous; cela suppose de savoir dans ce qui nous permet de penser contre l'Occident ce qui est encore occidental; et de mesurer en quoi notre recours contre lui est encore peut-être une ruse qu'il nous offre et au terme de laquelle il nous attend, immobile et ailleurs [138] ». Mais puisque cette dépendance épistémique dont se trouble le philosophe zaïrois n'interrompt pas la production de sociétés politiques à part entière, l'esquisse d'un paradigme qui rende mieux compte de leurs trajectoires devient urgente.

Un champ africain du politique

On peut, il est vrai, en douter une ultime fois. Cette entreprise est-elle encore utile? Après tout, la problématisation des sociétés africaines en termes d'historicité, il y a peu sulfureuse, tient aujourd'hui du lieu commun scientifique. Un nombre croissant de politistes, d'anthropologues et d'historiens s'en réclament, maintenant que les grands débats engagés à propos du Kenya, de la Tanzanie, de la Côte d'Ivoire n'ont pas tourné à l'avantage des auteurs dépendantistes et que certains d'entre eux, parmi les plus éminents, ont révisé leur position [139]. Les explications économicistes ne font plus recette, l'autonomie du politique ou des « bourgeoisies nationales » est prouvée et le rôle des acteurs subordonnés dans la structuration des sociétés commence à recevoir le traitement qu'il mérite [140].

Pourtant les medias occidentaux sont plus que jamais saturés de clichés en ces temps de famine et ils persistent à ramener à l'affrontement entre l'Est et l'Ouest la crise de l'apartheid ou la guerre du Tchad. Un auteur sérieux peut encore écrire, au début des années quatre-vingt, et faire publier par un éditeur non moins sérieux, une sornette de ce genre : « L'État néo-colonial, particulièrement dans le cas des colonies africaines de la France, n'est pas un sujet politique et ne pourra jamais l'être : c'est simplement un élément de structuration de l'espace africain par l'impérialisme français. Comme tel, il peut basculer sous la férule d'un autre impérialisme, dans le cadre des redistributions périodiques de cartes auxquelles procèdent les impérialismes entre eux. Mais il ne saurait avoir quelque chose comme une idéologie propre [141]. » Très en deçà de ces outrances, l'hypertrophie de l'État reste aisément expliquée par son édification « artificielle » sur les fondations coloniales, à l'opposé d'une croissance « organique » dans les entrailles de la société civile [142]. Et l'un des livres qui ont dominé les discussions africanistes de ces dernières années continue de parler d'un « État dépourvu de racines structurelles dans la société, tel un ballon suspendu en l'air [143] ».

Plus fondamentalement, la protestation d'historicité souffre d'imprécision. Il est clair que les constructions politiques, dans l'Afrique contemporaine, s'effectuent au gré de ces dynamiques de métissage dont nous avons relevé la prodigieuse vitalité, et au point de confluence de plusieurs traditions de conceptualisation : d'une part, la tradition de l'État issue de la différenciation d'un champ économique et de la formation de régimes d'opinion en Europe à partir du XVIIIe siècle, tradition qui s'est posée en universel technologique de gouvernement et que le binôme colonisation-décolonisation a diffusée en Afrique; d'autre part, les traditions autochtones de pouvoir, parfois étatiques, ou tout au moins monarchiques, elles aussi. La difficulté de l'analyse provient de ces multiples intersections. Dès 1959, G. Balandier en fixait le préalable en rappelant que la situation présente des sociétés africaines était la résultante d'une triple histoire qui avait « cumulé ses apports » : histoire précoloniale, histoire coloniale, histoire postcoloniale [144]. Nul ne pense plus que la décolonisation a été « très simplement le remplacement d'une " espèce " d'hommes par une autre " espèce " d'hommes », comme le prophétisait Fanon, et qu'elle peut se définir par cette « sorte de table rase » [145]. La continuité des mouvements politiques du début du siècle à ceux des années cinquante ou soixante est reconnue. Les acteurs en ont eu eux-mêmes conscience lors des luttes de libération nationale, spécialement au Mali, en Guinée, au Tanganyika, au Zimbabwe ou au Congo belge [146]. Chose culturellement admirable et politiquement catastrophique, nous dit l'un des meilleurs spécialistes du Nigeria, les Yoruba vivent de plain-pied avec leur passé et continuent à se diviser en partie selon des clivages dessinés au cours des guerres inter-monarchiques du XIXe siècle [147]. Et le griot auteur d'une geste, dans la région de Sikaso, au Mali, ne voit pas le pouvoir varier ostensiblement, de l'époque de Saba, le fondateur de sa chefferie, à celle des commandants de cercle de l'époque coloniale ou post-coloniale [148]. L'État contemporain, d'ailleurs, se rapproche de plus en plus nettement, dans son fonctionnement, des sociétés anciennes [149]. Néanmoins, il ne peut suffire d'invoquer « l'autonomie » de l'État envers le système économique mondial, la « revanche des sociétés » à son égard ou sa « re-patrimonialisation » par rapport à la phase bureaucratique coloniale [150]. Ce sont des lignes concrètes de continuité et de discontinuité, des procédures précises d'invention du politique, des situations différenciées qu'il convient de saisir si l'on ne veut pas substituer au concept merveilleux de dépendance une autre incantation. L'« historicité » de Maradi, au Niger, où l'homogénéité de la culture hausa contient la polarisation sociale, n'est par exemple pas identique à « l'historicité » en Abidjan, créée par le colonisateur et où l'emporte l'économie monétaire. Et de ces différences il convient de tenir compte.

Ce qui suscite une seconde incertitude : est-il envisageable d'ériger en paradigme l'historicité politique d'un continent dont on a pu dire qu'il était une abstraction imaginée par les géographes et les historiens impérialistes, en raison de son hétérogénéité? Bien sûr, les États qui le composent ont des caractéristiques communes, mais, ajoute plaisamment R. Hodder-Williams, les éléphants et les tables partagent également celle d'avoir des pieds [151]. Des rives de l'océan Indien à celles de l'océan Atlantique, la diversité triomphe : climatique, physique, humaine, politique, économique, historique. Les entités que l'on décline sur le thème de l'africanité n'ont souvent d'unité que celle que leur confère notre ignorance. L'islam rejetant les genres figuratifs usant des trois dimensions, l'art « africain » se caractérise par l'extrême morcellement des styles en l'absence d'une religion universaliste qui eût pu assumer le rôle homogénéisateur du christianisme en Europe [152]. Les essais d'identification d'un « mode de production africain » ont fait long feu [153]. La pluralité des formes monarchiques anciennes décourage de forger un type régional de « l'État traditionnel » et l'on se souvient que la notion de société lignagère ne résiste pas mieux à l'usure du temps [154]. L'islam « noir » ne se distingue pas autant qu'on l'a dit de l'orthodoxie musulmane et, en revanche, il s'est répandu sur le continent de façon variable suivant les régions, les époques, les groupes sociaux [155]. On pourrait ainsi multiplier les éléments de parcellisation culturelle et politique. L'idée d'une « culture africaine » qui présiderait à une organisation de la société et à une conception du pouvoir spécifiques s'en trouve aussitôt ruinée, bien qu'elle figure en bonne place dans le sottisier contemporain. Sans doute l'Afrique existe-t-elle dans nos têtes. Les universités accueillent des centres d'études « africaines », les entreprises et les banques abritent des départements « Afrique », des carrières se font (plus souvent qu'elles ne se défont) en « Afrique », et last but not least, les Africains se proclament « africains ». Mais toutes professions confondues, les observateurs les plus avertis conviennent de la singularité des parcours politiques de chaque pays subsaharien. Ce disant, l'objet de notre propos ne s'évanouit-il pas?

Pas entièrement car la proximité géographique a tout de même engendré une relative communauté de destin historique dont l'épisode colonial n'est que l'épiphénomène. Elle nous autorise à construire un objet scientifique, à circonscrire une aire politique dans une perspective comparative, voire à parler d'une « civilisation africaine » au sens où l'entendait F. Braudel, comme réalité « de longue, d'inépuisable durée [156] ». Par rapport à l'Asie et à l'Europe, sa particularité majeure résidait dans son agriculture extensive et itinérante, ignorant la charrue et la roue, avec tout ce que cela impliquait du point de vue de la captation de l'énergie animale, hydraulique ou éolienne, de la productivité, de la formation de surplus. Dans un contexte de mobilité spatiale des sociétés et de faible pression démographique, l'appropriation de la terre était peu formalisée et surtout peu individualisée. Le référent du pouvoir était moins le contrôle d'un territoire que celui des gens. La polarisation sociale et culturelle, les possibilités technologiques et scripturaires de centralisation politique s'en trouvaient limitées, ce dont témoignaient l'absence d'une « grande cuisine » et plus généralement la cohésion des modèles consommatoires [157]. En bref, on peut dire que « la contribution la plus distincte de l'Afrique à l'histoire de l'humanité a précisément été l'art civilisé de vivre de façon raisonnablement pacifique sans État [158] ».

Bien que le dernier siècle ait modifié plusieurs de ces données, il s'ensuit une profonde originalité de l'Afrique noire eu égard aux principaux paramètres de l'analyse comparative du politique. A l'instar de l'Asie et des pays arabes, et au contraire de l'Amérique latine, elle n'appartient pas à l'Occident. Mais la dynamique de l'hybridation du politique s'effectue dans son cas de manière particulière compte tenu de cette absence d'une « grande » tradition historique de pouvoir. D'autant que le développement des forces productives a contrecarré l'émergence, en son sein, de trois groupes auxquels la sociologie politique attribue un rôle cardinal. Faute de tenure foncière stable, la catégorie des propriétaires terriens était inexistante ou marginale avant la révolution juridique coloniale. La paysannerie était, et demeure, moins massive et moins ostensiblement constituée en classe sociale qu'elle ne l'est généralement en Asie. L'industrialisation étant tardive et restreinte, la classe ouvrière est de création récente et de taille modeste. Par ailleurs, la conceptualisation du politique s'est longtemps élaborée en dehors de la « raison graphique » malgré la diffusion de l'écriture par l'islam dans la ceinture sahélienne et sur la côte swahili, et elle relève encore largement de l'oralité.

Outre qu'ils appellent une problématisation propre, ces traits demandent que l'on écarte de notre propos, sinon les configurations historiques intermédiaires que sont les complexes politiquement centralisés, socialement hiérarchisés et culturellement polarisés du nord du Nigeria, de la côte swahili ou de la région des Grands Lacs, du moins quelques situations clairement atypiques : celles du Maghreb, de la Libye, de l'Égypte et du nord du Soudan, bien sûr, puisque la dominance incontestée de l'islam les a intégrées au monde arabe *, mais aussi celle de la République sud-africaine puisqu'elle a connu en un siècle une véritable révolution industrielle et celles de l'Éthiopie et de Madagascar puisque des monarchies centralisées, ayant peu à voir avec les royaumes du reste du continent, y reposaient sur des structures agraires autres. Dans la vaste zone qui s'étend du lac Turkana et du Limpopo aux confins du Sahara et de l'océan Atlantique, la production des sociétés politiques contemporaines s'opère en revanche sur un terreau définissable de congruences historiques.

Reste à savoir si ce processus porte sur la formation d'États ou sur la constitution de simples centres de pouvoir. Certains doutent de la pertinence de la première notion dans la mesure où le fonctionnement de ce qu'il est convenu de nommer les « États » africains est notoirement altéré par rapport à la souche occidentale et où les mécanismes de dé-différenciation semblent l'emporter [159]. L'objection, épistémologiquement valable comme le rappelle avec fermeté B. Lacroix [160], corroborée empiriquement dans certaines situations du continent, trahit néanmoins une saisie trop superficielle des faits et participe encore trop candidement du paradigme du joug pour être a priori généralisée à l'ensemble des sociétés politiques africaines. Au reste, chacune des considérations qui l'étayent (primat de l'organisation communautaire par opposition à l'individualisation des rapports sociaux; absence de sociétés civiles; présence de cultures d'orientation anti-étatique; faible différenciation du pouvoir par rapport à l'ethnicité ou à un mouvement politique dominant) est sujette à discussion dans les cas qui nous occupent. Et l'adhésion d'une partie des acteurs sociaux afri-

---

* Nous évoquerons néanmoins le cas de la Mauritanie, jadis intégrée à l'Afrique-Occidentale française et, de ce fait, en étroit rapport de synergie avec les dynamiques politiques subsahariennes.

cains aux représentations occidentales (ou « septentrionales ») n'est pas si ténue qu'on doive n'en pas tenir compte. Ce serait préjuger de nos analyses que de vouloir trancher le débat dans l'immédiat. Acceptons donc, par commodité et sous réserve d'un inventaire que l'on pressent complexe, de parler d'États en Afrique afin précisément d'en mieux cerner les trajectoires singulières et d'identifier les schèmes de « gouvernementalité » dont elles sont porteuses [161].

A cet égard, le vrai problème auquel est confronté l'analyste est moins terminologique que méthodologique. Certes, la thématique de l'invention du politique ancrée dans la pensée hégélienne, puis marxienne, en ce qu'elles comprenaient d'emblée l'Être-dans-le-monde comme une production, bénéficie actuellement d'un assez large consensus [162]. En soi, elle ne suffit pas à pénétrer les situations d'hybridation politique que connaissent les sociétés africaines, la complexité de leurs fondements historiques, leur insertion équivoque dans le système international, l'interaction permanente en leur sein de dynamiques qui leur sont internes et de facteurs qui leur sont extérieurs. Dans leurs pétitions de principes théoriques, les structuro-fonctionnalistes savaient eux-mêmes qu'une structure est multifonctionnelle, que les systèmes politiques sont par définition culturellement mélangés et que les modèles monistes sont impuissants à les expliquer. Leur sociologie se voulait « dynamiste », comme l'on disait alors, et G. Balandier ne cachait pas les espoirs qu'il plaçait en elle [163]. On a vu ce qu'il en est advenu. Tout au long des années soixante et soixante-dix, l'hétérogénéité radicale des sociétés africaines, qu'il ne s'agit pas de nier, a tendu à être conceptualisée sous forme de territorialités : celles de la tradition et de la modernité, des deux secteurs des systèmes politiques, du centre et de la périphérie du capitalisme mondial, des modes de production articulés entre eux, ou encore de la société et de l'État. Quel que fût le souci de nos auteurs de la transcender, la dérive binaire de la spatialisation a toujours fini par l'emporter. Or l'hétérogénéité des sociétés africaines, outre qu'elle est inhérente à tout champ historique ainsi que le pressentait M. Bakhtine, renvoie plutôt à une multiplicité de procédures énonciatives mises en œuvre, de façon concurrente, par les acteurs [164]. G. Balandier était proche de cette nouvelle conceptualisation quand il citait les travaux de la linguistique et écrivait, au détour de *Sens et puissance*, que « la relation des agents sociaux à la société [...] manifeste [...] la création continue à laquelle celle-ci se trouve soumise [165] ». Le thème de la société comme ordre « approximatif » et « plural » domine de fait son œuvre. Mais la piste ainsi tracée semble avoir été abandonnée au profit d'une sociologie de la contestation et de la modernité. En tout état de cause, elle n'a pas débouché sur une étude des sociétés politiques contemporaines d'Afrique noire. La structuration de celles-ci, dans le contexte historique d'hybridation que nous avons mentionné, n'est pas séparable de la production de sens en tant que production de rapports sociaux [166]. Les systèmes politiques, dont les dynamiques sont équivoques et réversibles, ne valent que par leur actualisation hétérogène d'un acteur à l'autre, et d'un contexte à l'autre, de même qu'un texte est créé par la lecture que l'on en fait. L'analyste se doit donc de dégager, dans des situations historiques et au sein d'un champ social clairement délimités, des procédures, différenciées d'un acteur à l'autre et, chez les mêmes acteurs, d'un contexte à l'autre, d'énonciation d'une même institution, d'une même pratique, d'un même discours. L'incomplétude et l'ambivalence des sociétés politiques africaines se comprendront mieux de la sorte : un appareil de contrôle et de domination, une ligne de dépendance ne sont pas seulement ce que le pouvoir ou l'impérialisme en veulent, mais aussi ce que les acteurs, fussent-ils subordonnés, en font.

En l'occurrence, notre intention n'est pas de faire acte de préciosité scientifique. Ces remarques correspondent très directement à des évidences factuelles, dès lors que le rapport des sociétés africaines à leur environnement est consubstantiel à leur engendrement et que leur ressort historique se plie à une logique de l'inachèvement [167]. Chez les Marakwet du Kenya, l'espace social ne cesse d'être défini par l'énonciation contradictoire qu'en font les acteurs [168]. Il en est exactement de même de l'État postcolonial. C'est en définitive cette part du creux ou, diront d'autres, cette place du « désordre », du « magma » dans la relation dialogique que l'Afrique entretient avec son passé, et aussi avec le système international, que rencontre tout essai de compréhension de sa production politique contemporaine [169]. D'un côté le travail d'unification et de totalisation propre à l'entreprise hégémonique des pouvoirs, de l'autre (et indissolublement liée) la déconstruction qu'assure la dispersion des énoncés : jeu subtil du Plein et du Vide, celui-là même de la gouvernementalité.

PREMIÈRE PARTIE

La genèse de l'État

CHAPITRE PREMIER

Le théâtre d'ombres de l'ethnicité

La conception générative que nous nous faisons des sociétés politiques africaines implique en soi que nous nous penchions sur leur genèse selon une problématique désormais classique de la sociologie historique de l'État. Néanmoins, ce truisme ne doit pas cacher le risque principal d'une telle entreprise, que n'a pas su entièrement éviter la fresque monumentale de P. Anderson, consacrée aux absolutismes européens : à savoir la représentation holiste des sociétés, sous la forme de totalités, et une reconstitution un tantinet téléologique de leurs trajectoires [1]. Dès lors que nous ne prétendons pas faire œuvre d'historien et que nos préoccupations ont trait à l'intelligibilité des champs politiques contemporains, nous proposerons de ceux-ci une « analytique interprétative [2] » en nous interrogeant sur les relations d'intertextualité, multiples, ambivalentes et fatalement contradictoires, qu'ils entretiennent avec le passé. Ainsi posé, le problème consiste moins à identifier les unités historiques qui constitueraient l'hypothétique point de départ de la construction de l'État et conféreraient à celui-ci sa finalité que de cerner les dynamiques auxquelles renvoie sa généalogie. Il demeure cependant compliqué par la donne coloniale, qui a définitivement brouillé les cartes : à quelques exceptions près – le Lesotho, le Swaziland, le Rwanda, le Burundi – les formes politiques d'aujourd'hui ne coïncident pas territorialement avec celles d'hier.

C'est la raison pour laquelle la première perspective qui vient à l'esprit met en jeu la notion d'ethnicité ou son succédané journalistique, celle de « tribalisme ». Les développementalistes des années soixante les plaçaient en exergue. Ils conjuguaient l'État à l'intégration horizontale de communautés hétérogènes que les puissances européennes, entre deux verres de sherry, autour d'un tapis vert, à Berlin, auraient regroupées dans un cadre territorial arbitraire.

Mais il n'est pas sûr que les anthropologues marxistes aient pour leur part échappé à la force d'attraction de l'idée ethnique [3]. Les uns et les autres formalisaient ainsi un double discours politique : celui du colonisateur, dissertant sur le passage de l'Afrique du primitivisme à la condition étatique moderne, et celui des mandataires autochtones de l'indépendance, soucieux de transfigurer leurs projets domestiques de domination en « intégration nationale », quelle que fût par ailleurs la légitimité qu'ils tiraient des luttes de libération. Bien que le temps se soit écoulé et que nombre de rêveries, académiques ou idéologiques, se soient consumées sous le feu des « soleils des indépendances [4] », le déchiffrement en termes de « tribalisme » des trajectoires étatiques subsahariennes continue de faire florès. Il présente cette particularité de désigner des réalités incontestables en les rendant à peu près incompréhensibles.

CONSCIENCES SANS STRUCTURES

On ne peut nier l'existence, voire l'irréductibilité des consciences ethniques. Celles-ci ne sont pas le reflet d'un stade élémentaire du développement que condamnerait la modernisation. Elles ne sont pas non plus le simple fruit de manipulations du colonisateur, de l'impérialisme ou des tenants de l'État contemporain. Les politistes fidèles à la tradition marxiste l'admettent maintenant. C'est se rendre aux évidences, dans la mesure où l'analyse de situations historiques concrètes achoppe inévitablement sur ce point. On y rencontre des leaders nationalistes brûlant de transcender le « tribalisme » mais contraints d'en fournir une preuve d'ordre ethnique : ainsi, Lumumba qui choisit, à Bukavu, de loger « chez quelqu'un d'une autre tribu » pour convaincre ses partisans qu'il était « non tribaliste [5] ». Les Cahiers de Gamboma saisis au cours de la répression des rébellions mulelistes, en 1965, montrent que les militants révolutionnaires congolais se faisaient une idée précise de ce « tribalisme », « une mauvaise ligne de pensée et d'action qui consiste à rechercher avant tout l'intérêt des égoïstes de sa propre tribu et de son clan » :

« Le tribaliste pense plus ou moins consciemment que les hommes et les femmes de sa tribu et de son clan sont supérieurs aux autres et qu'en conséquence, les autres doivent les servir et leur obéir. Le tribaliste cherche à imposer l'hégémonie, la prédominance de sa tribu et de son clan. Dans la réalité, les idées et les sentiments tribalistes ne sont le plus souvent exploités par certains que pour se créer une clientèle qui puisse les aider à satisfaire leurs intérêts et leurs ambitions égoïstes. Le tribalisme se manifeste sous différentes formes, dont voici les principales :

« 1) Le tribaliste exagère et vante sans cesse les qualités, les mérites et les bonnes actions des gens de sa tribu et de son clan; par contre, il méconnaît et essaie même d'étouffer systématiquement leurs défauts. A l'égard des autres tribus, c'est exactement l'attitude inverse [...].

« 2) Le tribaliste pratique couramment le libéralisme et le favoritisme envers les gens de sa tribu et de son clan [...]. Au contraire, à l'égard des gens des autres tribus et des autres clans, le tribaliste se montre en général très sectaire [...].

« 3) Le tribaliste cherche à accorder tous les privilèges et tous les postes de responsabilité aux gens de sa tribu et de son clan [...].

« 4) Inversement, le tribaliste cherche à exempter les siens de leurs devoirs et obligations, de tout travail difficile, des missions considérées comme les plus périlleuses, les plus pénibles et les plus humiliantes [...].

« 5) Ce favoritisme, le tribaliste le pratique aussi dans la répartition des avantages matériels et la distribution des services [...].

« 6) Des fois, le tribaliste pense même que ceux qui ne sont pas de sa tribu et de son clan sont trop riches et trop heureux pour mériter son aide [...].

« 7) Certains poussent le tribalisme jusqu'à s'opposer au mariage entre tribus et à préférer le mariage entre Noires et Blancs [...].

« 8) Sur le plan politique, la forme suprême de tribalisme consiste à revendiquer la formation de républiques soi-disant indépendantes mais à base tribale; à défaut de cette solution, on réclame " la fédération, autonomie régionale ", étant bien entendu que le morcellement du pouvoir politique et administratif doit s'inscrire dans un cadre tribaliste [6]. »

Quelques années auparavant, Um Nyobé, le dirigeant de l'Union des populations du Cameroun, se plaignait pareillement des « préoccupations de " fraternité ", de " clan " », qui gênaient « la bonne organisation des comités centraux » à l'intérieur de son parti. Dans une lettre au Premier ministre, André-Marie Mbida, qui avait imputé « aux Bassa » la mobilisation nationaliste et les avait menacés de ses foudres, il assurait : « Nous ne sommes pas des détribalisateurs comme d'aucuns le prétendent [...]. Nous reconnaissons la valeur historique des ethnies de notre peuple. C'est la source même d'où jaillira la modernisation de la culture nationale. Mais nous n'avons pas le droit de nous servir de l'existence des ethnies comme moyen de luttes politiques ou de conflits de personnes [7]. » Et aujourd'hui, dans un contexte très différent, un mouvement d'opposition gabonais, que l'on dit d'obédience fang, estime que « quand on chasse la nature, elle revient au galop »; il propose que le système politique assume « la réalité ethnique » en institutionnalisant un « Conseil communautaire » élu à la proportionnelle par « chaque ethnie » [8]. Ici ou là – au Sénégal et en Tanzanie, notamment – le poids du « tribalisme » dans la vie politique peut bien être moindre en raison de l'ancienneté des brassages de populations ou de la dominance d'une langue véhiculaire autochtone. Il n'empêche que le discours de l'ethnicité, à l'échelle de l'Afrique, paraît obligé.

Or il se réfère à des phénomènes sociaux singulièrement fluides et il se voit parfois récusé par les Africains avec la même virulence qu'ils mettent à en épouser les représentations. Le Cameroun des années quatre-vingt exemplifie bien cette contradiction. Dès 1975, la question de la succession du président de la République, M. Ahidjo, avait revêtu une connotation régionaliste s'il est vrai que celui-ci, désireux de se retirer au profit de son ministre de la Défense, M. Sadou Daoudou, lui aussi natif du « Nord », s'était heurté à la résistance des membres « sudistes » du Bureau politique [9]. Puis, son dauphin avait paru être M. Youssoufa Daouda. En outre, cette époque avait abrité la montée en puissance, complaisamment orchestrée par le pouvoir, de milieux d'affaires musulmans assez peu regardants quant aux moyens de leur enrichissement, marqués régionalement et religieusement aux yeux de l'opinion en tant qu'*aladji* ou *haoussa*. La démission inopinée de M. Ahidjo, en novembre 1982, précipitait ceux-ci dans le désarroi en remettant en cause les mécanismes illicites de leur accumulation. La coloration particulariste de ce qui allait vite devenir une crise était d'autant plus inéluctable qu'elle reposait sur une certitude, non dénuée de fondement [10] : la succession constitutionnelle organisée au bénéfice de M. Biya était un leurre destiné à tranquilliser momentanément les hommes politiques du Sud; elle ne préjugeait pas d'un « second tour », plus décisif, qui devait consacrer l'arrivée à la magistrature suprême du nouveau protégé « nordiste » de M. Ahidjo, M. Bello Bouba Maïgari. D'emblée, la transition politique ressortissait donc au registre ethnico-régionaliste. L'ancien président de la République, resté chef du parti unique, accentua encore cette inclinaison quand le calcul qu'il avait imaginé sembla lui échapper : en juin 1983, il chercha à rétablir son avantage en demandant la démission des ministres du « Nord », conformément à une manœuvre qui lui avait réussi, deux décennies auparavant, à l'encontre d'André-Marie Mbida, et nonobstant le fait qu'il ne manquait pas de soutiens dans le reste du pays. En échouant, l'opération ouvrait la porte à une confrontation militaire, qui survint moins d'un an plus tard. Comme M. Biya s'était interdit de restructurer la garde présidentielle de son prédécesseur, précisément pour ne pas être taxé de « tribalisme », la liste des personnes inquiétées au lendemain de son soulèvement, en avril 1984, n'était que trop suggestive, par la proportion d'originaires des départements septentrionaux qu'elle comprenait. En soulignant ce fait (« Tous les mutins étaient du Nord »), certains responsables politiques et militaires parlaient de corde dans la maison d'un pendu et se firent vertement rabrouer [11]. Ne disait-on pas également que les commerçants musulmans du quartier de la Briqueterie, à Yaoundé, avaient prévenu leur clientèle de l'imminence du drame à la veille de son déchaînement, et en étaient complices?

Simultanément, les groupes ethniques du Sud, ou tout au moins les « élites » qui parlent en leur nom, n'ont cessé d'affirmer positivement leur identité et de décrypter selon cette aune les échéances du changement politique. En particulier, les Beti et les Bulu, forts de leur prospérité et de la scolarisation massive de leurs enfants, prétendaient à la direction du Cameroun et, quelles que fussent les réserves que leur inspirait le personnage, avaient ressenti l'éviction d'André-Marie Mbida, en 1958, comme une usurpation. Aussi l'un des premiers actes de M. Biya, en tant que président de la République, fut-il d'avoir à éconduire une délégation bulu venue le féliciter. Et ce ne fut pas sans intentions pédagogiques qu'il visita le Centre-Sud *après* les autres provinces du pays, pour lui signifier qu'il ne fallait pas trop attendre de son accession à la magistrature suprême. Répondant au responsable local du parti, qui appuyait le serment d'allégeance de la région – « Monsieur le Président, nous autres du Centre-Sud, nous sommes des hommes de parole. Nous n'avons qu'une parole. Nous vous donnons notre parole. Vous avez notre parole » – il tint à rappeler les préceptes de l'unité nationale :

> « Ce serait une dangereuse illusion que certains de nos compatriotes prétendent avoir des droits et des privilèges particuliers, notamment dans le processus de nomination à des fonctions impor-

tantes, en dehors des critères autres que leurs compétences, leur engagement au service de l'État et de la nation, leur loyalisme et leur fidélité à l'égard des institutions, ainsi que l'exemple qu'ils sauront montrer et répandre, par leurs comportements, de leur conscience professionnelle et du respect de la légalité républicaine [12]. »

Par la suite, les milieux beti et bulu n'en affrontèrent pas moins durement les intérêts bamiléké dans les couloirs du ministère des Finances, des banques, de l'Université, au point que, coup sur coup, un intellectuel put se croire autorisé à stigmatiser « l'ethnofascisme » des ressortissants de l'Ouest, et des prêtres à dénoncer un plan de « bamilékisation » de la hiérarchie catholique [13]. Dans ce climat, l'indignation de l'opinion camerounaise envers les medias français qui, en 1983-1984, avaient insisté sur la dimension régionaliste de la crise de succession devint quelque peu surréaliste. Elle indiquait pourtant que le conflit entre M. Biya et M. Ahidjo était aussi constitutionnel, politique, économique. A ce titre, il comportait des enjeux que les Camerounais n'acceptaient pas de voir occulter [14]. Et surtout, ceux-ci, dans leur fureur, faisaient valoir, avec justesse, l'inconsistance des entités que l'interprétation régionaliste ou tribaliste érigeait en facteurs explicatifs.

Le « Nord », en particulier, est parcouru de clivages sociétaux dont M. Biya a joué avec habileté. Il est encore trop simpliste de les réduire à une contradiction entre une minorité dominante peul qui serait unanimement musulmane et une majorité dominée *haabé* ou *kirdi* (païenne) *. Certes, aucun Peul ne se dirait non-musulman, mais l'adhésion de certains d'entre eux – les pasteurs mbororo, par exemple – à la foi du Prophète semble superficielle. De même, il est des musulmans, comme les Arabes Choa de l'Extrême-Nord, qui ont été marginalisés et n'occupent pas une position socio-politique privilégiée. Quant aux Kirdi, ils représentent une mosaïque humaine, socialement hétérogène, dont l'insertion dans le système régional d'inégalité varie d'un groupe à l'autre. L'équation historique du Nord se laisse plutôt ramener à

* Un débroussaillage terminologique s'impose. On parle de Peul au singulier, de Foulbé (ou, en pays anglophone, de Fulani) au pluriel et singulièrement pour les groupes sédentarisés de cette « ethnie » à l'origine nomade. Les Mbororo sont demeurés des pasteurs nomades au sein de l'ensemble peul. Enfin, les Foulbé/Fulani sont bel et bien distincts des Hausa qu'ils se sont soumis au xixe siècle. Mais les Camerounais du Sud désignent par le terme de « haoussa » quiconque est originaire du Nord, porte boubou et confesse la foi du Prophète.

l'hégémonie d'un bloc au pouvoir, cimenté culturellement par l'*islamic way of life*, mais ethniquement hétéroclite, puisque l'on y retrouve, outre les grands notables foulbé, des commerçants hausa et des « élites » converties d'origine *kirdi*. D'une façon patente du temps des Allemands, de manière plus nuancée à l'époque des Français, le régime colonial s'est appuyé sur cet échafaudage. Et bien qu'il ait assuré son ascension contre le gré des principaux *lamibé* * de la région, qu'il leur eût imposé la création d'un parti politique de conception occidentale, qu'il eût restreint leurs préro- gatives, M. Ahidjo a poursuivi bon an mal an cette stratégie jusqu'au moment de sa démission, abandonnant peut-être dans un deuxième temps un peu du terrain gagné sur les chefferies au début des années soixante. Ses intentions étaient limpides. Par- venu au pouvoir en 1958 parce qu'il paraissait le mieux à même de conjurer les velléités sécessionnistes de l'aristocratie peul, il a opposé au morcellement politique du « Sud » la construction arbi- traire d'un « Nord » unitaire et immense, que surveillait un gouver- neur inamovible. Cette base arrière n'a cessé de représenter pour lui une ressource politique majeure, garante de la permanence de sa position. Et c'est ce faux monolithe que M. Biya s'est employé à démanteler à partir de 1983 en faisant fructifier les frustrations qu'il engendrait. Frustration de Maroua et de Ngaoundéré dont les *lamibé* avaient été frappés de plein fouet en 1958 et 1963 pour avoir contesté M. Ahidjo et qui s'étaient vu systématiquement pré- férer Garoua. Colère rentrée de la masse des cultivateurs païenne ou christianisée, pressurée par une chefferie de canton islamisée et intégrée au bloc social dominant de la région. Irritation des mis- sions catholiques, sournoisement persécutées par cette chefferie pour s'intéresser de trop près à la condition paysanne. Frustration, enfin, d'une fraction non négligeable de l'élite musulmane qui déplorait le malthusianisme politiquement suicidaire de la hiérar- chie sociale régionale [15].

La moitié méridionale du Cameroun n'affichant pas une confi- guration plus simple, la présentation dichotomique d'un affronte- ment entre le Nord et le Sud, qui a si souvent prévalu dans les commentaires de l'actualité, ne peut être raisonnablement rete- nue. Mais par-delà, c'est la notion même d'ethnie qui se dérobe à l'examen des faits, du moins sous la forme dont on se la figure généralement, celle d'une entité donnée, traversant les siècles et correspondant à un espace géographique délimité. Il est d'ailleurs

* *lamido* (sing.), *lamibé* (plur.) : souverain peul d'un *lamidat.*

révélateur que les anthropologues délaissent maintenant cet objet [16]. L'aporie propre aux interprétations tribalistes du politique provient en grande partie de ce qu'elles confondent deux plans d'observation : celui des structures sociales, d'une part, et, de l'autre, celui de la conscience des acteurs. Il peut, à la limite, y avoir conscience ethnique sans ethnie. Ou, plus exactement, l'ethnicité, phénomène complexe et relatif, n'est pas une combinatoire stable d'invariants, une structure statique et atemporelle. Produite par l'histoire, elle ne peut, elle non plus, échapper à une définition générative. On dirait volontiers d'elle ce que les historiens de la Grèce antique pensent désormais du *génos*, de la phratrie, de la tribu : « [...] Loin de représenter les cadres constitutifs essentiels de la société précivique, ces institutions, *telles que nous les connaissons*, n'ont connu leur plein développement qu'au sein de la *polis* déjà formée, où elles ne sont donc pas les vestiges d'un âge disparu mais bien les lieux indispensables d'expression de la cohésion, de la *philia* qui unit les citoyens [17]. »

A cet égard, force est de reconnaître que les groupes ethniques contemporains, loin de nous procurer le fil conducteur susceptible de réinscrire l'État postcolonial camerounais (par exemple) dans son arrière-plan historique, sont souvent de création récente et ne paraissent pas lui avoir préexisté de beaucoup. Ainsi, l'archétype de l'ethnie païenne du Nord est « un assemblage de groupements hétérogène qui, au hasard de leurs déplacements, se sont retrouvés au sein d'un même territoire »; son uniformisation est inachevée et la conscience qu'en ont ses membres « est due plus souvent [...] à une opposition vis-à-vis du monde extérieur qu'à la reconnaissance de liens organiques entre les individus d'un même groupe ». En définitive, elle se révèle moins dispensatrice d'identités que le massif montagneux ou, en plaine, le village. Sa conformation et jusqu'à son ethnonyme sont fréquemment le fait du regard de l'étranger [18]. Le nom de Mofu, par exemple, remonte à une soixantaine d'années et « commence tout juste à être accepté des intéressés eux-mêmes »; mieux, il désigne « deux groupes ethniques totalement différents » [19]. Dans la région, seuls les Kotoko, islamisés, sont implantés dans leur site actuel de très longue date, mais ils procèdent eux aussi, par filiation directe, d'une fusion ancienne d'éléments disparates. Les Foulbé, de leur côté, tout dominants qu'ils soient, ne font pas exception. La plupart des spécialistes écartent à leur sujet le concept d'ethnie et préfèrent parler d'une « population de culture peul – plus ou moins homogène – constituée de stocks hétérogènes [20] ».

Cette complexité génétique des groupements humains, on la retrouve au sud de l'Adamaoua. L'ensemble bamiléké est né, plutôt
que du refoulement de peuples soudanais du Nord, ainsi qu'on l'a
longtemps cru, de la convergence sur le plateau basaltique des
Grassfields d'immigrants de multiples provenances et de leur intégration commerciale, culturelle, politique [21]. Plus poussé que sur le
plateau voisin du Bamenda, ce processus d'unification n'a pourtant pas annulé les particularismes de chefferie hérités des guerres
du XIXᵉ siècle, dont le souvenir resurgit au détour de l'implantation
des maquis upécistes, de la constitution de réseaux d'affaires, ou
du déroulement d'une partie de football. Le terme de Beti, qui
signifie en substance les « Messieurs », les « Seigneurs », les « Civilisés », est de la même façon essentiellement naturalisant. Il se rapporte à des prépondérances culturelles et assimilatrices, ces
« ensembles ethniques absorbants » étant le produit d'amalgames.
De ce point de vue, les Beti se présentent comme une minorité
guerrière venue du nord, imposant son autorité et sa protection à
des peuples qu'elle recouvre de son nom, mais dont elle reprend
maints traits de civilisation, à commencer par la langue. Dans le
terroir de Minlaaba, l'ethnologue peut ainsi repérer six strates de
peuplement dont l'osmose n'est pas telle qu'elle exclue toute tension. L'unicité culturelle du groupe Pahouin dont relève l'identité
beti et, partant, sa cohérence politique au sein de l'État contemporain, semble bien avoir été exagérée [22].
   La plupart du temps, les ethnonymes que l'on utilise pour com-
menter une situation politique moderne s'appliquent en réalité à
des constructions pluriethniques de pouvoir. Verra-t-on dans le
puissant *lamidat* de Rey Bouba une pièce essentielle de la domination peul sur le nord du Cameroun? Sans doute. Encore faut-il préciser que cet État, effectivement fondé au XIXᵉ siècle par des guerriers foulbé, a très vite composé avec les populations autochtones
dont certains éléments ont acquis dans ses institutions une place
éminente [23]. En ce sens, le conflit qui a opposé les cultivateurs au
*baba** , en 1984, n'était pas ethnique, ni même religieux, mais
social. Il mettait en jeu les rapports de production, traduisait
l'exaspération d'une paysannerie surexploitée envers un *lamidat* et
des chefferies de canton par trop prédatrices. Les lettres de protestation rédigées par des fidèles catholiques étaient à cet égard
dénuées d'ambiguïté et n'avaient recours aux identifications ethniques qu'à seule fin de qualifier des lignes d'extorsion

---

   * *baba* : souverain du *lamidat* de Rey Bouba.

économique [24]. Parlera-t-on, aussi, du rôle charnière que tinrent
« les Bamoum » dans la consolidation du régime de M. Ahidjo,
dans la Réunification des Camerouns anglophone et francophone
en 1961, ou dans la victoire de M. Biya lors de la crise constitutionnelle de juin 1983? Ce ne serait pas dépourvu de fondements
mais signalerait plus exactement l'action de la *royauté* bamoum.
Celle-ci a été historiquement édifiée à partir de groupes composites rassemblés par des liens de consanguinité ou d'alliance mystique et par le biais de la soumission militaire ou politique [25]. On
s'en voudrait de rappeler de telles lapalissades si elles n'étaient
systématiquement négligées : du sultan à l'ancien captif, chacun
n'est pas « bamoum » au même titre...

D'un côté, le degré de politisation de l'hétérogénéité ethnique
des constructions étatiques anciennes ou contemporaines est
variable : faible dans le nord du Nigeria, plus intense au Burundi
et surtout au Rwanda [26]. De l'autre, l'hétérogénéité sociale que
voile l'identité ethnique entraîne des différences culturelles, et
donc politiques, dont ne rend pas compte la perspective « eth-
nophilosophique », si justement critiquée voilà quelques années [27].
S.F. Nadel distinguait déjà chez les Nupe des cultures du riverain,
du chasseur, du paysan, une culture urbaine et une culture rurale,
une culture de la classe dirigeante et une culture du peuple. La
conquête peul a encore un peu plus embrouillé les choses en se sol-
dant à la fois par l'assimilation, en particulier linguistique, de la
minorité victorieuse et par sa perpétuation sociale en tant
qu'élite [28]. En d'autres termes, les contradictions hors desquelles
on ne peut penser l'historicité des sociétés africaines – clivages
économiques déterminés par les rapports de production, clivages
biologiques entre hommes et femmes et entre jeunes et anciens,
clivages historiques entre vainqueurs et vaincus – et qui se chevauchent fréquemment, tendent à se projeter en autant de répertoires culturels, voire de conflits de pouvoir. Coexistent au sein
d'une formation sociale ou ethnique une parole des vieux et une
parole des cadets, une parole des hommes et une parole des
femmes, une parole des conquérants et une parole des soumis, certaines d'entre elles fussent-elles plus silencieuses ou secrètes que
d'autres [29].

Il se peut que ces registres se résolvent, ainsi que l'a soutenu
M. Augé, en une « logique d'ensemble qui situe les unes par rapport aux autres, de façon multiple et différentielle, non seulement
les différentes variantes institutionnelles d'une société, mais aussi
ses variantes intellectuelles, morales et métaphysiques », et à tra-

vers la « totalité virtuelle » de laquelle s'appréhenderait « le pouvoir » [30]. Cela, cependant, n'est point prouvé et une telle « idéologique » participerait de toute façon de rapports sociaux plutôt que d'une quintessence ethnique. En outre, elle serait tributaire d'apports exogènes dont nous avons constaté l'importance dans la définition des sociétés anciennes et contemporaines. A l'instar de la quasi-totalité des systèmes politiques du passé, les grands mouvements culturels qui ont balayé le continent avant sa colonisation – en particulier l'islam, les prophétismes, les millénarismes – ont été transethniques.

Si l'ethnicité ne peut offrir le repère fixe et originel auquel renverraient les champs politiques postcoloniaux, c'est qu'elle est elle-même constamment en train de se faire et qu'elle se fond largement dans le phénomène étatique dont elle est censée donner la clef explicative. En soi, elle n'est que l'une des expressions de l'engendrement des sociétés africaines que l'anthropologue surprend, par exemple, au détour du mécanisme de la « clanification », dans la royauté sacrée de Léré, au Tchad. Les clans sont « les unités constitutives de la population moundang considérée dans sa totalité comme ethnie et indépendamment de ses divisions territoriales » :

> « Nous n'avons pas affaire à une division en clans de la population moundang, division qui procéderait d'une lointaine unité originaire, mais à l'intégration sous la forme du clan de groupes allogènes dans un ensemble territorialement défini par la souveraineté du roi de Léré. Bien que certains d'entre eux aient une commune provenance géographique ou ethnique, tous les clans moundang ont, comme tels, une origine distincte rarement localisable avec précision mais suffisamment définie par rapport aux axes Nord-Sud et Est-Ouest [...]. Du point de vue de l'histoire du peuplement, les clans sont évidemment antérieurs à l'ethnie mais cette antériorité n'a guère de sens pour nous car nous ne savons rien du groupe clanique en lui-même, en dehors de ce qui précisément en fait un clan moundang. »

Et c'est par l'intermédiaire de cette dynamique de la « clanification » que s'incorporent dans les communautés villageoises les captifs, aussi bien que « l'énorme masse des agents de souche royale », toujours menaçante pour la stabilité du royaume [31].

Si l'on garde à l'esprit ce caractère génératif des sociétés africaines et son rapport organique à leur environnement extérieur, on comprend aisément la malléabilité de l'ethnicité sur laquelle insistait déjà l'école de Manchester dans les années cinquante [32]. En tant que schème d'identification, celle-là est contextuelle.

Cas limite, peut-être, que celui des Swahili. Le mot a été introduit par les voyageurs arabes et leur servait à distinguer les habitants de la côte orientale, ceux qui parlaient le kiswahili, des Zanj
(Bantou). Aujourd'hui, la « swahilitude » dépend des circonstances
de son énonciation :

> « Pour un Arabe d'Arabie ou pour quelqu'un d'une tribu de
> l'intérieur, le Mswahili est celui qui parle le kiswahili comme sa
> langue maternelle, qui vit sur la côte et qui est musulman. D'un
> autre côté, localement, à Lamu, Zanzibar ou Mombasa, les gens se
> disent volontiers waswahili comme épithète de référence à une
> communauté, en conférant du même coup une grande importance
> sociologique au terme. Mais, excepté pour les descendants
> d'esclaves ou les Africains détribalisés, " Mswahili " n'est jamais
> utilisé comme l'unique terme d'identification par les Waswahili
> eux-mêmes. Ainsi, il est toujours vrai que quelqu'un est mswahili
> mais aussi autre chose : par exemple, une personne est un Mswahili
> mais aussi Mngwana, Hadrami ou Sharifu; un autre est un vrai
> Mswahili mais aussi le fils de parents Pokomo (tribu du nord-est du
> Kenya), islamisé et vivant à Lamu [33]. »

Pourtant, la parenté, dans une société lignagère, ne se décerne
pas autrement [34]. L'identité ethnique, en outre, n'est pas exclusive
d'autres lignes de positionnement identitaire, de nature biologique,
religieuse ou économique. Pour être bamoum, on n'en est pas
moins homme ou femme, planteur, ouvrier ou commerçant, musulman ou chrétien, diplômé ou analphabète. Aux antipodes de la
problématique intangibilité d'un ordre de la tradition, la
conscience ethnique témoigne du changement social, dont elle est
une matrice. On ne saurait la disjoindre des mutations du siècle :
celles de l'urbanisation, de la construction d'un nouveau réseau de
communication, de l'instauration de rapports inédits de production, de l'intensification des courants migratoires et commerciaux [35]. Pour peu que cette extrême plasticité des identités ethniques soit restituée dans sa diachronie, il se confirme que
l'Afrique noire précoloniale n'était pas, à proprement parler,
constituée en une mosaïque d'ethnies [36].

PRODUCTION DE L'ETHNICITÉ

De manière révélatrice, la plupart des situations où la structuration du champ politique contemporain semble s'énoncer dans les
termes préférentiels de l'ethnicité mettent en jeu des identités qui

n'existaient pas il y a un siècle ou, tout au moins, qui n'étaient pas aussi nettement cristallisées. Cela est vrai de la succession présidentielle en Côte d'Ivoire que paraît hypothéquer l'irritante question bété, du régime kenyan de M. arap Moi qui assurerait la revanche des Kalenjin sur la longue prééminence des Kikuyu, de la révolution de 1964 qui aurait renversé à Zanzibar la domination arabe, de la sécession du Biafra tentée par les Igbo, des guerres civiles entre Tutsi et Hutu au Rwanda et, surtout, au Burundi, ou encore de la Première République du Congo-Léopoldville en proie aux luttes tribales [37]. Bien qu'il soit excessif de soutenir que la totalité des groupes ethniques contemporains sont les produits du moment colonial [38], le processus de précipitation des identités ethniques est incompréhensible si on l'abstrait de celui-là. Il illustre admirablement cette assertion de M. Mauss selon laquelle le langage est « toujours au fond un instrument d'action » et « agit en exprimant des idées, des sentiments que les mots traduisent au-dehors et substantifient » [39].

Le regard du colonisateur s'est efforcé de conceptualiser les paysages humains indistincts qu'il s'était soumis en entités spécifiques, imaginées, faute de mieux, sur le modèle d'un État-nation au rabais. L'administration française, de souche jacobine et préfectorale, en avait une conception franchement territorialisée, l'*indirect rule* britannique s'en faisait une idée plus culturaliste. Par-delà ces nuances, ce fut en fonction de telles représentations que s'organisa le régime colonial et qu'il entendit ordonner la réalité. Il usa pour ce faire de la coercition, en sédentarisant autoritairement l'habitat, en contrôlant les mouvements migratoires, en figeant plus ou moins artificiellement des identifications ethniques par le biais de l'état civil et des passeports intérieurs. Mais la force contemporaine des consciences ethniques provient bien plus de leur réappropriation par les acteurs autochtones dès qu'elles circonscrivirent l'allocation des ressources de l'État. Ainsi, la fonction de chef, au Congo belge, a été rapidement investie par les aînés de lignage dans la mesure où son exercice donnait droit au versement d'un traitement administratif et à la levée d'un « tribut » soi-disant coutumier. Ces rémunérations, proportionnelles au nombre de gens et de sous-chefs que la chefferie pouvait se targuer de coiffer, incitaient ses titulaires à fabriquer de l'ethnicité, arguments historiques et généalogiques à l'appui [40]. Plus en profondeur, des interactions identitaires se sont nouées entre les instances significatives de pouvoir et de répartition des ressources, d'une part, et, de l'autre, les populations auxquelles elles s'appliquaient. Les colonies qui ont été soumises à l'*indirect rule* sont naturellement typiques de ce point de vue. N. Kasfir a pu le montrer à propos de l'Ouganda, où Lord Lugard avait expérimenté ce régime administratif [41]. Et c'est en grande partie autour de la *Western Region* de la Nigeria que s'est forgée la conscience yoruba, sur les cendres des guerres inter-monarchiques du XIXᵉ siècle, ou à partir des institutions du *local government* que se sont élaborées des appartenances communautaires plus restreintes [42].

Le modèle préfectoral français, cependant, n'a pas eu de conséquences divergentes. Le cas des Aïzi, un petit ensemble d'environ 9 000 âmes, sur la lagune ivoirienne, est suggestif. Chacun des treize villages qui le composent affiche une configuration originale quels que soient les critères retenus : langue, modes de filiation et de résidence, ou traditions d'origine. L'« aïzitude », en effet, ne renvoie pas à une entité pré-coloniale mais à une réaction au sens chimique du mot, le « précipité » ethnique étant « radicalement différent des éléments qui ont pu servir à son élaboration ». Puisque la notion d'ethnie a été l'une des prémisses idéologiques de la mise en forme coloniale des réalités sociales à administrer, elle est devenue « le lieu et le moyen d'affirmer une existence propre » et, par là même, « le langage des rapports entre assujettis eux-mêmes ». Rapidement, le pouvoir colonial a perdu la maîtrise du processus qu'il avait enclenché : « Celui-ci fait système et produit littéralement des particularismes (tribu-ethnie). L'affinement progressif des découpages administratifs est moins l'effet d'une volonté délibérée que le rattrapage d'une dynamique qui s'alimente de tous les conflits possibles, économiques ou politiques. L'État ivoirien n'y échappe pas qui, dans la région lagunaire au moins, s'évertue à faire correspondre une sous-préfecture à chaque ethnie malgré leur grand nombre et leur petite taille. » En l'occurrence, les rivalités de pêche entre, d'une part, Adiou-Krou et Alladian, bénéficiant du statut d'interlocuteurs privilégiés de l'administration coloniale et, de l'autre, « Aïzi », en voie de perdre leurs prérogatives de « maîtres de la lagune », ont contribué à rendre nécessaire l'érection de ceux-ci en ethnie dès avant la Seconde Guerre mondiale. Par la suite, la course à la terre, la constitution de réserves foncières dans le domaine forestier ont rendu cette mutation encore plus impérative [43].

Il s'est ainsi créé un mécanisme de rétroaction entre les stratégies sociales autochtones sous-jacentes à la colonisation et l'édification de l'appareil étatique. L'ethnicité en est l'une des résultantes dont les enjeux sont tout matériels : accès aux facteurs de la production économique et donc à l'accumulation, implantation d'équipements sanitaires, scolaires et routiers, communication avec les centres de décision et les marchés. Néanmoins, les représentations ont été cruciales dans l'agencement de ces flux de biens et de services. Les fonctionnaires de la bureaucratie coloniale, mi-administrateurs mi-ethnologues, ont d'emblée donné un coup de pouce idéologique décisif à la concrétion des consciences ethniques. Ils ont vite été épaulés par les missionnaires, notamment protestants, qui ont aidé à la standardisation et à l'extension d'idiomes régionaux au travers de leur enseignement, de la traduction des Écritures et de la formation d'une élite érudite autochtone dont les figures du révérend Johnson, en pays yoruba, ou de l'abbé Kagame, au Rwanda, sont des témoins célèbres [44]. L'ethnologie elle-même, prodigue en monographies ethniques, a pris part à l'invention de cet imaginaire et elle est à son tour devenue une ressource convoitée : les Nkoya, dont l'unification ethnique ne fait nullement exception à la règle et découle de leur incorporation à un espace « nord-rhodésien », puis « zambien », ont accueilli avec un vif intérêt l'étude anthropologique qu'un chercheur néerlandais entendait leur vouer, dans l'espoir qu'elle conforterait leur mise face à l'hégémonie lozi [45].

L'idée ethnique jouit à présent d'un large consensus. C'est un chef d'État africain, et non un journaliste occidental ou un commandant de cercle à la retraite, qui voit dans « les tribus, avant l'arrivée des Européens [...] des sortes de petites nations où l'on avait une communauté de langue, de culture, de destin [...], où l'on se sentait en sécurité [...], qui se considéraient comme étant des entités à part [46] ». Pour erronée qu'elle soit d'un strict point de vue historique, cette optique appartient désormais au paysage politique du continent. Elle n'autorise pas pour autant à discerner dans le pluralisme ethnique l'infrastructure culturelle à laquelle se ramènerait la genèse de l'État contemporain. Le jeu des acteurs constitutif de ce processus ne consiste pas en un affrontement de forces ethniques closes sur elles-mêmes, comparable à l'entre-choquement de boules de billard (pour reprendre la métaphore qu'emploie A.R. Zolberg dans sa critique de la théorie classique des relations internationales [47]). Sous ce rapport, la crise camerounaise de 1982-1984 n'a rien d'exceptionnellement complexe. Aucun des phénomènes politiques contemporains que l'on a prétendu réduire à une dimension ethnique ne se laisse enfermer dans un cadre d'explication aussi univoque.

On a souvent rattaché le tripartisme nigérian des années cinquante à la prégnance du vote tribal, sous prétexte que chacune des formations dominantes puisait l'essentiel de ses soutiens dans l'une des trois régions administratives. Des études plus fines montrent néanmoins comment Ilesha, par exemple, tout à ses rivalités avec les autres cités yoruba, donnait la majorité de ses voix au National Council of Nigerian Citizens, réputé dominé par les Igbo, ce qui n'excluait pas que certains de ses quartiers se prononçassent pour l'Action Group de Chief Awolowo, le parti gouvernemental de la *Western Region* [48]. De même, les grands marchands de bétails hausa installés à Ibadan votaient pour l'Action Group, et non pour le Northern Peoples' Congress comme on aurait pu s'y attendre. Ils espéraient ainsi empêcher les bouchers yoruba d'obtenir du gouvernement régional l'édiction d'une réglementation qui leur fût défavorable. Ils entraînèrent dans leur sillage l'ensemble de la communauté hausa de la ville, dont 93 % des suffrages se portèrent sur l'A.G. aux élections de 1961 [49]. En 1978-1979, les consultations électorales qui marquèrent le retour à un régime civil sanctionnèrent dans une large mesure la résurgence de la sociologie politique, régionalement connotée, des années cinquante. Indéniablement, les candidats se virent « piégés par les perceptions ethniques de leurs partisans et de leurs opposants », en dépit du caractère très contraignant des clauses constitutionnelles. Au dire d'un observateur averti, on ne peut cependant en « conclure que les partis, la campagne électorale, les résultats furent dominés et déterminés par le tribalisme [50] ».

Autre exemple éculé, la vie politique kenyane depuis 1963 n'a pas tenu à un affrontement entre Kikuyu et Luo. Il est vrai que les Kikuyu occupèrent une place motrice dans la levée d'un mouvement nationaliste parce qu'ils étaient plus directement confrontés aux inconvénients, notamment fonciers, de la colonisation britannique. Tout en se sachant d'une origine commune, ils s'identifient néanmoins, en premier lieu, à leur sous-clan et au terroir qui lui correspond, en second lieu à leur *district* [51]. Sur la base de ces constatations, on peut certes relever l'influence croissante des responsables kikuyu dans les instances publiques, en particulier de 1969 à 1972, ou encore le tarissement des investissements en pays luo une fois que M. Odinga Oginga fut entré en dissidence [52]. Pourtant, les clivages politiques les plus saillants de ces vingt dernières années ne se sont pas moulés sur les contours de ces délimitations macroethniques. C'est une rivalité intra-kikuyu qui a commandé l'issue de la succession de Jomo Kenyatta, lui-même Kikuyu de Kiambu. Originaire de ce *district*, M. Njonjo, alors *attorney general*, contrecarra le mouvement « *Change the Constitution* » qu'inspirait la famille du vieux président et permit ainsi que la transition s'effectuât au profit du vice-président, M. arap Moi, un Tugen de l'ensemble Kalenjin. Dans les années qui ont suivi, la vie politique kenyane a été dominée par la lutte de M. arap Moi à l'encontre de la Gikuyu, Embu, Meru Association (GEMA), une holding qui, depuis 1971, assurait la promotion économique et sociale de ces communautés ethniques et dont certains responsables avaient été mêlés au mouvement « *Change the Constitution* ». Pour ce faire, le président eut le soutien de M. Njonjo et celui, plus mesuré, de son vice-président, M. Kibaki, Kikuyu lui aussi. On ne peut non plus passer sous silence la sourde concurrence qui mit aux prises ces deux dernières personnalités. Les Luo, quant à eux, s'étaient également départagés, lors de la décolonisation, entre M. Odinga Oginga et Tom Mboya, puis, après l'assassinat de celui-ci, en 1969, entre odingistes et anti-odingistes, notamment lors des élections de 1974 et de 1979 [53]. Dans ces conditions, la lecture strictement ethnique d'un événement comme la tentative de putsch d'août 1982 n'échappe pas à la fatalité de la caricature outrancière [54].

Enfin, la sociologie des rébellions rurales, propice aux interprétations tribalistes, nécessite en réalité que soient invoqués d'autres facteurs que ceux de l'ethnicité, même si les soulèvements armés ont effectivement tendu au cloisonnement géographique et culturel pour des raisons militaires. Au Cameroun, la lutte des upécistes a douloureusement divisé les sociétés qu'elle a embrasées et ne se décompose pas aussi nettement qu'il a été dit en une phase « bassa » et une phase « bamiléké » [55]. Volontiers présentées comme l'archétype des antagonismes tribaux, les rébellions congolaises de 1964-1965 n'obéissent pas non plus entièrement à ce schéma : les BaPende du Kwilu ont combattu en masse, mais non ceux du Kasaï; au Kwilu même, d'autres groupes, tels les BaDinga et les BaLori, se sont scindés à l'appel des mulelistes [56]. Et ce jusqu'aux guerres civiles tchadienne et angolaise, en dépit des mythologies qui les nimbent [57].

On pourrait de la sorte multiplier les démonstrations à l'infini. Elles induiraient toutes une double conclusion : en Afrique, l'ethnicité n'est presque jamais absente du politique; elle n'en constitue toutefois pas la trame fondamentale. Ainsi envisagé, le dilemme est naturellement inepte. Les manifestations de l'ethnicité impliquent inévitablement d'autres dimensions de la société, ainsi que l'ont pour leur part prouvé, depuis longtemps déjà, les anthropologues. Et dans le contexte de l'État contemporain, son référentiel privilégié semble avoir trait à l'accumulation, aussi bien économique que politique. Il est de plus en plus communément admis que le tribalisme, au lieu d'être en soi une force politique, est un canal par lequel se réalise la compétition en vue de l'acquisition de la richesse, du pouvoir, du statut. Les exemples abondent. Les tensions entre Igbo et non-Igbo à Port-Harcourt, entre Yoruba et Hausa à Ibadan, révèlent moins des antinomies linguistiques ou culturelles désincarnées qu'une lutte pour le contrôle de la ville et de ses ressources dans le premier cas, du commerce de la kola et du bétail dans le second [58]. La rancœur des Luo et des Kalenjin à l'encontre des Kikuyu est directement liée au partage des dépouilles (*spoils*) qu'autorise la détention du pouvoir et aux péripéties d'un développement économique inégal d'une région à l'autre [59]. En Ouganda, le déchaînement d'une crise paroxystique, à partir des années soixante, témoigne de la colère des autres ethnies devant les gains que les BaGanda tirèrent de leur alliance primitive avec les Britanniques et du régime de l'*indirect rule* [60]. A Zanzibar, l'unification ethnique des « Africains », dans le courant des années cinquante, traduisait leur rejet de la structure économique, que dominait un bloc plus aisé à définir comme une coalition sociale de planteurs et de marchands-usuriers rassemblée autour de l'État, que comme un groupe homogène « arabe » [61]. En Mauritanie, enfin, le *Manifeste des dix-neuf* condamnait dès 1966 « l'accaparement total de tous les secteurs de la vie nationale par l'ethnie maure »; plus récemment, un autre texte, le *Manifeste du négro-mauritanien opprimé*, s'est livré à une virulente critique de la confiscation, par les tenants de « l'État beydane », des prêts bancaires et des « fertiles terres alluviales du fleuve Sénégal » pour conclure, à l'intention de la communauté noire : « Boycottez, bannissez, tuez s'il le faut tous ceux qui encouragent la vente des terres. Détruisez, brûlez les biens de ces étrangers qui viennent aménager sur vos terres. La terre appartient au village. La seule réforme foncière acceptable pour nous est celle qui permet la redistribution de la terre proportionnellement [sic] aux besoins entre tous les membres du village [62]. » Partout, les stratégies les plus marquées ethniquement, par exemple dans les domaines de l'embauche, de la scolarisation, du crédit, sont celles qui ont trait aux ressources de l'économie moderne. S'il est absolument indispensable d'adopter une définition de l'ethnicité, on peut donc se rabattre sur celle, extrême, provocante et bien évidemment réductrice, que propose R.H. Bates : « [...] En bref, les groupes ethniques sont une forme de coalition gagnante à la marge, suffisamment large pour garantir des profits dans la lutte pour le partage des dépouilles mais aussi suffisamment restrictive pour maximiser le rendement *per capita* de ces profits [63]. »

Mais il n'est pas sûr que le problème soit encore convenablement exposé. D'une part, il importe de dégager les processus selon lesquels se forment ces coalitions, les matériaux historiques dont elles usent, les répertoires culturels dans lesquels elles puisent. L'ethnicité se rapporte aussi à des *habitus* qui peuvent engendrer des relations de sympathie ou au contraire de méfiance, voire de répulsion (les « X » mangent du singe, les « Y » sentent mauvais, les « Z » portent d'abominables scarifications ou sont anthropophages). Elle implique également un passé relationnel d'alliances, de guerres, de razzias, de concurrence économique, chargé de ce que certains historiens nomment des « événements traumatismes » et qui contribuent à modeler les interactions au sein des champs politiques contemporains.

D'autre part, la question du rapport de l'ethnicité à la stratification sociale et à l'État, qu'avance si franchement R.H. Bates, demande à être éclaircie. L'ethnicité, nous l'avons vu, est un processus de structuration culturelle et identitaire, plutôt qu'une structure donnée. Comme telle, elle est inséparable d'un autre procès de structuration, celui, politique, d'un champ étatique. A moins qu'elles ne se soldent par un projet irrédentiste ou séparatiste – phénomène somme toute étonnamment rare dans l'Afrique postcoloniale –, les appartenances ethniques participent par définition d'un « univers de significations partagées », celui de l'État [64]. Mais ces dynamiques génératives sont elles-mêmes les facettes d'un processus plus large qui les englobe et dont elles sont constitutives : l'émergence d'un nouveau système totalisant d'inégalité et de domination.

En ce sens, il ne suffit pas de dire que l'ethnicité peut être fonctionnelle du point de vue de l'intégration nationale ou de la construction de l'État, comme le faisait I. Wallerstein [65]. Il est carrément faux de soutenir, à l'instar de R. Sklar, dans un article dont on a rétrospectivement quelque peine à s'expliquer la formidable audience, que le tribalisme masque les privilèges de classes [66]. Et il serait, pour sûr, naïf de discerner dans les ethnies, économiquement hiérarchisées entre elles, les germes de classes à venir, comme le proposait M. Lissouba, un ancien Premier ministre du Congo-Brazzaville, en 1967, en parlant de « classes-tribus ».

Notion relationnelle et non substantielle, l'ethnicité est un cadre parmi d'autres de la lutte sociale et politique. Elle est à ce titre ambivalente eu égard aux lignes d'inégalité et de domination. C'est qu'elle est produite par l'action contradictoire des catégories sociales, fussent-elles subordonnées. Et même, le rôle de celles-ci dans son énonciation est probablement déterminant, dans la mesure où la communauté ethnique est un chenal par lequel est revendiquée la redistribution, aussi bien qu'un instrument d'accumulation [67]. Que M. Libock, au Cameroun, soit nommé chef du cabinet privé du président de la République, il focalise aussitôt les espérances de ses « pays » : « Pour la première fois dans l'histoire, le Nyong-et-Kellé est honoré de compter deux de ses fils parmi les membres du gouvernement. Jusqu'à présent, nous n'en comptions qu'un seul. Or, le proverbe basâ dit qu'avec une seule lance, on n'attaque pas un fauve. Nous remercions donc infiniment le président de la République S.E. Paul Biya qui nous a ainsi comblés », s'exclame un notable du village. Le nouveau ministre ne se trompe pas sur la signification de ce langage et rappelle qu'il est avant tout un commis de l'État, au service de la nation entière, à l'instar du président de la République : « Lui qui est né à Mvomeka'a, s'il ne regardait que l'intérêt de son village ou des Bulu, il ne m'aurait pas appelé à ses côtés. Ainsi, conformément à notre proverbe qui dit que la chèvre broute l'herbe dont se nourrit sa mère *, je suis résolu à marcher sur ses pas. Afin que votre vœu ardent ne soit pas que Libock s'éternise au gouvernement mais plutôt que la confiance que le chef a fait à notre département ne se rompe pas. » Et d'annoncer que l'application de l'adage « la charité bien ordonnée commence par soi-même » sera nuancée : les « doléances des populations » ne trouveront d'écho auprès de lui que si elles se justifient économiquement [68].

* La métaphore est en fait assez ambivalente, car une expression en vogue au Cameroun dit également que « la chèvre broute là où elle est attachée », pour se moquer de la corruption politique et administrative.

Un an auparavant, M. Biya avait jugé bon de souligner, à l'occasion d'un remaniement, que les ministres « ne sont et ne sauraient être les mandataires d'une tribu, les représentants d'un département ou d'une province ». Selon l'éditorialiste de *Cameroon Tribune*, cette déclaration était « venue fort opportunément arroser d'une douche froide ceux des festoyeurs d'un long week-end n'ayant vu dans le dernier remaniement ministériel que des morceaux de bouffe donnés aux appétits de leur tribu » :

« Des comptabilités saugrenues et indécentes se sont échafaudées sur les promotions annoncées, les bénéficiaires de celles-ci étant d'ores et déjà tenus pour des proies. La tribu, parfois, est en effet allée danser autour de quelque ministre, souvent embarrassé par tant d'effusions ostentatoires, comme autrefois nos ancêtres autour de quelque prise d'un gibier gigantesque livré au dépeçage et dont les meilleurs morceaux, les ivoires, les peaux et les attributs de la force allaient bientôt être répartis au sein du clan [...]. On attend, gourmandement, du personnage ainsi promu qu'il se distingue par les actions qu'il aura conduites pour promouvoir son fief, comme redevable à celui-ci de sa propre promotion et tenu vis-à-vis de lui par une gratitude obligée [...] qu'il recrute et fasse nommer à des responsabilités les autres frères du village – sans regarder ni à leurs qualifications, ni à leurs mérites, ni à leur moralité – qu'il fasse creuser des routes nouvelles dans le village et goudronner les pistes existantes; qu'il fasse ériger le village – pourquoi pas ? – en chef-lieu de département, sinon de province, car du moment qu'on est au gouvernement, n'a-t-on pas tous les pouvoirs et n'est-ce pas le village natal qui devrait prioritairement en profiter ? [...] Et puis, qu'il ne contracte pas la mauvaise habitude de ses prédécesseurs, eux aussi fils du village, qui s'y étaient rendus impopulaires en confiant des marchés à tout venant car ce domaine doit être réservé aux frères du village qui seront spontanément devenus, grâce à lui, des entrepreneurs, des hommes d'affaires présentant les meilleures garanties, etc., etc. [69]. »

On ne saurait mieux dire. Produit de l'*habitus* et de la course à l'accumulation, fabriquée « par le bas » autant que par la « bourgeoisie nationale » et « l'impérialisme », l'ethnicité s'entrecroise avec les lignes de la stratification sociale et celles de l'intégration au champ de l'État. Aucun de ces trois ordres de cohérence ne peut être distrait de l'autre. Quelle que soit la place qu'y occupe la mitoyenneté de terroir, l'accumulation n'est plus pensable en dehors de l'espace national, voire mondial, et elle s'effectue obligatoirement à partir de réseaux transethniques. Parler dans ces circonstances de milieux d'affaires « bamiléké », par exemple, n'a plus guère de pertinence, ainsi que l'atteste la composition du capital du Crédit mutuel du Cameroun fondé à l'initiative du président de la Chambre de commerce et d'industrie, M. Tchanque.

Il est également assez vain de gloser sur les parts respectives du caractère ethnique et de la nature de classe des stratégies d'investissement scolaire [70] : les deux aspects sont indécomposables. Et l'exacerbation des compétitions inter-régionales dans le commerce, la petite industrie ou le secteur bancaire va de pair avec celle d'un nationalisme économique camerounais à l'égard des intérêts français. Le développement de ces interdépendances entre les catégories sociales nées des rapports de production, les communautés particulières héritées de l'histoire et la sphère de l'État, ces entrelacs permanents que J.D.Y. Peel a remarquablement analysés au sujet d'Ilesha [71], devraient irrévocablement dissuader de rechercher du côté de l'ethnicité le sésame du politique contemporain. Ils laissent aussi pressentir que l'État postcolonial ne reflète pas non plus une structure de classes précise.

CHAPITRE II

L'État inégal :
« petits » et « grands »

En Afrique comme ailleurs, l'État est un lieu primordial de l'engendrement de l'inégalité. Le « développement » qu'il se targue de promouvoir, au nom duquel il prétend bannir la compétition politique et la revendication sociale, ne saurait être neutre à cet égard. Mieux qu'un expert international, l'élève d'une école agricole le sait, qui répond de la sorte à un questionnaire :

Question : Dans quel domaine le village a-t-il fait des progrès?

« Ces villages ont les plus progressés dans le domaine de travail des champs de " Baba ". Cela veut dire : le travail dans les champs du chef de Rey Bouba seulement. Même pour travailler dans leurs champs personnels, ils n'ont pas le droit de le faire. Quand la saison pluvieuse arrive, les *dourgourous* * du chef viennent les chercher par village pour aller d'abord les champs du chef afin de revenir pour commencer pour eux tardivement, raison pour laquelle j'ai dit qu'ils ont progressé dans le domaine des champs du chef de Rey Bouba. »

Q : Ce progrès a-t-il été fait par tous les paysans, ou par quelques-uns? Pourquoi?

« Je vous dire que ce progrès est fait par tous [les] paysans parce que la région ou *lamidat* de Rey Bouba comprend les tribus qui sont : [suivent les noms de différents groupes ethniques]. Ils sont tous les esclaves du chef de Rey Bouba. Personne d'entre les tribus dont je venais de vous les citer n'a pas son droit personnel. »

Q : Est-ce que ces progrès posent des problèmes? Lesquels?

* *dourgourous* : les gardes, les miliciens.

« Ces progrès leur posent beaucoup de problèmes dans le cas où le village de telles tribus qui ne se présente pas dans les champs du chef d'abord, le chef de ce village est enfermé à deux ou trois mois chez le chef de Rey Bouba, il sort avec une amende au dos pour lui le chef du village, et tous les habitants de ce village reçoivent aussi une amende et quelques centaines de coups de chicotte. Au temps de leur emprisonnement, il faut que leur portion qui leur a été coupée soit d'abord fini. »

Q : Qu'est-ce que vous souhaitez pour mieux développer les villages où vous travaillez?

. « Pour que les villages où je travaille soient mieux développés en toutes choses, je souhaite que l'arrondissement de Rey Bouba ait un sous-préfet sudiste, une brigade de gendarmerie soit installée afin que le passage que je vienne de vous raconter soit aboli et les paysans aient vraiment leur indépendance pour être mieux développés d'abord en agriculture, pour que nous les vulgarisateurs puissions les aider en nouvelles techniques de culture-labour en charrue-herse avec une herse bovine à deux éléments semis en ligne, herbicider les champs, sarclage mécaniquement, faire le battage en CA ou manuellement [1]. »

Il est impossible d'abstraire l'idéologie ou la technologie du « développement » des mécanismes d'exploitation dont il est le vecteur. La conception volontariste de la « modernisation » auprès de laquelle l'État postcolonial trouve une part appréciable de sa légitimité ressortit d'abord à une tradition intellectuelle : celle des Lumières au sens très particulier où l'entendaient les despotismes éclairés du XVIIIᵉ siècle, celle du progrès d'un XIXᵉ siècle orgueilleux et civilisateur. Marx n'échappait point à cette philosophie quand il évoquait les « lois naturelles de la production capitaliste » et leurs « inévitables résultats », et quand il pensait que « le pays le plus développé industriellement ne fait que montrer au pays le moins développé l'image de son propre futur ». Ces représentations, filles de la Révolution française et de la révolution industrielle britannique, ont inspiré les thématiques du « retard » qu'accusaient certaines sociétés et des « raccourcis » qui devaient leur permettre de le « rattraper », en bref tout le discours détestable du « sous-développement » [2].

Du chef de région Briaud qui, en 1921, soumettait les Maka à un programme « obéissance et travail », de l'administrateur Pernet qui, en 1938, prévoyait de les organiser en « équipes », de les faire cultiver de 7 h à 16 h et de leur vendre du savon de Marseille, au sous-préfet de Loum qui, en 1968, s'indignait que ses administrés exposassent « sans horreur leur nudité à tout passant », stigmatisait la consommation de chanvre et d'*arki* *, appelait à l'investissement humain, la continuité est patente [3]. Elle inspire les mêmes désillusions devant la « paresse » des autochtones et l'arriération de leurs « coutumes », les mêmes exhortations, les mêmes tentations aussi. « Le seul remède est de les forcer à travailler », ronchonnaient les chefs de cercle français. « La production cotonnière en Haute-Volta est fonction directement proportionnelle de la pression de l'Administration sur les indigènes », renchérissait Robert Boussac. Et un professeur de l'École coloniale d'Angers ne se cachait pas de considérer « l'admission du principe du fouet comme absolument indispensable [4] ». Ces leçons n'ont pas été perdues. En Oubangui-Chari, les lois de 1958 relatives au vagabondage maintinrent le principe du travail forcé. Barthélemy Boganda n'en faisait d'ailleurs pas mystère : « Il n'échappe à personne que le travail, que l'on peut dénommer comme on veut, le travail a toujours été et demeure obligatoire. » Les mêmes causes produisant souvent les mêmes effets, l'usage de la chicotte au détriment des cultivateurs réticents se perpétua, voire s'intensifia [5]. Le cas centrafricain n'a pas constitué une exception, qu'expliquerait l'héritage cruel des compagnies concessionnaires. Au lendemain de l'indépendance du Tanganyika, le *District Council* de Handeni stipulait que « toute personne ne participant pas aux projets de développement serait punie de six coups de fouet ». Quelques années plus tard, un fonctionnaire de Tanga menaçait un groupe de femmes « d'apporter le *kiboko* », de sinistre mémoire depuis l'occupation allemande. « Je ne suis pas un homme bienveillant et civil. Je suis cruel! Si je constate que les ordres du gouvernement ne sont pas appliqués, je saurai où vous trouver et comment vous punir! », s'exclamait à la même époque un autre responsable, dans le district de Rungwe [6]. Les autorités mozambicaines ont elles aussi jugé utile à l'édification du socialisme le retour du *chicote* car « l'odieux naguère ne tenait pas aux châtiments eux-mêmes mais au fait qu'ils étaient l'instrument de la répression coloniale [7] ». Au Sénégal, les cultivateurs qui ne remboursaient pas les emprunts contractés étaient à une époque bastonnés et aspergés de fertilisants ou d'insecticides [8]. Et, au Ghana, un ministre du régime rédempteur de Jerry Rawlings avertit les planteurs de cacao en infraction avec la réglementation qu'ils se verraient à l'avenir non seulement

* *arki* : alcool artisanal et clandestin.

interdire de cultiver « quoi que ce soit », mais encore confisquer leurs fermes et traduire devant les tribunaux sous l'inculpation de « sabotage économique » [9].

La « mise au travail [10] » que supervise l'État et avec laquelle se confond le « développement » renvoie à l'instauration d'un système d'inégalité et de domination. La colonisation et l'indépendance, l'intégration nationale sont des moments de ce processus de stratification sociale. Le héros de A. Kourouma ne s'y trompe pas, « petit rat de marigot » qui a « creusé le trou pour le serpent avaleur de rats ». Fils d'une famille princière déchue, ancien militant nationaliste, il n'a pas reçu « les deux plus viandés et gras morceaux des Indépendances », à savoir le secrétariat général d'une sous-section du parti unique ou la direction d'une coopérative. La décolonisation ne lui a apporté que la carte d'identité nationale et celle du parti : « Elles sont les morceaux du pauvre dans le partage et ont la sécheresse et la dureté de la chair du taureau. Il peut tirer dessus avec les canines d'un molosse affamé, rien à en tirer, rien à sucer, c'est du nerf. Ça ne se mâche pas [11]. » La course aux biens et aux privilèges n'est pas un phénomène neuf dans l'histoire de l'Afrique. Elle en a au contraire été l'un des ressorts ancestraux, y compris dans les sociétés lignagères [12]. Mais le rapport du pouvoir à la stratification sociale se pose de manière évidemment différente maintenant que les cercles dirigeants du continent sont peu ou prou intégrés à l'économie-monde capitaliste et que « la richesse mobilière est devenue pleinement autonome, non seulement en elle-même mais comme la forme supérieure de la richesse en général », comme catégorie « relativement unifiée de la richesse [13] ». Pour ce qui nous concerne, il s'agit moins de partir à la recherche de la structure profonde des relations de production, constitutives des formations sociales africaines, que de repérer les lignes de la stratification sociale qui contribuent éventuellement à l'intelligibilité de l'État postcolonial [14].

LES « PETITS RATS DE MARIGOT »

Toutes expériences politiques confondues, l'État en Afrique a capté à son profit et à celui de ses tenants le surplus et la rente d'exportation agricoles, notamment par le biais des offices de commercialisation, de la surévaluation des monnaies nationales et de la répartition des dépenses publiques [15]. L'ampleur de ces processus, leurs modalités institutionnelles, les groupes sociaux qui en ont tiré avantage ont pu varier d'un pays à l'autre. Peu de régimes, néanmoins, font exception à la règle générale et ces rares cas divergents – avant tout celui du Zimbabwe, grâce à la prégnance de « l'option paysanne » que les producteurs autochtones ont opposée avec ténacité à leur intégration dans le marché régional du travail, accessoirement ceux du Burkina Faso, du Niger, voire du Mali [16] – sont au reste plus ambigus que convaincants. On peut donc tenir pour acquis que la révolution politique de l'indépendance n'a pas été une révolution paysanne. Elle a même souvent entraîné une aggravation de la condition des cultivateurs que révèlent l'évolution des prix d'achat aux producteurs ou celle des revenus ruraux, et la ventilation des dépenses publiques.

L'exemple du Sénégal est éclairant, alors même que M. Senghor avait fondé son ascension politique, au lendemain de la Seconde Guerre mondiale, sur le vote rural. De 1960 à 1967, le prix d'achat de l'arachide au producteur est demeuré quasi constant en francs courants, soit une baisse de son pouvoir d'achat d'environ 20 %, un temps compensée par une augmentation des quantités produites. En 1967, la suppression des prix de soutien français aux exportations sénégalaises d'arachide a été répercutée sur les paysans, et le prix d'achat net au producteur est passé de 21,5 F CFA/kg à 18 F CFA/kg. Par rapport à la moyenne des années 1960-1966, la baisse du « revenu agricole monétaire réel moyen par tête » a été de l'ordre de 25 à 65 % sur la période 1968-1974, suivant le volume des récoltes. La conjoncture s'améliorant, le prix d'achat de l'arachide au producteur a été relevé de 30 % en 1974, puis de 38 % en 1975, et en quelques années le revenu monétaire agricole a plus que quadruplé en francs courants. Cependant, la rémission n'a été que de courte durée. L'économie sénégalaise s'est littéralement affaissée à partir de 1978. Le « revenu monétaire réel agricole moyen par tête » a de nouveau décru pour retomber en 1978 et en 1980 à son niveau des mauvaises années du début de la décennie. La responsabilité en incombe, outre aux mauvaises récoltes, au blocage du prix d'achat au producteur d'arachide qui, « déflaté » par l'indice des prix à la consommation, s'est retrouvé à un niveau inférieur à celui de la période 1969-1973. En

Sénégal, 1960-1984 :
évolution des prix d'achat de l'arachide au producteur

Année	Prix d'achat net au producteur	Indice des prix	Prix d'achat en francs constants 1971
1960	20,8	68,2	30,5
1961	22,0	71,6	30,7
1962	22,0	76,1	28,9
1963	21,5	79,7	27,0
1964	21,5	82,7	26,0
1965	21,5	85,9	25,0
1966	21,5	87,8	24,5
1967	21,5	90,0	23,9
1968	18,0	90,0	20,0
1969	18,0	93,6	19,2
1970	18,5	96,3	19,2
1971	19,5	100,0	19,5
1972	23,7	105,8	22,4
1973	23,0	118,2	19,5
1974	29,8	137,8	21,6
1975	41,0	181,5	22,6
1976	41,5	183,4	22,6
1977	41,5	204,1	20,3
1978	41,5	211,2	19,7
1979	41,5	231,6	17,9
1980	41,5	251,4	18,1
1981	46,0	266,2	17,3
1982	60,0	312,3	19,2
1983	60,0	348,7	17,2
1984	50,0	386,0	13,0

Source : République française, ministère des Relations extérieures, Coopération et Développement, *Déséquilibres structurels et programmes d'ajustement au Sénégal*, Paris 1985, multigr., p. 79.

Zaïre, 1960-1974 :
évolution des prix officiels d'achat aux producteurs

	1960	1970	1974
Maïs (Shaba, Kasaï)	114,9	100,7	96,0
Manioc (Ouest)	126,4	75,6	36,0
Riz	157,9	109,2	104,0
Haricot	137,9	90,7	43,2
Coton (première qualité)	172,4	85,0	67,5
Huile de palme (hors Bas-Zaïre)	241,4	79,3	64,8
Café Robusta (Bandundu)	195,4	90,7	64,8
Café Arabica	202,0	93,9	52,4
[(juin 1967 = 100)]			

Source : G. GRAN, ed, *The Political Economy of Underdevelopment*, New York, Praeger, 1979, p. 5, selon des données du FMI (cité par C. YOUNG, T. TURNER, *The Rise and Decline of the Zairian State*, Madison, University of Wisconsin Press, 1985, p. 94).

revanche, le revenu moyen réel urbain par tête, qui s'était nettement dégradé de 1968 à 1975, a crû, de 1975 à 1980, de
16,3 %. La tentative d'ajustement structurel entreprise depuis
1980 sous les auspices du Fonds monétaire international et de la
Banque mondiale est venue corroborer ce rapport différencié de
l'État aux groupes sociaux :

> « [...] Les mesures qui ont été appliquées le plus complètement
> touchent plus directement les revenus agricoles, les consomma-
> teurs urbains et plus particulièrement les consommateurs des pro-
> duits de base, tandis que résistaient les salariés du secteur
> moderne (fonctionnaires, sociétés d'Etat), les intermédiaires licites
> ou illicites des filières agricoles, et qu'étaient épargnés les revenus
> non salariaux (revenus fonciers, immobiliers, commerciaux...).
> « [...] Du point de vue de la justice distributive, le biais en
> défaveur du monde rural qui s'était développé à partir de la fin
> des années 60 s'est considérablement renforcé depuis 1980. Sous
> l'effet conjugué de la saturation des terroirs, des mauvaises condi-
> tions climatiques et de la baisse des prix d'achat réels, le revenu
> monétaire agricole réel est tombé en 1981 et 1984 à son plus bas
> niveau depuis l'indépendance malgré une croissance de la popula-
> tion de plus de 30 %. Même en année de bonne pluviométrie
> comme en 1983 (campagne 82/83), le revenu agricole monétaire
> réel global est inférieur à ce qu'il était au début des années 60.
> En ville, le biais s'accentue au détriment des bas revenus, au pro-
> fit des salariés du secteur moderne et, surtout, des hauts revenus
> non salariaux [17]. »

Les chiffres que l'on peut collecter au sujet d'autres pays, tels le
Ghana, le Nigeria, le Cameroun, le Zaïre, signalent une paupérisation similaire des cultivateurs au bénéfice des catégories cita-
dines [18]. De même, la répartition des dépenses publiques est défavorable aux campagnes dont il a souvent été dit – non sans excès –
qu'elles avaient subventionné la croissance des villes ou encore les
investissements agro-industriels, peu propices aux intérêts paysans : au Cameroun, de 1960 à 1980, de deux tiers à trois quarts
des prélèvements effectués sur le secteur agricole ont servi à finan-
cer d'autres activités, et durant le IVe plan quinquennal, 60 % des
investissements nationaux ont été consacrés aux complexes agro-
industriels; au Congo-Brazzaville, en 1984, le paysan exploitait
68 % des terres cultivées, assurait 98 % des productions agricoles
mais ne recevait que 10 % des investissements agricoles, soit 1 %
des investissements nationaux [19]. Pour éloquentes qu'elles soient,
ces données chiffrées ne restituent pas, en outre, la détérioration
qualitative du milieu rural, souvent dramatique. Les pénuries de
biens de première nécessité ou de médicaments sont monnaie cou-

rante. Les hôpitaux et les écoles, surchargés, sont des lieux de prédilection de la vénalité. Le réseau routier s'est parfois dégradé
dans des proportions effrayantes : au Zaïre, il est par exemple
passé de 140 000 km en 1959 à 20 000 km au début des années
soixante-dix, tant et si bien que l'Office des routes est couramment
qualifié d'Office des trous; les coûts de transport dans les campagnes sont de 40 % à 50 % plus élevés qu'avant l'indépendance,
et la durée de vie d'un camion n'excède pas les 80 000 km [20]. Aux
exactions quotidiennes des autorités locales et centrales peuvent
s'ajouter les horreurs de la répression ou de la guerre civile.

Quant à la paysannerie, les États que l'on a crédités d'une
« nature de classe » différente sont loin d'avoir tenu leurs pro-
messes. Ainsi des régimes lusophones issus des « luttes armées de
libération nationale ». En Angola, le MPLA était peu implanté
dans les campagnes et il représente surtout les intérêts urbains
créoles. Au Mozambique, le FRELIMO, affichant sa méconnais-
sance d'une paysannerie dont il assurait qu'elle avait été « détruite
par la colonisation », s'est jeté dans une collectivisation outrancière et a achevé de plonger les provinces dans le chaos en y dépor-
tant en 1983 des milliers de citadins. Au moins dans un premier
temps, la politique agricole de la Guinée-Bissau a été à peu près
aussi erratique, bien que moins agressive, et la brouille semble
durable entre le PAIGC et la paysannerie balant qui lui avait
fourni ses contingents de combattants [21]. Le socialisme tanzanien,
longtemps auréolé d'un prestige considérable, n'a pas mieux servi
ses cultivateurs. La Tanganyika African National Union (TANU)
reproduisit d'abord certains des aspects du modèle colonial de
développement autoritaire. A la suite de la Déclaration d'Arusha,
en 1967, la politique d'*ujamaa* a accentué la pression de l'État et
du parti : les mouvements autonomes de cultivateurs – en particulier la dynamique Ruvuma Development Association – ont été
brisés, les coopératives ont été un temps interdites, la commercialisation des récoltes a été nationalisée et l'habitat a été regroupé par
la contrainte. Simultanément, les prélèvements opérés au profit de
l'État sur le revenu agricole brut ont augmenté, dépassant régulièrement une part de 60 % après 1971-1972 et culminant même à
84 % au cours de la période 1972-1975 [22].

A l'opposé du spectre idéologique du continent, le rapport de
l'État à la paysannerie est similaire. La « *success story* » de l'agriculture kenyane, jusqu'au milieu des années soixante-dix, a en réalité recouvert le transfert de la structure agraire très inégalitaire

des *White Highlands* aux mains de grands propriétaires nationaux. Environ 80 % de ces domaines ont été cédés par indivis et
n'ont pas été touchés par la réforme agraire. Actuellement, 5 %
des propriétaires possèdent près de 70 % des terres agricoles et le
processus de concentration se poursuit. On estime ainsi à 90 % les
fermes de plus de 3 ha dont les propriétaires sont absentéistes. De
surcroît, le gouvernement, en optant pour un protectionnisme
avantageux du point de vue de l'industrie, a pénalisé l'agriculture :
les termes de l'échange pour celle-ci – c'est-à-dire le coefficient
des prix de vente agricoles par rapport aux coûts unitaires d'achat
des agriculteurs – ont chuté de 100 en 1976 à 81,1 en 1981 [23].
  La tendance a été assez comparable en Côte d'Ivoire malgré la
mythologie du « planteur » dont s'est auréolé M. Houphouët-
Boigny [24]. De 1960 à 1968, le secteur urbain a incliné à y acca-
parer une part croissante de la richesse nationale au détriment du
secteur rural. Moins marquée qu'elle n'a pu l'être ailleurs à la
même époque, cette altération de la situation des producteurs agricoles a néanmoins été réelle et a peut-être été responsable du flé-
chissement de la croissance observée à la fin de la première décennie de l'indépendance. De 1969 à 1973, le revenu agricole réel par
tête a stagné, tandis que le revenu urbain par tête a continué de
croître légèrement. La tendance s'est toutefois inversée en 1973 et
l'augmentation des prix d'achat aux producteurs de cacao, de
café, de riz, de coton, de palmier a permis de compenser le terrain
qu'ils avaient perdu à la fin des années soixante. De 1974 à 1978,
le « revenu agricole monétaire moyen par tête » se serait accru, en
francs constants, à un rythme de 7 % par an environ, le revenu non
agricole de 2,9 % par an, de 1975 à 1978. Puis, sous l'effet des très
sévères mesures d'ajustement structurel édictées à partir de 1980,
les revenus agricoles se sont stabilisés en francs constants jusqu'en
1985, ce qui correspond à une baisse d'environ 10 % du revenu par
tête si l'on évalue à 1,8 % la croissance annuelle de la population
agricole. Coup d'arrêt il est vrai incommensurable avec la brutale
compression des revenus agricoles sénégalais, d'autant que les
salariés des villes – y compris ceux de l'administration et des
entreprises publiques – étaient, eux, frappés de plein fouet [25]. De
plus, la Caisse de stabilisation ivoirienne, contrairement à son
homologue camerounaise par exemple, a opéré une certaine redistribution en faveur du monde rural sous forme de subventions et
de péréquations. Sa fonction essentielle a cependant consisté, là
comme ailleurs, à institutionnaliser les transferts intersectoriels de

ressources du secteur primaire aux secteurs secondaire et tertiaire et à assurer la ponction agricole. Nonobstant une assertion courante, ce n'est pas une « bourgeoisie de planteurs » qui forme la classe dominante du pays. Les grands planteurs villageois du Moronou et du Ketté, par exemple, ne paraissent pas être en mesure de franchir le fossé qui les sépare des « planteurs entrepreneurs », ces propriétaires absentéistes qui appartiennent à l'élite politique et administrative des villes et qui affirment leur dominance sur les campagnes grâce à leur contrôle des ressources de l'État [26].

Dans leur congruence, ces divers cas ont pu inciter à voir dans la paysannerie la classe dominée de l'architecture politique postcoloniale, selon la perspective ouverte par Fanon [27]. Les choses, pourtant, ne sont pas si simples. Tout d'abord, cette paysannerie n'est bien sûr pas homogène. Hormis même la prodigieuse diversité des situations régionales ou locales, elle abrite des disparités considérables du point de vue foncier, capitalistique et technologique. Ces positions multiples ne sont d'ailleurs pas forcément exclusives les unes des autres, et un individu peut être simultanément salarié et producteur indépendant, suivant les moments du calendrier agricole ou de la semaine. Sur la côte kenyane, l'agriculture des *squatters* et l'agriculture de plantation se sont ainsi étroitement interpénétrées [28]. Ensuite, la notion de paysannerie, on le sait, fait problème en Afrique, pour des raisons historiques. La précipitation en « classe sociale » des cultivateurs est généralement liée à l'épisode colonial, au moins dans les parties centrale, orientale et australe du continent – cela est plus discutable en Afrique de l'Ouest – et certains auteurs préfèrent alors parler de « *peasantization* », d'une paysannerie en voie de se faire [29]. Il n'est cependant pas acquis que ce processus parvienne à maturation en dépit du précédent zimbabwéen. L'hypothèse d'une « bureaucratisation » des producteurs sénégalais d'arachide, et donc de leur disparition en tant que paysans, a été évoquée [30]. Un peu partout, le développement des complexes agro-industriels ou la concentration agraire se soldent par une progression du prolétariat rural. Et l'agriculture de rente ne se reproduit pas toujours : les planteurs yoruba de cacao, en particulier, ont investi dans d'autres secteurs et les plus performants d'entre eux ont quitté leurs terres ou ont envoyé en ville leurs enfants [31].

Par ailleurs, les groupes sociaux subordonnés des agglomérations – ouvriers, travailleurs du secteur « informel », « pauvres » –

ne peuvent plus être tenus pour quantités négligeables dès lors que la population du continent tend à devenir pour un tiers urbaine et qu'elle ne cesse pas pour autant d'être soumise à exploitation [32]. Au regard de la pluralité de ses incarnations historiques, le mythe d'une « classe ouvrière » cohérente et privilégiée ne résiste pas plus à l'examen des faits que celui de la « paysannerie » [33]. La sphère des acteurs sociaux dominés apparaît de la sorte comme étant à la fois singulièrement volatile et relativement unifiée, ne serait-ce que par la récurrence des échanges entre la ville et la campagne [34]. Les représentations populaires introduisent de nombreuses nuances dans l'échafaudage de l'inégalité : les Ivoiriens parlent ainsi des « en bas d'en haut » et des « en haut d'en haut », ou des « en haut d'en bas »; les Yoruba distinguent *mekunnu* (le sans argent), *talaka* (le très pauvre), *otosi* (l'indigent), *alagbe* (le mendiant), d'une part, et, de l'autre, *olowo* (le riche), *omowe* (l'éduqué), *oloola* (le notable), *oloye pataki* (l'homme d'honneur et de prestige), *alagbara* (le puissant) [35]. Mais la polarisation croissante au sein des sociétés africaines est également désignée sans ambages et s'ordonne sur le mode de la dichotomie, selon le vieux thème des « nous », opposés à « eux ». Le syndrome du « *big man – small boy* » que R. Price a décrit avec bonheur à propos du Ghana [36] se retrouve dans la plupart des pays africains. Et les « petits » ne manquent pas de mots pour identifier les « grands types » (en Côte d'Ivoire), les « gens à décret » (au Cameroun), les « acquéreurs » (au Zaïre), les *waBenzi* (en Afrique orientale, et par référence aux Mercedes Benz), les *nizers* (en Tanzanie, pour ceux qui ont profité de l'*Africanization*), les *mafutamingi* (les « ruisselants d'huile », en Ouganda).

Enfin, il fait également peu de doute que la mobilité sociale dont d'aucuns se félicitaient, sans doute trop hâtivement, il y a deux décennies, s'est d'ores et déjà restreinte. Les hiérarchies se referment sur elles-mêmes et penchent vers la reproduction, en particulier scolaire, des catégories dirigeantes [37]. Les premiers résultats des politiques d'ajustement structurel poursuivies depuis la fin des années soixante-dix sous l'égide des institutions financières de Washington révèlent, notamment au Sénégal et en Côte d'Ivoire, ce figement de la stratification [38].

Reste à comprendre à partir de quelles instances celle-ci s'est structurée, de pair avec la genèse de l'État. Une double réponse, négative, peut être immédiatement apportée, qui confirme cette première délimitation de l'ordre de la subordination. La plupart des études s'accordent à reconnaître que l'accumulation ne peut procéder du secteur « informel », sauf peut-être quand l'économie officielle a périclité comme en Ouganda, en Angola, au Zaïre, en Sierra Leone [39]. Et, historiquement, elle ne s'est pas non plus effectuée sur la base de l'activité agricole, mais parallèlement et souvent de façon concomitante à celle-ci, grâce à des revenus tirés du secteur tertiaire, par exemple des profits d'un commerce ou d'une entreprise de transport, ou encore d'un salaire. Reprenant les travaux fondamentaux de M.P. Cowen, G. Kitching a démontré avec précision, au sujet du Kenya, comment une minorité de maisonnées a pu ainsi épargner et investir tout au long des années vingt et trente, « *the years of opportunity* ». Il s'est alors enclenché un processus de transformation des relations de production qui a façonné les décennies suivantes. Loin de les altérer, la prétendue « révolution agraire » de l'indépendance s'est conformée à ces faisceaux de différenciation [40]. Les conclusions de S. Berry quant à l'Ouest nigérian sont convergentes : le salaire a été une source primordiale de l'investissement agraire initial; par la suite, la voie royale de l'enrichissement n'a pas plus résidé dans le secteur cacaoyer, mais dans le tertiaire, et c'est précisément la raison pour laquelle les cultivateurs yoruba ne se sont pas reproduits en tant que paysannerie [41]. Ces dynamiques du « chevauchement » (*straddling*), pour reprendre l'expression consacrée par M.P. Cowen, semblent avoir été cruciales à l'échelle du continent. Nous avons noté que les grands planteurs villageois du Moronou et du Ketté, en Côte d'Ivoire, n'étaient pas eux non plus en mesure de se livrer à une véritable accumulation, à l'inverse des « planteurs entrepreneurs » absentéistes, membres de la classe politique et de la bureaucratie [42]. Et, en Tanzanie, l'autonomisation d'une richesse strictement agricole s'est révélée encore plus impensable puisque la cooptation par le colonisateur d'exploitants « modernistes » a été tardive et limitée (ils n'étaient guère qu'une centaine lors de la proclamation de l'indépendance), puis s'est trouvée endiguée, voire érodée, par l'*ujamaa*. Là aussi, le complément qui a autorisé la croissance de certaines fermes est d'origine salariale, artisanale ou commerciale [43]. Du fait de l'accaparement des meilleures terres par les colons européens, la trajectoire « paysanne » zimbabwéenne n'a pas dérogé à la règle générale [44]. Nos regards doivent donc se porter ailleurs.

POUVOIR ET ACCUMULATION

Il a souvent été répété, avec G. Balandier, que « la participation au pouvoir [...] donne une emprise sur l'économie, beaucoup plus que l'inverse », et qu'à cet égard « le jeune État national a des incidences comparables à celles de l'État traditionnel puisque la position par rapport à l'appareil étatique détermine encore le statut social, la forme de la relation à l'économie et la puissance matérielle »[45]. Juste dans sa globalité, l'affirmation demande néanmoins à être réexaminée et peut-être nuancée, car elle a prématurément conduit à ériger en classe dominante une « bourgeoisie bureaucratique » ou « d'État », une « aristocratie » ou une « classe politique », une « bourgeoisie organisationnelle » ou « directoriale » dont les tentatives de définition posent plus de problèmes qu'elles n'en résolvent[46].

Une première précision s'impose. Le rôle éminent du pouvoir dans le façonnement de la stratification sociale ne trahit pas, ou pas seulement, une résurgence culturelle des formes politiques anciennes. Il ne peut être isolé de l'épisode colonial. L'occupant européen a mélangé les genres, plus fréquemment que ne le laissent accroire les phases authentiquement bureaucratiques des colonisations britannique et française. La confusion de l'exercice de l'autorité publique et du prélèvement des richesses était consubstantielle au régime de la concession dont l'invraisemblable cupidité a ulcéré maints voyageurs. Au Congo belge, elle a largement survécu à l'étrange formule patrimoniale de l'« État libre » qu'avait osé imaginer le roi Léopold, et la symbiose entre les milieux de l'administration et ceux des affaires est restée plus poussée qu'ailleurs[47]. Mais en Angola également la rapacité des agents de la Couronne portugaise était légendaire. Et au Kenya le « chevauchement » de fonctions officielles et d'activités lucratives n'était pas inconnu[48].

De plus, les intermédiaires autochtones de l'État colonial ont abondamment utilisé leurs prérogatives d'auxiliaires de l'administration pour s'enrichir. En ce sens, la « corruption », comme l'on dit aujourd'hui, était un rouage organique de l'*indirect rule*, en particulier dans le nord du Nigeria[49]. Les chefs nommés par l'occupant et leurs aides ont rivalisé d'inventivité pour multiplier les occasions d'extorsion :

> « L'Office du Travail a dit au chef supérieur : " Tu dois me donner 40 hommes. " Les yeux brillants, il appelle ses chefs de village

et leur transmet la consigne : " On me demande 60 hommes, don-
nez-les moi vite. " Les chefs de village décident entre eux du
nombre que chacun donnera pour fournir les 60 hommes. " Moi, je
peux en donner dix. " Il appelle ses messagers et leur dit en secret :
" Donnez-moi quinze hommes. " Les messagers, munis de leur
redoutable chicote, s'abattent alors sur les villages et se saisissent de
ce qu'ils rencontrent, de jour ou de nuit. Certes, le chef du village
leur a indiqué ses ennemis, eux-mêmes ont les leurs, et ils savent les
trouver. Dans les cases, dans les champs, ils font la chasse à
l'homme. Sans pitié, ils frappent et blessent, mais tant mieux. " Tu
veux être libéré? Donne-moi une poule, donne-moi 5 F. Tu n'en as
pas? Tant pis pour toi. " Ils en prennent le plus grand nombre possible pour pouvoir en libérer le plus possible contre des cadeaux
rémunérateurs. Quelle joie pour eux que les périodes de recrutement! Vite on ramène chez le chef de village ceux qui n'ont pas pu
se racheter, et souvent sans leur avoir d'abord permis de retourner
jusqu'à leur case ou de prendre congé de leurs femmes. Ils sont
enfermés à clé pour être livrés à l'échelon supérieur le lendemain.
Le chef a reçu les 20 hommes demandés. Mais alors il intervient à
son tour : " Que ceux qui veulent être libérés me fassent un cadeau;
qui veut se racheter? " L'un promet 2 poulets, deux autres se
cotisent pour donner une chèvre, un 4e apportera 10 mesures de
maïs, le 5e une grosse calebasse d'huile. Comme il est facile de
s'entendre! Cinq seront libérés. les 15 demandés seront envoyés au
chef supérieur. Mais ces 5 libérés peuvent-ils rentrer chez eux? Ce
serait trop simple. " Si vraiment tu veux être libéré, que ta femme
m'apporte le cadeau promis, mais tu travailleras d'abord pour moi
pendant une semaine. " Il n'y a qu'à accepter sans discuter, et nour-
ris à peine, ces 5 hommes serviront à tous les travaux avant de rega-
gner leurs foyers.

« Pendant ce temps, leurs 15 camarades sont amenés chez le chef
supérieur. Dans l'espace de quelques jours les 60 hommes sont trouvés et réunis devant lui. Maintenant commence la même comédie
de rachat : " Qui veut me faire un cadeau? Celui qui me donnera
une chèvre sera libre de rentrer chez lui. " Que le sacrifice soit
énorme, on l'accepte plutôt que d'aller se ruiner plus encore dans
une plantation. " Moi, je donne la chèvre ", dit l'un. " Je ne veux pas
de ta chèvre ", répond le chef qui depuis longtemps désire prendre
la femme du malheureux. Il sait d'avance lesquels partiront coûte
que coûte, et il faut bien qu'ils partent, ils n'ont de recours auprès
de personne si le chef supérieur le veut ainsi. L'un ou l'autre voudrait même, lors de son passage à la subdivision, plaider sa cause
pour être libéré, il ne le peut pas car à quelles persécutions ultérieures ne s'expose-t-il pas de la part du chef supérieur, de son chef
de village, de tous les messagers?

« Pendant que les recrutés passent par tous les services administratifs, les 20 libérés du chef supérieur partent pour le travail du
potentat. Ils passent 15 jours à un mois dans ses propres plantations
de café, travaillant en recevant la ration de 0,30 F par jour, seront
sous les verrous la nuit et affamés, ne seront libérés qu'après le versement de leur prix de rachat.

« Voilà donc nos recrutés amenés à la subdivision. Ils passent la visite médicale. Le médecin, s'il n'est pas consciencieux, voit arriver avec terreur tous ces hommes et se dit : " Les infirmiers peuvent bien faire ce travail. " Quelle chance pour les infirmiers! Car eux aussi peuvent dire : " Tu es inapte si je reçois un poulet. " Un autre recevra la visite de sa concubine : " Celui-ci est mon frère, laisse-le, tu le remplaceras par un malade que tu avais renvoyé. "

« Dans tous les contingents qui passent la visite médicale il y a des inaptes. L'un est rachitique, l'autre a une hernie; un troisième est trop vieux. Plus il y aura d'inaptes, plus le chef supérieur s'en réjouira car ils seront " cueillis " après la visite, et au lieu de rentrer chez eux, le vieux, le rachitique, le hernissieux vont rejoindre au travail les rachetés. Le chef supérieur a donc su recruter comme la plantation européenne.

« Enfin le contingent étant au complet, ils peuvent partir dans les plantations, sous l'œil vigilant des policiers. " Et nous, serions-nous assez sots pour ne pas avoir notre petit profit? Si tu me donnes 2 F, je te remplacerai ce soir par un autre. " [50]. »

Le formidable décalage entre la réalité du travail forcé et sa théorisation administrative, volontiers débonnaire, s'explique par l'indolence morale des responsables européens qui n'étaient point toujours soucieux de connaître les modalités autochtones de leur commandement et étaient enclins à les classer dans le tiroir des « histoires de nègres », tant qu'elles n'entraînaient pas de troubles de l'ordre public. Il dénote aussi une pointe d'ignorance et de naïveté : trente ans après, M. Delaunay, ancien administrateur au Cameroun, n'a toujours pas saisi que « l'offre éminemment sympathique » des chefs bamiléké à son endroit – le don d'une splendide voiture américaine – leur a surtout permis de lever une taxe supplémentaire, en la présentant à leurs sujets comme une exigence du Blanc, et d'en conserver par devers eux une fraction appréciable [51].

Quoi qu'il en ait été, des plis ont été pris et des patrimoines se sont constitués. D'autant que les chefs percevaient légalement un pourcentage des impôts qu'ils collectaient et bénéficiaient de diverses rétributions. En outre, les auxiliaires du colonisateur profitaient au mieux du nouvel ordre économique, notamment en ayant accès, de manière mesurée, au crédit bancaire et, surtout, à l'immatriculation cadastrale du domaine foncier. Encore aujourd'hui, quelques-unes des plus grosses fortunes du Cameroun plongent leurs racines dans la période de l'entre-deux-guerres et sont aux mains d'anciens responsables de la JEUCAFRA, l'association que l'administration française avait inspirée, en 1938, pour faire pièce aux sympathies pro-germaniques qu'elle croyait déceler dans une partie de l'élite autochtone. Au Nigeria, les institutions représentatives créées en 1951 procurèrent rapidement aux politiciens le gros de leurs ressources [52]. De même, les *Local Native Councils* (LNC) qui furent installés au Kenya à partir de 1925 furent un site éminent de l'accumulation d'un premier capital de la part des chefs et des « instruits » (*educated*) frais émoulus des écoles chrétiennes, lors de ces fameuses « années de la chance ». Quelles que fussent les limites de leur budget et de leurs compétences, ils devinrent vite des bailleurs importants de crédits, de subventions et de contrats pour les entrepreneurs et les planteurs des réserves. A partir de 1942, l'intervention des *Agricultural Betterment Funds* accrut encore leur rôle [53].

Or l'analyse que trace G. Kitching de ces *Councils* montre bien que l'on ne peut s'en tenir à l'interprétation habituelle de l'historiographie nationaliste. Bien sûr, les membres des LNC formaient un groupe privilégié, singulièrement d'un point de vue foncier, et préparaient la dissociation du mouvement anti-colonial, au lendemain de la Seconde Guerre mondiale, en une aile modérée et en un courant radical. Initialement, il pouvait néanmoins ne pas y avoir de contradiction criante entre la promotion des intérêts personnels d'une couche d'entrepreneurs africains et l'aspiration au progrès de la communauté qu'ils estimaient représenter. Créer une affaire de transport ou une école, acheter une terre, accroître sa récolte de maïs, envoyer un enfant à la mission, tout cela revenait aussi à réfuter la fantasmagorie coloniale de l'arriération indigène. Plus encore : les ressources des LNC servirent à contenir l'expansion commerciale des « Asiatiques » (*Asians*).

On perçoit mieux de la sorte l'ambivalence de la clameur nationaliste. Elle exprimait la revendication de la richesse, en même temps que celle de la dignité. A cet égard, l'histoire de la Kikuyu Central Association n'a rien d'exceptionnel et l'Union des populations du Cameroun, le Syndicat agricole africain en Côte d'Ivoire, le Convention People's Party au Ghana laissaient percer les mêmes frustrations économiques, les mêmes ambitions [54]. Plus crûment, les mouvements anti-coloniaux abritèrent en leur sein des opérations d'enrichissement individuel qui préfiguraient le pillage ultérieur des administrations. En 1954, Um Nyobé lançait « un avertissement à tous les collecteurs des cotisations ou autres fonds du Mouvement » et annonçait son intention d'être « impitoyable envers tout camarade coupable de malversation » [55]. Au Sénégal, le secrétaire politique de l'UPS n'hésitait pas à déclarer, peu après l'indépendance, que « les manœuvres souterraines, la vénalité, la recherche du profit personnel, le népotisme, tout cela avait cours à l'époque coloniale » : « Faire de la politique pour nombre de citoyens signifiait ruser, mentir, faire fortune » [56]. Au Congo-Léopoldville, la vente des cartes du MNC/L donnait lieu à des litiges et à des abus permanents. Plus gravement, les cadres supérieurs du parti furent vite assimilés par leurs subalternes à des profiteurs qui confisquaient à leur avantage les fruits de l'indépendance :

> « Nous autres, les méritants MNC, nous sommes comme les chiens et son maître; le matin très tôt, le chien et son maître vont en forêt pour chercher le gibier; le chien est toujours prêt pour prendre le gibier et l'amener chez son maître. Le soir, ils rentrent au village pour manger le gibier, ils arrivent à la maison et préparent le gibier. Quand la viande est cuite, on la dépose sur l'assiette et le maître commence d'abord à chasser le chien avant de manger la viande, malgré que cette viande avait été attrapée par le chien. De même, nous, avec les agents du gouvernement, nous avons combattu pour demander l'indépendance et il y a personne parmi eux qui nous a aidés; ils faisaient maintes fois des complots avec les colonialistes pour arrêter les militants MNC; jusqu'à présent, ils sont sur toutes les chaises et ils commencent toujours à nous arrêter pour faire cesser nos activités. »

Mais cette plainte du vice-président du MNC/L à Kalima ne manquait pas d'être elle-même équivoque puisqu'elle étayait une demande d'emploi au gouvernement du Kivu. Et, à la même époque, en avril 1961, les militants de la ville de Kasongo réclamaient à l'Assemblée provinciale « les postes de commande en guise de récompense pour les partis politiques [57] ». En 1964-1965, les *simba* * mulelistes brilleront pareillement par leur comportement prédateur.

En définitive, l'une des ruptures décisives de l'indépendance a résidé dans l'accès direct aux ressources de l'État qu'elle a accordé aux élites autochtones, jadis bridées par la tutelle du colonisateur. La fin de l'occupation sanctionnait la levée de nombre des contraintes politiques, administratives et économiques qui contrariaient l'appétit et les projets des accumulateurs africains. Elle leur ouvrait la maîtrise du cadastre, du crédit, du fisc, des offices de commercialisation des cultures de rente, de l'investissement public, de la négociation avec le capital privé, des importations.

* *simba* : les lions, les combattants révolutionnaires.

Une fois que l'on garde à l'esprit cet arrière-plan historique, il convient de cerner les procédures contemporaines qu'emprunte le rapport du pouvoir à l'accumulation, afin d'éviter de mêler des pratiques différentes sous la dénomination générique d'une structure de classe donnée ou de l'*ideal-type* weberien du patrimonialisme.

En premier lieu, les positions de pouvoir sont les voies prioritaires, voire monopolistiques, qui mènent aux *ressources de l'extraversion*. Ressources diplomatiques et militaires dont la mobilisation permet de modifier le rapport des forces domestiques, comme au Nigeria lors de la guerre du Biafra, au Congo-Léopoldville/Zaïre sous la Première République ou au moment de l'invasion du Shaba par des dissidents armés, en Angola ou au Mozambique depuis 1974, et peut-être surtout comme dans le pré carré de l'influence française, toujours susceptible de se déployer par les armes pour contrer une rébellion, une émeute ou un putsch.

Mais aussi ressources culturelles, déterminantes maintenant que la maîtrise du savoir occidental conditionne celle de l'État et de l'économie. Dès les débuts de la colonisation, l'école a puissamment concouru au modelage de la stratification sociale et était une part intégrante du processus de « chevauchement » [58]. Cela est demeuré si vrai qu'elle est l'un des enjeux les plus valorisés des stratégies individuelles, sociales ou ethniques. Chief Awolowo, au Nigeria, ne l'ignorait pas, qui a toujours placé la question éducative en exergue de ses campagnes électorales [59]. Familles et villages sacrifient beaucoup à la chimère de l'investissement scolaire, en marge des crédits publics [60]. En raison de la pénurie d'équipements, de maîtres, de livres, les places sont rares, et même chères : au Cameroun, en 1985, des chefs d'établissement les cédaient pour 5 000 ou 15 000 F CFA dans le primaire, 50 000 ou 200 000 F CFA dans le secondaire [61]. Et, indice parmi d'autres du crédit que l'on attache à la réussite scolaire, le quotidien *Fraternité-Matin* publie sur des pages entières les listes exhaustives des jeunes Ivoiriens admis en classe de sixième. Or, très classiquement, la répartition des institutions d'enseignement, et plus encore leur hiérarchisation qualitative, correspondent assez fidèlement aux clivages socio-économiques [62]. A la fois parce que l'ordre du pouvoir est celui de la prérogative sociale et parce que les instruments éducatifs font l'objet d'une gestion toute politique de la part des gouvernants, l'appartenance aux catégories dirigeantes de l'État est l'un des critères saillants de cette inégalité devant le savoir. L'implantation des collèges et des facultés, la distribution des bourses, les inscriptions dans les prestigieuses universités occidentales, voire les quotas régionaux dans les concours, quand ils n'obéissent pas aux desseins explicites et immédiats du pouvoir, n'en reflètent pas moins sa structure radicale.

En deuxième lieu, la fonction publique apporte à ses membres un *salaire*, fût-il modeste, voire tardif ou irrégulier. La chose n'est pas si triviale dans des situations de sous-emploi massif, et M.P. Cowen y attache plus d'importance qu'aux revenus illicites [63]. Ces traitements peuvent être élevés – un membre du Bureau politique, au Zaïre, touchait 6 000 $ par mois en 1974 [64] – et complétés par les jetons de présence auxquels donne droit la participation à des conseils d'administration. Le plus souvent, néanmoins, ils sont relativement modestes, au vu du standard occidental, et sont soumis à l'érosion monétaire. Mais ils s'accompagnent de nombreux avantages en nature, parfois considérables, comme en Côte d'Ivoire, et toujours prisés en raison de leur rareté : logement, voiture, bourses pour les enfants, soins, voyages et jusqu'à ces frais de mission dont le scandale de la Communauté économique de l'Afrique de l'Ouest, en 1984, a établi qu'ils pouvaient se monter à plusieurs dizaines de millions de F CFA par an [65]. Surtout, la détention d'une position publique facilite l'obtention de crédits bancaires ou politiques. Jusqu'à une époque récente, des lignes budgétaires étaient prévues à cet effet dans les ministères ivoiriens et, au cours d'un discours mémorable, M. Houphouët-Boigny a révélé tout haut ce que chaque président, vraisemblablement, fait tout bas :

> « Le budget de la Présidence de la République est de deux milliards de francs [CFA] (frais personnels et fonds politiques). Je ne suis pas égoïste. Pour moi, l'argent ne compte que par le bon usage qu'on en fait. C'est le bon usage qui donne de la valeur à l'argent. J'ai demandé à trois représentants, dont l'un se trouve dans cette salle, de gérer un peu de ce fonds politique. Le quatrième, qui distribue le plus et qui, n'étant pas du pays, ne fait pas de distinction, est mon secrétaire général du Gouvernement. Il y a des gens qui vont jusqu'à demander des avances sur un an. Ce que j'accepte. Par exemple, il y en a qui demandent que je leur donne un million deux cent mille francs lorsqu'ils ont droit à cent mille francs par mois [66]. »

Mais l'interconnexion entre le réseau du pouvoir et celui du crédit s'effectue à tous les échelons de la pyramide institutionnelle. La vivacité des luttes qu'elle engendre, la fréquence des scandales bancaires attestent que les opportunités de financement figurent parmi les privilèges les plus précieux que procure normalement l'emploi public :

> « [Les prêts bancaires] sont déterminants dans l'enrichissement et le renforcement économique de la bourgeoisie compradore bey-dane (BCB). Ces prêts permettent aux éléments de cette bourgeoi-sie d'investir dans le commerce, l'industrie et l'immobilier. La dis-crimination raciale dans le système des prêts bancaires aide la BCB à étouffer toute tentative d'épanouissement économique d'une bour-geoisie négro-mauritanienne (BNM) [...]. En Mauritanie, il existe deux bourgeoisies raciales : la noire et la beydane. La première est handicapée financièrement par le fait qu'elle n'a jamais bénéficié d'un soutien politique, contrairement à sa rivale beydane [...]. Au sein de cette bourgeoisie beydane, il existe des lobbies. Chacun d'eux est lié à un lobby politique qui lui accorde des privilèges financiers et commerciaux »,

estime, par exemple, le *Manifeste du négro-mauritanien opprimé* que nous avons déjà cité [67].

En troisième lieu, les positions de pouvoir, comme hier et avant-hier, peuvent être des *positions de prédation*. Leurs détenteurs recourent à leur monopole de la force légitime pour exiger pro-duits, numéraires et prestations. Au moins dans les campagnes, la plupart des cadres administratifs et politiques agissent de la sorte. « Les membres de la famille du chef de canton sont aussi les chefs du PDCI, vous savez que le PDCI, c'est le gouvernement qui commande tout le monde. Le chef de canton et de sa famille en profite pour prendre votre argent, quand ils viennent prendre des bœufs, des poulets, des moutons pour l'indépendance, ici, à Zan-guinasso et dans d'autres villages, [...] ils disent que c'est pour le PDCI mais nous savons que tout cela va chez eux à Kouto », racontent des villageois du nord de la Côte d'Ivoire. D'autres voix le confirment : « Le temps des Blancs n'est pas complètement fini ici car le chef de canton, le chef du village de Kouto, le secrétaire du parti de Kouto nous fatiguent ici comme au temps des Blancs avec leur ancienne et leur nouvelle force, ils viennent prendre ce qu'ils veulent dans notre village le jour de l'indépendance, des pou-lets, des bœufs [68]. » L'exercice de la justice coutumière et des fonc-tions de police, la délivrance des pièces d'état civil, la collecte de l'impôt fournissent les occasions d'extorsion les plus répandues si l'on en croit des témoignages recueillis dans le nord du Cameroun. En Alantika-Faro, deux villageois se sont par exemple vu infliger, en octobre 1984, des amendes de 60 et 40 naira pour une sombre histoire de vol de sonnette de bicyclette (celle-ci valait 5 naira sur le marché, et 1 naira équivalait à l'époque à un jour de nourriture pour un adulte). Il va de soi que le chef de canton a empoché le montant de ces amendes « le plus simplement du monde [69] ». Au même moment, les gendarmes de Koza se disaient volontiers entre eux que l'arrondissement était une « bonne terre » : « Tu y arrives sans même un vélo, tu repars avec une grosse moto. » La mésaventure de B.M. est banale et exemplaire :

> « En 80-81, en 81-82, je n'ai pas eu de ticket après avoir payé l'impôt. A la saison sèche 1982, je vais chercher du travail saisonnier à Sanda-Wadjiri. Des policiers me réclament le ticket. Je leur explique que je ne l'ai pas reçu. Ils me saisissent. Or justement passent par là M. le sous-préfet de Koza, K.C., et le président de la section du parti à Koza, I. Ils me demandent : " Tu es d'où ? " – " De Guedjélé, canton de Koza " – " Pourquoi es-tu venu ici ? " – " Pour chercher du travail " – " Si tu n'as pas le ticket d'impôt, ça ne nous regarde pas. C'est ton chef de quartier qui est en cause. " On m'a conduit à la brigade de Mora. Je suis resté huit jours en prison. C'était l'époque de la grande chaleur et on ne me donnait qu'une coupe d'eau par jour. Quelqu'un de l'extérieur qui a eu pitié de moi me faisait un peu de nourriture. Au bout de huit jours, j'ai vendu les deux vêtements que j'avais sur moi pour payer 3 500 F. Le commandant de brigade a pris 3 000 et les gardiens 500. Mais on ne m'a pas donné de ticket ! »

Selon l'opinion commune, les sous-préfets, avant 1983, étaient intéressés par les chefs de canton à ces détournements de l'impôt. Dans la même région, la carte d'identité – obligatoire – ne pouvait être obtenue que moyennant un bakchich de 1 500 à 2 500 F CFA au commissariat de Kerawa, de 2 000 à 3 000 F CFA à celui de Mora. De rapides évaluations amènent à conclure que les sommes ainsi prélevées, sous la menace de la contrainte physique, se comptent en millions de francs CFA [70].

Une autre forme de prédation, moins visible, tient aux liens que des détenteurs de positions de pouvoir entretiennent en ville avec les milieux du crime. Il est difficile d'imaginer que la police, à Douala ou à Lagos, n'a pas de relations tributaires avec les gangs les mieux installés de la place. Si tel n'est pas le cas, les gardiens de prison, eux, en ont. Et, au Kenya, une vague de hold-up, en 1964-1966, avait été attribuée aux agissements de politiciens peu scrupuleux. Les catégories dirigeantes se trouvent également impliquées, à l'occasion, dans divers trafics, par exemple de drogue, comme en Zambie, où le propre fils du président de la République a été éclaboussé [71].

En quatrième lieu, les positions de pouvoir donnent prétexte à *prébendes*, en-deçà du recours à la violence. A tout seigneur tout honneur, c'est à propos du Zaïre qu'ont été faites les descriptions les plus complètes de ces pratiques, sans doute parce que les Kinois disposent, pour les évoquer, de presque autant de mots que ceux dont se servent les Esquimaux pour dire la neige. Matabiche, pot-de-vin, corruption, haricots pour les enfants, un p'tit quelque chose, un encouragement, une enveloppe, de quoi nouer les deux bouts, traiter, s'entendre, voir clair, être tendre ou compréhensif, s'occuper de moi, payer la bière, court-circuiter, faire la mise en place, trouver une solution zaïroise : autant d'expressions non dénuées de poésie et d'humour qui parlent de trafics de correspondance, de sceaux, de papier à en-tête, d'audiences, de recommandations, d'embauche, d'ordres de mission, de timbres fiscaux et postaux, de trafics à la justice, et aussi de détournements, de retranchements à la source, de fraudes dans l'import-export, de barrages militaires, en bref d'une véritable économie informelle de l'État [72]. Encore faut-il savoir que celle-ci, à la base de la pyramide administrative, est avant tout une économie de survie. De 1973 à 1977, les fonctionnaires zaïrois avaient perdu 60 % de leur salaire réel. A la fin de la décennie, les traitements les plus élevés dont ils disposaient ne représentaient plus que 10 boîtes de lait ou 24 kg de viande ou 8 poules; un huissier, pour sa part, gagnait l'équivalent d'une boîte de lait ou d'une poule [73]. Dans ces conditions, l'agent de l'État se paie sur l'administré plutôt qu'il n'est payé sur le budget. Cependant, le vrai enrichissement ou l'accumulation authentique s'accomplissent également au travers des prébendes que rapporte l'occupation d'une charge publique. Entre le salaire officiel et les revenus parallèles dont il s'accompagne, la disproportion est souvent affolante : en 1974, le commissaire régional du Shaba recevait mensuellement 100 000 $ de prébendes quand son traitement s'élevait à 2 000 $ [74].

Potentiellement, toute décision relevant de la souveraineté de l'État donne matière à gain, d'un contrôle fiscal à une vérification technique, de la signature d'une nomination ou d'un marché à l'octroi d'un agrément industriel ou d'une licence d'importation. En outre, les administrations et les entreprises publiques constituent des réservoirs financiers presque inépuisables pour ceux qui les gèrent et pour les autorités politiques qui les coiffent. Tel a été en particulier le cas des *Marketing boards* et des Caisses de stabilisation en Afrique occidentale, des coopératives en Afrique orientale, et, à partir de la fin des années soixante, des innombrables sociétés d'État et autres « *parastatals* » dont les « *nizers* » ont alourdi leurs économies. Par définition, les sommes prélevées sont difficiles ou impossibles à chiffrer. Divers sondages suggèrent néanmoins qu'elles sont considérables. Au Sénégal, les détournements et les fraudes au sein de l'Office national de coopération et d'assistance au développement auraient représenté, de 1966 à 1980, de 5 % à 10 % du total des revenus des producteurs et se seraient montés à des dizaines de milliards de francs CFA [75]. En Côte d'Ivoire, l'assainissement du secteur des sociétés d'État, mené dans le cadre d'une politique drastique d'ajustement structurel, a dévoilé l'ampleur de leur mise à sac tout au long des années soixante-dix [76]. Et la Direction et contrôle des grands travaux (DCGTX), qui a été créée en 1977 en vue de gérer les principaux projets de construction, de contrôler les prix, de respecter les enveloppes financières des opérations et leur exécution, en bref de limiter autant que faire se peut la dilapidation des deniers publics dans le domaine des investissements d'infrastructure, cette direction serait parvenue en une dizaine d'années à plus de 800 milliards de F CFA d'économies de coûts. Valant 70 millions de F CFA en 1987, le kilomètre de route se serait élevé à 120 millions si la tendance des années 1971-1977 s'était poursuivie [77]. Bien sûr, ces différences ne sont pas exclusivement imputables à une meilleure surveillance des malversations ou à une réduction des commissions; en même temps que du simple déplacement de ces dernières, elles témoignent de la rationalisation des politiques publiques. Mais le soin jaloux avec lequel M. Houphouët-Boigny parraine la DCGTX montre bien qu'elle lui sert à tarir les ressources financières des factions qui se disputent sa succession.

S'il en était besoin, les nombreuses révélations des commissions administratives et de la presse nigérianes corroboreraient l'importance des prébendes perçues au détour des gros investissements de travaux publics. En 1980, une enquête conduite sous l'égide du ministre des Finances établissait que le coût des contrats souscrits par le gouvernement fédéral était de 200 % plus élevé qu'au Kenya, de 130 % plus élevé qu'en Algérie. En 1983, la commission dirigée par un conseiller de la présidence de la République rappelait que la construction était au Nigeria trois fois plus chère qu'en Afrique de l'Est et du Nord, et quatre fois plus chère qu'en Asie. Là aussi, des facteurs strictement économiques peuvent contribuer à l'expliquer. Il n'empêche qu'une société française de BTP – exemple parmi tant d'autres – a pu être accusée d'avoir versé au profit du National Party of Nigeria 10,790 millions de naira à l'intérieur du pays et l'équivalent de 13,5 millions de naira à l'étranger pour des contrats d'un montant de 746 millions de naira [78].

Dans l'univers de la prébende, le rapport à l'étranger demeure fondamental car il est le vrai canal de la circulation des richesses. En soi, les échanges internationaux sont pourvoyeurs d'accumulation pour l'État, dont l'une des premières recettes est la fiscalité douanière. Les gouvernements africains appliquent un protectionnisme féroce jusqu'au cynisme. On a ainsi vu M. Hissène Habré, en 1983, assujettir à des droits le matériel militaire français qu'il avait réclamé à cor et à cri, les autorités mozambicaines en faire autant avec les cercueils que le Zimbabwe leur envoyait gracieusement à l'occasion des funérailles du président Samora Machel et de ses compagnons d'infortune, ou l'Ouganda, le Malawi, le Rwanda taxer l'aide alimentaire d'urgence à l'instar d'une importation ordinaire [79]. L'un des intérêts de ce protectionnisme sourcilleux est qu'il appelle des autorisations mais, aussi bien, des dérogations. La délivrance de licences d'importation, hautement monnayables et dont le prix d'acquisition se trouve vite compensé par la hausse des cours que le bénéficiaire inflige aux consommateurs en organisant des pénuries artificielles, la contrebande qu'il serait naïf d'assimiler à une pratique marginale et populaire, figurent parmi les principales sources de revenus des classes politiques du continent, quitte à ce qu'elles menacent de faillite des secteurs entiers des économies nationales [80]. Également, beaucoup d'usines se sont construites, dont la seule finalité était de l'être et dont il fallait être sourd et aveugle pour ignorer qu'elles ne produiraient jamais [81]. Sachons à nouveau faire la part de l'incompétence. Celle-ci, toutefois, est moins généralisée que ne le veut la stéréotypie raciste et paraît moins déterminante que la recherche de l'enrichissement. Nous sommes plutôt en présence de l'une des manifestations contemporaines les plus vigoureuses de ces stratégies d'extraversion dont nous pressentions le rôle historique capital. Au Nigeria, le général Obasanjo a popularisé, dans les années soixante-dix, le terme de « portier » *(gate-keeper)* pour qualifier cette activité d'intermédiaire des hauts fonctionnaires entre l'environnement international et le marché national. Elle fonctionne tantôt sous une forme triangulaire, associant, outre l'opérateur étranger et le décideur politique ou bureaucratique, un courtier *(middleman)* autochtone, tantôt sur un mode binaire excluant ce dernier [82]. C'est ainsi que la démocratie à laquelle le retrait des militaires semblait promettre le pays, en 1978-1979, est devenue une « contratocratie », « un gouvernement de contractants pour les contractants et par les contractants [83] ». Pourtant, l'arbre nigérian, quelle que soit l'exubérance de son feuillage, ne doit pas cacher la forêt africaine : dans la totalité des pays subsahariens, la « commission » est un rouage primordial de l'investissement et du commerce.

L'aide alimentaire, enfin – plus que l'aide publique au développement, assez étroitement contrôlée par ses donateurs –, passe sous le boisseau d'intérêts privés dans une proportion non négligeable *. Il est de notoriété publique que le Commissariat à l'aide alimentaire, en Mauritanie, a vendu des quantités considérables de dons étrangers sur le marché, entre 1979 et 1984, à l'avantage de certains membres du Comité militaire de redressement national. Et à Bamako, on raille l'avenue et le palais « de la sécheresse [84] ».

Ce rapport intime des positions de pouvoir à l'enrichissement, R. Joseph a raison de le conceptualiser en termes de prébendes, plutôt qu'en termes de patrimonialisme [85]. Cependant, les agents de l'État, en tant que prébendiers, voient aussi s'ouvrir, en cinquième et dernier lieu, les portes de l'*appropriation*, moins parce que le secteur public détient la majeure partie des moyens de production et d'échange – comme il a été souvent et laborieusement affirmé – que parce que l'exercice de responsabilités administratives et politiques n'exclut nullement l'acquisition et la gestion d'un patrimoine personnel. Forts de leur traitement et de ses à-côtés, les fonctionnaires investissent massivement dans l'agriculture, dans les transports, dans l'immobilier et, plus rarement, dans l'industrie au gré de ce processus de « chevauchement » que M. P. Cowen a mis en valeur au Kenya. Dans ce pays, pourtant, les règles héritées du colonisateur et relatives aux incompatibilités entre l'appartenance au service public et l'appropriation d'un patrimoine personnel ont pendant un temps cantonné la haute bureaucratie aux secteurs de l'immobilier et de l'agriculture. Jusqu'à ce que la Commission Ndegwa, faute de pouvoir recommander une augmentation des salaires, propose, avec succès, en 1971, de lever ces restrictions. Les fonctionnaires se lan-

---

* Les esprits chagrins ont d'ailleurs tort de trop s'en alarmer car, même ainsi, elle demeure une aide humanitaire. Au Niger, c'est, on s'en souvient, son détournement qui a permis le relâchement de la pression fiscale de l'État sur une paysannerie exsangue.

cèrent alors dans les affaires avec une fougue qui ne tarda pas à inquiéter la Chambre de commerce et à scandaliser les parlementaires populistes. Autant pour assurer sa propre prééminence économique et son contrôle de l'administration que pour répondre à ces alarmes, le président arap Moi réinstitua un certain nombre de garde-fous au début des années quatre-vingt. Il est toutefois peu probable que ceux-ci soient de nature à interrompre la symbiose des fonctions publiques et des intérêts privés [86].

En Tanzanie, le Code de moralité des dirigeants édicta des limitations autrement sévères à la force desquelles concourait l'intégrité personnelle de M. Nyerere et qui furent finalement incorporées dans le règlement du *Civil Service*. En outre, l'*Acquisition of Buildings Act* de 1971, confisquant les immeubles inoccupés par leurs propriétaires ou d'une valeur supérieure à 100 000 shillings tanzaniens, supprima l'une des rares possibilités d'enrichissement privé qui subsistait à la suite de la Déclaration d'Arusha. Néanmoins, la multiplication des dispositions réglementaires et des campagnes anti-corruption ou anti-saboteurs, tout au long des années soixante-dix, donne à penser que la réalité ne coïncide pas forcément avec la théorie. Et il a fallu attendre 1981 pour que le « balai du président de la République » *(ufagio wa Nyerere)* commence à atteindre des dirigeants notables. Depuis, la politique de libéralisation économique a peut-être jeté de nouvelles passerelles entre les positions de pouvoir et les positions d'accumulation [87].

Quoi qu'il en soit, le cas tanzanien est tout à fait singulier au sud du Sahara. Partout ailleurs, le phénomène du *straddling* s'étale avec insolence. « La vérité est triste mais elle est là toute nue, à savoir que les départements ministériels sont négligés au profit de l'exploitation d'entreprises personnelles », se plaignait dès 1963 M. Yacé, le secrétaire général du Parti démocratique de Côte d'Ivoire [88]. Il s'agissait en l'occurrence de larmes de crocodile car le chef de l'État a personnellement veillé à cette fusion des sphères du public et du privé, au moins pour en assurer la régulation politique. Grâce à leurs prélèvements sur les recettes de l'État et de ses diverses sociétés et à leur réalisation du surplus agricole et de la rente d'exportation, les membres de la bureaucratie ont massivement accumulé sans pour autant avoir la faculté de se poser en milieu autonome d'entrepreneurs capitalistes : en Côte d'Ivoire, il n'est guère de richesse autochtone qui soit pensable en dehors de la tutelle vigilante du « Vieux » et qui ne consiste pas en un recyclage contrôlé d'influence politique déléguée [89]. Les lignes de « chevauchement » sont encore plus appuyées dans des pays comme le Liberia, la Sierra Leone, le Nigeria ou le Zaïre.

Et parce que ces mécanismes d'appropriation concernent avant tout le foncier et l'immobilier, on peut réintroduire la notion de patrimonialisme dans son sens restrictif. En elle-même, cette forme de propriété constitue peut-être la richesse par excellence, d'autant plus prisée qu'elle a été introduite à la faveur de la colonisation et qu'elle a représenté une mutation qualitative du processus autochtone d'accumulation [90]. Son rendement, sûr, s'est trouvé décuplé par l'extension des baux d'État, au fur et à mesure que gonflait la fonction publique, et par la hausse vertigineuse des loyers, souvent payables plusieurs années d'avance, qu'induisaient les booms économiques des années soixante-dix, notamment dans les contextes de rente pétrolière. De surcroît, la propriété foncière et immobilière conditionne l'accès au crédit bancaire. Or elle s'offre, pour ainsi dire, en priorité aux agents de l'État qui sont les mieux à même de connaître les procédures administratives en vigueur, d'anticiper les projets d'urbanisme, de profiter des influences nécessaires et de surmonter la « longue course d'obstacles » – l'expression revient sur toutes les lèvres – à laquelle s'apparente une acquisition. Les premiers spécialistes de l'appropriation foncière ont été, dès l'époque coloniale, les géomètres. Chargés du lotissement des quartiers nouveaux, ils savaient garder par devers eux certaines des parcelles les mieux situées et en faire profiter leurs proches. En même temps, ils monnayaient leurs interventions et extorquaient des taxes indues auprès des demandeurs de terrain.

Ils sont aujourd'hui concurrencés par les hauts fonctionnaires et les hommes politiques dont ils dépendent. Ainsi, l'un des plus beaux terrains du lotissement « face Sobraga », à Libreville, avait été réservé par le géomètre en charge des relevés avant qu'il ne soit récupéré par un ministre. Sur 95 dossiers cadastraux dépouillés par un chercheur dans ce même quartier, 50 concernent des parcelles attribuées à des hauts fonctionnaires et la quasi-totalité d'entre eux renvoient à des propriétaires qui ont été sélectionnés par le ministre du Budget. Dans une autre zone, à proximité de l'aéroport, un arrêté octroya, en 1968, à titre gratuit, 18 parcelles d'une superficie totale de 18 hectares... à 18 ministres en exercice, classés selon l'ordre protocolaire. En Centrafrique, 200 maisons appartenant à l'État furent semblablement vendues à bas prix, en

1976, et les principaux bénéficiaires de cette transaction avantageuse furent les membres du gouvernement : le ministre des
Finances, par exemple, obtint pour 3 690 000 F CFA une villa
qu'il loua à une entreprise étrangère 400 000 F CFA par mois [91].
De telles opérations se réalisent dans toutes les capitales du
continent et, soit dit en passant, expliquent pourquoi les politiques
publiques de l'habitat se heurtent à d'infranchissables écueils, en
dépit de leur urgence. Elles n'excluent naturellement pas des pratiques similaires d'accaparement du capital agraire, notamment
sous le couvert de la nationalisation des terres non cadastrées ou
des grands projets de développement. Nul ne doute, en Mauritanie
et au Sénégal, que tel est le véritable enjeu de l'aménagement du
Fleuve et de « l'après-barrage ». Au Mali, la bureaucratie, transformée en « bourgeoisie agraire » dès l'époque de Modibo Keita
« sous prétexte de " retour à la terre " et de fidélité aux traditions
[...] des civilisations soudano-sahéliennes », fait exploiter par une
main-d'œuvre salariée de grandes plantations, à la périphérie des
villes [92]. En Côte d'Ivoire, au Kenya, les agents de l'État n'ont pas
été les derniers à jouir, les uns, du déclassement des réserves forestières, les autres, du transfert des « terres blanches ». L'évolution
est identique au Cameroun, encore que le président de la République n'ait pas systématiquement encouragé les fonctionnaires à
créer des « fermes » avant le milieu des années quatre-vingt [93].

LE MODÈLE ZAÏROIS : LES « MESURES DU 30 NOVEMBRE »

Si l'on veut saisir le rapport organique des positions de pouvoir à
l'appropriation privée des moyens de production et d'échange, il
convient de se tourner à nouveau vers le cas du Zaïre qui a élo-
quemment abrégé les procédures de translation d'un ordre à
l'autre. Le 30 novembre 1973, M. Mobutu annonçait la « récupération » de biens économiques détenus par les étrangers, dont la
définition exacte, au demeurant, était sujette à incertitude. De la
même voix, il encourageait ses « collaborateurs » à exercer, en
dehors de leurs fonctions officielles, des « activités lucratives ». Le
sens du discours présidentiel devenait clair pour tout un chacun.
Le seul problème était de savoir « qui va partager le butin »
comme se le demandaient les étudiants sur le campus de Kinshasa,
dès le mois de décembre, tandis que le leader de l'Union des tra-

vailleurs zaïrois traitait déjà les parlementaires de « margoulins ».
Le ministère de l'Information s'empressa de préciser, à qui voulait
l'entendre, que le but des « mesures du 30 novembre » n'était pas
de fomenter une bourgeoisie au détriment des masses laborieuses
mais bien au contraire d'améliorer la condition de tous les citoyens
zaïrois. La question de la sélection des « acquéreurs », comme l'on
commençait à dire, de façon non encore péjorative, restait néanmoins entière. Le 26 décembre, une réunion au sommet, rassem-
blant autour du chef de l'État le bureau politique du Mouvement
populaire de la révolution, le Conseil des ministres et les députés –
soit 300 personnes environ – apporta une première réponse. Les
plantations et les sociétés « stratégiques » entreraient dans le secteur public. Les grandes exploitations agricoles, les principales
affaires de négoce seraient réservées aux membres de ces trois
organes politiques. Les petites boutiques seraient attribuées aux
notables locaux « qui ont les moyens et la vocation ». Les membres
de l'élite gouvernante absents de la réunion étaient exclus du partage, ainsi que les officiers, les magistrats, les ambassadeurs, les
fonctionnaires, les cadres de l'administration territoriale, les chefs
traditionnels. La liste nominale des bénéficiaires serait publiée le
31 décembre.

La « décision tripartite » souleva l'indignation quoique tout Zaïrois bien né sût entendre la devise du régime : « Servir et non se
servir. » Au terme de l'une de ces croisières solitaires sur le fleuve
qu'il affectionne, M. Mobutu revint donc sur le principe, ou plutôt
sur les modalités, de cette curée. L'État entrerait en possession des
biens soumis à la « zaïrianisation » afin de les rétrocéder ensuite.
Seuls les petits commerces seraient directement vendus à des
nationaux. En réalité, les avoirs zaïrianisés furent bel et bien dis-
tribués gratuitement, selon les critères retenus initialement, lors de
la « décision tripartite », et « le triomphe de la classe politico-
commerciale était complet [94] ». Les dossiers de candidature à la
reprise des affaires devaient être soumis aux ministères compétents et aux autorités territoriales. La concurrence entre postulants
fut si vive qu'un fonctionnaire de Lubumbashi empocha près de
25 000 $ en vendant les formulaires prévus à cet effet. Mais l'issue
de cette furieuse compétition dépendait directement de l'influence
politique dont pouvaient se targuer les intéressés. Les membres du
Bureau politique, du Parlement et du Gouvernement furent d'ailleurs dispensés des formalités normales et satisfaits en premier. Ils
s'emparèrent de la majorité des grandes exploitations et des

« Zaïrianisation » et positions de pouvoir en Équateur (1974) :
les acquisitions de MM. Mobutu et Engulu (en hectares et en pourcentages)

	CAFÉ	CACAO	CAOUTCHOUC	PALMISTE
M. Mobutu, Chef de l'État M. Engulu, Commissaire d'État	3,049 2,132	3,395 887	6,804 20,026	20,114 12,682
TOTAL	5,181	4,282	26,830	32,796
Total Équateur	79,749	27,489	81,964	114,826
Biens de MM. Mobutu et Engulu en % du total Équateur	6 %	16 %	33 %	29 %

Source : Région de l'Équateur, Division régionale de l'agriculture, Rapport annuel 1974, pp. 84-89, 132-138, cité par M.G. SCHATZBERG, Politics and Class in Zaire. Bureaucracy, Business and Beer in Lisala, New York, Africana Publishing Company, 1980, p. 138.

négoces les plus rentables : dans la seule région de l'Équateur, le ministre de l'Intérieur, M. Engulu, reçut 35 727 hectares de plantation. Les fonctionnaires écartés du partage des dépouilles y participèrent par l'intermédiaire de leurs parents ou de prête-noms. En revanche, les démarches étaient plus compliquées pour les candidats ordinaires et impliquaient qu'ils sussent mobiliser des soutiens politiques et administratifs, en particulier à l'échelle régionale [95]. Les enquêtes effectuées dans différentes villes du pays confirment que les détenteurs des positions de pouvoir ne manquèrent pas de retenir une part importante des biens « zaïrianisés ». A Lubumbashi, 35,4 % de ceux-ci revinrent à des hommes politiques, 4,6 % à des fonctionnaires, 34,4 % à des hommes d'affaires, 25,6 % à diverses autres catégories sociales [96]. M. G. Schatzberg aboutit à des conclusions encore plus tranchées à Bumba et à Lisala [97].

« Action de classe », donc, que le choix du « 30 novembre ». Il était destiné à faire basculer le patrimoine des étrangers dans l'escarcelle du personnel politique tout en tenant à distance l'appétence populaire. Il plongea le pays dans le chaos et dans une désastreuse fuite en avant. Néanmoins, ses effets structurants au regard de la stratification sociale ne furent annulés ni par la « radicalisation » de 1975, ni par les « clarifications » – c'est-à-dire les mesures de rétrocession – de 1977. Dans sa brutalité, la « zaïrianisation » a au moins l'avantage, aux yeux du politiste, d'illustrer d'une manière cruelle, mais non forcément caricaturale, le sens de la vague « nationaliste » qui balaya le continent au début des années soixante-dix. Des mesures ponctuelles qui, un peu partout, furent prises à l'encontre des minorités allogènes commerçantes à la « guerre économique » qu'Amin Dada déclencha en Ouganda contre les « Asiatiques », des décrets nigérians d' « indigénisation » aux nationalisations togolaises, du gonflement du secteur public à la renégociation des accords internationaux et à la multilatéralisation des emprunts extérieurs, ce fut comme un essai de « seconde indépendance », qui n'est point complètement incomparable avec cette « deuxième occupation coloniale » dont ont parlé J. Lonsdale et D. A. Low et dans la lignée de laquelle elle s'inscrit [98]. A l'instar de ce que Nkrumah avait nommé l'indépendance du drapeau, son enjeu était, en même temps que politique, matériel. En tout état de cause, il a été un moment fort de la production de l'inégalité. Et l'apparente remise en question de ce tournant, sous la pression des politiques d'ajustement structurel, ne doit pas impressionner outre mesure. Elle ne préjuge en rien de la capacité de rebondissement des groupes sociaux qui ont tiré parti de ces « *nizations* », pour reprendre l'expression, décidément très juste, du petit peuple tanzanien [99]. Le maître remède de la « privatisation », que les docteurs occidentaux prescrivent aux économies malades du continent, ne contredit pas autant qu'on veut bien le croire la dynamique antérieure de l'État postcolonial.

CHAPITRE III

L'illusion bourgeoise

On peut désormais tenir pour acquis que c'est effectivement la relation à l'État qui, au premier chef, confère aux acteurs la capacité de s'enrichir et de dominer le champ social. Cela est vrai au plan local, dans les villages [1]. Cela l'est plus encore à l'échelle régionale et nationale. Dans le cas caractéristique du Nigeria, l'exploitation s'est moins réalisée à partir du marché du travail qu'à travers celui des contrats, des licences diverses et des emplois publics que délivrait un véritable « État entrepôt [2] ». Et, à cet égard, le boom pétrolier a peut-être été moins significatif en soi que par l'activité commerciale d'import qu'il a rendue possible, quel que soit par ailleurs le pourcentage de la rente pétrolière purement et simplement détourné par les titulaires successifs du pouvoir politique. Dans les autres pays, les différentes rentes d'exportation (agricole, minière ou pétrolière) ont contribué à la polarisation sociale selon des modes analogues, directs et indirects.

Aussi cette correspondance entre la détention de positions au sein de l'appareil d'État et l'acquisition de la richesse est-elle assez nettement corrélative avec la hiérarchie politique. En particulier l'exercice de l'autorité suprême va le plus souvent de pair avec une accumulation en proportion. C'est à tort que le politiste a laissé au pamphlétaire ou au moraliste la compréhension de ce phénomène. Il ne saurait être tenu pour anecdotique. Il introduit une rupture qualitative à l'intérieur des systèmes d'inégalité et de domination du continent, dont tout laisse à penser qu'elle fera l'objet d'une reproduction élargie. L'État postcolonial représente de ce point de vue une mutation historique des sociétés africaines, à l'échelle de la longue durée : jamais, semble-t-il, les dominants n'étaient parvenus à s'y assurer une suprématie économique aussi nette par rapport à leurs sujets.

La figure de M. Mobutu est volontiers évoquée. Ce dernier contrôlerait de manière discrétionnaire de 17 à 22 % du budget national, pour son usage personnel. On estimait, en 1981, à 1,48 milliard de francs belges la ligne budgétaire de la présidence de la République, auquel il convenait d'ajouter 600 millions de FB de « dotation ». En outre, M. Mobutu semble avoir rassemblé l'essentiel de sa fortune en exportant, à titre personnel, du cuivre, de l'ivoire et surtout des diamants, grâce à son amitié avec M. Tempelsman. En 1982, son capital placé à l'étranger était parfois évalué à 4 milliards de $. Ses avoirs à l'intérieur du pays sont également immenses. Le chef de l'État a été l'un des premiers bénéficiaires de la zaïrianisation et il a regroupé ses acquisitions dans un conglomérat, Cultures et Élevages du Zaïre (CELZA), qui employait, en 1977, 25 000 personnes (dont 140 cadres européens). A ces biens s'ajoutent ceux de sa proche famille, en particulier ceux de M. Litho Maboti[3]. La confusion entre la chose publique et le patrimoine de M. Mobutu est inhérente au régime et, selon le mot de l'ancien directeur de la Banque centrale, M. Blumenthal, il est aussi illusoire d'en attendre la réforme que de « se persuader qu'un chat peut cesser un jour de s'intéresser aux souris[4] ». Néanmoins, l'outrance de la fortune du « Président fondateur » du Zaïre ne doit pas oblitérer la fréquence de ces situations extrêmes, où les institutions politiques fonctionnent comme des compagnies de traite et mettent en coupe réglée les ressources nationales. Le général Acheampong au Ghana, le vieux Siaka Stevens et son successeur, le général Momoh, en Sierra Leone, M. Moussa Traoré au Mali, Sékou Touré en Guinée, Sa Majesté Jean-Bedel Bokassa en Centrafrique, le dictateur Macias Nguema en Guinée équatoriale, le Grand Timonier Gnassingbe Eyadema au Togo, M. Abdallah aux Comores, tous ces personnages droit sortis d'un roman de Sony Labou Tansi, et dont on a parfois pu dire que leur départ « prendrait l'aspect d'un dépôt de bilan », sont ou ont été, à titre personnel ou par entourage interposé, des incarnations parfaites de ce qu'il n'est pas exagéré de nommer des « kleptocraties[5] ».

Est-ce à dire que les systèmes dont les gouvernants ont une meilleure réputation ou, à tout le moins, dont l'économie est plus florissante, relèvent d'une logique radicalement autre? Cela est douteux, même si le tragique n'y dispute pas à l'ubuesque.

Au Kenya, les florissantes affaires de la « Famille » – celle de Jomo Kenyatta, s'entend – apparaissaient à la fin des années soixante « comme le plus puissant et le plus efficace des groupes d'intérêts privés en Afrique orientale [6] ». Sur ce point également, M. arap Moi a emprunté les pas de son prédécesseur, accordant à sa nouvelle philosophie politique *nyayo* (empreinte, trace) toute sa véracité. En quelques années, il s'est associé aux principaux réseaux d'affaires du pays, « asiatiques » et côtiers, et a pris des participations dans tous les secteurs de l'économie. Selon *Africa Confidential*, son patrimoine comprendrait, outre des domaines, des actifs dans les transports, dans la distribution de produits pétroliers, de films et de produits alimentaires, dans la banque, dans l'industrie du pneumatique, dans les travaux publics. Intermédiaires obligés des investisseurs et des exportateurs étrangers, une poignée d'opérateurs, qui veillent au cheminement des dossiers dans le dédale de la très secrète bureaucratie kenyane, n'omettent pas *in fine* de rétribuer l'aval de *State House* [7]. Au Gabon, M. Bongo, propriétaire d'un seul terrain à Libreville, en 1967, en possède aujourd'hui trente-neuf dans les quartiers les plus cotés et n'est pas indifférent aux exportations de manganèse et de pétrole, ni aux investissements étrangers [8]. M. Houphouët-Boigny, en Côte d'Ivoire, s'est prévalu de ses « milliards » dont il a néanmoins précisé qu'ils « ne viennent pas du budget » :

> « [...] C'est le fruit de mon travail. Une des banques gère mes bénéfices sur la culture de l'ananas. J'ai quatre milliards de chiffre d'affaires dans la culture d'ananas. Je paie celui qui vend les cartons pour les ananas quelque 50 millions de francs par mois. Le bateau et l'avion = 150 millions de francs par mois. J'ai eu deux chutes brutales il y a deux ans alors que j'avais atteint jusqu'à 3 000 tonnes d'ananas par mois, produisant ainsi le tiers de la production nationale. Et j'ai demandé à une banque de gérer cela. J'ai cessé de faire du café. Autrefois, on recevait très peu, peut-être cent millions de francs, mais ces cent millions valent aujourd'hui des milliards. Et j'ai viré tout cet argent dans mes comptes en banque, en Suisse, et cela a produit des intérêts importants. L'une des banques d'Abidjan possède de moi le quart de ses dépôts. Si je n'avais pas confiance en mon pays, garderais-je tout cet argent ici? J'ai confiance en la Côte d'Ivoire. Il y a même une banque qui gère mes bénéfices sur l'avocat dont, je crois, je suis le premier producteur en Côte d'Ivoire. Il y a une autre banque qui gère modestement les bénéfices de mon élevage de poulets. Mais ces milliards, parce que tout cela se chiffre en milliards, se trouvent dans le pays [9]. »

Jusqu'à l'austère président Kountché, au Niger, dont l'épouse avait le monopole de l'importation de l'indigo malien, si prisé – elle commerçait pour ce faire avec Mme Moussa Traoré –, dont le frère Moumini Kountché est l'un des grands hommes d'affaires du

pays, et qui aurait lui-même pratiqué le commerce des ciga-
rettes [10].

Lourde erreur, donc, celle qui consiste à ne déceler dans ces
agissements que la corruption de l'État. Ils en sont au contraire la
trame, et la lutte pour le pouvoir est peut-être au premier chef une
lutte pour les richesses. Est-ce innocemment que le général Amin
Dada avait intitulé l'expulsion des Indiens « Opération *Mafutamingi* », en swahili : « Opération Beaucoup de graisse »? Est-ce par
pure dérision que les Tanzaniens disent parfois, pour le sigle du
parti – CCM – « *Chukua Chake Mapema* », « prends de bonne
heure ce qui te revient »? Simple coïncidence, ce sentiment désa-
busé qui, au Nigeria, inspire à un homme politique idoma – un
groupe minoritaire de l'État de la Benue – la métaphore cynégétique que nous avons entendue de la bouche d'un cadre, au Congo-
Léopoldville : le retriever – ici, les ethnies minoritaires – est censé
rapporter au National Party of Nigeria – le chasseur – la proie
qu'il a ratée – les suffrages – mais il attend en vain que le chasseur
lui laisse les reliefs d'un festin qu'il ne veut pas partager [11]? A la
même époque, un parti avait prétendu s'appeler « *I chop, you
chop* » (« Je mange, tu manges »), et cet aveu tranquille fait écho
au scepticisme d'un citoyen camerounais envers la « moralisation »
voulue par M. Biya : « Hier les chèvres étaient attachées et elles
broutaient. Aujourd'hui, les chèvres sont attachées et elles
broutent. Demain, les chèvres seront attachées et elles broute-
ront ! »

Il nous faudra, le moment venu, réfléchir sur l'éthos de cette
« politique du ventre », comme l'on dit à Yaoundé, sur ces représentations que l'éditorialiste de *Cameroon Tribune* nous a retra-
cées de façon évocatrice, à la fin d'un chapitre précédent. En
attendant, l'assertion de G. Balandier, à la veille des indépendances, se trouve confortée. Et l'appareil d'État est en soi un morceau de ce « gâteau national » – conformément à l'expression en
vigueur au Nigeria – que tout acteur digne de ce nom entend cro-
quer à belles dents. Ainsi s'explique en partie le prix apparemment
exagéré que l'on accorde au sud du Sahara à la création de nouvelles structures administratives : offices et entreprises publics,
préfectures et sous-préfectures, voire, au Nigeria, États fédérés.
Ces institutions sont en tant que telles pourvoyeuses de richesses
et d'accumulation, et la compétition qui se déploie en vue de leur
maîtrise n'est que l'un des aspects de ce que nous baptisons, en
Occident, la « lutte des classes ».

« BOURGEOISIE BUREAUCRATIQUE » ET « BOURGEOISIE D'AFFAIRES »

Il importe pourtant de ne pas déduire de conclusions précipitées de ce rapport privilégié du pouvoir à l'accumulation. D'une part – nous le constaterons dans des chapitres ultérieurs –, le label patrimonial que l'on accole trop systématiquement à l'État postcolonial fait bon marché de toute une série de dynamiques irréductibles au modèle weberien du « sultanisme [12] ». Et, de l'autre, les positions de pouvoir n'absorbent pour ainsi dire jamais la totalité des canaux d'accumulation au sens où elles tendent à y parvenir en Union soviétique, en Europe de l'Est, en Chine populaire. De ce point de vue, l'appropriation étatique de nombreux moyens de production et d'échange ne doit pas frapper au-delà du raisonnable. Elle n'est pas de même nature que dans une économie socialiste ou mixte, bien que la médiation de l'État soit évidemment plus forte et spécifique en Tanzanie qu'au Kenya, au Nigeria ou, *a fortiori*, en Ouganda, et bien que l'activité des entreprises privées dépende toujours étroitement du pouvoir dans la mesure où elle repose sur des autorisations administratives (telles que les licences d'importation, les agréments industriels, l'homologation des prix) et sur des dérogations à la loi (sous forme de fraudes douanières et fiscales). Elle manifeste plutôt la résurgence de la prétention ancestrale des souverains et des aînés de lignage à truster les échanges commerciaux [13]. De l'*asantehene* à l'*Osagyefo* *, la continuité est troublante, ainsi que l'a remarqué I. Wilks [14]. Les équipes qui se sont réclamées d'un socialisme consistant, d'inspiration « africaine » ou « scientifique », se sont de la sorte efforcées de contrarier l'émergence d'un secteur privé autochtone, voire d'éradiquer ou d'affaiblir les réseaux de négoce existants. Néanmoins, l'option de M. Houphouët-Boigny n'a pas été très différente, qui a materné les investissements des détenteurs de positions de pouvoir et a contré l'émergence d'un milieu d'affaires indépendant [15]. Son objectif a été au fond le même que celui d'un Nkrumah, d'un Sékou Touré ou d'un Modibo Keita. Il s'est agi d'inhiber la cristallisation de forces qui auraient pu devenir politiquement et économiquement concurrentes. D'autres ont poursuivi un but similaire

---

* *asantehene* : souverain de l'Asante ; *Osagyefo* : le Rédempteur (surnom de Kwame Nkrumah).

en se livrant à des dosages subtils et en jouant des réseaux commerciaux contre d'autres : ainsi, au Cameroun, M. Ahidjo, qui contrebalança la prééminence bamiléké en appuyant des hommes du Nord, puis M. Biya, qui a épaulé des opérateurs bafia et, avec un succès plus mitigé, des outsiders originaires du Sud.

Or, seuls, en définitive, les gangstérismes politiques d'une famille Touré en Guinée ou d'une famille Nguema en Guinée équatoriale ont pu s'approcher d'une confiscation *de facto* des moyens d'enrichissement, sans toutefois y parvenir. En particulier une « bourgeoisie privée » a subsisté en Guinée et a reconquis beaucoup du terrain perdu après le tournant économique de 1977 [16]. A l'opposé du spectre continental, une couche d'entrepreneurs nationaux semble avoir émergé au Kenya, qui se distingue à la fois des tenants de l'État et de ce que l'on qualifie par commodité de « petite bourgeoisie » [17]. Même dans un régime intermédiaire comme celui de M. Mobutu, aussi centralisé soit-il selon une problématique patrimoniale et prébendière, un groupe d'entrepreneurs indépendants du pouvoir, voire suspects à ses yeux, tels les commerçants nande du Nord-Kivu, a pris corps, d'après une intéressante recherche de J. MacGaffey à Kisangani [18]. Et en Côte d'Ivoire, où une nouvelle génération d'opérateurs aspire à un statut exclusivement économique, semblable évolution n'est plus inimaginable [19].

Davantage que les intentions, finalement assez convergentes et plutôt carnassières, des autorités, des effets d'échelle aident à la formation, ou non, d'un véritable secteur privé autochtone. Effets d'échelle démographique et géographique, d'abord : on ne tient pas les géants nigérian ou zaïrois aussi aisément que des micro-États d'un ou de cinq millions d'habitants. Effets d'échelle économique, ensuite. De solides circuits financiers extra-bancaires peuvent assurer aux grands entrepreneurs l'opacité qui sied à leur art, notamment en Afrique de l'Ouest et au Cameroun. Sur une épargne globale estimée à 2 000 milliards de F CFA en Côte d'Ivoire, on a évalué, en 1986, à 200 milliards les montants confiés aux « tontines * » et à 1 000 milliards les capitaux « immergés » dans le pays « profond » (pour un budget de fonctionnement de l'État de 433 milliards en 1986 et un service de la dette de 350 milliards en 1985) [20]. De même, les industries nigériane et zimbabwéenne pèsent de leur propre poids face au diri-

* Procédures informelles et rotatives d'épargne et de crédit qui doivent leur nom à Tonti, banquier italien du XVIIᵉ siècle.

gisme de l'État. Et, passé un certain seuil d'accumulation, des magnats de l'envergure d'un Chief Alhaji Yinka Folawiyo et des Dantata au Nigeria, d'un Njenga Karume au Kenya, d'un Soppo Priso au Cameroun deviennent à peu près intouchables parce qu'ils volent économiquement de leurs propres ailes et sont auréolés d'un fort prestige. Effets d'échelle historique, enfin : certains réseaux commerciaux sont adossés à un passé dont l'ancienneté transcende l'État postcolonial et limite d'autant sa capacité de nuisance à leur égard. Tel est le cas, bien sûr, des grandes familles des « négociants de la savane » à qui le pouvoir reconnaissait traditionnellement une autonomie plus grande que dans les régions forestières [21]. Tel est le cas, encore, des commerçants bamiléké de l'ouest du Cameroun ou « arabes » de la côte swahili [22]. Mais des communautés marchandes d'une origine plus récente – les mourides au Sénégal, les « nana-benz » au Togo – jouissent elles aussi de leur antériorité par rapport au régime politique contemporain [23].

Sans aller, pour l'instant, jusqu'à nous demander si ces configurations annoncent la différenciation d'un champ économique de type polanyien ou d'une société civile marxienne [24], on ne peut esquiver le problème qu'elles posent quant à l'identification de la « classe dominante » qui est réputée s'accoler à l'État postcolonial. Depuis le livre célèbre de M. Mamdani, il est d'usage de postuler une relation d'extériorité entre une « bourgeoisie bureaucratique » et une « bourgeoisie d'affaires » et de la voir se répercuter au cœur des institutions politiques, sur le mode du conflit ou de l'alliance [25].

C'est, par exemple, la lecture que J.-L. Amselle propose de la société malienne. En 1946, « au début de la politique », pour parler comme les Bamakois, « les différentes classes sociales et forces politiques qui travaillaient le Soudan colonial en profondeur trouvent soudain à s'exprimer ». D'un côté, le Parti soudanais du progrès (PSP) défendait les intérêts des notables locaux et des aristocrates ruraux, tout en recevant l'appui de l'administration française. De l'autre, l'Union soudanaise du Rassemblement démocratique africain (USRDA) « représentait fondamentalement ceux qui constitueront plus tard la bourgeoisie d'État » ; elle parvint à nouer « une alliance tactique » avec les commerçants et à soulever l'adhésion de « la majeure partie de la paysannerie ». Les élections de 1959 furent favorables à cette seconde formation :

> « Lorsqu'en 1960, le Mali obtient l'indépendance, la petite bourgeoisie d'enseignants, de commis et de syndicalistes issus de l'aristo-

cratie ouvrière qui dirige l'USRDA s'installe au pouvoir [...]. Cette petite bourgeoisie, en accédant aux responsabilités suprêmes, prend d'emblée la forme d'une " nomenklatura " [...] c'est-à-dire d'une nouvelle classe de privilégiés dont le pouvoir politique n'est pas la résultante de la détention des moyens de production et d'échange, mais bien au contraire dont les instruments d'accumulation sont fonction de la place occupée dans l'appareil d'État. Lorsqu'elle arrive au pouvoir, cette " nomenklatura " a réussi à éliminer totalement la classe rivale, l'aristocratie terrienne, grâce à la suppression du parti politique qui représentait les intérêts de cette dernière : le PSP. Toute sa tactique va donc consister à se débarrasser de la bourgeoisie marchande et à pressurer la paysannerie pour se constituer en tant que classe. Pour ce faire, cette " nomenklatura " va se parer des oripeaux du socialisme. »

L'expansion du secteur public sapa les assises économiques et politiques des commerçants tout en fournissant à la nomenklatura naissante une « rente bureaucratique », prélevée au détour des « investissements humains » et de la commercialisation forcée des céréales. La création, en 1962, d'un franc malien inconvertible provoqua l'affrontement décisif et se solda par la défaite de « la classe marchande » qui, dès lors, « cessera d'exister en tant que force politique organisée » : « Ayant abattu à la fois l'aristocratie terrienne et la bourgeoisie marchande, la bureaucratie naissante allait pouvoir accomplir son destin historique, c'est-à-dire se constituer en tant que classe. » A cet égard, la rupture du renversement de Modibo Keita, en 1968, n'a été que relative. M. Moussa Traoré a continué de se reposer sur la nomenklatura et d'en servir les intérêts, au moins jusqu'en 1981. La libéralisation partielle de l'économie, notamment la privatisation du commerce de détail, des céréales et de l'arachide, a ensuite répondu aux attentes des négociants. Cependant, les coups d'arrêt qu'elle enregistre à intervalles réguliers semblent rappeler que la contradiction entre « bureaucrates » et « commerçants » constitue bien « l'éternelle donne de la politique malienne [26] ».

Plus nuancés, G. Dauch et D. Martin pensent que les conflits politiques kenyans des années 1975-1977 portaient moins sur la succession imminente du « Mzee » que sur « l'orientation économique du pays, en ce qu'elle permettrait, ou non, la constitution d'une véritable bourgeoisie nationale disposant d'un poids décisif dans l'appareil de production du pays, y compris ses secteurs les plus modernes, en même temps que d'une influence déterminante dans l'appareil d'État ». L'audience politique de la couche des entrepreneurs qui s'étaient affirmés depuis quelques années n'était pas à la hauteur de leur nouvelle puissance économique, et l'on entr'aperçoit à travers les affrontements factionnels de l'époque les revendications de cette « bourgeoisie nationale en aspiration » : « [...] L'hypothèse la plus vraisemblable serait que l'un des axes de constitution de ces équipes [factionnelles], le principal peut-être, représenterait la transmission dans le champ politique des conflits d'intérêts économiques transcendant [...] les antagonismes passés. Les élections dans le parti auraient alors été le moment de l'apparition de nouvelles alliances politiques en quête d'un pouvoir leur donnant le moyen de poursuivre, ou de modifier, la présente politique économique. Pour simplifier, on aurait assisté au combat des " nationalistes " contre les " multinationalistes ". » M. arap Moi a un temps donné l'impression de vouloir satisfaire certaines des espérances de cette « bourgeoisie nationale en aspiration » en faisant présenter au Parlement le *Sessional Paper nᵒ 4 of 1980*, d'une tonalité économique assez résolument nationaliste. Néanmoins, le dilemme « des rapports qui vont s'instaurer entre ces entrepreneurs bourgeois (au vrai sens du terme) et les hommes du pouvoir qui n'en sont pas » demeure ouvert [27].

Or, nous semble-t-il, l'ascension économique du président de la République, dont nous faisions état, sa répugnance à laisser céder à des « Asiatiques » mais également à des opérateurs kikuyu les *parastatals* dont la Banque mondiale recommande la privatisation, replacent cette thématique de la « bourgeoisie nationale » sous un jour un peu différent. Au Cameroun également, la libéralisation engagée par M. Biya, à partir de 1983, laissait croire que le régime, d'une teneur fortement bureaucratique, s'ouvrait à une représentation des milieux d'affaires nationaux. Au congrès de Bamenda, en 1985, des patrons éminents – tels MM. Kondo, Tchanque, Sack, Onobiono – entrèrent au Comité central du parti, et la volonté de diversification des partenaires économiques extérieurs, qu'affichait la diplomatie du nouveau président, paraissait devoir étayer ce rééquilibrage. A la regarder de plus près, la réalité se nuance et, tout compte fait, l'on saisit mal l'altérité radicale qui discriminerait nettement « la bourgeoisie d'affaires » de la « bourgeoisie politico-administrative », qui ferait de celles-ci « deux ensembles distincts » dont le « conflit » serait « potentiel mais [...] encore masqué [28] ». Certes, le cursus d'un Monkam, d'un Kadji, d'un Kondo est différent de celui d'un ministre ou d'un haut fonctionnaire, encore que cela soit déjà moins vrai d'un Tchanque, secrétaire général de l'Union douanière et économique d'Afrique centrale avant de fonder les Brasseries Nobra. En outre, les grands commerçants et, surtout, les industriels ont des préoccupations propres qui les amènent à critiquer l'emprise de l'administration sur la vie des entreprises, l'orientation de la politique économique du gouvernement ou la multiplication des importations concurrentes des produits nationaux. *Last but not least*, Paul Soppo Priso, le milliardaire, non pas rouge mais nationaliste, de Douala incarnait une philosophie politique authentiquement libérale, aux antipodes de l'autoritarisme étatiste de M. Ahidjo, avant qu'il ne soit battu par celui-ci aux élections présidentielles de 1960 et qu'il ne se retire de la lutte pour le pouvoir. Mais, en définitive, « bourgeois » et « bureaucrates » roulent dans les mêmes Mercedes, boivent le même champagne, fument les mêmes cigares et se retrouvent dans les salons d'honneur des aéroports. Les clivages entre les deux activités, économique et politico-administrative, existent et se projettent en partie sous la forme de rivalités personnelles. Néanmoins, ils traduisent des antagonismes de rôles, plus que de statuts ou de classes. Ils ne sont pas forcément plus aigus que les affrontements factionnels qui divisent la classe politique, les conflits de compétence qui paralysent les administrations, ou les contradictions qui opposent entre eux les grands hommes d'affaires.

En d'autres termes, les ordres privé et étatique de l'accumulation participent assez largement d'un même éthos de l'enrichissement personnel et de la munificence. Et, à l'inverse, rien n'indique qu'ils s'articulent à partir d'un rapport d'extériorité. Peu importe, en fin de course, que les fortunes de M. Ahidjo et de M. Moussa Yaya se soient amassées sous le couvert de leurs responsabilités politiques, que celles de M. Soppo Priso, de M. Kuoh Tobie ou de feu André Fouda remontent pour le principal aux décennies de l'époque coloniale, que celle de M. Kondo repose sur une véritable activité industrielle. Il n'est pas non plus crucial que M. Kadji ait longtemps bénéficié de la myopie délibérée d'un régime désireux d'opposer à la rébellion upéciste des hommes d'affaires bamiléké et que de grands négociants du Nord aient ensuite profité d'un calcul similaire, ni que M. Monkam travaille dans le sillage d'une brasserie étrangère et que M. Fotso confie la gestion de ses sociétés à des cadres expatriés là où d'autres rêvent d'en découdre avec les investissements français, ni enfin que les uns optent pour la gestion capitaliste quand d'autres pensent que « débrouiller n'est pas voler ». Pour l'heure, le maelström des discordes et des alliances, ô combien changeantes, qui les emporte tous renvoie à un champ d'intérêts intimement mêlés au fil des années, des contrats, des crédits, des acquisitions, des mariages. Dans ce tourbillon, les opérateurs privés et les opérateurs étatiques agissent complémentairement, quand ils ne se confondent pas purement et simplement en se contentant de changer de casquette selon les circonstances. Les promeneurs faussement naïfs du *Messager* décrivent bien cette osmose des deux sphères :

« *Takala* : – Combien, d'après toi, y a-t-il de catégories d'hommes d'affaires au Cameroun?

Muyenga : – A mon avis, il doit y en avoir plusieurs : il y a des hommes d'affaires de pure race qui gagnent leur argent à la sueur de leur front, il y a ceux qui le deviennent par la force des choses.

T. : – C'est-à-dire quoi?

M. : – Je veux parler de ces hommes et ces femmes d'affaires accidentels qui se reconvertissent dans les affaires une fois qu'un décret a nommé le frère, le cousin ou le mari à un poste de responsabilité.

T. : – Quel rapport?

M. : – Le rapport, justement, c'est que ce frère, ce cousin ou ce mari les inondera désormais de tous les marchés de gré à gré. Leur principale activité? Entrepreneurs en bâtiment, en travaux publics, papeteries et fournitures de matériel de bureau. Décoration, etc.

T. : – Peut-on devenir tout cela du jour au lendemain?

M. : – Tant que c'est le père, le cousin ou le mari qui est là et qui attribue les marchés. Il y a ceux qui deviennent hommes d'affaires parce qu'ils ont brigué un bon poste au sein du parti, parce qu'ils se serviront désormais de la couverture politique pour s'assurer une place honorable dans cette jungle qu'est le monde des affaires.

T. : – Et les autres?

M. : – Les autres, ce sont ceux dont on se sert pour purifier, « nettoyer » et blanchir l'argent volé.

T. : – Je ne comprends pas très bien.

M. : – Tu sais qu'il y a eu dans ce pays, à un moment donné, une génération de pilleurs de tout poil et de tout acabit qui se sont amassés beaucoup de frics, beaucoup trop de frics qu'ils n'ont pas pu investir eux-mêmes.

T. : – Je vois.

M. : – Avec l'avènement du Renouveau ils ont trouvé dans leur entourage proche des cousins, oncles ou neveux qu'ils ont placés comme paravent au-devant de leurs business. Interroge l'un de ces pions aujourd'hui, il te dira comment il a vendu les bouteilles vides dans les quartiers de Douala ou fait le commerce à la sauvette pour être là où il est.

T. : – Je comprends donc [29]. »

Il est vrai que la spécificité de la « bourgeoisie d'affaires » se nourrit ici ou là d'un éthos propre, celui du « wahabisme » au Mali, par exemple, celui des mourides au Sénégal [30]. Il ne s'agit pas non plus de nier que des entrepreneurs soient personnellement indépendants du pouvoir. Cela n'annule en rien, cependant, la place centrale des mécanismes de « chevauchement » entre les emplois salariés – ceux notamment de la fonction publique – et les investissements privés, dont nous avons déjà appris qu'ils avaient historiquement conditionné la vraie accumulation. De ce point de vue, la continuité, une fois de plus, est indéniable de l'époque coloniale à la période postcoloniale, bien qu'elle recouvre une commutation des positions salariées à partir desquelles s'effectuent le transfert et l'enrichissement (très avantageuse dans les années vingt, la charge de maître d'école s'est ainsi complètement dévaluée au profit des fonctions assurant le contrôle de l'État sur l'économie [31]). Si l'on garde l'exemple symbolique du Kenya, une étude des cinquante premiers directeurs de sociétés, par nombre de firmes gérées, en 1974-1975, a vérifié la permanence de cette interpénétration du *management*, de la propriété des moyens de production (y compris agraires) et de la décision politico-bureaucratique [32].

J. Iliffe soupçonne que ces lignes de « chevauchement » sont plus saillantes et systématiques en Afrique orientale qu'en Afrique occidentale, où des secteurs capitalistiques pré-coloniaux ont assuré aux marchands des opportunités autonomes d'accumulation [3]. Cela n'est point sûr. A Ilesha, on note une semblable convergence entre les sphères du commerce et de la bureaucratie dès l'entre-deux-guerres et, dans les années cinquante, l'Action Group de Chief Awolowo, aussi bien que le National Council of Nigeria and the Cameroons du Dr Azikiwe, ont fait la part belle aux pratiques du « chevauchement » [34]. Malgré l'ancienneté des traditions et des réseaux commerciaux dans l'ouest du Cameroun, la biographie des négociants bamiléké contemporains montre que pour eux aussi le salariat a été « le point de passage obligé » de la formation de leur capital. Sur 36 hommes d'affaires interrogés par J. Champaud, 13 ont débuté comme employés de commerce chez un parent ou dans une société étrangère, 6 ont travaillé un temps dans l'enseignement, généralement privé, et 3 dans la fonction publique, 9 ont pratiqué des activités diverses (3 ont été boys, 2 manœuvres, les autres ont été photographe, boulanger, chauffeur, ouvrier). Seuls 4 de ces enquêtés sont directement entrés dans le commerce, comme « tabliers » ou « ambulants », et un a été planteur [35]. Ce à quoi il faudrait ajouter d'autres modalités d'interrelation entre les canaux privés et publics d'accumulation. Nous avons déjà dit que la plupart de ces entrepreneurs bamiléké, à l'instar de leurs confrères musulmans, ont à un moment ou un autre été l'objet de la sollicitude et de l'indulgence du pouvoir. Certains d'entre eux étaient aussi vraisemblablement les associés directs des membres de la classe politique dont ils concouraient à recycler les prébendes engrangées, ainsi que le soufflait l'avisé Muyenga à son ami.

De la même façon, circuits commerciaux et circuits politiques se confortent mutuellement au Sénégal, au Togo, au Burkina, au Niger et, comme au Cameroun, cette collaboration trouve parfois son achèvement dans la cooptation de certains hommes (ou femmes) d'affaires au sein des instances supérieures du parti [36]. A la lumière des programmes d'ajustement structurel appliqués depuis 1980, le cas du Sénégal est même singulièrement instructif. Relevant soi-disant du secteur public, l'ONCAD (Office national de cooopération et d'assistance au développement) était en vérité entièrement parasité par les groupes ruraux – commerçants, transporteurs, usuriers, gros producteurs et grands marabouts – sur lesquels était assis le patronage politique du Parti socialiste. Ces intermédiaires commerciaux, financiers, religieux ont aussitôt noyauté les structures de remplacement de l'ONCAD et détourné les mesures économiques théoriquement destinées à laminer les coûts excessifs dont ils surchargeaient la filière arachidière. Le « secteur privé » dans lequel le Fonds monétaire international et la Banque mondiale plaçaient des espoirs messianiques ne faisait qu'un avec ces catégories et, d'une certaine manière, avec la « bureaucratie » à laquelle on imputait le désastre des deux décennies précédentes. L'ensemble faisait système, ainsi que l'avaient déjà magistralement démontré une série d'essais dus à D. B. Cruise O'Brien [37].

Même là où la « bourgeoisie d'État » semble prédominer sans partage, la dynamique du « chevauchement » est patente. On l'a vue à l'œuvre, personnellement supervisée par le président de la République, en Côte d'Ivoire; un observateur de l'économie angolaise consigne « l'amorce d'une fusion entre la pseudo-bourgeoisie politico-syndicale et la classe affairiste qui tire ses revenus des activités parallèles [38] »; et J.-L. Amselle ne décrit rien d'autre qu'un superbe phénomène de « *straddling* » quand il mentionne les « 4 V » chers aux Maliens (Voitures, Vergers, Villas, Virements) :

« Le prélèvement de la rente bureaucratique provenant des revenus extra-salariaux de la " nomenklatura " donne, en général, lieu à
des processus d'accumulation et de consommation qui se déroulent
dans un ordre déterminé. Le démarrage se fait d'abord dans des
entreprises de transport privé qui prospèrent particulièrement à
Bamako depuis le démantèlement de la compagnie publique de
transports urbains (TUB). Les gains de celles-ci financent par la
suite, en tout ou en partie, de la construction immobilière ou de la
plantation fruitière ou légumière. Le reste est consommé en biens et
agréments de luxe représentés par les " V " des vacances à l'étranger et du vidéo-cassette fort prisé à Bamako bien qu'il n'existe pas
de réseau de télévision, sans compter l'entretien d'une nombreuse
clientèle sociale [39]. »

Ainsi, la dichotomie opérée entre « bourgeoisie d'affaires » et
« bourgeoisie bureaucratique », que J.S. Saul avait d'emblée critiquée aux dépens de M. Mamdani mais qui renaît constamment de
ses cendres, est trompeuse [40]. Un auteur en apporte involontaire-
ment une dernière preuve en analysant de façon bien obscure
l'économie politique du régime de Sekou Touré : « Les modes de
réalisation " collectifs " du surplus, ceux qui sont institutionnalisés
(et appelés par l'existence de budgets, de plans, etc.), sont
constamment menacés par les modes de réalisation individuels. La
bourgeoisie d'État tend spontanément à se transformer en bourgeoisie " privée " et à renforcer cette dernière qui, du reste, est
toujours présente aux côtés de la première. Cette tendance est
cependant contrecarrée par les exigences de survie de l'État, et de
maintien de la domination de la bourgeoisie d'État, qui fait prévaloir le pouvoir d'État [41]. » Outre qu'il rend inutilement compliqué
ce qui est somme toute assez simple, ce genre de discours interdit
de comprendre qu'il y a une relation de complémentarité et
d'hybridation entre le capital privé et le capital public, plutôt
qu'un rapport d'exclusion ou de concurrence. M.P. Cowen va
jusqu'à dire que la nationalisation est une condition de l'accumulation privée : la classe dominante centralise le capital à travers le
secteur d'État, par le biais du « chevauchement » ou par divers
autres moyens [42]. Et c'est également dans ce sens que l'on peut
évoquer la « privatisation de l'État au Zaïre [43] ». Au Nigeria,
l'investissement privé s'est en effet nourri de la fantastique croissance des dépenses du gouvernement fédéral et des *parastatals*
dans les années soixante-dix; le schéma triangulaire associant
l'opérateur étranger au bureaucrate et à son courtier a fonctionné
sur cette toile de fond [44]. On retrouve en Côte d'Ivoire une telle
« ubiquité » d'un groupe « qui est à la fois fondé de pouvoir de

l'État et investisseur privé [45] ». Et, de même, au Niger, les marchands ont constitué leur épargne en relation avec les dépenses des secteurs publics et parapublics au sein desquels ils n'ont cessé de siéger [46].

Dans cette mesure, l'accès à l'État – comme forme de capital marchand, diront les marxistes [47] – est réellement vital pour les groupes sociaux qui aspirent à la domination. Il faut néanmoins considérer que la pratique du « chevauchement » dissout la teneur spécifiquement bureaucratique du dispositif étatique : à l'instar de l'ONCAD au Sénégal, les « sociétés d'État », les *parastatals* n'ont d' « étatique » que le nom, et le précédent ivoirien montre que leur privatisation, au sens où la conçoit la Banque mondiale, nécessite au préalable leur rebureaucratisation, ne fût-elle que comptable [48]. Plus généralement, le stade étatiste des économies africaines semble circonscrit dans le temps. On en a décelé l'origine dans la « seconde occupation coloniale », consécutive à la grande crise. Mais, hormis les précédents du Ghana, du Mali, de la Guinée et du Congo-Brazzaville, il s'est essentiellement concrétisé autour des années soixante-dix pour les pays se réclamant du socialisme (par exemple la Tanzanie, l'Angola, le Mozambique, la Guinée-Bissau) aussi bien que pour les État « capitalistes » (en particulier le Nigeria, où les dépenses fédérales sont passées de 12 % du PIB en 1966 à 36 % en 1977, et la Côte d'Ivoire où la part des dépenses publiques dans le PIB est montée à 32,6 % en 1976 et à 42,7 % en 1978 [49]). Or la prééminence du secteur public se voit d'ores et déjà érodée sous les coups de boutoir des plans d'ajustement structurel. De surcroît, les catégories dirigeantes de l'État ne sont pas les agents les moins actifs de ce secteur « informel » dont l'imbrication à l'économie officielle est trop souvent mésestimée : elles le tolèrent politiquement en tant que soupape de sûreté, elles le couvrent administrativement moyennant prébendes et, surtout, elles l'alimentent de leurs investissements ou trafics divers, y compris dans les régimes socialistes [50].

Le mythe de la « bourgeoisie nationale »

Il nous faut donc conceptualiser dans son unité virtuelle, autant que dans sa plasticité, le groupe dominant qui se forme de la sorte, cette *straddling class*, cette « bourgeoisie mixte » [51]. Des spécialistes du Zaïre proposent de la qualifier de « classe politico-commerciale », et l'expression est séduisante en ce qu'elle évoque l'emboîtement réciproque de deux volets majeurs du processus d'accumulation, au sommet de la pyramide sociale [52]. D'une part, l'appartenance au champ du pouvoir a commandé l'accaparement des biens « zaïrianisés » en 1973. Mais, de l'autre, des clauses censitaires ont fait de la richesse l'un des critères de sélection des candidats aux élections législatives de 1970 et de 1975 et elles ont joué à l'avantage des commerçants. On voit maintenant en quoi l'assertion initiale de G. Balandier est un peu réductrice. Le rapport privilégié du pouvoir à l'accumulation n'est ni exhaustif (des positions salariées dans des maisons de commerce ou dans l'enseignement ont été un point de départ classique de l'ascension sociale; le secteur public est indissociable des affaires privées et de l'économie « informelle »), ni univoque (de plus en plus, la richesse économique ouvre les portes du pouvoir). Il désigne seulement un moment de l'émergence d'une classe dominante, classe dominante dont l'État est moins le facteur constitutif que la matrice.

Toutefois, la caractérisation de cette classe continue de faire problème. La notion de « bourgeoisie nationale » qui l'emporte sitôt que l'on récuse celle de « bourgeoisie bureaucratique » et à laquelle s'arrêtent, par exemple, R. Joseph ou M.G. Schatzberg, est elle-même contestable [53].

L'épithète « nationale » est singulièrement mal venue. Non que cette « bourgeoisie » soit divisée selon des clivages ethniques, comme on le rabâche volontiers : nous avons au contraire vu que les réseaux d'accumulation transcendaient presque nécessairement les particularismes régionaux. Mais le qualificatif suppose une contradiction latente et irréductible entre les milieux d'affaires autochtones et le capital étranger, là où s'affirment fréquemment des rapports d'association et d'imbrication. Historiquement, les sociétés européennes ont soutenu le développement du commerce africain de façon croissante à partir de la Deuxième Guerre mondiale. Même auparavant, leur lutte contre les négociants autochtones, moins générale qu'on l'a parfois écrit, a surtout visé les puissants compradores de la côte [54]. En revanche, les Dantata, spécialisés dans le commerce de la kola, ou les Abu Lafiyas, qui se livraient aux échanges transsahariens, devinrent au Nigeria les agents de Raphaello Hassan and Cº, puis de la United Africa Company; introduisant ces firmes dans les réseaux confrériques et familiaux du Nord, ils en reçurent en contrepartie des lignes de crédit, un approvisionnement régulier, l'ouverture à un marché élargi [55]. Et, au Kenya, les maisons britanniques, plus, semble-t-il, que les programmes de l'administration coloniale, ont aidé à la croissance des magasins et des transporteurs « indigènes », aux prises avec la redoutable concurrence « asiatique » [56]. Cette collaboration entre les milieux d'affaires africains et les entreprises étrangères s'est perpétuée et amplifiée au lendemain des indépendances. Elle s'est institutionnalisée en *joint-ventures* privées ou sous la forme de la participation de l'État aux principaux investissements d'origine extérieure. Mais, plus profondément encore, elle a donné naissance à une mouvance transnationale au sein de laquelle des entrepreneurs africains opèrent quotidiennement de concert avec des entrepreneurs occidentaux, indo-pakistanais, libano-syriens, israéliens, coréens, japonais ou sud-africains. Le cas le plus célèbre de ces interférences est sans conteste celui de la Lonrho [57]. Pour spectaculaire qu'il soit, il signale la règle, plutôt que l'exception, ainsi que l'atteste l'étude, par N. Swainson, de trois multinationales implantées au Kenya (outre la fameuse Lonrho, Brooke Bond et Bata) [58]. En tant que magnats de l'économie, les chefs d'État, de M. Mobutu à M. Houphouët-Boigny, de M. Bongo à M. arap Moi, de Siaka Stevens à M. Momoh, son successeur, ne sont d'ailleurs pas les derniers à s'assurer des concours étrangers.

Ces liens d'interdépendance n'excluent naturellement pas les conflits d'intérêts ou de stratégies inhérents au monde de la concurrence. Rien pourtant n'autorise à lire ceux-ci en termes téléologiques, à la manière des députés populistes kenyans. Les affrontements peuvent conduire à une plus grande intégration du capital autochtone et du capital étranger qui serait le fruit, non pas d'une défaite de la « bourgeoisie nationale », mais d'un choix délibéré de sa part. Et de ce point de vue, rien ne permet non plus de distinguer une bourgeoisie « nationale » de sa sœur traîtresse et « compradore ». G. Kitching le remarque à juste titre : tout homme d'affaires, tout bureaucrate relève tantôt de l'une de ces catégories, tantôt de l'autre, selon les activités que l'on prend en considération et leurs motivations, selon l'alliance conjoncturelle dans laquelle il se trouve momentanément inséré en fonction d'un enjeu précis [59]. Peut-être le lecteur se souvient-il que nous avions semblablement renoncé à classer les sociétés africaines anciennes en « résistantes » et en « collaboratrices ». Nous retrouvons en effet la logique fondamentale de l'extraversion. On peut, après tout,

s'étonner de l'aberration historique qu'a incarnée cette forme de la
« bourgeoisie nationale » en Europe – nationale, la bourgeoisie ne
l'a pas toujours été, elle ne l'est pas toujours restée – et douter
qu'elle puisse se reproduire dans une situation et dans un siècle où
l'accumulation se réalise à l'échelle mondiale, sur une base transnationale. Nous avons même de solides raisons, au regard du
passé, de supposer que la trajectoire historique du continent africain incline les groupes sociaux qui le dominent politiquement à se
déployer dans l'extraversion. Les faits, en tout cas, sont là, suffisamment consistants pour ne pas être des épiphénomènes.

L'Afrique, tout d'abord, demeure en partie « sans frontières » un
siècle après le célèbre Congrès de Berlin [60]. Propos évidemment
exagéré, surtout depuis la disparition des grandes fédérations coloniales. Au moins a-t-il le mérite d'attirer l'attention sur l'intensité
des flux transcontinentaux d'accumulation. Filière malienne et
sénégalaise de l'émeraude en Zambie, investissements zaïrois en
Afrique de l'Ouest, débordements régionaux des hommes
d'affaires nigérians, maillage du continent par les réseaux des
grandes familles marchandes fidèles à la foi du Prophète, placements camerounais à Dakar et Abidjan : hormis même la vitalité
d'une contrebande qui n'est pas toujours le fait des « petits » et qui
concerne des grandeurs appréciables (30 % de la production de
diamants en Centrafrique, 80 % en Sierra Leone par exemple) [61],
l'intégration économique régionale est plus poussée qu'on ne se
complaît à le dire. Ensuite, et surtout, les milliards des présidents
qui, de notoriété publique, fructifient en Occident – « Quel est
l'homme sérieux dans le monde qui ne place pas une partie de ses
biens en Suisse ? », s'exclame M. Houphouët-Boigny [62] – ne doivent
pas occulter un exode beaucoup plus commun des capitaux autochtones. Déjà élevés dans les années soixante (4 % du PIB), les
transferts privés des travailleurs à l'extérieur de la Côte d'Ivoire se
sont par exemple accrus dans les années soixante-dix, singulièrement à partir de 1976, avec l'opulence des sociétés d'État, et ils
ont atteint 7 % du PIB en 1980, soit 150 milliards de F CFA. Ils
paraissent imputables aux expatriés d'origine européenne pour une
petite moitié et, pour le reste, à la communauté syro-libanaise,
mais aussi aux « hauts revenus » nationaux dont les opportunités
d'enrichissement se sont multipliées au cours de cette décennie [63].
Cet indice supplémentaire de l'orientation extravertie du modèle
ivoirien reflète en fait une réalité plus large de dimension continentale. Il est ainsi corroboré par le montant des « dépôts ban-

caires extra-territoriaux du secteur non bancaire » en provenance d'Afrique, disproportionnés par rapport à ceux d'origine asiatique si l'on tient compte de la variable démographique (au troisième trimestre 1986, respectivement 17,80 milliards et 38,14 milliards de $) [64]. Et l'ancien directeur général de la Caisse centrale de coopération économique, M. Postel-Vinay, de commenter : « Les spécialistes savent fort bien qu'une part importante des prêts bancaires consentis aux pays sous-développés pour leur permettre de faire face à des paiements extérieurs indispensables, servent en réalité à financer des fuites de capitaux vers la Suisse ou d'autres terres d'asile [65]. »

A tout prendre, le terme de « classe compradore » devrait être préféré à celui de « bourgeoisie nationale » s'il n'était définitivement entaché d'infamie et d'un contresens : les compradores ne servaient pas les intérêts de l'étranger mais les leurs propres, et le colonisateur ne s'y est pas mépris, dont une priorité a été de les briser. Le phénomène sur lequel nous achoppons et que nous ne pourrons ici approfondir est la cristallisation d'une stratification sociale à cheval sur les délimitations du système international. Les théoriciens de la dépendance s'étaient essayés à en rendre compte en insistant sur la « transnationalisation du capital » ou en soutenant que la classe dominante des sociétés périphériques était « absente » puisqu'elle n'était autre que la bourgeoisie du centre capitaliste [66]. Spécieux, ce genre de raisonnement a néanmoins la pertinence de rappeler à notre attention la structuration d'un espace que J.-L. Domenach et Z. Laïdi ont proposé de nommer « cardinal », à l'intérieur duquel s'entrecroisent des dynamiques pluricontinentales et qui est un élément intégrant de la production historique des sociétés africaines [67]. Les groupes qui dominent celles-ci se constituent dans une dimension qui transgresse les limites de l'État. Presque coup sur coup, en 1983-1984, l'affaire Njonjo et le scandale Diawara ont jeté une lumière vive sur ces *jet societies* de l'Afrique occidentale et orientale, fédératrices de véritables champs régionaux et opérant de plain-pied avec les grandes places financières de l'économie-monde. A fréquenter les salons climatisés des aérogares africaines, à emprunter l'interminable « côtière » qui, par bonds successifs, mène de Libreville à Dakar, à s'interroger sur les ramifications qui guident les colporteurs mourides sur les marchés du Midi de la France ou à Chicago, on pressent la prégnance de ces flux transnationaux [68]. Plus encore que dans les temps anciens, l'Afrique est le continent de la mobilité et, comme jadis, l'inégalité, pour une part importante, procède de celle-ci.

L'une des raisons en est que l'échange reste, avant la production, le ressort majeur de l'activité économique au sud du Sahara. A cet égard, les « dépendantistes » n'avaient pas entièrement tort quand, sans l'avouer, ils préféraient Ricardo à Marx. Et voilà une nouvelle annotation qui incite à ne pas se satisfaire de la notion de « bourgeoisie », dans un contexte historique qui, à quelques situations près, ne semble connaître ni exploitation de classes au sens marxien du concept, ni économie productive. Les meilleures recherches consacrées à la stratification sociale en Afrique – en particulier celle de G. Kitching relative au Kenya et celles de S. Berry à propos du pays yoruba [69] – aboutissent à cette double conclusion, dont on ne sait s'il faut la qualifier de désabusée. En filigrane, les remarquables études des économies ivoirienne et sénégalaise, réalisées sous la houlette du Bureau des évaluations du ministère français de la Coopération, sur lesquelles nous nous sommes appuyé à plusieurs reprises, concluent elles aussi à la place centrale des diverses rentes dans les processus d'accumulation domestique [70]. En corollaire, le tissu agricole et industriel subsaharien est fragile et peu compétitif [71]. Pour peu que l'on accepte, avec Max Weber, que « le problème majeur de l'expansion du capitalisme moderne [...] est celui du développement de l'esprit du capitalisme », et que l'État bureaucratique en est le nécessaire vecteur institutionnel, l'on admettra que l'adhésion de l'Afrique à l'éthos bourgeois demeure incertaine et très contrastée d'une région à l'autre [72].

Ce à quoi nous ajouterons une dernière objection. Historiquement, la bourgeoisie en Europe s'est constituée par rapport à une classe dominante établie, l'aristocratie. Il n'est pas sûr que le concept abstrait de cette expérience pluriséculaire de cohabitation, de collaboration, de confrontation, conserve une grande signification. Or, fidèle au tropisme méthodologique des trente dernières années, la thématique de la « bourgeoisie nationale » ne nous renseigne en rien sur les classes anciennes vis-à-vis desquelles celle-ci se définit en Afrique. L'aune reste celle du système capitaliste international et l'autonomie toute mécanique dont nos groupes sociaux dominants peuvent jouir à son égard serait de l'ordre de la synchronie. Il est grand temps de restituer à ceux-ci leur profondeur de champ, de dégager leurs trajectoires, de cerner les césures et les continuités dont ils sont porteurs.

CHAPITRE IV

L'opportunité étatique

L'enchaînement et le télescopage sur la longue durée des systèmes d'inégalité et de domination appartiennent à l'idée même de trajectoire historique. Selon P. Anderson, c'est, par exemple, « la concaténation de l'Antiquité et du féodalisme » qui a fait du passage au capitalisme en Europe « un fait unique [1] ». Les théoriciens français de l'articulation des modes de production se sont efforcés de dégager quelques-unes de ces lignes de concaténation en Afrique, de la manière althussérienne que l'on sait, en confondant structures, processus et acteurs [2]. Perspective insatisfaisante, d'autant que nos préoccupations n'ont pas trait à l'instance « profonde » des rapports de production mais aux relations de l'État postcolonial à la stratification sociale. Il nous suffira pour notre part de poser la question de l'enchaînement des lignes historiques de l'inégalité et de la domination, de la répercussion de celles-ci au sein des champs politiques contemporains et des stratégies sociales auxquelles elles donnent lieu.

LE DÉFAUT D'HÉGÉMONIE

L'erreur consisterait à organiser notre propos, une fois de plus, autour de la césure fondamentale que constitueraient la page coloniale, l'antécédent de la traite ou la capitalisation des rapports de production. Parce qu'il reflète une hétérogénéité essentielle de toute société, que le Marx des *Fondements de la critique de l'économie politique* a bien mise en valeur, le caractère multidimensionnel des systèmes de stratification sociale au sud du

Sahara est originel. Il témoigne à lui seul de l'intensité des échanges historiques, guerriers ou pacifiques, auxquels s'est adonné ce très vieux continent. L'Afrique ancienne ne se laisse pas ramener à une équation structurelle unique qui aurait opposé, en un antagonisme primordial, des classes aisément identifiables – aristocratie contre paysannerie ou contre esclaves, « aînés » contre « cadets » – et dont il nous faudrait cerner la projection contemporaine [3]. Elle abritait plutôt des enchevêtrements de clivages sociaux que les historiens et les anthropologues hésitent de plus en plus à conceptualiser à l'aide des notions habituelles d'État, de société lignagère, de classe sociale, de féodalité. En soi, cette complexité ne devrait en rien dérouter le lecteur occidental s'il n'était intoxiqué par la logorrhée tribaliste, car elle n'est pas sans évoquer la configuration de l'Europe, jadis constituée en « pays », où « toute division territoriale était [...] une division sociale [4] ».

Question très « précoloniale », donc, que celle de la concaténation. Chez les Wolof, au Sénégal, deux systèmes se superposaient de la sorte : celui des castes et celui des ordres. Le premier, vraisemblablement antérieur à l'émergence de l'État, divisait une société qui comportait sans doute un nombre limité d'esclaves. Le second était né de l'institution d'un pouvoir centralisé, grand brasseur d'esclaves, dont les guerres intestines ou extérieures venaient constamment grossir les rangs. Néanmoins, l'ordre des esclaves s'était également formé en « pseudo-caste », en réponse au « critère de totalité du système des castes », et ces captifs participaient « comme tous les membres de la société à deux systèmes sociaux à la fois » [5].

Le tableau que J.-P. Olivier de Sardan dresse des sociétés songhaï-zarma du Niger est encore plus nuancé. Ces dernières étaient traversées par une « dichotomie idéologique très marquée entre hommes libres et esclaves ». Mais, en réalité, l'esclavage, à la veille de la conquête coloniale, était le produit de deux systèmes correspondant à des phases historiques distinctes : « (1) A un système lignager ancien, disparu aux temps de l'empire songhay [...], correspondait sans doute un système de captivité " douce ", numériquement réduite, où les prisonniers occasionnels faisaient figure de dépendants et étaient peu à peu intégrés au lignage. (2) Avec l'islam, l'affermissement du Songhay des Askia, la production d'esclaves pour le trafic trans-saharien s'est développé un système nouveau d'esclavage venu du monde arabe. » On ne peut cependant assimiler à cette première phase la catégorie spécifique des *horso*, ces dépendants qui échappaient à bien des égards à la condition servile, et à la seconde les esclaves dits d'échange, dont la condition était plus sévère. Les *horso* paraissaient «coincés entre deux matrices idéologiques » : « L'une, venue de l'esclavage d'échange, opère l'assimilation des esclaves razziés ou achetés à du bétail [...], systématise l'interdiction d'hypergamie pour les esclaves mâles, et se réfère à la source de la production de l'esclave en tant que catégorie sociale, le rapt; cette matrice-là engendre la partition absolue de la société entre nobles et captifs. L'autre matrice, issue d'une transformation de la captivité ligna-gère dans le cadre de communautés villageoises hétérogènes, épouse les contours de la famille patriarcale et en suit les lignes de force : cadets, femmes et *horso* y sont mis dans une même dépen-dance envers le patriarche, dépendance qui a la parenté pour moule et pour langage. »

En outre, la dichotomie hommes libres-esclaves allait de pair avec d'autres contradictions – entre guerriers et paysans, entre chefs et sujets, entre patriarches et dépendants, entre hommes et femmes, entre aînés et cadets – dont chacune avait sa dynamique propre mais qui se combinaient et s'influençaient mutuellement. Ces entrecroisements ne s'expliquent que par l'histoire, et singu-lièrement par l'institution de chefferies aristocratiques dont les acteurs continuaient de puiser dans le répertoire idéologique des anciennes sociétés lignagères ou villageoises : « La fréquence de ces permutations, l'abondance des emprunts réciproques entre la terminologie parentale et la terminologie politique, l'absence fré-quente de catégories univoques aux frontières très précises ne signifient, bien évidemment, ni l'absence d'un champ politique spécifique, ni la prédominance sociale des rapports de parenté, ni encore l'existence d'une confusion générale des relations sociales. » La notion de « dépendance » pourrait servir de matrice commune à ces « représentations multiples et parfois changeantes » en permet-tant le passage des acteurs d'une dimension à l'autre, au gré des contextes et des exigences de leurs stratégies. Sur cette toile de fond mouvante, qui ne correspondait à aucune identité ethnique précise et dont l'éclatement des formes d'organisation politique accusait l'hétérogénéité, il y avait pourtant bel et bien un espace social songhaï-zarma qu'unifiaient la langue, la culture, le milieu écologique, la similitude des rapports sociaux et des pratiques économiques [6].

Les lignes de concaténation de la phase précoloniale aux périodes coloniale et postcoloniale se sont donc surajoutées à des enchaînements antérieurs, avec les effets d'embrouillement que l'on devine. Au moins dans le vécu quotidien des acteurs, la répercussion contemporaine de ces clivages anciens est patente. En pays songhaï-zarma, par exemple, l'interdit matrimonial entre esclaves et nobles continue de prévaloir, y compris dans les milieux urbains aisés, et il se nourrit de la perpétuation des stéréotypes culturels qui s'attachent à chacune de ces deux conditions. Le descendant d'esclave reste ainsi le « quémandeur » *(naarekwo)* qui, par la ruse, la flatterie ou la mendicité, s'efforce toujours de soutirer au noble quelque argent. L'injure à la bouche, la grossièreté facile, il ne connaît pas la honte *(haawi)* dont le sentiment est propre à l'aristocratie [7]. De même, chez les Soninké, « les esclaves peuvent tout faire, sauf oublier qu'ils sont esclaves [8] ». Et chez les Foulbé du nord du Cameroun, le descendant de *maccuBe* qui se convertit à l'islam (*o nasti fulBe*, « qui entre chez les Foulbé ») peut porter le boubou et apprendre quelques sourates du Coran, jusqu'à la sourate *Al Baqara*. Qu'il aille au-delà, qu'il prétende enseigner à son tour, il se fera moquer : « Ce n'est qu'un *maccuDo* [9] ». Dans les sociétés du Sahel, les identités de caste se sont aussi maintenues. Même quand elles ont cessé de déterminer la spécialisation professionnelle et fonctionnelle des individus, elles circonscrivent les relations matrimoniales et prescrivent un statut dont il est à peu près exclu de s'échapper [10]. Au Mali, au Sénégal, des hommes politiques éminents sont de la sorte perçus comme « castés », et voilà quelques années, à Dakar, il était courant de dire, avec condescendance, que l'on allait « à la forge » quand le Premier ministre vous accordait une audience.

Bien sûr, de telles « survivances idéologiques » (selon l'expression consacrée) ne se retrouvent pas partout ou peuvent être très atténuées [11]. Force est pourtant de reconnaître que les clivages du passé gardent une validité contemporaine plus systématiquement qu'on ne l'a longtemps cru. Ils sont en particulier susceptibles de se reproduire au sein de rapports capitalistes ou para-capitalistes de production comme l'attestent la continuité de l'exploitation économique des femmes et le maintien des catégories sociales anciennes dans l'organisation du travail ouvrier [12]. Ce constat ne préjuge pas d'une permanence des groupes sociaux « en soi ». Il ne signifie pas que les lignes historiques de la stratification soient aujourd'hui assimilables à ce qu'elles étaient hier et il n'autorise pas à désigner artificiellement des rapports sociaux contemporains en recourant aux qualifications ancestrales. Il accrédite simplement la nécessité d'une approche généalogique qui dégage les stratégies par lesquelles les acteurs sociaux ont géré, dans la durée, la montée de l'État.

Or, paradoxalement, le trait saillant qui transparaît du dernier siècle est sans conteste celui d'un séisme. Là où la continuité semble l'avoir emporté et où les anciens groupes dominants ont su canaliser à leur avantage les transformations – dans le nord du Nigeria, par exemple : « Les émirs règnent encore, les paysans cultivent encore le sol de leurs houes » – la rupture est en réalité aussi profonde car « un monde a changé [13] ». Les sociétés africaines ont été catapultées dans une échelle spatiale décuplée du fait de leur « incorporation » dans les cadres territoriaux du colonisateur [14]. Elles ont été peu ou prou confrontées aux exigences de l'économie-monde capitaliste, et davantage encore à celles de conquérants plus étrangers qu'aucun vainqueur ne l'avait jamais été. Des occupations, des défaites lourdes de violences et de soumissions, les sociétés anciennes en avaient certes connu. Cette hantise était même leur lot commun. Jusqu'alors, cependant, les nouveaux maîtres n'avaient pas avancé de prétentions aussi exorbitantes que l'usage exclusif de la terre, comme les envahisseurs blancs l'exigèrent soudain dans leurs colonies de peuplement [15]. Ils n'avaient point introduit d'innovations aussi décisives que le cadastre, le chemin de fer, le camion, l'avion, le télégraphe, la banque, le salaire, la machine *. Quelle que soit la façon dont on la conceptualise, la mutation coloniale a porté sur l'élargissement de l'espace social, d'une part, et, de l'autre, sur le mode de production. Les acteurs contemporains ont une vive conscience de la conversion des rapports sociaux qui en a découlé. La remarque d'un planteur yoruba, dont S. Berry a tiré le titre de l'un de ses livres, est révélatrice : « Jadis, les fils travaillaient pour leurs pères mais aujourd'hui nous avons des écoles et la civilisation, et maintenant les pères travaillent pour leurs enfants. » Elle fait écho à la plainte d'un Voltaïque installé dans une banlieue d'Abidjan, regrettant « qu'il ne soit plus possible comme autrefois de demander au fils de remettre au père la plus grande partie de

---

* En revanche, les anthropologues et les historiens inclinent maintenant à relativiser la « monétarisation » des économies africaines que la colonisation est censée avoir provoquée et sur laquelle l'on insistait auparavant. Ils font valoir que l'usage de la monnaie était fréquent dans les sociétés anciennes et discernent les véritables « zones monétaires » qui divisaient le continent.

son salaire », ou encore au propos d'un villageois du Niger :
« Autrefois, c'était l'ancien qui bénéficiait du travail de tous, à
l'inverse d'aujourd'hui où chacun fait profiter ses enfants des
avantages qu'il obtient [16]. »

De part et d'autre de l'épisode colonial, la discontinuité est
d'autant plus sensible qu'aucune classe établie de propriétaires
terriens ne pouvait fournir le pivot des bouleversements et l'épine
dorsale du processus de formation de l'État, à l'instar de ce qui
s'est produit en Europe, en Asie, en Amérique latine. D'emblée, le
colonisateur a d'ailleurs échoué à métamorphoser en aristocratie
foncière les groupes dominants autochtones, là où les structures
sociales paraissaient se prêter le mieux à cette thaumaturgie, au
Buganda, à Zanzibar, dans le nord du Nigeria [17]. A l'inverse, la
suppression de quelques-unes des ressources essentielles de la
domination – à commencer par celle de l'esclavage –, la concurrence des compagnies commerciales européennes ou de minorités
allogènes, mais aussi la multiplication d'opportunités inédites
d'enrichissement par le négoce et le salariat, l'institutionnalisation
de hiérarchies politiques neuves et « parachutées » bien qu'elles
fussent déclarées « traditionnelles », la diffusion du savoir occidental dispensé par des écoles dont la plupart se réclamaient du Dieu
unique des chrétiens, tous ces développements qui s'apparentent à
une véritable révolution économique et culturelle n'ont pu rester
sans conséquences sociales. A tout le moins, ils ont rendu *possible*,
mais non inévitable, une redistribution générale des cartes.

Région par région, village par village, les études sont pléthore à
décrire avec précision ces nouvelles donnes [18]. En ce sens, elles
autorisent à formuler l'hypothèse d'une « crise hégémonique » par
rapport à laquelle il conviendrait de situer l'État postcolonial [19].
Une fois admise la nécessité de replacer les fondements sociaux de
celui-ci dans leur arrière-plan historique, le concept gramscien
présente néanmoins peut-être plus d'inconvénients que de commodité. Il ne manque pas d'être réducteur : l'expansion de la mouche
tsé-tsé à la fin du XIXᵉ siècle, l'épidémie de grippe de 1919, les
courbes de la démographie, les caprices de la climatologie ont pesé
sur le devenir de l'Afrique autant que l'agencement des rapports
sociaux, dont ils ne peuvent au demeurant être complètement abs-
traits si l'on se souvient que l'œuvre de Marx parle d'abord du
combat de l'homme contre la nature [20]. Ensuite, le concept de
crise hégémonique aplatit la singularité des trajectoires concrètes
de l'inégalité et du pouvoir. Et plus encore il présuppose un degré

d'intégration des systèmes sociaux qui ne se vérifie pas dans un contexte d'oralité, de mobilité spatiale, de *feud* récurrent, de luttes paysannes et de guerres inter-monarchiques, d'inachèvement organique et de sous-exploitation économique. Tel était le cas, naturellement, des sociétés lignagères aux destinées desquelles présidait une logique de la segmentation et de l'*exit option*. Mais l'idée d'hégémonie, tout en étant susceptible de s'appliquer au royaume du Rwanda, semble excessive même à propos d'une autre monarchie centralisée et fortement stratifiée comme celle du Burundi, ou, *a fortiori*, au sujet des cités yoruba [21].

En définitive, seul peut-être l'Asante, quasi bureaucratique et constitutionnel, des années 1880 justifierait l'emploi du concept de crise organique puisque les *nkwankwaa* * y avaient provoqué un renversement proprement révolutionnaire de la monarchie. La restauration ultérieure ne suspendit nullement la contradiction centrale entre le mercantilisme royal et les aspirations pour ainsi dire bourgeoises des *asikafo* *, soucieux de se délivrer d'un régime économique qui bridait leur enrichissement. De manière auxiliaire, et sans que ces autres oppositions se conjuguassent politiquement au mécontentement des marchands, les *ahiafo* * rejetaient les obligations de la conscription, et les *amanhene* * refusaient la reconstitution d'une autorité centrale trop vigoureuse, qui eût miné leur autonomie recouvrée. Conformément au modèle gramscien, deux groupes fondamentaux s'affrontaient donc au sujet de l'organisation économique de la société; le vieux était en passe de mourir, le neuf ne pouvait naître pour autant [22]. Et, ainsi compris, le conflit des années 1880 offre une grille de lecture suggestive de l'évolution ultérieure du Ghana. Sous la colonisation, les *asikafo* se jetèrent dans la culture du cacao, avec le succès que l'on sait, et bénéficièrent de la suppression des droits de succession qui nuisaient tant à leurs tentatives d'accumulation avant que le régime de Kwame Nkrumah ne les soumette derechef au mercantilisme républicain du *Marketing Board* [23].

Bien qu'elle n'ait pas été absolument dénuée de contreparties en Afrique de l'Ouest – J. Lonsdale évoque d'une façon comparable une « crise des monarchies » à propos du Dahomey, des cités yoruba et des royautés sénégambiennes [24] – la trajectoire ashanti, dans sa relative pureté, ne revêt pas une signification générale à

---

* *nkwankwaa* : jeunes hommes; *asikafo* : riches; *ahiafo* : pauvres, « petits »; *amanhene* : chefs d'un *oman* (circonscription politique et administrative).

l'échelle du continent. Il est évidemment possible, voire vraisemblable, que la permanence des dynamiques de divergence et de prédation au sud du Sahara ait enregistré le basculement de l'économie-monde occidentale de son axe méditerranéen à un axe atlantique, au XVIe siècle, et par-delà ait témoigné du ratage de l'Afrique dans ses rapports avec l'Antiquité, le monde arabe et l'Inde, dont faisait état Braudel [25]. Toutefois, ce diagnostic d'un défaut d'hégémonie sur la longue durée, aussi crédible soit-il, ne rend pas pour autant opérationnel le concept de crise organique au regard de l'analyse des configurations politiques postcoloniales.

LA RECHERCHE HÉGÉMONIQUE

Il légitime, en revanche, que l'on accorde une attention prioritaire à la *recherche d'une hégémonie* de la part des groupes sociaux plongés dans le tourbillon du dernier siècle :

> « Une telle " recherche hégémonique " vise à la création et à la cristallisation d'un rapport de forces relativement stable entre les différents groupes dominants, anciens et nouveaux, et entre les segments régionaux ou ethniques de ceux-ci, dans le cadre national fixé par le colonisateur; à l'aménagement des rapports entre cette classe dominante en voie de formation et la masse de la population; à l'agencement des rapports entre cette classe dominante et le pôle de pouvoir politique et économique occidental; à l'élaboration d'une éthique ou d'un sens commun qui donne sa cohérence à l'ensemble et qui cimente le nouveau système d'inégalité et de domination, tout en le camouflant [26]. »

Définition par trop mécaniste que celle-ci. Elle a pour seul mérite de désigner le triple enjeu auquel se réfère le processus de la recherche hégémonique. Il s'agit tout d'abord de circonscrire, idéologiquement aussi bien que territorialement, l'espace neuf de la domination qu'impose le changement d'échelle colonial, et d'y consigner les dominés. Nous rencontrons là, sous un autre angle, la dynamique centrale de l'ethnicité : celle de la structure du champ de l'État en tant que double champ de l'identité et de l'inégalité. Aux chaînes des sociétés anciennes qui ignoraient les frontières linéaires et se reconnaissaient en un droit sur les personnes s'est substituée la dimension agrandie de l'État, fondatrice d'un droit sur l'espace [27]. Cette mutation, dont l'importance a été souvent soulignée, a ouvert la voie à l'appropriation foncière, désormais sous-jacente à la pratique du pouvoir. La reconstruction de l'espace social apparaît donc indissociable d'un deuxième enjeu : celui que représente l'opportunité, non pas simplement de l'enrichissement mais d'une vraie accumulation primitive, consistant en la monopolisation des moyens de production par les groupes dominants [28]. Le rapport intime de l'État à cette évolution indique le troisième terme de la recherche hégémonique, le plus manifeste : la détention du pouvoir politique, c'est-à-dire de l'usage de la force légitime qui commande la « mise au travail » des groupes subordonnés et la maîtrise de l'économie. A cet égard également, le moment colonial a innové. Il a éloigné les acteurs des représentations symboliques ancestrales qui contribuaient à limiter la polarisation sociale; il a introduit la technologie de l'État bureaucratique centralisé qui donne aux dominants les moyens de leurs fins, de l'écriture aux communications modernes en passant par l'armement massif [29].

Il se confirme de la sorte ce que nous avons déjà pressenti à plusieurs reprises. En quelques décennies, la production de l'inégalité a effectué un saut qualitatif par rapport aux siècles antérieurs. Potentiellement, les dominants autochtones n'ont jamais eu à leur disposition autant de ressources politiques, économiques et militaires pour contraindre les dominés et assurer l'autonomie de leur pouvoir. Jamais le spectre de la stratification sociale n'a été virtuellement aussi large. Ainsi, ce n'est pas une simple reproduction des hiérarchies anciennes que le dernier siècle a remise en jeu, mais bel et bien leur reproduction élargie, dans une mesure jusqu'alors insoupçonnée et inaccessible.

On se souvient que G. Kitching parle, à propos de l'entre-deux-guerres au Kenya, des « années de la chance » *(the years of opportunity)*. Cette « chance » qu'apportaient le colonisateur, le missionnaire ou le commerçant, l'ensemble des acteurs historiques africains se sont efforcés de la saisir. Cela a été vrai, d'abord, des diverses sociétés que mettaient aux prises les habituelles rivalités guerrières et commerciales. Elles ont tenté d'investir à leur profit le nouveau cadre économique et territorial qui s'ouvrait à elles, tantôt pour parfaire un avantage, tantôt pour rétablir une situation compromise. La course aux ressources de l'extraversion s'est de la sorte poursuivie tout au long de la colonisation. Reportons-nous, à grands traits, et par commodité, à l'illustration camerounaise. La « ruée vers l'Ouest » [30] qui a sillonné la grande forêt du Sud, au XIXe siècle, en quête du mystérieux océan prodigue de richesses, s'est prolongée au travers des alliances localement différenciées sur lesquelles ont reposé les occupations européennes successives. Privés de leur fructueuse position d'intermédiaire par la pénétration allemande, les Bassa ont essayé de s'y opposer militairement et ont été brisés. Ils sont alors entrés dans un cycle de déclin économique et de prolétarisation qui a disposé nombre d'entre eux, dans les années cinquante, à se mobiliser derrière l'organisation nationaliste la plus radicale [31]. Les Beti, en revanche, ont plutôt vu d'un bon œil l'arrivée des Blancs qui, précisément, court-circuitait la coûteuse médiation bassa et les protégeait de la poussée d'autres peuples. Ils se sont plus tard soulevés quand l'ampleur de la domination allemande leur est apparue sous ses vrais traits, ceux de la centralisation étatique, insupportable à une société éminemment acéphale [32]. Mais une fois matée la révolte de leurs chefs de lignage, les Beti ont choisi de jouer la carte de l'alliance conflictuelle avec le colonisateur, dans l'espoir non dissimulé, et un moment concrétisé, de prendre les rênes du pays à la faveur de son accession à l'indépendance. La démarche des Duala a été plus zigzagante. En appelant dans un premier temps à l'Angleterre, puis à l'Allemagne, pour conjurer l'émancipation de leurs dépendants et garder le contrôle commercial de l'*hinterland*, les grandes familles du *Ngondo* * se sont en un deuxième temps confrontées à la puissance coloniale qui accaparait leur domaine foncier, pour s'en rapprocher finalement afin de faire front à l'immigration bamiléké et bassa [33]. Les tensions régionalement connotées qui taraudent aujourd'hui le champ politique camerounais se situent dans le prolongement de ces stratégies, dont on ne rappellera jamais assez qu'elles sont menées, non par des « ethnies » désincarnées mais par des acteurs historiques identifiables au gré de procédures délibératives tout aussi repérables. A de tels exemples, nous pourrions sans inconvénient substituer celui des villes yoruba, adossées à leurs contentieux guerriers et marchands, ou celui des aristocraties foulbé suzeraines de populations conquises dans le Fouta Djalon et l'Adamaoua [34]. Ils confirmeraient à leur tour qu'en Afrique comme ailleurs, « l'organisation de l'espace est à elle seule créatrice d'inégalité et de hiérarchie [35] ». A ce titre, elle a été et reste l'une des dimensions de la lutte sociale.

Néanmoins, la rémanence de ce type de clivages intersociétaux, ou plus exactement leur actualisation permanente dans le contexte neuf de l'État et d'un mode de production paracapitaliste, est insé-

* *Ngondo* : Assemblée duala.

parable d'un autre volet de la recherche hégémonique. A l'inté-rieur, si l'on peut dire, de chacune des sociétés du passé, les acteurs historiques sont également entrés en compétition pour sai-sir l'opportunité coloniale. Pour simplifier, nous nous en tiendrons provisoirement à ceux qui constituaient, par excellence, les deux catégories subordonnées dans les systèmes anciens : les « jeunes » et les « femmes ». Les guillemets sont de rigueur car ces lignes de sujétion étaient socialement construites, autant qu'elles expri-maient des différenciations biologiques liées au sexe et à l'âge. Eu égard au substrat lignager du continent, elles renvoyaient à des rapports de production économique, à des relations juridiques et politiques et, bien sûr, à des particularismes culturels. Dans cette mesure, elles ne coïncidaient pas complètement avec les critères biologiques selon lesquels elles s'énonçaient. Chez les Bamiléké, par exemple, certaines femmes étaient parties prenantes au sys-tème de pouvoir et en tiraient des privilèges, tels que l'attribution de terres, de serviteurs et de droits matrimoniaux. Le statut le plus élevé était celui des *ma-fo* (mères-chefs) qui autorisait la transmis-sion du titre dans la ligne des héritières successives et était à l'ori-gine « d'une sorte d'aristocratie féminine » : « La *ma-fo* est évi-demment femme et la société féminine s'organise par rapport à elle avec des hiérarchies démultipliées dans les quartiers et les associations; mais elle est assimilée à un homme pour que soit fon-dée sa participation au système de pouvoir et d'administration. Femme-chef, elle est femme-homme afin que s'articulent par elle les rapports sociaux de " signe-mâle " et ceux de " signe-femelle " [36]. »

La définition de la « jeunesse » s'éloignait encore plus nettement du seul critère de l'âge. Comme dans la Grèce et la Rome anti-ques, ou dans la France de l'Ancien Régime, on pouvait être jeune jusqu'à trente-six ans, voire au-delà, et plus rarement accéder à la majorité au moment de l'adolescence si la mort avait prématuré-ment fauché les rangs de l'aînesse (encore de nos jours les orga-nismes annexes des partis politiques retiennent cette acception sociale de la « jeunesse » et, au Sénégal, une circulaire du Parti socialiste explique par exemple que « de 27 à 35 ans le jeune gar-çon peut opter soit pour militer chez les adultes, soit pour rester chez les jeunesses socialistes [37] »). Dans le rapport inégal que les sociétés lignagères anciennes instituaient entre une minorité d' « aînés » et une majorité de « cadets », seuls quelques-uns de ceux-ci accédaient aux positions du contrôle social lors de la dispa-

rition de leurs aînés. Il ne s'agissait donc pas d'une inégalité provisoire qu'aurait gommée la succession des générations. Les anthropologues sont de la sorte amenés à distinguer entre une « séniorité
ouverte » ou « relative » (la relation père/fils qui marque une
supériorité du premier terme mais prévoit l'accès à celle-ci par la
promotion des générations) et une « séniorité fermée » ou « absolue » (le rapport aîné/cadet qui établit une supériorité apparemment sans recours au profit du premier terme et que seules la performance individuelle, la pratique de la sécession, la manipulation
de généalogie peuvent éventuellement effacer). Des travaux
récents établissent que cette « séniorité absolue », véritablement
constitutive de l'inégalité et de la définition sociale de la « jeunesse », n'était pas cantonnée à l'Afrique de l'Ouest, comme on
l'avait cru au préalable, mais se retrouvait également dans les
sociétés de l'Afrique orientale [38].

Si ces deux positions sociales de la féminité et de la jeunesse
tendaient à représenter l'universel de la dépendance, on ne peut
pour autant prendre au pied de la lettre leur caractérisation subor-
donnée. En réalité, la diversité des situations était prodigieuse [39].
Et, surtout, « femmes » et « cadets » ne se soumettaient naturellement pas dans la passivité à la loi des anciens. Les unes
s'appuyaient sur des institutions propres qui leur garantissaient
une autonomie redoutée des hommes [40]. Il n'était pas exceptionnel
que les autres parvinssent à compenser, fût-ce ponctuellement et
partiellement, leur infériorité économique et politique par l'exhibi-
tion de leurs vertus guerrières, à l'instar des jeunes hommes fang
et bété [41]. De même, des inversions subtiles, dans le domaine de
l'invisible, nuançaient l'univocité de la domination : les femmes
étaient craintes pour l'efficacité de leur sorcellerie, et l'art thérapeutique permettait souvent au cadet d'échapper aux rets de la
naissance [42].

Aussi n'y a-t-il rien de surprenant à ce que les « femmes » et les
« jeunes » aient mis à profit le changement d'échelle colonial pour
faire rebondir leur lutte ancestrale à l'encontre des aînés sociaux.
Gardons-nous de tout faux pas téléologique ou populiste [43]. Leurs
démarches n'ont pas été, en soi, « révolutionnaires », et elles ont
été aussi fréquemment individuelles que collectives. A certains
égards, la prostitution s'apparente à ces entreprises d'émancipation féminine, au même titre que la mobilisation nationaliste dans
les années quarante ou cinquante, la culture et la commercialisation de nouveaux produits agricoles, la conversion au christia-

nisme, l'entrée dans le monde des affaires, ou la délation politique au service de quelques-uns des régimes les plus répressifs du continent [44]. Et, une fois de plus, nous serions bien en peine de dégager un modèle général, à l'échelle de celui-ci : lors des seules rébellions congolaises de 1964-1965, nous voyons les femmes soutenir les « mulelistes » au Kwilu, à Kindu, à Stanleyville, mais s'en abstenir dans le Sud-Maniema [45]. L'important, pour l'instant, est de retenir qu'elles ont fait irruption dans la modernité de l'Afrique et y ont apposé une marque propre que des pages inoubliables de Wole Soyinka ont restituée en ce qui concerne une ville yoruba [46].

Afin de conquérir leur autonomie, les jeunes hommes ont pareillement usé du christianisme, du travail salarié, de l'engagement militaire, des métiers artisanaux, quitte à migrer en masse. Leur affirmation sur la scène coloniale a immanquablement engendré des conflits qui ressortissaient au registre spécifique des rapports entre aînés et cadets. Le temps des Blancs est devenu celui de l'insolence, où les « enfants », « la bouche en feu [47] », sont sortis de leur silence et, scandale dans le scandale, se sont approprié l'art de la parure vestimentaire, l'art de la « sape ». L'école, les nouveaux medias, les emplois salariés leur ont procuré un empire sur les ressources de l'extraversion qui échappaient chaque jour davantage à la compréhension des anciens. La société ba-kongo a ainsi été agitée par de nombreux mouvements de contestation juvénile, des « Gaullistes » des années quarante aux « Crâneurs » et aux « Existos » des années cinquante ou aux « Parisiens » de la décennie quatre-vingt [48]. Et significativement, le groupe musical qui semblait exprimer le mieux les sentiments de la jeunesse brazzavilloise, il y a quelque temps, s'intitulait « les Très Fâchés »...

Au-delà de l'anecdote et du pittoresque, l'antagonisme de séniorité a dominé la vie politique pendant toute la période coloniale – plus particulièrement entre les deux guerres – sous la forme du conflit, larvé ou déclaré, entre « chefs » et « instruits » (ou « évolués ») que relèvent l'ensemble des historiens [49]. Il en a découlé une thématique propre du changement social et de la revendication politique qui s'est énoncée sur le mode explicite et privilégié de la « jeunesse ». En témoigne le nombre considérable des organisations africaines qui se sont immédiatement et comme spontanément réclamées de cette qualité. Nigerian Youth Movement, Mouvement Zikiste (en hommage au leader igbo Nnamdi Azikiwe, dont le nom pourrait signifier : « la jeunesse est pleine d'indignation » ou « le Nouvel Age est lourd de revanche ») [50], Youth

Social Circle of Sokoto, Young African Union (à Zanzibar) et Zanzibar African Youth Movement, Jeunesse camerounaise française, Juvento (au Togo), Association de la Jeunesse mauritanienne : la résonance passionnelle de ces appellations ne saurait être sous-estimée. Les héros de la nouvelle politique étaient *effectivement* jeunes, au moins en termes de séniorité relative. En 1946, par exemple, sur 32 élus africains dans les assemblées françaises, 6 avaient entre 25 et 30 ans, 19 entre 30 et 40 ans, 7 entre 40 et 46 ans [51]. Jeunes, ils l'étaient aussi souvent en termes de séniorité absolue et, à l'instar de Bikounou-le-Vespasien dans un roman de F. Bebey [52], les cadres du mouvement nationaliste, les détenteurs des positions de pouvoir, en bref les « *nizers* », ont souvent été perçus comme des cadets. « Souvenez-vous que les jeunes d'aujourd'hui, soi-disant irresponsables, deviendront les chefs fameux [...], les grands hommes riches de demain », s'exclamait en 1947 le secrétaire du Ijeshaland Welfare Party [53]. Vue sous cet angle, l'indépendance ponctue, à n'en pas douter, une inversion notable de l'inégalité dans les sociétés africaines que le mythe de la « Révolution » s'est ensuite efforcé d'amplifier. En 1964, les jeunes, au sens biologique du terme, paraissent avoir fourni la majorité des premiers recrutements « mulelistes », au Congo-Léopoldville. Mais il est encore plus remarquable que le vocable « jeunesse » ait plus tard recouvert, indifféremment, des adultes, des jeunes gens, des enfants pour s'appliquer aux « avancés », c'est-à-dire, dans la terminologie en vigueur dans le Kwilu avant même l'éclosion de la rébellion, aux progressistes, aux partisans de la révolution [54]. De l'autre côté du fleuve, au Congo-Brazzaville, la Jeunesse du Mouvement national de la révolution (JMNR), dont P. Bonnafé a montré, dans un article précurseur, qu'elle a été « une classe d'âge politique », rejetant une situation de tutelle jugée insupportable (et de ce point de vue assez comparable, *mutatis mutandis,* aux mouvements de contestation culturelle que nous avons précédemment mentionnés), a rassemblé à la même époque, entre 1963 et 1965, « la presque totalité de la population jeune de 14 à 30 ans environ, les célibataires semblant y apporter une participation plus active ». Néanmoins, ce référent de la jeunesse a été là aussi très idéologique, puisque l'on rencontrait, parmi les dirigeants de la JMNR, des hommes de 40 ans ou plus, tel ce responsable âgé de 45 ans qui y avait décelé « l'occasion de s'introduire dans des circuits d'autorité dont il se trouvait exclu en tant que descendant d'esclave [55] ».

Naturellement, le retournement en faveur des jeunes et des femmes, auquel prétendent l'indépendance et la révolution, relève pour l'essentiel de l'idéel et du symbolique. Au mieux, il ne peut être que partiel, quelles que soient par ailleurs les améliorations concrètes qu'elles apportent à la condition des uns et des autres. En raison même de leur masse démographique – bon an mal an le sexe féminin compose la moitié de la population, et les moins de 30 ans, les deux sexes confondus, environ 70 % de celle-ci – ces deux catégories sociales ne sauraient incarner le noyau de la domination étatique. Des « jeunes » et des « femmes » peuvent bien intégrer le bloc au pouvoir, des épouses de chef d'État présider des organisations féminines, et la République célébrer la « fête de la Jeunesse » ou « l'année de la Femme », l'ordre réel de la dépendance ne s'en trouve pas autrement affecté. Il convient au contraire de se demander si l'État n'est pas en passe d'installer une « séniorité absolue » au profit de ses tenants, et au détriment des « petits », des « sans voix », des « en bas du bas », au fur et à mesure que le système de stratification sociale se clôt sur lui-même. Nous voulons rappeler par là que les lignes anciennes d'inégalité sont susceptibles de se greffer sur les procédures contemporaines d'accumulation et de les renforcer, ainsi que l'ont souligné les anthropologues marxistes. Ces processus de cumul et d'hybridation ne sont évidemment pas neutres du point de vue de la structuration de l'État. Nous pouvons, sans risque de nous tromper outre mesure, conserver cette hypothèse de la reproduction diachronique de la sphère de la dépendance, selon laquelle « les dominés d'hier [constituent] la masse des dominés d'aujourd'hui [56] ».

Il reste, en revanche, à savoir de manière plus précise quelles sont les origines des groupes dominants au sein de l'État postcolonial et quel a été leur parcours historique, sans exclure qu'une fraction des anciens dominés ait pu renverser la hiérarchie établie à la faveur de la révolution économique coloniale. Après tout, l'intérêt de l'Histoire réside en ce que les favoris sur la ligne de départ ne sont pas forcément les gagnants à l'arrivée. La continuité des anciens systèmes d'inégalité et de domination à l'État contemporain, que nous envisageons d'un point de vue méthodologique, est dans la réalité souvent tissée de discontinuités.

DEUXIÈME PARTIE

Les scénarios
de la recherche hégémonique

CHAPITRE V

Modernisation conservatrice ou révolution sociale? les scénarios extrêmes

La recherche hégémonique semble devoir osciller entre deux pôles idéaux, celui de la modernisation conservatrice qui assure la reproduction élargie des groupes dominants établis – « Tout changer pour que tout reste pareil », disait Tancrède dans *Le Guépard* – et celui de la révolution sociale qui provoque leur renversement au bénéfice des anciens dépendants, ou tout au moins d'une minorité de ceux-ci.

Néanmoins, une évidence surgit immédiatement, bien que le débat néo-marxiste l'ait évacuée avec une rare constance d'esprit. En raison du changement d'échelle qu'a réalisé le dernier siècle en un court laps de temps, les fondements sociaux d'un État ne sont pas les mêmes d'une région à l'autre [1]. Cette caractéristique, que Braudel relevait à propos de la France mais qui, dans ce cas, s'est effacée au fil des siècles, garde en Afrique toute sa force. Il en devient d'autant plus chimérique de discourir sur la « nature de classe » des configurations politiques que l'on a soigneusement abstraites de leurs racines historiques, géographiquement différenciées. A ces rares exceptions près où l'État postcolonial coïncide territorialement avec son prédécesseur précolonial – Zanzibar, le Burundi, le Rwanda, le Lesotho, le Swaziland – les scénarios idéaux à la quête desquels nous partons ne peuvent être que régionalement localisés, le plus souvent en référence non pas à des circonscriptions ethniques imaginaires, mais plutôt à ces ensembles sociétaux que les anthropologues privilégient maintenant. Au Sénégal, par exemple, l'oligarchie *tooroodo* a préservé, du XVIIIe siècle à aujourd'hui, sa domination dans le Fouta Toro en conservant la maîtrise des principales innovations du siècle – l'école, le parti politique, le développement rural – et l'un des enjeux des barrages construits sur le Fleuve a précisément trait à la remise en cause de son contrôle des terres fertiles de *Waalo* *. A l'inverse, la confrérie mouride a été un véhicule d'émancipation économique et de mobilité relative pour les esclaves et les membres des castes artisanales de l'ancienne société wolof, dont il n'est pas exagéré de dire qu'elle a connu une « révolution sociale voilée [2] ». De même, au Cameroun, le colonisateur, puis le régime de M. Ahidjo, se sont alliés aux structures établies du pouvoir dans le Nord et l'Ouest, où ils ont souvent favorisé leur renforcement; ils ont eu en revanche à composer avec des transformations sociales plus vastes dans les sociétés acéphales du Sud [3]. C'est *in fine* la conjonction, ou la disjonction, de ces trajectoires régionalement circonscrites qui confère éventuellement à « l'État-nation » son intelligibilité globale au regard de la stratification sociale.

Le facteur, important, du mode d'administration régionalement retenu par le colonisateur ne doit pas, à cet égard, oblitérer l'aptitude ou la négligence des acteurs à poursuivre des stratégies ajustées aux circonstances. « L'école étrangère est la forme nouvelle de guerre que nous font ceux qui sont venus, déclare un personnage de l'aristocratie *tooroodo* dans le célèbre roman de Cheikh Hamidou Kane; et il faut y envoyer notre élite en attendant d'y pousser tout le pays. Il est bon qu'une fois encore l'élite précède. S'il y a un risque, elle est la mieux préparée pour le conjurer, parce que la plus fermement attachée à ce qui est. S'il y a un bien à en tirer, il faut que ce soit elle qui l'acquière en premier [4]. » Cette intelligence politique, l'aristocratie peul du nord du Cameroun, par exemple, ne l'a pas eue; en persistant à envoyer à l'école française des enfants de basse condition, elle s'est condamnée à abandonner à une nouvelle élite la conduite des affaires lors de la décolonisation. Nous verrons ainsi ce siècle habité de princes éclairés jusqu'à en devenir « rouges », et de roturiers révolutionnaires non moins décidés. L'habileté et l'audace de leurs calculs ont pu faire long feu. Elles ne sauraient être tenues pour quantité négligeable au regard de facteurs qualifiés, eux, de surdéterminants.

* terres de *Waalo* : arrosées par le Fleuve.

ROYAUMES ET CHEFFERIES

Le repérage des cours idéaux de la modernisation conservatrice et de la rupture révolutionnaire se complique encore du fait de l'hétérogénéité des systèmes anciens d'inégalité et de domination. Hormis même la fausse dichotomie de l'étatique et du lignager, que nous savons délaissée des anthropologues, la démarcation entre le « royaume » et la « chefferie » n'est pas des plus lumineuses [5]. Sans attribuer à ces étapes de valeur autre que didactique, nous irons du plus simple au plus complexe, en commençant par ces situations monarchiques de coïncidence entre le cadre territorial précolonial et celui de l'État contemporain. Elles n'exemplifient pas vraiment le scénario de la modernisation conservatrice. La haute main du *Ngwenyama* * Sobhusa II sur la vie politique du Swaziland, après 1967, est trop tributaire de la prééminence régionale de la République sud-africaine pour être significative à l'aune du continent [6]. Le cas du Lesotho, entièrement enclavé dans le pays de l'apartheid, est plus aberrant encore, et celui du Botswana, où le premier président de la République, Seretse Khama, était le *paramount chief* de la fraction la plus importante des Tswana, demeure ambigu.

Ce serait à la limite le Burundi qui s'approcherait au mieux de ce scénario si l'on pouvait véritablement assimiler à une contre-révolution aristocratique, passant par le renversement de la monarchie en 1966, l'écrasement des tentatives, dites hutu, de putsch et de révolte paysanne, de 1965 à 1972. Il est vrai que les régimes successifs se réclamant du Parti de l'unité et du progrès national (UPRONA) ont assuré *une* suprématie tutsi, au prix, en 1972, de l'extermination d'une partie des élites hutu. Mais ce trait général ne peut dissimuler d'autres lignes de clivage, plus déterminantes encore dans un contexte historique de monarchie pyramidale où, depuis longtemps, le *Mwami* ** était le simple *primus inter pares* et où les *feuds* entre princes de sang, les *ganwa* – notamment entre les branches bezi et batare de la famille royale – présidaient aux destinées du pays, y compris à la compétition des partis politiques de facture occidentale. Le régime du colonel Micombero, de 1966 à 1976, a impliqué une série de glissements intra-tutsi,

* *ngwenyama* : souverain.
** *mwami* : souverain.

irréductibles à la problématique de la modernisation conservatrice que semblait annoncer la brillante figure du prince Rwagasore, assassiné à la veille de l'indépendance : tout d'abord, la dictature d'une faction, le « groupe de Bururi », qui indiquait elle-même un transfert régional du pouvoir, du Centre au Sud-Ouest; ensuite, la revanche partielle de Tutsi-Hima sur la primauté des Tutsi-Banyaruguru; enfin, la montée en puissance de cadres tutsi détenteurs du savoir occidental, au détriment de l'aristocratie traditionnelle mais aussi de la masse paysanne hutu *et* tutsi. Les équipes qui ont succédé à la dictature de Micombero, celle du colonel Bagaza de 1976 à 1987, puis celle du major Buyoya, se sont placées dans cette épure, en en gommant les traits les plus extrêmes [7].

A l'opposé, le Rwanda offre un exemple incontestable de révolution sociale. Ce royaume stratifié et très centralisé était beaucoup plus fermé à toute forme de mobilité que celui du Burundi. En outre, la structure inégalitaire de l'allocation du pouvoir, des richesses, du statut correspondait presque complètement aux identités ethniques, qu'elle contribuait à renforcer. En bref, l'aristocratie des Tutsi (qui composaient 15 % de la population totale) jouissait du quasi-monopole des ressources politiques et économiques de la monarchie et enserrait la masse des cultivateurs hutu (84 % de la population) et la petite minorité twa (moins de 1 % de celle-ci) dans les rets de ses privilèges et de son hégémonie. Comme souvent, l'intermède colonial avait rendu explosif ce mélange historique en en aggravant l'iniquité et la rigidité. L'application poussée d'un régime d'administration indirecte par la Belgique, la scolarisation chrétienne, l'introduction des cultures de rente, le détournement par les chefs des « prestations coutumières » codifiées de manière plus ou moins arbitraire par le colonisateur s'étaient traduits en une surexploitation de la paysannerie que vint parachever, en 1952, la suppression par le *Mwami* de l'institution de clientage (*buhake*). Cette mesure, apparemment progressiste, privait en réalité les cultivateurs des recours traditionnels qui leur garantissaient une réciprocité minimale de la part de leurs patrons et coupait les liens de solidarité qui unissaient, dans l'inégalité, la majorité à la minorité dominante. Bénéficiant pour quelque temps encore du soutien de la Belgique, l'aristocratie tutsi tira parti de la libéralisation coloniale : en 1959, 94 % des membres du Conseil supérieur du pays, 98 % des chefs et 95,5 % des sous-chefs en service étaient tutsi.

Forte de cette prépondérance et, si l'on suit l'analyse de R. Lemarchand, prise au piège de sa propre « hégémonie », l'oligarchie dominante ne sut voir venir l'heure du compromis nécessaire. Aucun prince Rwagasore ne se détacha de ses rangs et, bien au contraire, les ultras du Palais ne discernaient toujours pas, en 1958, de fondement à une « fraternité » entre Hutu et Tutsi, sans que le *Mwami* éprouvât l'utilité de démentir un manifeste aussi provocateur. Or, dans l'appareil des missions catholiques, une contre-élite hutu, d'une taille si restreinte qu'il est impossible de la comparer à la catégorie des « évolués » ouest-africains, s'était progressivement formée. Elle allait bénéficier de la sollicitude tardive du Résident belge. Celle-ci devait lui permettre de convertir en révolution sociale les mouvements millénaristes et la jacquerie légitimiste qui avaient embrasé, respectivement, le nord et le centre du royaume, en novembre 1959. En quelques mois, 22 chefferies sur 43, et 297 sous-chefferies sur 559 passèrent entre les mains d'« autorités intérimaires » hutu. En juin-juillet 1960, les élections communales accélérèrent le transfert du pouvoir de l'élite à la contre-élite : sur 229 communes, 210 échurent à des bourgmestres hutu. En octobre, le président du Parti du mouvement de l'émancipation hutu se voyait confier la direction d'un gouvernement provisoire qui, dès le début de l'année suivante, proclamait l'abolition de la monarchie. Mais cette mutation institutionnelle sanctionnait des développements plus radicaux menés dans les profondeurs du pays par les travailleurs salariés et les « moniteurs » hutu : de novembre 1959 à janvier 1964, d'épouvantables massacres décimèrent la communauté tutsi, d'abord afin de lui arracher le pouvoir, ensuite pour l'empêcher de le reconquérir à partir de l'étranger. Les régimes successifs de Grégoire Kayibanda et du général-major Habyarimana ont, depuis l'accession à l'indépendance, en 1962, entériné et consolidé ce revirement drastique [8].

Cas peut-être trop simple que celui-ci. Le plus souvent, les bouleversements sociaux sont nés de l'incorporation des anciennes constructions politiques dans l'espace agrandi de l'État colonial, et plus encore de la mutation qualitative qu'a constituée sa prise en charge par l'élite autochtone des « évolués », des « diplômés », des « instruits » (« *educated* ») lors de l'indépendance. C'est probablement au détour de ce processus que le conflit générationnel, relatif à la définition de la « séniorité absolue », s'est révélé le plus vif. En soi, l'affrontement classique entre les « évolués » et les « chefs », qui s'était généralisé entre les deux guerres, n'a pas forcément revêtu la dimension d'une révolution sociale. Comme au Buganda, il a pu résulter pour l'essentiel d'une stricte contradiction politique entre le « centre » étatique et la « périphérie » monarchique [9].

Cependant, la redoutable dynamique de « l'incorporation » s'est fréquemment greffée sur l'exacerbation des contradictions sociales. L'idéologie nationaliste, les idées de « civilisation », de « développement », voire de « révolution », fournissaient des instances appropriées de médiation et de synthèse entre ces deux types de processus. En Zambie, la sécession conservatrice que le *Litunga* du Barotseland envisageait, à l'approche de l'indépendance, se heurta de la sorte à l'opposition des « instruits » lozi. Ceux-ci firent cause commune avec le United National Independence Party et contrecarrèrent tout rapprochement avec la République sud-africaine, le Katanga de Moïse Tshombe ou la Rhodésie du Sud de Ian Smith. Par la suite, le Barotseland perdit naturellement son statut autonome, à l'instar du Buganda [10].

Le cours de la Guinée est encore plus démonstratif. L'administration française y avait reconduit la domination de l'aristocratie peul sur le Fouta Djalon, dans une proportion moindre, il est vrai, qu'au Cameroun (des peuples *tenda** avaient pu saisir cette occasion pour s'affranchir de l'autorité de l'*Almamy***). La noblesse était d'abord parvenue à canaliser la libéralisation coloniale. La première association proto-politique du pays, l'Amicale Gilbert Vieillard (AGV), avait été créée en 1943 à l'instigation des diplômés foulbé de l'École William Ponty de Dakar. Comprenant à la fois des aristocrates et des roturiers, elle entendait s'atteler à la réforme du Fouta Djalon. L'antinomie entre les deux ordres, compliquée par une dispute dynastique, se fit néanmoins sentir dès 1945, quand il fallut choisir un candidat à l'élection de l'Assemblée constituante française. Bien qu'il fût lui-même issu du lignage royal soraya, les chefs jugeaient trop radical le président de l'AGV, Diawadou Barry, et obtinrent que fût désigné à sa place un roturier, Yacine Diallo. Ce dernier fut élu, s'affilia à la SFIO et domina la scène politique territoriale jusqu'en 1954, avec l'approbation ouverte de l'administration française.

---

* *tenda* : non foulbé. Rappelons que « foulbé » est le pluriel de « peul ».
** *Almamy* : souverain.

Cette alliance focalisa bientôt l'hostilité du Parti démocratique de Guinée, la branche territoriale du Rassemblement démocratique africain, dont l'ascension continue, à partir de 1952, aboutit à sa victoire aux élections de 1956. Sous l'effet de la vague nationaliste, dont la cible principale apparaissait de plus en plus être la chefferie, les divergences entre l'aristocratie et les intellectuels foulbé s'intensifièrent et s'étalèrent au grand jour à la mort de Yacine Diallo, en avril 1954. Pour lui succéder, les chefs renoncèrent à leurs préventions antérieures et avancèrent le nom de Diawadou Barry. Ce dernier, toutefois, s'était entre-temps discrédité auprès de ses anciens amis et il ne recueillit pas leur soutien. Les militants les plus décidés de l'ancienne AGV fondèrent un nouveau parti, la Démocratie socialiste guinéenne (DSG), derrière un noble réformiste, Ibrahima Barry, et attaquèrent à leur tour l'institution de la chefferie. Diawadou Barry, de son côté, prit la tête d'un Bloc africain de Guinée (BAG) avec l'appui de l'administration française et des chefs des différents groupes ethniques, de plus en plus inquiets de la montée du populisme dans le pays.

Aux élections territoriales de 1957, le BAG fut littéralement laminé et le PDG d'Ahmed Sekou Touré assura sa suprématie, y compris dans la plupart des circonscriptions du Fouta Djalon (parfois grâce au ralliement du chef local, comme à Dalaba). La DSG, qui avait refusé les offres de fusion du PDG, ne parvint à faire élire que trois députés dans son fief. Au cours de ces années, un mouvement populaire de grande ampleur paralysa progressivement l'institution de la chefferie en contrepoint de la campagne du PDG, et revêtit une acuité particulière dans le Fouta Djalon, d'abord dans les cantons qui, historiquement, avaient résisté à la conquête peul (Youkounkoun, Gaoual, Mali), ensuite au cœur même de la zone d'influence de l'*Almamy*. Dans ce climat de violence larvée, le gouvernement nouvellement constitué par Ahmed Sekou Touré, conformément aux dispositions de la loi-cadre de 1956, obtint de l'administration française, en 1957, la suppression de la chefferie de canton. Pour la première fois depuis le *jihad* du XVIIIᵉ siècle, l'aristocratie peul se voyait reléguée dans des positions de pouvoir strictement villageoises. Elle perdait de ce fait ses prérogatives judiciaires, mais aussi les revenus directs ou indirects que lui rapportait sa fonction d'auxiliaire administratif. Son audience politique s'en ressentit aussitôt, et le BAG prit à son tour ses distances, fusionnant avec la DSG en une Union progressiste guinéenne, en mai 1958. Quelques mois plus tard, le triomphe du « non » au référendum portant approbation de la Constitution de la Vᵉ République française, la rupture de la Guinée avec son ancienne métropole, l'érection du PDG en « parti-État » et la dérive sanglante du régime d'Ahmed Sekou Touré – jusqu'à sa dénonciation d'un « complot peul » en 1976 – parachevèrent la révolution sociale du Fouta Djalon, au prix d'une émigration massive hors du pays [11].

Aux antipodes du cours guinéen, les chefs de l'hinterland sierra leonais ont résisté à la contestation populiste des années cinquante. Le moment critique de cette entreprise de modernisation conservatrice se situa entre 1946 et 1949, lorsque la nouvelle élite « instruite » de l'intérieur, regroupée dans la Sierra Leone Organization Society, déclara ne plus se satisfaire du compromis de l'entre-deux-guerres, et en particulier des deux sièges qui lui étaient réservés dans l'Assemblée du Protectorat. Sur les conseils du gouverneur Sir George Beresford-Stoocke, puis de son successeur, R. O. Ramage, et sous la pression d'une série de troubles dans les campagnes, en pays mende, les chefs acceptèrent finalement, en 1950, de porter ce nombre à six. Surtout, les plus progressistes d'entre eux constituèrent, avec le Dr. Milton Margaï, le leader des « instruits », le Sierra Leone People's Party (SLPP) qui devait emporter les élections et garder le pouvoir jusqu'en 1967. Ce fut cette alliance qui affronta les émeutes populistes de 1955-1956, dirigées contre les différents abus de la chefferie, et qui conduisit le territoire à l'indépendance. La chute du SLPP au profit du All People's Congress de Siaka Stevens, à la fin des années soixante, n'a pas abrogé cette équation structurelle de la société politique, bien que le pouvoir central, comme ailleurs en Afrique, ait resserré sa tutelle sur les autorités locales. Et, aujourd'hui, la Sierra Leone est certainement le pays ouest-africain où la chefferie, en tant que dispositif de l'inégalité sociale, a le mieux sauvegardé sa place au sein de l'État postcolonial [12].

Son exemple est néanmoins éclipsé par celui du nord du Nigeria, autrement impressionnant en raison des masses démographiques en jeu – environ 44 millions d'habitants – et de l'exceptionnelle densité événementielle des quarante dernières années. Vaincue militairement, suspecte d'esclavagisme, l'aristocratie peul avait su se poser en interlocutrice unique du colonisateur britannique en écrasant, en 1906, la révolte mahdiste de Satiru qui débordait les troupes de Sa Majesté. La région fut le laboratoire d'expérimentation des principes de l'*indirect rule* que Lord Lugard avait commencé de tester au Buganda. Maintenus comme *Native Authorities,* les souverains en place, tout en étant soumis au pouvoir supérieur de l'administration et à la menace latente d'une déposition, purent ajouter aux ressources habituelles de leur domination celles de l'économie occidentale et de l'État bureaucratique, même s'ils ne se constituèrent pas à proprement parler en classe de propriétaires fonciers, ainsi que l'avaient espéré certains théoriciens de l'impérialisme britannique. En outre, ils arrondirent leur zone d'influence en déployant leur suprématie à l'échelle de la *Northern Region* et en y assujettissant des populations non musulmanes jusqu'alors autonomes, notamment dans les provinces du Plateau et de la Benue.

Cependant, le rattachement de la *Northern Region* à un ensemble nigérian, en 1914, et plus encore, au lendemain de la Seconde Guerre mondiale, l'ouverture des pourparlers constitutionnels en vue de l'accession du pays au *self-government,* puis à l'indépendance, faisaient courir à l'aristocratie peul un risque mortel : celui de sa subordination aux élites du Sud, mieux instruites dans la culture occidentale et volontiers méprisantes envers des sociétés considérées comme « féodales » et « arriérées ». La nomination dans le Nord de fonctionnaires originaires des *Western* et *Eastern Regions,* la pénétration des réseaux commerciaux igbo concrétisèrent rapidement ce danger qui donnait à l'échéance de la décolonisation une tonalité inquiétante. Le souci de protéger l'autonomie de leur région des appétits impérialistes du Sud devint ainsi l'objectif prioritaire des leaders « nordistes », et singulièrement des émirs, au point que l'hypothèse d'un éclatement du Nigeria fut assez longtemps caressée. Mais cette préoccupation se rapportait indissolublement à la conservation d'un ordre social si fortement stratifié que les notions de « classe dominante », voire d' « hégémonie », comme pour le Rwanda, n'apparaissent pas dénuées de sens. La concentration démographique, le ciment idéologique de l'islam, la polarisation des modèles culturels de consommation, la diffusion de l'écriture, le degré de centralisation politique, l'apparition de rapports capitalistes de production et d'échange confortent cette impression [13]. La catégorie des dirigeants – les *sarakuna* – se différenciait ainsi nettement de celle des roturiers – les *tala-kawa* – et elle se reposait sur l'autorité morale de ce qu'il n'est sans doute pas exagéré de nommer ses « intellectuels organiques », les clercs musulmans. En le purgeant de ses éléments radicaux dès 1950, les *sarakuna* assirent leur prépondérance au sein du Northern Peoples' Congress (NPC). Jusqu'aux premières années de l'indépendance, la composition des organes dirigeants de ce dernier fut assez fidèlement calquée sur la hiérarchie des *Native Authorities.* Et en 1958, par exemple, quatre souverains parmi les plus prestigieux – le sultan de Sokoto, les émirs de Kano et de Katsina, le *Aku Uka* de Wukari – étaient ministres sans portefeuille dans le Conseil exécutif de la *Northern Region* [14]. Ahmadu Bello, le président du NPC et le maître d'œuvre talentueux de sa stratégie, était d'ailleurs un descendant de Shehu Usman dan Fodio; il avait prétendu au trône de Sokoto – ce fut après sa défaite qu'il reçut, en compensation, le titre de *sardauna,* de maître de la guerre – et, de notoriété publique, il aspirait à succéder à celui qui lui avait été préféré en 1938.

Il ne s'agissait point, pourtant, d'une reproduction à l'identique de la classe dominante des *sarakuna.* Rompu à la culture occidentale et aux méthodes bureaucratiques, Ahmadu Bello était parfaitement conscient de la nécessité de réconcilier sa région avec le siècle. Il attacha une attention particulière à la formation d'une nouvelle élite capable de rivaliser, selon les critères de la modernité occidentale, avec celle du Sud. Il réforma progressivement les *Native Authorities* jusqu'à ce jour de 1963 où la déposition de l'émir Sanusi de Kano rendit flagrante la révolution *politique* qui s'était opérée en silence : le NPC n'était pas la chose des émirs, comme à ses débuts, mais celle d'un bloc au pouvoir, plus large et complexe dans sa composition. Surtout, le Sardauna reconstruisit, autour de Kaduna, la capitale administrative de la région, une communauté politique du Nord *(jama'ar Arewa)* en dépassant les particularismes hérités du passé, conformément à la devise de son parti : « *One North : One People Irrespective of Religion, Rank or Tribe* [15]. » C'était donc à bon droit qu'en 1959 Ahmadu Bello comparait, auprès de Harold Macmillan, le succès électoral des Tories en Grande-Bretagne à celui des « Tories » du nord du Nigeria et qu'il prédisait aux *sarakuna* une longévité, sous le couvert de la démocratie parlementaire, au moins égale à celle de l'aristocratie anglaise [16].

*La structure de la stratification sociale traditionnelle
dans le nord du Nigeria*

---

1) *Sarakuna (dirigeants)* :
   émirs régnants
   fils des émirs régnants
   fils des émirs précédents ou décédés
   petit-fils des émirs régnants précédents ou décédés
   autres membres des dynasties royales
   conseillers des émirs
   chefs de district héréditaires
   esclaves royaux officiels
   courtisans libres *(fadawa)*
   chefs de village
   autres agents de la « *native administration* »

2) *Maîtres coraniques (malamai), imami et juges coraniques (alkali)*

3) *talakawa (roturiers)* :
   marchands aisés *(attajirai)*
   commerçants et entrepreneurs
   petits commerçants
   cultivateurs
   tisserands
   forgerons
   tresseurs de nattes
   menuisiers
   teinturiers
   barbiers
   serviteurs
   musiciens
   bouchers

Source : C.S. WHITAKER, Jr., *The Politics of Tradition. Continuity and Change in Northern Nigeria. 1946-1966,* Princeton, Princeton University Press, 1970, p. 315.

Non que les *sarakuna* fussent à l'abri d'une pression révolutionnaire. Les radicaux du Northern Peoples' Congress qui avaient fait scission en 1950 avaient créé – avant même leur départ du NPC – une Northern Elements Progressive Union (NEPU), le premier parti politique officiellement déclaré dans la région. Ils avaient pris acte de l'existence d'une « lutte des classes entre les membres du milieu corrompu des *Native Administrations,* d'une part, et, de l'autre, les *talakawa* ordinaires », et ils avaient annoncé leur détermination à œuvrer en faveur de « l'émancipation » de ceux-ci, par la réforme des « institutions politiques autocratiques [17] ». Significativement, la composition sociale des organismes dirigeants et de la base de la NEPU renvoyait à une contre-élite roturière et tranchait avec la surreprésentation de l'*Establishment* au sein du NPC. Mais la ligne « *talaka* » (ou « *sawaba* », liberté) resta parlementairement minoritaire, sauf dans la Division d'Ilorin, en majorité peuplée de Yoruba, musulmans et chrétiens, où un Talaka Parapo (Parti des roturiers) parvint momentanément à ébranler la domination des *sarakuna,* en 1957 [18]. Le leader de la NEPU, Aminu Kano, reconnaissait lui-même qu'un éventuel gouvernement révolutionnaire, résolu à choisir ses fonctionnaires selon leur qualification, se serait vite découvert à la tête d'une bureaucratie peuplée par la classe qu'il entendait abattre [19].

En janvier 1966, l'assassinat du Sardauna et de Abubakar Tafawa Balewa, le Premier ministre de la Fédération qui appartenait également au NPC, immédiatement suivi de la prise du pouvoir par une fraction de l'armée hostile à la classe politique du Nord, représenta un défi beaucoup plus sérieux [20]. L'instauration d'un État unitaire matérialisait la vieille hantise des *sarakuna,* voire le spectre d'une liquidation physique des élites nordistes, suivant le schéma rwandais. Le contrecoup du mois de juillet vint dissiper ces craintes. Le nouveau chef du gouvernement militaire, le lieutenant-colonel Yakubu Gowon, un chrétien, était originaire d'une minorité du Middle-Belt – les Anga – et il sortait du vivier politique du Sardauna, dont il était l'officier favori [21]. Il rétablit rapidement le fédéralisme, non sans annoncer une réforme constitutionnelle. Celle-ci fut édictée l'année suivante, alors que la sécession biafraise et la guerre civile ne paraissaient plus évitables. Le pays était divisé en douze États fédérés, dont six correspondaient à l'ancienne *Northern Region.* Le lieutenant-colonel Gowon espérait ainsi désolidariser les minorités ethniques de l'*Eastern Region* du séparatisme igbo, mais également satisfaire celles du Middle-Belt, précédemment intégrées à la *Northern Region* et défavorables à la politique du Sardauna [22].

La renonciation à cette stratégie était ressentie comme un sacrifice nécessaire sur l'autel de l'intégrité du Nigeria. Abnégation de toute façon peut-être plus apparente que réelle. L'identité nordiste *(danArewa)* demeurait prégnante quoique désormais elle s'assimilât moins à une réaction de défense à l'encontre des expansionnismes yoruba et igbo qu'à une projection de l'idée nationale, volontiers conjuguée sur le mode islamique. Et, tout au long de cette période tumultueuse des gouvernements militaires, la capacité de l'*Establishment* nordiste à maintenir sa prééminence s'est révélée remarquable, bien que nulle personnalité conservatrice n'eût une légitimité et une envergure suffisantes pour occuper la place du Sardauna. La dissolution des *Native Authorities,* en 1970, ne doit pas, à cet égard, faire illusion. Elles furent aussitôt remplacées par des *Local Government Authorities* et la réforme s'inscrivait dans le prolongement du transfert progressif du pouvoir initié par Ahmadu Bello et Abubakar Tafawa Balewa, dans les années cinquante. En revanche, les milieux dirigeants du Nord, aussi bien « traditionnels » qu'administratifs, politiques et économiques, furent associés à l'exercice du pouvoir par diverses procédures consultatives. Ils gardèrent la haute main sur les équipes qui succédèrent à Yakubu Gowon, écarté par ses pairs en 1975. Murtala Mohammed était un fils de l'*Establishment* aristocratique de Kano ct lcs maîtres d'œuvre de sa succession, en février 1976 – Joseph Garba, un chrétien, et Shehu Yar'Adua, un Peul de Katsina – étaient pareillement originaires du Nord. Murtala Mohammed fut remplacé par un Yoruba, Olusegun Obasanjo, mais celui-ci était doublé dans l'ombre par Yar'Adua, qui veillait à ce que la suprématie de la classe dominante nordiste ne fût pas écornée [23]. Simultanément, celle-ci tira le meilleur parti de la nouvelle donne institutionnelle et économique. Nombre de fonctionnaires du *Northern Region Civil Service,* dissous en 1967, quittèrent les rangs de l'administration, entrèrent dans le secteur privé et apportèrent un sang neuf aux vieilles communautés marchandes des villes hausa [24]. Or les mécanismes de « chevauchement » constitutifs du régime militaire, la « fédéralisation » drastique des ressources publiques (en particulier des revenus des *Marketing boards,* précédemment gérés par les régions, et de ceux du pétrole, en forte augmentation), la création de nouveaux États fédérés en 1975 multipliaient les opportunités politiques et bureaucratiques d'accumulation. Le champ d'action de l'*Establishment* du Nord s'élargissait de la sorte, alors même que l'émiettement des institutions régionales pouvait laisser l'impression d'un cloisonnement croissant du système politique.

La transition à un régime civil, de 1977 à 1979, consolida cette évolution, non sans endiguer la montée en puissance des jeunes générations de l'élite nordiste. Celles-ci s'étaient regroupées, d'une manière informelle, au sein d'un *Committee of Concerned Citizens* – plus communément qualifié de « mafia de Kaduna », y compris par ses membres – dont l'origine remontait aux jours sombres de 1966. Cette clique était composée de hauts fonctionnaires, d'opé-

Les 19 États du Nigeria (1976-1987)

F.C.T.   Federal Capital Territory (Abuja)
   •   Capitales des États
   ____   Frontières des États (1976-1987)
   ----   Frontières des anciennes Régions (avant 1963)

Remarque : le nombre des États a été porté à 21 en 1987 :
le partage de l'État de Cross River a donné naissance à celui de l'Akwa-Ibom ;
la partie nord de l'État de Kaduna a été érigée en État de Katsina

rateurs économiques, d'officiers, d'universitaires, dotés d'une solide compétence occidentale tout en étant farouchement attachés à la spécificité historique et à la promotion du Nord. Une proportion notable de ses membres appartenaient à des familles de l'aristocratie sans néanmoins que le déroulement de leur carrière dépendît du pouvoir des émirs. Ils s'étaient généralement côtoyés ou suivis sur les bancs du prestigieux Barewa College et étaient pour la plupart passés par un certain nombre de matrices communes, telles que le *Northern Region Civil Service* et le groupe de presse du *New Nigerian.* Autrement dit, ils avaient été pétris dans la machine du Sardauna dont ils étaient comme l'ultime moisson. Mais ils se distinguaient, en termes de génération et de professionnalisme, de la « vieille brigade » (« *Old Brigade* ») des politiciens du Northern Peoples' Congress. Dans les années soixante-dix, la « mafia de Kaduna » fut un puissant groupe de pression au service des intérêts dominants du Nord. Elle intervint avec efficacité pour que la réforme constitutionnelle de 1967, les mesures de promotion interne au sein de l'armée, l'application des décrets d' « indigénisation » de l'économie, l'attribution des crédits bancaires tournent à l'avantage de ceux-ci. Néanmoins, elle ne réussit pas, en 1978, à prendre le contrôle du National Party of Nigeria (NPN) qui, à plus d'un titre, était le continuateur du Northern Peoples' Congress et qui était destiné, sous l'apparence d'une coalition plurirégionale de clientèles politiques, à faire ratifier électoralement la primauté nationale du Nord. Le Northern Caucus, informel, qui tenait le parti resta entre les mains de la « vieille brigade » et la « mafia de Kaduna » ne put lui faire accepter la candidature de son homme, Mallam Adamu Ciroma, aux élections présidentielles. Alhaji Shagari, qui comptait plus d'alliés dans le Sud et que n'avaient pas éclaboussé les scandales de la décennie, lui fut préféré. Il mena le parti à la victoire en 1979, puis, dans des conditions beaucoup plus contestables, en 1983. Mais il est encore plus révélateur de la plasticité de l'*Establishment* des *sarakuna* que l'un des partis qui disputaient au NPN le contrôle des États du Nord, en 1979, – le Great Nigerian People's Party – fût lui aussi dirigé par un ancien responsable du Northern Peoples' Congress, droit sorti de l'aristocratie hausapeul, Waziri Ibrahim, et qu'il bénéficiât de la complicité agissante de plusieurs émirs [25].

Face à cette hégémonie des *sarakuna,* la menace populiste ou révolutionnaire pesait toujours peu, quelle que fût par ailleurs sa vitalité. Dans une certaine mesure, elle continuait d'être incarnée par Aminu Kano, le seul homme politique de la région qui pouvait rivaliser avec l'ombre du Sardauna. Toutefois, le tranchant de son profil politique s'était émoussé. Le régime militaire du lieutenant-colonel Gowon s'était appuyé sur lui dans le Nord et l'hypothèse d'une réconciliation historique entre le fondateur de la NEPU et les héritiers du NPC prit corps en 1977-1978. Elle avorta à cause de la rancœur persistante qu'inspirait aux émirs et à la « vieille brigade » du National Party of Nigeria le souvenir de la « ligne *talaka* ». Ulcéré qu'on ne lui offrît qu'un modeste strapontin dans les organes dirigeants, Aminu Kano quitta le NPN et prit la tête du People's Redemption Party qu'une poignée d'anciens syndicalistes et d'intellectuels marxistes-léninistes avaient créé. Il lui apporta son aura et les bataillons d'électeurs de l'ancienne NEPU. En raison de la concurrence du Unity Party of Nigeria de Chief Awolowo, qui avait emprunté une phraséologie socialiste, et du Great Nigerian People's Party, qui sut mobiliser certains des particularismes historiques de la défunte Northern Region, le PRP ne recueillit que 10 % des suffrages exprimés aux élections de 1979. Son audience se concentrait dans les deux États clefs de Kano et de Kaduna et, de ce fait, elle épousait assez fidèlement le clivage traditionnel entre *talakawa* et *sarakuna*. En particulier, le gouverneur élu à Kano, Abubakar Rimi, s'employa à briser les derniers privilèges de l'émir, acquis au NPN. Mais le PRP se divisa vite à l'épreuve du pouvoir en une aile radicale, à laquelle s'identifiaient les gouverneurs de Kano et de Kaduna, et une faction fidèle au vieux *malam*. Dès 1980, la scission éclatait et dégénérait en pantalonnade juridique. Aminu Kano s'éteignait trois ans plus tard sans avoir vu triompher l'idéal de *Sawaba* (liberté) qui l'avait rendu si suspect aux yeux de l'aristocratie [26]. Pour spectaculaires et inquiétants qu'ils fussent, les soulèvements millénaristes qui embrasèrent à cette époque les villes de Kano, de Maïduguri, de Kaduna et de Yola trahissaient le désarroi social que suscitaient la crise économique, l'enrichissement forcené d'une minorité et la paupérisation du plus grand nombre – en particulier de la masse flottante des élèves coraniques, les *gardawa* – plutôt qu'ils n'annonçaient la cristallisation d'un mouvement révolutionnaire viable [27]. Ils purent être sans ambages noyés dans le sang.

Plus au sud, dans le Middle-Belt, des hommes politiques, en majorité chrétiens, essayèrent également de secouer l'hégémonie des *sarakuna* en fondant, en 1977, un Council for Understanding and Solidarity (CUS), afin d'exprimer leurs vues dans l'enceinte de l'Assemblée constituante. Ils luttèrent avec ténacité contre la reconnaissance de la *Sharia* que la « mafia de Kaduna » réclamait, malgré les réserves de la « vieille brigade ». Cependant, leur aspiration à rassembler une « majorité des minorités » ne fut pas couronnée de succès et sombra bientôt dans les miasmes du partage du « gâteau national » [28].

En vérité, le danger, pour l'*Establishment* du Nord, au début des années quatre-vingt, provenait de la débilité et de l'illégitimité croissantes du gouvernement de Shehu Shagari. Les choix économiques erronés et l'affairisme effréné de l'équipe du NPN avaient mené le pays à la banqueroute et heurtaient de plein fouet les intérêts industriels de certains des membres de la « mafia de Kaduna » [29]. Jamais, en outre, l'influence de celle-ci au sein de l'appareil d'État n'avait été autant battue en brèche. Elle acheva donc de rompre avec le NPN, tenta sans bonheur de s'emparer du People's Redemption Party et signa en définitive un accord secret avec le Unity Party of Nigeria. Ce dernier, néanmoins, ne gagna pas les élections truquées de 1983. Sans que l'on puisse penser que la prise du pouvoir par le général Buhari, le 31 décembre de cette même année, fût téléguidée par la « mafia de Kaduna », les liens qu'elle entretenait avec le nouveau régime étaient réels et l'un de ses ténors, le Dr Mahmud Tukur, reçut le portefeuille stratégique du Commerce et de l'industrie. Le général Buhari fit immédiatement des chefs, dont, naturellement, les émirs, ses partenaires privilégiés – pour ne pas dire les seuls, tant son style brutal eut le don de s'aliéner les forces vives du pays – et le Supreme Military Council qu'il présidait accorda aux représentants du Nord une prépondérance non déguisée. Ce sont les excès les plus criants de celle-ci que le général Babangida corrigea quand il remplaça, en août 1985, le général Buhari [30]. Ainsi, la transformation de l'aristocratie hausa-peul en classe dominante contemporaine paraît aujourd'hui consommée. Le principal péril qu'elle encourt est de se laisser aveugler par sa force et d'acculer à la sécession religieuse ses alliés du Sud en encourageant l'irrésistible ascension des exigences islamiques depuis le débat constitutionnel de 1977-1978.

Les trajectoires lignagères

Relativement aisé dans les contextes de forte stratification sociale et de centralisation politique, le repérage des scénarios de la modernisation conservatrice et de la césure révolutionnaire s'achoppe à la spécificité de situations historiques autres : celles des sociétés dites segmentaires, lignagères ou acéphales *, et celles des sociétés que tendent à dominer, au moins économiquement, mais parfois aussi politiquement, des minorités allogènes.

Le cas des sociétés lignagères est singulièrement complexe et leur rapport à l'État, précolonial ou contemporain, a fourni aux anthropologues l'un de leurs thèmes favoris de réflexion [31]. Nous avons vu comment le courant de l'anthropologie économique française y a ajouté sa pierre. Pourtant, la définition même de la catégorie de ces sociétés continue de faire problème [32]. En esquivant un débat qui échappe à notre compétence, nous pouvons nous ranger à l'opinion de P. Geschiere, de J.-C. Barbier et de R. Joseph quand ils insistent sur l'insuffisance ou l'inadéquation des notions d'aristocratie ou d'aînesse pour restituer les lignes d'insertion des sociétés acéphales dans le champ étatique postcolonial [33]. Cette particularité des trajectoires lignagères transparaît dans la réponse, violente ou dérobée, qu'elles opposent à l'État et à ses ambitions. Les soulèvements massifs postérieurs à la conquête coloniale ont généralement été leur fait. Et, au lendemain de l'indépendance, les autorités politiques africaines ont à leur tour éprouvé de grandes difficultés à faire émerger les structures intermédiaires de pouvoir que requérait la pratique bureaucratique du gouvernement. Le Sardauna, par exemple, n'y réussit pas dans le Middle-Belt nigérian et sa réforme administrative mit à feu et à sang le pays tiv, en 1964. De même, le jacobinisme dakarois est aussi démuni face aux pulsions autonomistes des Diola de Casamance, que ne l'est le marxisme-léninisme du PAIGC vis-à-vis des Balant, en Guinée-Bissau.

Dans le cas de ces sociétés lignagères, la conceptualisation de la catégorie dominante susceptible de se reproduire sous le couvert de l'État contemporain est malaisée. La notion d'aristocratie n'est peut-être pas aussi déplacée que ne l'écrit J.-C. Barbier. Puisant dans la mythologie de l'ascendance, un éthos clairement aristocratique est compatible avec l'organisation lignagère. C'est à dessein

* Voir, dans l'introduction, la note p. 37.

qu'un ethnologue parle des « seigneurs de la forêt » à propos des Beti du Cameroun [34]. Et ce sentiment d'être bien nées n'entra pas pour peu dans la condescendance avec laquelle les grandes familles considéraient le comportement du Premier ministre André-Marie Mbida, dont elles savaient l'origine eton commune. Les sociétés acéphales peuvent comporter de la sorte des différenciations reproductibles dans le temps. Chez les Kukuya de l'ensemble teke, au Congo, une distinction s'établit à la suite de la traite, aux XVIIIᵉ et XIXᵉ siècles, entre des lignages pauvres ou moyens et des lignages riches, et elle s'apparentait à l'émergence d'une « petite aristocratie lignagère [35] ». D'une façon similaire, chez les Beembe, les scissions continuelles et cumulatives qu'engendrait la lutte entre lignages prospères et lignages faibles, avaient abouti, dans la deuxième moitié du XIXᵉ siècle, à l'affirmation régionale des villages les plus puissants, avant que la colonisation ne les fît se rétracter sur leurs terroirs [36]. Chacun s'accorde ainsi à reconnaître l'existence de rapports de prééminence plus ou moins stables à l'intérieur des sociétés acéphales, et Evans-Pritchard proposait précisément de qualifier d'« aristocratiques » ces clans principaux chez les Nuer, bien que l'égalitarisme de leur système segmentaire fût indubitable [37]. De ce point de vue, les Bassa, dont J.-C. Barbier retient l'exemple, ne semblent pas vraiment faire exception, même si les *mba-mbombok*, les aînés de clan, ne sont pas, en effet, choisis « dans une lignée qui serait dynastique [38] ».

Mais l'on voit bien en quoi ces ferments aristocratiques ne sont pas assimilables à la domination d'une catégorie sociale en bonne et due forme, sujette à perpétuation, et combien les remarques de nos critiques sont pour l'essentiel fondées. Dans un contexte lignager, la primauté des aînés, relative, dépend avant tout de leur performance individuelle, plutôt que d'une rente de naissance. Il s'agit d'une « prééminence circonstancielle acquise au terme d'une vie [39] ». L'exemple de la société bété, en Côte d'Ivoire, est très éclairant à cet égard. Les aînés n'y relèvent pas d'une lignée dominante qui se serait reproduite à travers les générations, par accumulation, à partir d'un « pôle inaugural ». Sans être complètement aléatoire, ni procéder uniquement de stratégies individuelles, l'occupation d'une position d'aînesse revient à s'émanciper en premier « d'une relation dont on était antérieurement dépendant et à produire ou à focaliser des relations asymétriques », constitutives de la domination lignagère. Le fait d'être le premier-né représente un avantage, mais celui-ci n'est point absolu. Encore faut-il savoir en tirer parti, et des « zones d'indétermination lignagère » – la guerre, l'invisible – peuvent à l'inverse permettre au puîné de se délivrer de sa condition de cadet social, fût-ce en souffrant d'un handicap de départ :

> « D'une manière générale, à l'intérieur du *grigbe* [patrilignage] les aînés ne reproduisent pas les conditions d'accès à leur poste à partir de leurs propres liens de parenté; en d'autres termes, ne se forment pas, au sein de l'institution, des lignées d'aînés et de cadets, ou des lignages mineurs, marqués chacun par un recrutement spécifique de dominants et de dominés. Ce constat ne signifie pas que les lignées, les lignages mineurs, les *grigbe* soient équivalents; en ce domaine, on peut parler d'un développement inégal : certaines lignées s'autonomisent rapidement et forgent des groupes qui, par aînés interposés, accumulent, davantage que d'autres, biens matrimoniaux, femmes, captifs, etc. A l'inverse, des lignées peuvent se trouver isolées, plaçant leurs membres sous la dépendance d'un segment de lignage momentanément dominant. S'il y a bien là les termes d'une inégalité lignagère, on ne peut, pour autant, conclure à un rapport de classes. Sans nier les désavantages que constitue l'appartenance à de telles lignées (non possibilité d'héritage par exemple), le processus de dépendance n'est pas irréversible et peut se modifier en fonction des stratégies individuelles, ou de toutes circonstances qui favorisent, en leur sein, l'éclosion de relations asymétriques. »

Il n'est pas jusqu'aux captifs eux-mêmes qui ne voient leur servitude s'estomper au fil des générations. Leurs descendants fondent à leur tour des lignages mineurs, tout en conservant la marque de leur origine aux yeux des autres segments et, à terme, ils sont en mesure de créer à leur avantage les figures de l'asymétrie lignagère [40].

Saut qualitatif de la centralisation politique et de l'incorporation au champ de l'État contemporain, absence d'une classe sociale dominante originelle : on ne s'étonnera pas qu'au cours du dernier siècle, le scénario de la rupture ait semblé prévaloir dans les situations acéphales. Ainsi de la trajectoire maka, au Cameroun, magistralement analysée par P. Geschiere. L'autorité des aînés y était donc conjoncturelle et liée à leurs prestations; elle consistait en un répertoire de rôles interprétés avec plus ou moins de bonheur, au gré des circonstances. Comme chez les Tiv du Nigeria, l'autonomisation temporaire d'un leadership s'effectuait par rapport à l'environnement extérieur, généralement pour répondre à une menace, et son impact domestique était limité. Les aînés, en particulier, ne contrôlaient pas le surplus agricole. Faute d'institutionnalisation de la hiérarchie sociale, le recrutement des inévitables auxiliaires administratifs par le colonisateur allemand, puis français, introduisit sur la scène villageoise une fonction radicalement inédite et n'alla pas sans déconvenues. Dans l'ensemble, furent nommés « chefs » ceux qui, les premiers, étaient entrés en relation avec les autorités européennes et les avaient servies. Or les anciens étaient souvent convenus d'envoyer à la rencontre de l'étranger un dépendant vivant dans l'indigence, voire un captif ou un fuyard adopté *(loua)*. Il en fut notamment ainsi à Atok, la chefferie supérieure la plus importante du pays maka. L'exemple est d'autant plus significatif que son premier titulaire est parvenu à la transmettre héréditairement et que la même famille a conservé cette position de pouvoir de l'époque coloniale allemande à la période postcoloniale, en contradiction complète avec les normes de la société maka. L'autre chefferie supérieure de la région, celle de Doumé, a en revanche été le théâtre d'incessantes luttes d'influence qui, conformément à l'idéal ancien, ont empêché son accaparement. Manipulations généalogiques à l'appui, le chef supérieur d'Atok s'efforça même, dans les années trente, d'étendre sa circonscription administrative aux dépens de son rival de Doumé, en se réclamant d'une prétendue souveraineté de sa famille sur le pays maka, avant l'arrivée des Allemands. Ces inventions ne pouvaient faire oublier que les « boys », les soldats, les porteurs, les cuisiniers, les « plantons » parmi lesquels les autorités françaises avaient sélectionné leurs collaborateurs administratifs, n'étaient pas des anciens nimbés de vénérabilité, mais de jeunes aventuriers soucieux d'explorer cette nouvelle « zone d'indétermination lignagère » qu'était le salariat. Comme le reconnaissait l'un d'entre eux, en 1971, les chefs étaient bien « nés entre les mains des Blancs ».

L'extension des cultures de rente, après 1945, profita d'une manière comparable à des hommes nouveaux et l'inégalité sociale qui en résulta ne correspond ni au clivage de l'âge ni à la différenciation de certains patrilignages. Les « évolués » qui acquirent le savoir scolaire, qui jouèrent avec succès la partie de la décolonisation et qui devinrent les courtiers de l'État contemporain dans les campagnes maka, étaient eux aussi des *homines novi*. Ils n'étaient notamment pas issus de la couche des chefs, ainsi que l'on aurait pu s'y attendre.

D'un côté, l'emprise des aînés de lignage sur les villages s'est ainsi érodée au profit de ces nouvelles élites successives, mieux à même de débattre dans les instances locales des problèmes économiques et politiques modernes, de traiter avec le sous-préfet, les organismes de développement rural et les services ministériels de Yaoundé. D'un autre côté, ces élites, et avant tout celle des « évolués », n'ont pas encore la consistance d'un rameau local de la classe dominante nationale, si tant est que celle-ci existe. Les « intellectuels », qui tirent leur supériorité villageoise de leur participation aux rouages de l'État, sont notamment pris entre l'enclume des aléas de la vie politique et administrative à Yaoundé et le marteau de l'égalitarisme lignager, très actif dans le monde de l'invisible. Il n'est donc pas sûr que leur dominance locale leur survive. La polygamie à laquelle les incite l'éthos lignager et qui concourt à la légitimité de leur ascendant leur interdit financièrement d'envoyer à l'école la totalité de leur nombreuse progéniture. L'enseignement secondaire, voie obligée de toute ascension sociale, ne s'est pas encore complètement fermé aux fils des villages. Et, pour tout dire, le pays maka ne pèse pas d'un tel poids économique ou politique dans la capitale que l'influence que l'on y possède soit un gage de réussite nationale. En résumé, l'élite maka ne plonge pas ses racines dans un passé lointain; elle n'est pas, ou pas encore, héréditaire [41].

Chez les Bété de Côte d'Ivoire, l'économie de plantation a pareillement rompu les relations asymétriques qui permettaient à une minorité d'individus de superviser l'incorporation des hommes dans l'ordre lignager et la circulation des femmes. Parallèlement à l'autonomisation des familles restreintes, le rapport entre aînés et cadets s'est dissous dans l'histoire particulière des itinéraires individuels et, par exemple, n'explique pas les écarts fonciers entre les planteurs villageois :

« [...] Des personnages dont la position en termes généalogiques est celle d'aîné sont relativement pauvres alors que, par exemple, des descendants de captifs disposent de revenus plus décents et plus confortables. Au bout du compte, le développement de l'économie de plantation révèle les incertitudes ou les indéterminations de la période précédente; plus exactement, l'appropriation privée révèle la non-cristallisation du rapport social aîné/cadet à l'époque précoloniale et par sa logique propre renforce et diversifie les processus d'individuation. Ces processus sont d'autant plus importants qu'ils ne se déroulent plus simplement à l'intérieur de l'univers villageois : l'exode rural et la scolarisation ont créé des situations nouvelles. Les positions acquises ou les professions exercées (du manœuvre au haut fonctionnaire), la comptabilité des réussites ou des échecs en ville ne peuvent s'expliquer par les statuts antérieurs des pères ou des ancêtres; elles relèvent largement des cheminements individuels ou de contextes étrangers à l'institution lignagère [42]. »

En résumé, le changement d'échelle colonial et la dynamique de l'incorporation qui en résulte ont des conséquences encore plus délétères dans le cadre des sociétés acéphales que pour les sociétés centralisées. Le champ lignager ne suffit plus à la réalisation personnelle des meilleurs de ses fils. La position d'aîné qu'il est en mesure de leur attribuer ne leur permet de contrôler qu'une unité démographique marginale à l'aune de l'État et, en soi, elle n'est pas de nature à leur assurer une quelconque influence à l'intérieur de celui-ci. Pis, le champ lignager se voit supplanter par une « zone d'indétermination » – celle de l'école, du salariat, du champ politique national, du monde des affaires – qui l'englobe, le transcende, et semble le dévaloriser chaque jour davantage.

Il convient pourtant de ne pas sous-estimer la capacité de réappropriation de la sphère étatique contemporaine dont savent faire preuve les acteurs lignagers [43]. Quelle que soit sa violence, le séisme de l'incorporation ne permet pas d'exclure a priori l'hypothèse d'une continuité fondamentale d'hier à aujourd'hui, analogue, *mutatis mutandis*, à la politique de modernisation conservatrice qu'ont poursuivie certaines aristocraties dans des situations de pouvoir centralisé. Délaissons les cas, très particuliers, de la Somalie et de la Mauritanie. Dans cette dernière situation, par exemple, les Maures de « bonne tente » ont été les bénéficiaires quasi exclusifs de l'intermède colonial. Les soubresauts de l'accession à l'indépendance reflétaient des clivages, en particulier générationnels, qui étaient internes à ces lignées éminentes et la politique d' « arabisation » a accentué la suprématie beydane [44]. Le régime de Moktar Ould Dadah et les gouvernements militaires qui lui ont succédé après 1978 ont ainsi différé le renversement de la structure de l'inégalité à laquelle aspire, plus encore que les esclaves théoriquement affranchis par une législation répétitive, la minorité noire du Fleuve [45]. Mais cette situation, tributaire de l'aire maghrébine, évoque de préférence certains aspects des conflits tchadien ou soudanais et n'est guère représentative des trajectoires lignagères subsahariennes.

Les scénarios de la continuité que l'on discerne au détour de celles-ci sont moins spectaculaires. P. Geschiere en admet cependant lui-même la possibilité quand il oppose au cours maka celui des Mvang voisins. Chez ceux-ci, la plupart des chefs indigènes de l'époque coloniale et des hommes politiques ou des fonctionnaires de la période postcoloniale sont issus de la famille élargie de Nkal Selek, lequel s'était procuré par les armes un ascendant certain avant la conquête allemande [46]. Les exemples que l'on peut emprunter au Congo-Brazzaville sont néanmoins plus suggestifs dans la mesure où le fonctionnement de l'État se trouve directement concerné. Ainsi, en pays beembé, le XIXᵉ siècle avait vu se détacher des *nkanyi* (hommes éminents) par le biais de la guerre, du recours à l'invisible et de l'institution neuve des marchés. Ces *nkanyi* avaient tenté de compléter l'unification politique du plateau de Mouyondzi au moment de la conquête coloniale, tantôt en collaborant avec les Français, tantôt en se battant contre eux [47]. En dépit de son extrême brutalité, l'occupation militaire ne bouleversa pas la géopolitique du pays beembé et les Mimbundi reçurent à son issue la confirmation d'une prééminence que la figure de Mwa Bukulu avait annoncée quelques décennies auparavant. De nombreux *nkanyi* devinrent des chefs indigènes au service du colonisateur et troquèrent leur légitimité magique contre le pouvoir que leur décernait l'administration française. Dans les années vingt et trente, le refus farouche du travail forcé attira sur le plateau les horreurs de la répression. Les *nkanyi* ralliés à l'occupant ne purent entièrement se désolidariser de leurs sujets et ils payèrent parfois le prix de leur résistance. Moyennant quoi le pays beembé échappa au sort des réserves de main-d'œuvre et se spécialisa dans la production agricole. Les *nkanyi* promus dans la hiérarchie coloniale s'adaptèrent derechef à cette évolution. En particulier la plupart d'entre eux « utilisèrent le plus tranquillement du monde leur position dans le système colonial pour réduire en esclavage tous ceux qu'ils pouvaient », et ce bien que la doctrine française fût évidemment antiesclavagiste [48]. Face à l'État urbain, les rôles d'autorité lignagère continuent d'être un môle d'autonomie de la société villageoise et il est révélateur que les citadins soient *de facto* exclus de leur transmission.

Ce type de mécanisme incline à penser qu'au Congo « les aînés, principalement chefs de lignage et de clan, n'ont pas perdu leur pouvoir de contrôle mais l'ont adapté à la nouvelle situation, c'est-à-dire à la domination globale du capital et des rapports marchands [49] ». Sans aller jusqu'à parler de « capitalisme lignager » et d'« alliance entre bourgeoisie bureaucratique et chefferies lignagères », ni raisonner systématiquement en termes d'articulation des modes de production [50], on ne peut éviter de s'interroger sur la projection de ces lignes de continuité historique au cœur de l'appareil d'État. Des témoignages concordants signalent que les membres « nordistes » du Comité central du Parti congolais du travail, dont la prédominance nationale est acquise depuis 1968, se réunissent en « caucus » et constituent le noyau dur de la prise de décision politique. Or, au sein de cette instance délibérative informelle, la voix des anciens du terroir, recueillie au cours des séjours réguliers qu'y font les dirigeants du parti et de l'armée, disposerait d'un crédit indéniable [51]. L'analogie s'impose avec la coexistence sur le plateau kukuya, au XIXe siècle, de seigneurs du ciel, violents et actifs, et de seigneurs de la terre, exerçant « une autorité cachée » : « les deux types de pouvoir sont différents : des chefs lignagers au sommet pour les seigneurs de la terre, des seigneurs installant une emprise territoriale, juridique et politique pour les seigneurs du ciel. Mais, des deux côtés, la frontière du conflit était toujours très proche du compromis. Les seigneurs du ciel ont bien tenté avec succès de contrôler le commerce extérieur et la spécialisation de l'artisanat; mais on peut se demander si le contrôle des dépendants aurait été si réellement possible sans la collaboration de l'autre aristocratie. A l'opposé, les seigneurs de la terre désiraient borner le développement de l'aristocratie *yulu* mais ils voulaient aussi en bénéficier [...] les prestations et gains de toute sorte étaient en fait partagés entre seigneurs du ciel et de la terre [52] ». C'est vraisemblablement en ayant à l'esprit des procédures de cette nature que P.-P. Rey, fin connaisseur de la société congolaise, certifie :

> « Les relations d'hostilité ou d'alliance entre groupes ethniques ou régionaux à l'intérieur ou à l'extérieur de l'État s'expliquent avant tout par le jeu du pouvoir à l'intérieur de chaque groupe ethnique. Ainsi, en 1959, lorsque Youlou, représentant du Sud, et Opangault, représentant du Nord, passèrent un accord pour arrêter les affrontements Nord-Sud à Brazzaville, ils purent le faire parce que chacun avait la position traditionnelle qui le lui permettait dans son ethnie et, partant, dans sa région; l'accord ne faisait, tout comme l'affrontement, que conforter les positions issues de l'ordre précolonial. Par contre [...] la tentative d'accord en 1977 entre Ngouabi (Nord) et Massemba-Debat (Sud) aboutit à la mort des deux, car cet accord aurait permis à Ngouabi de renverser dans son propre groupe ethnique l'ordre d'origine précoloniale [...]. Le politique ancien, et notamment le politique non étatique, investit l'État et le fait échapper à ce qui est sa logique apparente [53]. »

A propos du régime parlementaire antérieur à la révolution, le même auteur affirmait déjà que « la véritable source du pouvoir reste la chefferie lignagère » :

« Le système de clientèle ethnique des partis jusqu'à 1963 a assuré la fusion complète du pouvoir politique hérité de la colonisation et du pouvoir politique lignager. Dans chaque ethnie, l'ensemble des chefs, qu'il s'agisse des chefs de lignage ou de chefs coloniaux qui ont réussi à se reconvertir avec leurs chefferies, choisit l'appartenance politique de l'ethnie et son représentant; le député, le ministre ainsi désigné, quelles que soient les apparences pour un observateur français nourri de " science politique ", reste totalement dépendant des chefs traditionnels. Il a pour mission essentielle de promouvoir les intérêts de l'ethnie, c'est-à-dire de trouver le plus de places possible et parmi les plus lucratives dans l'administration pour les représentants de l'ethnie [54]. »

Des présomptions similaires s'éprouvent au sujet d'autres sociétés politiques du continent, par exemple au Cameroun, en Côte d'Ivoire, au Gabon, en Centrafrique, voire au Kenya. Pour désigner ce couplage de deux modes de gouvernement au sein de l'État contemporain, l'un institutionnel et apparent, l'autre informel et secret, un anthropologue a évoqué la dualité du « climatiseur » et de la « véranda » [55]. Il se pourrait que la coexistence des deux systèmes soit singulièrement poussée dans les situations lignagères et que la « véranda » y tienne un rôle insigne. Les sociétés acéphales se sont souvent distinguées par leur aptitude à doubler les délibérations ouvertes en leur sein ou, plus encore, les hiérarchies officielles « parachutées » par le colonisateur, et à concentrer l'exercice du pouvoir réel entre les mains de conclaves occultes [56]. Évitons le ridicule qui consisterait à réduire l'État contemporain à une conspiration d'anciens chenus. Cependant, de telles procédures, si elles se révélaient s'être actualisées comme on peut le pressentir, dissimulent peut-être des éléments de stabilité sociale, jusqu'à présent insoupçonnés ou négligés.

LA QUESTION DES MINORITÉS DOMINANTES ALLOGÈNES

Par ailleurs, la greffe des minorités allogènes sur le corps social du continent africain – contrecoup de son intégration croissante aux économies-monde de l'océan Indien et de l'Occident – est devenue un élément propre de sa stratification. Certaines de ces communautés étrangères, les Chinois et les Indochinois par exemple, n'ont pas acquis de position dominante ou n'ont pas fait souche. D'autres, au contraire, se sont implantées et leur présence a représenté l'un des enjeux cruciaux de la recherche hégémonique.

Tel a été le cas, bien sûr, des colonies européennes qui ont commencé à s'installer sur les côtes dès le XVIe siècle et qui se sont largement métissées, au moins jusqu'à la fin du dernier siècle. L'idéologie impérialiste, mâtinée d'un racisme de plus en plus outrancier, et la conquête militaire du continent ont changé les données de leur insertion dans les sociétés africaines. Tout d'abord, ces péripéties événementielles se sont soldées par un afflux de nouveaux arrivants, notamment quand les territoires ont été destinés au statut de « colonies de peuplement » : au Kenya, dans les deux Rhodésies, en Angola, au Mozambique. Ensuite, la colonisation a intronisé ces communautés blanches dans une prééminence d'autant plus absolue qu'elle s'est énoncée en termes de supériorité raciale et qu'elle s'est parfois traduite par la confiscation des moyens de production, par l'accaparement des meilleures terres. Là où elle fut le plus sensible – par exemple dans le pays kikuyu au Kenya, dans le Nord-Ouest angolais, au Congo belge, en Rhodésie du Sud – cette mutation de la greffe européenne a rendu dramatique le reflux de la décolonisation, au lendemain de la Seconde Guerre mondiale. A tout le moins, une révolution politique s'est presque partout imposée et a interdit aux colons de s'emparer du pouvoir lors du retrait de l'administration métropolitaine, même au Mozambique et en Angola. Depuis la déroute de l'UDI (Unilateral Declaration of Independence) de Ian Smith au Zimbabwe, la seule exception à ce développement (mais elle est de taille) est le *laager* sud-africain qui incarne un scénario tardif et suicidaire de modernisation conservatrice. A l'opposé de celui-ci, la césure de la décolonisation s'est traduite par une rupture sociale et par l'exode de la communauté blanche en Angola, au Mozambique, au Congo belge et, à une échelle moindre, en Guinée Bissau, en Guinée équatoriale, en Guinée, au Kenya. Mais dans un nombre sans doute plus élevé de cas – y compris celui du Zimbabwe – l'indépendance n'a pas sérieusement remis en cause les intérêts économiques européens qui, bon gré mal gré, ont su s'adapter aux nouvelles conditions et se sont souvent étendus.

Dimension bien connue, sinon bien comprise, que celle-ci. Elle ne doit pas occulter d'autres lignes allogènes de concaténation, également importantes. Là aussi, le scénario privilégié qui ressort du moment nationaliste est celui de la rupture révolutionnaire. Ce fut vrai, au premier chef, à Zanzibar où l'aristocratie arabe, proportionnellement à la population autochtone, était la deuxième minorité étrangère en Afrique, après les communautés blanches en République sud-africaine (environ 50 000 personnes sur un peu plus de 300 000 habitants). D'une façon assez similaire à ce qui s'est produit au Rwanda, la révolution de 1964 y a épousé le processus de cristallisation d'une identité ethnique – en l'occurrence « africaine » – comme vecteur d'unification et de mobilisation des groupes sociaux subordonnés. Mais elle a différé du cours rwandais en ce qu'elle ne rompait pas une situation initiale d'hégémonie. Travers classique dans un régime de protectorat, l'aristocratie omani qui contrôlait le sultanat fut l'interlocutrice exclusive de la Grande-Bretagne et elle intensifia son monopole politique en obtenant d'elle que fût reconnu le caractère « arabe » de l'État. Il fallut attendre la Seconde Guerre mondiale pour que des représentants de la majorité « africaine », historiquement et culturellement composite, fissent leur entrée dans le « Legco », le *Legislative Council*. Et ce ne fut qu'en 1957 qu'ils reçurent la majorité des sièges. Néanmoins, le projet de l'administration britannique de transformer l'aristocratie omani en une classe de propriétaires terriens et de l'articuler à l'État, en quelque sorte sur le modèle prussien, fit long feu, à défaut d'être parvenu à éliminer la base agraire propre des anciens esclaves et à transformer ceux-ci en une main-d'œuvre salariée au service exclusif d'une économie de plantations : « Dans les années vingt, l'État n'avait pas réussi à créer un prolétariat agricole engagé dans un travail régulier; les propriétaires arabes avaient échoué à conserver leurs anciens esclaves comme dépendants personnels liés à leurs exploitations; et les anciens esclaves n'avaient pas acquis la sécurité qu'ils désiraient. Tous ces compromis avaient abouti à une structure qui n'était ni équitable ni sévèrement exploiteuse mais qui était avant tout fragile et inadaptable [57]. » En outre, la dépendance financière traditionnelle des Arabes à l'égard des réseaux indiens ne tarda pas à s'aggraver dans des proportions préoccupantes et à menacer leur monopole de la production du clou de girofle. Un grave conflit commercial s'ensuivit entre propriétaires arabes et négociants indiens. Il ne s'apaisa qu'en 1938, par la signature d'un arrangement, sous les auspices de l'administration britannique. A partir de 1951, le marasme des cours mondiaux du clou de girofle allait toutefois achever de saper les bases économiques de la domination omani. L'aiguisement des tensions sociales sur les plantations et dans le *Ngambo*, le quartier africain de la ville de Zanzibar, devenait inévitable. Simultanément, les efforts de l'aristocratie pour instaurer sa primauté en hégémonie culturelle rencontraient leurs limites et contribuaient à la précipitation ethnique des conflits sociaux. Seuls les anciens esclaves disposant de tenures stables acceptèrent de se reconnaître comme musulmans et « swahili », puis comme « arabes ». Au bas de l'échelle sociale, la subordination à l'économie de plantation et à l'État se pensa de plus en plus en termes d'identité « africaine », même si le clivage entre les « continentaux » (environ 60 000 personnes, pour la plupart non musulmanes, et venues du Tanganyika, du Kenya, d'Ouganda, des Grands Lacs, du Maniema) et les « Shirazi » autochtones (environ 200 000 personnes se réclamant d'une ascendance persane antérieure à l'arrivée des Omani) devait demeurer sensible, et politiquement démobilisateur, notamment sur l'île de Pemba.

Dans cette conjoncture difficile, l'aristocratie omani s'engagea dans une audacieuse entreprise de modernisation conservatrice. Les accords de 1938 avaient désintéressé les « Asiatiques » du débat constitutionnel. La vie politique du protectorat se résuma dès lors au tête-à-tête arabo-africain. A l'opposé des colons européens d'Afrique australe, l'oligarchie omani se rallia à l'idée d'une société multiraciale et, à partir de 1954, elle prit l'initiative de la revendication nationaliste à l'encontre de la Grande-Bretagne. Le calcul était limpide, ne manquait pas d'élégance, mais était risqué. Il consistait à arracher une indépendance que n'omettrait pas de demander un jour la majorité africaine mais dont elle aurait de la peine à profiter dans l'immédiat, faute d'élite « instruite ». De ce point de vue, la figure de Ahmed Lemke, né dans une famille arabe prospère et animateur inlassable du mouvement nationaliste, n'était pas sans parenté avec celles du prince Rwagasore ou du Sardauna. Initiatrice de l'idée zanzibarite, l'aristocratie omani prit en 1955 le contrôle d'une ligue rurale de militants swahili, le National Party of the Subjects of the Sultan of Zanzibar, la changea en un Zanzibar Nationalist Party et l'implanta en ville. Les postes honorifiques furent laissés à ses fondateurs « africains » mais la direction effective de l'organisation échut à des Arabes.

Face à cette offensive, la majorité africaine ne put adopter qu'une stratégie conservatoire. Sa maigre élite était surtout employée dans l'administration du protectorat. Or, en 1953, une circulaire gouvernementale avait interdit aux fonctionnaires de militer. La plupart des membres africains enrôlés dans les rangs des premières organisations nationalistes avaient dû s'en retirer.

Ils avaient ainsi abandonné à l'oligarchie arabe, une fois de plus, l'exclusivité de la vie politique, mais aussi l'avaient privée de la collaboration multiraciale à laquelle elle aspirait. Malgré les objurgations de M. Nyerere, le leader nationaliste du Tanganyika, les Africains ne réussirent, en définitive, à établir une relative unité d'action entre « continentaux » et « Shirazi » qu'en 1957, et ce dans la seule île de Zanzibar. A Pemba, les Shirazi, dont la condition économique et notamment foncière avait moins souffert de la domination arabe, étaient tout à la fois acquis à la problématique multiraciale et méfiants envers les immigrés « continentaux ». Ils boudèrent l'Afro-Shirazi Union nouvellement constituée, puis son surgeon, l'Afro-Shirazi Party, et créèrent finalement, en 1959, un Zanzibar and Pemba People's Party (ZPPP).

La défaite du Zanzibar Nationalist Party aux premières élections législatives, en 1957, put donner l'impression que l'aristocratie omani avait mordu la poussière. Elle ne marquait pas pour autant la victoire de l'Afro-Shirazi Union, condamnée à s'inscrire en faux contre la revendication nationaliste de crainte qu'elle ne serve les desseins de l'oligarchie. Les élections de 1961 permirent au ZNP et au ZPPP de nouer une coalition gouvernementale, et celles de 1963 reconduisirent cette formule, bien que l'ASP eût rassemblé 54 % des suffrages exprimés. Il apparaissait en définitive que l'institution d'un régime représentatif et le retrait de la puissance de tutelle n'étaient pas forcément de nature à interrompre le règne de l'aristocratie. Le ZNP que celle-ci inspirait s'était imposé dans près de la moitié des circonscriptions, drainait des votes africains et avait divisé ses adversaires grâce à son alliance avec le ZPPP.

Illusion de courte durée. Le ZNP perdit, avec son aile radicale marxisante, son meilleur organisateur, Abdul Rahman Mohammed, dit « Babu ». Celui-ci fit scission et créa un nouveau parti, l'Umma. En outre, le ZNP poussa trop loin l'avantage. Il prit une série de mesures répressives qui aggravèrent la rancœur d'une majorité africaine frustrée de sa victoire par l'alchimie du découpage des circonscriptions électorales. En licenciant un certain nombre de policiers d'origine continentale sans les rapatrier, il amorça lui-même la machine qui devait le détruire. Le 12 janvier 1964, un mois après la proclamation de l'indépendance, une poignée d'insurgés africains, menés par un chef obscur, John Okello, arrivé d'Ouganda quelques années auparavant, renversèrent le gouvernement et fondèrent un Conseil révolutionnaire dont des responsables de l'ASP et de l'Umma prirent la direction. Le sultan dut s'enfuir et fut banni; des milliers d'Arabes furent arrêtés ou massacrés, et leurs biens détruits ou confisqués; le ZNP et le ZPPP furent frappés d'interdiction. Dès avril 1964, la résolution de réunifier Zanzibar et le Tanganyika en une République de Tanzanie scella la revanche définitive du nouveau leadership africain sur l'aristocratie arabe [58]. Celle-ci, dans le même temps, avait échoué, au Kenya, à organiser la sécession *(mwambao)* de la bande côtière *(Coastal Strip)* et à s'épargner l'ascendant des nationalistes des hautes terres [59].

La Sierra Leone et le Liberia fournissent deux autres cas significatifs [60]. Les esclaves rachetés, libérés ou rapatriés des Amériques, aux XVIIIe et XIXe siècles, s'y étaient constitués en minorités créoles et dominaient les peuples autochtones de l'intérieur. En Sierra Leone, la réunification administrative de la « colonie » de Freetown et du « protectorat » sur l'hinterland, en 1951, ratifiait la réticence du colonisateur britannique à jouer la carte de l'élite créole contre les intérêts de la majorité autochtone. Le déséquilibre démographique rendait inéluctable la défaite du National Council, le parti des Créoles, devant le Sierra Leone People's Party. Mais ceux-ci ont conservé un capital d'influence, qu'ils savent investir avec une certaine souplesse, alternativement, dans l'administration, la justice, les professions libérales et les affaires.

Au Liberia, l'atout de la souveraineté internationale et la fragmentation des peuples de l'arrière-pays ont longtemps facilité la tâche des colons américano-libériens. Comme en Sierra Leone, leur intérêt pour l'hinterland ne s'est matérialisé qu'au tournant du siècle dernier, quand l'expansion impérialiste européenne menaçait de les en priver. A l'instigation du président Tubman, le True Whig Party, au pouvoir depuis 1877, lança au lendemain de la Seconde Guerre mondiale une double politique d' « unification » et de « porte ouverte ». *(Open door policy, Unification policy)*, destinée à garantir l'hégémonie américano-libérienne et à promouvoir son élargissement en direction d'une élite « tribale ». En avril 1980, le coup d'État du sergent-chef Doe interrompit ce processus de modernisation conservatrice au nom des aspirations de la majorité autochtone [61]. La réalité est plus nuancée, et il est en soi révélateur que le choc dont le régime ne put se remettre – les manifestations sanglantes de 1979, à Monrovia – eut pour cause première le relèvement du prix du riz, une mesure théoriquement favorable aux producteurs ruraux (ainsi, il faut en convenir, qu'à une classe politique *whig* détentrice de grandes exploitations agricoles). D'une part, le Conseil de la rédemption du peuple de M. Doe édulcora vite son radicalisme, perdit l'appui de ses alliés politiques originels, le Movement for Justice in Africa (MOJA) et la Progressive Alliance of Liberians (PAL), et ne tarda pas à se donner pour ce qu'il était : un pouvoir personnel brutal et prédateur, dont la base sociale était des plus minces. De l'autre, la « politique d'unification » n'était pas demeurée sans effets et le critère historico-ethnique ne pouvait plus suffire à délimiter la sphère de la domination lorsque fut terrassé le True Whig Party [62]. Aussi la perpétuation de l'emprise des grandes familles américano-libériennes et de leurs clientèles est-elle sans doute plus réelle que ne le laisse à penser l'ombre sinistre des poteaux d'exécution dressés sur la plage de Monrovia. Elles n'ont certes pu entrer en lice lors des présidentielles de 1985 – tous les candidats étaient natifs de l'hinterland – mais elles se sont ménagé dans l'appareil d'État une place au moins égale à celle des Créoles en Sierra Leone [63].

Dans ces deux pays, la rupture n'en est pas moins indéniable. Elle reflète un processus plus général d'effacement des minorités côtières, celles-ci fussent-elles autochtones, auquel la colonisation avait souvent ouvert la voie, par exemple au Ghana, en Côte d'Ivoire, au Cameroun, au Gabon. Ailleurs, il fallut attendre la page de la libéralisation de l'après-guerre pour assister à ce renversement. Ainsi, au Sénégal, la victoire électorale du Bloc démocratique sénégalais de M. Senghor sur la SFIO de Lamine Gueye, en 1951, fut largement celle des « broussards », des « sujets » comme l'on disait alors, sur l'élite des « quatre communes », et un éditorialiste dakarois croit pouvoir affirmer, trente-cinq ans après, que ce virage a épargné à son pays les soubresauts du Liberia, mais aussi du Bénin et du Togo, deux États où l'indépendance avait entériné une certaine prééminence des « Amaro », des « Afro-Brésiliens » [64].

L'érosion des positions « asiatiques » en Afrique orientale n'est pas différente pour peu que l'on ait en mémoire la domination financière ancestrale des Indiens sur l'océan qui porte fort à propos leur nom, et les projets d'évolution politique multiraciale que peaufinait la Grande-Bretagne au grand dam des Noirs. L'hégémonie régionale du sultanat de Zanzibar, puis la colonisation britannique, avaient accru l'immigration indienne – elle était passée de 35 000 personnes en 1900 à 190 000 en 1948 – dont l'avance à l'intérieur des terres avait été au demeurant souvent sollicitée par les Africains eux-mêmes, en raison des services économiques qu'elle y rendait [65]. Les leaders nationalistes noirs, néanmoins, se préoccupèrent rapidement des desseins « asiatiques » et soupçonnèrent le colonisateur de s'y prêter. Le statut politique du Tanganyika, conquis sur l'Allemagne durant la Première Guerre mondiale, devint bientôt la pierre de touche de cette tension régionale. L'idée d'en faire une colonie indienne n'avait-elle pas été soulevée en 1918, avec la sympathie d'une fraction du Congrès national indien? Le ressentiment des Africains crût tout au long des années trente et quarante, au fur et à mesure que leurs rivaux progressaient dans l'économie et l'administration. Depuis 1924, la doctrine officielle du Colonial Office, qui voyait en l'Ouganda un territoire à vocation africaine et dans le Kenya une colonie de peuplement européen, assignait au Tanganyika une identité intermédiaire. Il devint de plus en plus clair, à partir de 1955, que la mission du gouverneur Twining était d'y inaugurer le « multiracialisme » pour que ce régime soit ensuite étendu au Kenya, maintenant en proie à l'insurrection mau-mau, et aux colonies de l'Afrique centrale. Pour faire pièce à la Tanganyika African National Union (TANU) de M. Nyerere, qui affirmait les droits des Africains à la direction du pays, un United Tanganyika Party, acquis à l'idée d'une nation « non raciale », fut encouragé. L'épreuve tourna à l'avantage de la TANU lors des élections de septembre 1958 et contribua d'une manière décisive à ruiner la perspective « multiraciale » dans la région [66]. Les positions économiques « asiatiques » ne s'en trouvaient guère affectées pour autant et le souci de les rogner au profit d'intérêts africains entra peut-être pour beaucoup dans l'orientation socialiste à laquelle le parti assujettit le gouvernement, après l'indépendance [67]. Bien que M. Nyerere ait pris soin de préciser que *socialism is not racialism* au lendemain de la Déclaration d'Arusha, la nationalisation des immeubles en 1971 *(Acquisition of Buildings Act)* et celle du commerce de détail en 1976 (Opération *maduka*) frappaient directement les Indo-Pakistanais. Le nombre d'entre eux qui quittèrent le pays à la suite du seul *Acquisition of Buildings Act* a été estimé à 10 000 ou 20 000 [68]. Au début des années quatre-vingt, les opérateurs « asiatiques » qui avaient choisi de poursuivre leurs affaires en Tanzanie dans le nouveau cadre socialiste et en dépit de la gravité de la crise furent souvent les premiers atteints par la campagne contre le « sabotage économique » à laquelle s'attela le Premier ministre Sokoine. Pour être moins brutale que la « guerre économique » déclenchée par Amin Dada en 1972 sous la forme de l'expulsion des « Asiatiques » et de la confiscation de leurs biens, et vraisemblablement moins efficace que les méthodes kenyanes, l'*ujamaa* tanzanienne a provoqué à cet égard une fracture sociale incontestable. Certains entrepreneurs « asiatiques », chassés par la porte de la nationalisation, ont beau revenir par la fenêtre de la libéralisation du commerce en Tanzanie ou du *magendo* * en Ouganda, les riches heures de leur épopée économique dans la région semblent révolues [69].

En définitive, la vraie exception au scénario du renversement des dominations allogènes provient paradoxalement des régimes issus de la décolonisation portugaise en Angola, au Mozambique et en Guinée-Bissau dans la mesure, variable, où ceux-ci reproduisent, par marxisme-léninisme interposé, la prééminence « créole » sur la masse « négro-africaine ». En Angola, surtout, le MPLA avait beaucoup recruté parmi l'élite métisse et assimilée des villes. Même après les rébellions rurales de 1961, il n'était guère parvenu à mobiliser les campagnes, quand il ne les avait pas négligées. A la veille de la « révolution des œillets » qui lui ouvrit à brûle-pourpoint les portes de la capitale, son emprise sur le pays était infime et sa tentative d'organisation d'un « front de l'Est », à partir de la Zambie, avait déçu les espoirs qu'elle avait initialement attisés [70]. La fraction populiste « nitiste » (du nom de son leader, Nito Alves) qui, en son sein, se nourrissait du ressentiment de cadres mbundu, souvent méthodistes, envers la minorité métisse de Luanda, échoua à prendre le pouvoir par un coup d'État, le 27 mai 1977, et fut écrasée sans ménagement [71]. Depuis l'effondrement du FNLA, c'est la résistance armée de l'UNITA, aidée de la République sud-africaine et des États-Unis, qui véhicule des ambitions spécifiquement « négro-africaines » sous la forme de l'ethno-nationalisme ovimbundu.

LES NUANCES DU COMPROMIS

Il apparaît néanmoins que les scénarios de la modernisation conservatrice et de la révolution sociale, aussi extrêmes soient-ils dans les situations historiques où nous les avons identifiés, se nuancent de compromis importants.

* *magendo* : marché noir.

Nonobstant les césures qu'implique le passage d'une organisation acéphale à son insertion dans le champ étatique, la trajectoire maka, par exemple, se caractérise surtout par l'entrelacement de la continuité et du changement [72]. Tel semble être le lot de la plupart des sociétés lignagères et la signification profonde de la coexistence de la « véranda » et du « climatiseur » : aucun des deux plans d'autorité et de pouvoir ne peut être tenu pour quantité négligeable, quelle que soit la tendance qui se dégage des dernières décennies. Les lignes allogènes de concaténation ne se laissent pas plus facilement enfermer dans une dichotomie. Historiquement, les liens qui se sont établis entre opérateurs « asiatiques » et africains ont été, autant que de rivalité et de conflit, faits de complémentarité et de collaboration. Les marchands indo-pakistanais avaient souvent compris, dans les années cinquante, que l'heure était à l'entrée des Africains dans les affaires, et l'un d'entre eux avait même ouvert à Kampala une école de commerce qui leur était spécialement destinée [73]; certains soutinrent d'ailleurs les partis nationalistes. Nous avons pareillement constaté que la politique dite d'ouverture et d'unification du président Tubman, au Liberia, s'était traduite par la cooptation d'une élite « tribale » au lendemain de la Deuxième Guerre mondiale et qu'à l'inverse le coup d'État de 1980 n'avait pas annihilé la puissance de l'oligarchie *whig*. Tant et si bien que M. Doe a un jour démis de ses fonctions un ministre qui avait qualifié d' « échec » la gestion de William Tubman, en arguant que cette dernière avait en vérité apporté « un développement socio-économique significatif [...] à la nation et à tous les Libériens [74] »...

La force des compromis nécessaires se laisse sentir jusqu'au cœur des entreprises de modernisation conservatrice les plus homogènes. M. Kilson soulignait déjà que la classe dominante de Sierra Leone ne consistait pas seulement en une alliance et un amalgame de l'élite traditionnelle des chefs, d'une part, et, de l'autre, des couches supérieures de la nouvelle élite « instruite ». L'accord de 1951 et la création du Sierra Leone People's Party, sous les auspices du Dr Milton Margaï et du Paramount Chief Julius Gulama, ouvraient la voie à la fusion de ces deux catégories par le biais du mariage, de l'école et de l'exercice du pouvoir [75]. De même, la vie politique dans le Fouta Toro, au Sénégal, marque « l'alliance (voire l'interpénétration) des élites modernes et des élites traditionnelles [76] ». Au Nigeria, la stratégie de « *northernization* » conçue par Ahmadu Bello n'avait pas d'autre sens. Elle consistait en un double processus d'intégration [77]. Intégration horizontale des groupes dirigeant les différentes sociétés de la région, que divisaient souvent de solides inimitiés historiques (en particulier alliance entre les aristocraties peul-hausa et kanuri, et entre ces dernières et les représentants des minorités du Middle-Belt). Intégration verticale, ensuite, grâce au recrutement dans le Northern Peoples' Congress et dans les Conseils des émirs, de *talakawa* : des fonctionnaires roturiers du Northern Region Civil Service mais aussi, mais surtout, les riches marchands (*attajirai*) associés au capital international, à commencer par le prospère Alhassan Dantata, à Kano. Le « front uni » du Nord, qu'ont symbolisé tour à tour la collaboration entre le Sardauna et Abubakar Tafawa Balewa (un *talaka* d'origine *haabe* * de l'émirat de Bauchi), l'adhésion de l'émir de Kano à la Tijaniyya localement contrôlée par les commerçants et l'entrée des fils de l'aristocratie dans la haute bureaucratie fédérale aux côtés de jeunes roturiers, est à lui seul exemplaire de ce processus moléculaire d'assimilation réciproque dont Gramsci faisait mention [78].

Se profile de la sorte un scénario intermédiaire de la recherche hégémonique. Celui-ci va peut-être nous fournir une clef décisive, dans la mesure où le changement d'échelle colonial et la différenciation régionale des fondements sociaux de l'État rendent à peu près inévitable un tel cours moyen.

* *haabe* : non peul.

CHAPITRE VI

L'assimilation réciproque des élites :
l'hypothèse d'un scénario intermédiaire

De février 1958 à novembre 1982, le régime de M. Ahidjo au Cameroun illustre au mieux la dynamique moléculaire de l'assimilation réciproque. Ces deux décennies ont vu « l'émergence progressive d'une vaste alliance regroupant les différents segments régionaux, politiques, économiques et culturels de l'élite sociale ». L'État postcolonial dans sa totalité – plus que telle ou telle de ses institutions, quelle que fût la part éminente prise par le parti et la bureaucratie dans le processus – a été la matrice de ce rassemblement [1]. Tout comme dans le nord du Nigeria, le compromis a revêtu une double dimension. Non seulement les porte-parole de la quasi-totalité des régions du pays se sont retrouvés dans les instances représentatives du régime (le comité central de l'Union nationale camerounaise, l'Assemblée nationale, le gouvernement) et M. Ahidjo, ancien parlementaire de la IVe République française qui n'aimait rien tant qu'on lui parle des élections cantonales dans l'hexagone, était passé maître dans l'art subtil des dosages dits ethniques; mais encore le pouvoir politique a présidé à des arbitrages locaux permanents entre les strates diachroniques de l'inégalité, par exemple entre les tenants de la légitimité ancienne, les chefs coloniaux et les « élites » scolarisées.

La vraie portée de ces mécanismes d'assimilation réciproques, leur degré de réalisation sont par définition sujets à interrogation, voire à caution [2]. Néanmoins, la crise de la succession présidentielle, en 1982-1984, et les premières années du gouvernement de M. Biya ont démontré qu'à tout le moins les dispositifs de reproduction et de complètement de l'alliance hégémonique étaient enclenchés. La récupération patrimonialiste de l'État que M. Ahidjo a tentée en voulant assurer la suprématie du parti sur la présidence de la République, entre janvier et juin 1983, a avorté. Nonobstant des essais individuels de sédition, somme toute assez isolés, et la divergence des intérêts en jeu, la classe politique est restée remarquablement soudée autour du nouveau chef de l'État, jusqu'en 1987. Il est encore plus éloquent que ce dernier ait renoncé à presser l'allure du changement et ait reconduit (ou réintroduit) dans les appareils du régime des personnalités un moment éclaboussées par les soubresauts de la transition, quand nombre de ses partisans espéraient de lui qu'il rompe avec les « barons » et qu'il crée son propre parti [3]. « Biya ne rejette personne. Acceptez votre automutation, votre renaissance et vous pourrez vous embarquer dans le train du Renouveau. Nous voyons là en œuvre une démarche marquée de la volonté de réconciliation nationale. Biya n'entend pas diviser les Camerounais en deux camps, avec d'un côté les bons, de l'autre les méchants. C'est une démarche qui postule pour chacun d'entre nous la possibilité de rachat, de repentir », commentait un journal de Douala, qui ajoutait, non sans pertinence : « Dire qu'il y a quelque chose de religieux dans la démarche de cet homme sonne comme une lapalissade [4]. » Quant au fond, les incertitudes qui pèsent sur l'alliance hégémonique sont aussi grandes qu'à la fin des années soixante-dix. On peut même penser que la dégradation sans précédent de la situation économique, les contradictions inhérentes à tout projet de libéralisation d'un régime autoritaire, l'exacerbation des luttes d'influence, l'aiguisement des appétits et le regain de la problématique ethnique qui s'ensuit, ou encore la paralysie fonctionnelle de l'exécutif soumettent à des tensions inédites cette alliance et rendent plus crédible l'hypothèse d'une rupture politique. Outre que celle-ci ne mettrait pas nécessairement en péril le processus d'assimilation réciproque, elle ne frapperait de toute façon pas de nullité les développements des décennies antérieures.

De l'exemple du Cameroun, nous pouvons donc retenir la possibilité d'une voie médiane organisant autour du centre politique la diversité géographique des assises sociales de l'État et le rapprochement des sédiments historiques de l'élite. Enseignement d'importance car, bon an mal an, il vaut pour une fraction notable des pays du continent. Dès 1963, R.L. Sklar avait montré comment le système de partis nigérian contribuait à la « fusion des élites », processus dont il inclinait malheureusement à exclure les hiérarchies anciennes en ce qui concernait l'Ouest et l'Est [5]. Vingt-cinq ans plus tard, le National Party of Nigeria, revendiquant une implantation transrégionale afin de se conformer aux clauses de la Constitution, se définira comme un « mélange de jeunes et de vieux, d'hommes et de femmes, de riches et de pauvres » *(a mixed-breed party of young and old, men and women, rich and poor.)*. Largement contrôlée par les cercles dirigeants du Nord, cette coalition a gouverné le pays par l'intermédiaire du *zoning,* de l'attribution des responsabilités sur la base du panachage régional [6]. Et tout indique que les équipes militaires qui ont succédé à M. Shagari se sont appuyées, avec plus ou moins de bonheur, sur des amalgames similaires de multiples groupes sociaux. Les cas du Nigeria et du Cameroun amènent ainsi à généraliser l'hypothèse d'une « fusion des élites » dans la matrice de l'État et de leur constitution en classe dominante nationale [7]. Les trajectoires du Sénégal, de la Côte d'Ivoire, du Kenya, de la Tanzanie, du Niger semblent s'approcher au plus près de ce modèle intermédiaire [8]. Elles font contraste avec les cours, plus typés, de la révolution sociale et de la modernisation conservatrice que nous avons identifiés. Elles s'écartent également d'un certain nombre de trajectoires de la divergence qu'endeuillent une pratique paroxystique de la répression ou la récurrence du défaut d'hégémonie : celles, par exemple, de l'Ouganda, du Mozambique, de l'Angola, de la Guinée équatoriale, du Tchad, de la Guinée.

Il serait vain, pourtant, de chercher à épuiser la réalité historique complexe d'une formation sociale en un scénario univoque. Nous avons vu comment les cours de la modernisation conservatrice et de la césure révolutionnaire se nuançaient de compromis substantiels avec les catégories qu'ils semblaient vouer à l'exclusion. Virtuellement, les deux dynamiques, celle de la divergence et celle de l'assimilation réciproque, coexistent toujours. L'histoire tragique du Nigeria a montré qu'elles pouvaient intervenir alternativement. Elles surviennent aussi simultanément, ne serait-ce que d'une région à l'autre. Ainsi, les scénarios apparemment les plus achevés de la fusion des élites tendent en réalité à délaisser des segments de celles-ci. Bien qu'ils fussent musulmans, les Arabes Choa n'étaient point partie prenante au bloc de pouvoir de M. Ahidjo dans le Nord et durent attendre l'accession à la magistrature suprême de M. Biya pour se voir politiquement reconnaître; surtout, les Camerounais anglophones – en particulier ceux de la province du Nord-Ouest – se sentent aliénés par une « Réunification » qui a bafoué leur désir initial d'autonomie [9].

Mais, vice versa, il est rare que les configurations politiques les plus asymétriques excluent tout mécanisme d'assimilation réciproque. Au Zaïre, le régime de M. Mobutu a réinséré dans ses rouages une partie des leaders de la Première République [10]. Sur l'autre rive du Fleuve, les Congolais, qui ont le sens du Verbe, raillent volontiers « l'OTAN », le « traité atlantique Nord », pour dénoncer le déséquilibre qui s'est instauré à l'avantage des cadres vili (originaires de la côte), mbochi et kuyu (natifs du Nord). Et le Comité militaire du parti, le CMP, institué en 1977, est aussitôt devenu « la Cuvette Monte au Pouvoir »... Il n'empêche que les fruits de l'État, les « situations » et tout ce qu'elles permettent d'engranger, se sont plutôt répartis, depuis l'indépendance, selon un mouvement tournant. Curée inégale, à n'en pas douter, que cette « tontine situationniste * ». L'ensemble des régions, toutefois, y ont été plus ou moins associées et, nous l'avons vu, les aînés de l'ordre lignager n'en ont pas été chassés à la suite de la révolution de 1963. Enfin, au Ghana, le Provisional National Defence Council, après s'en être pris avec virulence aux membres des professions libérales, aux *market women,* aux planteurs et aux chefs, en 1982-1983, a fini par les admettre dans les People's Defence Committees [12].

C'est la raison pour laquelle la corrélation qu'il est tentant d'établir entre la stabilité politique et le processus d'assimilation réciproque des élites doit être immédiatement relativisée. La longévité du régime de parti unique ou dominant au Sénégal, en Côte d'Ivoire, au Cameroun, au Kenya, en Tanzanie s'explique sans doute de la sorte. Et, à l'inverse, il n'est point besoin d'être grand clerc pour saisir que la primauté des dynamiques de la divergence et de l'exclusion déclenche la guerre civile et la spirale répressive : dans le cas du Tchad, ce fut par exemple la marginalisation politique des diplômés arabophones formés en Égypte et au Soudan qui semble avoir grossi les rangs du Frolinat dans les années soixante [13]. Cependant, aucune trajectoire historique reposant sur l'assimilation réciproque ne peut être tenue pour irréversible dans l'état actuel des choses; aucune « alliance hégémonique », aussi « vaste » soit-elle, n'est définitivement scellée. Au Kenya, au Cameroun, la transition du président-fondateur au président-

* « Les situationnistes sont ceux qui cherchent des situations », expliquait le président Ngouabi en 1976. Rappelons que la « tontine » est une procédure de rotation des avantages fréquemment utilisée dans le domaine du crédit : les participants versent une cotisation mensuelle et accèdent à tour de rôle aux sommes ainsi rassemblées. La savoureuse expression de « tontine situationniste » est de D. Desjeux.

successeur, la dégradation des grands équilibres économiques et financiers suggèrent que le passage peut être rapide, de la dynamique de la fusion à celle de l'effritement, de la force centripète à la force centrifuge. En d'autres termes, la durée nous manque qui seule nous autoriserait à différencier des scénarios précis, pour y rattacher le rapport de chacun des États subsahariens aux lignes de la stratification sociale. Seule, elle serait aussi à même de nous indiquer si la structure de l'inégalité est en voie de s'inscrire dans les profondeurs de la société et est susceptible de se reproduire dans l'avenir. Ce n'est sans doute pas faire preuve d'une témérité excessive que d'établir une équivalence fonctionnelle entre les régimes les mieux assis et ce travail latent d'accumulation et d'unification de la part des groupes dominants. Mais peut-on pour autant s'interdire d'imaginer qu'une entreprise comparable se poursuit dans les contextes de crise récurrente, en Ouganda par exemple [14]?

Il nous faut donc dissocier, plus systématiquement que ne l'a fait l'approche néo-marxiste, l'analyse des formes politiques de l'étude de la stratification sociale. Non que l'État soit neutre à cet égard. Nous avons constaté, et il va se confirmer, que tel n'est pas le cas, bien au contraire. Toutefois, les multiples secousses du champ politique n'épousent pas sans infidélité la quête souterraine de l'inégalité; elles ne coïncident pas absolument avec les contours de la recherche hégémonique. Il y a d'abord le fait, majeur, que les grandes césures événementielles du dernier siècle, celles de la colonisation et de son abolition, doivent être remises à leur juste place : elles ne fournissent pas la périodisation première à laquelle il convient de s'attacher. Ensuite, les différents scénarios, ou plus exactement les diverses dynamiques que nous avons isolées, s'accommodent d'institutions hétérogènes et ne privilégient pas obligatoirement les mêmes positions de pouvoir. Admettons, pour la commodité de la démonstration, que le Sénégal, la Côte d'Ivoire, le Nigeria, le Cameroun, la Tanzanie, le Kenya se caractérisent effectivement, avant tout, par la prégnance du processus d'assimilation réciproque qui s'y déroule. Au Sénégal et, à certaines époques, au Nigeria, c'est par le biais du multipartisme, ailleurs par celui du parti unique. Mais sous l'étiquette générique de ce dernier, que de variations, politiques, idéologiques, sociologiques! Là où les deux régimes, monopartisan et pluripartisan, se sont succédé, c'est-à-dire presque partout, leurs logiques sociales se sont d'ailleurs souvent confortées plutôt que contredites; la formation unique a parachevé à l'échelle nationale ce que les partis multiples avaient entamé au plan local ou régional. Les phases militaires et civiles qui rythment la vie politique de plusieurs pays subsahariens s'imbriquent pareillement et, à l'occasion, l'irruption des prétoriens sert la conciliation des élites, mise en danger par les errements des gouvernements civils. Le rôle équivoque des institutions, de l'instabilité politique, de la coercition ou de la guerre à l'égard de la production de l'inégalité se vérifie de la sorte : en Guinée, le « parti-État » a engendré la divergence là où d'autres sections territoriales du RDA ont favorisé la cohésion du corps politique; au Burundi, le coup d'État a été érigé en procédure de maintenance de l'ordre social et, au Nigeria, le pouvoir militaire a ramené dans le giron de la Fédération les élites igbo fascinées par le mirage de la sécession; au Zaïre, enfin, le régime prédateur de M. Mobutu a remédié à l'éclatement du pays en « provincettes » rivales et exsangues.

Sitôt que l'on renonce à la chimère d'une typologie des fondements sociaux de l'État en Afrique, à l'identification illusoire de scénarios solidement différenciés, il nous reste à progresser dans l'intelligence de ces dynamiques de l'agrégation sociale à laquelle renvoie le champ politique et qui paraissent constitutives de la formation d'une classe dominante.

Sites et procédures de l'assimilation réciproque : la société civile

La fusion des élites s'effectue d'abord dans les arcanes de la « société civile », entendue au sens que lui conférait Marx pour discerner en elle « le véritable foyer, la véritable scène de toute l'histoire » : « La forme des échanges, conditionnée par les forces de production existant à tous les stades historiques qui précèdent le nôtre et les conditionnent à leur tour est la société civile qui [...] a pour présupposition et base fondamentale la famille simple et la famille composée, ce que l'on appelle le clan [...] [15]. » Cette première définition, lâche, presque ahistorique, met le doigt sur l'une des particularités des sociétés africaines. Les lignes de l'inégalité s'y confondent peut-être plus qu'ailleurs avec celles de la parenté. Le substrat lignager du continent peut aider à le comprendre puisque, dans son contexte, le pouvoir recourt en premier lieu aux

La population des États africains
(en millions d'habitants)

MICRO-ÉTATS (moins de 2)		PETITS ÉTATS (2-4)		ÉTATS MOYENS (5-11)		ÉTATS PEUPLÉS (plus de 11)	
Sao Tome & Principe	0,11	Liberia	2,22	Tchad	5,14	Ghana	14,04
Cap-Vert	0,34	RCA	2,67	Guinée	6,21	Mozambique	14,36
Guinée équatoriale	0,40	Togo	3,05	Rwanda	6,27	Ouganda	16,00
Gambie	0,65	Sierra Leone	3,66	Niger	6,28	Kenya	21,16
Guinée-Bissau	0,91	Bénin	4,04	Sénégal	6,60	Tanzanie	22,46
Botswana	1,13	Somalie	4,79	Burkina	6,75	Zaïre	31,24
Gabon	1,17	Burundi	4,86	Zambie	6,85	Nigeria	98,40
Congo	1,79			Malawi	7,28		
Mauritanie	1,95			Zimbabwe	8,41		
				Mali	8,44		
				Angola	8,97		
				Côte d'Ivoire	10,18		
				Cameroun	10,45		

Source : L'État du monde. 1987-1988, Paris, La Découverte, 1987.

mots de la famille. Cet éclairage, pourtant, est dangereux; il coïncide trop avec la fantasmagorie culturaliste de l'Afrique éternelle
pour que l'on n'y regarde pas à deux fois avant de s'y prêter. Dans
l'immédiat, contentons-nous d'une évidence. A quelques exceptions près (Nigeria, Zaïre, Tanzanie, Kenya, Ouganda, Mozambique, Ghana), les États subsahariens sont d'une taille démographique restreinte, voire microscopique quand ils sont peuplés
de moins d'un million d'habitants. En outre, leur population, extrê-
mement jeune, comprend une majorité de moins de vingt ans et
demeure médiocrement scolarisée. Nous avons ainsi la mesure de
l'éventuelle « classe dominante ». Un travail de sociologie politique
l'évalue à 950 personnes pour ce qui est du Cameroun de la fin des
années soixante-dix [16]. En Côte d'Ivoire, les orateurs qui prirent la
parole au cours du « Dialogue » de 1969 et qui étaient censés
représenter les forces vives de la nation étaient au nombre de
1 500 [17]. Et, en janvier 1966, à la veille de son accession au pouvoir, l'armée du puissant Nigeria était commandée par un corps de
511 officiers seulement [18].

Au cours des décennies déterminantes de l'entre-deux-guerres,
ces chiffres étaient encore plus bas. J. Spencer estime à 300 les
militants de la Kikuyu Association/EAA, dans les années vingt; la
grande crise de l'excision se solda par une forte mobilisation politique – Jomo Kenyatta revendiquait 10 000 adhérents pour la
Kikuyu Central Association en 1929-1931 – mais cet élan ne tarda
pas à retomber [19]. De même, le Syndicat agricole africain, en Côte
d'Ivoire, comptait, à la fin de l'année 1944, 8 548 adhérents dont
près de la moitié étaient domiciliés dans les cercles de Bouaké et
de Dimbokro [20]. Partout, le noyau dur du mouvement nationaliste
se résumait à une poignée de cadres et les années coloniales n'ont
été celles de la « chance » que pour un nombre très limité d'individus ou de maisonnées. Or les rangs des responsables aptes à tenir
les rênes du pouvoir dans un État de facture occidentale, au lendemain de l'indépendance, étaient plus clairsemés encore : sans
même parler des cas où le colonisateur s'était distingué par un
malthusianisme éducatif éhonté (au Congo belge, au Rwanda, au
Burundi, en Angola, au Mozambique, en Guinée Bissau), un pays
comme la Zambie disposait en 1964 de 109 diplômés de l'Université et de 1 200 diplômés de l'enseignement secondaire [21]. Pour
avoir grandi dans le même village ou le même quartier, pour avoir
partagé un dortoir d'internat ou une chambrée d'école militaire,
pour avoir philosophé des nuits entières dans une cité universitaire

britannique ou française, les membres de la sphère du pouvoir et de la richesse se connaissent personnellement, et ce parfois depuis fort longtemps.

La dynamique de l'assimilation réciproque des segments de l'élite sociale prend ainsi un caractère intimiste. Elle se situe au premier chef dans la vie privée, et c'est l'une des raisons pour lesquelles le tutoiement est si répandu au sommet de la hiérarchie sociale, alors même que celle-ci attache le plus grand prix à l'étiquette. La mise en scène de la mort est par exemple devenue l'un des sites privilégiés où peut se lire le processus de fusion des groupes dominants ivoiriens :

> « La haute société module ses pratiques funéraires en fonction du disparu. Si, par son statut et son passé, le défunt était lié à l'appareil d'État, ses funérailles sont prétexte à une liturgie politique. Le Président ou son envoyé prononce une oraison, les dignitaires de l'État participent aux divers épisodes, la presse et la télévision répercutent largement l'événement. Les manifestations durent plusieurs jours et l'enchaînement des rituels temporalise l'expression de la suprématie de l'État sur toutes les autres instances, ethniques, régionales, religieuses, villageoises. Les discours commémorent l'acte de fondation, la lutte anticoloniale, répètent la geste d'Houphouët-Boigny, enveloppent dans une seule et même légitimité les militants disparus et les hommes de pouvoir qui composent l'assistance. Aussi la symbolique cérémonielle est-elle intégralement moderne [...].
>
> « Lorsque le disparu n'a d'autre mérite que d'être proche parent d'un " grand ", les manifestations ne dépassent pas le domaine privé; elles débordent néanmoins très largement le cadre de la parenté, non par la vertu d'institutionnalisation politique – à la différence justement des notabilités " traditionnelles " – mais par l'effet d'enchaînements sociaux dont certains renouvellent des symboliques anciennes, tandis que d'autres relèvent de positions actuellement existantes. Ces funérailles mobilisent un vaste rassemblement, requièrent de lourds investissements ostentatoires mais, à la différence des démonstrations officielles mettant en scène l'autre affirmation d'un pouvoir unique, celles-ci font coexister des ensembles sociaux hétérogènes, voire opposés. A cet égard, il semblerait que, dans l'ensemble des liturgies ivoiriennes, ces épisodes réalisent les moments les plus symboliquement intégrateurs [22]. »

Néanmoins, l'ostentation funéraire, avec son protocole rigoureux, désigne d'autres lieux, plus effectifs, de la société civile où s'exerce l'alchimie des amalgames. Celle-ci peut être tout simplement d'ordre matrimonial. Ce serait sans doute trop dire que la circulation des femmes continue, comme jadis, à faire et à défaire les alliances politiques et économiques. L'endogamie, pourtant, est aujourd'hui de nature sociale, plutôt qu'« ethnique ». Des lignées nouvelles se fondent, qui transcendent les clivages anciens du sang ou de la géographie; elles participent de la fabrication de l'État et de son rapport à l'inégalité. La figure de Félix Houphouët-Boigny en est une illustration archétypique. Baoulé, il ébauchait dès les années trente l'une des alliances fondamentales sur lesquelles allait reposer son ascension politique ultérieure en épousant une première femme appartenant par sa mère à un lignage royal agni et par son père à la communauté « étrangère » des Sénégalais [23]. En 1944, il inspirait au gouverneur Latrille la destitution du souverain de l'Indenie au profit de son propre beau-frère et devenait ainsi partie prenante dans la succession au trône de cet important royaume agni, par l'intermédiaire de ses héritiers [24]. Il n'a par la suite cessé de multiplier les unions et de manipuler la parenté pour étayer son autorité, tant en Côte d'Ivoire que dans l'ensemble de la région, en direction de la Guinée, du Liberia, du Burkina Faso, du Sénégal. Exemple parmi d'autres, l'un des « barons » de son régime, Amadou Thiam, est un parent de sa première épouse et est donc d'origine sénégalaise. M. Houphouët-Boigny lui a donné comme femme l'une de ses cousines, Amoin, et a publiquement reconnu dans leur descendance ses héritiers, « de par la coutume [25] ». En 1985, il assistera en effet au mariage de la fille de Amadou et Amoin Thiam, Yamousso, avec René Ekra, le fils du ministre d'État Mathieu Ekra. Et l'on ne peut s'empêcher de juger symbolique la présence à ces noces des deux personnalités dont le nom était le plus couramment cité en vue de la succession présidentielle, M. Yacé et M. Konan Bedie [26].

Pour être extrême, l'exemple ivoirien n'est nullement aberrant. Nous savons déjà qu'au Kenya la « Famille » de Jomo Kenyatta a représenté un lieu majeur de l'accumulation économique. Au Nigeria, le Sardauna avait consolidé la « communauté du Nord » (*Jama'ar Arewa*) en unissant des parents à diverses personnalités de Kano et en encourageant des liens similaires entre les cités traditionnellement rivales de la région [27]. Et, au Congo, le « traité atlantique Nord » a trouvé son expression conjugale suprême au travers des épousailles de Denis et Marie-Antoinette Sassou Nguesso, respectivement mbochi et vili [28]. En Sierra Leone, enfin, il a été fait grand cas, lors des élections présidentielles de 1985, du réseau familial du major-général Momoh, dans la mesure où il paraissait incarner l'unité nationale : le successeur du vieux Siaka Stevens pouvait se targuer, comme celui-ci, de son ascendance limba mais, de surcroît, d'une mère temne, d'une femme mende...

et d'une enfance passée à Wilberforce, un village créole de Free-town [29]. Ces unions au sommet recouvrent d'autres mariages dans la sphère des « en haut d'en haut » qui poussent à son homogénéi-sation progressive. Plus prosaïquement, les maîtresses dont se plaisent à s'entourer les puissants – celles que l'on qualifie de « deuxième », ou de « troisième », ou de « quatrième bureau » – tissent jour après nuit, d'étreintes en ruptures, de commérages en caresses, la grande toile de l'intégration sociale.

Par ailleurs, les filières scolaires (Makerere College en Afrique orientale, Fort-Hare en Afrique australe, Fourah Bay College ou l'École William Ponty en Afrique occidentale, Barewa College dans le nord du Nigeria), les associations étudiantes (à commencer par la Fédération des étudiants d'Afrique noire en France, la célèbre FEANF), les Églises chrétiennes, les confréries isla-miques, la pratique du pèlerinage au Lieu Saint de La Mecque ont été autant d'instances de l'assimilation réciproque des segments de l'élite. Il est possible que les unes et les autres soient maintenant supplantées dans ce rôle par les filières mystiques. L'intervention de celles-ci n'est pas entièrement nouvelle. La plupart des grandes mobilisations religieuses du siècle ont été transethniques et ont préfiguré à cet égard les reclassements du moment nationaliste. Dans les années cinquante, Léon Mba, au Gabon, justifiait déjà son implication dans le culte du bwiti au nom de cet impératif de l'unité et du regroupement : « Aux anciens cultes des ancêtres, qui ne nous unissaient pas, nous avons substitué ce mouvement, depuis Libreville jusqu'à la frontière du Cameroun. Nous avons besoin de nous regrouper; de là viendra notre progrès [30] ». Mais l'expansion des fraternités secrètes et des sectes à laquelle on assiste actuelle-ment est assez extraordinaire. Elle trahit des aspirations quasi messianiques à la mobilité sociale dès lors que tout un chacun connaît l'appartenance « du Président » à telle ou telle obédience et s'y rallie comme d'autres, jadis, au parti, dès lors également que la plupart de ces doctrines valorisent la « réussite individuelle » et, à l'image de la Rose-Croix ou de Mahikari, assurent la faciliter [31]. Dans la réalité, cependant, le boom de l'ésotérisme agit vraisem-blablement comme un mécanisme de sélection et d'exclusion qui renforce par là même la cohérence des cercles dominants. La franc-maçonnerie a exercé cette fonction dans le Sénégal de Blaise Diagne, auprès des Créoles de Sierra Leone et de l'oligarchie whig du Liberia, au Ghana et en Côte d'Ivoire. Aujourd'hui, c'est sans conteste au Gabon qu'elle tient lieu de mortier privilégié, de pair avec le rite njobi : M. Bongo est lui-même le grand-maître de l'une des loges et l'adhésion à la fraternité serait *de facto* obligatoire pour l'ensemble de l'élite politique du pays [32]. D'autres sociétés de pensée se sont implantées sur le continent et elles y ont recueilli une audience non négligeable dans les strates supérieures de la société. Initialement populaire, le Christianisme céleste, sur la côte du golfe de Guinée, s'ouvre, depuis la fin des années soixante, aux fonctionnaires, aux cadres moyens et supérieurs; et ce n'est peut-être point un hasard que la seule exécution politique officielle, au Gabon, ait frappé un militaire séditieux se réclamant de ce mouvement [33]. De façon plus précise, la Rose-Croix serait au Cameroun l'un des havres au sein desquels communie l'entourage le plus proche de M. Biya [34].

Zones extrêmes que ces transactions célébrées dans les abysses de la mystique. On ne peut toutefois en éluder l'importance car elles sont la frange ultime d'un travail plus général et silencieux qui s'effectue au détour des différentes formes de la sociabilité des élites. On sait ce qu'ont représenté, du point de vue de la formation de la classe dirigeante française, la Cour, le salon, la société de pensée, le café littéraire, le théâtre, le concert, tel ou tel restaurant. L'une des tâches les plus urgentes qui s'offrent à l'analyste du politique en Afrique serait de recenser les occasions au cours desquelles les « grands » fraient entre eux. Outre les « visites de courtoisie » que ceux-ci se rendent au bureau ou à domicile – l'expression dénotant un lien hiérarchisé entre le visiteur et son hôte – la liste de ces lieux et de ces procédures se révélerait probablement restreinte : quelques clubs ou restaurants huppés, quelques boîtes de nuit du continent, de Paris ou de Londres, les grands hôtels internationaux dont l'Afrique s'est couverte, les salons d'honneur des aéroports, les cabines de *first class* sur les vols réguliers des compagnies nationales, les mosquées privées en terre d'islam, les mille et une fêtes par lesquelles on s'accorde à ponctuer l'existence au sud du Sahara.

Par-delà les lumières et les fastes que s'arrogent les « en haut du haut », les couches sociales qui les suivent dans la pyramide de l'inégalité se livrent à une chimie comparable. Une enquête conduite à Léopoldville, en 1964-1965, faisait apparaître quantité de groupes primaires « du week-end » qui liaient les « élites » en marge de leurs origines ethniques et « de façon relativement intime » : association des « amis Primus » ou « Polar » (qui ne buvaient que ces marques de bière), association May Gul (qui réunissait les samedis les gens buvant de la bière, la chemise sur le pantalon, sans cravate et pieds nus), associations d'élégance, associations d'homonymes, ou encore associations des « amis VW » (destinée à l'entraide en vue de l'acquisition de pièces de rechange Volkswagen auprès du garage central chargé de leur importation)... A l'intérieur de ces groupes, « les opinions, les attitudes, les mentalités et les valeurs différentes s'éprouvent, s'affrontent et se mélangent, se fondent ou disparaissent [35] ». La démonstration vaut pour n'importe quelle ville du continent et la littérature sociologique qui se consacre à ces phénomènes est immense. Dans des cultures qui s'énoncent sur le mode majeur de l'oralité et du geste, la mise en scène de la vie quotidienne, les rites d'interaction – pour reprendre les notions de E. Goffman [36] – participent très directement de la structuration d'une classe dominante. De façon première, et pour toutes les raisons que nous avons dites, celle-ci est un tissu de relations personnelles, tant il est vrai que l'ordre du privé ne se place pas aux antipodes de celui de l'État [37].

Une fois que l'on en est convaincu, la définition plus précise de la « société civile » que Marx adopte aussitôt – « la société civile en tant que telle ne se développe qu'avec la bourgeoisie [38] » – s'impose d'elle-même. La fusion des élites survient aussi dans le monde des affaires et les flux privés, par exemple matrimoniaux, garantissent souvent des amalgames de nature financière. D'un certain point de vue, l'économie contemporaine reproduit les « alliances multifonctionnelles » de l'ancien commerce sur la longue distance qui reliait entre elles des régions politiquement et culturellement hétérogènes [39]. L'exemple du Crédit mutuel du Cameroun, que nous avons déjà donné, est éloquent à cet égard. En dépit de la prédominance, en son sein, d'opérateurs bamiléké, le pool regroupe des hommes d'affaires originaires de toutes les provinces (seule celle de l'Est, économiquement marginale, ne semble pas représentée), et les réunions de « tontine » se tiennent alternativement dans les grandes villes du pays [40]. L'expérience peut paraître récente, encore incertaine, entachée peut-être de naïveté ou, au contraire, de roublardise envers les attentes du pouvoir. Mais, pour ce qui nous occupe, elle se voit corroborée par le cas autrement significatif de la « mafia de Kaduna », au Nigeria. Malgré leur sensibilité « nordiste », les membres de celle-ci n'ont pas répugné à former une « entente » avec des opérateurs du Sud, en particulier yoruba, parmi lesquels figuraient Chief S. Sowemino, un homme de loi réputé, Chief J. Udoji, le président de la Bourse des valeurs, Chief M.K.O. Abiola, le patron de ITT pour l'Afrique. *In fine*, ces accointances économiques ont débouché sur la signature d'un pacte électoral secret entre la « mafia » et le Unity Party of Nigeria de Chief Awolowo, en juin 1983 [41]. De même, au Kenya, la Gikuyu, Embu, Meru Association (GEMA), dont la connotation ethnique était indéniable au départ – P. Anyang' Nyong'o la qualifie d' « organisation de capitalistes kikuyu » – raisonnait elle aussi en termes d'alliance, à l'échelle nationale. En 1977, en particulier, elle souhaita reconstruire, à l'approche de la succession de Jomo Kenyatta, la coalition historique entre les élites luo et kikuyu sur laquelle avaient reposé la Kenya African Union, puis la Kenya African National Union, et qu'avait mise à mal la dissidence de M. Odinga Oginga [42].

Tous ces liens ne suffisent sans doute pas à faire un marché, au sens rigoureux du mot. Ils figent néanmoins en bloc social relativement homogène et en système d'interaction des groupes ou des réseaux d'affaires primitivement disparates et en tout cas concurrents. D'autant que les multiples lignes de « chevauchement », sur lesquelles il semble superflu de revenir, constituent un facteur unificateur déterminant. De plus en plus, les « rapports matériels des individus [43] » s'organisent selon des modalités spécifiques. L'apport intégrateur, à l'intérieur de chaque région et de la ville à la campagne, des associations « ethniques » ne doit pas oblitérer la prolifération de formes associatives autres qui articulent des intérêts économiques ou professionnels sur une base transethnique ou transgéographique : syndicats patronaux, ordres des avocats ou des architectes, etc. [44]. Entre ces types d'organisation, le seuil est d'ailleurs insensible. Au Congo, les *ngwala*, ces associations d'entraide qui se proposent d'enterrer dignement les défunts et qui sont surtout le fait des Beembé, n'en reposent pas moins sur des catégories socioprofessionnelles ou sociobiologiques (il y a des *ngwala* d'ouvriers, de parents d'élèves, de jeunes...); en outre, ils fonctionnent comme des réseaux d'accumulation grâce à la pratique des adhésions multiples de la part d'un même individu, qui permettent de maximiser les fruits de l'investissement en cotisations [45].

En ce sens, on peut bel et bien évoquer, sous bénéfice d'inventaire, un début de cristallisation de « sociétés civiles », y compris avec ce que cela comporte d'autonomie, et donc de conflit, par rapport à l'État. La situation la plus nette sur ce plan est celle du Nigeria où le général Buhari, en 1984, a fourni la preuve *a contra-*

rio qu'il n'était guère possible de gouverner le pays contre cette « société civile », beaucoup moins « primitive et gélatineuse » qu'ailleurs [46]. Mais, atténuée, cette contradiction entre les deux sphères fait surface un peu partout, par exemple au Cameroun où elle a emprunté le visage d'une fronde des avocats et des architectes en 1986, au Congo où les appareils du régime sont de plus en plus débordés par la vitalité du mouvement associatif, au Zaïre où l'Église catholique s'est élevée en 1972 contre les outrances de la politique d' « authenticité » et où les conseils locaux élus en juin 1982 disputent à l'administration territoriale ses prérogatives, au Sénégal où les confréries islamiques ont contrecarré les desseins réformistes de M. Abdou Diouf, en Côte d'Ivoire où des entrepreneurs cherchent à s'émanciper du clientélisme politique...

Passer ainsi des définitions marxiennes de la « société civile » à la distinction essentielle qu'opère Gramsci entre celle-ci et la « société politique » présente un double avantage [47]. D'une part, nous soulignons une dernière fois le poids crucial des dynamiques sociétales dans la formation d'une classe dominante, l'irréductibilité de cette « guerre de positions » par laquelle se nouent les fils de l'inégalité dans la longue durée. De l'autre, nous pressentons le rôle qui échoit en propre aux instances de la « société politique » dans le processus général de l'assimilation réciproque. Le concours de la « société civile » est d'autant plus important que la tradition associative autochtone est ancienne et riche comme, par exemple, sur la côte du golfe de Guinée [48]. L'impact de l'État est d'autant plus fort que ce dernier a absorbé les procédures d'accumulation depuis les années de l'entre-deux-guerres et qu'il s'est arrogé le monopole de la modernité en se définissant contre la société, en tant qu'État « bien policé » *(Policeystaat)* [49]. Dans une certaine mesure, les décennies soixante-dix et quatre-vingt ont assisté à la « revanche des sociétés africaines » (ou, selon le vocabulaire de G. Hyden, à celle de « l'économie d'affection ») vis-à-vis de la distorsion étatique introduite lors de la colonisation [50]. Et, au dire de M. Abdou Diouf, elles posent effectivement le problème d'une « redéfinition des rapports entre l'État et la société civile [51] ». Pour être économiciste, le diagnostic que le Fonds monétaire international et la Banque mondiale ont avancé à la même époque n'était pas si différent.

Toutefois – hormis le fait qu'elle se heurterait à de sérieuses objections théoriques et méthodologiques [52] – la systématisation de cette dichotomie entre « société civile » et « société politique » interdirait de percevoir le rapport, non pas d'extériorité ou d'antagonisme, mais de cumul et d'entraînement, qui raccorde les deux catégories. Tout d'abord, des institutions, tels les parlements, les partis, les syndicats, les multiples commissions consultatives, « représentent », en quelque sorte, la société civile au sein de la société politique [53]. Ensuite, les structures de pouvoir, en ce qu'elles ont de plus autonome, n'échappent pas elles-mêmes aux infiltrations de la société civile, ainsi que l'a démontré la dissolution de la spécificité militaire des armées du Dahomey, de la Haute-Volta, de la Sierra Leone, voire du Nigeria, en des situations de compétition politique exacerbée [54]. Ces notations ne font que cerner une ambivalence beaucoup plus radicale de l'État, que suffit à résumer la place centrale des mécanismes du « chevauchement » dans le processus d'accumulation. Et c'est à la lumière de cette équivoque de l'interpénétration, du renforcement mutuel de la société politique et de la société civile, plutôt que dans les termes d'une alternative, qu'il convient désormais de se pencher sur la vocation éminente des structures de pouvoir au regard de l'assimilation réciproque des élites.

SITES ET PROCÉDURES DE L'ASSIMILATION RÉCIPROQUE : LA SOCIÉTÉ POLITIQUE

Cinq pratiques politiques semblent plus particulièrement fournir à l'unification des élites et à la fabrication d'une classe dominante : l'idéologie, la chefferie, la bureaucratie, les élections, le parti. Leur fonction à cet égard n'est ni univoque ni exclusive. Mais l'important, pour l'instant, est de saisir les mécanismes de production d'un groupe social relativement homogène.

R.L. Sklar l'avait tôt montré pour ce qui est des partis [55]. Le compromis entre les générations qui pouvaient aspirer à la domination postcoloniale s'est conclu sous leurs auspices et dans leurs appareils. Sans revenir aux trajectoires de la modernisation conservatrice qui confirment cette règle – celle de la Sierra Leone avec le SLPP et celle du nord du Nigeria avec le NPC – nous mentionnerons, à titre d'exemple supplémentaire, le cas des sections territoriales du Rassemblement démocratique africain, à l'exception, bien sûr, de celle de Guinée dont on se souvient qu'elle avait attaqué de front les tenants de la chefferie. Au Niger, le PPN était de la sorte composé de « captifs » et de « maîtres » qui s'étaient côtoyés sur les bancs de l'école des Blancs, au hasard des itinéraires individuels, et il a inhibé toute politisation éventuelle de cette fracture majeure de la société songhaï-zarma [56]. En Côte d'Ivoire, le PDCI avait drainé, dès le milieu des années cinquante, une coalition imposante de rôles et de statuts hétéroclites [57]. Plus au sud, Léon Mba, l'un des fondateurs du Bloc démocratique gabonais, brillait par sa « grande habileté à s'attacher les éléments les moins " évolués " aussi bien que les éléments " modernistes " » et à donner à son action politique *stricto sensu* « un caractère ambivalent qui lui permet d'avoir prise sur les Vieux Fang aussi bien que sur les Jeunes Fang [58] ».

Encore de nos jours, les chefs sont volontiers associés aux organes de base des partis, soit comme élus, soit comme membres de droit [59]. C'est qu'il est à peu près impossible de tenir réunion dans un quartier ou, plus encore, dans un village, en faisant l'économie de l'assentiment explicite du chef, sinon de son truchement pour l'envoi des convocations. En outre, les organes des partis, locaux ou nationaux, proposent aux vieux routiers du « temps de la politique » maintes sinécures qui les arriment au vaisseau du pouvoir. Les formations politiques de facture occidentale sont de cette façon de vrais microcosmes où se lisent l'essentiel des lignes de concaténation. Simultanément, elles ont été l'un des principaux vecteurs de l'intégration horizontale des élites régionales, que rendait nécessaire le changement d'échelle colonial. Même les partis soi-disant « tribaux » ne tardaient pas à comprendre l'inéluctabilité d'un élargissement de leurs activités et à s'engager dans des alliances transethniques. Réciproquement, les mouvements nationalistes qui ont occupé le devant de la scène de la décolonisation avaient souvent débuté comme de simples associations particularistes, avant de grossir et de diversifier l'implantation géographique de leur recrutement [60].

De ce double point de vue de l'intégration verticale et horizontale, le parti unique – répétons-le – se place dans la continuité du multipartisme, au lieu d'en annuler la logique. Il systématise et transpose dans la dimension nationale les compromis et les amalgames que les formations d'obédience locale, encouragées ou non par le colonisateur, avaient ébauchés dans les terroirs entre les sédiments historiques de l'élite [61]. Il institutionnalise la « tontine situationniste », la répartition régionale des dépouilles de l'État, par l'intermédiaire des délégués de l'ensemble du pays, en garantissant auprès du « centre » présidentiel une représentation mini-

male de la « périphérie » [62]. En tant que tel, il est un site d'arbitrage, le cas échéant conflictuel, dont le monolithisme apparent ne
doit pas tromper [63]. Enfin, les organes directeurs des partis
uniques font place aux forces vives du pays : armée, syndicats,
milieux d'affaires, voire Églises chrétiennes.

Eu égard à l'assimilation réciproque des segments de l'élite
sociale, le processus même de construction du parti unique a son
importance. Le qualificatif d' « unifié », qui a souvent eu les
faveurs des idéologues, les notions de « mouvement » ou de « rassemblement » qui sont aussi d'un usage courant ne sont pas que
des euphémismes, malgré l'emploi massif de la coercition et de
l'intimidation de la part des dirigeants soucieux de parvenir à ce
but. Les négociations avec le parti dominant n'ont pas toujours été
de pure forme et les gages donnés aux anciens opposants n'ont pas
été seulement symboliques. La succession de Jomo Kenyatta, par
exemple, a été réglée au bénéfice d'un ancien de la Kenya African
Democratic Union, M. arap Moi, qui s'était rallié à la Kenya African National Union en décembre 1964. A l'opposé de la conception léniniste, en faveur de laquelle plaidèrent en vain le *Spark* au
Ghana et un courant à l'intérieur de la TANU en Tanzanie, les
bâtisseurs des partis « unifiés » africains entendaient mettre en
œuvre des logiques d'inclusion, et non d'exclusion, selon lesquelles
les opposants devaient être « amalgamés », plutôt qu' « élimi-
nés [64] ». La solidité de l'alliance que cimente le parti unique incline
à être évidemment proportionnelle à l'équité des arrangements
qu'il coiffe : au Cameroun, l'élite anglophone essaya de réintroduire le multipartisme en 1972 une fois qu'elle eut la certitude
d'avoir signé un marché de dupes avec l'UNC et, au Kenya, l'on
prêta à M. Odinga Oginga la même intention, en 1982 [65]. Néanmoins, la force centripète du parti est d'autant plus considérable
qu'elle conditionne le découpage du « gâteau national ».
L' « éthique de l'unité [66] » selon laquelle elle se décline, cette thématique redondante de « l'union » (*versus* la « division ») qu'elle
déploie *ad nauseam* méritent d'être prises au sérieux, nonobstant
l'ennui indicible qui s'en dégage.

Aussi la référence de R.L. Sklar au célèbre essai de R. Michels
n'est-elle pas complètement déplacée, ni anachronique [67]. En
Afrique aussi, il est rare que « la lutte entre les vieux chefs et les
jeunes se termine par la victoire complète des premiers », et le
fonctionnement des partis « aboutit moins à une circulation qu'à
une fusion des élites, autrement dit à un amalgame des deux élé-

ments [68] ». La convocation des grands auteurs ne doit pourtant pas induire en erreur. Plus que la nature bureaucratique des partis, au demeurant bien problématique, c'est leur caractère de coalition de clientèles et de leaders qui étaye le processus d'assimilation réciproque. De source concordante, les partis uniques africains ne sortent de leur léthargie que lors de certaines échéances, en particulier électorales, au point que l'on a parlé à leur sujet de « *no party states* [69] ». Malgré leurs organigrammes imposants, ils n'ont donc pas grand-chose à voir avec les appareils de la social-démocratie nord-européenne que critiquait plus spécialement R. Michels. Et dans les situations subsahariennes la remarque de ce dernier s'applique surtout aux mécanismes personnalisés de recrutement politique.

La coutume veut que l'on sourie à l'évocation des élections en Afrique. Celles-ci, cependant, sont compétitives plus systématiquement qu'il n'est dit [70]. Du point de vue de l'assimilation réciproque des élites, peu importe au fond que la concurrence opère en amont, dans les institutions suprêmes du régime, ou en aval, dans le secret de l'isoloir. Le principal est que les heureux vainqueurs soient issus de la pluralité géographique, sociologique et historique de l'élite sociale; qu'ils en soient le reflet et, simultanément, le dépassement. La résurgence, à l'occasion des consultations électorales, de sédiments anciens de la classe politique, écartés du pouvoir par les aléas de l'événement, est particulièrement significative. Au Zaïre, ce sont les législatives de 1970 qui ont assuré la réinsertion d'un nombre appréciable de politiciens de la Première République dans les rouages de l'État, en même temps qu'elles accentuaient l'osmose de la bureaucratie et du commerce. Les scrutins ultérieurs, et notamment les élections locales de juin 1982, ont confirmé cette évolution [71]. De même, la « démocratisation » du régime ivoirien de parti unique s'est traduite par la réintégration de la génération nationaliste et radicale, victime des purges de 1963-1964, dans l'enceinte de l'Assemblée nationale et surtout, en 1985, dans les équipes municipales [72].

Au Cameroun, enfin, le renouvellement des organes de base du parti, en 1986, a enregistré la victoire de personnalités jadis réservées à l'égard de M. Ahidjo, dont plusieurs ne cachaient pas leurs sympathies upécistes. L'épisode a de la sorte aidé à gommer le schisme qui avait déchiré le pays au moment de la lutte nationaliste. Avec non moins de succès, il a désamorcé le conflit qui couvait entre les réformateurs et les conservateurs. Le commentaire des résultats par la présidence de la République était d'ailleurs limpide au regard de ce qui nous préoccupe : « [...] On constate qu'il y a globalement un certain équilibre entre les nouveaux et les réélus, bien que les premiers soient légèrement plus nombreux [...] cet équilibre constitue un plébiscite de la politique que mène le chef de l'État, à savoir le rassemblement de tous les Camerounais, sans discrimination a priori entre " anciens " et " nouveaux " [73]. » Et *Le Messager*, d'habitude pressé de pousser à la roue du changement, admettait qu'il était devenu « urgent d'attendre » si le régime voulait éviter « de se retrouver face à une armée incontrôlable d'adversaires affolés [74] ». Comme dans les années cinquante, à l'époque du multipartisme, la logique hautement conflictuelle du suffrage universel se révélait être, paradoxalement, un vecteur de compromis politique. L'on vit même des candidats malheureux à des présidences de section départementale être élus, dans un souci d'apaisement et en accord avec l' « éthique de l'unité », à des postes de vice-présidents ou de conseillers [75]. Les bureaux s'en sont trouvés paralysés, mais la morale de l'assimilation réciproque était sauve...

La fonction d'agrégation des procédures électorales doit d'autant moins être sublimée qu'elle s'exerce au prix d'âpres « luttes d'influence », souvent vécues sur le mode traumatique du conflit de sorcellerie. De plus, elle n'est point universelle. Non seulement les « petits » sont exclus de la course en vertu des exigences de la munificence et de l'aînesse, ou de dispositions franchement censitaires. Mais encore des segments de l'élite sociale se voient disqualifiés par la vigilance des services de sécurité, la volonté du Prince, la mémoire historique sélective du régime, ou diverses clauses législatives et réglementaires [76].

Les corps élus, assemblées parlementaires ou organes des partis politiques, ne sont donc jamais que tendanciellement représentatifs de l'ordre de la domination. Malgré tout, ils servent de creuset privilégié aux molécules engagées dans la recherche hégémonique, et l'on peut ne pas suivre J. Samoff quand il affirme que « l'institutionnalisation des élections [en Tanzanie] a ralenti la consolidation du pouvoir d'une classe gouvernante bureaucratique et d'une bourgeoisie en aspiration » :

> « Les élections, par leur adhésion à au moins certaines des formes démocratiques libérales, ont à la fois gêné une telle consolidation et en même temps aidé à la légitimer. Elles ont appuyé les initiatives de Nyerere et de ses alliés au centre, en vue de contrer la formation d'une élite. Simultanément, elles ont aussi permis à certaines élites

de maintenir une base locale de soutien et à l'élite en général d'endosser les habits du populisme [77]. »

La contradiction entre ces deux types de mécanisme n'est qu'apparente. En réalité, ils participent d'un même travail incertain de production sociale dont il convient seulement de ne pas minimiser l'inscription dans la longue durée. Jomo Kenyatta avait ainsi parfaitement compris qu'il n'était pas utile de contrôler le détail de la vie politique locale pour établir un système d'inégalité à l'échelle de l'État. Les batailles électorales dans les circonscriptions rurales devaient au contraire ajouter à la plasticité de l'ensemble, pourvu qu'elles s'en tinssent au registre infra-politique du « développement ». *A contrario*, la propension de M. arap Moi à s'ingérer dans les joutes locales est allée de pair avec une nette aggravation des dynamiques de la divergence, au cours des années quatre-vingt [78]. Le cas du Sénégal valide cette règle. Ce que L.S. Senghor nommait la « politique politicienne » et qui est par définition une impitoyable lutte de « clans » – au sens dakarois ou saint-louisien du mot – est indissociable d'une tradition de compromis, d'accommodation et d'incorporation que D.B. Cruise O'Brien a pu désigner, dans un élan d'optimisme, sous le vocable de « *success story* [79] ». En d'autres termes, l'unification des groupes dominants naît du conflit politique et de l'affrontement personnalisé, autant que de la mise en œuvre volontariste du consensus et de l'institutionnalisation.

Il est cependant des bureaucraties authentiques qui œuvrent semblablement à la fusion des élites : l'administration et l'armée (dont R. Michels soulignait précisément les affinités avec le parti). Ces deux institutions brassent des populations de multiples origines géographiques et sociales et elles les ordonnent autour d'un bagage commun, fortement distancié par rapport aux fractures primordiales et particulières de la société : des filières très circonscrites de formation et de socialisation (une poignée de grands établissements, dont Sandhurst, Saint-Cyr, Fréjus, l'École nationale de la France d'outre-mer), la pratique des universaux technologiques du gouvernement par l'écriture et de l'armement moderne, les innombrables rites de sociabilités propres (par exemple celle du mess des officiers), des modes spécifiques de consommation, l'adhésion à un éthos professionnel plus ou moins intériorisé [80].

Dans la diachronie, les bureaucraties, civiles et militaires, ont été porteuses d'inversions révolutionnaires des lignes d'inégalité. Il a ainsi souvent été souligné que le colonisateur avait modifié les rapports déséquilibrés entre les sociétés autochtones en recrutant ses sous-officiers et ses hommes de troupe dans des régions déshéritées, le nord de l'Ouganda, du Congo, du Dahomey, du Togo, par exemple. Rapidement, cette contre-élite militaire s'est efforcée de compenser les distorsions de l'économie en perpétrant des coups d'État. Mais, à l'exception ougandaise près – encore que l'économie politique de la dictature du maréchal Amin Dada fût complexe –, ces renversements gouvernementaux se sont prolongés en alliances ou en amalgames transrégionaux qui défendent de réduire les régimes de Gnassingbe Eyadema, de Mathieu Kerekou ou de Marien Ngouabi et de ses successeurs à autant d'équations « nordistes [81] ». Les ruptures politiques ouvrent parfois la voie à des recompositions et à des associations d'intérêts inédites, qu'empêchait le *statu quo*. Les régimes militaires sont même coutumiers du fait. Tout en renforçant la haute fonction publique, ils récupèrent volontiers les politiciens frappés d'ostracisme et réhabilitent le rôle de la chefferie pour remplir le vide politique qu'a entraîné leur instauration [82].

Les opportunités révolutionnaires qu'ont procurées les bureaucraties, en altérant les inégalités inter-régionales mais aussi en inaugurant de nouvelles « zones d'indétermination lignagère », des canaux neufs de mobilité sociale, doivent donc être relativisées. Il est exceptionnel que seuls les « cadets », les gens du commun, les « castés » aient tiré parti de la chance coloniale, quelles que fussent au demeurant les réticences premières des puissants de l'ordre ancien à confier à l'école des Blancs leur progéniture. Dans la pratique, les bureaucraties ont davantage été des endroits de médiation et de collaboration entre les statuts hérités du passé, même si subsistent les préjugés idéologiques dont nous avons fait état, notamment dans le domaine matrimonial. Une fois de plus, l'exemple nigérian du *Northern Civil Service*, au sein duquel coexistaient des fils de *talakawa* et de *sarakuna*, et dont est largement sortie l'intelligentsia dominante contemporaine, vaut comme modèle continental [83]. Pareillement, une ascendance noble ou fortunée n'a jamais été la condition *sine qua non* d'une carrière honorable dans l'armée nigériane. Pour un Hassan Katsina, fils de l'émir de Katsina, ou pour un Ojukwu, fils d'un homme d'affaires millionnaire, on compte plusieurs enfants de cheminots (Ironsi, Adebayo), de catéchistes (Gowon), de petits fonctionnaires (Shodeinde), d'artisans ou de planteurs (Ademulegun, Fajuyi) dont les noms ont occupé le devant de la scène politico-militaire des deux dernières décennies [84].

Or le mixage social auquel se livrent les bureaucraties se déroule au cœur de l'État. L'indépendance n'a nullement arasé l'éminence de la position de pouvoir bureaucratique qu'avait instituée la colonisation. La concurrence entre le parti et l'administration a tourné au désavantage du premier, sauf peut-être dans la Tanzanie de Julius Nyerere et la Guinée de Sékou Touré [85]. Les régimes militaires ont parachevé ce glissement, y compris au Congo où la phraséologie marxiste-léniniste dissimule à peine la prééminence du CMP, le Comité militaire du parti créé en 1977. Dans les provinces, c'est généralement autour du responsable administratif que se réunissent, en séances de travail et de concertation, les « forces vives », les « élites » de la circonscription. Il s'agit là, aujourd'hui, de l'une des procédures les plus effectives de l'assimilation réciproque, ne serait-ce que par l'ampleur des arbitrages politiques et économiques auxquels elle préside. En outre, la haute fonction publique est un instrument de régulation de la classe politique. Elle en est le vivier, dans lequel se recrutent députés, ministres et présidents. Elle en est aussi l'amortisseur qui adoucit les hauts et les bas des carrières individuelles; prodigue en postes d'ambassadeurs, de présidents-directeurs généraux de sociétés nationales, d'administrateurs hors cadre, de chargés de mission, elle évite que ne soient exclus de la nomenklatura les responsables en disgrâce, toujours susceptibles de fomenter une contre-élite dissidente.

Curieusement, la chefferie a favorisé à son tour l'intégration des groupes dominants. L'assertion peut surprendre car plusieurs exceptions criantes viennent tout de suite à l'esprit. Ce sont elles que l'on a généralement mises en exergue pour pronostiquer la disparition plus ou moins brusquée de l'institution. De fait, les révolutions, sociales ou politiques, du Fouta Djalon, du Rwanda, du Burundi, du Buganda, du Barotseland signalaient une érosion plus générale, à laquelle même les sarakuna du nord du Nigeria n'ont pas échappé et qu'avait annoncée le conflit entre chefs et « évolués » dès avant la Seconde Guerre mondiale. Le phénomène ne doit pourtant pas être exagéré. A l'affrontement classique entre le « centre » et la « périphérie » du système politique, aux mouvements de contestation sociale des années cinquante et soixante a succédé une période de redressement ou tout au moins un regain de légitimité. Le retournement est patent en pays bamiléké, au

Cameroun, où il équivaut à une véritable « récupération des institutions modernes que proposait l'État en construction », du parti unique aux coopératives en passant par les municipalités [86]. Plusieurs des chefferies incendiées par les maquis upécistes ont d'ailleurs été rebâties. Spectaculaire, le cas n'est pas unique, ainsi que l'attestent l'usage courant de la prosternation allongée, en pays yoruba, ou le rayonnement de l'asantehene au Ghana.

Surtout, la notion de chefferie prête à confusion. Si elle renvoie à une ligne précise de la stratification sociale, voire à une aristocratie, dans quelques situations historiques fortement polarisées, elle n'est, dans la plupart des cas, qu'une position de pouvoir à laquelle on accède par le biais d'une performance individuelle, politique ou économique. Cela n'est pas seulement vrai des chefferies coloniales créées de toutes pièces dans un contexte lignager intégral, mais aussi des chefferies plus anciennes, telles que celles, justement, du pays bamiléké [87]. Tout en se résolvant dans le conflit, la rotation de ses détenteurs rapproche en définitive des catégories dominantes au premier abord hétérogènes. Il n'est pas rare, par exemple, que le chef élu soit un fonctionnaire ou le membre d'une profession libérale, bardé de diplômes occidentaux.

A Bandjoun, la chefferie la plus prestigieuse du pays bamiléké, peuplée de 10 000 âmes, le *fo* intronisé en grande pompe en 1984, M. Ngrie Kamga, était administrateur civil et préfet du département de la Mefou, dans la province du Centre, quand il fut désigné par le conseil des neuf notables. Il succédait à son propre frère, dont il était le *nkwipo*, nous dirions l'adjoint ou le palatin. Son prédécesseur n'était point pour autant une vieille barbe confite en tradition, mais un ancien ingénieur agronome, à qui l'on reprochait d'avoir pris pour épouse favorite une « étrangère », native d'une région autre que l'Ouest. Peut-on d'ailleurs imaginer meilleure illustration du processus d'assimilation réciproque que les circonstances controversées – rien n'est plus suspect qu'un accident de la circulation – de sa disparition? Lorsque la mort le frappa, il voyageait dans « une Mercedes appartenant au richissime homme d'affaires Fotso Victor, originaire lui aussi de Bandjoun ». Son oraison funèbre fut prononcée par un autre enfant du pays, M. Nkuete, secrétaire général adjoint de la Présidence de la République. Nul hasard en cela puisque l' « une des premières personnalités à faire acte d'allégeance au nouveau chef » fut M. Wabo Fodouop, « grand dignitaire de la chefferie Bandjoun et homme d'affaires de premier plan à Douala ». Il était flanqué de

MM. Fotso, Koloko, Kadji Defosso, Sohaing, Tchanque, autant d'entrepreneurs que nous avons déjà croisés dans des chapitres précédents [88]. Cet exemple n'est pas non plus isolé : à Bali, le *fo* V.S. Galega II, qui avait régné quarante-cinq années, qui présidait la sous-section locale du parti et qui laissait « un héritage humain de 37 femmes et 417 enfants », a pour successeur « un intellectuel chevronné » qui a poursuivi ses études à l'Université américaine du Caire, puis en Allemagne de l'Ouest; à Limbé, c'est un journaliste qui est élu chef des Kom et des Bum installés dans la ville; et, à Foumbam, le magistrat municipal, dont l'État attend « les qualités d'un bon gestionnaire alliées à celles d'un bon administrateur », n'est autre que le sultan des Bamoum, le « sultan-maire » écrit drôlement *Cameroon Tribune* [89].

Les chefferies les plus anciennes, dont l'existence précoloniale est avérée, ont certainement des vertus intégratrices plus fortes que leurs congénères créées par le colonisateur. Les capacités de ces dernières, cependant, ne sont pas nulles et l'invention de la tradition qui s'y poursuit revêt des propriétés coagulantes. Critiqué pour son ralliement à M. Ahidjo après la mort de Ruben Um Nyobé et pour son ambition à être le premier d'une société bassa farouchement acéphale, M. Mayi Matip, qui use et abuse des atours d'une coutume soigneusement reconstruite, adjure les chefs d'être les « liens imputrescibles qui rassemblent et tiennent fermes toutes les forces vives, les énergies actives et utiles [90] ». Son propos n'est pas vain : lui même a dominé le Nyong-et-Kellé pendant trente ans et il n'est pas sûr que sa défaite aux législatives de 1988 lui soit fatale.

Un peu partout, les détenteurs des rôles « modernes » dans la vie politique et économique s'empressent d'acquérir des titres de notabilité dans leur chefferie ou leur royaume natal, tandis que les possesseurs de l'autorité et de la légitimité anciennes entrent à leur tour dans les partis et les entreprises. A l'instar de l'Ouest camerounais, le pays yoruba exemplifie admirablement ce chassé-croisé. Les lignes de « chevauchement » entre chefs et commerçants semblent y avoir été intenses dès l'entre-deux-guerres [91]. Le compromis entre les premiers et les « instruits » a été plus malaisé mais il a fini par survenir. En réalité, le conflit entre ceux-ci était de nature politique et ne reflétait pas la contradiction sociale absolue que suggère R.L. Sklar en parlant de « classe nouvelle et montante » à propos des « instruits »[92]. Simplement, l'introduction d'institutions représentatives d'inspiration occidentale, l'extension du *local government* et les mutations de l'économie ne permettaient plus aux chefs de coopter les « instruits » comme ils l'avaient encore fait des commerçants quelques années auparavant. Avec la primauté du parti, le leadership des cités yoruba changea de main sans que les souverains et les chefs fussent pour autant chassés de l'*Establishment*, pour peu qu'ils acceptassent les nouvelles règles du jeu. La coopération entre Obafemi Awolowo, le fondateur de l'Action Group, et Sir Adesoji Aderemi II, le *oni* de Ife, faisait écho au pacte conclu à la même époque en Sierra Leone entre le Dr Milton Margaï et le Paramount Chief Julius Gulama. Mieux encore, les « instruits » consacrèrent leur ascension sociale par l'achat de titres de notabilité, quand bien même le coût de ceux-ci avait fortement augmenté, à l'inverse des prérogatives effectives qu'ils procuraient. Obafemi Awolowo devint ainsi Chief Awolowo en octobre 1954 et, dès 1950, Bode Thomas avait été installé dans la fonction honorifique de *Balogun* de Oyo, par le *alafin* (roi) de la cité (lequel sera d'ailleurs ultérieurement destitué pour ne pas admettre le principe de la supériorité politique du parti). Les tensions entre « instruits » et tenants de l'institution monarchique se sont progressivement atténuées, au fur et à mesure que les enjeux sociaux se sont déplacés, à la fin des années cinquante et dans les années soixante. La royauté a fini par recouvrer beaucoup du prestige qu'elle avait perdu, bien que les réformes successives des autorités coutumières aient encore amoindri ses pouvoirs.

La faillite des partis politiques, le déchaînement de la guerre civile, l'instauration répétée de régimes militaires n'ont pas peu aidé à cette inflexion, à cette réconciliation de la « tradition » et de la « modernité », pour conserver un vocabulaire exécrable. Pourtant, ce chassé-croisé et cette fusion des rôles ne sont pas spécifiques au pays yoruba ou au pays bamiléké. Sous des formes peut-être moins spectaculaires, on reconnaît des développements comparables dans l'ensemble du continent. En Côte d'Ivoire, par exemple, l'Association confraternelle des chefs coutumiers, qui avait été lancée en 1945 à l'instigation de M. Houphouët-Boigny, ne tarda pas à s'éloigner de celui-ci et à prendre le parti de l'administration française contre le PDCI. Son président, le prince Kwame Adingra, chef supérieur des Abron, organisa avec l'appui des autorités coloniales le Parti progressiste, destiné à contrer le RDA, et en 1951 l'Association des chefs coutumiers, qui comptait 100 des 104 chefs principaux, condamna explicitement ce dernier.

Il n'y eut guère qu'en pays baoulé que les notables coopérèrent avec le mouvement nationaliste, parce que M. Houphouët-Boigny était l'un des leurs. Néanmoins, le clivage entre la chefferie et le parti ne dégénéra pas en divorce complet, sur le modèle guinéen. Le 12 août 1956, M. Houphouët-Boigny promulgua une « grande réconciliation nationale » qui conduisit au ralliement des chefs et au maintien de la plupart d'entre eux dans leurs responsabilités d'auxiliaires de l'administration. Le prince Adingra bénéficia de ces mesures, l'Association des chefs coutumiers se transforma en syndicat professionnel et M. Houphouët-Boigny en fut élu président honoraire [93].

Un scénario intermédiaire comparable a prévalu au Cameroun, encore que l'extraction modeste de M. Ahidjo, le passéisme de l'aristocratie peul et l'insurrection upéciste l'aient compliqué. Les chefs continuent d'y jouer un rôle appréciable, bien que variable d'une région à l'autre [94]. Un statut a institutionnalisé leurs fonctions en 1977 avec pour objectif déclaré « la restauration de [leur] dignité [95] ». Ces dernières années, M. Biya a été en effet prodigue en marques de considération envers les autorités coutumières, manifestations que les nécessités tactiques d'une période troublée ne suffisent pas toujours à expliquer. Il est vrai que les *lamibé* du Nord, les *fo* de l'Ouest et du Nord-Ouest et davantage encore le sultan des Bamoum ont représenté l'un des principaux points d'équilibre de « l'alliance hégémonique » en boudant les menées aventuristes de M. Ahidjo, en 1983-1984. Mais ce sont peut-être des accords plus profonds qui se sont noués lorsque le président de la République a reçu la bénédiction des ancêtres duala à la rivière sacrée Mbanya et s'est fait introniser *fo* à Bamenda [96].

Bien sûr, l'absorption des détenteurs de la chefferie par le groupe dominant national ne modifie pas vraiment la répartition de la décision politique, quelle que soit l'influence des notables du terroir sur le partage des prébendes. La prééminence de l'État central, établie par le régime colonial, est irréversible. Néanmoins, l'impuissance de « l'absolutisme » du maréchal Mobutu à réduire à résipiscence, sinon les chefferies plaquées sur les sociétés acéphales, du moins les plus anciennes d'entre elles – pour les distinguer, T.M. Callaghy reprend la terminologie de l'Ancien Régime français et oppose les « pays d'élection » aux « pays d'État » – est parlante [97]. Elle atteste que les positions précoloniales ou coloniales du pouvoir local demeurent des parts intégrantes de l'économie globale de l'inégalité et qu'à ce titre l'assimilation réciproque des segments de l'élite en reste partiellement tributaire.

En dernier lieu, la formulation d'idéologies politiques charpentées apporte au groupe dirigeant une *lingua franca* qui lui permet de subsumer son hétérogénéité sous le même genre. Elle tient alors lieu de « grammaire de production » de la classe dominante [98]. Loin d'être aberrant, son aspect souvent outrancier, étranger aux réalités sociales autochtones les plus élémentaires, facilite l'intégration d'une élite composite, engluée dans ses particularismes. La langue du pouvoir est de ce point de vue peut-être d'autant plus efficace qu'elle est d'un bois dont on ne fait pas les flûtes. Peu importe qu'elle soit indigeste – l'humour, au fond, peut y remédier – pourvu qu'elle soit commode et qu'elle ait réponse à tout. Discours universel, surtout s'il se veut « scientifique », le marxisme-léninisme satisfait parfaitement à cette exigence [99]. On serait presque tenté d'avancer que son adoption comme code unificateur de la classe politique s'est de préférence affirmée dans des situations d'extrême segmentation de celle-ci (au Congo, au Bénin, en Angola). Mais le trait serait forcé (il sied mal au Mozambique) et n'a pas valeur de loi (que dire du Sénégal ou du Kenya?). D'autres idéologies, importées ou fabriquées – ce qui revient un peu au même si l'on sait que toute conversion culturelle est recréation – remplissent cette mission de synthèse avec autant de bonheur et plus de plasticité. Ainsi du socialisme christianisant d'un Julius Nyerere ou d'un Kenneth Kaunda, de l'inodore, incolore et sans saveur « libéralisme planifié » d'Ahmadou Ahidjo, du paternalisme benoît d'un Félix Houphouët-Boigny, désignant avec un brin d'attendrissement les « comploteurs » de 1963 emprisonnés à Yamoussoukro comme ses « petits pervertis » et déclarant lors d'une audience donnée à une délégation du Sanwi, ce royaume qu'avait agité une tentative de sécession en 1962 :

> « Le plus heureux de nous ce soir, c'est bien moi qui retrouve tous mes frères et sœurs d'Aboisso. Mais je voudrais rassurer toute la population d'Aboisso, et surtout les cadres. Il faut tuer en vous le complexe de culpabilité que vous nourrissez. Vous n'avez pas trahi le pays [...]. Dans les familles les plus unies, il peut y avoir des malentendus. Ce que vous devez comprendre, c'est ceci. Que ceux qui croient avoir quitté la Côte d'Ivoire en lutte pour son meilleur devenir en claquant parfois la porte de la maison commune sachent que je n'ai jamais refermé derrière eux cette porte. Je les attends à l'intérieur de la maison. Et ils n'ont aucun effort à fournir pour y rentrer [100]. »

L'emploi des mots de la parenté est le reflet fidèle de la logique de l'assimilation réciproque. Il n'en prouve nullement la véracité.

Sa Majesté Jean-Bedel Bokassa, qui aimait à se présenter comme le « bon Papa » du Centrafrique, n'était certes pas un Papa pélican; il régnait par la confiscation plus que par la conciliation [101]. Mais l'idiome de la famille, dont usent de manière plus convaincante M. Bongo, M. Mobutu et jusqu'à M. Biya – « Je suis le père de la nation, je pense à tout le monde, à tous mes enfants [102] » – est apte à dire la scène favorite de l'unification politique, celle du retour de l'enfant prodigue, tout en signifiant la primauté présidentielle. « Je me reconnais le défaut de ne pas vouloir mettre au pilori ceux qui ont mal agi pour leur famille et aussi dans l'espoir qu'ils s'amenderont », confessait ainsi un jour M. Houphouët-Boigny, décidément intarissable dans cette veine. Et de faire soudain les gros yeux (« Mais le pardon à répétition est une faiblesse et une faute contre la communauté que je ne commettrai pas ») pour s'adoucir derechef (« Les racines du mal sont profondes. Chacun de nous en a sa part et il n'y a pas de remède miracle qui puisse du jour au lendemain nous en débarrasser si chacun de nous ne fait pas l'effort nécessaire pour les détruire [103] »). Dans l'ensemble du continent, l'acte central de la recherche hégémonique, celui du ralliement au parti, s'est de la sorte énoncé sur le mode des épanchements, de la réconciliation et de l'amendement filial, même lorsque le président était en l'occurrence un père fouettard :

> « La voix de ce peuple-enfant retentit en implorant votre secours et votre pardon.
> Essouflés, honteux et confus, nous devons confesser notre démagogie d'une façon véritable.
> Nous n'aurons que vous car les Cieux et les Terres n'ignorent plus votre vocation.
> Conseillez tel un père au milieu de ses enfants prodigues.
> Et surtout ne nous conseillez pas selon le degré de nos transgressions abusives [104]. »

La langue du pouvoir, en outre, n'est pas seulement idéologique. Elle est d'ordre proprement linguistique. Le choix de l'Afrique indépendante a été là aussi de chausser les bottes de l'occupant européen, et l'enlisement du débat relatif aux « langues nationales » démontre qu'il n'y en avait probablement pas d'autre au vu du changement d'échelle colonial. B. Anderson a souligné combien le langage était en soi un instrument d'inclusion, indispensable à l'engendrement de toute « communauté imaginée [105] ». Il en est ainsi du projet de classe dominante au sud du Sahara. Cette dernière se forge dans le verbe de l'État, qui transcende les particula-

L'ÉTAT EN AFRIQUE

rismes du passé. Rares sont les régimes, aussi anti-impérialistes soient-ils, qui ont renoncé à la langue administrative léguée par le colonisateur. Le Congo et le Bénin ont conservé l'usage du français, l'Angola et le Mozambique celui du portugais, et l'originalité de la Tanzanie n'est qu'apparente puisque les Allemands gouvernaient déjà par le truchement du swahili [106]. En définitive, les deux exceptions notables de la Mauritanie et de la Somalie tendent à ne pas infirmer notre propos. Dans le premier cas, la politique d'arabisation a été un puissant facteur de division de l'élite, maintenant déchirée entre « beydanes » et « négro-mauritaniens ». Dans le second, l'homogénéité culturelle du pays, qui a rendu possible la promulgation du somali comme langue nationale, a inspiré une fuite dans les chimères de l'irrédentisme sans conjurer l'intensité délétère des luttes factionnelles. Les situations moins tranchées du Burundi et du Rwanda, où le français n'est pas la langue véhiculaire de la classe politique mais continue d'être la clef de la promotion sociale, celle du Zaïre, où la coterie présidentielle, originaire de la province de l'Équateur, encourage l'expansion du lingala, notamment dans l'armée et le parti, et corrobore de la sorte, aux yeux des autres ensembles ethniques, son identité « soudanaise », ne sont pas elles non plus dirimantes [107]. Il se peut donc que l'extranéité de l'idiome retenu par les groupes dirigeants soit de nature à favoriser leur précipitation en classe dominante, leur capacité hégémonique ultérieure dût-elle en souffrir. Cette hypothèse n'a rien d'original, ni de provocant. Il a été fréquent dans l'Histoire que l'inégalité se structure dans la diglossie, à partir d'une langue savante et par opposition à une langue démotique. Quoi qu'il en soit, l'essentiel est de saisir l'émergence progressive d'une *Weltanschauung* au sein de laquelle puissent communier les puissants et dont le langage est un ressort irremplaçable.

A LA RECHERCHE DE LA « CLASSE DOMINANTE »

Le jeu des procédures, relevant tantôt de la « société politique », tantôt de la « société civile », qui concourent à la fusion d'un groupe dominant homogène est devenu assez tangible pour que nous tentions de nous résumer et d'ouvrir quelques perspectives théoriques. D'importantes zones d'ombre subsistent en effet dans notre argumentation.

D'un côté, nous voyons bien comment la relation superlative de l'État à l'accumulation, l'entrelacement des lignes de « chevauchement » et des lignes de « concaténation », l'interpénétration active de la « société civile » et de la « société politique » se résolvent *potentiellement* en autant de spirales cumulatives. Que celles-ci œuvrent à la production d'une classe dominante sur la base d'un processus moléculaire d'assimilation réciproque des segments de l'élite sociale, cela est peu douteux. Que la prégnance de ce processus moléculaire et son degré de réalisation effective varient considérablement d'une situation historique à l'autre, cela est encore moins contestable. Dans ces conditions, il nous faut continuer de nous résoudre à prendre le contre-pied d'une abondante littérature et à nous refuser de mettre l'État postcolonial en relation avec une classe dominante constituée qui en serait la tenante *(Träger)*. « La vie politique actuelle n'apparaît guère comme le révélateur d'une structure de classes constituées, mais plutôt comme l'instrument d'*une* classe en formation », relevait déjà G. Balandier [108]. L'avertissement, néanmoins, n'a pas été entendu et la plupart des auteurs se sont cantonnés à des modulations académiques sur le thème de la bourgeoisie, nationale, bureaucratique, compradore, nonobstant l'évidence : la définition des contours de cette classe dominante, sa caractérisation économique, l'évaluation de sa surface de couverture du système social et de sa capacité à se reproduire restent prématurées faute de recul historique suffisant. Nous pouvons en revanche trouver légitime de placer l'accent sur les logiques de son émergence et sur ce que M. Kilson nommait un « modèle de la réciprocité » afin de rendre compte du processus de recherche hégémonique [109]. Les « petits » eux-mêmes paraissent percevoir cette trajectoire dans sa continuité historique; au Zaïre, par exemple, ils sont au fait du lien généalogique qui rattache les « acquéreurs » contemporains aux « citoyens », aux « intellectuels », aux « évolués » des périodes antérieures [110].

Le phénomène de l'assimilation réciproque n'est d'ailleurs pas récent. Il n'y eut ainsi jamais de divorce complet à Ilesha entre les « instruits » de la machine administrative coloniale et les commerçants plus ou moins illettrés; la prédominance idéologique du christianisme, le prestige de l'éducation occidentale et la scolarisation des enfants, la pratique du « chevauchement » de la part des salariés du secteur tertiaire servaient de passerelles entre les deux catégories [111]. Cette logique de l'alliance et de la fusion a précédé la satellisation des sociétés africaines par l'Occident. Les courants religieux transrégionaux, l'islam notamment, étaient de puissants moyens de « rapprochement social » [112]. Sur ce plan, le « front uni » du Sardauna reprenait une « fonction hégémonique [113] » qui s'était développée en concomitance avec l'épisode guerrier du *jihad*. Les bouleversements dynastiques du XIXe siècle se sont vite soldés par des arrangements entre les aristocraties concurrentes, arrangements dont les négociants n'ont pas été exclus malgré leur statut roturier. On sait, de plus, que l'échange économique et le contrat politique, scellés par la circulation des femmes, étaient inhérents à l'univers lignager de la grande forêt. Ce qui est encore une fois en cause, c'est l'image classique d'un continent atomisé et voué à la dispersion.

D'un autre côté, nous ne pouvons cependant être insensibles à la vigueur des dynamiques de la divergence qui entravent ou entachent d'incertitude la recherche hégémonique contemporaine. Bien plus, des zones d'indétermination, des poches de vide au sein de la société semblent constitutives de la production d'une classe dominante, plutôt qu'elles n'en contredisent l'émergence. Cette dernière idée d'une « classe en formation », dont J.S. Saul remarquait combien elle incitait à la téléologie, pose de toute manière problème [114]. Certes, la sociologie historique a heureusement nuancé le déterminisme du marxisme structuraliste et réhabilité la part de l'action dans la « fabrication » *(making)* des classes sociales [115]. Mais le risque serait de s'imaginer la « classe dominante en formation » s'endormir chaque soir dans l'un de ces lits fastueux dont ses membres raffolent au Cameroun, en peaufinant des projets précis et en rêvant à son unité à venir. Le moment n'est pas encore venu où elle « parvient à son propre concept », au sens où le comprend la lecture de l'œuvre marxienne par M. Henry :

> « Le concept complet de classe, qui implique la prise de conscience par elle-même de la classe, devient un concept politique lorsque cette prise de conscience est accomplie, lorsque la classe se pense et se vise elle-même comme une unité, lorsqu'elle pense et agit comme telle [116] » ;

au sens également où M. Weber parle de « communautés », capables de réaliser la poursuite collective de leurs intérêts [117].

La fusion aléatoire des élites africaines s'effectue très progressivement, comme mécaniquement, de funérailles en mariages, de réunions de tontine en campagnes électorales. Il est vraisemblable que les acteurs ne retiennent de ce processus que l'écume, c'est-à-dire les conflits âpres, coûteux, parfois d'autant plus angoissants qu'ils impliquent la dimension de l'invisible. Le développement des forces productives, la cristallisation d'un marché et, *last but not least*, le surgissement d'un danger extérieur commun – tel que l'intervention soviéto-cubaine en Angola, la pression libyenne au Tchad, l'incubation de la fureur populaire, la pandémie de la « délinquance juvénile » – peuvent contribuer à un début de conscience unitaire et obsidionale chez les gens « d'en haut ». D'une façon générale, les sociétés africaines se tiennent pourtant en deçà des configurations qui feraient d'elles de véritables sociétés de classes, pour peu que l'on adopte une définition un tant soit peu rigoureuse de celles-ci [118]. Et il n'est même pas sûr à cet égard que la concrétisation de la classe dominante soit plus avancée que celle des classes subordonnées, contrairement à ce que veut une opinion courante [119]. La sociologie de la « fabrication » de la classe ouvrière, voire de la paysannerie, est apparemment plus aisée et en tout cas souvent plus convaincante que celle, encore trop rare, des catégories huppées [120].

Dès lors qu'il fait fi de la boule de cristal, le chercheur est bien forcé d'épouser le constat que formule A. Morice au sujet de l'Angola : « Cette classe qui contrôle de fait la circulation des biens et le tourbillon monétaire, cette classe n'en est pas une : elle se définit avant tout comme une somme de stratégies individualistes, elle n'est porteuse d'aucune perspective d'accumulation. » Situation propre à un État socialiste dont les incohérences économiques entérinent « les tendances centrifuges de chacun de ses protégés [121] »? Nous l'avons vu, les choses ne sont pas si différentes au Nigeria, au Kenya, en Côte d'Ivoire, au Cameroun... Aussi certains choisissent-ils de substituer au concept de classe dominante celui d' « alliance ». « [...] Le pouvoir en Tanzanie est détenu par une alliance hétérogène de groupes définis par leurs positions dans le parti, dans le gouvernement, dans la haute administration et à la tête des sociétés d'État, étant entendu que les hommes ne cessent de circuler entre des situations qui peuvent se recouvrir les unes les autres », écrit D.-C. Martin [122]. Et d'avancer l'hypothèse selon laquelle, dans ce pays, à l'inverse de ceux du Kenya, « [les] puissants se trouvent dans l'incapacité de se constituer en bourgeoisie [...] ». Quoiqu'ils identifient machinalement le régime ivoirien à la prééminence d'une « bourgeoisie d'État », Y.-A. Fauré et J.-F. Médard ne sont en définitive pas éloignés de cette exposition quand ils évoquent la « fluidité remarquable » de cette « classe

dominante » et avouent leur « peine à distinguer des segments
d'élite, des catégories dirigeantes ou des fractions de classe en
interaction dans la mesure où ces éléments s'interpénètrent dans
tous les sens sans pour autant se confondre [123] ».

Il convient alors d'emprunter la voie ouverte par la « théorie de
la structuration » de A. Giddens, d'insister sur une définition
contextuelle de la stratification sociale et d'accorder autant de
prix aux mécanismes de dissolution des groupes sociaux qu'à ceux
de leur formation [124]. A l'opposé des variations savantes ou militantes sur les types de bourgeoisie, nous devons placer l'État en
rapport avec une structure sociale à construire sur plusieurs
dimensions au gré des procédures complexes du « chevauchement » et de la « concaténation ». L'hétérogénéité des positions de
départ est fondamentale. Participant des anciens systèmes d'inégalité et de domination, du pouvoir étatique, de l'économie-monde
occidentale, elles se conjuguent ou se contredisent en chaque individu. L'entrelacs de ces relations varie selon les situations historiques. Et, surtout, toutes les positions n'ont pas une valeur égale.
La trajectoire particulière des États exorbite l'importance de certaines d'entre elles. Village par village, région par région, les
conflits entre ces positions véhiculent un nouveau système d'inégalité. Le champ politique en est en quelque sorte la matrice dans la
mesure où il crée les rapports de force entre elles. L'enjeu probable de ce processus : la transformation en une classe sociale
homogène des segments dominants, demeure subordonné à cette
hétérogénéité radicale, ne serait-ce que parce que les fondements
sociaux de l'État contemporain sont géographiquement différenciés [125].

CHAPITRE VII

La formation du bloc historique postcolonial

La difficulté conceptuelle réside ainsi en ce que nous devons penser simultanément l'unité du système d'inégalité en formation et son caractère composite, les dynamiques de l'intégration et celles de la divergence, la problématique de la fusion des élites et celle de leur alliance. Elle peut se résoudre d'une double manière. D'une part, une conception générative de l'État doit continuer de prévaloir. Ce dernier doit être lu non pas à la lumière d'une structure statique de classes, celle-ci fût-elle inscrite dans le futur, mais à celle d'un cours historique, d'une trajectoire. D'autre part, l'aboutissement de la recherche hégémonique – si tant est que cette expression ait la moindre pertinence – doit être restitué dans son essence multidimensionnelle, dans son inachèvement organique. L'œuvre de Gramsci, largement délaissée par les africanistes au profit de celles de Marx et, plus récemment, de Weber, propose à cet égard deux concepts intéressants, celui de « révolution passive » et celui de « bloc historique ».

LES « RÉVOLUTIONS PASSIVES » SUBSAHARIENNES

La notion de « révolution passive », que Gramsci a relevée dans les travaux de l'historien V. Cuoco consacrés à la révolution napolitaine de 1799, n'est pas d'une clarté absolue et a fait l'objet de nombreux débats théoriques, parfois très polémiques. Les malentendus proviennent en partie de ce que l'expression, dans les *Cahiers de prison*, a successivement servi à désigner l'étape historique du Risorgimento, à décrire la trame menant de l'unification de l'Italie à l'État fasciste et à établir un parallèle entre ce dernier et le taylorisme américain [1]. De surcroît, elle a été reprise en Europe de l'Ouest, après la Seconde Guerre mondiale, à des fins strictement politiques et idéologiques, dans le cadre des discussions sur la « transition au socialisme » et la stratégie des partis communistes. Une fois répétée la sentence énigmatique de Gramsci, selon laquelle la « révolution passive » est une « révolution sans révolution » et s'oppose en cela à la Révolution jacobine française, les divergences d'interprétation quant à la signification exacte du concept demeurent vives. Exclut-il tout rôle des acteurs sociaux subordonnés? Est-il incompatible avec l'idée même d'hégémonie? Est-il voué à indiquer l'érection d'un « État bâtard » ou peut-il au contraire annoncer la construction à terme d'un « État intégral »? Autant d'incertitudes sujettes à controverse, mais qui ne concernent pas au premier chef une sociologie historique du politique en Afrique.

D'autres connotations du concept sont d'une convenance plus directe à ce propos. Tout d'abord, Gramsci l'associe explicitement à la problématique de la concaténation telle qu'elle figure chez Marx. Dans ses *Notes sur Machiavel*, il déduit la « révolution passive » de l'articulation de modes divers de production, au sein d'une même formation sociale. Plus largement, il signale de la sorte le téléscopage historique entre le Mezzogiorno féodal et le Piémont industrialisé, et l'hétérogénéité essentielle de l'État italien qui en a découlé. Point n'est besoin d'épiloguer longuement sur l'analogie de cette configuration avec celles qui prévalent au sud du Sahara. Il ne s'agit plus, dès lors, de postuler la « passivité » des classes subordonnées au cours du Risorgimento – l'affirmation serait historiquement erronée [2] –, mais de souligner leur incapacité à empêcher un compromis décisif entre la bourgeoisie industrielle du Nord et les « vieilles classes féodales » du Sud, à partir duquel les acquis de celles-ci ont été préservés, la réforme agraire évitée, et toute expérience révolutionnaire de type jacobin conjurée.

Ainsi compris et transposé à l'Afrique, le concept synthétise bien la montée en puissance des « instruits », leur mainmise sur les ressources de l'État, leur refus d'amplifier et de radicaliser la mobilisation populaire anticoloniale. Mieux encore, il dénote leur arrangement avec les tenants de l'ordre ancien et la reproduction élargie de ceux-ci, processus longtemps méconnus mais sur la réalité desquels un nombre croissant de travaux s'entendent désormais [3]. Le trait est d'importance. En premier lieu, il achève de nuancer le postulat, popularisé par G. Balandier et R.L. Sklar, selon lequel l'inégalité contemporaine procède avant tout de l'État postcolonial. En second lieu, il apporte un plan de comparaison avec la théorie générale des autoritarismes européens, latino-américains et asiatiques, qui discerne dans de semblables compromis l'un des facteurs génétiques de cette voie intermédiaire de la construction de l'État [4].

Chez Gramsci, le concept de « révolution passive » analyse plus précisément les changements par lesquels la bourgeoisie comme telle exerce sa suprématie sur les forces de l'Ancien Régime ou par lesquels une fraction de la bourgeoisie rassemble autour d'elle le reste de sa classe [5]. Il s'applique en particulier à la fusion, par voie d'assimilation réciproque, de la bourgeoisie et de l'aristocratie qui a caractérisé, non seulement l'Italie issue du Risorgimento, mais encore la plupart des pays d'Europe occidentale au XIXᵉ siècle [6]. Il équivaut surtout à ce que le philosophe italien nomme le « *trasformismo* », le « transformisme », c'est-à-dire l'absorption par la classe dominante des « intellectuels » susceptibles de diriger politiquement et idéologiquement les classes subordonnées. Or, un processus similaire de captage – pour ne pas dire de captation – est bel et bien survenu dans le courant de la lutte anticoloniale et sous « les soleils des indépendances ». Amilcar Cabral, le leader de la guerre de libération en Guinée-Bissau et le principal théoricien marxiste du continent, escomptait le « suicide » de ce qu'il appelait la « petite bourgeoisie [7] ». C'est exactement le contraire qui s'est produit. Au lieu de s'identifier aux catégories du bas de la pyramide sociale, les « évolués », les « instruits », les « intellectuels » ont allègrement enfourché le cheval du pouvoir accumulateur *. Ce faisant, ils ont donc plutôt donné raison à la maxime dédaigneuse de R. Michels : « Le fait est que les révolutionnaires d'aujourd'hui sont les réactionnaires de demain. » Et les remarques de ce dernier sur la contribution du parti ou de l'armée à la fusion des élites prennent désormais tout leur sens : « La lutte des classes provoque, par l'action des organes à l'aide desquels elle s'accomplit, des modifications et

---

* Soulignons la convergence entre l'acception de l'« évolué », de l'« instruit », de l'« intellectuel » en Afrique et le sens que Gramsci confère à son concept d'« intellectuel » en tant que « fonctionnaire des superstructures » (*Gli intelletuali e l'organizzazione della cultura*, Turin, Einaudi, 1966, p. 9) : « J'élargis beaucoup la notion d'intellectuel et je ne me limite pas à la notion courante qui se réfère aux " grands intellectuels " » (*Lettere del carcere*, Turin, Einaudi, 1968, p. 481).

des métamorphoses sociales dans le parti même qui est appelé à l'organiser et à la diriger. Grâce à elle, certains groupes d'individus, numériquement insignifiants mais d'une importance qualitative très grande, se trouvent arrachés aux profondeurs de la classe prolétarienne et élevés à la dignité de bourgeois [8]. » De ce point de vue, le parti unifié subsaharien a fonctionné à l'image de la social-démocratie allemande ou de l'armée prussienne. Usant tantôt du bâton, tantôt de la carotte, il n'a cessé de coopter dans ses rangs les contre-élites susceptibles d'épouser la cause des « petits ».

A la lecture de son discours, l'on aura déjà compris que le maître incontesté du « transformisme » a été Félix Houphouët-Boigny, dont la profession de foi affirmait en 1945 : « Je suis de tous les milieux, de toutes les corporations. Chef de canton, ancien fonctionnaire, planteur, transporteur, oncle de commerçant ou d'employés de commerce, [...] je servirai l'intérêt de tous, l'intérêt général, consciencieusement, courageusement [9]. » Dès 1952, il créait, avec un succès mitigé, une Union pour le développement économique de la Côte d'Ivoire (UDECI) dans le but de détourner au profit de sa stratégie le leadership des formations concurrentes du PDCI-RDA. Son alliance avec l'administration et les milieux d'affaires français, la puissance de sa machine électorale lui donnaient le quasi-monopole de l'attribution des positions de pouvoir et d'enrichissement. Avantage souverain dont il prit soin de ne pas abuser, au contraire d'un Ahmed Sékou Touré [10]. L'esprit de l'accommodement et de l'amalgame continua de présider à la composition des listes de candidats aux élections et à la distribution des prébendes. Tant et si bien que la plupart des opposants, traditionalistes ou nationalistes radicaux, finirent par se rallier au PDCI-RDA après le succès du « oui » au referendum de 1958. Il en fut notamment ainsi de M. Usher Assouan, le seul responsable des organisations nationalistes de jeunes qui avait emporté un siège aux élections de 1957 (il deviendra par la suite le magistrat municipal de Cocody, le quartier le plus fortuné de la capitale [11]).

L'un des soucis prioritaires de M. Houphouët-Boigny semble avoir été de maintenir sa tutelle sur les intellectuels afin d'éviter qu'ils ne s'érigent en « néo-bourgeoisie de lettres [12] » et qu'ils ne remettent en cause la prééminence acquise par sa faction au lendemain de la Seconde Guerre mondiale. Le clivage entre le « Bélier de Yamoussoukro » et les radicaux hostiles au rapprochement avec les autorités françaises, généralement anciens militants des Groupes d'études communistes, s'était fait sentir sitôt la fin des années quarante. L'épisode du « désapparentement », en 1950-1951, l'avait naturellement exacerbé [13]. Le conflit rebondit en 1959 lorsque le président de l'Association des étudiants de Côte d'Ivoire en France, affiliée à la FEANF, fut arrêté à Abidjan et lorsque les membres de cette organisation furent privés de leurs bourses. Dans le même temps, M. Houphouët-Boigny instituait l'Union nationale des étudiants de Côte d'Ivoire (UNECI), destinée à encadrer les jeunes disposés à « manger dans sa main », comme l'on dit en Afrique de l'Ouest. L'état-major du PDCI jugeait maintenant urgent de saisir le bâton : l'UNECI éprouvait de grandes difficultés à s'implanter, les radicaux ralliés au régime et qui avaient fondé en 1959 la Jeunesse RDA de Côte d'Ivoire (JRDACI) haussaient le ton et étaient suspectés de pratiquer un « entrisme » de mauvais aloi, la lutte pour le partage des dépouilles s'intensifiait et, pour tout dire, l'assise sociale du pouvoir était fragile, par-delà l'unanimisme trompeur des consultations électorales [14]. En outre, l'environnement régional paraissait menaçant : Sylvanus Olympio, en froid avec la France, était assassiné au Togo, le président du Congo, l'abbé Fulbert Youlou, était renversé sous l'œil impavide du général de Gaulle, la Côte d'Ivoire était pour sa part engagée dans une guerre de l'ombre sans merci contre la Guinée et le Ghana [15]. L'histoire des « complots » qui furent dénoncés à Abidjan en 1963, puis en 1964, reste à écrire, le rôle personnel de M. Houphouët-Boigny dans le déclenchement et la répression de la crise et les éventuelles ramifications internationales de celle-ci n'étant pas encore élucidés. Quoi qu'il en fût, ces événements aboutirent à « l'écrasement de la première génération d'intellectuels [16] ». Plusieurs des principaux responsables de la JRDACI, dont les ressources financières avaient été taries au lendemain de l'indépendance, furent chassés du gouvernement, jugés et lourdement condamnés, l'un d'entre eux, Ernest Boka, trouvant une mort mystérieuse dans sa cellule.

Il ne fallut cependant pas attendre très longtemps pour que les purgés soient libérés, puis réhabilités en grande pompe en 1970-1971, après avoir accepté divers dédommagements matériels [17]. De persécutée, l'intelligentsia devenait à nouveau courtisée et reprenait sa place à l'intérieur du Bureau politique. En 1980, le « transformisme » reçut une impulsion supplémentaire à la faveur de la « démocratisation » du régime. D'une part, les « anciens détenus », en la personne de M. Konan Banny, ministre de la Défense et du service civique, entraient dans le Comité exécutif qui se substituait au secrétariat général du PDCI, occupé jusqu'alors par M. Yacé, le véritable maître d'œuvre de la répression des « complots » de 1963-1964 et à ce titre honni de l'intelligentsia. D'autre part, le chef de l'État réitérait sa volonté d'associer « les jeunes » à l'exercice du pouvoir. De fait, les dirigeants du Mouvement des élèves et étudiants de Côte d'Ivoire (MEECI, qui avait remplacé l'UNECI en 1969 et qui était parvenu à étouffer la grogne estudiantine) accédaient en force à l'organe suprême du parti [18]. Dans les années qui ont suivi, l'application d'une stricte politique d'austérité économique, le spectre de la succession présidentielle, l'agitation sociale récurrente n'ont pas contrarié ce mécanisme de cooptation, bien qu'ils l'aient sans doute rendu plus malaisé vis-à-vis des enseignants, soudain privés de multiples avantages que leur réservait le régime. Les spectaculaires retournements de la fortune de M. Dioulo, le maire d'Abidjan, le retour en grâce de M. Yacé et sa cohabitation avec M. Konan Bedié comme dauphin possible, l'insertion dans les circuits municipaux d'une nouvelle génération politique, l'isolement des dissidents en exil, M. Gbagbo et M. Amondji, ont en tout cas confirmé le talent de M. Houphouët-Boigny pour s'adjoindre les contre-élites virtuelles et décapiter les mouvements sociaux.

Impressionnante, sa prestation n'a néanmoins rien d'exceptionnel à l'aune du continent. M. Ahidjo avait semblablement attiré à lui une fraction non négligeable des étudiants upécistes et procédé à la « juvénisation » de son personnel gouvernemental [19]. M. Senghor avait su lui aussi aspirer dans l'Union progressiste sénégalaise (UPS) et deux de ses organismes annexes, le Club Nation et développement et le Centre d'études, de recherches et d'éducation socialistes, les opposants historiques du Parti du regroupement africain et nombre des contestataires de la fin des années soixante. Lorsque le délabrement de l'économie souligna cruellement les limites de ces pratiques, il parvint à ses fins en instaurant le tripartisme et en compliquant les règles de la cooptation. L'UPS, devenue Parti socialiste, bénéficia de cette décompression tandis que les formations concurrentes permettaient d'amarrer à l'État les intellectuels critiques, qu'ils fussent de gauche ou de droite. En outre, l'adhésion aux nouveaux partis était fréquemment tactique et ne préjugeait pas d'une véritable fracture du système politique. Ainsi, dans le Sine Saloum, « beaucoup de chefs de " clans " [...] ne sont allés vers le PDS [Parti démocratique sénégalais de Maître Wade] que pour mieux pouvoir réintégrer l'UPS en position de force [20] ». Après le retrait de M. Senghor, M. Abdou Diouf amplifia l'ouverture en légalisant le multipartisme intégral et en offrant à l'extrême gauche « la corde électorale pour se pendre [21] ». Le nouveau cours qu'il souhaitait imprimer à la conduite des affaires lui aliéna les sympathies des « barons » du Parti socialiste. En contrepartie, il parvint à désamorcer l'ire des enseignants, conviés à des états généraux de l'éducation et de la formation dès janvier 1981 [22]. Au risque de lâcher la proie pour l'ombre, M. Abdou Diouf élargit son audience en direction de l'intelligentsia, par l'intermédiaire d'une multitude d'« associations de soutien », notamment le Comité de soutien à l'action du président Abdou Diouf (COSAPAD) et le Groupe de rencontres et d'échanges pour un Sénégal nouveau (GRESEN), que dirige M. Iba Der Thiam, un ancien syndicaliste flirtant avec l'islamisme et promu ministre de l'Éducation nationale.

Jomo Kenyatta, pour sa part, atteignait à « l'émasculation politique [23] » des campagnes par le biais de la trentaine de « secrétaires d'État » qu'il choisissait parmi les membres du Parlement :

> « Rassemblant près du quart des députés, ce groupe se compose essentiellement d'hommes jeunes et énergiques qui ont mis sur pied des appareils de circonscription et ont été élus à une importante majorité, ou aisément réélus. La plupart de ces secrétaires d'État occupent une position quelque peu ambiguë dans la mesure où, bien souvent, ils ne sont ni clients de ministres, ni vraiment proches du Président. Parce qu'ils ont organisé avec efficacité leur circonscription, on les considère comme de futurs dirigeants locaux (c'est-à-dire ethniques), et donc comme susceptibles de constituer éventuellement une source d'opposition au centre. On peut donc supposer que leur nomination, par le Président, à des postes de secrétaires d'État représente aussi bien une promotion récompensant les services qu'ils ont rendus qu'un effort pour les inclure dans le réseau de clientèle afin d'étouffer toute initiative de leur part pour défier l'autorité présidentielle [24]. »

Enfin, dernier exemple, le brio avec lequel le maréchal Mobutu recourt aux promotions pour décimer les rangs de son opposition, des « révolutionnaires » de la Première République aux parlementaires de l'Union pour la démocratie et le progrès social (UDPS), est devenu légendaire et le milieu des exilés zaïrois s'est forgé une solide réputation en matière de pantalonnade. La rumeur veut même que le « président-fondateur » reçoive M. Kamitatu ou M. Karl i Bond en laissant posé en évidence sur son bureau les pamphlets que l'un et l'autre lui avaient jadis consacrés [25]...

Bien qu'il évoque sans peine l'annexion des tenants de l'Action par les Modérés de Cavour, le ralliement des intellectuels et de la classe politique au parti unique ne doit pas reléguer au second plan deux autres aspects du « transformisme » qui correspondent sans doute mieux à la pensée profonde de Gramsci : la levée et l'intégration d'élites représentatives des régions déshéritées et exclues de l'État, sur le modèle de la « politique d'unification » du président Tubman au Liberia; et, surtout, le dévoiement du leadership des principales organisations populaires. Il était au fond assez candide d'espérer le « suicide » des catégories sociales qui avaient tôt montré leur aptitude à tirer avantage de l'opportunité coloniale. En revanche, l'annihilation de l'autonomie des mouvements paysans et ouvriers et leur osmose avec les appareils de domination des régimes étaient peut-être plus inattendues; elles n'ont pas fini de faire sentir leurs conséquences. Pleurs de crocodile, à nouveau, que ceux de M. Abdou Diouf lorsqu'il se dit conscient de l'urgence d'inverser les courbes de revenus entre la ville et la campagne et qu'il ajoute : « Mais je n'ai pas derrière moi les forces politiques rurales organisées nécessaires pour faire accepter un tel renversement de tendance [26] ». Car tout est fait au Sénégal pour dénier aux paysans le droit d'association et « bureaucratiser » le procès de production agricole [27]. Les coopératives ont été pareillement confisquées par l'État dans la majorité des pays [28]. Même en Tanzanie, l'une des premières répercussions de la politique d'*ujamaa* fut de mettre au pas les villages qui s'étaient le mieux mobilisés en vue de la croissance. La Ruvuma Development Association, qui regroupait les plus dynamiques d'entre eux, fut interdite par décret présidentiel en 1969 et, dès l'année précédente, le gouvernement avait dissuadé d'autres communautés de la région de Tanga de suivre son exemple. Ultérieurement, les responsables locaux du parti et de l'administration n'ont pas plus supporté que l'*ujamaa* puisse réussir sans eux et ont frappé d'ostracisme les villages qui affichaient leur indépendance d'esprit, par exemple ceux de Matendo dans la région de Kigoma, de Maren dans celle d'Arusha, de Kabuku Ndani dans celle de Tanga [29]. La « villagisation » autoritaire des années soixante-dix, l'entrisme des paysans riches dans le parti et les collectivités locales, la médiation du clientélisme ont achevé de prendre les élites rurales dans les rets de l'État central, quelle que soit par ailleurs l'aptitude des paysans à échapper à leur « capture » [30].

Les syndicats des salariés ont subi une évolution comparable, sauf, dans une mesure variable, au Nigeria, en Zambie et en

Haute-Volta. Les tribuns ouvriers les plus populistes – des personnages souvent hauts en couleur, tel Pobee Biney au Ghana – ont été évincés, les centrales ont été à leur tour « unifiées » et leurs dirigeants agréés par le pouvoir ont été avalés par la machinerie du parti, à l'intérieur de laquelle ils siègent souvent en apparatchiks d'honneur [31]. La domestication des forces ouvrières n'est pas propre à la première génération des régimes postcoloniaux et à la conception « bourgeoise » de l'État que d'aucuns leur ont reproché de véhiculer. Au Mozambique, les Commissions de travailleurs ont été supprimées en 1975 parce qu'elles étaient des ferments de « dissolution de l'autorité dans l'entreprise » et le gouvernement a préféré nationaliser les biens des « petits Blancs » portugais plutôt que d'encourager l'apparition de coopératives autogérées [32]. De même, en Angola, la répression de la tentative de putsch de Nito Alves, en mai 1977, a aidé le MPLA à briser l'autonomie du monde du travail [33].

Plus généralement, l'État postcolonial s'est montré pour le moins réticent envers les formes d'organisation spécifique des groupes sociaux subordonnés dans les quartiers populeux des villes, et les révolutions politiques qui rêvaient de « *poder popular* » – au Mozambique, en Angola, mais aussi au Ghana et au Burkina Faso – se sont vite ravisées [34]. De ce point de vue, les opérations de « déguerpissement » qui frappent à intervalles réguliers les habitats dits « spontanés », sous prétexte d'urbanisme ou de lutte contre la délinquance, sont le pendant des regroupements de hameaux en Tanzanie, au Burundi ou au Mozambique. En même temps qu'elles sont propices à de fructueuses manipulations foncières, elles abattent les éventuelles têtes qui concourent à la mobilisation des « petits » en marge des structures du régime. A l'inverse, cependant, le parti dominant peut se résigner à trouver un arrangement avec des modalités d'animation sociale qui ne lui doivent rien mais dont il serait trop coûteux, voire dangereux, de se débarrasser. Des cadres du quartier concerné sont alors reconnus par les autorités comme interlocuteurs valables et récupérés par le parti, sur le modèle de ce qui semble s'être produit à Dakar-Pikine, à Nairobi-Mathare Valley et à Douala-Nylon [35].

Les multiples restrictions à la liberté d'association qu'autorise la pratique quotidienne du parti unique et qu'entérine le droit ne sont donc pas seulement l'expression d'une domination étatique brutale, de la jalousie maladive des pouvoirs en place. Elles servent la dynamique sociale du « transformisme » en dissuadant les intellectuels de s'aligner sur les intérêts des groupes sociaux subordonnés, urbains ou ruraux. Simultanément, et sans finesse excessive, elles incitent, elles acculent ceux-là au compromis ou à la compromission avec les appareils de l'État. « La bouche qui mange ne parle pas », dit-on au Cameroun. Le calcul a largement réussi et les grandes figures du Kenyan Ngugi Wa Thiongo, du Nigérian Wole Soyinka, du Camerounais Mongo Beti ne peuvent faire oublier que la dissidence intellectuelle n'est pas la règle au sud du Sahara [36]. Il convient, avant de s'en indigner, de rendre justice au travail de critique intérieure que poursuivent sans tapage des auteurs comme Fabien Eboussi Boulaga ou Sony Labou Tansi et de prendre l'exacte mesure des moyens dont dispose l'État pour parvenir à ses fins. La pénurie dans laquelle vivent les universités, les éditeurs et les sociétés de lettres du continent, l'acharnement dont fait preuve un Daniel arap Moi à l'encontre du campus de Nairobi, le mécénat corrupteur d'un Félix Houphouët-Boigny indiquent qu'ils ne sont pas maigres.

Ajoutons en outre, pour tempérer la sévérité que l'on est tenté d'éprouver à l'égard des gens de plume, que la logique de la cooptation n'épargne pas le secteur des forces religieuses, malgré les préjugés favorables dont il bénéficie souvent. Les voici, en effet, les « intellectuels » par excellence des milieux populaires [37] : les hommes d'Église, les prophètes, les guérisseurs, les *malamaï* et autres marabouts, impliqués dans tous les soulèvements du siècle, héros de la lutte contre l'occupation coloniale, meneurs ancestraux des campagnes... La complexité et l'ambiguïté de leur rôle sont néanmoins suffisamment connues pour que les anthropologues et les historiens aient maintenant renoncé à les assimiler mécaniquement à un esprit de résistance pré-nationaliste ou, au contraire, de simple collaboration [38]. Nous avons vu dans les chapitres précédents comment l'islam, le christianisme et les mouvements religieux indépendants ressortissent pleinement à la production de l'inégalité. L'ambivalence de leur apport reflète la position intermédiaire de leurs agents envers la stratification sociale, au point que d'aucuns ont été tentés de mettre en parallèle l'innovation religieuse et l'articulation des modes de production [39]. Aussi était-il fatal que l'État s'efforce d'absorber les hommes de Dieu, toujours suspects de pouvoir en enrôler les enfants et d'incarner à leurs yeux un autre modèle de la Cité.

L'exemple du Rwanda paraît extrême. L'archevêque catholique de Kigali n'a démissionné du comité central du parti unique qu'en

1985, sans que ce retrait, réclamé par le Vatican depuis plusieurs années, n'amorce en rien la séparation entre l'Église et un régime qui en est largement issu [40]. Mais au fond les cas de la Côte d'Ivoire et du Togo ne sont guère différents. Et un peu partout le pouvoir central espère incorporer à son architecture les cadres religieux, se comportant à leur égard en évergète. MM. Houphouët-Boigny, Mobutu, arap Moi sont des orfèvres en la matière, le dernier n'hésitant pas à monter lui-même en chaire chaque dimanche en assistant, selon les semaines, à un service catholique, anglican, baptiste, presbytérien, méthodiste... [41]. En rivalisant dans la munificence, tous trois ne font que donner la norme : l'édification par l'État de mosquées et de cathédrales, l'offrande présidentielle déguisée, ou non, en subvention publique appartiennent désormais à l'attirail nécessaire de l'action politique et représentent un enjeu diplomatique de première importance. Naturellement, les conflits entre la sphère de Dieu et celle de César sont légion. Ils s'enveniment parfois, comme aujourd'hui au Kenya, et ont même pu connaître une issue dramatique, par exemple en Guinée, au Congo, en Guinée équatoriale, en Ouganda. Pourtant, ils ne sont que rarement de nature à empêcher le processus de cooptation des élites religieuses dans l'économie générale de l'État. L'attestent les suites immédiates du renversement de M. Bagaza au Burundi en 1987, l'apaisement de la querelle entre l'Église catholique du Zaïre et M. Mobutu en 1972-1974, la résorption de l'affaire Ndongmo au Cameroun en 1970-1971 [42]. Avec sa causticité habituelle, M.G. Schatzberg inventorie trois Mercedes Benz à Lisala, au cours de son séjour : celle du commissaire de l'administration territoriale, celle d'un riche marchand et celle de l'évêque catholique [43]. On ne saurait en effet mieux montrer que la hiérarchie de l'Église constitue, de pair avec la position de pouvoir bureaucratique et la pratique du commerce, l'un des fondements de l'État et qu'elle lui a été amalgamée.

En terre d'islam, les choses ne sont pas différentes. L'alliance entre « le marabout et le prince » est consubstantielle à la société sénégalaise. Cas de figure légendaire dans l'africanisme, elle est en quelque sorte aux sciences du politique ce que la Rift Valley est aux sciences du développement : le « terrain » par excellence [44]. Mais nous avons aussi vu comment les *malamaï,* les *imami,* les *alkali,* charnières traditionnelles entre les *sarakuna* et les *talakawa,* ont été l'un des ressorts de la fabrication d'une nouvelle classe dominante dans le nord du Nigeria [45]. Et la façon dont certains régimes ont canalisé la foi du Prophète par le biais d'organes ou d'associations spécifiques (l'Association islamique du Niger, l'Union musulmane du Togo, le Uganda Muslim Supreme Council, la Fédération des associations islamiques du Sénégal et l'Union pour le progrès islamique du Sénégal, par exemple), la manière dont ils ont intégré à la vie de l'État la contre-élite des réformistes arabisants sont également très révélatrices des stratégies du « transformisme » dans le champ religieux [46].

Or ces dernières ne se cantonnent nullement aux deux grands courants monothéistes, coutumiers de tels accommodements avec le pouvoir sous d'autres cieux. Elles touchent aussi bien les mouvements issus des terroirs, approximativement qualifiés de syncrétiques, et dont le potentiel contestataire a été longtemps tenu pour acquis. En réalité, l'analyse des Églises « indépendantes » est elle aussi indissociable de celle de l'accumulation et de l'inégalité; elle ne devrait pas relever d'un genre différent de l'étude des Églises chrétiennes officielles, ainsi que l'a remarquablement démontré J. McCracken à propos de la Watch Tower, au Malawi [47]. Dans leur rapport à la stratification sociale, les deux types d'organisations religieuses vont de pair. En conséquence, l'État a adopté vis-à-vis des Églises « indépendantes » la même démarche annexionniste, frappant durement les mouvements qui le combattaient ou, pis, l'ignoraient, récompensant de ses libéralités ceux d'entre eux qui faisaient acte d'obéissance, tâchant de réglementer le monde bourgeonnant de la thérapie autochtone. De la lutte anticoloniale à sa « routinisation » et à son institutionnalisation sur le mode quasi gallican de « l'authenticité », le parcours du kimbanguisme zaïrois est sur ce plan magistral [48]. De même, en Côte d'Ivoire, l'un des prophètes harristes les plus éminents, Albert Atcho, un ancien chef de canton, a joui jusqu'à sa mort de la sollicitude ostensible du régime, qui ne manquait pas de se faire représenter lors de sa fête annuelle du 1er novembre. Il développait une thématique idéologique convergente par rapport à celle du président de la République dont il était au demeurant devenu l'un des agents électoraux sur la basse Côte. Symboliquement, il avait été décoré d'un titre de l'Ordre national ivoirien, de la main d'Augustin Denise, ministre d'État, de surcroît docteur en médecine. Et ce dernier de discourir, en ce 1er novembre 1968 :

    « Monsieur le Prophète, Messieurs les Pasteurs,
    Je ne trouve pas de mots suffisamment puissants pour traduire toute la joie que j'éprouve à me trouver parmi vous, ce matin, à

l'occasion de cette fête annuelle. Je voudrais d'entrée, d'abord vous remercier de l'accueil que vous m'avez réservé [...] accueil chaleureux au travers duquel j'ai ressenti à nouveau toutes les calories de l'amitié particulière que non seulement vous-même, Monsieur le Prophète, mais que tous les pasteurs harristes, amitié qui, vous le savez, est réciproque. Cette amitié [...] tire sa source, tire son origine, puise son origine à deux sources si je puis ainsi m'exprimer, la première, dirai-je, c'est leur communauté de croyance [...] la deuxième origine à laquelle notre amitié puise sa source, c'est notre appartenance commune à un même mouvement politique, le Rassemblement démocratique africain [...]. Je voudrais, mon cher Atcho, excusez-moi cette appellation familière, non seulement vous remercier du soutien que vous-même, ainsi que tous les harristes, ont continué de manifester à l'action de notre gouvernement, ce gouvernement que le peuple ivoirien s'est librement donné. Il me dit de vous remercier du soutien constant, égal, toujours égal à lui-même [...]. Vous avez entrepris sur le plan religieux de soigner les âmes [...] d'enseigner la croyance en Dieu, la foi en Dieu, la crainte en Dieu, vous prêchez une très bonne morale, d'excellents principes de morale tout court, et votre enseignement est fait de telle manière que vous incitez vos fidèles à porter en eux, tous les jours et toutes les nuits, la crainte en Dieu et, ce faisant, vous voulez apporter votre contribution à la formation d'hommes ivoiriens qui restent dans le chemin de la morale et s'écartent du chemin de la criminalité, autrement dit vous contribuez à la formation de citoyens honnêtes, de citoyens ivoiriens honnêtes [...] en un mot, vous travaillez à la formation d'Ivoiriens complets, équilibrés mentalement et physiquement, jouissant d'une excellente santé. A présent, je puis affirmer que vous êtes un des grands ouvriers de la confession nationale et de cela, mon cher Atcho, je tiens à vous remercier et à vous féliciter. S'agissant du cahier des doléances, cahier copieux dont nous a donné lecture tout à l'heure notre ami qui a fait la brillante intervention tout à l'heure, je voudrais dire simplement que je prends acte des différents problèmes que vous avez soulignés, je me ferai un devoir d'informer mon gouvernement de manière à ce qu'ils soient étudiés [...]. Vive le pasteur Atcho, vivent les pasteurs harristes, vivent les harristes! [49] »

Gardons-nous de faire dire à cette longue citation ce qu'elle ne signifie pas forcément. Il se peut qu'Albert Atcho ait servi d'une manière ou d'une autre le processus d'individualisation, que cette évolution ait été avantageuse pour le mode de production capitaliste et que la culpabilisation des malades de Bregbo ait été « un rempart objectif contre la mise en cause du régime », ainsi qu'en ont disputé A. Zempleni et M. Augé [50]. Là n'est pas l'essentiel, pour l'instant. En revanche, on voit bien, au détour de cette allocution, digne de la meilleure tradition cantonale française, comment l'État, jour après jour, se livre à des échanges, tant matériels

que symboliques, avec le pays profond et comment ses intermédiaires privilégiés sont souvent des agents religieux. Bien loin
de flotter dans les airs, tel un ballon [51], il tire une part décisive de
sa substance de ce genre de transactions et de son aptitude à
s'adjoindre les praticiens spirituels des terroirs. En ce sens, la vie
politique en Afrique noire est effectivement paroissiale *(paro-
chial)* au sens premier du terme, pourvu que l'on ait de celui-ci
une compréhension œcuménique et qu'on lui fasse recouvrir le
pasteur presbytérien comme l'initié du bwiti, le *malam* comme le
prophète.

Seulement, l'incorporation des intellectuels religieux dans la
machinerie de l'État est peut-être plus difficile et conflictuelle que
celle des hommes politiques, des coopérateurs ou des enseignants.
D'une part, les ressources politiques et économiques des détenteurs du pouvoir ne sont pas extensibles à l'infini. De l'autre, le
marché de la sacralité est singulièrement volatil et sensible aux
stratégies des « petits » ou des contre-élites que frustre l'ordre établi [52]. En dépit des énormes investissements symboliques et matériels qu'il lui consent, l'État ne parvient jamais à en prendre le
contrôle. En se leurrant sur leur véritable identité, on peut certes
ne pas s'étonner que des régimes se réclamant du marxisme-
léninisme, tels ceux du Congo ou de l'Angola, soient confrontés
aux éruptions messianiques des Zéphyrins à Pointe-Noire ou des
Tokoistes à Luanda [53]. Mais les performances des pouvoirs qui,
sans vergogne, laissent suinter leur religiosité ne sont pas beaucoup plus convaincantes : au Kenya, en Zambie, la dissidence spirituelle est récurrente et l'assimilation des Églises indépendantes
par le centre s'achoppe à d'invraisemblables luttes factionnelles, le
cas échéant sur fond de sodomisation de disciples et de crucifixion
de fillettes [54]. Chimères, en définitive, que l'embrigadement de
l'invisible, l'ordonnancement étatique de la maladie, de la folie et
de la mort, l'asservissement à des fins autres que le renseignement
policier des marginaux et des paumés qui, dans les villages et les
quartiers, prennent en charge la souffrance avec une immense
humanité et un très grand art [55]. Dans ces tréfonds de la société,
l'État ne parvient pas à son intégralité et laisse percer son hétérogénéité radicale. Cela n'enlève rien, cependant, à la vigueur de ses
entreprises de séduction.

LE BLOC HISTORIQUE POSTCOLONIAL

Comment, dès lors, conceptualiser le point d'aboutissement supposé, et encore très hypothétique, de ce processus de « transformisme »? La deuxième notion que nous propose Gramsci peut nous y aider et remplacer heureusement les termes en usage, d'autant qu'elle permettrait à qui le désirerait de conjuguer les deux instances que nous avons pour notre part disjointes : celle du rapport de l'État à la stratification sociale et celle de l'articulation des modes de production.

En soi, le concept de « bloc historique » n'est pas plus limpide que l'idée de « révolution passive ». Dans l'esprit du théoricien italien, il renvoie à l'unité organique de la superstructure et de l'infrastructure, mais aussi de la société civile et de la société politique; en tant que tel, il n'est pas séparable de l'étude de l'hégémonie. Il se réfère également à des phénomènes historiques concrets – essentiellement l'évolution de l'Italie et de la France au XIXᵉ siècle – pour analyser l'agencement inégalitaire des classes sociales et la capacité, ou l'incapacité, de la « classe fondamentale » à conserver ou à bâtir son hégémonie; en ce qu'il est indissociable de cette dernière notion, il n'est pas réductible à une simple « alliance de classes » (encore qu'il n'exclue pas ce genre d'articulation entre la « classe fondamentale » et ses « classes auxiliaires ») et il attribue aux « intellectuels », définis comme les « fonctionnaires des superstructures », une mission déterminante.

Disons immédiatement que, dans l'état actuel des sociétés africaines, il n'y a probablement pas plus de blocs historiques constitués, au sens rigoureux du terme, que de classes dominantes établies, sinon peut-être à l'échelle régionale, sous la forme de ce que Gramsci qualifie de « blocs historiques locaux ». Le nord du Nigeria en fournirait alors l'illustration la plus éloquente. Reconnaissons également que l'emploi du concept peut froisser l'orthodoxie, puisque nous avons trahi nos doutes quant au stade de formation des classes sociales dans l'Afrique contemporaine. Et, néanmoins, envisageons que la trajectoire de la « recherche hégémonique » véhicule, généralement sur le mode « bâtard » de la « révolution passive », l'édification d'un bloc historique postcolonial. A condition de garder en mémoire la part de l'indétermination et de l'autonomie que suppose le concept dans l'œuvre de son initiateur [56], cet éclairage présente une triple commodité. Il permet de dépasser la dichotomie sémantique entre l'« alliance » et la

« fusion » des groupes sociaux dominants engagés dans la recherche hégémonique. Il rend d'emblée justice à l'action centrale des « évolués », des « instruits », des « intellectuels » tout au long du dernier siècle. Surtout, il opère une synthèse nouvelle des fausses contradictions dans lesquelles s'est emmêlée l'étude des sociétés africaines depuis trente ans, en balançant entre l'explication ethnique et le commentaire dépendantiste ou l'analyse de classes. Ayant pour axiome que l'asymétrie régionale du pouvoir au sein d'une société et l'attache de celle-ci à l'économie-monde constituent une seule et même réalité, le concept de « bloc historique » devrait nous autoriser à penser simultanément les dimensions internationale, nationale et locale auxquelles ressortit l'État postcolonial [57].

La polarisation de celui-ci autour d'un vecteur régional ou ethnique, sur laquelle la plupart des observateurs s'appesantissent, est en soi une expérience historique prodigieusement banale, dont on peut s'étonner qu'elle ait fait couler tant de mauvaise encre en ce qui concerne l'Afrique. Il n'est point de stratification sociale qui ne s'incarne d'abord dans l'espace et qui ne se reproduise ensuite dans le temps en formations sociales régionalement différenciées et hiérarchisées entre elles [58]. « Toute unité nationale est superstructure, soit un filet jeté sur des régions dissemblables. Le filet aboutit à la main qui le tient, à un centre privilégié. L'inégalité s'installe alors d'elle-même. Je me demande s'il y a eu, de par le monde, une seule nation qui ne soit pas dissymétrique », écrit Braudel, en ayant à l'esprit la « distorsion [...] presque catastrophique » que la prééminence des pays d'oil a infligée à la France, mais en doutant aussitôt que l'on puisse regretter sa « vocation maritime gâchée ». Il ajoute : « Reste à savoir aussi s'il eût été possible – ce que je ne crois pas – de se passer de l'État unitaire, de vivre à la seule échelle des régions. Elles furent autonomes, dominantes un temps, puis logiquement cessèrent de l'être. Je crois à une certaine logique des nations [59]. » A cet égard, la concentration du pouvoir et de la richesse entre les mains de factions géographiquement connotées (par exemple, les « intouchables » du maréchal Mobutu, généralement originaires de l'Équateur et lingalophones; le « groupe de Bururi » au Burundi; les *watoto wa nyumbani*, les « enfants du pays » de J.K. Nyerere en Tanzanie), la structuration du champ de l'État par des vecteurs régionaux ou ethniques (par exemple, les Zarma au Niger, les Baoulé en Côte d'Ivoire, le « front uni » du Nord au Nigeria) ne sont pas forcément d'une nature autre que l'unification de l'Italie par le Piémont ou celle de l'Allemagne par la Prusse [60]. Tout au moins, ce genre de comparaison, disons plus exactement de mise en perspective, nous en apprend davantage sur les sociétés africaines que l'invocation rituelle du « tribalisme », pour peu que l'on se souvienne du lien dialectique entre l'argumentaire de l'ethnicité et l'exploitation de l'opportunité coloniale.

Les situations d'asymétrie géographique ne se valent pas toutes, cependant. Tantôt la construction de l'État s'effectue à partir d'un vecteur régional économiquement porteur. Tel a été le cas dans la Côte d'Ivoire de Félix Houphouët-Boigny, avec l'économie de plantation baoulé, et dans le Kenya de Jomo Kenyatta, avec le dynamisme agricole kikuyu. Cette correspondance entre l'ordre du politique et l'ordre de l'économique peut favoriser la cristallisation et l'unification d'une véritable « société civile », sous le couvert de l'avancée d'une « ethnie ». Elle risque aussi de précipiter les frustrations des autres régions, placées sous une double tutelle, voire littéralement colonisées sur le plan foncier [61]. Il ne faut pourtant pas exagérer l'exotisme africain de ces déséquilibres. C'est en Italie que « le Christ s'est arrêté à Eboli » !

Tantôt il n'y a pas concordance entre l'implantation des principales dynamiques économiques et la concentration régionale du pouvoir; la seconde agit alors comme un correctif et une compensation de la première, non sans entraîner à son tour l'amoncellement des rancœurs. Tel a été le cas dans le Cameroun de M. Ahidjo ou au Togo, au Congo, au Bénin après que l'irruption de l'armée eut corrigé le handicap économique du Nord [62].

Dans l'entre-deux de ces scénarios idéaux, de multiples situations intermédiaires s'observent : celle du Sénégal, par exemple, où la « wolofisation » culturelle de la société ne s'accompagne pas d'une progression économique équivalente, en dépit de l'activité des mourides, et s'entrecroise avec la prédominance des investisseurs toucouleur. En outre, l'agencement de l'inégalité dans l'espace n'est pas donné une fois pour toutes dans le temps. En Côte d'Ivoire, les Baoulé n'ont supplanté la prééminence agni que dans les années quarante, le surnom de Boigny, Bo-âgni, signifiant précisément, selon certains, « le vainqueur des Agni » [63]. Et au Cameroun, si les élites du Centre-Sud ont laissé, en 1958, la direction du pays s'échapper dans les mains d'un homme du Nord, elles l'ont récupérée, avec une satisfaction évidente, en 1982, par l'intermédiaire de M. Biya. Ces mutations dans la diachronie, que l'on retrouve au Gabon en 1967, au Congo en 1968, au Kenya en 1978, sont l'un des enjeux majeurs de la lutte sociale et politique. L'ombre de leur éventualité domine les échéances des successions présidentielles, par exemple, aujourd'hui, en Côte d'Ivoire et, de manière plus feutrée, en Tanzanie; à elle seule, elle peut justifier que l'on en bouscule le calendrier constitutionnel.

Néanmoins, ces instabilités spatiales et temporelles, dont on a progressivement tissé une mauvaise épopée, dans le droit fil du paradigme du joug, ne méritent pas d'être théoriquement dramatisées, ni de se dérober à la conceptualisation classique du politique. Outre qu'elle les énonce pour ce qu'elles sont – la recherche de l'accumulation de pouvoir et de richesses – et ce qu'elles n'excluent pas – un processus plus général d'assimilation réciproque des groupes dirigeants –, la notion de « bloc historique » rattache de telles mutations aux « dynamiques du dehors » dont elles sont redevables. En bonne orthodoxie, nous pourrions presque nous concilier les vues de S. Amin quand il évoquait la domination de la bourgeoisie du « centre », cette « classe absente », sur la « périphérie ». Gramsci discernait en effet dans la bourgeoisie européenne la « classe fondamentale » dont procédait le bloc historique national italien. Il se représentait peut-être ce concept comme une poupée russe, les trois échelons de l'international, du national et du local s'emboîtant successivement l'un dans l'autre. Mais au fond cette idée trop mécanique d'une « classe fondamentale », d'une « classe dirigeante », nous importe peu. Il nous suffit d'éluder une fois pour toutes la vue commune selon laquelle l'Afrique entretiendrait avec l'Occident un rapport d'extériorité. Il y a bien plutôt un champ occidentalo-africain, que tend à cimenter le bloc historique postcolonial [64]. Nous savons maintenant que la vulgate dépendantiste n'en procure pas l'intelligence. Cependant, la problématique qui lui a été opposée, celle de l' « autonomie » de la « bourgeoisie nationale » par rapport à la « bourgeoisie du centre » [65], ne le fait pas mieux. Elle laisse dans l'ombre le processus d'assimilation réciproque entre ces deux « bourgeoisies ». Elle ne dit rien de la fusion transcontinentale des groupes dominants hâtivement qualifiés de « nationaux ».

En d'autres termes, nous ne voulons pas signifier que l'Afrique présente, pays par pays, une collection de blocs historiques articulés chacun à l'Occident et dont le degré de réalisation serait variable. Nous suggérons au contraire de la voir travaillée par l'édification d'*un* bloc historique postcolonial dont le degré de réalisation est effectivement variable d'un pays ou d'une région à l'autre et auquel s'intègrent, de façon diversifiée, les États subsahariens.

La proposition surprendra qui associe faussement les concepts d'hégémonie ou de bloc historique à une totalité univoque. Mais chez Gramsci, répétons-le, « [...] tout emploi d'un modèle d'intégration appelle un modèle de désintégration [...] [66] ». Son propos est de saisir « la base historique de l'État » comme la résultante d'un rapport de forces contradictoires, comme un « équilibre instable [67] ». Il réclame qu'en soient compris l'hétérogénéité et l'inachèvement essentiels, cet État fût-il « intégral » plutôt que « bâtard », plus proche du modèle de la IIIe République française que du contre-exemple du Risorgimento. En bref, il exige que soit perçue la fonction « désagrégée et discontinue de l'histoire des États ou des groupes d'État [68] ».

Les stratégies de l'extraversion, privilégiées des acteurs africains, se présentent ainsi sous un jour autre. Elles revêtent naturellement une orientation et une ampleur des plus diverses au gré des situations. Elles peuvent se solder, de la part des acteurs dominants, par de simples pratiques d'alliance, excluant l'absorption culturelle et plus encore l'échange matrimonial. La collaboration entre la classe politique kenyane et les milieux d'affaires britanniques, « asiatiques » ou « arabes » se situe dans ce registre, la réconciliation entre la Zimbabwe African National Union et les fermiers ou les industriels blancs également.

Mais ailleurs le processus de fusion est carrément engagé pour avoir été explicitement revendiqué. En 1959, une fraction des marabouts sénégalais réclamaient que leur pays soit « uni avec le peuple de France pour le meilleur et pour le pire », sur la base d'une « symbiose des valeurs de l'Islam et [de] celles de l'universelle et fécondante culture française [69] ». Réflexe malthusien d'une catégorie sociale à qui l'État colonial avait beaucoup concédé et qui s'effarouchait de la dénonciation de ses privilèges par les nationalistes radicaux? Sans aucun doute, puisque nombre de responsables coutumiers – par exemple les aristocraties foulbé en Guinée et au Cameroun ou les chefs traditionnels en Côte d'Ivoire – s'abandonnaient à cette tentation depuis la fin de la Deuxième Guerre mondiale. Néanmoins, d'authentiques leaders anticolonialistes, tels Félix Houphouët-Boigny et Léon Mba, avaient pareillement fait le choix de la « Françafrique » et n'y ont renoncé que la mort dans l'âme, devant la superbe gaullienne. Le premier, par exemple, avait réfuté « cet esprit de vengeance qui s'est exprimé à Bandoeng contre les anciens peuples colonisateurs » et, le jour de l'indépendance de la Côte d'Ivoire, il avait trouvé pour prendre congé de la France les mêmes mots qui lui servent à dire l'assimilation réciproque des élites autochtones : « [...] Au moment où, devenus majeurs, nous allons quitter la maison familiale où nous avons été souvent gâtés, parfois aussi réprimandés [...] pour aller fonder notre maison à nous, notre foyer à nous, je voudrais vous dire qu'en quittant la famille française, nous n'avons pas le sentiment d'oublier tout ce que nous avons reçu d'elle. Nous voulons, au contraire, développer, enrichir le lourd patrimoine qu'elle nous a légué et ce, au bénéfice de notre peuple [70] ». Vingt-cinq ans plus tard, M. Mitterrand vantait encore le « réseau de relations et d'amitiés qui font qu'Ivoiriens et Français ne sont plus tout à fait, les uns pour les autres, des étrangers et se sentent, s'éprouvent comme des frères », cet « air de famille dont nous ne nous sommes jamais éloignés [71] ».

Sans doute ne faut-il pas trop accorder à l'emphase du Verbe. Toutefois, elle repose en l'occurrence sur des flux humains, économiques et financiers. Pour ne pas avoir trouvé son expression institutionnelle et communautaire en 1958-1960, la « Françafrique » n'est pas non plus dénuée de formes propres d'organisation. Le climat « familial » – presque « incestueux », se complaît à écrire un journaliste [72] – qui en rend la teneur si particulière et qui déroute tant les commentateurs anglo-saxons doit moins aux manipulations des services secrets qu'à la fixation d'une sociabilité culturelle intercontinentale. Ainsi, la plupart des facteurs responsables de l'assimilation réciproque des élites subsahariennes œuvrent également à la production de cet espace. « L'intimité » que chantent les publicistes français n'est pas qu'un effet de plume. Elle s'est forgée en quinze ans de vie parlementaire commune. Elle s'alimente d'échanges incessants dont, une fois de plus, on ne peut saisir l'intensité que dans les salles d'embarquement d'Orly et de Roissy-Charles-de-Gaulle. Elle continue de se vérifier au jour le jour. M. Houphouët-Boigny, par exemple, avait fait envoyer en France 150 boursiers, en 1946. Dans ce premier contingent figurait Thérèse Brou, qui deviendra plus tard son épouse. Elle fit ses études au lycée de Villeneuve-sur-Lot, ville dont le maire, M. Raphaël-Leygues, sera ensuite nommé ambassadeur de France en Côte d'Ivoire [73]. Il y restera en poste quinze ans... De même, l'un des artisans du « désapparentement », en 1950 – Raphaël Saller, alors sénateur de Guinée et proche de René Pleven – sera un ministre de l'Économie, des finances et du plan de la Côte d'Ivoire indépendante. Et dans les années quatre-vingt, quelques-uns des collaborateurs directs de M. Houphouët-Boigny sont encore des citoyens français ou d'origine française. Pareille osmose se retrouve au Sénégal, au Niger, au Tchad, en Centrafrique, au Gabon (pays où l'ambassadeur des États-Unis eut un jour la surprise de rencontrer dans le salon d'attente de Léon Mba sa propre secrétaire, de nationalité française : elle venait demander au président de la République de bien vouloir intervenir auprès de son époux, un boucher, français lui aussi, pour qu'il renonce à divorcer!) [74].

La reproduction du tissu franco-africain renvoie à des filières de socialisation commune de caractère universitaire, militaire, confrérique et aussi à des échanges matrimoniaux qu'il ne faudrait pas minimiser. Elle découle de la pratique politique, de ce flot quotidien d'informations, de visites, de conversations téléphoniques, de requêtes qui fait s'apparenter la diplomatie subsaharienne de l'Élysée, du Quai d'Orsay et de la Rue Monsieur à la gestion clientéliste d'un réseau. Symboliquement, presque accessoirement, elle se conforte de ces conférences franco-africaines instituées par Georges Pompidou, que les ténors du « pré carré » ne se sont jamais consolés de voir s'ouvrir à d'autres participants. Il va de soi que l'axe privilégié qui unit Paris à une poignée de capitales africaines n'est pas établi pour l'éternité. On peut même estimer que la France ne se donne pas les moyens d'assurer la permanence de sa chasse gardée et ne sait pas, ou ne veut pas, s'adapter à la multilatéralisation de la dépendance du continent qui, à terme, menace ses intérêts [75]. En attendant, la projection de sa puissance, aussi « moyenne » soit-elle, est une part intégrante du processus de la recherche hégémonique dans ses anciennes colonies, ne serait-ce qu'en raison du modèle de développement qu'elle leur a laissé en héritage et à la perpétuation duquel sa coopération et la zone franc n'ont cessé de contribuer [76].

Dans ces cas de figure, la notion d'alliance entre les groupes dominants autochtones et la bourgeoisie métropolitaine met encore trop l'accent sur le rapport d'altérité qui serait censé les joindre pour que l'on s'en contente. De plus, elle n'exprime pas clairement les dissymétries spatiales sur lesquelles est assis le « pré carré » francophone, pour des séquences plus ou moins longues. De telles distorsions se remarquent d'abord dans le cadre de chaque

État. L'axe Paris-Abidjan, par exemple, avait valorisé les « évolués » agni dans les années vingt et trente, avant de s'appuyer sur l'économie baoulé de plantation; il n'est pas exclu qu'il trouve une autre disposition géographique lors de la succession de Félix Houphouët-Boigny [77]. Mais ces déséquilibres dépassent les frontières léguées par la colonisation et structurent des espaces à l'échelle sous-continentale. La « baoulisation » de la Côte d'Ivoire se prolonge ainsi en une « ivoirisation » d'une partie de l'Afrique de l'Ouest, M. Houphouët-Boigny ayant été aussi habile à assurer sa prééminence de « vieux sage » auprès de ses pairs du Conseil de l'Entente et à ériger Abidjan en pôle économique qu'à décapiter sans relâche son opposition interne [78]. De même, le « clan des Gabonais », que P. Péan a décrit avec alacrité, est aussi bien, à l'origine, le « clan des Centrafricains » ou le « clan des Tchadiens ». Les mêmes coopérants d'un genre particulier, les mêmes affairistes se croisent à Libreville, Bangui et Ndjamena. Simplement, le nouvel axe Paris-Franceville, fruit du savoir-faire de M. Bongo et de la manne pétrolière, a affirmé sa préséance, dont témoignent les interventions du Gabon dans les affaires tchadiennes et centrafricaines, ou sa poussée dans le pays batéké du Congo et du Zaïre.

Les zones de force de l'influence française en Afrique, ses môles sénégalais, ivoirien, gabonais et leurs prolongements dans l'arrière-pays sont certainement les points culturellement les plus achevés de ce que nous proposons de nommer le « bloc historique post-colonial ». Là, le processus de fusion est si avancé qu'aucune force politique ou sociale conséquente ne semble y échapper, sinon sans doute les islamistes au Sénégal. Les oppositions aux régimes en place veulent moins un désengagement français du continent que la suspension de l'aide politique, voire policière, consentie aux autorités qu'elles combattent et le retournement à leur profit de l'extraversion. Un document du Mouvement de redressement national (MORENA) le rappelait sans ambages à l'ambassadeur de France au Gabon :

« [...] Nous demandons à la France de nous aider dans la recherche d'une solution efficace. Nous avons besoin de changer des hommes afin de changer le régime. C'est pour cela que nous venons auprès de vous, Monsieur l'Ambassadeur, chercher ces solutions de redressement de la situation catastrophique dans laquelle Bongo et son équipe ont plongé le Gabon. Vous ne pouvez pas vous en désintéresser ou garder les bras croisés devant le désastre *car vous, la France, comme nous, le Gabon, avons des intérêts réels et importants dans ce pays.* Ensemble, nous devons et pourrons trouver des solutions, et nous sommes heureux de pouvoir en proposer une [79]. »

De ce point de vue, l'adhésion à la culture francophone, qui est si caractéristique des élites de ces pays, par-delà le rayonnement de la personnalité emblématique d'un Senghor ou d'un Houphouët-Boigny, correspond bien à la définition gramscienne de l'hégémonie, en ce qu'elle est le plus souvent librement consentie et même hautement revendiquée.

Un recours aussi tranquille à l'extraversion culturelle n'est pas réservé au « pré carré » francophone. Au Kenya, M. Njonjo affectait une distinction toute britannique, n'envisageait pas d'avoir une secrétaire qui ne fût pas blanche et importait ses œufs d'Angleterre [80]. De même, son ami, le président Banda, s'est toujours refusé à parler une autre langue que l'anglais, ordonnant que l'on traduise ses discours en chichewa, la *lingua franca* du Malawi dont on se demande s'il a gardé la maîtrise. Néanmoins, l'identification à l'Occident est certainement plus poussée dans la plupart des anciennes colonies françaises, quels que soient par ailleurs la progression du wolof au Sénégal, la créolisation du français en Côte d'Ivoire, la vitalité des cultes autochtones au Gabon ou le recul général de la scolarisation. L'erreur serait d'en déduire une conception monodique du bloc historique postcolonial, en le réduisant à l'inculcation de la culture occidentale sur le mode de l'aliénation ou de l'agression et en grossissant les lignes de force nées de la colonisation, à commencer par le champ franco-africain. Ce dernier, notamment, n'est nullement uniforme. De par leur passé nationaliste, des pays comme la Guinée, le Mali et le Cameroun ne peuvent être mis sur le même pied que le Sénégal, la Côte d'Ivoire et le Gabon.

Plus généralement, les fondements géographiques du bloc historique postcolonial sont aussi hétérogènes que ceux de l'État à l'intérieur de ses frontières. En premier lieu, l'intégration à l'économie-monde occidentale ne nécessite en soi aucun alignement idéologique ou culturel. Sont là pour le rappeler les exemples du Kenya, du Zimbabwe et, surtout, du nord du Nigeria, dont la métropole industrielle, Kano, est l'une des principales implantations du mode de production capitaliste sur le continent, tout en vivant sous un régime d'hégémonie islamique [81]. En second lieu, des formations sociales africaines se tiennent à la périphérie du bloc historique postcolonial. Les unes se sont lentement marginalisées en s'affaissant dans le marasme : ainsi de l'Ouganda, du Ghana, du Liberia [82]. D'autres ont délibérément choisi l' « *exit option* » mais se voient contraintes de rentrer dans le giron de l'économie-monde occidentale à cause de la crise de leur appareil productif ou de la guerre : l'Angola finance de la sorte son effort militaire grâce aux *royalties* que lui versent les compagnies pétrolières, encouragées par une fiscalité indulgente; et le Mozambique, faute de s'être dégagé de l'orbite sud-africaine – mais l'aurait-il pu ? – a été amené à libéraliser son économie sous la houlette du Fonds monétaire international pour appâter les bailleurs de crédits [83]. Enfin, des régions entières étaient restées à l'écart du champ d'attraction capitaliste durant l'occupation coloniale et ne se sont pas départies de leur splendide isolement, sinon pour troquer les verroteries du siècle – armes à feu, chaînes hi-fi et autres Mercedes – sur les marchés du *no man's land* qui chevauche le sud du Soudan, l'est du Zaïre et de la République centrafricaine, et le nord de l'Ouganda [84].

Simultanément, les vieux liens du pacte colonial se distendent avec l'arrivée, ou le retour, au sud du Sahara, d'acteurs maghrébins, nord-américains et asiatiques [85]. Le décloisonnement économique du continent, dont l'évidence nous a dissuadé de parler de « bourgeoisies nationales », va de pair avec une intégration politique et culturelle croissante. Les grandes affaires qui défraient la chronique – tels le scandale de la Communauté économique de l'Afrique de l'Ouest et l'instruction para-judiciaire contre Charles Njonjo en 1983-1984 –, la relative fréquence des services militaires et policiers que les gouvernements se rendent mutuellement, l'ostracisme régional plus ou moins prolongé ou brutal dont sont frappés les trublions populistes – John Okello à Zanzibar en 1964, le lieutenant Rawlings au Ghana en 1979, le sergent-chef Doe au Liberia en 1980, le capitaine Sankara au Burkina en 1983 – sont de bons révélateurs de cette communauté d'intérêts sociaux que garantit l'État et des pratiques de « Sainte-Alliance » qu'elle inspire [86]. Bien que l'habitude soit de se gausser des piètres performances des organisations multinationales africaines, la dimension institutionnelle de l'intégration continentale est notable et décisive. Car les unions économiques et douanières, les banques centrales de la zone franc, la compagnie Air Afrique, les délibérations des pays de la « ligne de front » valent sans doute moins par leur efficience décisionnelle réelle que comme système de sociabilité, producteur d'un vrai champ politique.

A défaut de dresser un inventaire complet des procédures d'unification culturelle des groupes dirigeants africains, nous mentionnerons à titre d'exemple leur fusion religieuse progressive. Que W.R. Tolbert ait pu accéder à la magistrature suprême au Liberia en ayant consacré l'essentiel de ses activités internationales à l'Église baptiste dont il était un fidèle rappelle qu'il ne s'agit pas d'un aspect secondaire de la réalité sociale. En dehors des échanges du marché institutionnalisé de la foi, les transactions sectaires et ésotériques ne connaissent pas de répit. Ainsi, il est rare que les marabouts réputés qui assistent les chefs d'État soient attachés à un seul d'entre eux et qu'ils se livrent à leur art dans leur pays natal. Selon *Africa Confidential*, celui du président Kérékou, le Malien Mamadou Cissé, avait auparavant officié auprès du maréchal Mobutu. M. Bongo serait également conseillé par des Maliens, MM. Baba Cissoko et Thierno Hady, tandis que le président de la République de Mauritanie, M. Ould Salek, aurait recommandé à M. Moussa Traoré Mohamedou Ould Cheichkna. Enfin, Oumarou Amadou Bonkano, l'inquiétant mentor du président Kountché – il avait fini par tenter un coup d'État contre son maître en octobre 1983 et la rumeur lui impute la maladie qui emporta celui-ci en 1987 – aurait simultanément travaillé pour un ministre ivoirien, M. Aoussou Koffi, le neveu de M. Houphouët-Boigny [87]. Cette circulation des hommes de Dieu et de l'invisible en Afrique de l'Ouest, que l'avion a accélérée mais qui relève d'une tradition pluriséculaire, s'effectue en contrepoint des réseaux confrériques islamiques, principalement ceux de la Qadiriyya et de la Tijaniyya, accessoirement celui de la Muridiyya. Elle n'est pas seulement de nature spirituelle. Consulté par les présidents Abdou Diouf et Houphouët-Boigny, Djily M'Baye, le marabout mouride de Louga et l'un des hommes les plus puissants du Sénégal, fait ainsi le commerce du café et du cacao en Côte d'Ivoire, de la noix de cola en Sierra Leone, de l'arachide dans son pays. La Wahabiyya, la Tijaniyya et son rameau niassène – la *baraka* de Ibrahima Niass, le célèbre marabout de Kaolack, rayonnait jusqu'au nord du Nigeria – se confondent pareillement avec les circuits marchands [88]. En outre, cette fusion des élites religieuses s'ajoute à un certain brassage du personnel politique que n'a pas entièrement annulé le démembrement des grandes fédérations coloniales. A l'occasion, M. Houphouët-Boigny, dont nous savons par ailleurs les accointances sénégalaises, a réveillé les vieilles amitiés du RDA, comme par exemple en 1983-1984, pour

susciter, dans le sud du Tchad, des soutiens en faveur de M. Hissène Habré. Et l'un des conseillers diplomatiques de M. Sassou
Nguesso est un Malien, ancien ministre de Modibo Keita, qui partage son temps entre Brazzaville et Dakar [89].

La structuration horizontale de l'espace africain s'effectue
autour de quelques pôles – le Nigeria et la République sud-
africaine, dans une moindre mesure l'Algérie, le Zaïre et la Côte
d'Ivoire – en raison de leur poids démographique, de leur ascension économique ou de leur capacité militaire. L'ensemble de ces
dynamiques s'entrecroisent et mériteraient que l'on parle, à
l'échelle continentale, d'un « modèle de la réciprocité », comme
M. L. Kilson le faisait au sujet de la société politique de la Sierra
Leone [90]. En tant que telles, elles contraignent l'action politique.
Ainsi, le Togo et le Burkina Faso font l'objet d'une sourde lutte
d'influence entre Abidjan et Accra, le maréchal Mobutu pèse sur
le Centrafrique, le Tchad, l'Angola, le Rwanda, le Burundi, et la
hantise des stratèges de la diplomatie subsaharienne de la France
est de subir à Niamey l'arrivée au pouvoir d'un représentant de la
majorité hausa, réputée inféodée au Nigeria. En Afrique orientale,
le jeu triangulaire entre la Tanzanie, l'Ouganda et le Kenya, et ses
attendus régionaux ou internationaux, n'en finissent pas de rebondir [91]. Et la partie, menée avec brutalité par la République sud-
africaine, est encore plus serrée en Afrique australe. A la clef de
ces péripéties, c'est bel et bien une nouvelle dimension continentale qui se dessine. Nul ne peut douter qu'elle sera cruellement
hiérarchisée et qu'elle déterminera en partie les lignes de l'inégalité à l'intérieur de chaque État. Mieux vaut néanmoins se l'imaginer comme une totalité bourgeonnante, protéiforme et polycé-
phale, plutôt que sous l'aspect d'une pyramide sagement coiffée
d'une « classe fondamentale » ou d'un champ indistinct sur lequel
la bourgeoisie du « centre » étendrait le vaste manteau de son
hégémonie.

En tant qu'espace pluricontinental de l'inégalité, doté d'une
relative unité grâce à un répertoire congruent de pratiques politiques et économiques et grâce à l'usage d'une gamme restreinte
d'idiomes culturels, le bloc historique postcolonial en Afrique n'est
pas une configuration absolument inédite. Il trouve au moins quelques contreparties dans le système communiste international ou
dans l'Organisation des États américains, voire dans le monde
arabo-musulman. Notre propos n'est pas d'entreprendre des
comparaisons afin de juger les degrés d'intégration respectifs de

ces constructions multinationales. Il nous suffira de souligner une dernière fois combien la production de l'inégalité au sein de l'État postcolonial en Afrique est indissociable de son environnement extérieur. La vieille préoccupation des anthropologues, relative à l'entrelacement des « dynamiques du dedans » et des « dynamiques du dehors », demeure d'actualité. Or l'analyse de ces systèmes internationaux de stratification sociale ne peut se résoudre dans la seule synchronie, comme incline à le penser un certain économicisme. Elle doit éviter d'oblitérer la pluralité des espaces et des temps qui coexistent en eux. Elle doit en restituer la profondeur historique qui n'est pas seulement celle de chacun de leurs éléments constitutifs, mais qui est également d'ordre relationnel. Au même titre que les rapports franco-allemands, russo-polonais, gréco-turcs ou sino-vietnamiens, les rapports des Africains à l'Occident, au monde arabe ou à la diaspora « asiatique » charrient un passé; ils se sont cristallisés au fil des siècles en des répertoires spécifiques; ils se réfèrent, par exemple, à ce que M. Vovelle nomme des « événements traumatismes [92] ».

Nulle part l'inanité de la distinction entre le plan de la causalité interne et celui de la causalité externe ne se laisse mieux sentir qu'au cœur des représentations de l'invisible, manifestations de la culture autochtone s'il en est. G. Dupré en donne une illustration assez saisissante en racontant comment le responsable français d'un chantier forestier du Congo accéda à la demande du chef de village pour s'épargner l'intervention du syndicat et comment il prêta la main à la convocation d'une épreuve sévère du rite njobi, destinée à démasquer les « auteurs » d'une série d'accidents du travail. Passablement violente, la cérémonie arbitra ainsi un conflit lié aux rapports capitalistes de production dans une entreprise étrangère, en même temps qu'elle offrit l'occasion d'une importante extorsion monétaire au profit des autorités du village [93]. Dans cet exemple, l'alliance entre l'acteur européen et l'acteur dominant du terroir se noue, ou tout au moins se répercute, dans l'invisible. Encore voit-on persister un rapport d'extériorité de l'un à l'autre, dans le registre de l'instrumentalité.

Tel n'est plus le cas dans la sorcellerie de l'*ekong* qui sévit en particulier sur la côte camerounaise, mais qui connaît des équivalents dans toute la région. Il convient, pour faire partie de cette société maléfique, de commencer par « vendre » un membre de sa famille qui travaillera dans le *ndimsi* * sur les planta-

* *ndimsi* : l'invisible.

tions tristement célèbres du mont Kupe. Les Européens sont réputés complices de ces crimes et leur présence dans un quartier ou un village reculé est toujours suspecte, ainsi que le Père de Rosny en fit un jour l'amère expérience en enquêtant sur les guérisseurs du Wouri. L'origine de cette collusion supposée est claire : « Un Blanc faisant le va-et-vient entre un *nganga* * et un chef réveille dans la mémoire collective un schéma hélas trop connu. Entre la traite des esclaves qui est un événement historique et l'*ekong* qui est une croyance, une parenté existe. Le Blanc venait acheter les esclaves qu'il emmenait travailler à son compte dans de lointains pays. On ne les revoyait plus jamais. Selon la croyance moderne, un Blanc peut encore acquérir des hommes qui travaillent pour lui. Et, sauf quelques rares exceptions mal expliquées, ils disparaissent également à tout jamais. Les sorciers les font passer dans un autre monde loin des regards familiers [94]. » Rêver que l'on est emmené, les mains liées, vers le fleuve ou l'océan est d'ailleurs un signe qui ne trompe pas et qui vous conduit aussitôt à consulter un *nganga*. Mais l'*ekong* est surtout rapproché de la réussite économique, de l'accumulation monétaire, louches, elles aussi par définition. Le coupable idéal en est alors un « Blanc d'honneur » comme l'on dirait en Afrique du Sud, un « Blanc » au sens où les enfants zaïrois crient « *mundele! mundele!* » sur le passage des « acquéreurs », au sens où l'on parle communément en Afrique du « pays des Blancs » pour désigner la ville ou du « travail des Blancs » pour qualifier une activité salariée [95]. Le pouvoir social de devenir riche, ou son fantasme, fournissent la vraie intrigue de l'*ekong*. S'y lisent sans fard le grand basculement de l'opportunité étatique, les possibilités d'accumulation et d'exploitation qu'ont ouvertes les années de la chance coloniale, le triomphe de l'argent, de l'acquisition foncière et du savoir scolaire; en bref, le dur cheminement de la recherche hégémonique.

---

* *nganga* : thérapeute, guérisseur.

TROISIÈME PARTIE

L'action politique

CHAPITRE VIII

Entrepreneurs, factions et réseaux politiques

Parti en quête d'un paradigme susceptible de restituer l'historicité de l'État postcolonial en Afrique, nous voyons de la sorte s'esquisser une première épure. Depuis trente ans, les analyses se fourvoyaient, nous semble-t-il, dans deux impasses. Les unes percevaient l'unité tendancielle du champ occidentalo-africain mais étaient impuissantes à saisir l'irréductibilité historique des trajectoires du politique au sud du Sahara. Les autres, pour insister sur la singularité des États et de leurs catégories dominantes, peinaient à concevoir la cohérence de l'ensemble ainsi constitué. Aporie que nous paraît pouvoir dépasser notre hypothèse de la formation d'un bloc historique à l'échelle occidentalo-africaine : participant de ce système, l'État postcolonial tendrait à se construire par le biais d'une « révolution passive », au lieu d'enregistrer la domination d'une classe nationale constituée.

Il va de soi que ce canevas, dont pourraient s'inspirer l'analyse des situations historiques concrètes et leur comparaison, ne prétend pas résumer la réalité du continent, mais seulement la mettre en perspective. Nous avons nous-même suffisamment insisté sur les particularités des trajectoires divergentes par rapport à ce paradigme pour que nous espérions être compris sur ce point crucial. En revanche, l'hypothèse de la recherche hégémonique, quels que soient les rappels théoriques dont on entoure l'emploi des concepts gramsciens, incline trop à la téléologie pour que l'on fasse l'économie d'une réflexion supplémentaire.

Il subsiste en fait de solides raisons de douter que le processus de la recherche hégémonique parvienne à maturation. La première d'entre elles est de nature théorique, sinon théologique, et, à ce titre, elle ne doit pas nous retenir outre mesure. Aux yeux de

Gramsci, la « révolution passive » n'est pas la voie royale qui mène à l'hégémonie, encore qu'elle ne l'exclue pas nécessairement, selon certains interprètes de la glose [1]. Son aboutissement serait plutôt l'État « bâtard » et la compensation autoritaire, « césariste », qu'il nourrit. Ce cours en forme d'avortement est d'autant plus envisageable au sud du Sahara qu'il paraît d'ores et déjà bien enclenché : les mirages de la révolution et de la démocratie se sont dissipés, la prédation politique se systématise, la viabilité économique de la trajectoire historique empruntée est en cause, le continent africain s'efface de la cartographie du capitalisme mondial.

La seconde raison de douter a trait à l'insuffisance de nos investigations vis-à-vis de la dimension « intellectuelle » de ce processus, seule à même de conférer aux groupes dominants la capacité hégémonique de « direction » de la société que suppose le concept de « bloc historique ». Les historiens des classes sociales en ont dégagé toute l'importance, dans le sillage du maître livre de E.P. Thompson [2]. Cependant, nous ne pourrons guère avancer dans cette voie car son exploration justifie à elle seule un second ouvrage.

Enfin, et surtout, le processus de la recherche hégémonique n'est pas un principe surdéterminant, le *deus ex machina* de l'État postcolonial. Il est action et renvoie aux luttes sociales par lesquelles se réalisent l'accumulation primitive, la délimitation de l'espace de la domination, le contrôle du système politique et son insertion dans les économies-monde. L'admettre revient seulement à répéter que l'État, né de l'occupation coloniale, a été l'objet de multiples pratiques de réappropriation qui l'éloignent chaque jour davantage du modèle original et en font un champ d'indétermination relative. Il en est de lui comme de ces villes tracées au cordeau par le colonisateur à l'orée du xxe siècle et maintenant refaçonnées par de multiples « arts de faire » [3]. Ces procédures énonciatives sont la texture même de l'historicité des sociétés africaines. Elles ne sont pas le propre des seuls groupes dominants, contrairement à ce qu'ont longtemps soutenu les adeptes du paradigme du joug. En Afrique, comme ailleurs, le politique se produit aussi « par le bas [4] ». Révoltes, refus de certaines cultures ou sous-productivité, grèves, abstentionnisme électoral, migrations, recours à la sacralité, contrebande, éclosion d'un secteur économique souvent qualifié d'informel, habitat dit spontané, escapismes individuels ou collectifs, circulation intensive d'une information non contrôlée par les medias officiels, délinquance, disqualification du pouvoir par un humour corrosif ou par référence à une transcendance de nature religieuse ou messianique, participation conflictuelle aux appareils de contrôle politique : la liste est longue des « modes populaires d'action politique » qui pèsent sur le champ étatique, de manière directe ou indirecte [5].

Si l'on reprend la distinction établie par Michel de Certeau, ces pratiques s'apparentent à des « tactiques », mobiles et changeantes, plutôt qu'elles ne se déploient en des « stratégies » contre-hégémoniques, aptes à couvrir la surface du système d'action historique [6]. De ce point de vue, le succès du « transformisme » est incontestable. Le trait saillant des dernières décennies est l'absence, au sud du Sahara, de tout agent collectif capable ou désireux de prendre la tête d'un mouvement social aspirant à la totalité et d'incarner une solution révolutionnaire de substitution à la mouture actuelle de l'État postcolonial. Des soulèvements, urbains ou ruraux, ont bien pu projeter sur le devant de la scène « les damnés de la terre ». Le cas échéant, ils ont ébranlé les autorités en place, ont dévasté des capitales, ont arraché des changements politiques. Dans un ou deux cas, ils ont fugitivement instauré des situations d'« équilibre catastrophique », dont l'embrasement du Congo-Léopoldville, en 1964-1965, reste le meilleur exemple [7]. Néanmoins, la redistribution générale des cartes que ces événements paraissaient annoncer n'a pas eu lieu, hormis ces quelques révolutions sociales que nous avons précédemment mentionnées et qui, en vérité, doivent beaucoup à l'action de contre-élites. Non seulement les groupes sociaux subordonnés ont été progressivement dépossédés de leur investissement dans la lutte nationaliste ou agraire – y compris là où il y a eu guerre de libération, au Mozambique, en Guinée-Bissau, au Zimbabwe, en Angola – mais encore la seule organisation à prétention révolutionnaire qui ait pris le pouvoir *après* la proclamation de l'indépendance – le FROLINAT au Tchad – a implosé et a vite trahi les idéaux dont elle se réclamait * [8]. De toute façon, la paupérisation des « petits » ne provoque pas forcément la radicalisation de leur conscience politique, ni n'efface le prestige des *big men* dont ils dépendent et qui assurent le courtage étatique [9]. La problématique de la césure révolutionnaire ne sied donc pas à

* En janvier 1986, la National Resistance Army, menée par Yoweri Museveni, s'est emparée de Kampala et en a chassé le Conseil militaire du général Okello. L'expérience gouvernementale de M. Museveni est trop récente et ambiguë pour infirmer notre affirmation.

l'intelligence des sociétés africaines, n'en déplaise à une immense littérature bien-pensante.

Une autre analyse de type binaire qu'il convient de récuser consisterait à figer les pratiques de réappropriation historique de l'État sous la forme d'une dichotomie entre le « haut » et le « bas » de la société, ou entre la société civile et l'État. A cet égard, l'expression imagée de la « revanche des sociétés africaines » que nous avons utilisée à certains moments de notre démonstration, ou encore l'hypothèse d'un État taraudé par « l'économie d'affection », lancée par G. Hyden, ne doivent pas être comprises au pied de la lettre, sous peine d'induire en erreur. Il ne s'agit pas, en un balancement académique et artificiel, d'opposer au travail de « totalisation » étatique celui de tactiques divergentes de « dé-totalisation », même si la contestation de l'État, son érosion et sa dilution procèdent effectivement avant tout de ces dernières [10]. En réalité, les logiques de déconstruction du champ étatique ne se départagent pas aussi aisément de celles de sa cristallisation. Les matrices du désordre sont souvent les mêmes que celles de l'ordre, ainsi que nous l'avons vu au détour des consultations électorales. Ce n'est point non plus qu'il faille assigner aux conflits des propriétés intégratrices et y repérer une actualisation des « rituels de rébellion » chers à M. Gluckman. C'est plus simplement que l'État est le fruit de son énonciation contradictoire par la pluralité des acteurs qu'il met aux prises. Et l'on ne peut valablement le penser en dehors du jeu toujours inachevé de ces procédures.

En répétant avec les anciens Chinois que le vide structure l'usage, nous entendons ainsi reprendre à notre compte, une dernière fois, l'avertissement de J.S. Saul, repousser toute conception linéaire ou finaliste de la recherche hégémonique, et dégager l'équivalence entre la production de l'État et le déroulement incertain des luttes sociales. Bien qu'elle soit un peu vaporeuse, cette dernière notion est *a priori* préférable à celle de « luttes de classes ». Pour peu qu'il y ait, de manière avérée, classes sociales ou formation de classes sociales, le concept de leur affrontement n'est pas absurde. Il ne trahit sans doute pas la teneur historique des grandes mobilisations ouvrières du continent, celles, par exemple, des grèves dites Adebo au Nigeria, en 1970, de la grève des cheminots de Sekondi-Takoradi en 1961, des combats des dockers de Dar es Salaam et de Mombasa, des mineurs de Zambie ou du prolétariat de Kano [11]. Et T. Ranger, en historien avisé, nous présente une paysannerie zimbabwéenne poursuivant avec détermination une stratégie de classe [12]. Les exceptions, pourtant, ne sauraient être prises pour la règle. Répétons-le : sitôt que l'on adopte une définition rigoureuse des sociétés de classes, on renonce à y apparenter les sociétés africaines. Car, au sud du Sahara, les rapports de classes ne sont nullement la source première des conflits, malgré l'acuité de l'inégalité sociale [13]. Il a par exemple été observé au Ghana que les luttes factionnelles ou locales l'avaient emporté dans les décennies postérieures à la proclamation de l'indépendance sur la « politique de classe » *(class politics)* [14]. La remarque mérite d'être systématisée à l'échelle du continent.

L'ARBRE INSTITUTIONNEL ET LA FORÊT FACTIONNELLE

En effet, le déchaînement d'antagonismes hautement personnalisés dans les institutions de l'État postcolonial apparaît chaque jour davantage comme l'une de ses modalités premières. Certains auteurs, jadis adeptes d'une méthodologie marxiste, en prennent acte et se rabattent maintenant sur les vieux poncifs néo-weberiens du « pouvoir personnel », au risque de jeter le bébé (l'analyse des fondements matériels de la « gouvernementalité ») avec l'eau du bain (leur interprétation en termes idéologiques exclusifs) [15]. Dilemme superflu, puisque la lutte de classes n'est pas seulement une lutte entre des classes, mais aussi une lutte autour de la structure de classes *(« not just as the struggle of classes but as a struggle about class »)* [16]. En revanche, les efforts considérables longtemps consentis par les auteurs « développementalistes » et « structuro-fonctionnalistes » pour discriminer les différents types de régime selon leurs orientations idéologiques ou leurs institutions l'ont été en pure perte. De confession « socialiste » ou « capitaliste », dominées par un parti ou par l'armée, pluralistes ou monolithiques, toutes ces formules constitutionnelles – dont les attributs respectifs sont du reste incertains et changeants – reposent sur un dénominateur commun : en leur sein, les acteurs s'organisent en factions pour conquérir ou conserver le pouvoir aux divers échelons de la pyramide sociale, et cette compétition est le sel de la vie politique.

Pour stigmatiser cet état de fait, dont il profitait et jouait avec un talent inégalé, M. Senghor parlait de la « politique politicienne », ou encore de « sénégalite ». Néologisme éloquent. Au Sénégal, les luttes factionnelles, connues sous le nom de luttes de « clans », ont parasité les institutions [17]. Le débat politique, à l'échelle nationale, a toujours opposé deux personnalités, conformément à la configuration bipolaire caractéristique de tout champ factionnel. Au duel entre Blaise Diagne et Galandiou Diouf, entre les deux guerres, a succédé la bataille de M. Senghor contre Lamine Gueye (1951-1957), puis contre son Premier ministre Mamadou Dia (1962-1963), enfin contre Abdoulaye Wade (à la fin des années soixante-dix). Ce dernier est ensuite devenu le challenger de M. Abdou Diouf. Néanmoins, ces combats de chefs reflétaient une réalité plus générale. Bien que M. Abdou Diouf ait d'emblée annoncé son intention d'endiguer la « politique de clans » et que M. Moustapha Kâ, le coordonnateur du Groupe d'études et de recherches du Parti socialiste, ait cru pouvoir mentionner en 1984 « un ralentissement du phénomène au niveau régional » grâce à la rotation du poste de secrétaire général des unions régionales entre les différents secrétaires généraux de coordination [18], la dimension factionnelle continue à prédominer, selon toute évidence. Devant le congrès du PS, M. Abdou Diouf admettait lui-même, deux ans plus tard, que « les renouvellements des instances de base [...] ont encore été caractérisés par les luttes de tendances dans beaucoup de coordinations » : « Si la volonté de démocratiser la vie intérieure du Parti fait timidement du chemin, il ne fait aucun doute que les blocages (des majorités comme des minorités), les questions de personnes et d'argent se reflètent toujours dans le fonctionnement normal de nos structures. » Et de souhaiter, presque rituellement, que « l'esprit de parti » se substitue à « l'esprit de tendance ou de clan » [19]. Maigre consolation : les seize formations de l'opposition sont logées à la même enseigne.

En vérité, la récurrence du schème d'action factionnelle ne s'explique que par son enracinement dans l'histoire sénégambienne. D.B. Cruise O'Brien y discerne une synthèse « bizarre mais effective » entre la culture islamique de *zawiya* et l'expérience électorale des « quatre communes », sous la IIIe République française [20]. Quoi qu'il en soit, cette permanence, au lieu d'être le résultat de manipulations obscures des groupes dominants ou de l'impérialisme étranger, comme il fut longtemps cru, exprime un consensus de la part des acteurs sociaux. M. Moustapha Kâ ne se le dissimulait d'ailleurs pas :

> « Si blâmables que soient les comportements de tendance, il n'en demeure pas moins qu'ils suscitent [...] une certaine animation à la

base [du Parti socialiste]. Un observateur incongru faisait remarquer que là où elles disparaissent prévaut plutôt une certaine morosité. Les tendances, en effet, ont leur logique propre à laquelle il est difficile d'échapper. Elles ont leur vie dont les temps forts sont la vente des cartes et les renouvellements. Elles ont leur espace bien délimité dans les quartiers, les villages, les arrondissements et les coordinations. Elles ont leurs états-majors et leurs quartiers généraux. Les chefs qui les dirigent, qui sont souvent absents à cause de leurs contraintes professionnelles, délèguent à leurs hommes de confiance leurs pouvoirs. Ces derniers occupent le terrain, sont en contact permanent avec les militants qu'ils encadrent. Ils sont commis aux tâches pratiques. Les tendances animent la vie du Parti. C'est une vie colorée, palpitante, tapageuse mais malheureusement souvent soumise aux tensions, conflits et violences. Elles suscitent même la créativité artistique. Songeons par exemple à ces chants, baks, tassous, composés par les artistes des tendances diverses à la gloire de leurs leaders [21]. »

Aussi la distinction senghorienne entre la « tendance » et le « clan » (l'une aurait trait à des divergences d'idées au sein d'un même parti, l'autre à des rivalités de personnes se traduisant par des divergences dans l'application des statuts de ce parti) est-elle spécieuse : « [...] A la base, et c'est une caractéristique de notre sociologie politique, la vie politique s'articule autour des individus, des familles, des groupes religieux, socio-culturels et économiques [...] on substitue facilement la tendance au clan et le clan à la tendance [22] ». La locution courante « faire la politique » n'est que la traduction de *ngurgi* en wolof ou de *laamunga* en pular, qui signifient tous deux : être partisan d'un leader, d'une faction, et militer en leur faveur. « C'est dire que tout un ensemble de rapports sociaux non immédiatement politiques se trouvent investis dans l'activité des partis », ajoute aussitôt un anthropologue, en soulignant que « le » ou « la » politique ne se situent pas au Sénégal dans l'espace à deux dimensions de la représentation [23]. D'une part, la totalité des institutions de la société – les confréries islamiques, par exemple, ou les syndicats – sont assujetties au même schème d'action, et les animateurs du développement commencent à prendre l'exacte mesure de la force intégratrice de ces réseaux factionnels, se résignant désormais à composer avec eux plutôt que de songer à les contourner ou à les affronter [24]. D'autre part, les luttes de « clans » se réfèrent aux contradictions de l'ordre segmentaire de la famille, et plus spécialement à la concurrence entre frères agnatiques, par rapport auxquelles la différenciation des champs politique et religieux peut paraître discutable [25].

Érigé en cas d'école, l'exemple du Sénégal n'est pas isolé. A l'autre bout du continent, le régime kenyan de parti ne fait pas contraste. A l'intérieur de la KANU, *branches* et *sub-branches* « fonctionnent comme des machines politiques et constituent fréquemment le revêtement officiel des relations de clientèle [26] ». Là aussi, les contradictions factionnelles qui agitent chacune des circonscriptions électorales irradient tous les secteurs de la société : les Églises, ainsi que nous l'avons déjà mentionné, les coopératives, le syndicalisme, les clubs de football, les instituts de technologie [27]. Au sommet, la scène nationale est traditionnellement dominée par la joute des deux personnalités qui aspirent à la seconde place, derrière le président de la République, dans l'espoir secret de lui succéder un jour.

En Zambie, en Sierra Leone, au Ghana, en Somalie, d'âpres rivalités personnelles phagocytent pareillement l'État [28]. Est-ce à dire que ce modèle se démarque d'un autre type d'organisation politique, mieux institutionnalisé? Non pas. Dans des pays comme la Tanzanie et le Cameroun, où la médiation du parti, de l'administration et de l'idéologie semble indéniable et autonome, la prégnance des réseaux, l'acuité des « luttes d'influence » sont plus refoulées ou occultées que véritablement conjurées [29]. De même, en Côte d'Ivoire, la prééminence de M. Houphouët-Boigny préside aux conflits incessants qui agitent le PDCI et qui nécessitent la convocation à intervalles réguliers de réunions de « réconciliation », tantôt dans les provinces, sous la houlette de délégations spéciales envoyées par le Bureau politique aux quatre coins du pays, tantôt à Yamoussoukro même, le lieu tutélaire du régime. Le retour à des élections concurrentielles, en 1980, s'est notamment soldé par une prolifération de ces règlements de comptes entre les candidats, heureux et malheureux :

« Le pari engagé par le chef du Parti de remettre le train de la démocratie sur les rails a été gagné mais pour que la locomotive reprenne sa marche normale, il faut que lui soient attelés les wagons des vainqueurs et des vaincus, tous les wagons des militants du PDCI. Les divisions alimentées par des oppositions tenaces, des rancœurs non éteintes, des blessures non cicatrisées et par-dessus tout une soif de revanche non dissimulée ne peuvent que gêner la marche du train, et retarder son arrivée. C'est la raison pour laquelle, très vite, le Bureau politique, sur instruction du président du Parti, s'est employé à rechercher partout la réconciliation des cadres et des militants divisés. Les incompréhensions et les malentendus n'ont pas été levés partout pour autant. Çà et là subsistent des îlots de résistance rendant nécessaire cette rencontre sous l'autorité et la présidence effective du président de notre Parti », expliqua M. Alliali, garde des Sceaux, lors des « Journées de Yamoussoukro » de mai 1982, livrant du même coup un morceau d'anthologie du discours de l'assimilation réciproque des élites.

Suivit alors, après plusieurs jours de « dialogue », l'une de ces exhortations faussement bonhommes dont M. Houphouët-Boigny a le secret. Elle dénote si bien la vraie texture de l'action politique au sud du Sahara qu'elle mérite d'être, elle aussi, largement citée. Une fois énoncées les congratulations d'usage (« Camarades militants, je voudrais vous renouveler mes remerciements et mes félicitations. Vous êtes venus à Yamoussoukro où les conditions d'hébergement sont moins bonnes qu'à Abidjan, notre capitale *. Vous avez siégé sans désemparer durant cinq jours. Etc. »), une fois rappelées les généralités institutionnelles, le chef de l'État passa en revue les six régions où la lutte factionnelle interdisait encore « aux camarades militants divisés [de] se retrouver ensemble, entre frères réconciliés ». Ainsi, à propos de Korhogo, dans le nord du pays :

> « Nous ne sommes pas d'accord avec ceux qui proposent la séparation des problèmes de famille et des problèmes politiques. S'il s'agissait uniquement de problèmes de famille, nous ne serions pas ici. Dans cette famille traditionnelle, la hiérarchie est une règle d'or qu'aucun membre ne saurait transgresser. Il y a le père, les frères, les neveux. Le problème purement familial doit être réglé par les membres de la famille et par eux seuls. Mais en raison de l'influence que la famille Gon exerce encore en pays sénoufo, les oppositions entre les membres de cette famille en matière politique ont toujours eu de tristes conséquences dans toute la région. Les chefferies traditionnelles ont été supprimées dans maints pays africains, en Guinée, en Haute-Volta entre autres. En Côte d'Ivoire, nous conservons encore certaines chefferies dont celle de Korhogo. Les enfants de cette famille sont en train de tuer celle-ci par leurs comportements. Ces oppositions, ces luttes fratricides nuisent à la paix préalable au développement de cette région si riche en potentialités humaines et matérielles. Les braves paysans sénoufo et les nombreux cadres de la région méritent mieux que cela. Je voudrais rappeler à la famille Gon, que je considère comme mienne, que l'honneur est en nous de même que la noblesse. Un noble n'insulte pas et ne fait pas insulter. Nous devons mettre fin à ce triste état de choses en obligeant l'oncle Gon et le neveu Gon à enterrer ces luttes fratricides qui n'ont que trop duré. Le préfet du département de Korhogo est par délégation du gouvernement le garant de l'ordre public. Tout ce qui est de nature à troubler l'ordre public doit être

---

* Manifestation typique de politesse. Le transfert de la capitale à Yamoussoukro ne date que de 1984.

radicalement supprimé. J'adjure ces deux responsables politiques d'informer publiquement leurs militants à eux, qu'ils ont enterré définitivement ces luttes fratricides et nuisibles, je le répète, à la paix en pays sénoufo. Ce pays qui m'est si cher [30]. »

Encore ne faut-il pas se méprendre sur la capacité du centre à pacifier la périphérie du système politique. L'un des responsables régionaux du PDCI ne se cachait pas, en 1985, que « les missions de réconciliation diligentées [...] pour essayer d'éteindre les incendies allumés lors des différentes campagnes électorales de 1980 » n'avaient souvent été que « des occasions gratuites et officielles de jouer la comédie en scellant un semblant de retrouvailles » : « les multiples embrassades administrées sous les caméras de la télévision et des photographes n'étaient que des camouflages, de la duperie, pour endormir la vigilance des responsables du Parti. Une fois les missions rentrées à Abidjan, les protagonistes se sont dépêchés de déterrer la hache de guerre et de reprendre avec une âpreté renouvelée les luttes intestines [31] ».

Ces longs extraits, mieux que d'abscons développements académiques, manifestent le quotidien du politique en Afrique : l'écume furieuse des conflits de factions et leur régulation malaisée dans le cadre de l'État, selon la logique de l'assimilation réciproque des élites. En définitive, aucune institution, aussi « massive » ou « bureaucratique » soit-elle, n'échappe aux miasmes délétères des rivalités personnelles. Le phénomène était patent dès l'époque du combat nationaliste. En 1957-1958, un cadre du Parti démocratique de Guinée notait déjà que ses pairs « s'entre-tuaient dans une lutte implacable pour les places [32] ». La remarque s'appliquerait aussi bien à la Kenya African Union, à la Kikuyu Central Association, au Convention People's Party ou à l'Union des populations du Cameroun [33]. Or, en désamorçant l'idéal anticolonial commun et en multipliant les possibilités d'accès aux ressources de l'État, l'accession à l'indépendance a laissé la voie entièrement libre à l'exacerbation des clivages factionnels. Aujourd'hui, le parti, l'administration, le mouvement révolutionnaire, l'opposition en exil sont partout en proie aux démons de la division [34]. Et l'idéologie ne fait rien à l'affaire : les attaques personnelles en système de confession marxiste-léniniste empruntent simplement les atours du respect du dogme, la vulgate de la « ligne » se révélant même singulièrement adaptée à l'écartement des individus [35].

De surcroît, l'insertion des sociétés africaines dans le système international (ou, si l'on préfère, leur articulation au bloc historique postcolonial) passe également par le filtre de cette dimension factionnelle. Le « clan des Gabonais » n'est pas une curiosité, typique du pittoresque « pré carré » de l'influence française au sud du Sahara [36]. Le rôle charnière d'un Bruce Mackenzie ou d'un « Tiny » Rowland en Afrique orientale et australe, celui d'un Maurice Tempelsman au Zaïre ou d'un Jamil Said Mohammed en Sierra Leone ont été ou restent similaires [37]. L'instruction para-judiciaire du cas Njonjo, au Kenya, en 1983-1984, a permis de montrer avec une relative précision comment une « machine » contrôlant une bonne part des rouages de l'État et de l'économie nationale, solidement implantée dans une circonscription kikuyu, tirant parti avec une redoutable efficacité des lignes de fracture électorales et parlementaires, bénéficiait indissolublement de nombreuses ramifications dans des réseaux « asiatiques », arabes, britanniques et sud-africains [38]. Une tradition que M. arap Moi n'a pas longtemps dédaignée [39]...

En soi, cette suprématie du plan factionnel n'a rien d'étonnant. Le modèle légal rationnel cher à Max Weber est une aberration historique que diverses pratiques de contournement et de sociabilité nuancent d'ailleurs [40]. En dehors de l'espace-temps circonscrit qu'il habite – les sociétés industrielles occidentales – la logique des luttes de factions prédomine. On peut dès lors s'interroger sur l'utilité heuristique d'un éclairage que l'on retrouve dans des contextes historiques aussi hétéroclites que ceux de la Mélanésie des *big men* et de l'Iran des *dowré,* du Mexique des *caciques* et de la Thaïlande des cliques, de la Chine populaire des grandes campagnes de rectification politique et du Japon des *habatsu* [41]. Il ne suffit donc pas d'en appeler à l'évidence des factions. Par-delà s'impose la restitution de l'arrière-plan spécifique dans lequel se déroule leur dynamique. Sans pour l'instant préjuger de l'unité du phénomène à l'échelle du continent, ou au contraire de sa singularité d'une société subsaharienne à l'autre, nous remarquerons à cet égard que la structuration des systèmes politiques africains en réseaux factionnels participe de continuités historiques et de réalités sociologiques prégnantes. Dans les temps anciens, la circulation du pouvoir et des richesses obéissait à des modalités semblables, tant et si bien que le commerce sur la longue distance ou les intrigues des vieux royaumes ne sont pas sans évoquer des faits plus actuels aux yeux du politiste. En particulier, ce que nous nommons aujourd'hui, de manière assez confuse, l'ethnicité et qui implique l'intervention de chaînes interrégionales de transactions politiques ou économiques, équivaut à cette « articulation des réseaux internes et externes d'échanges » par lesquels s'opéraient l'intégration du continent et son arrimage à diverses économies-monde [42].

Voilà une permanence, ou plus exactement une ligne de concaténation, qui mérite réflexion. Nous y retrouvons en filigrane la plupart des processus sociaux que nous avons précédemment rencontrés : les conflits paraissant se nourrir du « tribalisme »; les procédures de « chevauchement » entre les fonctions salariées des secteurs privé ou public et l'accumulation d'un capital personnel; le recours fréquent à des prête-noms dans le domaine des affaires; le couplage subtil et ambivalent des hiérarchies politiques officielles et de discrètes hiérarchies de terroir; l'apport vigoureux de la « société civile » à l'architecture de l'État; l'enchevêtrement de positions de nature diverse sur lesquelles repose l'économie générale du projet de classe dominante ou de bloc historique postcolonial; enfin, la distribution contextuelle du statut sur un axe aînés-cadets, grands-petits, *big men-small boys*. Tous ces mécanismes relèvent peu ou prou de l'univers des réseaux. Ils font écho à une organisation globale des sociétés africaines dont témoignent une quantité croissante d'études consacrées au négoce, à l'épargne, au salariat, aux migrations, à la parenté. Et, comme tels, ils supposent que s'exerce le talent d'entrepreneurs politiques sachant nouer sans relâche l'écheveau de marchandages incessants, habiles à gérer rationnellement leurs ressources matérielles et symboliques au mieux de leurs intérêts propres et de ceux de la communauté qui leur donne renommée et influence, aptes à mobiliser les forces du Verbe, de la passion et de l'angoisse, fût-ce dans le monde nocturne de l'invisible, lettrés, enfin, dans le savoir du Blanc dont se réclame l'État contemporain. A défaut d'une véritable structuration en classes sociales, la prédominance de *big men* à la tête des réseaux continue en effet d'être circonstancielle et, pour une part décisive, tributaire de l'accomplissement de performances individuelles.

Un premier paradoxe provient donc de ce que l'une des continuités les plus visibles, des formes politiques anciennes à l'État postcolonial, soit relayée par des procédures et des agencements aussi volatiles. Les réseaux ne sont pas des invariants qui nous fourniraient le fil de cet enchaînement. Ils sont construits et sont à ce titre éminemment plastiques. Ils transcrivent dans le monde contemporain le fonctionnement scissipare des sociétés lignagères. Ils ne reposent nullement sur des identités données qui traverseraient sans trop d'altérations le temps et l'espace. En particulier, la parenté et l'ethnicité, qui leur paraissent consubstantielles, sont avant tout des arguments instrumentaux, des idiomes au service de stratégies d'acteurs. La chose n'est pas nouvelle et a été démontrée en ce qui concerne le passé [43]. Mais le changement d'échelle colonial, l'intensification des échanges, la création de nouvelles communautés en milieu urbain ont systématisé ce bricolage identitaire.

Ainsi, dans la ville nouvelle de Pikine, à la périphérie de Dakar, la lutte pour le contrôle des comités de santé prend volontiers une tournure ethnique qui aboutit à « déguiser les conflits individuels de pouvoir sous des apparences plus nobles et plus mobilisatrices ». Dans le cas du poste de soins de D., un rapport relevait, en janvier 1982, que « le racisme sépare les Toucouleur et les Wolof » et que « beaucoup de tiraillements empêchent l'exécution correcte des tâches assignées à chacun des membres du bureau ». Le témoignage du chef de poste corroborait cette version : « Ce sont les Toucouleur qui nous ont donné ces complications. » Toutefois, l'examen du vote qui scella l'éviction du président wolof au profit de son concurrent toucouleur infirme une telle explication. De son propre aveu, le président sortant bénéficia de cinq voix toucouleur (56 % de ses partisans), trois voix wolof (33 %) et une voix serer (11%). Le nouvel élu se livrait quant à lui à un décompte différent : huit délégués de quartier toucouleur (54 %), cinq wolof (33 %) et deux serer (13 %) pour lui-même; deux toucouleur (67 %) et un wolof (33 %) pour son adversaire malheureux. Mais, dans les deux calculs, le vaincu wolof n'a pas recueilli plus de voix wolof, et le vainqueur toucouleur n'a pas rassemblé plus de voix toucouleur. Chacun d'eux n'invoque une lecture ethnique du scrutin que parce qu'elle est avantageuse au regard de la « politique de clans » : « Pour le président élu, le bénéfice est évident à ethniciser sa rivalité avec son prédécesseur dans des quartiers à majorité toucouleur, c'est-à-dire de son groupe ethnique, pour accroître le nombre de ceux qui le soutiennent. Pour le président sortant, faire de sa défaite personnelle un événement collectif, presque démographique, c'est amoindrir sa chute [44]. »

Quel que soit l'écho qu'elles rencontrent, quelles que soient les mobilisations passionnelles qu'elles soulèvent autour de leurs *habitus* respectifs, ces identités construites de la parenté, de l'ethnicité, de la religion ou du quartier dissimulent mal l'hétérogénéité sociale radicale que recouvrent les réseaux. La tâche des *big men* revient précisément à réaliser la synthèse d'influences composites en tenant des rôles et en assumant des fonctions multiples [45]. Travail de Sisyphe, toujours à reprendre. Un second paradoxe se fait alors jour : l'intégration politique des sociétés africaines contemporaines découle au premier chef de la marche segmentaire et parcellaire de ce lacis.

L'ÉTAT RHIZOME : RÉSEAUX ET INTÉGRATION POLITIQUE

A cet égard, l'illusion de la désarticulation des sociétés africaines, inhérente au paradigme du joug, se dévoile dans toute sa vacuité. C'est bien au contraire leur concentration poussée qui aveugle l'observateur. Et la dynamique centrale de l'assimilation réciproque des élites repose sur une incorporation plus ordinaire des groupes sociaux subordonnés dans le maillage des réseaux. B. Joinet estime par exemple que 80 % de la population tanzanienne et 99 % de ses dirigeants appartiennent à une ou plusieurs de ces chaînes horizontales de solidarité qui ont fleuri en réponse à la crise et aux pénuries des années soixante-dix [46]. Des évaluations convergentes ont été avancées pour ce qui est de l'Afrique occidentale [47]. Mais les réseaux s'étendent également sur un axe vertical, en vue de l'échange inégal de biens et de services. Ils transcendent, sans les annuler, les clivages de statut, de revenus et de pouvoir. Ils relient les « en bas du bas » aux « en haut du haut » par des flux ininterrompus d'informations, de requêtes, de dons, de célébrations symboliques rien moins que désintéressées. L'intégration des sociétés africaines est d'autant plus effective que leur taille démographique est, nous le savons, modeste. Volontiers énoncée en termes de parenté, la connaissance personnelle que les individus ont les uns des autres est souvent la règle. A défaut, la pratique du *dash* * procède immédiatement à cette personnalisation des rapports institutionnels, en particulier dans l'administration [48]. Il s'ensuit une force et une rapidité de la communication sociale parfois confondantes.

Ce qui se constate en matière de sociabilité quotidienne se vérifie dans la sphère strictement politique. Bien qu'il ne faille pas accepter sans discernement les bulletins de nouvelles de « Radio-Trottoir », les « petits » sont parfaitement au courant du manège

* *dash* : pot-de-vin (Nigeria, Ghana).

des « grands ». Ils le suivent avec une attention sceptique et font preuve d'un savoir civique indéniable, qui tranche avec la fréquente indigence des medias [49]. Les fêtes familiales, les retrouvailles villageoises, la circulation des femmes et des maîtresses, l'entrelacs des bars, des « maquis », des « chantiers » et autres « circuits * » y pourvoient pour beaucoup. En outre, l'accès au « patron », celui-ci fût-il ministre, est aussi plus aisé que dans les sociétés industrielles occidentales. Les représentations de la sorcellerie aidant, ce n'est pas sans dommage que le notable se dérobe aux « visites de courtoisie » de ses clients et de ses « pays », qu'il leur ferme sa véranda [50].

Dans ces conditions, l'extrême personnalisation des rapports de pouvoir ne s'affirme pas obligatoirement aux antipodes des processus d'institutionnalisation politique, comme l'a bien vu A. Cohen en étudiant les Créoles de Sierra Leone [51]. Au Sénégal, au Kenya, la vitalité du système de parti(s) a tendu à être proportionnelle à celle des luttes factionnelles qu'il abritait. En Tanzanie, la puissance intégratrice des réseaux va de pair avec la cristallisation d'une société politique fortement soudée autour d'une idéologie socialiste qui ne saurait être tenue pour quantité négligeable [52]. Il faut même se résigner à l'hypothèse, jadis exposée par Ibn Khâldun, selon laquelle la lutte des factions est un mode de production – et non de désintégration – du politique. Au prix d'un coût humain évidemment effrayant, le mouvement tournant, qui fait se succéder au pouvoir les entrepreneurs et les cliques politiques en compétition, légitime le cadre étatique hérité de la colonisation, en quelque sorte à l'image d'une alternance sanglante. Ce faisant, il aide à sa reproduction. De façon éloquente, nul Tchadien, nul Ougandais n'a sérieusement songé à la sécession en dix ou quinze ans d'épouvantable guerre civile. Dans sa cruauté, la contradiction n'est que superficielle car ce modèle a pour lui le poids de la longue durée. Jadis, le pouvoir se répartissait de la sorte, souvent au profit de « gens sans feu ni lieu [53] ». Et les notations de J. Vansina au sujet de l'ancien royaume de San Salvador prennent décidément une résonance très moderne :

> « Le royaume était réduit à rien et la royauté n'était plus qu'un symbole. Néanmoins, la possession du titre de chevalier et des titres de noblesse gardait un prestige fascinant et les *infantes* qui avaient

* « maquis », « chantiers », « circuits » : restaurants ou débits de nourriture, ces expressions dénotant clairement qu'ils sont des hauts lieux de la sociabilité quotidienne.

brisé le royaume continuaient toujours d'agir comme si celui-ci était toujours l'État imposant qu'il était au xvIᵉ siècle. [...] Manifestement, les processus de fragmentation qui vers 1900 formaient une structure vieille de deux siècles ne peuvent être envisagés simplement comme une " décadence ", mais comme un mode de vie, un système socio-politique structurel [54]. »

En-deçà de ces extrêmes, la centralisation politique, sur le mode de la présidentialisation progressive des régimes, s'est effectuée par l'intermédiaire d'hommes liges ou de personnalités localement influentes qui ont négocié et surveillé l'incorporation des terroirs dans· le giron de l'État. Au Nigeria, par exemple, le Sardauna, pour fédérer en un « front uni » le Nord composite, s'appuyait sur des représentants qu'il déléguait auprès des différents émirats et des minorités du Middle-Belt, et qui agissaient comme autant de portes d'accès (gateways) à ces groupes; il se servait également des liens familiaux, des classes d'âge, des camaraderies d'école, et excellait dans les relations rituelles de plaisanterie qui associent traditionnellement les ressortissants des diverses communautés de la région [55]. Des leaders comme Kwame Nkrumah, Félix Houphouët-Boigny, Ahmadou Ahidjo ou le maréchal Mobutu n'ont pas régné autrement [56]. Et le président Sassou Nguesso, talonné par les factions politico-militaires du parti, verrouille le système congolais par le truchement de sa famille : en 1984, l'ambassadeur en poste à Paris était un oncle, le directeur de cabinet de la Présidence de la République et plusieurs ministres étaient eux aussi des parents et, *last but not least,* le commissaire politique de Hydro-Congo, la société nationale d'hydrocarbures, était son frère [57].

En définitive, l'État postcolonial vit comme un rhizome, plutôt que comme un ensemble radiculaire. Pour être doté d'une historicité propre, il ne se déploie pas sur une seule dimension, à partir d'un tronc génétique, tel un chêne majestueux qui plongerait ses racines dans l'humus fondamental de l'Histoire. Il est une multiplicité protéiforme de réseaux dont les tiges souterraines relient des points épars de la société. Sa compréhension exige que l'on dépasse l'examen de ses parties aériennes – les bourgeons institutionnels – pour celui de ses racines adventives, pour l'analyse des bulbes et des tubercules dont il se nourrit en secret et dont il extrait sa vivacité. Soyons nous aussi « fatigués de l'arbre », de cette conception arborescente de l'État; à vrai dire, elle en a épuisé les théoriciens... Mieux vaut se vouer à l'intelligence « des tiges et filaments qui ont l'air de racines, ou mieux encore se connectent avec elles en pénétrant dans le tronc, quitte à les faire servir à de nouveaux usages étranges [58] ».

C'est en effet par le biais de ces réseaux rhizomatiques que se forme la boucle de rétroaction entre les sociétés africaines et les institutions postcoloniales; une boucle qui appartient au concept de système politique mais dont R. Kothari doutait justement qu'elle existât dans le contexte du tiers monde [59]. Pourtant, il y a bel et bien symétrie et interpénétration entre, d'une part, le tohu-bohu des luttes d'influence à la base des régimes et, de l'autre, les intrigues feutrées en leur sommet. Il est vrai que ces conflits factionnels représentent au sud du Sahara le principal facteur de rotation des autorités, en lieu et place d'une menace révolutionnaire à peu près inexistante [60]. Mais, quoi qu'en dise la *doxa* africaniste, la précarité des équilibres politiques nationaux n'est pas la manifestation d'une inadéquation organique de l'État, ni une preuve supplémentaire de son extranéité. Elle révèle à l'opposé son étroite symbiose avec les terroirs qui le sustentent.

En d'autres termes, la lutte factionnelle n'appartient pas en propre à la périphérie des systèmes politiques; elle n'est pas le contraire du principe centralisateur et présidentialiste qui l'a emporté sous le couvert du parti unique ou des régimes militaires. Elle est le ressort de cette évolution et se répercute au cœur de l'État dont elle est la vraie dynamique. Souvent préparée dès avant l'indépendance par les conflits d'influence au sein du mouvement nationaliste, la construction d'un ordre politique postcolonial a de la sorte consisté en l'autonomisation d'un réseau présidentiel par rapport aux factions concurrentes.

Dans quelques cas limites, le détenteur du pouvoir suprême s'est ménagé une prépondérance absolue en éliminant politiquement et physiquement ses rivaux et en renonçant à la logique de l'assimilation réciproque des élites. Recourant massivement à la coercition, le réseau présidentiel – l'on serait tenté de dire la bande – s'est arrogé l'intégralité des ressources de l'État et a absorbé à son profit le champ politique, quitte à plaquer sur celui-ci une logorrhée idéologique parfois délirante. Ce fut Ahmed Sékou Touré qui s'approcha le plus vite et au plus près de ce modèle. De « complot » en « complot », son « clan familial », qui formait « le cercle étroit des premiers bénéficiaires du régime », s'émancipa brutalement des velléités de contrôle qu'affichaient les autres segments de la classe politique, membres anciens du Parti démocratique de Guinée ou frais ralliés à celui-ci sous la pression de ses nervis et dans l'enthousiasme du « non » assené au général de Gaulle, lors du référendum constitutionnel de 1958. Ce réseau était encadré par deux demi-frères du chef de l'État, Amara et Ismaël Touré, par sa demi-sœur Fatima Touré, son cousin paternel Mamourou Touré, un autre cousin (ou, suivant les jours, neveu), Siaka Touré, et par toute une série d'autres personnages plus ou moins apparentés [61].

Néanmoins, le monopole dont parvient à jouir une bande n'est jamais sans faille. L'est-il, que celle-ci ne tarde pas à se scinder. En Guinée, précisément, le traumatisme du raid portugais sur Conakry, en novembre 1970, incita l'épouse de Sékou Touré, Andrée, née Keita, à se jeter dans la mêlée aux côtés de sa parentèle : ses demi-frères Seydou et Mamadi Keita, l'époux de sa demi-sœur cadette Moussa Diakité, et Nfanly Sangaré, le mari d'une autre demi-sœur [62]. En outre, subsistaient quelques réseaux distincts d'influence, notamment celui du Premier ministre, Louis Lansana Beavogui. Toute opposition au premier cercle du régime ayant disparu, la vie politique se bornait à une « lutte à mort que se livraient les quelques clans qui s'arrachaient le pouvoir [...] » et qui « se battaient par personnes interposées, directeurs, sous-directeurs, femmes du grand et du petit milieu [63] ». Le caractère sinistre du cas guinéen tenait à ce que cette rivalité impitoyable, savamment régulée par le chef de l'État, se déroulait aussi dans l'enceinte du camp Boiro par l'obtention, sous la torture, d'aveux insensés destinés à « prendre » tel ou tel de ces groupes ennemis [64]. A la mort du vieux dictateur, en 1984, l'incapacité des composantes factionnelles du régime à surmonter leurs animosités et à s'entendre pour régler sa succession ouvrit finalement la voie à une intervention de l'armée. La saga des Touré et des Keita s'acheva quelques mois plus tard par leur massacre en prison.

A l'inverse, le renversement de Macias Nguema par son parent Obiang Nguema, en Guinée équatoriale, fut avant tout une réaction d'auto-défense d'un clan esangui, celui des Mtumu, localisé à Mongomo, qu'avait servi le tyran lors des premières années de l'indépendance mais contre lequel il s'était soudain retourné [65]. « Le clan de Mongomo demeure toujours la structure réelle du pouvoir », estimait ainsi un diplomate occidental en 1986, quelques mois avant une nouvelle tentative de putsch, elle aussi inspirée par des ressortissants de ce terroir [66]. En ce sens, le calcul initial (ou supposé) de Macias Nguema a réussi au prix, il est vrai, de la vie de son auteur. L'extermination de l'élite du pays – 103 intellectuels furent publiquement fusillés en une seule journée sur la place Ngolayop, à Bata, beaucoup d'autres moururent en prison ou sous la torture – était destinée à « asseoir le régime, [à] assurer sa durée » : « Plus personne susceptible d'ambitionner le pouvoir, de voir clair, d'élever la voix, un petit doigt. Et dans ce désert humain il faut sans cesse étendre le pouvoir dont la succession ne se limitera qu'à la seule famille du président à vie. Ainsi régnera toujours la seule famille du " Miracle de la Guinée [équatoriale] " et se perpétuera ce régime qui baigne dans le sang et qui s'en abreuve inextinguiblement », prophétisait un détenu [67].

La plupart du temps, cependant, la compétition politique est demeurée relativement ouverte, en dépit des apparences, et l'autonomisation de la faction présidentielle a été relative. Même les leaders les plus prestigieux ont vu leur primauté, d'ailleurs chèrement acquise, être en permanence menacée par les manœuvres de réseaux concurrents, de rivaux possibles ou de dauphins pressés. A.R. Zolberg soulignait avec raison que la vigueur des partis uniques a trop souvent été perçue au travers du prisme trompeur de la mobilisation nationaliste ou des temps forts que sont traditionnellement les congrès et les consultations électorales [68]. La réalité a toujours été plus nuancée et précaire, y compris en Côte d'Ivoire, nonobstant les scores faramineux de suffrages et d'adhésions dont se targuait le PDCI, à la fin des années cinquante [69]. Et de cette fragilité de son pouvoir, Félix Houphouët-Boigny n'a cessé d'être conscient, à l'instar d'un Jomo Kenyatta ou d'un Ahmadou Ahidjo. Dès leurs premiers pas, les régimes postcoloniaux ont été hantés par l'échéance de la succession. « Il reste cependant un problème grave qui semble être le plus sérieux et qui constitue une des causes de ces agitations subversives : c'est le problème de la succession du président Houphouët-Boigny qu'on s'évertue à poser en vue de l'exploiter. Le président Houphouët-Boigny vit encore et étale une splendeur physique telle qu'il est curieux de savoir que les préoccupations d'une certaine jeunesse, le souci de bon nombre de pays étrangers que le développement de la Côte d'Ivoire chagrine, se résument à la recherche du " dauphin " qui succéderait au président Houphouët-Boigny au fauteuil présidentiel », s'exclamait M. Yacé, non pas en 1985 comme on pourrait a priori le penser, ni même en 1980 ou en 1975, mais en... 1963, lors des « complots » [70]! Et au Kenya, Tom Mboya, tué en 1969, est vraisemblablement mort de cette même obsession, un peu moins de dix ans avant que ne disparaisse le *Mzee* [71]. Ainsi s'explique le rôle majeur de la coercition et du renseignement policiers dans la maintenance des régimes : tout relâchement de la vigilance du chef de l'État risque de lui être fatal. Le marché du pouvoir est d'autant plus concurrentiel en Afrique que l'âge moyen de la mortalité y est moins élevé qu'en Europe et que l'assassinat peut encore l'abaisser inopinément.

Comme celle d'un aîné dans les sociétés lignagères ou d'un chef de réseau dans un quartier suburbain, la prééminence présidentielle est donc à son tour circonstancielle et dépend de la performance individuelle de son détenteur. Elle se gagne semaine après semaine, dans ce dur monde de l'intrigue et de la « politique de cour [72] ». De ce point de vue, une grande distinction se présente maintenant à l'esprit entre, d'une part, les présidents fondateurs qui ont réalisé leur primauté au cours du combat nationaliste, tirant généralement de celui-ci un supplément de légitimité qu'il conviendrait néanmoins de ne pas exagérer, bénéficiant surtout des avantages de la durée, source de connaissance des réseaux politiques et d'accumulation financière, et, d'autre part, les présidents successeurs, qui durent s'imposer à une classe politique jalouse et rétive, voire à leur ancien patron lorsque ce dernier avait instauré une dyarchie à la faveur de la transition. En quelque quinze années, les expériences du Kenya, du Sénégal, du Cameroun, de la Tanzanie, de la Sierra Leone, de la Guinée-Bissau, du Congo, du Niger autorisent à dégager des régularités qui préfigurent peut-être un modèle d'action [73]. Tout d'abord, nous l'avons vu, le problème de la succession s'étire largement de part et d'autre de la date fatidique à laquelle le chef de l'État se démet, meurt ou est renversé. De longues années auparavant, il convient, pour les prétendants en lice, de se placer en posture favorable. Une lutte sourde les oppose, dans l'ombre tutélaire du Prince. C'est ce qui rend si utile l'étude des « numéros deux » des différents régimes, de ces « serviteurs patrimoniaux » qui convoitent la place de leur maître ou – ce qui revient au même – sont soupçonnés de le faire [74].

Ayant déjoué les chausse-trapes de ses adversaires, l'heureux successeur, sitôt qu'il a accédé à la magistrature suprême, doit s'efforcer, en toute camaraderie, d'affaiblir ceux-ci afin d'éviter qu'ils ne tentent leur revanche. Mais il doit aussi prendre soin de ne pas les acculer au désespoir et, pour ce faire, leur offrir des sinécures rémunératrices; la crédibilité de son projet de renouveau, de libéralisation et de moralisation de la vie politique s'en trouve vite affectée. Surtout, le successeur est désormais confronté aux desseins des serviteurs patrimoniaux qui ont aidé à son ascension et qui déjà postulent son remplacement. D'autant que ceux-ci ont parfois le soutien à peine déguisé de l'ancien président et que ce premier tour peut être pipé : soit que le chef de l'État démissionnaire entende garder le contrôle du système politique par l'intermédiaire du parti dont il a conservé la présidence; soit qu'il ait jeté en pâture, à une classe politique impatiente, une fausse alternance en faveur d'une région ou d'un homme qui avaient quelque raison d'y prétendre, mais qu'il ait en sous-main prévu un transfert plus durable du pouvoir au profit de sa propre faction, à l'occasion d'un « second tour ».

En tout état de cause, le président cherche à brider les possibilités d'accumulation politique et économique des réseaux concurrents, des diverses forces politiques et des institutions. Certes, l'évolution constitutionnelle et administrative depuis l'indépendance – trop bien connue pour que nous ayons à y revenir – a progressivement répondu à cette exigence en assurant la présidentialisation et la centralisation des régimes. Mais d'autres procédures, peut-être plus décisives, ont été mises à contribution pour favoriser l'indispensable distanciation du chef de l'État. Les conflits factionnels et ethniques, en premier lieu, se sont révélés utiles à cet égard, bien que les idéologues officiels les aient stigmatisés sans répit. Ils ont assis les présidents de la République dans leur rôle de « Vieux », de « *Mzee* » – pour reprendre les surnoms déférents de Félix Houphouët-Boigny et de Jomo Kenyatta –, situé au-dessus de la mêlée politique et assumant une fonction suprême d'arbitrage. Dans cette mesure, les luttes d'influence ont fréquemment été un ingrédient nécessaire de la stabilité politique, au lieu d'en être le revers. Drapées dans les nobles habits des conflits de « lignes » (« libéralisme » *versus* « étatisme » ou « nationalisme », « continuité » *versus* « changement », etc.), elles ont été le véritable point d'équilibre des régimes en sauvegardant l'autonomie du pouvoir présidentiel, pour peu que son détenteur ait eu l'habileté de jouer constamment des « clans » les uns contre les autres [75]. Plus ou moins manipulé en aval ou en amont des consultations, le suffrage universel (le « chiffrage universel », confond un haut fonctionnaire municipal camerounais, qui a réellement tout compris) a été dans cet esprit un irremplaçable instrument d'érosion des positions occupées par les « barons » ou, si l'on est fidèle à notre métaphore botanique, un excellent rhizotome. Du reste, ce n'est pas lorsqu'elles sont les plus libres que les élections remplissent le plus mal cette mission. La « démocratisation » des systèmes ivoirien et camerounais de parti unique a ainsi confié à la base une tâche d'épuration qu'il eût été malaisé d'entreprendre de front [76].

En second lieu, les programmes d'austérité économique, que la dégradation des grands équilibres et la pression des bailleurs de fonds ont rendus inéluctables dans les années quatre-vingt, ont été à leur tour mis à profit. Maints commentateurs ne l'ont pas compris. Le démantèlement du secteur public que réclament les institutions financières internationales ne condamne pas forcément les régimes en place. En tarissant les canaux autonomes d'accumulation, sans pour autant conduire à la constitution d'un véritable marché, il conforte aussi bien la main du président qui se voit rétabli dans son rang de principal distributeur de prébendes. M. Abdou Diouf en fermant l'ONCAD, caisse noire des « barons » du Parti socialiste, M. Sassou Nguesso en lançant un « plan d'ajustement structurel », M. Houphouët-Boigny en dissolvant les sociétés d'État, en supprimant les postes de directeurs généraux, en acceptant la demande de la Banque mondiale de séparer dans les administrations les fonctions d'ordonnateur et de comptable et en rattachant à la Présidence de la République la Direction des grands travaux, ont tous trois recouvré leur latitude d'action à l'encontre d'une classe politique et d'une bureaucratie qui s'étaient financièrement émancipées du centre; ils ont repris le contrôle d'une mécanique patrimoniale qui s'était emballée, au prix d'un endettement extérieur galopant et sauvage [77]. De ce strict point de vue, les politiques d'ajustement structurel ne rompent guère, en définitive, avec les politiques de nationalisation mises en œuvre au cours des deux décennies précédentes. Par d'autres moyens, elles poursuivent les mêmes fins : la « congolisation » de l'Union minière du Haut-Katanga, en 1966-1967, privait de leurs sources naturelles de financement une éventuelle entreprise sécessionniste de la province et les activités oppositionnelles de Moïse Tshombe, en même temps qu'elle élargissait l'assiette fiscale du pouvoir de M. Mobutu et son potentiel patrimonial; pareillement, l'opération *maduka,* lancée en Tanzanie en 1976 pour juguler le commerce privé, a étouffé les notables locaux et rendu possible l'attribution des échoppes sur des critères clientélistes [78].

En troisième lieu, les campagnes de « moralisation », déclenchées dès les premières années de l'indépendance, étaient moins destinées à éradiquer la corruption ambiante qu'à endiguer la montée en puissance des groupes de « nizers » en prise directe sur les appareils de l'État. Elles dénotaient la prétention d'un réseau à confisquer à son avantage les flux prébendiers ou, en tout cas, la volonté du président d'acquérir la maîtrise du processus d'exploitation des institutions publiques, en vue de sa régulation. Aussi la dénonciation des malversations n'est-elle jamais innocente. Elle choisit ses cibles, à la manière de l'ancienne émission radiophonique gabonaise « Désinvolture », des « Dossiers de la télévision gabonaise » ou du bulletin « Makaya » du quotidien *L'Union*; en visant exclusivement les « Mamadou », tous ces ministres et hauts fonctionnaires sans scrupules, en s'arrogeant le droit de parler au nom de l'homme de la rue, le *makaya,* elle épargne *de facto* « le grand camarade Makaya d'honneur » qui « fait du bon travail, quoi! » mais est trahi par les « gros pontes » [79]. Vieille ritournelle du bon prince mal entouré, qu'ont également interprétée, non sans talent, la « petite histoire de Nalewe Kpingbin Tiecoroba » sur les ondes de la radiodiffusion nationale ivoirienne et la chronique de « Kapelwa Musonda » dans le *Times of Zambia...*

Si l'on pousse le raisonnement jusqu'au bout, l'on doit accepter l'idée que l'enrichissement personnel du président de la République est d'autant plus indispensable à l'affirmation de son autorité sur les autres réseaux en lice que ceux-ci ont abondamment prélevé sur les deniers de l'État les années précédentes. Il cesserait ainsi d'être paradoxal de voir tout nouveau président entamer son premier mandat par une sévère critique de la corruption, et ne pas attendre la fin de celui-ci pour laisser sa propre faction se livrer à une accumulation échevelée. Face aux manœuvres de la « Famille royale » de Jomo Kenyatta et des partisans de M. Ahidjo, MM. arap Moi et Biya avaient-ils le choix? Le successeur de M. Houphouët-Boigny l'aura-t-il davantage? L'exemple du capitaine Thomas Sankara qui avait discrédité la classe politique voltaïque en la traînant devant les tribunaux populaires mais qui échoua à mater ses compagnons d'armes, le cas au Nigeria de l'intègre et rédempteur général Murtala Mohammed qui mourut lui aussi assassiné, la condamnation du capitaine béninois Janvier Assogba qui avait publiquement accusé de détournement le président Kerekou en 1975, suggèrent plutôt les limites de l'angélisme en la matière, que celui-ci soit feint et purement tactique, ou sincère.

En quatrième lieu, et pour mémoire, les ressources diplomatiques, financières, militaires et logistiques que fournissent les ramifications internationales des réseaux autochtones sont cruciales pour la conquête et la conservation du pouvoir présidentiel. Dans le droit fil de la longue durée, la « politique de cour » fait la part belle aux stratégies de l'extraversion. L'environnement régional s'est ainsi trouvé impliqué dans plusieurs des péripéties de l'après-Kenyatta, tandis que la partie difficile engagée entre MM. Ahidjo et Biya, en 1983-1984, a comporté un volet inter-africain décisif, encore que mal connu. Mais peut-être le cas de la Sierra Leone a-t-il été le plus clair à ce propos, tant les intérêts libanais, sud-africains, israéliens, iraniens et européens qui se sont ouvertement mêlés à la querelle de la succession ont fini par en constituer un enjeu primordial [80].

L'analyse des phases successorales des régimes postcoloniaux infirme en définitive l'image habituelle de pouvoirs personnels qui se seraient affranchis de leurs sociétés respectives. Il y a bel et bien eu autonomisation du rôle présidentiel en deux ou trois décennies. Mais celle-ci n'a généralement pas été telle qu'elle exclue toute possibilité de censure de la part des autres factions parties prenantes à la lutte politique. De plus, les concepts de « césarisme » ou de « bonapartisme », qui ont parfois été avancés à ce propos [81], doivent être retenus dans toute la richesse de leur acception. Ce n'est pas seulement l'agencement, hypothétiquement « catastrophique », des groupes sociaux qui est ici en cause. C'est également l'émergence d'une poignée d'acteurs individuels face à une certaine forme de ce « crétinisme parlementaire » dont parlait Marx dans son *Dix-huit Brumaire*; la résistible ascension d'un homme, fût-il « bâtard », et de sa bande d'aventuriers, dont la rudesse ne cède en rien à celle des « gens sans feu ni lieu » d'antan [82]. Voilà qui devrait achever de nous déprendre de toute conception par trop éthérée de cette intégration rhizomatique des sociétés africaines.

CHAPITRE IX

La politique du ventre

Les réseaux se structurent dans l'inégalité et sont producteurs d'inégalité. Il n'y a donc aucune contradiction entre l'interprétation de l'État en termes de stratification sociale et l'analyse immanente de l'action des entrepreneurs politiques [1]. Non que cette seconde dimension soit dénuée de toute cohérence spécifique : les essais de réduction des clivages factionnels aux rapports sociaux de production sont toujours besogneux et peu convaincants [2]. Mais les stratégies des patrons de réseaux ont trait au captage des richesses, à leur accumulation ou à leur redistribution partielle. Comme telles, elles ne sont guère dissociables du processus de la recherche hégémonique.

Réseaux, domination, inégalité

G. Balandier dit de la création d'un clan, au sens anthropologique du terme, dans le contexte d'une société lignagère, qu'il s'agit d'une « entreprise politique globale mettant en cause la parenté, les droits sur les femmes, les richesses et les conventions généalogiques [3] ». *Mutatis mutandis*, il en est de même de la « politique politicienne » au sein de l'État postcolonial. Et les mécanismes qui la régissent s'ordonnent de manière assez comparable au déroulement de la compétition lignagère :

« Phase 1. – capitalisation de biens et de pouvoirs matrimoniaux.
Phase 2. – capitalisation de parents et de dépendants.
Phase 3. – capitalisation de prestige et d'influence.
Phase 4. – sécession et légitimation généalogique [4]. »

Dans ce sens, Sally Ndongo, le président de l'Union générale des travailleurs sénégalais en France, peut déclarer : « Le drame, c'est qu'au Sénégal, quand vous êtes trois, vous formez un parti et quand vous êtes cinq, les divergences surgissent [5]. » Pour mieux le comprendre, retournons à Pikine, dans la banlieue de Dakar. Un comité local du Parti socialiste est composé d'au moins cent cinquante membres; l'entrepreneur politique qui entend en créer un se doit donc de vendre ce nombre de cartes. Il y parvient de deux façons : en les plaçant autoritairement au cours d'une assemblée ou d'une fête de quartier, et en les faisant acheter par une poignée de fidèles qui inscrivent les noms d'habitants du voisinage. Le comité local du PS se trouve de la sorte géré par un bureau d'une dizaine de personnes et dirigé par un secrétaire général. Tous sont élus au cours d'une assemblée réunissant l'entourage de l'entrepreneur politique et de ses affidés qui ont pris l'initiative de la création du comité. Le vote, à main levée, entérine purement et simplement l'ascension d'un patron et de son équipe.

La deuxième étape consiste à s'emparer de la fonction de délégué de quartier. Celui-ci est à la fois l'interlocuteur obligé de l'administration et le représentant des habitants qui sont censés l'avoir choisi librement et au nom desquels il s'exprime. Devenu délégué de quartier, le secrétaire général du comité local du Parti socialiste peut cumuler les deux postes ou abandonner à son adjoint son premier mandat. Quoi qu'il en soit, il contrôle désormais étroitement la vie sociale du quartier. Il en canalise les conflits et les revendications, en règle les disputes matrimoniales et les contestations de propriété, intervient auprès des pouvoirs publics en faveur d'un habitant ou pour obtenir l'installation d'une borne-fontaine, s'empare des structures d'animation socio-économiques telles que le comité de santé, « lieu privilégié des rivalités politiques » :

« D'une part, l'élection à un " poste clé ", particulièrement à la présidence ou à la trésorerie, constitue une démonstration de pouvoir sur une zone assez étendue puisqu'un comité peut regrouper jusqu'à vingt quartiers et que les élus deviennent ainsi des super-délégués de quartiers, sinon dans leurs pouvoirs officiels, du moins dans leurs pouvoirs symboliques – ce qui revient à leur donner des pouvoirs réels. D'autre part, l'importance des sommes contrôlées par le comité confère à la partie financière de la tâche de gestion une importance considérable, autant par les possibilités d'utilisation, régulières ou non – et souvent également par l'impossibilité laissée à ses rivaux de les utiliser – que par l'utilisation réelle qui en est faite – les contraintes d'achat de médicaments, de paiement des salaires des volontaires, des règlements des frais d'entretien des postes de soin etc., ne laissant qu'une autonomie assez limitée. »

Dès lors que les positions de pouvoir au sein du parti dominant commandent l'accès à de nombreuses ressources sociales et économiques, la logique de la scission tend à prévaloir et le morcellement politique s'étend. Par exemple, les quartiers de Medina-Gounasse, à Pikine, désignés initialement par des numéros, ont parfois dû se dédoubler d'un « bis » avant de se diviser à nouveau selon les lettres de l'alphabet [6]. Le dépouillement des très riches archives du Parti socialiste du Sénégal et de l'Union progressiste sénégalaise confirme à l'envi que l'on « achète sa carte pour affirmer son appartenance à une tendance plus qu'à un parti ou, plus grave, pour clamer sa dévotion à un homme [7] ». Dans ces conditions, les opérations de recrutement des adhérents représentent un moment décisif et hautement conflictuel de la stratégie des entrepreneurs politiques [8]. Des pétitions de militants se plaignant que « la commission qui vend des cartes du parti a refusé de nous vendre des cartes [9] » submergent le siège de Dakar. De pair avec la rétention de ces précieux documents au détriment de certains candidats, des placements disproportionnés par rapport au nombre réel d'adhérents s'effectuent. Ainsi, à Kolda, en 1963, le député Yoro Kandé révélait que « de surenchères en surenchères », il avait été vendu plus de 4 500 cartes pour un total de 3 280 électeurs inscrits et une population de 6 050 habitants, « étrangers compris ». Il accusait la commission de contrôle de collusion avec son adversaire principal, Demba Koïta :

« Dès le premier jour de la vente des cartes, je dominais nettement la tendance adverse en emportant la majorité de toutes les sous-sections élues dans les trois arrondissements. Rentrées le soir, les délégations, ayant constaté les rapports de force de brousse, ont modifié leur méthode de travail car il fallait coûte que coûte me mettre en minorité, ce sont des ordres qu'ils auraient reçus. Mais de qui? Elles ne le disent pas [Yoro Kandé vise en réalité le Premier ministre, Mamadou Dia, en conflit avec le président Senghor]. Dès le lendemain matin, deuxième jour de placement, ils nous ont déroutés en nous disant qu'ils vont à Medina El Hadji où nous les avons suivis pour rassembler les militants. Ils sont allés à Sare-Yoba, c'est-à-dire dans un sens opposé à 35 kilomètres du lieu qu'il nous avait indiqué. Il a fallu à ma tendance une demi-journée de recherches pour trouver la commission à Talto, village situé à 15 kilomètres plus loin. Renseignement pris, la tendance Koïta y avait passé la nuit précédente en accord avec la commission.
« Certains militants du lieu nous ont signalé qu'on distribuait clandestinement des cartes dans les cases, ce qui se vérifia tout de

suite car sur une soixantaine de cartes vendues devant nos délégués, il y eut plus de 100 votants après. La commission refusa d'attendre les villages voisins, disant qu'elle ne pouvait donner plus d'une heure et demie de vente de cartes, alors que ce secteur qui groupe plus de 20 villages peut absorber facilement 700 cartes.

« Ainsi, les commissions, refusant tantôt de vendre les cartes aux militants, tantôt le droit de vote à d'autres, semèrent le doute dans l'esprit de tous et les troubles dans le pays. A partir de ce moment, elles ne travaillèrent plus qu'à bâtons rompus, ne suivant plus l'ordre de succession des seccos, sautant les uns et arrivant à l'improviste chez les autres. Le commandant de cercle chargé de la sécurité de la commission ne pouvait savoir lui-même où celle-ci allait dans l'arrondissement. En bref, la commission s'est arrangée pour former des sous-sections avec les quelques individus que Koïta a péniblement réussi à avoir dans le pays. »

Or les enjeux de ces compétitions et de ces fraudes sont sans doute suffisants pour que la violence soit souvent au rendez-vous : « Un de nos comités de femmes du 2o quartier de Kolda fut littéralement lapidé au cours d'une réunion dans une maison privée par le comité d'action de Koïta. Il y eut plusieurs blessés. A Tankanton, deux de nos amis furent battus et gravement blessés au cours de la vente des cartes; l'un d'eux, Diallo Hady, resta trois jours dans le coma à l'hôpital. Au marché de Kolda, une de nos militantes, Bouya Balde, vendeuse de lait, fut l'objet d'injures, de coups et blessures et de pertes matérielles importantes », poursuivait Yoro Kandé [10]. Encore aujourd'hui, il est fréquemment rappelé que l'on ne doit pas se rendre armé aux réunions du Parti socialiste. Non que les Sénégalais aient le sang particulièrement chaud. Les scènes de bagarre ponctuent la plupart des campagnes électorales dans les différents pays du continent. Au premier abord, cette acuité des luttes factionnelles au sud du Sahara paraît démesurée eu égard aux pouvoirs réels que comportent les postes livrés en pâture aux entrepreneurs politiques. Était-il, par exemple, bien raisonnable, en Côte d'Ivoire, en 1985, d'en appeler au poison et aux forces de l'invisible, ou d'acheter la totalité des réserves de carburant de sa circonscription pour en priver son rival en campagne, dans le seul espoir de conquérir un siège au sein d'une Assemblée que la prééminence du président de la République écrasait? Apparemment oui, et en pleine crise économique la classe politique ivoirienne, prise dans son ensemble, n'a pas rechigné à consacrer au rite électoral des sommes considérables, équivalant, dit-on, aux recettes d'exportation de 40 000 tonnes de cacao [11]... Dans des cultures qui valorisent la « richesse en hommes » et plient à cet objectif « la fortune en argent » (en hausa, *arzikin mutane* et *arzikin kud'i*), la constitution de ce que Malinowski nommait un « fonds de pouvoir » est en soi prisée. « La lutte d'influence consiste essentiellement à user de tous les moyens pour bâtir sa réputation et asseoir son prestige et son autorité aux dépens des autres, au mépris de la vérité et de la justice. Dans les organisations politiques, l'administration, etc., on pratique la lutte d'influence soit pour accéder ou se maintenir à des postes de responsabilité, soit pour instaurer et consolider son pouvoir personnel », écrivaient les « partisans » congolais en 1964-1965 [12]. La position conquise de haute lutte, fût-elle relativement subalterne, autorise en outre une accumulation matérielle minimale, susceptible d'être redistribuée au gré de véritables « stratégies oblatives », dans le but de contenter et d'accroître sa clientèle [13].

Toutefois, la réciprocité, symbolique ou matérielle, qu'institue la personnalisation des rapports sociaux et politiques, dans le cadre des réseaux, ne saurait être sublimée. Malinowski soutenait encore que « l'État primitif n'est pas tyrannique pour ses propres sujets » puisque « chacun est lié, réellement ou fictivement, à n'importe quelle autre personne », par le biais de la parenté, de l'appartenance clanique ou des classes d'âge [14]. On ne peut se contenter d'une conclusion aussi idyllique au sujet des sociétés africaines. Leur caractère intimiste n'est point l'antipode, ni même forcément la nuance de la domination et de l'inégalité. Si un puissant cousin peut effectivement vous procurer un emploi, un passeport ou un passe-droit, s'il peut adoucir une détention ou tout au moins communiquer une information sur le sort d'un emprisonné, s'il se doit d'aider votre enfant à entrer en classe de sixième sous peine de « gâter son nom [15] », un Ahmed Sekou Touré pouvait aussi bien s'entretenir au téléphone avec les détenus du camp Boiro que son propre demi-frère envoyait à la torture. Conversations d'un surréalisme atroce qui, parfois, se tenaient à la sortie immédiate de la « cabine technique » :

> « Alata, je voulais te dire moi-même que je suis content de tes dernières dépositions. Tu as aidé la cause et tu sais que tu peux compter sur moi.
> — Président? [...] Tenin et mon enfant?
> — Comment? Mon interlocuteur protestait.
> On ne t'a pas déjà dit que tu avais un garçon?
> — Comment l'a-t-on appelé?
> — Ta femme a dit que tu aurais voulu qu'il ait mon nom.
> J'ai accepté le parrainage. Tout a été fait.

– Après tout ce qui a été publié, après mes dépositions?
Ah, Président, comment l'enfant a-t-il pu porter ton nom?
– Cela ne change rien à mes sentiments. Tu as été trompé.
Tant que tu seras là-bas, je te promets de prendre soin de ta famille.
Veux-tu les voir? [...]. J'arrangerai une entrevue avec ta femme et
ton enfant. Calme-toi, Alata, et fais-moi confiance [16]. »

Et ce n'était point par grandeur d'âme, mais pour assurer son
pouvoir sur le pays que Léon Mba dirigeait le Gabon « à la
manière d'un chef de village », en consacrant un temps considérable à régler lui-même de multiples « petits problèmes personnels », tel ce fameux divorce du boucher et de la secrétaire [17]. A
cet égard, la taille démographique restreinte de la majorité des
États africains est un maître atout. Elle autorise à un leader au
pouvoir depuis une ou deux décennies une connaissance directe de
chaque cas individuel d'accumulation de richesse et d'influence.
Sékou Touré poussait très loin cette surveillance de l'élite sociale.
Il tenait à recevoir en personne l'étudiant de retour en Guinée,
aussi bien, d'ailleurs, que le détenu politique élargi et obligé de
« lui rendre hommage de vive voix » sous peine de passer « pour un
rancunier ». Il décidait aussi de « la répartition des revenus issus
de l'exportation de la bauxite et des trente-quatre usines qu'il
appelle pompeusement son industrie lourde », ou de l'attribution
des devises de la Banque centrale : « Rien ne se fait sans son ordre.
Aucune opération n'est engagée si elle n'a pas été prévue par lui.
Le président de la Guinée est devenu le Papa-Bondieu distribuant
mille francs CFA par ici, des feuilles de tôle, un sac de ciment,
une moto, un paquet de sucre par là [18]. » D'une certaine manière,
la stagnation économique et les pénuries ont facilité ce mode de
régulation de la société politique, plutôt qu'elles n'ont menacé le
régime.

Surtout, la redistribution, par le haut, des prébendes et des
divers avantages du pouvoir est sujette à caution. Il n'est pas exclu
que le « grand » s'en fasse un point d'honneur, selon l'éthos de la
munificence [19]. Il est plus fréquent que le partage lui soit imposé
par les séances d'épargne collective convoquées dans son terroir
d'origine et par un flot ininterrompu de quémandeurs, prompts à
manier les mots de la parenté et de la flatterie ou ceux, beaucoup
plus inquiétants, de l'accusation en sorcellerie : celui qui « se met
debout » sans que sa prospérité rejaillisse sur son réseau encourt
« la honte » et la réputation de « manger » autrui dans l'invisible; la
désapprobation sociale, l'ostracisme, voire une sentence de mort
peuvent à son tour le frapper. Mais il n'empêche que cette redistri-

bution ne s'effectue pas toujours, loin de là. La relation personnelle sur laquelle elle est censée reposer est par définition fortement inégalitaire et hiérarchisée [20]. Elle rend de plus en plus difficile la communication des doléances au fur et à mesure que le système de stratification sociale se ferme, que les *habitus* se différencient et que les acteurs dominants inclinent à la reproduction. « Avez-vous déjà vu un homme riche arrêter sa Mercedes pour " cadeauter " un homme pauvre ? Jamais. Ce sont plutôt nous, les travailleurs, qui nous occupons de nos frères et de nos amis sans boulot », rétorque à R. Jeffries un cheminot de Sekondi-Takoradi [21].

Autant dire que les luttes factionnelles n'ont pas seulement pour objet la ventilation du statut et du pouvoir. Elles ont aussi trait à celle des richesses ou, plus exactement, à celle des possibilités de réaliser une véritable accumulation primitive, au sens précis du concept, par la confiscation des moyens de production et d'échange [22]. Combats sans merci car ils se déroulent dans un double contexte de rareté matérielle et de précarité politique [23]. Quand le produit national brut est bas et quand la conservation d'une position de pouvoir dépend de la seule humeur du Prince, la tentation est grande d'exploiter au mieux et au plus vite « la situation ». D'où la prédation débridée de la part des entrepreneurs politiques et la violence dont elle s'accompagne. Il n'est pas toujours exagéré de percevoir dans les affrontements du sérail des règlements de comptes entre mafieux. Au Kenya, le député populiste Josiah Mwangi Kariuki, qui réclamait la restitution des terres, prônait le nationalisme économique, vilipendait la corruption et les inégalités sociales, fut assassiné en 1975 avec la complicité évidente, sinon de State House, du moins de la police politique, peu après avoir lancé une virulente offensive contre la Lonrho à laquelle était associée la « Famille royale ». Et ce qui fut sans doute ressenti comme une trahison de la part d'un homme riche et adulé de l'opinion publique, qui avait été le secrétaire particulier de Jomo Kenyatta, puis l'un de ses ministres, avant d'entrer en dissidence parlementaire, survenait à un moment décisif du partage des dépouilles de l'époque coloniale : au début des années soixante-dix, la récupération des « terres blanches » par un nombre restreint de grands propriétaires kenyans se terminait, le système de stratification sociale engendré et garanti par l'État se consolidait, les chances de mobilité s'amenuisaient chaque jour un peu plus [24].

Depuis 1972, la vie politique béninoise a elle aussi été ensan-glantée par le meurtre, sous prétexte de « complots » ou d'« adul-tère », de plusieurs des concurrents économiques de M. Kere-kou [25]. Quant au Guinéen Alpha-Abdoulaye Diallo, il décrit les membres du « comité révolutionnaire » chargé de le juger – si l'on peut dire – comme des « hommes de main », capables de tous les mauvais coups : « [...] Louceny Condé, policier, ancien gestion-naire de la Présidence où ses indélicatesses sont connues de tous [...] avait une vieille Mercedes qui semblait demander grâce à chaque tour de moteur. Jacques Demarchelier en possédait une autre, toute neuve. On arrête Demarchelier. Il est conduit au camp Boiro. Condé guettait. L'une des voitures prend la place de l'autre [26]. » Calomnies, imputables à une détention inique? Ce serait être naïf que d'amoindrir la portée de ce genre de témoi-gnages, dont la sérénité est souvent remarquable. En réalité, maints régimes du continent fonctionnent *vraiment* comme des « kleptocraties [27] ». Lourde d'enjeux matériels, la compétition entre les chefs de réseau ne se prive alors d'aucun moyen, pour radical qu'il soit : homicides, emprisonnements arbitraires, des-truction de villages, déplacements de populations, incendies d'immeubles abritant les traces des malversations commises.

« LES CHÈVRES BROUTENT LÀ OÙ ELLES SONT ATTACHÉES »

Nous sommes maintenant fondés à penser que la « corruption », au même titre que les conflits improprement qualifiés d'ethniques, est la manifestation banale de cette « politique du ventre ». En d'autres mots, les luttes sociales constitutives de la recherche hégémonique et de la production de l'État revêtent la forme privi-légiée d'une curée à laquelle l'ensemble des acteurs – ceux du « haut » comme ceux du « bas » – participent, dans le monde des réseaux. « *I chop, you chop* », voulait professer un parti nigérian. Certes. Mais chacun ne « mange » pas également. Nous nous sou-venons aussi de l'adage camerounais : « Les chèvres broutent là où elles sont attachées. » L'intérêt (et vraisemblablement la clef du succès) du roman de A. Kourouma est de faire sentir la véhé-mence de ces appétits et la désespérance sociale qu'engendre leur frustration [28]. Or la réalité, en l'occurrence, dépasse souvent la fic-tion. Du propre aveu de l'un de ses sous-officiers, la Force aérienne

zaïroise (FAZA) a, par exemple, été littéralement vidée de sa substance du fait des ponctions auxquelles s'est adonné son encadrement. Le personnel navigant l'a d'abord transformée en compagnie de transport aérien, pratiquant des tarifs inférieurs de moitié
à ceux de la société nationale Air Zaïre : « Avec l'argent ainsi
gagné, ils achetaient à bas prix dans l'intérieur du pays des den-
rées alimentaires qu'ils revendaient deux à trois fois plus cher à
leur retour à Kinshasa, où le coût de la vie était beaucoup plus
élevé. Avec ce nouveau système de commerce né au sein de la
force aérienne, le personnel navigant avait trouvé une énorme ressource financière. » Cependant, les agents de la maintenance
virent d'un mauvais œil ces profits dont ils étaient écartés et négli-
gèrent l'entretien des avions, « ce qui provoqua à l'époque de nombreux accidents et causa beaucoup de morts dans la famille des
navigants techniques militaires » :

> « Finalement, devant tant d'incertitudes et dans la crainte
> d'effectuer des missions à bord d'appareils qui ne pardonnaient
> plus, certains commandants de bord prirent conscience de la grave
> situation qui ne cessait d'empirer sous leurs yeux et commencèrent
> à proposer au personnel au sol de trouver des passagers pour leur
> compte, afin de gagner ne fût-ce qu'une petite somme quotidienne.
> C'est ainsi qu'avec ce système on pouvait voir décoller plusieurs fois
> par jour de Kinshasa de nombreux avions ayant à bord des passa-
> gers clandestins (environ 2 sur 5!). En effet, pour pallier le mauvais
> traitement social infligé à tous les niveaux, il fallait bien trouver une
> solution en se servant de son métier ou de son milieu de travail et en
> provoquant ainsi involontairement la ruine de la nation. Ceux qui
> avaient droit à voler à bord des avions militaires n'arrivaient même
> plus à trouver de place et, pour en avoir une, ils durent, comme les
> civils, payer une certaine somme, plus modeste d'ailleurs en raison
> de leur qualité de militaire [...]. Ce nouveau mode de vie de la force
> aérienne eut pourtant un avantage important, celui de faire dimi-
> nuer catégoriquement les accidents aériens grâce à une solide soli-
> darité Air-Sol qui s'était cimentée dans la recherche commune
> d'une amélioration économique des dures conditions de vie impo-
> sées par la minorité dominante. »

Las! Cette « solide solidarité Air-Sol » aviva la jalousie de la
chasse, *de facto* exclue de « l'alliance qui existait entre les transporteurs ». De dépit, les pilotes commencèrent à vendre les pièces
de rechange des avions et ils furent vite imités. Seul le C-130 du
« Guide » fut épargné. En raison de ce « véritable et vaste programme de pillage », la flotte ne fut bientôt plus en état de voler.
Le désarroi s'installa au sein de la FAZA, soudain dépourvue de
ses revenus annexes. Il importait donc de « découvrir un autre système pour la compensation » :

« Ce fut vite chose faite et tous les matins, pilotes et mécaniciens arrivèrent à la base et remorquèrent deux avions jusqu'au distributeur de l'Air Zaïre pour le ravitaillement complet. Une fois le plein terminé, ils ramenaient les avions dans le hangar pour vider tous les réservoirs. La première clientèle de ces petites opérations ne fut autre que les épouses des militaires du camp d'entraînement de CETA qui leur achetaient le carburant deux fois moins cher le litre et allaient le revendre au prix de la station dans les zones de Masina et Kimbaseke et plus particulièrement à Kisangani. Cette pratique de vente ne tarda pas à devenir officielle vis-à-vis des chefs car tout se déroulait à visage découvert, tous les jours l'entrée principale de la base aérienne de Ndjili était inondée de fûts vides, de grands bidons et de récipients de tout genre sous le regard jaloux des gardes qui, sans corruption, n'auraient jamais laissé passer ces nombreux clients qu'ils aidaient même à transporter les fûts dans le hangar et même jusqu'à la sortie. »

Témoignage intéressant par-delà son pittoresque et son humour. Il montre combien la « corruption » est une modalité de la lutte sociale, au sens plein du terme, et combien elle repose sur une vive conscience politique de l'inégalité :

« Pendant toutes ces opérations, les causeries ne manquèrent jamais et en particulier n'épargnèrent pas la malhonnêteté de l'autorité établie qui ne se décidait toujours pas à traiter convenablement son peuple. Tout le monde murmurait : " Il est impossible de vivre avec ce grand chacal, il doit partir et laisser la place à une autre personne qui fera peut-être mieux "; " Ce n'est pas possible de vivre dans ce pays à nous, les militaires. Nous sommes si mal traités avec nos familles quand tout le monde croit que nous sommes les ayant-droit de Mobutu. " Ces propos étaient partagés dans tous les milieux militaires du pays, même par les militaires les plus illettrés qui vomissaient le Guide, et surtout par les anciens de la force publique coloniale qui avaient la nostalgie de cette époque, et par ceux qui avaient démarré dans les rangs de l'ANC jusqu'au jour malheureux qui a conduit Mobutu à la guide de notre pays, le 24 novembre 1965. En effet, sous le mandat de Monsieur Joseph Kasa-Vubu, notre premier président de la République, le traitement était équitable dans toute l'armée et dans les autres secteurs, public ou privé, alors qu'aujourd'hui l'enfant de Mademoiselle Yemo se taille la part du lion en tenant tout son peuple en otage [29]. »

Le tableau que dresse A. Morice de la Guinée de 1985 – après la mort de Sékou Touré, avant l'entrée en scène du Fonds monétaire international – corrobore ces hypothèses. L'irruption des militaires, peu après les funérailles du vieux leader, a eu pour principal effet de mettre fin au monopole mafieux de la bande au pouvoir depuis vingt-cinq ans. Elle s'est soldée par la libéralisation et, pourrait-on dire, la dérégulation du pillage de l'État. Révolution politique s'il en est. Non que les bénéficiaires du régime précédent aient perdu l'intégralité de leur mise. Si les principaux dignitaires du clan Touré ont été exterminés en catimini après quelques mois de détention, la plus grande partie des hauts fonctionnaires, « rompus aux trafics et aux influences », sont restés en place et ont pu injecter dans l'économie les avoirs considérables qu'ils avaient amassés par-devers eux dans les années soixante-dix, grâce au marché noir et à la contrebande des diamants. Néanmoins, le président Lansana Conté a dû entériner « la revendication de tous les groupes, auparavant brimés, d'accéder au partage des richesses et des postes ». Cette surenchère, « potentiellement explosive », a entraîné « l'aggravation des clivages entre fonctionnaires et privés, civils et militaires, habitants de la capitale et des régions, résidents et exilés, ainsi qu'entre les groupes ethniques ». A l'intérieur même de ces groupes et de ces réseaux sont apparues « comme un ensemble de relations ambivalentes et dialectiques, où les forces sociales sont en permanence contraintes de se définir les unes par rapport aux autres, à la fois comme complices et comme adversaires » [30].

Sur la corruption des fonctionnaires, sur les détournements massifs des biens et des équipements dans les entreprises, le port et les administrations, s'est greffé ce que le quotidien national nomme le « ballet indescriptible » du commerce [31]. Ainsi qu'au Zaïre, ces activités économiques informelles se confondent dans les faits avec la pratique de l'État; les deux sphères sont indissociables. En outre, les stratégies de simple survie de la part de la majorité de la population sont de même nature que les stratégies d'accumulation poursuivies par une minorité d'opérateurs dominants. Entre ces deux catégories d'acteurs, la frontière est d'ailleurs ténue. Les aléas de la conjoncture, les manœuvres des réseaux concurrents, sous prétexte de moralisation politique et de respect d'une légalité que chacun enfreint, peuvent à tout moment défaire les patrimoines, à l'instar de ce qui s'est produit à Conakry, en juillet 1985, avec le saccage des magasins malinké, à la suite d'une tentative de putsch [32].

Contrairement à ce que veut une imagerie ingénue, la corruption, la prédation ne sont donc pas l'apanage des puissants [33]. Elles sont des conduites politiques et sociales que se partagent la pluralité des acteurs, sur une plus ou moins grande échelle. Symbole admirable, en définitive, que celui de la ligne à haute tension – « la plus longue du monde » – reliant les barrages d'Inga au Shaba : les villageois l'ont dépecée de ses cornières pour construire lits, pelles et autres outils. Sa « cannibalisation » au jour le jour a été le contrepoint modeste et populaire des profits formidables qu'a procurés aux opérateurs étrangers et aux décideurs zaïrois la réalisation de l'inutile et grandiose projet [34]. Seulement, la célébration, inégalitaire par définition, du *cargo cult* de l'État postcolonial laisse aux acteurs dominants les moyens de défendre, les armes à la main, leurs intérêts matériels tout en se réclamant des idéaux plus nobles du développement et de l'ordre public. En ce sens, la « politique du ventre », en Afrique, est bien une affaire de vie ou de mort. De vie si l'on parvient à prélever sa part du « gâteau national » sans se faire prendre. De mort si l'on doit se contenter d'un hypothétique salaire qui nourrira la famille les trois premiers jours du mois, si l'on rate le coup salvateur, si l'on se laisse surprendre et abattre par des concurrents, fussent-ils revêtus des oripeaux de l'usage légitime de la coercition. Tel fut, au Zaïre, le triste sort des gens de Katekelayi et de Luamuela, victimes, en juillet 1979, de fusillades provoquées par des unités militaires relevant directement du gouvernement central et de la Société minière de Bakwanga, la MIBA. La plupart de ces exploitants de diamants s'acquittaient pourtant de redevances auprès des autorités coutumières et des forces de l'ordre locales, et s'estimaient en situation régulière :

> « Lorsque les militaires sont arrivés, ils se sont placés le dos tourné à la colline de manière à ne nous laisser comme possibilité de fuite que la traversée de la rivière Mbuji-Mayi. Puis ils nous ont sommés de nous rendre un à un en remettant nos pierres aux adjudants. Nous n'avons pas bougé. Les militaires qui creusent le diamant pour le colonel, commandant de la gendarmerie régionale, ceux qui nous font payer les tickets d'exploitation et ceux qui sont là soi-disant pour nous protéger (ils sont tous en civil) et perçoivent des rétributions en diamant, nous ont poussés à réagir. Nous n'avons pas bougé. Comme le temps passait, les adjudants ont donné l'ordre de tirer dans la foule, ce qui fut fait. Il y en a qui sont tombés. Sous la panique, les survivants se sont partagés en deux groupes, une partie s'est jetée dans l'eau pour tenter la traversée à la nage, une autre s'est frayé le passage à travers la colonne des militaires. C'est alors que des coups de feu se sont multipliés. Des hommes tombaient comme des mouches. Les gendarmes déshabillaient des victimes pour prendre des pierres précieuses [...]. Au Kasaï-oriental, c'est devenu normal que la gendarmerie tire sur les exploitants clandestins et massacre lâchement les jeunes gens et les chômeurs qui n'ont pas un autre moyen de vivre dans une ville où il n'y a comme indus-

trie que la MIBA [...]. La situation est d'autant plus grave que nous sommes convaincus que nous exploitons officiellement le diamant. En effet, l'armée zaïroise perçoit des droits d'exploitation de 5 Z pour les exploitants clandestins et 20 Z pour les trafiquants. En plus de cela, les militaires se relaient sur les lieux de l'exploitation et perçoivent du diamant pour nous laisser continuer. Mais à notre plus grande surprise, alors que nous croyons qu'ils reçoivent les ordres d'un même chef, lorsque les équipes de remplacement arrivent, elles se heurtent aux équipes sortantes. De plus, quelle n'est pas notre surprise lorsque, à l'arrivée du choc (militaires + agents MIBA), les militaires qui nous encadrent, ceux qui travaillent aux puits du commandant de la gendarmerie, ceux qui exploitent avec nous et ceux qui perçoivent les droits d'exploitation et d'achat de diamant, ou bien se camouflent ou s'enfuient, ou bien ressitent [sic] [35]. »

Ce récit d'un témoin prend toute sa signification si l'on se souvient que le maréchal Mobutu, sa famille et la hiérarchie politico-militaire du régime sont personnellement intéressés à la commercialisation du diamant [36]. Dans des contextes de ce type, la lutte sociale est un jeu à somme nulle qui ne donne de salut que celui, cumulatif, du pouvoir. Qu'il soit plus aisé de s'enrichir à son ombre qu'à partir d'une position de dépendance et de dénuement est une évidence, mais une évidence à laquelle on peut aisément ne pas survivre en Afrique. Il y aurait naturellement quelque exagération à étendre ce théorème à l'ensemble du continent, de manière trop catégorique. Le partage du butin est moins cruel au Sénégal, en Côte d'Ivoire, au Gabon ou, surtout, en Tanzanie. Cependant, l'on retrouve dans ce dernier pays un cas étrangement comparable à celui du Kasaï-Oriental, à cette différence près – et elle est essentielle – que l'issue en paraît pour le moment non tragique. Dans les districts de Kahama et de Nzega, des chercheurs d'or demandaient au gouvernement, en 1988, de sanctionner les responsables de la State Mining Corporation (STAMICO) et de l'administration locale, coupables, selon eux, d'exportation illégale du précieux métal. Eux-mêmes avouaient opérer de façon illicite, mais ils en accusaient les dirigeants de la STAMICO, soucieux de « s'assurer le monopole d'exploitation de ces régions à des fins personnelles » : « Des experts chargés des affaires minières seraient impliqués dans des " trafics " et des " rackets "; ils emploieraient notamment, sur des exploitations illégales, les policiers chargés d'en interdire l'accès aux mineurs locaux [37] ». Et la conversion, en quelques années, du Kenya ou du Cameroun à l'économie de prédation suggère que le seuil est aisé à franchir, d'un stade à l'autre de la « politique du ventre »

De surcroît, il en est de la délinquance comme de la corruption. Nonobstant le discours des puissants et l'exaspération des « quartiers », elle nécessite d'être comprise pour ce qu'elle est : un mode de conquête brutal, par une minorité agissante et désespérée, des richesses de l'État. Cette caractérisation politique du vol et du crime risque de surprendre et de choquer. Est-il pourtant concevable d'y renoncer lorsque l'on garde en mémoire les propres penchants délictueux des autorités? Par ailleurs, le sous-emploi récurrent interdit aux désargentés l'acquisition des biens de l'époque (d'autant plus prisés qu'ils sont importés) et le choix d'une épouse (condition *sine qua non* de la reconnaissance sociale). Les frustrations * qu'engendre l'économie de survie et de prédation sont telles qu'elles acculent maints « petits » à des choix radicaux : sombrer dans la démence, à l'image de ce chômeur qui, à Douala, se trancha le sexe parce qu'il n'avait « jamais eu assez d'argent pour mériter une femme [38] », ou saisir par la force ce que la société leur dénie.

Les « en haut du haut » ne s'y trompent pas et de plus en plus vivent dans une fièvre obsidionale, protégés par leurs *askaris* **. Ils perçoivent le banditisme comme une menace politique contre leur séniorité absolue, menace qui, pour l'essentiel, proviendrait des « jeunes », des « cadets », des « petits ». « Nous avons encore la mémoire fraîche au sujet des débuts du terrorisme dans le département. Ces débuts furent l'œuvre des jeunes », s'écriait en 1972 le président de la section du Wouri de l'Union nationale camerounaise, en faisant allusion à la rébellion upéciste des années cinquante [39]. A cette époque, les colons de Douala avaient déjà établi le rapprochement entre l'agitation nationaliste et la criminalité [40]. Plus généralement, la bureaucratie européenne, tout à ses projets de « seconde occupation », traumatisée par les premières grandes grèves du continent, a souvent réagi à partir des années trente en s'efforçant de coopter une classe ouvrière stable, disciplinée, relativement bien rémunérée, et en cherchant à l'isoler de ce qui lui paraissait devenir le danger social majeur, le lumpenprolétariat de la main-d'œuvre temporaire. Devenu ministre du Travail, le syndicaliste kenyan Tom Mboya reprit par exemple à son compte ce raisonnement [41]. Et, aujourd'hui, dans le nord du Nigeria, les *sarakuna* associent pareillement le spectre des soulèvements millénaristes des *'yan*

* Encore une fois, frustrations sociales car, pour le reste, la culture du marivaudage et le « commerce de la chair » y pourvoient.
** *askaris* : gardes.

tatsini à la croissance de la couche urbaine des *gardawa*, ces élèves coraniques vivant jadis de la charité islamique et de travaux saisonniers [42].

A bien des égards, la pègre juvénile a réussi là où ont échoué les révoltes paysannes et les cortèges syndicaux. Dans plusieurs des métropoles du continent, elle a instauré de manière durable un véritable « équilibre catastrophique » et n'a laissé de choix aux nantis que la systématisation de la coercition. Poursuivis par une police impitoyable – quand elle n'est pas complice –, soumis à la dure loi du lynchage, les voleurs n'ont d'autre alternative que de « tuer ou être tués [43] ». Leur nombre prolifère néanmoins. Statistiquement, le banditisme est devenu l'un des principaux « modes populaires d'action politique » en usage au sud du Sahara, si l'on admet que les procédures énonciatives de l'État ont d'abord trait à la répartition de la richesse. « [...] On peut mobiliser toute l'armée dont nous disposons, on ne pourra pas arrêter tous les enfants * délinquants [...] parce que le nombre de ces enfants est supérieur à tout ce que nous avons comme maintien de l'ordre », reconnaissait l'un des dignitaires du régime camerounais, en 1971 [44].

En vérité, le problème ne se pose pas exactement de cette manière. L'espace de la légalité ne se différencie pas aussi nettement de celui du délit et du crime. Nombre d'acteurs respectables le quittent à intervalles réguliers, pressés par l'urgence d'une traite à payer, d'une célébration familiale à subventionner ou d'une convoitise trop longtemps inassouvie. Pour peu que la justice ne les frappe pas à ce moment précis, ils retournent dans le giron de la loi, ni vus ni pris, jusqu'à une prochaine transgression. Lors des émeutes de Banjul en 1981, de Nairobi en 1982 ou de Dakar en 1988, d'honorables pères de famille se sont ainsi rangés aux côtés du lumpenprolétariat pour piller les boutiques éventrées. Quant à la délinquance économique, elle est monnaie courante dans toutes les entreprises. Mais, à l'inverse, les membres des gangs urbains se sont installés dans le milieu à petits pas, presque en zigzag, et leur entrée en délinquance ne permet pas de préjuger de leur marginalisation définitive [45]. Temporaire, la déviance contemporaine n'est pas sans évoquer ces cures de lait, de viande et de violence par lesquelles les jeunes guerriers acquéraient autrefois leur statut d'adulte dans la hiérarchie sociale. Irrévocable ou durable, elle prolonge le banditisme rural ancestral [46].

* Au sens subsaharien du terme : les jeunes.

Tout compte fait, la « politique du ventre » se place dans l'exacte continuité des conflits d'antan. Ce qui est en jeu, aujourd'hui comme hier, c'est l'exclusivité des richesses à laquelle aspirent les tenants de la séniorité absolue. Cette prétention, les jeunes la combattent. Il est peut-être encore plus révélateur que les femmes ne s'en accommodent pas davantage en livrant aux hommes une authentique « guerre des sexes [47] ». A nouveau, la morale ne s'en trouve pas forcément sauve et l'émancipation des jeunes filles, leur promotion économique passent volontiers par le négoce de leur corps, en même temps que par d'autres commerces, par une activité industrielle ou par le travail de la terre [48]. Avec le déferlement sur le continent des maladies sexuellement transmissibles et les suites tragiques de l'une d'entre elles, il se vérifie à nouveau que « manger » est une question de vie ou de mort au sud du Sahara. Il faut toutefois s'assurer, *in fine*, que cette question est bien politique, selon une acception un tant soit peu rigoureuse de l'épithète.

L'ÉMERGENCE D'UN ESPACE POLITIQUE

Loin de nous, en effet, la tentation, trop souvent triomphante, de réduire les acteurs sociaux africains à la qualité d'enzymes gloutons, animés du seul désir de se repaître de la modernité occidentale et prompts à le satisfaire. L'expression de « politique du ventre » doit être prise dans la plénitude de sa signification. Il ne s'agit pas seulement de « ventre » mais aussi de « politique ». Et cette « *african way of politics* » témoigne d'un éthos qui n'est pas obligatoirement celui du lucre. Redistribuées, les ressources amassées fournissent au prestige de l'homme de pouvoir et font de lui un « homme d'honneur » (*samba linguer* en wolof) [49]. Sous cette condition, la prospérité matérielle est une éminente vertu politique, au lieu d'être un objet de blâme. « Il ne possédait rien, même pas une bicyclette », s'écria un jour M. Houphouët-Boigny pour disqualifier un adversaire [50]. Il se targuait d'avoir importé la première Cadillac du pays, au grand dam du gouverneur Péchoux. Et l'on se souvient qu'il écrasa de sa magnificence, en un discours fleuve, les enseignants en grève :« Les gens s'étonnent que j'aime l'or. C'est parce que je suis né dedans [51]. » Ces fiertés s'entendent également au Kenya. Sans doute M. Oloitipitip, ministre de M. arap Moi, en rajoutait-il un peu quand il lançait, fidèle à sa truculence habituelle : « Je suis un Maasaï. J'ai de l'argent. Je ne vends pas des poulets [...]. Je suis capable de dépenser 150 millions de shillings de ma propre poche pour le mariage de mon fils [...]. J'ai six voitures, deux grandes maisons, douze épouses et soixante-sept enfants », ou quand il disait des opposants : « Ces gens ne sont pas des petits; ce sont des gens avec de grands estomacs comme Oloitipitip [52] ». Mais Jomo Kenyatta avait semblablement apostrophé un nationaliste radical qui le contestait : « Regarde Kungu Karumba, il a investi dans les bus, il a gagné de l'argent, et toi, qu'as-tu fait pour toi-même depuis l'indépendance? » Dès l'entre-deux-guerres, il avait quant à lui monnayé sa nomination au poste de secrétaire permanent de la Kikuyu Central Association contre un salaire équivalent à celui qu'il touchait de la municipalité de Nairobi, une allocation supplémentaire destinée à couvrir ses frais de représentation et une moto. « Kenyatta était un fanfaron, un buveur et un grand tombeur (womanizer), mais il connaissait très bien son travail. Il aimait la netteté et était toujours très bien vêtu. Il était dépensier, mais aussi il savait marcher avec courage », raconte un témoin de l'époque. Enfin, le député populiste J.M. Kariuki, quarante ans plus tard, n'eut point à dissimuler son aisance pour gagner sa crédibilité auprès des *wananchi* * [53].

D'autres figures, celles par exemple de Nnamdi Azikiwe au Nigeria ou du maréchal Mobutu au Zaïre, confirment que la fortune est l'attribut du vrai chef, parfois parce que l'on espère qu'elle le dissuadera d'abuser de sa charge [54]. Il peut alors être bon que la corpulence physique l'atteste, et de ce point de vue également l'expression de « politique du ventre » revêt une portée symbolique beaucoup plus riche que ne l'indique de prime abord sa connotation polémique. C'est en définitive que la richesse est le signe potentiel d'un accord avec les forces du cosmos [55]. Manifestation par nature équivoque. Elle dénonce aussi bien les agissements en sorcellerie, notamment quand l'enrichissement ne reçoit pas d'explication évidente et ne profite pas à autrui. Des hommes politiques peuvent donc se situer sur un autre registre, capitaliser l'exaspération populaire à l'encontre des « acquéreurs » et faire montre de leur modestie personnelle, à l'image d'un Jerry Rawlings, d'un Thomas Sankara ou, au Cameroun, d'un Bernard Fonlon qui roulait en Coccinelle jusqu'à ce que M. Ahidjo lui intimât l'ordre de prendre dans le parc ministériel une Mercedes.

* *wananchi* : les enfants du pays, les citoyens.

Les phénomènes sociaux que le sens commun occidental décrit en termes de corruption de l'État et de décadence politique *(political decay)* se placent de la sorte au cœur de la Cité. Ils en révèlent les luttes sociales, l'indétermination relative et, pour tout dire, la culture morale qui condamne et parfois empêche l'accaparement du pouvoir et de ses fruits, qui nourrit une certaine idée de la liberté dans la hiérarchie, qui frappe d'illégitimité une certaine forme d'injustice sociale. Autant reconnaître qu'ils meublent les concepts génériques de démocratie, d'autoritarisme, de totalitarisme ou d'État de la seule véridicité qui peut être leur au sud du Sahara : celle que produit l'Histoire, celle que dessine la trajectoire de la longue durée.

Non que les Africains n'aient pas simultanément adopté d'autres représentations, importées d'Europe, d'Amérique ou d'Asie. Ils adhèrent pour sûr au libéralisme, au marxisme-léninisme, au christianisme, quitte à les hybrider avec divers répertoires autochtones du politique. Le plurilinguisme et la pluriglossie dans laquelle ils se meuvent avec une agilité assez remarquable et qui fait que, par exemple, Bertille, une petite Brazzavilloise de treize ans, parle le lari avec ses parents, s'exprime parfaitement en français et aisément en munukutuba, connaît l'anglais scolaire... et pense en lingala!, cette plasticité se répercute dans le champ de l'État.

Elle permit à Charles Njonjo, vêtu de son traditionnel costume trois-pièces de banquier de la City, de danser sans complexe avec les vieilles paysannes kikuyu de sa circonscription lorsqu'il eut décidé d'abandonner son poste d'*attorney general* et de briguer un siège parlementaire. Elle permit également à Alhaji Sir Ahmadu Bello de marier ascendant aristocratique, réformisme bureaucratique et piété musulmane. Les acteurs puisent de la sorte dans une pluralité de « genres discursifs » du politique – définis par Mikhaïl Bakhtine comme des types relativement stables d'énoncés, combinant de façon spécifique le temps et l'espace [56] – et ils les entrecroisent en un tissage serré. Nous l'avions saisi d'emblée : ces procédures quotidiennes de créolisation, plutôt qu'elles ne trahissent une aliénation culturelle inhérente à l'extranéité supposée de l'État, dénotent une réelle intériorité idéologique qui inspire des innovations institutionnelles ou administratives dans le pur registre constitutionnel et bureaucratique du pouvoir [57].

Cette situation de pluralisme culturel et de pluriglossie n'est pas idéale. Elle est source de contradictions, de déchirements, de souffrances que, par exemple, les chrétiens kikuyu astreints au serment mau-mau, dans les années cinquante, ont vécus dans leur chair [58]. Cependant, le métissage politique mène à l'invention de modernités étatiques particulières qui circonscrivent le partage du « gâteau national » et contiennent la conception cynégétique du pouvoir. De fait, la curée du butin postcolonial ne s'effectue pas en marge de toute règle, à la seule force du poignet ou de la violence. Elle est au moins partiellement soumise à une médiation politique irréductible, tout à la fois institutionnelle et idéologique, que les auteurs marxistes ont généralement niée mais dont divers épisodes événementiels nous ont déjà suggéré la prégnance. Après tout, au Kenya, la « Famille royale » et ses alliés se sont efforcés de barrer la route à M. arap Moi en lançant une campagne « *Change the Constitution* ». Il est possible qu'ils aient envisagé des moyens plus expéditifs, ainsi que l'ont par la suite affirmé les partisans du nouveau président, mais sans pour autant juger superflue l'invocation de cette dimension institutionnelle [59]. De même, au Cameroun, le thème de la « légalité républicaine » a été un puissant instrument de mobilisation de l'opinion contre les desseins de M. Ahidjo lorsque celui-ci entreprit sa tentative de coup d'État, constitutionnelle puis militaire, les 18 et 19 juin 1983. Et, au Sénégal ou en Côte d'Ivoire, la révision de la Constitution a été un mécanisme appréciable de régulation de la succession présidentielle, qu'il serait aussi absurde de tenir pour nul et non avenu que d'embellir. Autant d'indices qui décèlent la cristallisation de véritables sociétés politiques, dotées de personnels dirigeants relativement stables et d'un nombre limité de schèmes d'action. La prévisibilité de leur évolution s'en voit accrue, contrairement à ce que postulent R.H. Jackson et C.G. Rosberg [60].

En moins d'un siècle, des espaces politiques se sont donc constitués autour de l'État, à la faveur du changement d'échelle colonial. Leur consistance propre, d'ailleurs variable, ne doit être ni exagérée, ni mésestimée. Elle tient à plusieurs types de processus.

Tout d'abord, la technologie occidentale, avec ses routes, ses avions, ses téléphones, ses ordinateurs, ses armes, a rendu possible l'unification territoriale. Une fois que l'on a dit cela, à la manière de K. Deutsch [61], l'on n'a encore rien dit. Mieux vaut préciser l'usage politique dont cette technologie fait l'objet : comment M. Ahidjo a repoussé la réalisation de l'axe routier Douala-Yaoundé pour entraver la poussée bamiléké et maintenir le morcellement humain du Sud, comment le maréchal Mobutu a tenu à construire « la ligne de haute tension la plus longue du monde » pour détenir « l'interrupteur qui commande l'alimentation énergétique du Shaba », soupçonné de velléités sécessionnistes [62].

Ensuite, l'espace de l'État est fabriqué par le biais de la coercition, dont les autorités postcoloniales ne sont pas plus avares que leurs prédécesseurs. La domination s'exerce sans ambages, d'autant qu'elle se trouve précisément facilitée par toutes ces innovations technologiques. Travail forcé sous prétexte d'investissement humain, rafles et autres « ratissages » à des fins de vérification fiscale, rapatriement autoritaire dans les campagnes de citadins sans emploi, lutte contre les « encombrements humains » et les « indésirables » dans le centre des villes, regroupement de villages et « déguerpissement » de quartiers *manu militari*, participation obligée à d'interminables manifestations de soutien et séances d' « animation », administration de rituels néo-traditionnels de soumission politique, adhésion *de facto* ou *de jure* obligatoire au parti unique ou dominant, imposition de codes symboliques – en particulier vestimentaires et gestuels – discriminants, bastonnades, flagellations et massacres, tortures, délation, exécutions publiques, emprisonnements extra-judiciaires : par forces de l'ordre et mouchards interposés, les gens de pouvoir pratiquent un contrôle musclé des populations qu'ils veulent s'assujettir, jusqu'à se comporter en véritables puissances d'occupation militaire [63]. L'État est donc imposé, au sens le plus élémentaire du terme. « Nous sommes comme des femmes. Si quelqu'un vient de la ville pour nous dire quoi faire, nous pouvons seulement dire oui », confessent les villageois [64]. De son côté, le chanteur nigérian Fela Ransome Kuti vitupère, à son habitude : « [...] Les soldats fouettaient les gens dans la rue. Ouais, des soldats qui frappent des culs avec leurs fouets! Dis-moi où tu trouves pareille merde au monde! En Afrique du Sud? Même pas [65]! » A nouveau, il convient de ne pas se voiler la face. Cette intégration politique prisée des auteurs structuro-fonctionnalistes américains sanctionne au premier chef un travail policier de chaque instant. M.G. Schatzberg a ainsi montré comment le Centre national de documentation, autonome envers la hiérarchie politico-administrative et prenant ses ordres directement auprès du maréchal Mobutu, est un rouage crucial du régime zaïrois. Non seulement il est un instrument efficace d'intimidation et de surveillance, mais encore il est un canal réel de rétroaction politique entre le bas et le haut de la société, dans la mesure où il fournit au pouvoir les informations provin-

La politique du ventre

ciales dont celui-ci a besoin, quitte à conclure ses rapports innombrables du laconique : « La situation est calme [66]. » M. Vunduawe
Te Pemako, commissaire d'État à l'administration territoriale, le
déclarait en 1982 : « Si, malgré la crise, il y a une chose qui
marche bien au Zaïre, ce sont nos services de renseignement [67]! »
Au Cameroun, dans les années soixante-dix, la Sûreté nationale
assumait un rôle comparable, participant activement à la sélection
des candidats investis par le parti en vue des diverses élections,
observant les réunions associatives ou les célébrations religieuses
avec suffisamment d'ostentation pour que ses agents fussent
souvent identifiés et considérés comme les représentants officiels
de la légalité. Les tâches d'investigation au sujet des individus
soupçonnés d'opposition étaient vite laissées à la très redoutable
Direction générale des études et de la documentation dont la Brigade mixte mobile avait acquis une réputation sinistre en matière
de torture [68]. Selon le témoignage de Wole Soyinka, l'importance
des services de sécurité n'est pas moindre au Nigeria, en dépit du
plus « juste » rapport qui lie l'État à la société civile [69]. Et l'instruction de l'affaire Njonjo a également mis en lumière leur omni-
présence au Kenya [70].

L'essentiel, pourtant, ne réside pas dans ces formes de l'oppression sociale. Ou, plus précisément, celles-ci n'atteignent leur efficace qu'en complément d'autres procédures de totalisation étatique. Les unes sont de nature économique et financière : l'État, en
Afrique, s'il n'est pas un « marché » au sens libéral du concept, est
au moins un « entrepôt » que régit une interconnexion minimale.
Les autres sont politiques et nous concernent plus explicitement.
Bon an mal an, la régulation hautement personnalisée de l'État-
rhizome par le président de la République s'en remet à l'entremise
de l'administration qui a presque partout supplanté le parti en tant
que moyen de gouvernement. Or celle-ci est demeurée dans
l'ensemble fidèle, sinon à l'esprit, du moins à la lettre du modèle
bureaucratique d'origine étrangère. Son formalisme est même parfois proverbial. Serviteurs patrimoniaux en prise directe avec le
Prince dont ils sont souvent les « gateways » que nous avons précédemment évoqués, veillant pour le compte de ce dernier à la
docilité des régions, les cadres de l'administration territoriale n'en
agissent pas moins par le truchement d'un code et d'une rationalité qui aspirent à l'universalité. Excellents locuteurs de l'idiome
weberien, ils le pratiquent avec zèle pour le bien d'un pouvoir qui,
souvent, ressortit à un autre type de légitimité [71].

Apparaît alors la dynamique centrale qui concourt à la genèse de l'espace étatique. En un siècle de domination européenne ou créole, de lutte anticoloniale et de gestion postcoloniale, des « problématiques légitimes » se sont affirmées, qui délimitent le « champ du pensable politiquement [72] ». Des schèmes d'action se sont stabilisés, des répertoires se sont noués, des genres discursifs se sont fixés, hors desquels il est de moins en moins concevable de peser sur la production des sociétés et qui participent indissolublement de celle-là. C'est la raison pour laquelle la teneur de la vie politique diffère tant d'un pays subsaharien à l'autre. Elle est l'aboutissement d'un enchaînement singulier d'événements historiques par rapport auxquels les acteurs se situent inévitablement, bien que de manière contradictoire. « Événements traumatismes », avons-nous écrit à plusieurs reprises dans le sillage de M. Vovelle [73]. Les affrontements inter-ethniques de 1959 et la révolution de 1963 au Congo, la lutte armée au Kenya, au Cameroun, au Zimbabwe et dans les anciennes colonies portugaises, la succession historique qui, au Zaïre, relie les rébellions de 1964-1965 aux révoltes de l'entre-deux-guerres et aux prophétismes d'antan, les « complots » de 1963 et 1964 en Côte d'Ivoire, les grandes jacqueries millénaristes et les principales mobilisations ouvrières en sont des archétypes.

Mais il est une capitalisation événementielle moins dramatique qui façonne elle aussi les « problématiques légitimes » contemporaines. Les incessantes réformes administratives du colonisateur et de ses successeurs, les conciliabules de terroir, les aléas de la conjoncture économique, la tradition orale des sociétés locales appartiennent à la mémoire historique dont sont tributaires les acteurs sociaux. Surtout, l'application de métalangages idéologiques a eu, dans une certaine mesure, les effets escomptés. « Au commencement était le Verbe. Les leaders africains espèrent que (les) mots créeront la vie, que le concept de parti unique se transformera en unité nationale, en autorité effective, en État ordonné. Ils espèrent qu'un jour le Verbe se fera chair », relevait A.R. Zolberg, un brin sceptique, peu après la proclamation des indépendances [74]. Eh bien, ces théoriciens du parti unique n'avaient pas entièrement tort. La perpétuation de la *Weltanschauung* bureaucratique et la victoire de la « légalité républicaine » sur l'essai de récupération patrimonialiste de l'État par M. Ahidjo au Cameroun, en 1982-1984, le maintien du marxisme-léninisme comme *lingua franca* au Congo, le triomphe de la rhétorique du « Dia-

logue » en Côte d'Ivoire, les difficultés de la Guinée à se désem-
bourber du legs empoisonné des années Touré ou le captage de la
veine rédemptrice par le capitaine Rawlings au Ghana donnent à
croire que le Verbe s'est vraiment fait chair quelque trente ans
après la fin de la colonisation. Une partie notable des pratiques
sociales s'énoncent dans son registre et valident l'espace de l'État-
nation. Il en est par exemple ainsi du football, dont on sait
l'audience au sud du Sahara : si les matches de championnat
épousent et attisent les antagonismes de terroir, les coupes
d'Afrique ou du monde offrent à la conscience nationale des occasions de se déchaîner, éventuellement sous la forme de pogroms,
d'émeutes et d'expulsions [75]. Des styles et des symboliques propres
à chaque pays se propagent également dans les administrations,
les entreprises, les compagnies aériennes : la décoration utilise les
couleurs nationales, le portrait du président de la République est
accroché aux murs, les fleuves et les montagnes servent à la dénomination des trains, des bâtiments ou des aéronefs, les sigles
commerciaux ou bureaucratiques ont la même sonorité...

Seulement, il importe de ne pas adopter des « problématiques
légitimes » la définition moniste à laquelle risquent d'induire les
concepts de P. Bourdieu [76]. En réalité, ces « champs du pensable
politiquement » sont composites et partiellement réversibles. Ils
consistent en des ensembles, relativement intégrés et néanmoins
inachevés, de genres discursifs disparates, que mixent à qui mieux
mieux les acteurs sociaux en concurrence. Le style baroque des
constructions politiques contemporaines découle des multiples procédures de passage et de remploi d'un répertoire à l'autre, qu'autorisent l'hétérogénéité et l'extraversion culturelles. Une faute
d'analyse courante revient à placer l'accent sur l'un de ces genres
discursifs pour y réduire de manière indue l'identification politique d'une société. Nombre d'observateurs ont notamment typifié
les systèmes socialistes, par exemple congolais et béninois, d'après
leurs seuls énoncés marxistes-léninistes, sans voir que le répertoire
de l'invisible, lui aussi très actif, cantonne ceux-ci dans des lieux et
des moments déterminés de la lutte pour le pouvoir [77]. Il est aussi
erroné de négliger l'une de ces facettes de l'État que l'autre. Faux
sens corollaire celui qui consiste à minimiser l'attachement des
Africains aux représentations juridiques occidentales, au parle-
mentarisme, à la philosophie des droits de l'Homme, à la technologie bureaucratique du gouvernement, pour extrapoler à propos de leur allégeance aux mystères de la « tradition » : il est

d'ailleurs souvent commis par ces mêmes observateurs, prompts à dénoncer la pénétration soviétique mais à ne pas s'étonner de l'influence culturelle de l'Europe...

Une seconde méprise conduit à s'imaginer que ces genres discursifs sont des stocks cohérents dont l'impact politique serait univoque. Ils sont, au contraire, eux aussi composites et ambivalents; leur hétérologie procède de la diversité sociale fondamentale [78]. Loin d'être un appareil idéologique de lignage aux mains des aînés, ainsi que le soutenaient des anthropologues althussériens, la sorcellerie est également manipulée par les « petits », soucieux de défendre leurs intérêts et d'obtenir des puissants, avec un bonheur variable, qu'ils honorent leur devoir de redistribution; elle dit l'incomplétude de la domination, autant que l'inaccessible totalité du pouvoir [79]. De même, l'islam n'est pas un monolithe. *Talakawa* et *sarakuna* n'en ont pas une perception unique, et ses veines confrériques, mahdistes ou guerrières sont susceptibles d'alimenter des stratégies sociales divergentes.

L'intelligence de la « gouvernementalité » en Afrique passe par la compréhension de ces procédures concrètes à la faveur desquelles les acteurs sociaux empruntent simultanément à la pluralité des genres discursifs, les entrelacent et inventent de la sorte des cultures originales de l'État. Immédiatement, il apparaît que la production de l'espace politique, d'une part, est imputable à l'ensemble des acteurs, dominants et dominés, et, de l'autre, se voit soumise à son tour à une double logique de totalisation et de détotalisation. Trop souvent, l'édification de l'État postcolonial a été présentée comme l'entreprise titanesque de Princes éclairés, combattant avec opiniâtreté les forces obscures du tribalisme, de la tradition et de l'impérialisme. Imagerie commode et intéressée, qui ne rend pas justice à la complexité des faits. Les « petits » œuvrent eux aussi à l'innovation politique et leur apport n'est pas en contradiction nécessaire avec celui des « grands » [80].

A cet égard, l'assertion, facilement reprise, de N. Kasfir, selon laquelle le recul de la participation politique est le trait saillant de la période postcoloniale, est discutable [81]. D'abord, parce que l'ampleur de la mobilisation nationaliste, que l'on prend alors comme point de repère, a été longtemps surévaluée et commence à être l'objet d'estimations plus réalistes. Ensuite, parce que la participation, conforme ou conflictuelle, demeure appréciable, malgré les apparences. Elle reste empreinte de l'ambivalence qui marquait les tributs et les corvées du temps jadis, les *pamfie* bamoum par exemple, qui « offraient à la population l'occasion de renouveler son soutien au roi et, en même temps, de lui exprimer ses critiques » et qui, cependant, étaient imposés par la contrainte [82]. Certes, l'indépendance a été source de désenchantement et la coercition à laquelle recourt l'État postcolonial ou l'enrichissement illicite qu'il garantit à ses tenants sont amèrement ressentis. Cela n'exclut point toute légitimité, ni tout assentiment populaire. La revendication de la dignité, que bafouait l'occupation étrangère et qui subsiste intacte, a été au moins partiellement satisfaite, quelles que soient les phrases désabusées que l'on recueille ici ou là et que certains esprits rapportent avec complaisance. Pour le reste, la sagesse des « petits » – celle des femmes, singulièrement – tire d'une acceptation presque mystique des malheurs de la condition humaine la force de s'accommoder du pouvoir et de ses errements :

> « Mon bienfaiteur est mort, l'abbé Étienne. Mon mari Jean N. est en prison. Je suis désolée, désorientée; ma vie périclite. Je tire au bout du rouleau. Faut-il voler comme un oiseau? Ressusciter mon bienfaiteur? Donner la liberté à mon mari? Ah, mon Père, je ne sais que faire; jour et nuit, la main appliquée à la joue, les yeux fixés aux bananiers, les larmes coulent tout en pensant à ma vie future. Je pense qu'avec leur bonté, Dieu le Père, son Fils Jésus-Christ, le Saint-Esprit m'encouragent à franchir ces journées interminables : car l'on propose et Dieu dispose »,

écrira par exemple une chrétienne camerounaise dont l'époux a été victime d'une machination [83]. Pourtant cette résignation ne doit pas être prise pour argent comptant. Elle peut céder la place à la colère. En 1977, la protestation des commerçantes, extraordinairement courageuse, a ainsi fait reculer et vaciller le régime des Touré [84]. La manifestation de rue est chose courante en Afrique. En trente ans d'indépendance, elle a parcouru les artères de la plupart des capitales, quitte à les mettre à sac en certaines circonstances. Si l'on ajoute à ces éruptions urbaines les révoltes rurales, les occupations de terres, les boycotts, les grèves, les émeutes scolaires, force est d'admettre que le continent n'est pas celui de l'apathie politique, n'en déplaise à un mythe tenace.

Dans l'intervalle de ces poussées de fièvre, ni plus ni moins fréquentes qu'ailleurs jusqu'à preuve du contraire, la capacité des régimes à institutionnaliser les conflits sociaux fondamentaux est réelle, quoiqu'elle varie d'une situation à l'autre. Face à la toute-puissance de l'administration, le parti unique permet notamment aux « petits » d'exprimer certaines de leurs « doléances ». Bien entendu, les effets de « fausse identification » et de « fermeture », qu'induit la dominance d'une « problématique légitime » du politique, distordent cet échange [85]. Les demandes populaires se doivent d'embrasser le « langage emprunté » du développement, de l'unité nationale et de l'idiome étatique en vogue. Mais, à condition de respecter les normes de la « politesse politique », les villageois peuvent espérer faire entendre leur voix, sinon du président de la République et de ses ministres, du moins de leurs représentants locaux. La rivalité traditionnelle entre les fonctionnaires et les cadres du parti leur est relativement propice de ce point de vue. Elle incite les élus à prêter par moments une oreille attentive à leur base et à exercer un rôle tribunitien vis-à-vis de la bureaucratie [86]. Le parti est également une bonne instance de résolution des conflits catégoriels, locaux ou intercommunautaires [87]. Enfin, il a relayé les exigences sociales des femmes par l'intermédiaire de ses organismes annexes et, au prix de fréquents débordements, il a permis aux jeunes de prélever leur part de prébendes par le biais de ses milices, toujours prêtes à dresser des barrages policiers quand il se fait soif ou à tirer avantage des tâches de répression auxquelles elles sont mêlées [88].

De manière révélatrice, quelques-uns des régimes les plus répressifs du continent étaient précisément dépourvus d'un véritable parti unique, soit que celui-ci eût été vidé de sa substance autonome par l'affranchissement de la faction au pouvoir, soit que son ascension eût été postérieure à la lutte nationaliste et eût été trop dépendante de la rente étatique pour lui conférer une représentativité minimale. En revanche, là où il est mieux assis et où il rassemble l'essentiel de la classe politique, au gré de la logique de l'assimilation réciproque des élites, le parti unique peut être paradoxalement un contre-pouvoir, aider à contrecarrer l'autonomisation de la fonction présidentielle et la prééminence de la bureaucratie, contribuer en définitive à la différenciation du champ politique. Les cas de la Côte d'Ivoire, du Cameroun, du Congo, de la Tanzanie et, jusqu'à une date récente, du Kenya correspondent à ce modèle. De surcroît, la généralisation des scrutins compétitifs au sein des régimes de parti unique, sur le modèle tanzanien ou kenyan, favorise l'expression électorale du refus politique [89]. La représentativité des pouvoirs en place n'en est pas forcément accrue, mais la communication politique en est améliorée.

On ne peut pour autant en conclure, à l'instar de ses chantres, que la formule du parti unique est en soi mieux adaptée aux socié-

tés africaines que le multipartisme. La compétition entre les partis, quand elle est autorisée ou tolérée, embraye vite sur des clivages et des conflits qui ne se laissent pas ramener à de simples
antagonismes factionnels, ni même ethniques. Dans le Nigeria du
Nord, par exemple, la NEPU, puis le People's Redemption Party,
ont véhiculé les aspirations des *talakawa* à l'encontre des *sarakuna*. Au Sénégal, le PDS de Maître Wade a canalisé le malaise
paysan dans la deuxième moitié des années soixante-dix, puis, en
1988, l'espoir de « *sopi* » (changement) de la jeunesse. Et, au
Zaïre, l'Union pour la démocratie et le progrès social articule le
projet des classes moyennes tenues à la lisière du régime et appau-
vries par vingt ans de politique économique erratique. Mieux
encore, le souvenir des partis dissous se perpétue dans la mémoire
historique, ainsi que l'atteste la résurgence du capital symbolique
de l'Union des populations du Cameroun après deux décennies de
sévère censure policière [90]. Enfin, la magistrature, le barreau, la
presse, les assemblées cherchent à équilibrer la primauté absolue
de l'exécutif, avec un succès que l'on sait très mitigé mais avec
pourtant assez de conviction pour qu'éclatent de temps à autre –
par exemple en Tanzanie, au Kenya, en Zambie, au Zaïre – de
vraies frondes politiques [91]. Ce sont donc toutes les institutions,
fussent-elles d'origine étrangère, qui concourent à l'émergence de
la médiation politique, dès lors qu'elles ont donné lieu à « réinter-
prétation appropriante [92] ».
     Sans doute serait-il vain de vouloir faire dire à ce phénomène
plus qu'il ne signifie et d'oublier combien, par exemple, le parti
unique est un appareil évanescent, pris entre le marteau de la
suprématie présidentielle et l'enclume du scepticisme populaire,
inapte à défendre un régime civil contre un putsch militaire ou à
empêcher l'éclosion de grèves sauvages en marge de son monopole
syndical. A l'inverse, toutefois, le processus de concrétion des
sociétés politiques a suffisamment progressé pour que la contestation ou l'abandon de ses institutions revêtent un sens autre que
celui de la sous-politisation des masses. L'abstentionnisme électoral, le non-achat de la carte du parti sont éventuellement réfléchis;
ils trahissent alors un mécontentement politique, social ou local, et
prouvent *a contrario* la solidification d'un tissu représentatif [93].
S'écartant sur ce point précis du paradigme du joug, des travaux
prennent aujourd'hui acte de ce poids de la participation populaire
sur la configuration de l'État postcolonial [94]. Ce faisant, ils certi-
fient la dissociation plus ou moins nette de l'espace politique

contemporain eu égard à d'autres champs : ceux des institutions précoloniales, de la religion, de l'économie, de l'ethnicité, de la famille, des rapports sociaux de production ou de l'influence étrangère. Constatation importante, irréfragable, mais qu'il nous faut maintenant préciser et compléter.

LA PART DE L'ESCAPADE

En tant qu'espace pluriel d'interaction et d'énonciation, l'État n'existe pas en dehors des usages qu'en ont les groupes sociaux, y compris les plus subordonnés d'entre eux. Il est traversé par leur murmure incessant. Le murmure de leurs pratiques qui sans répit façonnent, détournent, érodent les institutions et les idéologies fabriquées par les « en haut du haut ». Le murmure, surtout, de Radio-Trottoir ou de Radio-Couloir – sa consœur cravatée – qui déjouent avec insolence les embargos de la censure et abrogent de leur humour impitoyable les visées totalisatrices du pouvoir et de sa « problématique légitime » : nulle posture officielle qui ne soit aussitôt décryptée dans les quartiers, nul slogan qui ne soit immédiatement transformé de façon assassine, nul discours qui ne soit corrodé par la chimie de la dérision, nulle séance d' « animation » qui ne soit secouée de fous rires [95]. En dépit de la sympathie latine que l'on éprouve à son endroit, ce parasitisme populaire de la splendeur étatique est d'une portée politique limitée. Les recherches de C.M. Toulabor sur les jeunes Loméens indiquent que son potentiel contestataire ou révolutionnaire est faible [96]. Il ne fait que nuancer la domination et semble avant tout porteur d'une culture de l'impuissance, aussi drôle que fataliste :

> Il y a longtemps que je suis mort
> Mon travail c'est de boire
> Grand-avant-centre du vin rouge
> Nous, c'est la bouteille!
> Nous, c'est la bouteille
> Ah, que pouvons-nous y faire?
> Mes yeux deviennent rouges de vin
> J'attends le jour de ma mort,

chantait le Mando-Negro sur les rives du Congo, vers 1970 [97]. Car cette culture de la dérision juvénile est aussi celle de l'alcoolisme et de la toxicomanie, qui vont galopant. Son terrain de prédilection est le bar où, jusqu'à l'aube, l'on consomme canette de bière sur canette de bière en blaguant et en dansant. Le pouvoir autoritaire feint de l'ignorer, quand il n'en profite pas. Les résistances frontales qui ont ponctué le cours de l'État colonial, puis postcolonial, ont plutôt puisé dans d'autres répertoires, ceux de la sacralité, de l'art ancien de la guerre, de la tradition des associations féminines et du militantisme syndical.

Cependant, la culture de la dérision, au même titre que le jeu carnavalesque dans l'Europe du XVIe siècle [98], relativise le champ politique et le complique d'une dimension supplémentaire. En révélant que les acteurs sociaux ne se définissent pas exclusivement par rapport à la scène qu'il incarne, elle est comme un tiroir à secrets dont l'exploration dévoile un trait plus général de l'État et est indispensable à son intelligence. De ce point de vue, l'imagerie marxiste de la lutte est aussi naïve que celle, libérale, de la participation. Les groupes sociaux ne s'inscrivent pas nécessairement sur le même plan. Et le problème central des dominants au sud du Sahara est, si l'on peut dire, de trouver leurs dominés, de les contraindre à se sédentariser dans un espace social domestique où pourront s'accentuer la domination et l'exploitation [99]. Dans cette attente d'une hégémonie, la production historique se déroule partiellement ailleurs, en un remarquable foisonnement. La modernité des couches populaires est largement autonome par rapport à celle des « gens à décret * ». Et de cette autonomie l'inadéquation des appareils politiques est aussi la mesure.

Pour le souligner, G. Hyden a parlé de « paysannerie non capturée ». Suggestive, l'expression est néanmoins malheureuse [100]. Il n'y a pas, d'un côté, des acteurs hors de l'État et, de l'autre, des acteurs dans l'État. Tous les acteurs, selon les contextes, tantôt participent à la dimension étatique, tantôt s'en détournent. Et l'on voit mal quelle autre problématique que celle de l'énonciation autoriserait à rendre compte de ces glissements permanents. L'impossibilité dans laquelle nous avons été d'opérer une dichotomie entre les catégories de la « bourgeoisie » ou entre les « secteurs » de l'économie, l'insistance avec laquelle nous avons évoqué les lignes de chevauchement entre les diverses positions sociales et le fonctionnement rhizomatique des réseaux se voient renforcées par le constat d'une dernière ambivalence. Les échanges au sein des systèmes politiques subsahariens sont à double fond [101]. Les acteurs avancent de façon oblique, « à pas de caméléon », dit joliment un jeune Malien [102]. Les Africains sont passés maîtres dans

---

* « gens à décret » : les gens de pouvoir, dans le français de Yaoundé.

cette technique de l'esquive et du faux-semblant que déploraient déjà les coloniaux : « En nous enlevant la possibilité de les vaincre en bataille rangée, ces peuplades éparses ont recours contre nous au meilleur système de défense [103]. » Les injonctions de l'État sont ignorées ou contournées, se heurtent à un silence obstiné ou, pis, sont approuvées d'un impavide « *ndiyo bwana* * » dont on peut être sûr qu'il annonce un refus définitif [104]. Comme jadis, les « petits » se réfugient « dans l'insaisissable pour échapper aux incessantes saisies » des autorités [105]. Comme jadis, ils privilégient ces tactiques d'évitement et de muette contestation, distinctives du « métabolisme de la prédation » si bien décrit par M. Izard au sujet du Yatenga [106]. Leur adhésion à l'État ne se prononce jamais que du bout des lèvres, quand elle n'est pas carrément pipée, à l'image de ces « villages de démonstration » que des cultivateurs tanzaniens ou zaïrois ont construits pour obéir aux mesures de regroupement de l'habitat mais qu'ils ont désertés sitôt reparties les inspections officielles [107].

Riche en semblable « dissimulation créative [108] », l'action politique au sud du Sahara est frappée du sceau de l'équivoque. Elle en retire sa tournure subtile et funeste. Qui dit double fond dit en effet volontiers double jeu. La perfidie, la dénonciation sont monnaie courante. Le soulèvement de la secte de Nzambi-Mpungu, au Kwilu, en 1978, avait par exemple joui de la complicité agissante d'une fraction de l'administration territoriale et de la Jeunesse du Mouvement populaire de la révolution, avant d'être réprimé de manière abominable. Son initiateur, Kasongo, était protégé par le commissaire de zone qu'il intéressait aux profits de ses activités thérapeutiques. Accusé de menées subversives et emprisonné à plusieurs reprises, il fut chaque fois libéré à la suite d'interventions personnelles de ce responsable. Mais celui-ci le trahit finalement, de crainte d'être lui-même compromis. Il supervisa l'extermination des rebelles avec un zèle et une cruauté inouïs et assista à l'exécution publique de son ancien associé, qui le maudit au moment fatal : « Mon esprit te poursuivra toute ta vie! » L'épisode, passablement sordide, symbolisait l'embrouillement de la révolte. Devin guérisseur de métier, entré dans la zone d'Idiofa dans les années soixante, agent recruteur de cette secte Nzambi-Mpungu vraisemblablement issue du kimbanguisme, Kasongo avait gagné à sa cause des « intellectuels » – un pasteur, un greffier chassé de l'administration – qui intégrèrent à son discours pro-

* *ndiyo bwana :* oui, Monsieur (en swahili).

phétique l'héritage plus explicitement politique des rébellions mulelistes et des messianismes anticoloniaux. Tout en soignant, il ne répugna pas à se livrer, de pair avec ses coreligionnaires, à diverses exactions et malversations. Au cours du soulèvement, en décembre 1977 et en janvier 1978, le répertoire de l'invisible et de la magie s'entremêla de la sorte avec le pillage, la critique économique du régime, l'annonce millénariste du retour de Patrice Lumumba et de Pierre Mulele [109]. Polysémie sociale et discursive, typique des rébellions subsahariennes [110]. Elle n'est que le symptôme paroxystique de cette réalité quotidienne que nous avons mentionnée : au lieu d'être coiffé par une « idéo-logique » ou un « schème culturel » unique ou majeur, au sens où l'entendent respectivement M. Augé et M. Sahlins [111], le champ politique se réfère à une pluralité d'espaces-temps auxquels les acteurs souscrivent de concert.

D'ailleurs, quelques-unes des principales dynamiques pourvoyeuses d'identification politique se déroulent en marge de l'État et doivent plus à l'environnement mondial ou à l'expansion continentale d'une poignée de peuples. L'alimentation, le vêtement, la musique ne sont que peu redevables à l'espace national. La progression de quelques langues véhiculaires – le swahili, le lingala, le mandingue, le hausa, le fula – modifie progressivement les sentiments d'appartenance sociale et peuvent engendrer dans l'avenir des « solidarités particulières », constitutives de nouvelles « communautés imaginées [112] ». Il en est de même de l'explosion culturelle contemporaine dont découlera une redéfinition de la cohésion sociale, voire de l'espace civique, sur le modèle de ce qui se produisit lors de la naissance de la *polis* grecque [113]. Déjà l'*umma* islamique apporte des contrariétés à l'État de facture occidentale et des commentateurs ivoiriens s'inquiètent de la mainmise de « l'impérialisme culturel yorouba » sur le Christianisme céleste [114]. La systématisation de ces reconstructions identitaires n'est pas de l'ordre de l'impossible, surtout si elles se conjuguent à des recompositions économiques et militaires autour de deux ou trois pôles régionaux de puissance. Elle signifierait que les contours de l'État postcolonial ne sont pas stabilisés et que l'hypothèse lointaine d'un déplacement des frontières coloniales ou de leur subversion n'est pas absurde, nonobstant les solides intérêts que froisse cette supposition. En vérité, l'Histoire – celle de l'Afrique noire mais aussi bien celle de l'Europe ou de l'Asie – est coutumière de telles redistributions. Et il fut des empires ou des

royaumes plus majestueux que ne sont la Côte d'Ivoire, le Zaïre ou
le Sénégal, dont il ne subsiste que le souvenir.

Dans ces conditions, il n'est guère étonnant que l'emprise spatiale de l'État soit incomplète. Dans quelques cas, la capitale a une
maîtrise effective du territoire national. Les autorités de Yaoundé,
de Libreville, d'Abidjan, de Dar es Salaam sont par exemple en
mesure d'imposer à l'intégralité de la population l'impôt, le parti,
la vaccination, la monnaie. Acquis fragile, ainsi que le prouve la
satellisation progressive du nord du Cameroun par l'économie
nigériane. Et plusieurs des États réputés stables n'accèdent pas à
cet idéal : le Kenya est en butte au banditisme somali dans les districts du Nord-Est, le Sénégal au particularisme diola en Casamance. Surtout, la liste des provinces qui se détachent de toute
autorité centrale au sud du Sahara s'allonge inexorablement :
l'Angola, le Mozambique et, sous réserve d'inventaire, le Tchad et
l'Ouganda sont *de facto* partagés en plusieurs zones de souveraineté, bien que la fiction juridique de leur unité soit pieusement
entretenue; la République centrafricaine laisse en déshérence ses
départements orientaux; de 1964 à 1986, le Zaïre n'a su réduire
les « zones libérées » tenues par le Parti de la révolution populaire
dans le nord du Shaba et le sud du Kivu; le Zimbabwe, depuis la
fin de la guerre de libération, éprouve de grosses difficultés dans le
Matabeleland... Il n'est pas jusqu'à certains quartiers de Lagos ou
de Douala qui ne se ferment aux incursions de la police.

L'*exit option* continue d'être une stratégie viable dont la rémanence marque le champ politique et qui, à la limite, engendre des
sanctuaires territoriaux [115]. Néanmoins, cette occurrence est plus
fréquente sur le mode mineur et généralement religieux de la
cohabitation avec l'État. Coexistence non pacifique, car celui-ci ne
saurait officiellement consentir à des mouvements qui récusent
toute obligation civique, telle que le salut des couleurs nationales,
le recensement, la participation électorale, la psalmodie des slo-
gans du parti, l'achat de sa carte, l'acquittement de l'impôt ou les
soins hospitaliers. Mais l'échec des autorités zambiennes ou came-
rounaises à extirper des profondeurs de la société la mauvaise
graine semée par les Témoins de Jehovah accuse l'inanité de cette
ambition. Selon les mots du maréchal Mobutu, « les églises, les
temples, les mosquées ont poussé comme des champignons [116] ». Si
tous ces lieux de culte ne subvertissent pas l'espace de l'État – tant
s'en faut – bien peu d'entre eux se rangent à l'obligation de l'auto-
risation préalable, au paiement des taxes fiscales, aux attentes de

l'idéologie du développement et de l'unité nationale. Ce faisant, ils dédoublent le rhizome étatique de leurs propres réseaux et procurent à l'*exit option* un soutien logistique, aujourd'hui d'autant plus apprécié que le marasme de l'économie officielle incite les « petits » à se rétracter sur d'autres solidarités sociales. A l'instar des prophétismes de l'époque coloniale, les sectes contemporaines ignorent l'État plutôt qu'elles ne le contestent. Leur concurrence n'en est que plus redoutable et, en fin de course, elle rend inévitable le conflit. Quand bien même elle se « routinise », s'aligne sur la raison de l'État et épouse un profil gallican, à l'exemple du kimbanguisme zaïrois [117], l'Église dite indépendante se fragmente sur ses marges et alimente la dissidence sociale. En 1970, l'on estimait ainsi à 15 000 les Kitawalistes de la province zaïroise de l'Équateur qui s'étaient retirés dans la forêt et vivaient en autarcie de la culture et de la chasse. D'après les rares témoignages disponibles, ils refusaient la monnaie zaïroise, hormis le billet de 20 makuta qui portait l'effigie de Lumumba, et ils utilisaient des espèces de la Première République. Le rejet de l'impôt semblait être la principale motivation de leur exode, qu'ils se disaient prêts à défendre les armes à la main [118]. De même, en Zambie, la Lumpa Church, après avoir pactisé avec le United National Independence Party, s'érigea en contre-société paysanne et déroba à l'autorité de Lusaka la région de Sioni : des terres furent occupées sans l'accord des chefs locaux, des boutiques furent ouvertes pour préserver les fidèles de tout contact impie avec l'extérieur. Là aussi, le processus global de l'incorporation à l'État était en cause et la persécution ne tarda pas [119].

Dans les cas d'extrême délabrement des appareils étatiques – au Zaïre, par exemple – la machinerie des missions catholiques et réformées substitue à son tour sa capacité organisationnelle à celle, défaillante, des pouvoirs publics et, à son corps défendant, elle en vient à étayer des conduites d'échappement politique [120]. Dans les sociétés de tradition islamique, enfin, le modèle culturel de l'hégire légitime semblablement l'abandon de la Cité, de ses turbulences et de ses turpitudes. Derechef, la restriction par rapport au champ de l'État peut être mentale et consister pour l'essentiel en une pratique religieuse qui transcende celui-ci. Mais elle est également susceptible de donner naissance à des espaces sociaux autres, de caractère théocratique. Haut lieu de la contrebande avec la Gambie, la ville sainte de Touba, au Sénégal, en est une illustration célèbre. Au président Senghor qui la visitait en

1972 et réclamait au « paysan mouride » d' « insérer son action non plus seulement dans le cadre de sa communauté religieuse, mais aussi dans le cadre national », le khalife Abdou Lahat M'Backé rétorqua un an plus tard : « Nous autres Mourides vivons dans un enclos. Nos vies sont gouvernées par les enseignements d'Amadou Bamba; au-delà nous voyons des barrières, nous voyons Satan et toutes ses œuvres [121]. » C. Coulon mentionne aussi la situation, plus nette encore, du village tidjane de Medina-Gounass, en Casamance, peuplé de quelques milliers d'habitants de part et d'autre de la route de Guinée, sur une longueur de trois kilomètres. Son fondateur, une personnalité auréolée d'un fort charisme, interdit toutes les *bida* (innovations), oblige au port du voile et à la prière, bannit la danse, la lutte et l'école occidentale. Les seuls liens de la communauté avec l'État sont la vente de l'arachide et le versement de l'impôt, sur une base forfaitaire correspondant à une population fiscale de 5 000 personnes [122].

Ces dissidences collectives, d'inspiration politique ou religieuse, ne font que réunir les multiples pratiques individuelles de l'évasion sociale, en creux du champ de l'État. Les frontières de celui-ci sont transgressées, le secteur informel gangrène l'économie officielle, les impôts ne sont pas perçus, le braconnage et l'exploitation sauvage des ressources minières sévissent, les armes circulent, l'habitat regroupé se délite, le peuple s'approprie l'usage légitime de la force et délivre une justice sommaire, la délinquance fait rage, la sous-productivité, les retards et les absences frappent de langueur les entreprises.

Par-delà, la mobilité géographique des Africains demeure massive. A l'évidence, la diversité de ses expressions et de ses motivations interdit de la réduire à une tactique de résistance et de dérobade, à ce que certains auteurs marxistes ont qualifié péjorativement de « substitut de la lutte des classes [123] ». La quête d'un pécule devant permettre de « se mettre debout », et notamment de prendre femme, l'attirance de la ville et de ses richesses, la curiosité du voyage et l'ennui de la vie en brousse, la sécheresse ou, si l'on en croit les théoriciens de l'articulation des modes de production, la nécessité structurelle de l'économie capitaliste expliquent dans une large mesure la régularité du phénomène migratoire. Il n'empêche que la domination des aînés et la peur de leur sorcellerie, la sous-rémunération du travail agricole, la brutalité de l'administration territoriale, de la chefferie ou des bandes armées qui contrôlent les campagnes constituent d'autres raisons de départ, qui se suffisent à elles-mêmes [124]. La désertion est parfois la seule réponse pertinente à l'arbitraire et à l'incurie de l'État. Désertion de ses institutions : pour l'année 1982-1983, elle s'élevait par exemple à 45 % des assujettis camerounais au Service civique [125]. Désertion, aussi, de son espace : les Guinéens, les Équato-Guinéens, les Tchadiens, les Zaïrois, les Mozambicains, les Rwandais, les Burundais, les Ougandais ont émigré par dizaines ou par centaines de milliers pour se délivrer de la dictature ou de la guerre. C'est finalement cette réalité que traduit le triste record mondial du continent en matière de réfugiés. Dans cette performance, l'exode des cerveaux pèse peu par rapport aux foules miséreuses qui se pressent aux frontières et végètent dans les camps d'accueil. Mais le départ d'une fraction parfois très élevée des rares professionnels initiés au savoir occidental – le Ghana a par exemple perdu de 50 à 75 % de ses diplômés pendant les années noires du *kalabule* * [126] – frappe de plein fouet les facultés productives et inventives des sociétés africaines.

En ce sens, l'escapade, au vieux sens du mot – l'action de s'échapper d'un lieu – est encore une stratégie constitutive de la production du politique et des rapports sociaux. Les rédacteurs de l'*Histoire et coutumes des Bamoum* avaient vu juste : la « fuite » n'a point disparu, elle s'est maintenue comme mode majeur de l'historicité au sud du Sahara, elle persiste à miner l'espace civique, à contraindre le processus d'accumulation du pouvoir et de la richesse et à rendre la prédation plus aisée que l'exploitation.

* *kalabule* : marché noir.

CONCLUSION

Des terroirs et des hommes

Cette photo, très belle : Ahmed Sekou Touré, radieux, jeune encore, vêtu d'un costume occidental, franchit le pont de lianes de N'Zérékoré. Nous savons ce qui attendait la Guinée, sur l'autre rive. Comment, pourtant, être indifférent à la force joyeuse qui se dégage du cliché, à cette certitude que la pellicule a bien saisi l'Histoire en marche?

Tout au long de ces pages, nous avons vu des sociétés, c'est-à-dire des hommes, forger leur devenir, peindre à grands traits la fresque de leur modernité politique. D'un pays à l'autre, le dessin et les couleurs dominantes diffèrent tant qu'il peut paraître erroné de s'exprimer de la sorte. Mais, dans la mesure où notre objectif était de construire un mode de raisonnement et d'analyse, l'établissement d'une typologie ne nous paraît pas s'imposer à l'issue de ce livre. Il est plus important, dans l'immédiat, de saisir une dernière fois le champ subcontinental qui nous a occupé. Un enseignement se dégage de notre propos, difficilement réfutable à notre avis, bien qu'il s'inscrive en faux contre la thèse favorite du paradigme du joug. L'État en Afrique repose sur des fondements autochtones et sur un processus de réappropriation des institutions d'origine coloniale qui en garantissent l'historicité propre; il ne peut plus être tenu pour une simple structure exogène.

Mais une deuxième conclusion vient immédiatement compliquer cette constatation : les fondements autochtones d'un tel État sont socialement, géographiquement et culturellement hétérogènes. La manifestation la plus spectaculaire de cette caractéristique est l'extrême complexité des identifications politiques qui prévalent au sud du Sahara, d'un contexte à l'autre. Au sein d'un système donné de pouvoir coexistent plusieurs espaces-temps dont l'ajustement est problématique et toujours précaire. De ce fait, l'État en Afrique n'est pas un État « intégral », mais un État à « polarisation variable », pour reprendre une expression de G. Nicolas [1]. Sa structure est foncièrement indirecte, ainsi que l'a démontré l'analyse des sociétés nigériane ou zaïroise [2]. Elle a d'ailleurs parfois été pensée comme telle par certains de ses maîtres d'œuvre, Ahmadu Bello par exemple [3]. Dans l'ensemble, cependant, les hommes politiques africains ont aspiré à un État total, « bien policé », point si différent de l'absolutisme rêvé à la Renaissance par Campanella [4]. Ce faisant, ils se sont montrés plus proches des réformateurs autoritaires d'Asie Mineure ou centrale que des pères de l'indépendance indienne, par exemple [5]. Au regard de cet idéal, ils ont jusqu'à présent échoué et le passage d'un « État mou » à un « État intégral », qu'il était tentant de pronostiquer à une époque [6], a avorté, malgré les progrès de la technologie du contrôle social. Vu sous cet angle, l'État postcolonial n'est pas sans ressembler à ses prédécesseurs coloniaux et précoloniaux. Il obéit à une règle de l'inachèvement [7]. Il fonctionne comme un rhizome de réseaux personnels et assure la centralisation politique par le truchement des liens de la parenté, de l'alliance et de l'amitié, à l'instar de ces royaumes anciens qui possédaient les principaux attributs étatiques au sein d'une matrice lignagère et conciliaient de la sorte deux types d'organisation politique réputés à tort incompatibles [8].

Scientifiquement parlant, une telle forme de pouvoir n'encourt pas une qualification pathologique. Elle est une positivité du politique parmi d'autres qui ne manque pas de répondants historiques et dont nous savons aujourd'hui qu'elle habitait en filigrane les édifices centralisés les plus imposants de l'Occident. Rappelant « la courbe accidentée des origines et de la formation de l'État dans l'Europe de l'Ouest », G. Lavau observe que « " les nouvelles monarchies " [...] qui se constituent à partir du XVIᵉ siècle ne se sont pas formées *contre* la féodalité, en dehors d'elle et pour s'en dégager, mais *dans* la féodalité, au *cœur* de celle-ci et en en utilisant bien des éléments [9] ». Et, au dire de certains historiens, le prototype gramscien de l'hégémonie, la IIIᵉ République française, n'a réalisé son intégralité culturelle que sur le tard [10]. De même, l'interprétation concentrique et unitaire de la naissance de la Cité grecque est désormais battue en brèche. Celle-ci ne semble pas s'être instituée « par affaiblissement des distinctions propres à la société clanique et tribale », mais bel et bien par le plein développement, en son sein, du génos, de la phratrie, de la tribu comme « lieux indispensables d'expression de la cohésion, de la *philia* qui unit les citoyens [11] ». Enfin, dernier exemple, l'émergence des grandes monarchies hellénistiques ou de l'Empire romain ne s'est nullement traduite par une homogénéisation politique ou culturelle :

> « Plutôt qu'à une réduction ou à une annulation des activités politiques par les effets d'un impérialisme centralisé, il faut plutôt penser à l'organisation d'un espace complexe : beaucoup plus vaste, beaucoup moins discontinu, beaucoup moins renfermé que ne pouvait l'être celui des petites Cités-États, il est plus souple aussi, plus différencié, moins strictement hiérarchisé que ne le sera plus tard l'Empire autoritaire et bureaucratique qu'on essaiera d'organiser après la grande crise du IIIᵉ siècle. C'est un espace où les foyers de pouvoir sont multiples, où les activités, les tensions, les conflits sont nombreux, où ils se développent selon plusieurs dimensions et où les équilibres sont obtenus par des transactions variées. C'est un fait, en tout cas, que les monarchies hellénistiques ont beaucoup moins cherché à supprimer, à brider ou même à réorganiser de fond en comble les pouvoirs locaux qu'à s'appuyer sur eux et à s'en servir comme intermédiaires et relais pour la levée des tributs réguliers, pour la perception des impôts extraordinaires et pour la fourniture de ce qui était nécessaire aux armées. C'est un fait également que, d'une façon assez générale, l'impérialisme romain s'est orienté vers des solutions de ce genre plutôt que vers l'exercice d'une administration directe; la politique de municipalisation a été une ligne assez constante dont l'effet était de stimuler la vie politique des cités dans le cadre plus large de l'Empire [12]. »

Toutefois, la question de la singularité de la trajectoire de l'État en Afrique par rapport à la souche ouest-européenne reste entière. Le grand problème, si souvent disputé et au fond assez scolastique, est de savoir dans quelle mesure l'adéquation (ou l'inadéquation) des configurations politiques subsahariennes au modèle bureaucratique weberien autorise (ou plus vraisemblablement n'autorise pas) à parler à leur sujet d'État. Max Weber en aurait lui-même douté. Il estimait que « " l'État ", défini comme une *institution* politique ayant une " constitution " écrite, un droit rationnellement établi et une administration orientée par des règles rationnelles ou " lois ", des fonctionnaires compétents, n'est attesté qu'en Occident avec cet ensemble de caractéristiques, et ce, en dépit de tous les rapprochements possibles [13] ».

Parmi ces « rapprochements possibles », la classification des pouvoirs subsahariens dans la catégorie des « autoritarismes » — plutôt que dans celle des totalitarismes, en l'absence de toute

« idéo-logique » à l'échelle nationale [14] – surgit d'elle-même, pour
peu que l'on perçoive leur caractère généralement collégial. Il
s'agit bien, en effet, de « pouvoirs d'État concentrés dans les mains
d'individus ou de groupes qui se préoccupent, avant toute chose,
de soustraire leur sort politique aux aléas d'un jeu concurrentiel
qu'ils ne contrôleraient pas de bout en bout [15] ». Mais le doute subsiste précisément. Avons-nous affaire à de véritables « pouvoirs
d'État » ou à de simples « pouvoirs », par exemple de nature patrimoniale ou néo-patrimoniale, ainsi que de très nombreux auteurs
en font l'hypothèse? Les éléments de divergence entre l'État postcolonial subsaharien et le type idéal bureaucratique cher à Max
Weber sont patents. A la limite, on ne parle d'État que par convenance diplomatique : seul le regard de l'étranger a maintenu dans
ce statut l'Ouganda, le Tchad, le Ghana pendant les années de la
guerre civile et du *kalabule* [16]. Pourtant, le déni de la qualité étatique s'effectue souvent à la faveur d'une erreur de méthode assez
grossière. Le souci farouche d'éviter les pièges de l'évolutionnisme
et de la téléologie peut amener à une autre facilité : celle qui
consiste à comparer une greffe institutionnelle vieille d'à peine un
siècle, en Afrique, au stade mature d'un processus pluriséculaire
d'institutionnalisation, en Occident [17].

L'orbite contemporaine du politique au sud du Sahara, en ce
qu'elle renvoie à la trajectoire passée d'un continent, est susceptible de s'infléchir un jour. Dans les faits, la prison de longue
durée s'apparente plutôt à la liberté surveillée. Elle n'équivaut
naturellement jamais à la reproduction mécanique des formes du
passé, mais tout au plus à un mode sur lequel les acteurs impro-
visent. Par-delà, l'on peut se demander si l'Afrique noire n'est pas
en train d'aborder l'une de ces époques de basculement à partir
desquelles l'Histoire se noue, de millénaire en millénaire; si elle
n'est pas sur le point de changer de mode, de passer à un autre
registre. Primat des stratégies d'extraversion et d'escapade, défaut
de surexploitation, médiocrité de l'accumulation, sous-productivité
des économies, valorisation de la richesse en hommes plutôt qu'en
biens et en territoires, représentation extensive de l'espace en
termes de mobilité, conception plurielle du temps : ces traits, selon
toute vraisemblance, doivent beaucoup au régime démographique [18]. La mutation rapide de celui-ci et les changements
sociaux dont elle s'accompagne ou qu'elle provoque – l'urbanisation accélérée, la déstabilisation économique et financière, la
dégradation de l'environnement écologique, la modification du

rapport de l'individu au temps et à l'espace, notamment – incitent à s'interroger sur l'avenir. Rien n'interdit d'imaginer que ces évolutions puissent un jour conduire à une intensification de l'exploitation économique et de la domination politique, et déboucher sur une institutionnalisation de ces processus plus conforme au type idéal weberien de l'État bureaucratique. B. Badie et P. Birnbaum avancent eux-mêmes l'hypothèse « que l'État a dû s'imposer au sein de sociétés qui, par suite d'une résistance exceptionnelle de leurs structures traditionnelles, ou du fait de circonstances technologiques ou politiques particulières, ont eu les plus grandes difficultés à procéder à la nouvelle distribution des tâches, impliquée d'abord par la crise de leur propre formation sociale, ensuite par l'avènement d'un système d'économie marchande ». Citant les cas des Pays-Bas et de l'Angleterre, ils jugent « significatif que le développement des structures étatiques a été beaucoup moins net dans les sociétés qui ont pu profiter pleinement et sans résistance des nouvelles données de l'économie mondiale que dans celles qui formaient leur immédiate périphérie [19] ». Pour ce qui est de l'Afrique, la dépendance économique et le crédit persistant d'anciens groupes dominants pourraient éventuellement favoriser ce scénario.

A l'inverse, rien n'interdit non plus de penser que le délitement de la famille et l'effondrement financier du système scolaire d'inspiration occidentale empêcheront l'État de mener à bien la socialisation politique minimale de la jeunesse, susceptible d'attacher celle-ci à sa « problématique légitime ». Les bandes d'enfants qui vivent de débrouillardise et de rapines et ne connaissent du pouvoir que les rafles policières et la chicote du commissariat préfigurent peut-être une dissidence de masse, déjà perceptible sous la forme du banditisme, mais pour l'instant endiguée par la prégnance des réseaux [20]. Pareillement, la paupérisation économique, la prolifération des cultes syncrétiques tendent à accroître cette part du Vide aux dépens du Plein hégémonique. De ce point de vue, l'urbanisation ne constitue pas une garantie pour l'État : le système politique kenyan, solidement implanté dans les circonscriptions rurales, éprouve quelque peine à intégrer les *wananchi* des villes, ainsi qu'en ont témoigné la mise à sac de Nairobi, en août 1982, ou les pourcentages respectifs de l'abstentionnisme électoral lors des dernières consultations [21].

Le futur de l'État découlera moins d'un quelconque facteur surdéterminant que du déroulement incertain des luttes sociales. A

cet égard, l'historicité du politique en Afrique est, très classiquement, une historicité de terroirs. Les conflits improprement qualifiés d'ethniques, les révoltes rurales, les rivalités factionnelles renvoient d'abord à cette instance [22]. Le repérage des clivages
pertinents de terroirs apparaît donc comme une tâche prioritaire,
pour laquelle le concours des anthropologues, des historiens, des
géographes, des linguistes est indispensable [23]. Conclusion faussement paradoxale que celle qui discerne dans l'ouvrage célèbre de
P. Bois, *Les Paysans de l'Ouest*, consacré à la Sarthe de la Révolution française, une excellente introduction méthodologique à
l'étude de l'Afrique [24]! Celle-ci relève ni plus ni moins de la sociologie historique, seule à même de combler notre invraisemblable
ignorance de ses formations sociales. Mais cette reconnaissance de
l'historicité de terroirs sur laquelle est assis l'État postcolonial
achève de ruiner la thèse courante de son extranéité génétique. Il
est exact que le pouvoir national est volontiers identifié à une souveraineté exogène. En Ahafo, le gouvernement d'Accra est consi-
déré comme *aban* (extérieur, imposé), et non comme *oman* (indigène, autochtone [25]). Et les Maka du Cameroun qui se rendent à la
sous-préfecture disent qu'ils vont « au pays du Blanc », pour indiquer plaisamment qu'ils entrent dans un univers étranger à leur
monde villageois et lignager [26]. Ces représentations sont habituelles dans les situations d'autoritarisme ou de centralisation
accentués [27]. Elles étaient inévitables en Afrique dès lors que les
dirigeants définissaient l'État « bien policé » contre la société, dans
la continuité, effectivement, du modèle colonial. Pour autant, elles
ne doivent pas être prises pour argent comptant. Elles ne sont pas
propres aux contextes d'extraversion, elles ne sont pas des preuves
de l'extranéité structurelle du pouvoir, mais de simples faits de
conscience. En vérité, la plupart des phénomènes dans lesquels
l'on discerne des manifestations de la nature exogène de l'État
postcolonial – le « tribalisme », l'« instabilité » – annoncent au
contraire la réappropriation des institutions d'origine étrangère
par les sociétés autochtones. Loin de trahir un défaut d'historicité
et une aliénation culturelle, ils attestent la vigueur de la greffe
coloniale et la vitalité de l'action politique qu'elle a suscitée. Ils
révèlent la densité des fondements sociaux du pouvoir, au lieu de
leur absence. Sans doute ce constat ne suffit-il pas à donner aux
systèmes postcoloniaux des lettres de noblesse weberiennes. Mais,
à tout le moins, il autorise à légitimer l'emploi, à leur propos, du
concept d'État, à leur accorder, en quelque sorte, le bénéfice du
doute.

Les objections émises pour contrer cet usage sémantique laissent d'ailleurs à désirer, même si l'on fait de la différenciation du pouvoir par rapport à la stratification sociale, à une force politique dominante ou aux clivages communautaires, le critère décisif de la présence de l'État [28]. Nous l'avons vu au fil de cet ouvrage : la généralité des luttes factionnelles, le rôle de premier plan des entrepreneurs politiques permettent de douter de la prééminence absolue de l'organisation communautaire sur les rapports sociaux individualisés; des forces économiques et religieuses inclinent à s'ériger en société civile distincte de la sphère du pouvoir *stricto sensu*; cette dernière gagne également en autonomie vis-à-vis des identifications ethniques, des charismes personnels ou des mouvements politiques, et elle connaît une institutionnalisation notable; l'adhésion à des conceptualisations autochtones du politique, d'une certaine manière indifférentes à l'idée bureaucratique de la *res publica*, est mâtinée par la croyance simultanée en d'autres répertoires, d'origine extérieure et d'obédience étatique. Il n'est pas jusqu'au regard du diplomate étranger qui ne contribue, lui aussi, à la formation d'une culture africaine de l'État : cet argument ultime n'est point dérisoire et rappelle opportunément que la production des « dynamiques du dedans » est indissociable des immixtions « du dehors ».

Les réserves que l'on doit continuer d'éprouver quant à la qualification étatique des pouvoirs postcoloniaux au sud du Sahara proviennent en fait de l'intervention d'autres processus de dé-différenciation. Au premier rang de ceux-ci figure l'exacerbation des stratégies individuelles qui minent de l'intérieur les institutions. C'est que la civilisation africaine – contrairement à une opinion répandue – n'est pas de type holiste et qu'elle ne dénonce nullement « le phénomène d'une individualité " sous-développée " [29] ». L'affirmation des individus, fussent-ils des « gens sans feu ni lieu », paraît bien être une constante de la vie sociale du continent. Jadis, l'usage de la terre, l'art de la guerre, la maîtrise de l'invisible étaient ses lieux de prédilection, qui formaient autant de « zones d'indétermination lignagère ». La conquête du pouvoir, segmentaire ou centralisé, n'échappait pas à l'influence délétère de ces compétitions. Par la suite, les opportunités de l'école, du travail salarié, du commerce, de l'agriculture et de la politique ont focalisé les ambitions personnelles [30]. On peut en définitive émettre l'hypothèse selon laquelle les correctifs très contraignants qui, dans l'éducation, dans l'invisible, dans la sociabilité quotidienne, brident ce que nous continuerons à nommer, sous réserve d'inventaire, « l'individualisme », sanctionnent justement sa force impétueuse et préservent les sociétés de sa vigueur centrifuge, plutôt qu'ils n'attestent la suprématie d'une conception communautaire de l'existence [31]. Sans doute cet « individualisme » n'a-t-il pas grand-chose à voir avec l'« individualisme » occidental, si tant est que cette notion garde une cohérence particulière au travers des siècles qui l'ont vu se développer [32]. Il n'en reste pas moins que les sociétés africaines, au lieu d'être ces havres d'harmonie et de solidarité fantasmés par des idéologues, sont historiquement hantées par le spectre de la violence individuelle : celle de l'ensorcellement et de la manducation symbolique [33]. Le champ civique contemporain s'en trouve affecté, par le biais des luttes factionnelles, du fonctionnement rhizomatique de l'État et de la « politique du ventre ». En corollaire, le recours à l'argumentaire de l'ethnicité ou l'exercice du suffrage universel se conforment à des logiques communautaires moins fréquemment qu'il n'est dit [34].

Ainsi, le postulat du caractère holiste des sociétés africaines a peut-être été l'une des fautes d'interprétation les plus préjudiciables à leur compréhension [35]. Il ne faudrait pas en conclure, à l'instar de C.G. Rosberg et de R.H. Jackson, que la réhabilitation du concept galvaudé de « pouvoir personnel » est souhaitable, ni que les régimes postcoloniaux sont structurés par la seule action des entrepreneurs politiques eux-mêmes [36]. D'une part, le déchaînement des stratégies personnelles n'est pas antithétique de la création d'un système de stratification sociale. Les deux ordres sont liés et doivent être pensés ensemble, y compris dans une optique marxienne [37]. En tant que fait historique, la définition de la personne influe sur l'engendrement de l'inégalité. La polygamie, par exemple, rend aléatoire le legs des patrimoines en favorisant la dispersion de la redistribution sociale et en excluant de la filière scolaire une fraction des héritiers [38]. Réciproquement, l'un des enjeux majeurs de la nouvelle problématisation du politique, dont l'État postcolonial est le vecteur, a trait aux rapports de soi à soi et à autrui [39]. La teneur de la Cité, l'éthos dans lequel elle se reconnaîtra et par lequel elle se distinguera de la modernité occidentale, l'invention, ou non, d'une culture démocratique naîtront *in fine* de cette mue.

D'autre part, les acteurs s'inscrivent dans un contexte, dont ils sont tributaires. Dans cette mesure, leur démarche n'est pas imprévisible. Elle n'est pas non plus déterminée. La structure de l'inégalité, la recherche d'une hégémonie, la problématique légitime du politique ne valent que par le travail énonciatif auquel elles sont soumises de la part de ces acteurs. Michel Foucault définit de la sorte le pouvoir comme « une action sur des actions » :

> « Il est un ensemble d'actions sur des actions possibles : il opère sur le champ de possibilité où vient s'inscrire le comportement de sujets agissants : il incite, il induit, il détourne, il facilite ou rend plus difficile, il élargit ou il limite, il rend plus ou moins probable; à la limite, il contraint ou empêche absolument; mais il est bien toujours une manière d'agir sur un ou sur des sujets agissants, et ce tant qu'ils agissent ou qu'ils sont susceptibles d'agir. »

L'analyse doit alors se déplacer vers l'intelligence de ce mode de « gouvernement », au sens où on l'entendait au XVIᵉ siècle, en tant que « manière de diriger la conduite d'individus ou de groupes » : « Gouverner [...], c'est structurer le champ d'action éventuel des autres [40]. » Pour désigner ce mode de « gouvernement » ou, disait Foucault, de « gouvernementalité » dans l'Afrique subsaharienne contemporaine, nous avons repris l'expression camerounaise de « politique du ventre ». Puisque nous avions commencé ce livre en évoquant un dessin de Plantu, achevons-le de façon similaire : le caricaturiste de *Cameroon Tribune* qui fait dire à la fameuse chèvre : « Je broute, donc je suis » suggère très précisément les contours du champ du pensable politiquement dans les sociétés africaines postcoloniales [41]. Ce n'est point que cette forme de « gouvernementalité » relève d'une culture traditionnelle impossible à contourner, ni qu'elle se dérobe à la critique d'un nombre croissant de citoyens africains, ni enfin qu'elle recouvre la totalité de l'imaginaire politique du continent et qu'elle en constitue l'idéo-logique. Mais elle a enserré l'ensemble des stratégies et des institutions qui ont œuvré à l'avènement de l'Afrique moderne, en particulier les Églises chrétiennes, les partis nationalistes, les administrations. Et les expériences de gouvernement qui ont prétendu rompre avec elle ont fait long feu ou ont été à leur tour absorbées par ses pratiques.

L'Afrique, cependant, ne « mange » pas de manière uniforme. De la boulimie nigériane ou zaïroise à la cure amaigrissante tanzanienne et nigérienne, de l'appétit prophétique d'un Ahmed Sekou Touré ou d'un Macias Nguema à la gourmandise schizophrénique des dirigeants marxistes-léninistes, de l'austérité rédemptrice d'un Jerry Rawlings ou d'un Murtala Mohammed à l'appétence magnifique d'un Félix Houphouët-Boigny ou d'un Jomo Kenyatta, les régimes de la manducation politique sont multiples. De ces variations il convient d'être conscient, au lieu de ratiociner sur l'Afrique éternelle. L'étude des enchaînements événementiels, des sédimentations idéologiques, des codifications juridiques, des formalisations institutionnelles, des structures productives et redistributives de la richesse, des alliances et des exclusions sociales, de la morphologie géographique et démographique propres à chaque société devrait permettre de mieux différencier des trajectoires nationales du politique, de poursuivre des comparaisons, et, peut-être, de dresser une typologie de l'État au sud du Sahara [42].

Enfin – et surtout – l'Afrique n'a point le monopole du ventre, ni, d'ailleurs, celui de l'escapade. Il suffit, pour s'en convaincre, de mesurer l'inflation des travaux universitaires qui se vouent à la description de la « corruption », du « clientélisme » ou des « migrations ». Partant du principe que des traits aussi communément partagés ne sauraient être tenus pour simplement morbides, nous devons admettre que l'analyse des sociétés africaines ouvre la voie à une réflexion plus ample sur le politique. Oui, banale Afrique celle qui, foin d'exotisme, nous ramène à des leçons générales de méthode. Si la plupart des phénomènes qu'elle nous a donnés à voir et qui servent communément à la typifier se retrouvent sous d'autres cieux sans néanmoins passer pour être des caractéristiques discriminantes des systèmes de pouvoir en Asie, en Amérique ou en Europe, c'est peut-être affaire de degré ou de proportion. Démontrons alors que les stratégies de « chevauchement », par exemple, sont absolument ou relativement plus décisives en Abidjan ou à Lagos qu'à Moscou, à Pékin, à Singapour, à Washington ou à Paris! Dans ce traitement inégal des faits interviennent en vérité des dispositions intellectuelles, ainsi que l'a montré Max Weber dans son commentaire classique de la magie. La perplexité condescendante de l'observateur face aux pratiques politiques subsahariennes provient moins de ce que celles-ci soient objectivement étonnantes que de ce que cet observateur ne parvient pas (ou ne souhaite pas) reconstruire la subjectivité des acteurs africains et demeure l'otage complaisant du paradigme du joug [43]. L'Afrique, à bien des égards, est un miroir. Pour déformant qu'il soit, celui-ci nous renvoie notre propre image politique et a beaucoup à nous apprendre sur les ressorts de notre modernité occidentale [44].

Mais il n'en reste pas moins que l'action politique en Afrique peut être à juste titre perçue comme singulière, en vertu de « l'historicité essentielle des significations » : « Des " institutions " apparemment similaires peuvent être radicalement autres car, plongées dans une autre société, elles sont prises dans des significations autres [45]. » De ce point de vue, les grands concepts de la science politique sont aussi trompeurs que ceux, par exemple, de l'anthropologie de la parenté que R. Needham a incriminés [46]. L'évergétisme d'un Houphouët-Boigny n'a sans doute pas grand-chose à voir avec celui d'Auguste, ni la « corruption » du fonctionnaire africain avec celle de son homologue soviétique, asiatique ou américain, car la symbolisation inhérente à ces pratiques et les enjeux matériels qu'elles comportent ne sont pas les mêmes d'une culture et d'une situation historique à l'autre. Cela apparaît clairement si l'on se souvient que la thématique du « ventre » au sud du Sahara est polysémique. « Manger », c'est se nourrir – « Glorification de la richesse dans ce qu'elle a de plus réel : le ventre », notait Michel Leiris en décrivant le « formidable hémisphère de bois noir [...], comble de gâteaux de mil » et les « calebasses de viande » dont la présentation marquait l'apogée d'une fête offerte par le souverain de Rey Bouba [47] –, c'est aussi accumuler, exploiter, vaincre, attaquer ou tuer en sorcellerie [48].

L'Afrique, saisie dans sa banalité, invite donc au comparatisme, mais à un comparatisme qui se définit aux antipodes du comparatisme lisse des années soixante. Notre propos ne devrait pas être de gommer les aspérités de la singularité historique, mais bien au contraire de les placer en exergue pour confronter les « *thick descriptions* » [49] que nous en faisons, en hommes de terrain aussi bien qu'en usagers de la théorie et de la méthodologie. C'est sur ce plan de travail que la notion de « trajectoire du politique » recèle quelque utilité. Elle convie à dégager, sur la longue durée, les lignes de concaténation historique et les schèmes d'invention culturelle sous-jacents aux sociétés contemporaines – et ce de façon non téléologique mais téléonomique, « non comme l'effet d'une volonté, d'un plan ou d'un dessein, mais comme le résultat non voulu de mécanismes qui peuvent être analysés de manière purement causale [50] ». Il se peut que ces trajectoires du politique se résolvent *in fine* en un universel du pouvoir. Néanmoins une telle idée ne manque pas d'être méthodologiquement suspecte [51]. L'activité symbolique est culturellement connotée, et l'activité politique est une activité éminemment symbolique. En définitive, il en est de l'art du pouvoir comme de ceux de l'amour ou du manger : bien que les postures de la servitude et de la domination soient en

nombre somme toute limité, au même titre que celles de la sexualité et de l'alimentation, il ne servirait guère l'analyse de les subsumer sous le genre unique d'une nature humaine, difficile, au
demeurant, à cerner. Sous des comportements biologiquement
similaires, l'éthique du plaisir chez les Grecs, les Romains, les
Chinois, les nomades udrites ou les troubadours occitans n'était,
grâce à Dieu, pas uniforme, et c'est naturellement ce qui compte,
quoique ce caractère relatif des faits ne doive pas forcément
conduire à un relativisme des valeurs [52]. Pareillement, l'étude du
politique doit se consacrer à l'intelligence de ce que R. Boudon
nomme des « rationalités situées », c'est-à-dire à la compréhension
des « bonnes raisons » qui poussent à telle ou telle pratique [53]. Sous
peine de sombrer dans le provincialisme occidental et de renoncer
ainsi à l'exigence de scientificité, elle doit pénétrer l'ailleurs et
l'autrement de ce qui est à tort retenu comme la norme universelle.

Or ce beau programme se heurte à une aporie que notre périple
aura justement rendue tangible. Nous l'avons vu, l'*homo mandu-
cans*, cet homme qui mange, est aussi un homme qui fuit, un *homo
fugens*. En Afrique, la part de la défection sociale, la capacité des
acteurs à se placer en dehors des obligations politiques que stipule
l'État, le rôle de l'escapade subsistent, sinon intacts, du moins
réels, dans l'attente d'un hypothétique monopole de la légitimité
centrale que seuls, en Europe, les absolutismes sont parvenus à instaurer [54]. Mais, nous l'avons également constaté, les constructions
politiques subsahariennes, en ce qu'elles ont d'inachevé, ne brillent
pas non plus par leur originalité, quel que soit le rôle déterminant
à cet égard des représentations spécifiques de l'invisible qui les
habitent. L'hétérogénéité, l'incomplétude sont essentielles à toute
société. Seule l'enflure de l'État ou du totalitarisme et l'efficacité
de la technologie font perdre de vue cette caractéristique première
en ce qui concerne le monde industrialisé. L'intérêt de la trajectoire africaine est de nous en rappeler la généralité, et même la
nécessité. Cependant, la pensée occidentale est impuissante à
conceptualiser une telle propriété et à faire les parts respectives de
ce que nous avons appelé le Plein et le Vide : « Nous ne pouvons
ensembliser ce qui est que parce que ce qui est est ensemblisable;
nous ne pouvons le catégoriser que parce qu'il est catégorisable.
Mais toute ensemblisation, toute catégorisation, toute organisation
que nous y instaurons/découvrons s'avère tôt ou tard partielle,
lacunaire, fragmentaire, insuffisante – et même, ce qui est le plus

important, intrinsèquement déficiente, problématique et finalement incohérente », écrit C. Castoriadis [55].

Si l'on accepte la proposition de ce dernier – « ce qui tient une société ensemble, c'est le tenir ensemble de son monde de significations [56] » – nous ne pourrons désormais avancer qu'en prolongeant l'analyse des « significations imaginaires sociales » qui prédominent au sud du Sahara; en prenant en considération non plus les acteurs et leurs stratégies, comme nous l'avons fait dans cet ouvrage en conformité avec la démarche de l'individualisme méthodologique, mais au contraire les régimes d'énoncés dans les contextes particuliers de leur énonciation. Mieux que les concepts, trop univoques, de culture, d'idéo-logique, de problématique légitime ou d'hégémonie que nous avons employés à certains moments de notre démonstration, celui de « gouvernementalité » semble être en mesure de déjouer le piège de la totalisation indue. En effet, il n'est point de « gouvernementalité » concevable qui ne se réfère à une problématique de l'énonciation du pouvoir, tout au moins si l'on retient l'œuvre de Michel Foucault postérieure à *Surveiller et punir*. Reste pourtant que la mort prématurée du philosophe l'a empêché de mener à son terme cette réflexion. Reste aussi que l'applicabilité du concept à des situations historiques autres que celles du « grand renfermement » est sujette à discussion. Reste enfin que l'on a précisément pu reprocher à Foucault de pécher lui aussi par excès de monisme en oblitérant le « polythéisme de pratiques disséminées, dominées mais non pas effacées » qui subsiste sous « le privilège que les dispositifs panoptiques se sont assuré [57] ».

Dès lors, l'étude de « gouvernementalités » historiquement situées sur des trajectoires de longue durée passe par une porte étroite : celle qui consistera à identifier, dans une société donnée, les principaux genres discursifs du politique, obligatoirement disparates et fragmentaires, à restituer leur relation dialogique avec le passé et à repérer les procédures actuelles de leur entrelacement, constitutives des « significations imaginaires sociales » dont parle C. Castoriadis. Ainsi se dégagera la teneur culturelle spécifique du politique pour cette société donnée. Ainsi se précisera la dimension du Vide qui structure l'usage politique en tant qu'il est « façons de parler » : la part de tous ces effets d'enchâssement qui entrecoupent l'énonciation du politique et qui interdisent finalement de réduire l'interaction sociale au modèle dyadique de l'émission d'un discours et de sa réception, ou encore à la dichotomie des dominants et des dominés [58]. L'invention du politique dans l'Afrique contemporaine apparaîtra alors dans cette verdeur et cette complication dont le pont de lianes de N'Zérékoré, lancé au travers de ce siècle, nous donne une image puissante.

AVANT-PROPOS

1. *Cameroon Tribune* (Yaoundé), 9 févr. 1985.
2. *La Gazette* (Douala), 515, 6 déc. 1984, pp. 3 et 14. Voir, également, pour un autre cas similaire, *ibid.*, 565, 4 sept. 1986, pp. 2 et 6.
3. M. DE CERTEAU, « Une pratique sociale de la différence : croire » *in* ÉCOLE FRANÇAISE DE ROME, *Faire croire. Modalités de la diffusion et de la réception des messages religieux du XIIᵉ au XVᵉ siècle*, Rome, École française de Rome, 1979, pp. 363-383.
4. « President's name used in fraud bid – Prosecution », *Daily Nation* (Nairobi), 6 oct. 1984.
5. *Cameroon Tribune* (Yaoundé), 6 avr. 1988.
6. *La Gazette* (Douala), 604, 5 mai 1988, p. 13.
7. M. MAGASSOUBA, « Guinée : les militaires s'empiffrent! », *Africa international* (Dakar), 204, avr. 1988, p. 26.
8. *Report of the Constitution Drafting Committee*, Lagos, 1976, 1 : V, cité et commenté par G. WILLIAMS, T. TURNER, « Nigeria » *in* J. DUNN, ed., *West African States : Failure and Promise. A Study in Comparative Politics*, Cambridge, Cambridge University Press, 1978, p. 133.
9. Cité *in* A. SISSOKO, *Aspects sociologiques de l'Intégration nationale en Afrique noire occidentale : espace politico-administratif et intégration à l'État : le cas de la Côte d'Ivoire*, Nice, Faculté des lettres et sciences humaines, 1982, pp. 463-464. Voir également l'adresse de M. HOUPHOUËT-BOIGNY à une délégation du Sanwi, *Fraternité-Hebdo* (Abidjan), 2 oct. 1981 : « Vous avez demandé des sous-préfectures, c'est ce qu'on nous demande partout où nous passons. »
10. J.-A. MBEMBÉ, *Les Jeunes et l'ordre politique en Afrique noire*, Paris, L'Harmattan, 1985, pp. 122 et suiv.
11. P. LABURTHE-TOLRA, *Les Seigneurs de la forêt. Essai sur le passé historique, l'organisation sociale et les sources ethniques des anciens Bëti du Cameroun*, Paris, Publications de la Sorbonne, 1981, p. 233.
12. J.-F. BAYART, « Le politique par le bas en Afrique noire. Questions de méthode », *Politique africaine*, 1, janv. 1981, pp. 53-82; « La revanche des sociétés africaines », *ibid.*, 11, sept. 1983, pp. 95-127; « Les sociétés africaines face à l'État », *Pouvoirs*, 25, 1983, pp. 23-39.
13. G. DELEUZE, *Foucault*, Paris, Éd. de Minuit, 1986, pp. 23 et 62; H. SLUGA, « Foucault à Berkeley. L'auteur et le discours », *Critique*, 471-472, août-sept. 1986, pp. 840-856.
14. P. BIRNBAUM, J. LECA, dir., *Sur l'individualisme*, Paris, Presses de la Fondation nationale des sciences politiques, 1986.
15. J.-F. BAYART, « L'énonciation du politique », *Revue française de science politique*, 35 (3), juin 1985, pp. 343-373.

INTRODUCTION : L'HISTORICITÉ DES SOCIÉTÉS AFRICAINES

1. M. RODINSON, *La Fascination de l'islam*, Paris, Maspero, 1980; E.W. SAÏD, *L'orientalisme. L'Orient créé par l'Occident*, Paris, Le Seuil, 1980.
2. R. DUMONT, *L'Afrique noire est mal partie*, Paris, Le Seuil, 1962, et, en collaboration avec M.-F. MOTTIN, *L'Afrique étranglée*, Paris, Le Seuil, 1980; C. TURNBULL, *L'Africain désemparé*, Paris, Le Seuil, 1965; J.-C. POMONTI, *L'Afrique trahie*, Paris, Hachette, 1979; G. CHALIAND, *L'Enjeu africain. Stratégie des puissances*, Paris, Le Seuil, 1980; E. M'BOKOLO, *Le Continent convoité*, Paris, Montréal, Études vivantes, 1980; G. GOSSELIN, *L'Afrique désenchantée*, Paris, Anthropos, 1978; C. CASTERAN, J.-P. LANGELLIER, *L'Afrique déboussolée*, Paris, Plon, 1978; R. DUMONT, *Pour l'Afrique, j'accuse*, Paris, Plon, 1986.
3. Sir HARRY H. JOHNSTONE, *History of the Colonization of Africa by Alien Races*, Cambridge, Cambridge University Press, 1899.
4. J. VANSINA, « Knowledge and perceptions of the african past » *in* B. JEWSIEWICKI, D. NEWBURY, eds., *African Historiographies. What History for Which Africa?* Beverly Hills, Sage Publications, 1986, pp. 28-41.
5. A. GROSRICHARD, *Structures du sérail. La Fiction du despotisme asiatique dans l'Occident classique*, Paris, Le Seuil, 1979. Voir également C. GUINZBURG, *Enquête sur Piero della Francesca*, Paris, Flammarion, 1983; L. VALENSI, *Venise et la Sublime Porte. La Naissance du despote*, Paris, Hachette, 1987.
6. F. DE MEDEIROS, *L'Occident et l'Afrique (XIIIᵉ-XVᵉ siècle)*, Paris, Karthala, 1985.
7. MONTESQUIEU, *De l'esprit des lois*, XXI, 2 *in Œuvres complètes*, Paris, Gallimard, 1951, t. II, pp. 602-603.
8. Voltaire, *Essai sur les mœurs*, Paris, Garnier, 1963, t. II, p. 306.
9. *Ibid.*, t. II, p. 305 et t. I, p. 23.
10. G.W.F. HEGEL, *La Raison dans l'histoire. Introduction à la philosophie de l'Histoire*, Paris, U.G.E., 1965, p. 247.
11. MONTESQUIEU, *op. cit.*, p. 602.
12. Capitaine VALLIER, cité par P.-P. REY, *Colonialisme, néo-colonialisme et transition au capitalisme. Exemple de la « COMILOG » au Congo-Brazzaville*, Paris, Maspero, 1971, p. 363 et H. DESCHAMPS, « Préface » *in* J. BINET, *Budgets familiaux des planteurs de cacao au Cameroun*, Paris, ORSTOM, 1956, p. 5. Pour une tentative véritablement scientifique d'évaluation des effets sociaux de l'écologie forestière, voir G. SAUTTER, *De l'Atlantique au fleuve Congo. Une géographie du sous-peuplement. République du Congo, République gabonaise*, Paris, La Haye, Mouton, 1966 (en particulier pp. 996-999).
13. L.H. GANN, P. DUIGNAN, eds. *Colonialism in Africa. 1870-1960.* Volume I : *The History and Politics of Colonialism. 1870-1914.*, Cambridge, Cambridge University Press, 1969, p. 10.
14. J.F.A. AJAYI, « Colonialism : an episode in african history » *in* L.H. GANN, P. DUIGNAN, eds., *op. cit.*, pp. 497-509.

15. J.-P. SARTRE, « Préface » *in* F. Fanon, *Les Damnés de la terre*, Paris, Maspero, 1961, pp. 9 et 20.
16. M. AUGÉ, *Pouvoirs de vie, pouvoirs de mort*, Paris, Flammarion, 1977, pp. 21 et suiv.
17. J.-L. AMSELLE, dir., *Le Sauvage à la mode*, Paris, Le Sycomore, 1979, p. 15. *Cf.* également, sur ce débat, M. AUGÉ, *op. cit.* et *Symbole, fonction, histoire. Les Interrogations de l'anthropologie*, Paris, Hachette, 1979.
18. A. ADLER, *La Mort est le masque du roi. La Royauté sacrée des Moundang du Tchad*, Paris, Payot, 1982 et M. IZARD, *Gens du pouvoir, gens de la terre. Les Institutions politiques de l'ancien royaume du Yatênga (Bassin de la Volta Blanche)*, Cambridge, Cambridge University Press, Paris, Éditions de la Maison des sciences de l'Homme, 1985 – auxquels on opposera, par exemple, J. DUNN, A.F. ROBERTSON, *Dependence and Opportunity : Political Change in Ahafo*, Cambridge, Cambridge University Press, 1973; J.D.Y. PEEL, *Ijeshas and Nigerians. The Incorporation of a Yoruba Kingdom, 1890s-1970s,* Cambridge, Cambridge University Press, 1983; M. STANILAND, *The Lions of Dagbon : Political Change in Northern Ghana*, Cambridge, Cambridge University Press, 1975.
19. G.A. ALMOND, J.S. COLEMAN, eds., *The Politics of the Developing Areas*, Princeton, Princeton University Press, 1960, pp. 3-64 et p. 576; G.A. ALMOND, G.B. POWELL Jr, *Comparative Politics. A Developmental Approach*, Boston, Little Brown, 1966, p. 2.
20. De *The Gold Coast in Transition* (Princeton, Princeton University Press, 1955) à *The Politics of Modernization* (Chicago, Chicago University Press, 1965), l'itinéraire d'un David Apter est à cet égard exemplaire.
21. Ses ténors – B. MOORE, R. BENDIX, P. ANDERSON, T. SKOCPOL – n'en disent mot. S.N. EISENSTADT se réfère aux acquis de l'anthropologie africaniste mais ne résiste pas aux charmes du formalisme des modèles. I. WALLERSTEIN a déplacé son intérêt de l'analyse des régimes post-coloniaux à celle du « système-monde » et a incliné à s'aligner sur les positions méthodologiques de l'école de la dépendance à dater de la publication de *Africa : The Politics of Unity. An Analysis of a Contemporary Social Movement* (New York, Random House, 1967). Seul le cheminement d'un A.R. ZOLBERG a fait exception, encore qu'il se soit à son tour éloigné de ses préoccupations subsahariennes initiales.
22. J.F.A. AJAYI, « Colonialism : an episode in african history » *in* L.H. GANN, P. DUIGNAN, eds., *op. cit.*, pp. 497-509; J.-L. AMSELLE, « Sur l'objet de l'anthropologie », *Cahiers internationaux de sociologie*, 56, janv.-juin 1974, pp. 98 et suiv.
23. T. SMITH, « The underdevelopment of development literature : the case of dependency theory », *World politics*, XXXI (2), janv. 1979, pp. 247-288.
24. F.H. CARDOSO, « Les États-Unis et la théorie de la dépendance », *Tiers monde*, XVII (68), oct.-déc. 1976, pp. 805-825.
25. B. BARRY, *Le Royaume du Waalo. Le Sénégal avant la conquête*, Paris, Karthala, 1985, p. 34 (La première édition date de 1972).
26. Voir en particulier P.-P. REY, *op. cit.* et *Les Alliances de classes*, Paris, Maspero, 1976; C. MEILLASSOUX, *Femmes, greniers et capitaux*,

Paris, Maspero, 1975. Pour une présentation critique de ce courant, *cf.* F. POUILLON, dir., *L'Anthropologie économique. Courants et problèmes*, Paris, Maspero, 1976; H. MONIOT, « L'anthropologie économique de langue française » *in* Y. ROUX, dir., *Questions à la sociologie française*, Paris, PUF, 1976, pp. 85-124; W. van BINSBERGEN, P. GESCHIERE, eds., *Old Modes of Production and Capitalist Encroachment. Anthropological Explorations in Africa*, Londres, KPI, 1985; F. COOPER, « Africa and the world economy », *The African Studies Review*, 24 (2-3), juin-sept. 1981, pp. 13-15; B. JEWSIEWICKI, J. LETOURNEAU, ed., *Mode of Production : the Challenge of Africa*, Sainte-Foy, SAFI Press, 1985.

27. B. BADIE, *Le Développement politique*, Paris, Economica, 1980, pp. 50 et suiv.; A.R. ZOLBERG, « L'influence des facteurs " externes " sur l'ordre politique interne » *in* M. GRAWITZ, J. LECA, dir., *Traité de science politique*, Paris, PUF, 1985, t. I, p. 575.

28. G.A. ALMOND, G. BINGHAM POWELL Jr., *op. cit.*, p. 285.

29. D. APTER, *The Politics of Modernization, op. cit.*, p. 42.

30. Ş. AMIN, *Le développement du capitalisme en Côte d'Ivoire*, Paris, Éd. de Minuit, 1967, pp. 265 et 279-280.

31. Voir – outre la collection de la *Review of African Political Economy* – G. ARRIGHI, J.S. SAUL, *Essays on the Political Economy of Africa*, New York, Monthly Review Press, 1973; I.G. SHIVJI et al., *The Silent Class Struggle*, Dar es Salaam, Tanzania Publishing House, 1974; I.G. SHIVJI, *Class Struggles in Tanzania*, New York, Monthly Review Press, 1976; M. MAMDANI, *Politics and Class Formation in Uganda*, Londres, Heinemann, 1976; C. LEYS, *Underdevelopment in Kenya. The Political Economy of Neo-Colonialism, 1964-1971*, Londres, Heinemann, 1975; J.S. SAUL, *The State and Revolution in Eastern Africa*, Londres, Heinemann, 1979; Y. TANDON, A.M. BABU, *Debate on Class, State and Imperialism*, Dar es Salaam, Tanzania Publishing House, 1982.

32. *Cf.*, outre les travaux déjà cités de P.-P. REY, H. BERTRAND, *Le Congo. Formation sociale et mode de développement économique*, Paris, Maspero, 1975.

33. I. WALLERSTEIN, *The Modern World System. Capitalist Agriculture and the Origins of the European World Economy in the Sixteenth Century*, New York, Academic Press, 1974, p. 351.

34. B. BADIE, P. BIRNBAUM, *Sociologie de l'État*, Paris, Grasset, 1979, pp. 178 et 181.

35. G.P. MURDOCK, *Africa. Its Peoples and their Culture History*, New York, Mac Graw Hill, 1959.

36. E. SHILS, *Political Development in the New States*, Gravenhage, Mouton, 1962, pp. 30-31.

37. Sur ce retournement académique, *cf.* G. HYDEN, « Political science in post-independence Africa » *in* ORGANIZATION FOR SOCIAL SCIENCE RESEARCH in Eastern Africa, *Political Science Workshop*, Nairobi, 15-19 avr. 1985, multigr., qui souligne l'influence des travaux de F.W. RIGGS et S.P. HUNTINGTON. A la même époque, I. WALLERSTEIN relevait le déclin des grands partis nationalistes (« The decline of the party in single-party african states » *in* G. LA PALOMBARA, M. WEINER, eds., *Political Parties and Political Development*, Princeton, Princeton University Press, 1966, pp. 201-214).

38. L. KUPER, M.G. SMITH, eds., *Pluralism in Africa*, Berkeley, University of California Press, 1969.

39. A.R. ZOLBERG, « The structure of political conflict in the new states of tropical Africa », *The American Political Science Review*, LXII (1), mars 1968, pp. 70-87 et *Creating Political Order. The Party-States of West Africa*, Chicago, Rand MacNally, 1966.

40. C. COULON, « Système politique et société dans les États d'Afrique noire. A la recherche d'un système conceptuel nouveau », *Revue française de science politique*, 22 (5), oct. 1972, pp. 1050-1051.

41. E. SHILS, *op. cit.*, p. 30.

42. G. KITCHING, « Politics, method and evidence in the " Kenya debate " » *in* H. BERNSTEIN, B.K. CAMPBELL, eds., *Contradictions of Accumulation in Africa*, Beverly Hills, Sage Publications, 1985, p. 121 et F. COOPER, « Africa and the world economy », art. cité., pp. 1-2 et 9.

43. Voir en particulier G. ALTHABE, *Oppression et libération dans l'imaginaire. Les communautés villageoises de la côte orientale de Madagascar*, Paris, Maspero, 1969; M. AUGÉ, *Théorie des pouvoirs et idéologie. Étude de cas en Côte d'Ivoire*, Paris, Hermann, 1975; M. AUGÉ, dir., *La Construction du monde. Religion, représentations, idéologie*, Paris, Maspero, 1974. P. BONNAFÉ, proche de ce courant, concluait néanmoins : « Les dominés pensent quelque chose. Même par référence à l'idéologie dominante, leur point de vue est autre. Certains de leurs éléments idéologiques sont irréductibles. » (*Nzo lipfu, le lignage de la mort. La sorcellerie, idéologie de la lutte sociale sur le plateau kukuya*, Nanterre, Labethno, 1978, p. 330.) Pour une sociologie de l'aliénation culturelle, *cf.* par ailleurs A. TOURÉ, *La civilisation quotidienne en Côte d'Ivoire. Procès d'occidentalisation*, Paris, Karthala, 1981 et J.-P. LYCOPS, *L'Agression silencieuse ou le génocide culturel en Afrique*, Paris, Anthropos, 1975.

44. Cité par R. GIRARDET, *L'Idée coloniale en France de 1871 à 1962*, Paris, La Table Ronde, 1972, p. 54.

45. H. DESCHAMPS, « Comment incorporer l'Union française aux programmes d'histoire de l'enseignement du second degré », *L'Information historique*, nov.-déc. 1954, pp. 20-21, cité *in* M. SEMIDEI, « De l'Empire à la décolonisation. A travers les manuels scolaires français », *Revue française de science politique*, XV (1), févr. 1966, p. 730.

46. F. EBOUSSI BOULAGA, *La Crise du Muntu. Authenticité africaine et philosophie*, Paris, Présence africaine, 1977, pp. 15-16.

47. *Cf.*, par exemple, G.A. ALMOND, G.B. POWELL, *op. cit.*, pp. 325 et suiv. et J.S. COLEMAN, « Conclusion : the political systems of the developing areas » *in* G.A. ALMOND, J.S. COLEMAN, eds., *The Politics of the Developing Areas*, *op. cit.*, p. 533. Parmi les nombreuses critiques de la normativité développementaliste, voir plus spécialement D. CRUISE O'BRIEN, « Modernization, order, and the erosion of a democratic ideal : american political science, 1960-1970 », *Journal of Development Studies*, IX (4), juil. 1972, pp. 351-378.

48. G.A. ALMOND, G.B. POWELL, *op. cit.*, p. 2.

49. T. RANGER, « The invention of tradition in colonial Africa » *in* E. HOBSBAWM, T. RANGER, eds., *The Invention of Tradition*, Cambridge, Cambridge University Press, 1983, pp. 211-262; L. DE HEUSCH, « Tradi-

tion et modernité politiques en Afrique noire », *Cahiers internationaux de sociologie*, XLIV, janv.-juin 1968, pp. 63-78; M. STANILAND, *The Lions of Dagbon*, *op. cit.*; L. NDORICIMPA, C. GUILLET, dir., *L'Arbre-mémoire. Traditions orales du Burundi*, Paris, Karthala, 1984; et, pour une critique plus générale de la notion de tradition, R. BENDIX, « Tradition and modernity reconsidered », *Comparative Studies in Society and History*, IX (3), avr. 1967, pp. 292-346.

50. F. EBOUSSI BOULAGA, *La Crise du Muntu, op. cit.*, pp. 152 et suiv. Voir également J.-P. HOUNTONDJI, *Sur la « philosophie africaine ». Critique de l'ethnophilosophie*, Paris, Maspero, 1977.

51. J. GOODY, *La Raison graphique. La domestication de la pensée sauvage*, Paris, Minuit, 1979, p. 95.

52. J. CHAMPAUD, *Villes et campagnes du Cameroun de l'Ouest*, Paris, ORSTOM, 1983, pp. 205 et suiv. et 306 et suiv.; A. FRANQUE-VILLE, « La population rurale africaine face à la pénétration de l'économie moderne : le cas du Sud-Cameroun », *in* C. BLANC-PAMARD et al., *Le développement rural en question*, Paris, ORSTOM, 1984, pp. 433-445; S.S. BERRY, *Fathers Work for their Sons*, Berkeley, University of California Press, 1985, chap. II; J.-M. GIBBAL, *Citadins et villageois dans la ville africaine : l'exemple d'Abidjan*, Paris, Maspero, Grenoble, Presses Universitaires de Grenoble, 1974; « Villes africaines au microscope », *Cahiers d'études africaines*, 81-83, XXI (I-3), 1981, pp. 7-403; G. HYDEN, « La crise africaine et la paysannerie non capturée », *Politique africaine*, 18, juin 1985, p. 105; R.E. STREN, « The ruralization of african cities : learning to live with poverty », *African Studies Association Annual Meeting*, Nouvelle-Orléans, nov. 1985, multigr.; J. HAVET, dir., *Le Village et le bidonville. Rétention et migrations des populations rurales d'Afrique*, Ottawa, Éditions de l'Université d'Ottawa, IDIC, 1986.

53. D.A. LOW, J. LONSDALE, « Introduction : towards the new order, 1945-1963 » *in* D.A. LOW, A. SMITH, eds., *History of East Africa*, Oxford, Clarendon Press, 1976, vol. III, p. 12.

54. *Marchés coloniaux*, 23 nov. 1946, cité par J.-R. DE BENOIST, *L'Afrique occidentale française de 1944 à 1960*, Dakar, NEA, 1982, p. 71.

55. J. MARSEILLE, *Empire colonial et capitalisme français. Histoire d'un divorce*, Paris, Albin Michel, 1984; B. REYSSET, « Commerce extérieur et décolonisation », *Marché tropicaux et méditerranéens*, 21 déc. 1984, pp. 3129-3165. Pour une étude des « comportements adaptatifs » du capitalisme français face aux nationalismes économiques, *cf.* G. ROCHETEAU, J. ROCH, *Pouvoir financier et indépendance économique en Afrique. Le cas du Sénégal*, Paris, ORSTOM, Karthala, 1982.

56. J. MARSEILLE, *op. cit.*, pp. 368-370 et C.-R. AGERON, *France coloniale ou parti colonial?* Paris, PUF, 1978, pp. 297-298. *Cf.* également J. LONSDALE, « States and social processes in Africa : a historiographical survey », *African studies review*, XXIV (2-3), juin-sept. 1981, pp. 193-194. En revanche, J.-L. VELLUT, dans le contexte très différent du Congo belge, peut parler de « bloc colonial » et de « mélange incestueux » entre le monde des affaires et le ministère des Colonies, sans pour autant donner de la décolonisation une explication simpliste et mécaniste (« Articulations entre entreprises et État : pouvoirs hégémoniques dans le bloc

colonial belge (1908-1960) » *in* Laboratoire Connaissance du Tiers-Monde, *Actes du colloque Entreprises et entrepreneurs en Afrique (XIXᵉ et XXᵉ siècles)*, Paris, l'Harmattan, 1983, t. II, pp. 49-79).

57. G. CLARENCE-SMITH, *The Third Portuguese Empire (1825-1975). A Study in Economic Imperialism*, Manchester, Manchester University Press, 1985.

58. N. SWAINSON, *The Development of Corporate Capitalism in Kenya (1918-1977)*, Londres, Heinemann, 1980, pp. 5 et suiv.; J. SPENCER, *KAU. The Kenya African Union*, Londres, KPI, 1985, pp. 10-11 et 78; M. BLUNDELL, *So Rough a Wind*, Londres, Weidenfeld and Nicolson, 1964; G. WASSERMAN, « The independence bargain : Kenya Europeans and the land issue, 1960-1962 », *Journal of Commonwealth Political Studies*, IX (2), juil. 1973, pp. 99-120; D.W. THROUP, *Economic and Social Origins of Mau Mau, 1945-1953*, Londres, James Currey, 1987. Pour l'analyse de clivages comparables au Tanganyika, au temps de la colonisation allemande, voir J. ILIFFE, *A Modern History of Tanganyika*, Cambridge, Cambridge University Press, 1979, pp. 148 et suiv., et pour un témoignage subjectif dans un contexte de colonisation française – en Côte d'Ivoire, au lendemain de la Seconde Guerre mondiale – se reporter à R. GAUTHEREAU, *Journal d'un colonialiste*, Paris, Seuil, 1986.

59. Voir, par exemple, C. MESSIANT, 1961, *L'Angola colonial. Histoire et société. Les prémisses du mouvement nationaliste*, Paris, EHESS, 1983, multigr.; R. PELISSIER, *La Colonie du minotaure. Nationalismes et révoltes en Angola (1926-1961)*, Orgeval, Pelissier, 1978, chap. I.

60. F. GAULME, « La fin des pionniers », *Marchés tropicaux et méditerranéens*, 9 août 1985, pp. 1975-1977. Sur les limites de la colonisation portugaise en Angola, voir R. PÉLISSIER, *Les Guerres grises. Résistance et révoltes en Angola (1845-1941)*, Orgeval, Pélissier, 1977, pp. 25 et suiv.

61. R. A. JOSEPH, *Radical Nationalism in Cameroun. Social Origins of the UPC Rebellion*, Oxford, Oxford University Press, 1977.

62. A. GIDDENS, *Central Problems in Social Theory. Action, Structure and Contradictions in Social Analysis*, Londres, MacMillan, 1979.

63. G. BALANDIER, *Anthropo-logiques*, Paris, PUF, 1974, p. 189.

64. E. TERRAY, « Le débat politique dans les royaumes de l'Afrique de l'Ouest. Enjeux et formes », *Revue française de science politique*, 38 (5), oct. 1988, pp. 720-730.

65. M. IZARD, *Gens du pouvoir, gens de la terre, op. cit.*, pp. 481-482. Cf. également J.H.M. BEATTIE, « Checks on the abuse of political power in some african states : a preliminary framework for analysis », *Sociologus*, 9 (1), 1959, pp. 97-114.

66. A. ADLER, *La Mort est le masque du roi, op. cit.*, pp. 269 et suiv., 297 et 154.

67. C. TARDITS, *Le Royaume bamoum*, Paris, A. Colin, 1980; J.-C. BARBIER, *L'Histoire présente, exemple du royaume kotokoli au Togo*, Bordeaux, Centre d'étude d'Afrique noire, 1983; S.N. EISENSTADT, M. ABITBOL, N. CHAZAN, « Les origines de l'État : une nouvelle approche », *Annales E.S.C.*, 6, nov.-déc. 1983, p. 1234. Voir également A. ADLER, *op. cit.*

68. F. COOPER, « Africa and the world economy », art. cité, p. 14; J. GUYER, « Household and community », *African Studies Review*, 24 (2-3),

1981, pp. 87-137; J.-P. Dozon, *La Société bété, Côte d'Ivoire*, Paris, Karthala, 1985, pp. 65 et suiv.; G. Dupré, *Les Naissances d'une société. Espace et historicité chez les Beembé du Congo*, Paris, ORSTOM, 1985, pp. 259 et suiv. et « Une mise en perspective » *in* B. Jewsiewicki, J. Letourneau, eds., *Mode of Production, op. cit.*, pp. 47-48.

69. I. Wilks, *Asante in the Nineteenth Century. The Structure and Evolution of a Political Order*, Cambridge, Cambridge University Press, 1975.

70. Sur ces essais de « modernisation autoritaire », *cf.*, par exemple, C. Tardits, *Le Royaume bamoum, op. cit.*; I. Wilks, *Asante, op. cit.*; J.D.Y. Peel, *Ijeshas and Nigerians, op. cit.* et « Conversion and tradition in two African societies : Ijebu and Buganda », *Past and Present*, 77, nov. 1977, pp. 108-141; A. Pallinder-Law, « Aborted modernization in West Africa? The case of Abeokuta », *Journal of African History*, XV (1), 1974, pp. 65-82; F. Raison-Jourde, dir., *Les Souverains de Madagascar. L'Histoire royale et ses résurgences contemporaines*, Paris, Karthala, 1983 et S. Ellis, *The Rising of the Red Shawls. A Revolt in Madagascar (1895-1899)*, Cambridge, Cambridge University Press, 1985; J. Bureau, *Éthiopie, un drame impérial et rouge*, Paris, Ramsay, 1987; J. Vansina, *Les Anciens Royaumes de la savane*, Léopolville, IRES, 1965.

71. G. Dupré, *Les Naissances d'une société, op. cit.*, chap. III et IV.

72. P. Mercier, *Tradition, changement, histoire. Les « Somba » du Dahomey septentrional*, Paris, Anthropos, 1968. Sur ces sociétés « englobées » et constituées en « faux archaïsmes », *cf.* également M. Fortes, *The Dynamics of Clanship among the Tallensi*, Londres, Oxford University Press, 1945 et R. Verdier, *Le pays kabiye, cité des dieux, cité des hommes*, Paris, Karthala, 1982.

73. Pour des exemples précis, voir R. Horton, « Stateless societies in the history of West Africa », *in* J.F.A. Ajayi, M. Crowder, eds., *History of West Africa*, New York, Columbia University Press, 1976, t. I, pp. 72-113 et M. Dent, « A minority party : the United Middle Belt Congress », *in* J.P. Mackintosh, ed., *Nigerian Government and Politics*, Londres, George Allen and Unwin, 1966, pp. 461-507 (à propos des Igbo et des Tiv du Nigeria); J.-M. Gastellu, *L'Égalitarisme économique des Serer du Sénégal*, Paris, ORSTOM, 1981.

74. I. Wilks, « The state of the Akan and the Akan states; a discursion », *Cahiers d'études africaines*, 87-88, XXII (3-4), 1982, pp. 231-249.

75. Voir en particulier K.O. Dike, *Trade and Politics in the Niger Delta*, Oxford, Oxford University Press, 1956; G.I. Jones, *Trading States of the Oil Rivers : a Study of Political Development in Eastern Nigeria*, Londres, Oxford University Press, 1963; B. Müller, « Commodities as currencies : the integration of overseas trade into the internal trading structure of the Igbo of South East Nigeria », *Cahiers d'études africaines*, 97, XXV (1), 1985, pp. 57-77; P.E. Lovejoy, *Salt of the Desert Sun. A History of Salt Production and Trade in the Central Sudan*, Cambridge, Cambridge University Press, 1986, pp. 258-259; J.F.A. Ajayi, R.A. Austen, « Hopkins on economic imperialism in West Africa », *Economic History Review*, 25, 1972, pp. 303-306; F. Gaulme, *Le Pays de Cama. Un ancien État côtier du Gabon et ses origines*, Paris,

Karthala, Centre de recherches africaines, 1981; B. Freund, *The Making of Contemporary Africa. The Development of African Society Since 1800*, Bloomington, Indiana University Press, 1984, chap. II; Y. Person, « Samori » *in* C.-A. Julien et al., *Les Africains*, Paris, Éditions Jeune Afrique, 1977-1978, t. I, p. 265.

76. E. Leach, *Political Systems of Highland Burma*, Londres, Bell, 1954; G. Balandier, *Anthropologie politique*, Paris, PUF, 1967 et *Sens et puissance. Les dynamiques sociales*, Paris, PUF, 1971. Voir par exemple M. Dupire, *Organisation sociale des Peuls. Études d'ethnographie comparée*, Paris, Plon, 1970; J.-P. Warnier, *Échanges, développement et hiérarchies dans le Bamenda pré-colonial (Cameroun)*, Stuttgart, Franz Steiner Verlag Wiesbaden GMBH, 1985; M. Izard, « La politique extérieure d'un royaume africain : le Yatênga au XIXe siècle », *Cahiers d'études africaines*, 87-88, XXII (3-4), pp. 363-385.

77. J. Strandes, *The Portuguese Period in East Africa*, Nairobi, East African Literature Bureau, 1961; H.S. Morris, *The Indians in Uganda*, Londres, Weidenfeld and Nicolson, 1968; J.-C. Penrad, « La présence isma'ilienne en Afrique de l'Est. Note sur l'histoire commerciale et l'organisation communautaire », *in Marchands et hommes d'affaires asiatiques*, Paris, EHESS, 1988, pp. 221-236.

78. J.S. Coleman, « The politics of sub-saharan Africa » *in* G.A. Almond, J.S. Coleman, eds, *op. cit.*, pp. 247-249.

79. C. Messiant, *1961. L'Angola colonial, op. cit.*; R. Pélissier, *Les guerres grises, op. cit.*; W.G. Clarence-Smith, « Les investissements belges en Angola, 1912-1961 » *in* Laboratoire Connaissance du Tiers-Monde, *Actes du colloque Entreprises et entrepreneurs, op. cit.*, t. I, pp. 423-441.

80. C.W. Newbury, « Trade and authority in West Africa from 1850 to 1880 » *in* L.H. Gann, P. Duignan, eds., *Colonialism in Africa, op. cit.*, pp. 66-99; J.-P. Warnier, *Échanges, développement et hiérarchies, op. cit.*; P.E. Lovejoy, *Salt of the Desert Sun, op. cit.*, chap. VIII à X; J. Hogendorn, M. Johnson, *The Shell Money of the Slave trade*, Cambridge, Cambridge University Press, 1986.

81. I. Wilks, *Asante, op. cit.*, chap. I.

82. P. Laburthe-Tolra, *Les Seigneurs de la forêt. Essai sur le passé historique, l'organisation sociale et les normes éthiques des anciens Beti du Cameroun*, Paris, Publications de la Sorbonne, 1981, pp. 210-211 et *Le Tombeau du soleil*, Paris, Le Seuil, Odile Jacob, 1986; G. Donnat, *Afin que nul n'oublie. L'itinéraire d'un anti-colonialiste. Algérie, Cameroun, Afrique*, Paris, L'Harmattan, 1986.

83. P. Laburthe-Tolra, *Les Seigneurs de la forêt, op. cit.*, p. 211.

84. Cf., respectivement, J. Copans, « Ethnies et régions dans une formation sociale dominée. Hypothèses à propos du cas sénégalais », *Anthropologie et société*, II (1), 1978, p. 97; J.-L. Amselle, *Les Négociants de la savane*, Paris, Anthropos, 1977, p. 275; C. Meillassoux, « Rôle de l'esclavage dans l'histoire de l'Afrique occidentale », *Anthropologie et sociétés*, II (1), 1978, p. 132.

85. J.-P. Warnier, *Échanges, développement et hiérarchies, op. cit.*, p. 3. Voir également G. Balandier, *Anthropo-logiques, op. cit.*, pp. 184 et suiv. et J.-L. Amselle, « Ethnies et espaces : pour une anthropologie

topologique » *in* J.-L. AMSELLE, E. M'BOKOLO, dir., *Au cœur de l'ethnie. Ethnies, tribalisme et État en Afrique*, Paris, La Découverte, 1985, pp. 23-34.

86. G. BALANDIER, *Sociologie actuelle de l'Afrique noire, op. cit.*

87. G. DUPRÉ, *Les Naissances d'une société, op. cit.*, et *Un ordre et sa destruction*, Paris, Éditions de l'ORSTOM, 1982.

88. Voir en particulier J. DUNN, A.F. ROBERTSON, *Dependence and Opportunity, op. cit.*; M. STANILAND, *The Lions of Dagbon, op. cit.*; J.D.Y. PEEL, *Ijeshas and Nigerians, op. cit.*; D.B. CRUISE O'BRIEN, *Saints and Politicians*, Cambridge, Cambridge University Press, 1975; C. VAN ONSELEN, *Chibaro. African Mine Labour in Southern Rhodesia. 1900-1933*, Londres, Pluto Press, 1976; T. RANGER, *Peasant Consciousness and Guerilla War in Zimbabwe. A Comparative Study*, Londres, James Currey, Berkeley, University of California Press, 1985; R. PALMER, N. PARSONS, eds., *The Roots of Rural Poverty in Central and Southern Africa*, Londres, Heinemann, 1977; L. VAIL, L. WHITE, *Capitalism and Colonialism in Mozambique : a Study of Quelimane District*, Londres, Heinemann, 1980; R. PALMER, « The Zambian peasantry under colonialism : 1900-1930 » *in* CENTER OF AFRICAN STUDIES, *The Evolving Structure of Zambian Society*, Edinburgh, University of Edinburgh, 1980, multigr., pp. 1-20; W. BEINART, C. BUNDY, *Hidden Struggles in Rural South Africa*, Londres, James Currey, Berkeley, University of California Press, Johannesburg, Ravan Press, 1987.

89. J. LONSDALE, « States and Social processes in Africa », art. cité, pp. 189 et suiv.

90. F. COOPER, « Africa and the world economy », art. cité et *From Slaves to Squatters. Plantation Labour and Agriculture in Zanzibar and Coastal Kenya. 1890-1925*, Nairobi, Kenya Literature Bureau, 1981, p. 18; G. HYDEN, *Beyond Ujamaa in Tanzania. Underdevelopment and an Uncaptured Peasantry*, Londres, Heinemann, 1980, pp. 38-39.

91. J.-P. CHAUVEAU, J.-P. DOZON, « Colonisation, économie de plantation et société civile en Côte d'Ivoire », *Cahiers ORSTOM, série sciences humaines*, XXI (1), 1985, pp. 63-80 et J.-P. CHAUVEAU, J. RICHARD, *Bodiba en Côte d'Ivoire. Du terroir à l'État : petite production paysanne et salariat agricole dans un village gban*, Abidjan, Centre ORSTOM de Petit Bassam, 1977, multigr. Pour une analyse plus nuancée dans ses conclusions, *cf*. F. RUF, « Différenciations sociales et encadrement agricole : l'exemple du Centre-Ouest ivoirien » *in* P. GESCHIERE, B. SCHLEMMER, dir., *Terrains et perspectives*, Paris, ORSTOM, Leiden, Africa-Studiecentrum, 1987, pp. 77-92.

Voir par ailleurs, à propos du Nigeria, J.D.Y. PEEL , *Ijeshas and Nigerians, op. cit.*, pp. 115 et suiv. et S.S. BERRY, *Cocoa, Custom and Socio-Economic Change in Rural Western Nigeria*, Oxford, Clarendon Press, 1975.

92. M.P. COWEN, *Wattle Production in the Central Province : Capital and Household Commodity Production, 1903-1964*, Nairobi, 1976, multigr. et *Patterns of Cattle Ownership and Dairy Production, 1900-1965*, Nairobi, 1974, multigr., ainsi que « Commodity production in Kenya's central province » *in* J. HEYER, P. ROBERTS, G. WILLIAMS, eds., *Rural Development in Tropical Africa*, Londres, MacMillan, 1981, pp. 121-142.

93. G. KITCHING, *Class and Economic Change in Kenya. The Making of an African Petite-Bourgeoisie*, New Haven, Yale University Press, 1980, chap. IV, V et XI; T. RANGER, *Peasant Consciousness*, *op. cit.*; J.-P. CHAUVEAU, J.-P. DOZON, « Colonisation, économie de plantation et société civile », art. cité.

94. D.A. LOW, J. LONSDALE, « Introduction » *in* D.A. LOW, A. SMITH, eds., *History of East Africa*, *op. cit.*, p. 12.

95. G. HYDEN, *Beyond Ujamaa,, op. cit.*; F. Cooper, « Africa and the world economy », art. cité, pp. 51-52.

96. F. COOPER, *ibid*, pp. 51-52. Cette hypothèse a fait l'objet de nombreux débats dans les années quatre-vingt, notamment dans les colonnes du *Journal of African History*.

97. A.O. HIRSCHMANN, « Exit, voice and the state », *World Politics*, XXXI (1), oct. 1978, p. 94.

98. Cité *in* C. TARDITS, *Le Royaume bamoum, op. cit.*, p. 558.

99. R.H. BATES, *Essays on the Political Economy of Rural Africa*, Cambridge, Cambridge University Press, 1983, pp. 41-42.

100. M. IZARD, *Gens du pouvoir, gens de la terre, op. cit.*, pp. 479-480.

101. M. GLUCKMAN, *Order and Rebellion in Tribal Africa*, Londres, Cohen and West, 1963.

102. I. WILKS, *Asante, op. cit.*, pp. 534 et suiv.

103. V. LANTERNARI, *Les mouvements religieux des peuples opprimés*, Paris, Maspero, 1962 et M. ADAS, *Prophets of Rebellion. Millenarian Protest Movements against the European Colonial Order*, Chapel Hill, University of North Carolina Press, 1979, pp. 184-185.

104. W.G. CLARENCE-SMITH, *Slaves, Peasants and Capitalists in Southern Angola, 1840-1926*, Cambridge, Cambridge University Press, 1979, pp. 76-77.

105. J. BAZIN, « Guerre et servitude à Ségou » *in* C. MEILLASSOUX, dir., *L'Esclavage en période précoloniale*, Paris, Maspero, 1975, pp. 135-181; L. DE HEUSCH, *Le Roi ivre ou l'origine de l'État*, Paris, Gallimard, 1972.

106. F. RAISON-JOURDE, « Introduction », *in* F. RAISON-JOURDE, dir., *Les Souverains de Madagascar, op. cit.*, pp. 7-68.

107. J.D.Y PEEL, « Olaju : a yoruba concept of development », *Journal of Development Studies*, 14 (2), janv. 1978, pp. 139-165.

108. D.C. DORWARD, « Ethnography and administration. A study of Anglo-Tiv " working-misunderstanding " », *Journal of African History*, XV (3), 1974, pp. 457-477 et F.A. SALAMONE, « The social construction of colonial reality : yauri emirate », *Cahiers d'études africaines*, 98, XXV (2), 1985, pp. 139-159.

109. E. MBOKOLO, « Le Roi Denis. Grandeur et déclin d'un souverain gabonais » *in* C.A. JULIEN et al., dir., *Les Africains, op. cit.*, t. VI, pp. 71-95; P. LABURTHE-TOLRA, « Martin Paul Samba, du service à la rébellion au Kamerun », *ibid.*, t. XII, pp. 296-327; T.O. RANGER, « African reactions to the imposition of colonial rule in East and Central Africa » *in* L.H. GANN, P. DUIGNAN, eds., *Colonialism in Africa, op. cit.*, pp. 304 et suiv.

110. J. LONSDALE, « States and social processes in Africa », art. cité, pp. 190-191.

111. J.-L, AMSELLE, E. GRÉGOIRE, « Complicités et conflits entre bourgeoisies d'État et bourgeoisies d'affaires au Mali et au Niger » *in* E. TERRAY, dir., *L'État contemporain en Afrique*, Paris, L'Harmattan, 1987, p. 37. Sur l'Angola, voir W.G. CLARENCE-SMITH, « Class structure and class struggles in Angola in the 1970s », *Journal of Southern African Studies*, VII (1), oct. 1980, pp. 116 et suiv.; C. GABRIEL, *Angola, le tournant africain?* Paris, Éd. La Brèche, 1978.

112. M. DELAUNEY, *De la casquette à la jaquette ou de l'administration coloniale à la diplomatie africaine*, Paris, La Pensée universelle, 1982, pp. 159 et suiv.

113. R. JEFFRIES, « Rawlings and the political economy of underdevelopment in Ghana », *African Affairs*, 81 (324), juil. 1982, pp. 307-317; E.J. BERG, « Structural transformation versus gradualism : recent economic development in Ghana and the Ivory Coast » *in* P. FOSTER, A.R. ZOLBERG, eds., *Ghana and the Ivory Coast. Perspectives on modernization*, Chicago, The University of Chicago Press, 1971, pp. 187-230.

114. Z. LAÏDI, *Les contraintes d'une rivalité. Les superpuissances et l'Afrique (1960-1985)*, Paris, La Découverte, 1986, chap. v.

115. G. DAUCH, D. MARTIN, *L'Héritage de Kenyatta. La transition politique au Kenya. 1975-1982*, Paris, L'Harmattan, Aix-en-Provence, Presses Universitaires d'Aix-Marseille, 1985, p. 178.

116. D. BACH, « L'insertion ivoirienne dans les rapports internationaux » *in* Y.-A. FAURÉ, J.-F. MÉDARD, dir., *État et bourgeoisie en Côte d'Ivoire*, Paris, Karthala, 1982, pp. 113 et suiv.; J. BAULIN, *La politique africaine d'Houphouët-Boigny*, Paris, Éd. Eurafor-Press, 1980; R. HIGGOTT, « Structural dependence and decolonisation in a West African land-locked state : Niger », *Review of African Political Economy*, 17, janv.-avr. 1980, pp. 48 et suiv.; J.-F. BAYART, « La politique extérieure du Cameroun (1960-1971) », *Revue française d'études politiques africaines*, 75, mars 1972, pp. 47-64 et *La politique africaine de François Mitterrand*, Paris, Karthala, 1984; D. BIGO, *Forme d'exercice du pouvoir et obéissance en Centrafrique (1966-1979). Élément pour une théorie du pouvoir personnel*, Paris, Université de Paris-I, 1985, pp. 335 et suiv.; C.M. TOULABOR, *Le Togo sous Eyadema*, Paris, Karthala, 1986, pp. 137 et suiv.

117. J.-C. WILLAME, « La politique africaine de la Belgique à l'épreuve : Les relations belgo-zaïroises (1978-1984) », *Les Cahiers du CEDAF*, 5, août 1985, pp. 1-112.

118. Sources : entretiens, en particulier sur le rehaussement des normes du projet « parcelles assainies », à Dakar, par le gouvernement sénégalais afin de répondre aux attentes de sa clientèle politique. *Cf.* également J. MACRAE, J.-F. DEVRET, *Évolutions et perspectives du Kenya*, s.l. (Paris), ECODEV, SEDES, 1983, multigr. p. 4.

119. A. GIDDENS, *Central Problems in Social Theory, op. cit.*, pp. 76 et suiv. et 93.

120. J.-P. SARTRE, « Préface » *in* F. FANON, *Les damnés de la terre, op. cit.*, p. 9.

121. X. GODARD, « Quel modèle de transports collectifs pour les villes africaines? Cas de Brazzaville et Kinshasa », *Politique africaine*, 17, mars 1985, p. 42.

122. *Cf.* notamment N. AKAM, A. RICARD, *Mister Tameklor, suivi de Francis le Parisien par le Happy Star Concert Band de Lomé (Togo)*, Paris, SELAF, ORSTOM, 1981.

123. T.O. RANGER, *Dance and Society in Eastern Africa. 1890-1970. The Beni Ngoma*, Londres, Heinemann, 1975, p. 76; J. SPENCER, *KAU, op. cit.*, pp. 77 et 104-105; R. BUIJTENHUIJS, *Le Mouvement « mau-mau » : une révolte paysanne et anticoloniale en Afrique noire*, La Haye, Mouton, 1971, pp. 189-190.

124. E.J. COLLINS, « Ghanaian highlife », *African Arts*, X (1), oct. 1976, pp. 62-67 et *E.T. Mensah, the King of Highlife*, Londres, Off the Record Press, s.d.

125. J.D.Y. PEEL, « Qlaju », art. cité; I. WILKS, *Asante, op. cit.*, pp. 590 et suiv. et 673 et suiv.; G. DUPRÉ, *Les Naissances d'une société, op. cit.*, pp. 259 et suiv.

126. Cité par I. WILKS, *Asante, op. cit.*, pp. 308-309.

127. F. GAULME, *Le Pays de Cama, op. cit.*, p. 151; Marquis de COMPIÈGNE, *L'Afrique équatoriale. Gabonais-Pahouins-Gallois*, Paris, Plon, 1876, p. 185; rapports d'« évolués » remis au gouverneur général Félix Eboué, cités par J.-R. DE BENOIST, *L'Afrique occidentale française de 1944 à 1960*, Dakar, NEA, 1982, p. 28.

128. Marquis de COMPIÈGNE, *op. cit.*, pp. 186 et suiv.

129. T.O. RANGER, *Dance and Society, op. cit.*, p. 127. De même, aujourd'hui, les pagnes importés sont préférés aux pagnes produits localement. (E. AYINA, « Pagnes et politique », *Politique africaine*, 27, sept-oct. 1987, pp. 47-54).

130. G. BALANDIER, *Sociologie des Brazzavilles noires*, Paris, Presses de la Fondation nationale des sciences politiques, 1955, pp. 92-93.

131. *Libération,* 27 sept. 1985, p. 33. Voir également les déclarations du romancier guinéen W. SASSINE, *Jeune Afrique*, 2 avril 1986, pp. 51-52.

132. A.R. ZOLBERG, « L'influence des facteurs " externes " sur l'ordre politique " interne " » *in* M. GRAWITZ, J. LECA, dir., *Traité de science politique, op. cit.*, t. I, pp. 567-598.

133. *Cf.*, outre E.R. LEACH et G. BALANDIER, R. BENDIX, ed., *State and Society*, Boston, Little, Brown, 1968; R. COLLINS, *Weberian Sociological Theory*, Cambridge, Cambridge University Press, 1986; P. ANDERSON, *L'État absolutiste*, Paris, Maspero, 1978; T. SKOCPOL, *États et révolutions sociales. La révolution en France, en Russie et en Chine*, Paris, Fayard, 1985; A. GIDDENS, *Central Problems in Social Theory, op. cit.* et *A Contemporary Critique of Historical Materialism. Volume I: Power, Property and the State*, Londres, MacMillan, 1981; « Les relations cardinales. Polarisation internationale et changement politique dans les sociétés du Tiers monde », *Revue française de science politique*, 36 (6), déc. 1986, pp. 733-861.

134. F. BRAUDEL, *La Dynamique du capitalisme*, Paris, Arthaud, 1985, p. 114.

135. P. VEYNE, *L'Élégie érotique romaine*, Paris, Le Seuil, 1983, p. 25.

136. « Nous avons délibérément renoncé à être « habile » pour pouvoir être intégralement honnêtes. Soyez sûrs que c'est là un effort d'assai-

nissement intellectuel très rude pour un " citoyen de pays colonisé ", l'acte de colonisation provoquant automatiquement un réflexe mental de clandestinité », *Congrès constitutif du Parti de la Fédération africaine, Commission de politique générale. Rapport de présentation par Doudou Gueye et résolutions de politique générale*, Dakar, 1, 2 et 3 janv. 1959, multigr., pp. 3 et 5.

137. Cheikh Hamidou KANE, *L'Aventure ambiguë*, Paris, UGE, 1979 (nvlle éd.), p. 164.

138. V.Y. MUDIMBE, *L'Odeur du père. Essai sur les limites de la science et de la vie en Afrique noire*, Paris, Présence africaine, 1982, pp. 12-13.

139. Voir, en particulier, C. LEYS, « Capital accumulation, class formation and dependency : the significance of the Kenyan case », *Socialist Register 1978*, pp. 241-266; « What does dependency explain? », *Review of African political economy*, 17, 1980, pp. 108-113; « African economic development in theory and practice », *Daedalus*, 111 (2), printemps 1982, pp. 99-124. Pour les débats kenyan et ivoirien, *cf.* respectivement G. KITCHING, « Politics, method and evidence in the " Kenya debate " » *in* H. BERNSTEIN, B.K. CAMPBELL, eds, *Contradictions of Accumulation in Africa, op. cit.*, pp. 115-151; « A livre ouvert », *Politique africaine*, 9, mars 1983, pp. 118-143 et L. GOUFFERN, « Les limites d'un modèle? A propos d'*État et bourgeoisie en Côte d'Ivoire*, *ibid.*, pp. 19-34.

140. Pour la critique du « dépendantisme », *cf.* par exemple B. JEWSIEWIECKI, « L'histoire en Afrique ou le commerce des idées usagées » *in* A. SCHWARZ, ed., *Les Faux Prophètes de l'Afrique ou l'Afr(eu)canisme*, Québec, Presses de l'Université de Laval, 1980, pp. 69-87; B. FREUND, *The Making of Contemporary Africa, op. cit.*; F. COOPER, « Africa and the world economy », art. cité; G. DUPRÉ, *Les Naissances d'une société, op. cit.*; J. DUNN, A.F. ROBERTSON, *Dependence and Opportunity, op. cit.*; A. ADAMS, *Le Long Voyage des gens du Fleuve*, Paris, Maspero, 1977 et *La Terre et les gens du Fleuve*, Paris, L'Harmattan, 1985; et peut-être avant tout l'admirable livre de J.D.Y. PEEL, *Ijeshas and Nigerians, op. cit.* Sur l'autonomie du politique ou des « bourgeoisies nationales », voir J. DUNN, ed., *West African States. Failure and Promise. A Study in Comparative Politics*, Cambridge, Cambridge University Press, 1978; J.-F. BAYART, *L'État au Cameroun*, Paris, Presses de la Fondation nationale des sciences politiques, 1979; G. DAUCH, D. MARTIN, *L'Héritage de Kenyatta, op. cit.*; J. HARTMANN, *Development Policy Making in Tanzania. 1962-1982 : A Critique of Sociological Interpretations*, Hull, The University of Hull, 1983, multigr; N. SWAINSON, *The Development of Corporate Capitalism in Kenya, op. cit.* Sur les « modes populaires d'action politique », *cf.* J.-F. BAYART, « Le politique par le bas en Afrique noire. Questions de méthode », *Politique africaine*, 1, janv. 1981, pp. 53-82; R. JEFFRIES, *Class, Power and Ideology in Ghana : the Railwaymen of Sekondi*, Cambridge, Cambridge University Press, 1978; R.H. BATES, *Rural Responses to Industrialization. A Study of Village Zambia*, New Haven, Yale University Press, 1976; G. HYDEN, *Beyond Ujamaa, op. cit.*; D. DESJEUX, *Stratégies paysannes en Afrique noire. Le Congo. Essai sur la gestion de l'incertitude*, Paris, L'Harmattan, 1987; R. COHEN, « Resistance and hidden forms of consciousness amongst african wor-

kers », *Review of African Political Economy*, 19, sept.-déc. 1980, pp. 8-22; « Histoire, histoires... Premiers jalons », *Bulletin de liaison du Département H de l'ORSTOM*, 3, mars 1986, pp. 5-124.

141. P.-P. REY, « Le marxisme congolais contre l'État » *in* A. CORTEN, M. SADRIA, M.B. TAHON, dir., *Les Autres Marxismes réels*, Paris, Christian Bourgois, 1985, p. 190.

142. P. CHABAL, « Introduction » *in* P. CHABAL, ed., *Political Domination in Africa. Reflections on the Limits of Power*, Cambridge, Cambridge University Press, 1986, p. 2. On sait que telle est l'analyse d'un article influent de G. O'DONNEL (« Developpement à la périphérie. Formation historique comparée de l'appareil étatique dans le Tiers monde et changement socio-économique », *Revue internationale de science sociale*, XXXII (4), 1980, p. 770).

143. G. HYDEN, *No Shortcuts to Progress. African Development Management in Perspective*, Londres, Heinemann, 1983, p. 19. Voir également R. SANDBROOK, *The Politics of Africa's Economic Stagnation*, Cambridge, Cambridge University Press, 1985 ou « Personnalisation du pouvoir et stagnation capitaliste. L'État africain en crise », *Politique africaine*, 26, juin 1987, pp. 15-40.

144. G. BALANDIER, « Le contexte sociologique de la vie politique en Afrique noire », *Revue française de science politique*, IX (3), sept. 1959, pp. 598-609.

145. F. FANON, *Les Damnés de la terre, op. cit.*, p. 29.

146. T. HODGKIN, R. SCHACHTER, *French Speaking West Africa in Transition*, New York, Carnegie Endowment for International Peace, 1960; T.O. RANGER, « Connexion between " primary resistance " movements and modern mass nationalism in East and Central Africa », *Journal of African History*, IX (3), 1968, pp. 437-453 et IX (4), 1968, pp. 631-640; R. PELISSIER, *Les Guerres grises, op. cit.*, p. 190.

147. R.A. JOSEPH, *Democracy and Prebendal Politics in Nigeria. The Rise and Fall of the Second Republic*, Cambridge, Cambridge University Press, 1987, chap. VIII.

148. J.-L. AMSELLE, Z. DUNBYA, A. KUYATE, M. TABURE, « Littérature orale et idéologie. La geste des Jakite Sabashi du Ganan (Wasolon, Mali) », *Cahiers d'études africaines*, 73-76, XIX (1-4), 1979, p. 383. *Cf.* également M. IZARD, *Gens du pouvoir, gens de la terre, op. cit.*, p. 379.

149. Voir, par exemple, S. BAGAYOGO, « L'État au Mali. Représentation, autonomie et mode de fonctionnement » *in* E. TERRAY, dir., *L'État contemporain en Afrique noire, op. cit.*, pp. 91-122.

150. A l'instar, par exemple de R.H. BATES, *Essays on the Political Economy of Rural Africa, op. cit.*; N. SWAINSON, *The Development of Corporate Capitalism in Kenya, op. cit.*; J.-F. BAYART, *L'État au Cameroun, op. cit.* et « La revanche des sociétés africaines », *Politique africaine*, 11, sept. 1983, pp. 95-127; T.M. CALLAGHY, *The State-Society Struggle. Zaïre in Comparative Perspective*, New York, Columbia University Press, 1984.

151. R. HODDER-WILLIAMS, *An Introduction to the Politics of Tropical Africa*, Londres, George Allen and Unwin, 1984, p. 222.

152. J. DELANGE, *Arts et peuples de l'Afrique noire. Introduction à une analyse des créations plastiques*, Paris, Gallimard, 1967.

153. C. Coquery-Vidrovitch, « Recherches sur un mode de production africain », *La Pensée*, 144, 1969, pp. 61-78.

154. S.N. Eisenstadt, M. Abitbol, N. Chazan, « Les origines de l'État : une nouvelle approche », art. cité; C. Vidal, « L'histoire et la question de l'État. Une lecture de : *Les Anyi-Ndenye et le pouvoir aux XVIIIe et XIX e siècles* de Claude-Hélène Perrot », *Cahiers d'études africaines*, 87-88, XXII-3-4, 1982, pp. 517-524. Voir, par exemple, J. Vansina, *Les Anciens Royaumes de la savane*, Léopoldville, IRES, 1965 et A.I. Salim, ed., *State Formation in Eastern Africa*, Nairobi, Heinemann, 1984.

155. G. Nicolas, *Dynamique de l'islam au sud du Sahara*, Paris, Publications orientalistes de France, 1981 et, dans la lignée de C. Geertz (*Islam Observed : Religious Development in Morocco and Indonesia*, New Haven, Yale University Press, 1968), S. Ottenberg, « Two new religions, one analytic frame », *Cahiers d'études africaines*, 96, XXIV (4), 1984, pp. 445 et suiv.

156. F. Braudel, *Écrits sur l'histoire*, Paris, Flammarion, 1969, pp. 288-313.

157. J. Goody, *Technology, Tradition and the State in Africa*, Cambridge, Cambridge University Press, 1971, chap. II et *Cuisines, cuisine et classes*, Paris, Centre de création industrielle, 1984; L.A. Fallers, « Are african cultivators to be called " peasants "? », *Current Anthropology*, 2 (3), avr. 1961, pp. 108-110.

158. J. Lonsdale, « States and Social Processes in Africa », art. cité, p. 139. Voir également I. Kopytoff, ed., *The African Frontier. The Reproduction of Traditional African Societies*, Bloomington, Indiana University Press, 1987.

Pour construire un objet scientifique, nous sommes amené à simplifier à l'extrême des réalités évidemment bien plus complexes que nous ne le laissons entendre dans l'immédiat. Il va sans dire que les caractéristiques de cette « civilisation africaine » sont tendancielles et que chacune d'entre elles peut prêter à discussion ou à nuance, comme le prouve la lecture des grandes revues d'histoire ou d'anthropologie africanistes. Mais l'essentiel, pour l'instant, est d'admettre que les formations sociales subsahariennes, fussent-elles centralisées, relevaient à tout le moins d'une autre échelle que les Empires ottoman, chinois et japonais, par exemple, ou que les monarchies absolutistes ouest-européennes.

159. B. Badie, « Formes et transformations des communautés politiques » *in* M. Grawitz, J. Leca, dir., *Traité de science politique, op. cit.*, t. I, pp. 599-663; P. Birnbaum, « La fin de l'État? », *Revue française de science politique*, 35 (6), déc. 1985, pp. 981-998. On sait par ailleurs que l'analyse systémique et le structuro-fonctionnalisme proposaient de substituer au concept d'État celui de système politique. Une littérature assez inégale, consacrée à l'Afrique subsaharienne, rejoint ces positions par d'autres chemins, et souvent de façon outrancièrement normative. Néanmoins, quelques-unes des meilleures monographies récemment publiées parlent à leur tour de « déclin de l'État » : *cf.* notamment N. Chazan, *An Anatomy of Ghanaian Politics : Managing Political Recession. 1969-1982*, Boulder, Westview Press, 1983 et C. Young, T. Turner, *The Rise and Decline of the Zairian State*, Madison, The University of Wisconsin

Press, 1985, ainsi que la critique de ce dernier ouvrage par J.-C. WIL-
LAME (« Réflexions sur l'État et la société civile au Zaïre », *Les Cahiers
du CEDAF*, 2-3-4, juil. 1986, pp. 287-306) et par T.M. Callaghy, *The
State-Society Struggle, op. cit.*

160. B. LACROIX, « Ordre politique et ordre social. Objectivismes,
objectivation et analyse politique » *in* M. GRAWITZ, J. LECA, dir., *Traité
de science politique, op. cit.*, t. I, pp. 469-565.

161. M. FOUCAULT, « Le pouvoir, comment s'exerce-t-il » *in* H. DREY-
FUS, P. RABINOW, *Michel Foucault. Un parcours philosophique*, Paris,
Gallimard, 1984, pp. 308-321; C. GORDON, « Foucault en Angleterre »,
Critique, 47 (472), août-sept. 1986, pp. 826-839; P. VEYNE, *Le Pain et le
cirque. Sociologie historique d'un pluralisme politique*, Paris, Seuil,
1976. Sur la pertinence de la notion d'État à propos des sociétés afri-
caines, on peut provisoirement s'en tenir à la mise au point de R. LEMAR-
CHAND (« The state and society in Africa : ethnic stratification and restra-
tification in historical and comparative perspective » *in* D. ROTHCHILD,
V.A. OLORUNSOLA, eds., *State versus Ethnic Claims : African Policy
Dilemmas*, Boulder, Westview Press, 1983, pp. 44-66).

162. M. HENRY, *Marx*, t. I : *Une philosophie de la réalité*, Paris, Gallimard, 1976, p. 109. Voir notamment, outre les travaux déjà cités de G.
BALANDIER, A. TOURAINE, *Production de la société*, Paris, Le Seuil,
1973; P. VEYNE, *Les Grecs ont-ils cru à leurs mythes?* Paris, Le Seuil,
1983; et, en ce qui concerne plus directement l'Afrique, J.-F. BAYART,
L'État au Cameroun, op. cit.; G. DUPRÉ, *Un ordre et sa destruction* et
Les Naissances d'une société, op. cit.; B. FREUND, *The Making of
Contemporary Africa, op. cit.*; D.-C. MARTIN, *Tanzanie : l'invention
d'une culture politique*, Paris, Presses de la Fondation nationale des
sciences politiques, Karthala, 1988.

163. G. BALANDIER, *Anthropo-logiques, op. cit.*, p. 220.

164. T. TODOROV, *Mikhaïl Bakhtine, le principe dialogique* suivi de
Écrits du Cercle de Bakhtine, Paris, Le Seuil, 1981; J.-F. BAYART,
« L'énonciation du politique », *Revue française de science politique*, 35
(3), juin 1985, pp. 343-372.

165. G. BALANDIER, *Sens et puissance, op. cit.*, pp. 58-59.

166. P. BOURDIEU, *Ce que parler veut dire. L'économie des échanges
linguistiques*, Paris, Fayard, 1982.

167. Quant à l'incomplétude des sociétés anciennes, voir par exemple,
E. de LATOUR, « Maîtres de la terre, maîtres de la guerre », *Cahiers
d'études africaines*, 95, XXIV (3), 1984, pp. 273-297; J. SCHMITZ,
« L'État géomètre : les leydi des Peul du Fuuta Tooro (Sénégal) et du
Maasina (Mali) », *ibid.*, 103, XXVI (3), 1986, pp. 349-394; M. IZARD,
Gens du pouvoir, gens de la terre, op. cit., pp. 558 et suiv.

168. H.L. Moore, *Space, Text and Gender. An Anthropological Study
of the Marakwet of Kenya*, Cambridge, Cambridge University Press,
1986.

169. R. BOUDON, *La Place du désordre. Critique des théories du
changement social*, Paris, PUF, 1984; C. CASTORIADIS, *L'Institution imaginaire de la société*, Paris, Seuil, 1975; M. DE CERTEAU, *L'Invention du
quotidien*, t. I : *Arts de faire*, Paris, UGE, 1980.

PREMIÈRE PARTIE

La genèse de l'État

CHAPITRE PREMIER : LE THÉÂTRE D'OMBRES DE L'ETHNICITÉ

1. M. FULBROOK, T. SKOCPOL, « Destined pathways : the historical sociology of Perry Anderson » *in* T. SKOCPOL, ed., *Vision and Method in Historical Sociology*, Cambridge, Cambridge University Press, 1984, pp. 170-210.

2. H. DREYFUS, P. RABINOW, *Michel Foucault, un parcours philosophique*, Paris, Gallimard, 1984, pp. 179 et suiv.

3. W.M.J. VAN BINSBERGEN, *Religious Change in Zambia. Exploratory Studies*, Londres, Kegan Paul International, 1981, pp. 66-67.

4. A. KOUROUMA, *Les Soleils des indépendances*, Paris, Le Seuil, 1970.

5. Témoignage cité par B. VERHAEGEN, *Rébellions au Congo*, t. II : *Maniema*, Bruxelles, CRISP, Kinshasa, IRES, 1969, pp. 158-159.

6. *Les Cahiers de Gamboma, Instructions politiques et militaires des partisans congolais (1964-1965)*, Bruxelles, CRISP, 1965, pp. 51-52.

7. R. UM NYOBÉ, *Le Problème national kamerunais, présenté par J.A. Mbembé*, Paris, L'Harmattan, 1984, pp. 99 et 325.

8. « Entretien avec Paul MBA-ABESSOLE, président du Comité directeur du MORENA », *Politique africaine*, 11, sept. 1983, p. 19.

9. J.-F. BAYART, *L'État au Cameroun*, Paris, Presses de la Fondation nationale des sciences politiques, 1979, p. 138. En réalité, cette rumeur, qui avait circulé en 1975, est sujette à caution et s'est vue démentie par au moins un informateur important.

10. Pour être officieuse, cette interprétation n'est pas forcément erronée. Divers entretiens et des sources politiquement adverses autorisent à la confirmer.

11. *Le Monde*, 17 avr. 1984.

12. Cité par H. BANDOLO, *La Flamme et la fumée*, Yaoundé, SOPE-CAM, 1985, pp. 130-131.

13. Mono NDJANA, *De l'ethnofascisme dans la littérature politique camerounaise*, Yaoundé, Club UNESCO de l'Université, 11 mars 1987, multigr. et mémorandum « *Un éclairage nouveau* », signé par des « prêtres autochtones de l'archidiocèse de Douala », le 16 mars 1987, multigr.

14. J.-F. BAYART, « La société politique camerounaise (1982-1986) », *Politique africaine*, 22, juin 1986, pp. 11 et suiv.

15. J.-F. BAYART, *ibid.* et *L'État au Cameroun, op. cit.*; V. AZARYA, *Dominance and Change in North Cameroun : the Fulbe Aristocracy*, Beverly Hills, Sage Publications, 1976.

16. Voir, par exemple, F. GAULME, *Le Pays de Cama. Un ancien État côtier du Gabon et ses origines*, Paris, Karthala, Centre de recherches africaines, 1981; P. BONNAFÉ, *Histoire sociale d'un peuple congolais*, livre I : *La Terre et le ciel*, Paris, ORSTOM, 1987; G. DUPRÉ, *Les Naissances d'une société. Espace et historicité chez les Beembe du Congo*, Paris, ORSTOM, 1985.

17. F. de POLIGNAC, *La Naissance de la cité grecque*, Paris, La Découverte, 1984, p. 16.

18. G. PONTIÉ, « Les sociétés païennes » et J. BOUTRAIS, « Les contacts entre sociétés » *in* J. BOUTRAIS et al., *Le Nord du Cameroun. Des hommes, une région*, Paris, ORSTOM, 1984, pp. 208-209 et p. 264.

19. J.-F. VINCENT, « Éléments d'histoire des Mofu, montagnards du Nord Cameroun », *in* C. TARDITS, dir., *Contribution de la recherche ethnologique à l'histoire des civilisations du Cameroun*, Paris, CNRS, 1981, t. I, p. 273. Voir également W.E.A. VAN BECK, « L'État, ce n'est pas nous! Cultural proletarization in Cameroon », *Cahiers du CEDAF*, juil. 1986, pp. 65-85, sur la double « tribalisation » des Kapsiki, à cheval sur la frontière camerouno-nigériane.

20. J.-Y. MARTIN, « L'implantation des populations du Nord et du Centre » et « Discussion relative au rapport de J.-Y. MARTIN » *in* C. TARDITS, dir., *Contribution de la recherche ethnologique, op. cit.*, t. I, pp. 309-321.

21. J.-C. BARBIER, « Le peuplement de la partie méridionale du plateau bamiléké », R. BRAIN, « The Fontem-Bangwa : a western Bamiléké group », I. KOPYTOFF, « Aghem ethnogenesis and the Grassfields ecumene » *in* C. TARDITS, ed., *Contribution de la recherche ethnologique, op. cit.*, t. II, pp. 331-353, 355-360, 371-381.

22. P. LABURTHE-TOLRA, *Les Seigneurs de la forêt. Essai sur le passé historique, l'organisation sociale et les normes éthiques des anciens Beti du Cameroun*, Paris, Publications de la Sorbonne, 1981, pp. 43-126, 192-194, 199.

23. E. MOHAMMADOU, *Ray ou Rey-Bouba. Traditions historiques des Foulbé de l'Adamâwa*, Garoua, ONAREST, Paris, CNRS, 1979.

24. Sources : archives du diocèse de Garoua, 1984.

25. C. TARDITS, *Le Royaume bamoum*, Paris, Edisem, Publications de la Sorbonne et Armand Colin, 1980, pp. 880 et suiv.

26. C.S. Whitaker Jr., *The Politics of Tradition. Continuity and Change in Northern Nigeria. 1946-1966*, Princeton, Princeton University Press, 1970; R. LEMARCHAND, *Rwanda and Burundi*, Londres, Pall Mall Press, 1970.

27. P.-J. HOUNTONDJI, *Sur la « philosophie africaine »*, Paris, Maspero, 1977; F. EBOUSSI BOULAGA, *La Crise du Muntu. Authenticité africaine et philosophie*, Paris, Présence africaine, 1977.

28. S.F. NADEL, *Byzance noire. Le royaume des Nupe du Nigeria*, Paris, Maspero, 1971, pp. 45-46 et 125-126.

29. P. BONTE, N. ECHARD, « Histoire et histoires. Conception du passé chez les Hausa et les Twareg Kel Gress de l'Ader (République du Niger) », *Cahiers d'études africaines*, 61-62, XVI (1-2), 1976, pp. 237-296; J.-F. VINCENT, *Traditions et transition. Entretiens avec des femmes beti du Sud-Cameroun.* Paris, ORSTOM, Berger-Levrault, 1976; H.L.

MOORE, *Space, Text and Gender. An Anthropological Study of the Marakwet of Kenya*, Cambridge, Cambridge University Press, 1986.

30. M. AUGÉ, *Pouvoirs de vie, pouvoirs de mort*, Paris, Flammarion, 1977, p. 74 et *Théorie des pouvoirs et idéologie. Étude de cas en Côte d'Ivoire*, Paris, Hermann, 1975.

31. A. ADLER, *La mort est le masque du roi. La royauté sacrée des Moundang du Tchad*, Paris, Payot, 1982, pp. 83-84, 88-89, 139, 145.

32. Voir, par exemple, outre les travaux de M. GLUCKMAN, J.C. MIT-CHELL, *The Kalela Dance. Aspects of Social Relationships among Urban Africans in Northern Rhodesia*, Manchester, Manchester University Press, 1956; A.L. EPSTEIN, *Politics in an Urban African Community*, Manchester, Manchester University Press, 1958; A. COHEN, *Custom and Politics in Urban Africa. A Study of Hausa Migrants in Yoruba Towns*, Berkeley, University of California Press, 1969.

33. F. LE GUENNEC COPPENS, *Femmes voilées de Lamu (Kenya). Variations culturelles et dynamiques sociales*, Paris, Éd. Recherche sur les civilisations, 1983, pp. 35-36. Cf. également F. COOPER, *From Slaves To Squatters. Plantation, Labour and Agriculture in Zanzibar and Coastal Kenya. 1890-1925*, New Haven, Yale University Press, 1980, pp. 158 et suiv.

34. P. GESCHIERE, *Village Communities and the State. Changing Relations among the Maka of Southeastern Cameroun since the Colonial Conquest*, Londres, Kegan Paul International, 1982, chap. II; P.H. GULLIVER, *Neighbours and Networks. The Idiom of Kinship in Social Action among the Ndendeuli of Tanzania*, Berkeley, University of California Press, 1971; C. YOUNG, *The Politics of Cultural Pluralism*, Madison, University of Wisconsin Press, 1976.

35. W. WATSON, *Tribal Cohesion in a Money Economy : a Study of the Mambwe People of Northern Rhodesia*, Manchester, Manchester University Press, 1958; E. SCHILDKROUT, *People of the Zongo. The Transformation of Ethnic Identities in Ghana*, Cambridge, Cambridge University Press, 1978; A.L. EPSTEIN, *Politics in an Urban African Community, op. cit.*; A. COHEN, *Custom and Politics, op. cit.*

36. E. COLSON, « African society at the time of the scramble » *in* L.H. GANN, P. DUIGNAN, eds., *Colonialism in Africa. 1870-1960*, vol. I : *The History and Politics of Colonialism. 1870-1914*, Cambridge, Cambridge University Press, 1969, p. 31; T. RANGER, « The invention of tradition in colonial Africa » *in* E. HOBSBAWM, T. RANGER, eds., *The Invention of Tradition*, Cambridge, Cambridge University Press, 1983, p. 248; J.L. AMSELLE, E. M'BOKOLO, dir., *Au cœur de l'ethnie. Ethnies, tribalisme et État en Afrique*, Paris, La Découverte, 1985; J. ILIFFE, *A Modern History of Tanganyika*, Cambridge, Cambridge University Press, 1979, p. 9.

37. J.-P. DOZON, *La société bété, Côte d'Ivoire*, Paris, Karthala, ORSTOM, 1985; A.T. MATSON, « Reflections on the growth of political consciousness in Nandi » *in* B.A. OGOT, ed., *Politics and Nationalism in Colonial Kenya*, Nairobi, East African Publishing House, 1972, p. 44 et J.E.G. SUTTON, « The Kalenjin » *in* B.A. OGOT, ed., *Kenya before 1900. Eight Regional Studies*, Nairobi, East African Publishing House, 1976, pp. 22-24; F. COOPER, *From Slaves to Squatters, op. cit.*, pp. 158 et suiv.; P. BOHANNAN, P. CURTIN, *Africa and Africans*, Garden City, Natu-

ral History Press, 1971, p. 348; R. LEMARCHAND, *Rwanda and Burundi, op. cit.*, J.-P. CHRÉTIEN, « Hutu et Tutsi au Rwanda et au Burundi » et C. VIDAL, « Situation ethnique au Rwanda » *in* J.-L. AMSELLE, E. M'BOKOLO, dir., *Au cœur de l'ethnie, op. cit.*, pp. 129-165 et 167-184; C. YOUNG, T. TURNER, *The Rise and Decline of the Zairian State*, Madison, The University of Wisconsin Press, 1985, chap. v; C.W. ANDERSON, F. VON DER MEHDEN, C. YOUNG, *Issues of Political Development*, Englewood Cliffs, Prentice Hall, 1967, pp. 31-33.

38. N. KASFIR, *The Shrinking Political Arena. Participation and Ethnicity in African Politics with a Case Study of Uganda*, Berkeley, University of California Press, 1976, p. 62 (critiquant E. COLSON, « Contemporary tribes and the development of nationalism » *in* J. HELM, ed., *Essays on the Problem of Tribe*, Seattle, University of Washington Press, 1968, pp. 201-202).

39. M. MAUSS, *Œuvres*, Paris, Éd. de Minuit, 1968, t. I, p. 358.

40. B. ABEMBA, *Pouvoir et conflit dans la collectivité du Maniema. Essai de description et d'interprétation des phénomènes politiques conflictuels locaux à partir de trois cas concrets*, Bruxelles, Université libre, 1974, multigr., t. II, pp. 453 et suiv.; C. COQUERY-VIDROVITCH, *Afrique noire. Permanences et ruptures*, Paris, Payot, 1985, pp. 121-123.

41. N. KASFIR, *The Shrinking Political Arena, op. cit.*, chap. IV.

42. J.D.Y. PEEL, *Ijeshas and Nigerians. The Incorporation of a Yoruba Kingdom. 1890's-1970's*, Cambridge, Cambridge University Press, 1983, pp. 223-224. Voir également, au sujet du Tanganyika, J. ILIFFE, *A Modern History of Tanganyika, op. cit.*, chap. x.

43. F. VERDEAUX, *L'Aïzi pluriel. Chronique d'une ethnie lagunaire de Côte d'Ivoire*, Paris, École des hautes études en sciences sociales, 1981, multigr., chap. II (en particulier pp. 63 et 85). *Cf.* également G. DUPRÉ, *Les naissances d'une société, op. cit.*, pp. 26 et suiv.

44. J.D.Y. PEEL, *Ijeshas and Nigerians, op. cit.*, pp. 162 et suiv.; C. COQUERY-VIDROVITCH, *Afrique noire, op. cit.*, pp. 128 et suiv.

45. W. VAN BINSBERGEN, « From tribe to ethnicity in western Zambia : the unit of study as ideological problem » *in* W. VAN BINSBERGEN, P. GESCHIERE, eds., *Old Modes of Production and Capitalist encroachment. Anthropological Explorations in Africa*, Londres, KPI, 1985, pp. 209 et suiv.

46. Interview du président BIYA, *Cameroon Tribune* (Yaoundé), 20 fév. 1987. Pour une affirmation similaire du président HOUPHOUËT-BOIGNY, *cf.* A.R. ZOLBERG, *One Party Government in the Ivory Coast*, Princeton, Princeton University Press, 1964, p. 11.

47. A.R. ZOLBERG, « L'influence des facteurs " externes " sur l'ordre politique interne » *in* M. GRAWITZ, J. LECA, dir., *Traité de science politique*, Paris, PUF, 1985, t. I, pp. 567-598.

48. J.D.Y. PEEL, *Ijeshas and Nigerians, op. cit.*, pp. 220 et suiv.

49. A. COHEN, « The social organization of credit in a West African cattle market », *Africa*, 35, 1965, pp. 8-20 et *Custom and Politics, op. cit.*, pp. 144 et suiv. Les négociants de la kola, en revanche, votaient pour le NPC afin de témoigner de leur identité hausa dans leur région d'origine, dont ils étaient commercialement tributaires.

50. R. JOSEPH, « Le piège ethnique. Notes sur les élections au Nigeria (1978-1979) », *Politique africaine*, 3, sept 1981, pp. 37 et 39.

51. J. Spencer, *KAU. The Kenya African Union*, Londres, KPI, 1985, pp. 17-18; J.L. Lonsdale, « La pensée politique kikuyu et les idéologies du mouvement mau-mau », *Cahiers d'études africaines*, 107-108, XXVII (3-4), 1987, pp. 329-357.

52. Cf., respectivement, J.R. Nellis, *The Ethnic Composition of Leading Kenyan Government Positions*, Uppsala, Scandinavian Institute of African Studies, 1974 et A. Bigsten, *Regional Inequality and Development. A Case Study of Kenya*, Aldershot, Gower Publishing, 1980.

53. C. Legum, J. Drysdale, *Africa Contemporary Record 1969-1970*, Londres, Rex Collings, 1970, B-122/B 124; J. Karimi, P. Ochieng, *The Kenyatta Succession*, Nairobi, Transafrica, 1980; G. Dauch, D. Martin, *L'Héritage de Kenyatta. La transition politique au Kenya. 1975-1982*, Paris, L'Harmattan, 1985; D. Bourmaud, *Le système politique du Kenya : centre et périphérie*, Bordeaux, Institut d'études politiques, s.d. (1985), multigr.; « Charles Njonjo takes the plunge », *Weekly Review* (Nairobi), 25 avr. 1980.

54. « Not an ethnic affair », *Africa Now*, sept. 1982, pp. 16-19; M. Warsama, « The plotters », *The Express*, II (1), 1985, pp. 5-12; G. Dauch, « Kenya : l'ébranlement », *Annuaire des pays de l'océan Indien*, IX, 1982-1983, pp. 319-334.

55. R.A. Joseph, *Radical Nationalism in Cameroun. Social origins of the UPC Rebellion*, Oxford, Oxford University Press, 1977; W.R. Johnson, « The Union des populations du Cameroun in rebellion : the integrative backlash of insurgency » in R.I. Rotberg, A.A. Mazrui, eds., *Protest and Power in Black Africa*, New York, Oxford University Press, 1970, pp. 671-692.

56. R.C. Fox, X. de Craemer, J.M. Ribeaucourt, « The " second independence " : a case study of Kwilu rebellion in the Congo », *Comparative Studies in Society and History*, VIII (1), oct. 1965, pp. 101-102; B. Verhaegen, *Rébellions au Congo*, t. I, Bruxelles, Centre de recherche et d'information socio-politiques, 1966, pp. 61 et 106, et *Rébellions au Congo*, t. II : *Maniema, op. cit.*, pp. 659 et suiv.

57. W.G. Clarence-Smith, « Class structure and class struggles in Angola in the 1970's », *Journal of Southern African Studies*, VII (1), oct. 1980, pp. 109-126; C. Coquery-Vidrovitch, *Afrique noire, op. cit.*, p. 128 (ainsi que R. Pelissier, « Angola, Mozambique : des guerres interminables et leurs facteurs internes », *Hérodote*, 46, 1987, pp. 83-107, pour une interprétation assez différente); R. Buijtenhuijs, *Le Frolinat et les guerres civiles du Tchad (1977-1984). La révolution introuvable*, Paris, Karthala, Leiden, ASC, 1987 et *Le Frolinat et les révoltes populaires du Tchad (1965-1976)*, Paris, La Haye, Mouton, 1978.

58. H. Wolpe, *Urban Politics in Nigeria. A Study of Port Harcourt*, Berkeley, 1974, pp. 232-233; A. Cohen, *Custom and Politics, op. cit..*

59. J.J. Okumu, « The problem of tribalism in Kenya », *in* P.L. van den Berghe, ed., *Race and Ethnicity in Africa*, Nairobi, East African Publishing House, 1975, pp. 181-202.

60. N. Kasfir, *The Shrinking Political Arena, op. cit.*, pp. 104 et suiv.

61. F. Cooper, *From Slaves to Squatters, op. cit.*, pp. 287-288.

62. *Le Manifeste du négro-mauritanien opprimé. Février 1966-avril 1986. De la guerre civile à la lutte de libération nationale*, s.l. (Nouakchott), 1986, multigr., pp. 1, 15 et suiv.

63. R.H. BATES, « Modernization, ethnic competition and the rationality of politics in contemporary Africa » *in* D. ROTHCHILD, V.A. OLORUNSOLA, eds., *State versus Ethnic Claims : African Policy Dilemmas*, Boulder, Westview Press, 1983, pp. 152 et 164-165. Voir également J. LONSDALE, « States and social processes in Africa : a historiographical survey », *African Studies Review*, XXIV (2-3), juin-sept. 1981, pp. 170 et 201 et, pour une démonstration précise, R. MOLTENO, « Cleavage and conflict in Zambian politics : a study in sectionalism » *in* W. TORDOFF, ed., *Politics in Zambia*, Manchester, Manchester University Press, 1974, pp. 62-106.

64. J.-P. DOZON, *La société bété, op. cit.*, p. 355.

65. I. WALLERSTEIN, « Ethnicity and national integration in West Africa », *Cahiers d'études africaines*, (3), 1960, pp. 129-139.

66. R.L. SKLAR, « Political science and national integration – a radical approach », *Journal of Modern African Studies*, 5 (1), 1967, p. 6. *Cf.* également A. MAFEJE, « The ideology of " tribalism " », *The Journal of Modern African Studies*, 9 (2), août 1971, p. 259.

67. J.-F. BAYART, « Clientelism, elections and systems of inequality and domination in Cameroun » *in* G. HERMET, R. ROSE, A. ROUQUIÉ, eds., *Elections without Choice*. Londres, MacMillan, 1978, pp. 66-67; G. HYDEN, *Beyond Ujamaa in Tanzania. Underdevelopment and an Uncaptured Peasantry*, Londres, Heinemann, 1980; J. LONSDALE, « Political accountability in african history » *in* P. CHABAL, ed., *Political Domination in Africa. Reflections on the Limits of Power*, Cambridge, Cambridge University Press, 1986, pp. 143-144 et « States and social processes in Africa », art. cité, p. 201.

68. *Cameroon Tribune* (Yaoundé), 31 déc. 1986.

69. H. BANDOLO, « La voie royale », *ibid.*, 8-9 sept. 1985.

70. J.-Y. MARTIN, « Sociologie de l'enseignement en Afrique noire » et R. MBALA OWONO, « École, ethnicité et classes sociales » *in* R. SANTERRE, C. MERCIER-TREMBLAY, dir., *La quête du savoir. Essais pour une anthropologie de l'éducation camerounaise*, Montréal, Les Presses de l'Université de Montréal, 1982, pp. 567 et suiv. et 580 et suiv. En ce qui concerne le Crédit mutuel du Camcroun, voir son *État nominatif des actionnaires*, Douala, 1987, multigr.

71. J.D.Y. PEEL, *Ijeshas and Nigerians, op. cit. Cf.* également N. KASFIR, *The Shrinking Political Arena, op. cit.*, pp. 66 et suiv.; D.B. CRUISE O'BRIEN, *Saints and Politicians. Essays on the Organisation of a Senegalese Peasant Society*, Cambridge, Cambridge University Press, 1975, chap. v; P.M. LUBECK, *Islam and Urban Labour in Northern Nigeria. The Making of a Muslim Working Class*, Cambridge, Cambridge University Press, 1986; R. LUCKHAM, *The Nigerian Military. A Sociological Analysis of Authority and Revolt, 1960-1967*, Cambridge, Cambridge University Press, 1971, Chap. VIII; S.T. BARNES, *Patrons and Power. Creating a Political Community in Metropolitan Lagos*, Manchester, Manchester University Press, 1986.

CHAPITRE II : L'ÉTAT INÉGAL : « PETITS » ET « GRANDS »

1. Devoir manuscrit recueilli à Baikwa (Nord-Cameroun) dans un établissement scolaire agricole, déc. 1984.

2. Cf. K. MARX, *Capital*, New York, The Modern Library, 1936, pp. 12-13 et son commentaire par R. BENDIX, « Tradition and modernity reconsidered », *Comparative Studies in Society and History*, IX, (3), avr. 1967, pp. 308-309 et pp. 334-335. Voir également la problématique de l' « État bien policé » *in* M. RAEFF, *Comprendre l'ancien régime russe. État et société en Russie impériale*, Paris, Le Seuil, 1982.

3. P. GESCHIERE, « Imposing capitalist dominance through the state : the multifarious role of the colonial state in Africa » *in* W. VAN BINSBERGEN, P. GESCHIERE, eds., *Old Modes of Production and Capitalist Encroachement. Anthropological Explorations in Africa*, Londres, KPI, 1985, pp. 101 et suiv. et P. GESCHIERE, *Village Communities and the State. Changing Relations among the Maka of Southeastern Cameroon since the Colonial Conquest*, Londres, Kegan Paul International, 1982, pp. 156 et suiv.; note de service du sous-préfet de Loum, 25 oct. 1968, multigr.

4. « Plan de campagne pour l'année 1921 » et lettre de Briaud, chef de région, à M. le Commissaire de la République à Douala, Abong-Mbang, 14 déc. 1920, cités *in* P. GESCHIERE, *op. cit.*, p. 104; lettre de R. BOUSSAC au gouverneur général de l'AOF, 8 mars 1928, citée *in* République Française, ministère de la Coopération, *Un bilan de l'aide au développement*, Paris, 1985, multigr., p. 59; L. VERLAINE, *A la recherche de la méthode de colonisation*, cité par L. ZOUMENOU, *Un précurseur du mouvement démocratique et panafricain en Afrique noire française : Kojo Tovalou Houenou (1887-1936)*, Paris, Institut d'études politiques, 1985, multigr, p. 265.

5. D. BIGO, *Forme d'exercice du pouvoir et obéissance en Centrafrique (1966-1979)*, Paris, Université de Paris-I, 1985, multigr., pp. 174 et 471; Y. ZOCTIZOUM, *Histoire de la Centrafrique*, t. II : *1959-1979. Violence du développement, domination et inégalités*, Paris, L'Harmattan, 1984; République Française, Ministère des Relations extérieures, Coopération et Développement, *Déséquilibres structurels et programmes d'ajustement en République centrafricaine*, Paris, 1985, multigr.

6. M. VON FREYHOLD, *Ujamaa Villages in Tanzania, Analysis of a Social Experiment*, Londres, Heinemann, 1979, p. 36.

7. J.P. LANGELLIER, « L'échec des doctrinaires de Maputo », *Le Monde*, 25 mai 1983.

8. N. CASSWELL, « Autopsie de l'ONCAD : la politique arachidière au Sénégal. 1966-1980 », *Politique africaine*, 14, juin 1984, p. 47.

9. *Marchés tropicaux et méditerranéens*, 1er févr. 1985, p. 269.

10. H. LEFEBVRE, *De l'État*, Paris, Union générale d'éditions, 1976, t. II, pp. 42 et suiv. *Cf.* notamment F. COOPER, *From Slaves to Squatters. Plantation Labour and Agriculture in Zanzibar and Coastal Kenya. 1890-1925*, New Haven, Yale University Press, 1980.

11. A. KOUROUMA, *Les Soleils des indépendances*, Paris, Le Seuil, 1976, pp. 22-23. En réalité, ce héros, Fama, est surtout le fils d'une grande famille déchue, réduit à la condition de « petit rat de marigot » par les conséquences sociales de la colonisation et de l'indépendance.

12. M. WEBER, *L'Éthique protestante et l'esprit du capitalisme*, Paris, Plon, 1985, pp. 57 et suiv. Voir, par exemple, M. AUGÉ, *Théorie des pouvoirs et idéologie. Étude de cas en Côte d'Ivoire*, Paris, Hermann, 1975, p. 7; P. LABURTHE-TOLRA, *Les Seigneurs de la forêt. Essai sur le passé historique, l'organisation sociale et les normes éthiques des anciens Beti du Cameroun*, Paris, Publications de la Sorbonne, 1981, pp. 233 et suiv.; G. DUPRÉ, *Les Naissances d'une société. Espace et historicité chez les Beembé du Congo*, Paris, ORSTOM, 1985, pp. 82 et suiv., 93 et suiv., 259 et suiv.; S.F. NADEL, *Byzance noire. Le royaume des Nupe du Nigeria*, Paris, Maspero, 1971.

13. L. DUMONT, *Homo aequalis. Genèse et épanouissement de l'idéologie économique*, Paris, Gallimard, 1976, p. 14.

14. Nous reprenons à notre compte la distinction introduite par G. KITCHING, *Class and Economic Change in Kenya. The Making of an African Petite-Bourgeoisie*, New-Haven, Yale University Press, 1980, p. 455. Par commodité de langage, nous retiendrons la notion de « stratification sociale » bien que nous fassions nôtres plusieurs critiques de L.A. FALLERS (*Inequality. Social Stratification Reconsidered*, Chicago, The University of Chicago Press, 1973) et que nous préférions au fond le concept de « système d'inégalité et de domination » proposé par G. BALANDIER (*Anthropo-logiques*, Paris, PUF, 1974, chap. III).

15. R.H. BATES, *Markets and States in Tropical Africa. The Political Basis of Agricultural Policies*, Berkeley, University of California Press, 1981; « Les paysans et le pouvoir en Afrique noire », *Politique africaine*, 14, juin 1984, pp. 3-91.

16. T. RANGER, *Peasant Consciousness and Guerilla War in Zimbabwe. A Comparative Study*, Londres, James Currey, Berkeley, University of California Press, 1985; M. BRATTON, « The comrades and the countryside : the politics of agricultural policy in Zimbabwe », *World Politics*, XXXIX (2), janv. 1987, pp. 174-202; P. LABAZÉE, « Réorganisation économique et résistances sociales. La question des alliances au Burkina », *Politique africaine*, 20, déc. 1985, pp. 10-28; J.L. AMSELLE, E. GRÉGOIRE, « Complicités et conflits entre bourgeoisies d'État et bourgeoisies d'affaires : au Mali et au Niger » *in* E. TERRAY, dir., *L'État contemporain en Afrique*, Paris, L'Harmattan, 1987, p. 37.

17. Source : République Française, ministère des Relations extérieures, Coopération et Développement, *Déséquilibres structurels et programmes d'ajustement au Sénégal*, Paris, 1985, multigr. (en particulier pp. 58 et 60). *Cf.* également N. CASSWELL, « Autopsie de l'ONCAD », art. cité et D.B. CRUISE O'BRIEN, *Saints and Politicians. Essays in the Organisation of a Senegalese peasant Society*, Cambridge, Cambridge University Press, 1975.

18. Voir J. HENN, *Peasants, Workers and Capital. The Political Economy of Labor and Incomes in Cameroun*, Cambridge, Harvard University, 1978, multigr.; P. DEMUNTER, *Masses rurales et luttes politiques au Zaïre. Le processus de politisation des masses rurales du Bas-Zaïre*,

Paris, Anthropos, 1975; C. YOUNG, T. TURNER, *The Rise and Decline of the Zairian State*, Madison, The University of Wisconsin Press, 1985, pp. 94-95; M.G. SCHATZBERG, *Politics and Class in Zaïre. Bureaucracy, Business and Beer in Lisala*, New York, Africana Publishing Company, 1980, chap. IV; S. BERRY, *Fathers Work for their Sons. Accumulation Mobility and Class Formation in an Extended Yoruba Community*, Berkeley, University of California Press, 1985; B. BECKMAN, « Ghana, 1951-78 : the agrarian basis of the postcolonial state » *in* J. HEYER, P. ROBERTS, G. WILLIAMS, eds., *Rural Development in Tropical Africa*, Londres, MacMillan, 1981, pp. 143-167; P. KONINGS, *The State and Rural Class Formation in Ghana : a Comparative Analysis*, Londres, KPI, 1986.

19. République populaire du Congo, présidence de la République, cabinet du chef de l'État, dossier OCV [Office des cultures vivrières], Brazzaville, mars 1984, multigr., p. 2; G. COURADE, « Des complexes qui coûtent cher. La priorité agro-industrielle dans l'agriculture camerounaise », *Politique africaine*, 14, juin 1984, pp. 75-91; C. ARDITI et al., *Évaluation socio-économique du projet SEMRY au Cameroun*, Paris, SEDES, 1983, multigr.

20. C. YOUNG, T. TURNER, *The Rise and Decline of the Zairian State*, op. cit., p. 311.

21. W.G. CLARENCE-SMITH, « Class structure and class struggles in Angola in the 1970s », *Journal of Southern African Studies*, 7 (1), oct. 1980, pp. 116 et suiv. et « Le MPLA et la paysannerie angolaise : un exemple pour le Zaïre? » *in* C. COQUERY-VIDROVITCH, A. FOREST, H. WEISS, dir., *Rébellions-révolution au Zaïre. 1963-1965*, Paris, L'Harmattan, 1987, t. II, pp. 106-114; C. MEILLASSOUX, C. VERSCHUUR, « Les paysans ignorés du Mozambique », *Le Monde diplomatique*, oct 1985, pp. 14-15; M. CAHEN, *Mozambique. La révolution implosée*, Paris, L'Harmattan, 1987, pp. 47-70; P.CHABAL, « Revolutionary democracy in Africa : the case of Guinea-Bissau » *in* P. CHABAL, ed., *Political Domination in Africa. Reflections on the Limits of Power*, Cambridge, Cambridge University Press, 1986, pp. 90 et suiv.; P. CHABAL, *Amilcar Cabral. Revolutionary Leadership and People's War*, Cambridge, Cambridge University Press, 1983; C.G. ROSBERG, T.M. CALLAGHY, eds., *Socialism in Subsaharan Africa. A New Assessment*, Berkeley Institute of International Studies, 1979.

22. M. VON FREYHOLD, *Ujamaa Villages in Tanzania*, op. cit.; A. COULSON, ed., *African Socialism in Practice. The Tanzanian Experience*, Nottingham, Spokesman, 1979; D.F. BRYCESON, « Peasant commodity production in post-colonial Tanzania », *African Affairs*, 81 (325), oct. 1982, p. 567; P. RAIKES, *The Development of Commodity-Producing Peasantry in Tanzania*, Copenhague, Centre for Development Research, 1978, multigr.; A. COULSON, « Agricultural policies in mainland Tanzania, 1946-1976 » *in* J. HEYER, P. ROBERTS, G. WILLIAMS, eds., *Rural development in Tropical Africa*, op. cit., pp. 52-58; J. WAGAO, *State Control of Agricultural Marketing in Tanzania, 1961-1976*, Dar es Salaam, University of Dar es Salaam, Economic Research Bureau, 1982; G. HYDEN, *Beyond Ujamaa in Tanzania, Underdevelopment and an Uncaptured Peasantry*, Londres, Heinemann, 1980; J. Boesen, *Tanzania : from Ujamaa to Villagization*, Copenhague, Institute for Development Research, 1976, multigr.; D.C. Martin, *Tanzanie : l'invention*

d'une culture politique, Paris, Presses de la Fondation nationale des sciences politiques, Karthala, 1988, chap. VII et XII. Les chercheurs danois se sont à ce propos déchirés en une sévère polémique (voir J. BOESEN, P. RAIKES, *Political economy and Planning in Tanzania*, Copenhague, IDR, 1976, multigr. et K.E. SVENDSEN, *Problems in the Analysis of Developments in Tanzania*, Copenhague, Centre for Development Research, 1977, multigr.).

23. J. MAC RAE, J.-F. DREVET, *Évolution et perspectives du Kenya*, s.l. (Paris), ECODEV, SEDES, 1983, multigr., pp. 48-49, 77-78, 93 et suiv.; S.E. MIGOT-ADHOLLA, « Rural development policy and equality » *in* J.D. BARKAN, J.J. OKUMU, eds., *Politics and Public Policy in Kenya and Tanzania*, New York, Praeger Publishers, 1979, p. 161; R.H. BATES, *Markets and States in Tropical Africa, op. cit.*, pp. 92 et suiv.; « Kenya : the agrarian question », *Review of African Political Economy*, 20, janv.-avr. 1981, pp. 1-124.

24. A. TOURÉ, « Paysans et fonctionnaires devant la culture et l'État » *in* Y.-A. FAURÉ, J.-F. MÉDARD, dir., *État et bourgeoisie en Côte d'Ivoire*, Paris, Karthala, 1982, pp. 231-251 et « La petite histoire de Nalewe Kpingbin Tiecoroba. Une émission de la radiodiffusion nationale ivoirienne », *Politique africaine*, 3, sept. 1981, pp. 44-54.

25. Source : République Française, Ministère de la Coopération, *Déséquilibres structurels et programmes d'ajustement en Côte d'Ivoire*, Paris, 1986, multigr. Les agriculteurs de la savane ont été plus sévèrement touchés que les planteurs de café et, surtout, de cacao, qui forment la clientèle politique du régime. Voir également F. RUF, « Structures paysannes hétérogènes : réponses aux prix diversifiés. Cas du riz et du cacao en Côte-d'Ivoire », *Les Cahiers de la recherche-développement*, 8, 1985, pp. 6-9 et Société d'étude pour le développement économique et social, *Évolution et répartition des revenus en Côte-d'Ivoire*, Paris, 1984, multigr.

26. Y.-A. FAURÉ, J.-F. MÉDARD, « Classe dominante ou classe dirigeante? » et J.-M. GASTELLU, S. AFFOU YAPI, « Un mythe à décomposer : la bourgeoisie de planteurs » *in* Y.-A. FAURÉ, J.-F. MÉDARD, dir., *État et bourgeoisie en Côte d'Ivoire, op. cit.*, chapitres IV et V. *Cf.* également F. RUF, « Les règles du jeu sur le foncier et la force de travail dans l'ascension économique et la stratification sociale des planteurs de Côte d'Ivoire. Quelques éléments d'analyse et signes d'évolution technique », *Économie rurale*, 147-148, janv.-mars 1982, pp. 111-119.

La thèse de la « bourgeoisie de planteurs » avait été avancée par S. AMIN, *Le Développement du capitalisme en Côte d'Ivoire*, Paris, Éd. de Minuit, 1967, et par B. CAMPBELL, « The Ivory Coast » *in* J. DUNN, ed., *West African States. Failure and Promise*, Cambridge, Cambridge University Press, 1978, pp. 66-116; elle est reprise par L. GBAGBO, *Côte d'Ivoire. Économie et société à la veille de l'indépendance (1940-1960)*, Paris, L'Harmattan, 1982 et par P. ANYANG' NYONG'O, « The development of agrarian capitalist classes in the Ivory Coast, 1945-1975 », *Conference « The African Bourgeoisie : the Development of Capitalism in Nigeria, Kenya and Ivory Coast »*, Dakar, 1980, multigr.

27. F. FANON, *Les Damnés de la terre*, Paris, Maspero, 1961; G. ARRIGHI, J.S. SAUL, *Essays on the Political Economy of Africa*, New York, Monthly Review Press, 1973.

28. F. COOPER, *From Slaves to Squatters*, *op. cit.*, pp. 174, 230 et suiv., 278-279.

29. K. POST, « " Peasantization " and rural political movements in western Africa », *Archives européennes de sociologie*, 13 (2), 1972, pp. 223-254; G. HYDEN, *Beyond Ujamaa in Tanzania*, *op. cit.*, pp. 9 et suiv. *Cf.* également F. COOPER, *From Slaves to Squatters*, *op. cit.*, pp. 269 et suiv.; L.A. FALLERS, « Are african cultivators to be called " peasants "? », *Current Anthropology*, 2 (2), avr. 1961, pp. 108-110; J. ILIFFE, *A Modern History of Tankanyika*, Cambridge, Cambridge University Press, 1979, chap. IX; T. RANGER, *Peasant Consciousness and Guerilla War in Zimbabwe*, *op. cit.*.

30. J. COPANS, « From Senegambia to Senegal : the evolution of peasantries » *in* M.A. KLEIN, ed., *Peasants in Africa. Historical and Contemporary Perspectives*, Beverly Hills, Sage Publications, 1980, pp. 77-103.

31. S. BERRY, *Fathers Work for their Sons*, *op. cit.*; J.D.Y. PEEL, *Ijeshas and Nigerians. The Incorporation of a Yoruba Kingdom. 1890s-1970s*, Cambridge, Cambridge University Press, 1983, pp. 127 et suiv. *Cf.* également, au sujet du Cameroun, A. FRANQUEVILLE, « La population rurale africaine face à la pénétration de l'économie moderne : le cas du Sud-Cameroun » *in* C. BLANC-PAMARD et al., *Le développement rural en questions*, Paris, ORSTOM, 1984, pp. 433-445.

32. *Cf.* en particulier la critique de la thèse de G. ARRIGHI et J.S. SAUL par R. JEFFRIES, *Class, Power and Ideology in Ghana : the Railwaymen of Sekondi*, Cambridge, Cambridge University Press, 1978, pp. 169-185. Voir aussi R. SANDBROOK, R. COHEN, eds., *The Development of an African Working Class. Studies in Class Formation and Action*, Toronto, University of Toronto Press, 1975; R. SANDBROOK, *The Politics of Basic Needs. Urban Aspects of Assaulting Poverty in Africa*, Londres, Heinemann, 1982; J. ILIFFE, « The poor in the modern history of Malawi » *in* Centre of African Studies, *Malawi, an Alternative Pattern of Development*, Edinburgh, Edinburgh University, 1985, pp. 245-292 et *The African Poor. A History*, Cambridge, Cambridge University Press, 1987; P.M. LUBECK, *Islam and Urban Labor in Northern Nigeria. The Making of a Muslim Working Class*, Cambridge, Cambridge University Press, 1986; I. DEBLÉ, P. HUGON et al., *Vivre et survivre dans les villes africaines*, Paris, PUF, 1982.

33. M. AGIER, J. COPANS, A. MORICE, dir., *Classes ouvrières d'Afrique noire*, Paris, Karthala, ORSTOM, 1987.

34. S. BERRY, *Fathers Work for their Sons, op. cit.*

35. A. PEACE, « Prestige Power and Legitimacy in a Modern Nigerian Town », *Canadian Journal of African Studies*, 13 (1-2), 1979, pp. 26-51; P.W. GUTKIND, « The view from below : political consciousness of the urban poor in Ibadan », *Cahiers d'études africaines*, 57, XV-1, 1975, pp. 5-35.

36. R. PRICE, « Politics and culture in contemporary Ghana : the bigman small-boy syndrome », *Journal of African Studies*, I (2), été 1974, pp. 173-204. Voir également R. JEFFRIES, *Class, Power and Ideology in Ghana, op. cit.*

37. M.G. SCHATZBERG, *Politics and Class in Zaïre, op. cit.*, pp. 53-58; R. JEFFRIES, *Class, Power and Ideology in Ghana, op. cit.*, chap. VIII et

N. CHAZAN, *An Anatomy of Ghanaian Politics, Managing Political Recession, 1969-1982*, Boulder, Westview Press, 1983, pp. 38-39. D'autres, études, néanmoins, nuancent ces affirmations. S. BERRY, par exemple, insiste à propos du pays yoruba sur la fluidité des lignes de stratification sociale *(Fathers Work for their Sons, op. cit.)* et P. GESCHIERE montre que l'accès à l'école secondaire n'est pas encore monopolisé par l'élite en pays maka (*Village Communities and the State, op. cit.*, pp. 333 et suiv.)

38. République Française, *Déséquilibres structurels et programmes d'ajustement, op. cit. Cf.* également C. VIDAL, M. LE PAPE, *Pratiques de crise et conditions sociales à Abidjan, 1979-1985*, Abidjan, Centre ORS-TOM de Petit Bassam, 1986, multigr.

39. G. KITCHING, *Class and Economic Change in Kenya, op. cit.*, chap. XII; C. DE MIRAS, « L'entrepreneur ivoirien ou une bourgeoisie privée de son état » *in* Y.-A. FAURÉ, J.-F. MÉDARD, dir., *État et bourgeoisie en Côte d'Ivoire, op. cit.*, pp. 181-229; S. BERRY, *Fathers Work for their Sons, op. cit.*, chap. VI; N. KASFIR, « State, *Magendo* and class formation in Uganda », *Journal of Commonwealth and Comparative Politics*, XXI (3), nov. 1983, pp. 84-103; A. MORICE, « Commerce parallèle et troc à Luanda », *Politique africaine*, 17, mars 1985, pp. 105-120; J. MAC-GAFFEY, « How to survive and become rich amidst devastation : the second economy in Zaïre », *African Affairs*, 82 (328), juil., 1983, pp. 351-366 et *Entrepreneurs and Parasites; the Struggle for Indigenous Capitalism in Zaïre*, Cambridge, Cambridge University Press, 1987.

40. G. KITCHING, *Class and Economic Change in Kenya, op. cit.*

41. S. BERRY, *Fathers Work for their Sons, op. cit.* et *Cocoa, Custom and Socio-Economic Change in Rural Western Nigeria*, Oxford, Clarendon Press, 1975.

42. J.-M. GASTELLU, S. AFFOU YAPI, « Un mythe à décomposer : la " bourgeoisie de planteurs " » *in* Y.-A. FAURÉ, J.-F. MÉDARD, dir., *État et bourgeoisie en Côte d'Ivoire, op. cit.*, pp. 168 et suiv.

43. S.D. MUELLER, « The historical origins of Tanzania's ruling class », *Revue canadienne des études africaines*, 15 (3), 1981, pp. 459-497; J. BOESEN, B. STORGARD MADSEN, T. MOODY, *Ujamaa. Socialism from Above*, Uppsala, Scandinavian Institute of African Studies, 1977; M. VON FREYHOLD, *Ujamaa Villages in Tanzania, op. cit.*, pp. 63 et suiv; M. GOTTLIEB, « The extent and character of differenciation in Tanzanian agricultural and rural society », *The African Review*, 3 (2), juin 1973, pp. 241-261; D.-C. MARTIN, *Tanzanie, op. cit.*, chap. XII.

44. T. RANGER, *Peasant Consciousness and Guerilla War in Zimbabwe, op. cit.* Pour une conclusion assez différente, au sujet du Zaïre, *cf.* J. MACGAFFEY, *Entrepreneurs and Parasites, op. cit.*, pp. 100 et suiv.

45. G. BALANDIER, *Anthropologie politique*, Paris, PUF, 1969 (2e éd.), pp. 197-198. Dans le domaine de la science politique, la référence fondamentale semble être l'œuvre de R.L. SKLAR (« The nature of class domination in Africa », *Journal of Modern African Studies*, 17 (4), 1979, pp. 531-552 et *Nigerian Political Parties. Power in an Emergent African Nation*, Princeton, Princeton University Press, 1963).

46. La littérature consacrée à ce thème est considérable. Nous n'en donnerons que quelques références. Parlent de « classe politique »

R. Murray (« Second thoughts on Ghana », *New Left Review*, 42, mars-avr. 1967, pp. 25-39), R. Cohen (« Class in Africa : analytical problems and perspectives », *The Socialist Register 1972*, pp. 231-255), R. Sandbrook (*Proletarians and African Capitalism : the Kenyan Case. 1960-1972*, Cambridge, Cambridge University Press, 1975), et de « classe politico-administrative » M.A. Cohen (*Urban Policy and Political Conflict in Africa. A Study of the Ivory Coast*, Chicago, The University of Chicago Press, 1974). T.M. Callaghy retient la notion d' « aristocratie politique » (*The State-Society Struggle. Zaïre in Comparative Perspective*, New York, Columbia University Press, 1984). I.L. Markowitz propose le concept de « *organizational bourgeoisie* » (*Power and Class in Africa. An Introduction to Change and Conflict in African Politics*, Englewood Cliffs, Prentice Hall Inc., 1977), R.L. Sklar celui de « *managerial bourgeoisie* » (*Corporate Power in an African State : the Political Impact of Multinational Mining Companies in Zambia*, Berkeley, University of California Press, 1975). C. Leys reprend la notion de « bourgeoisie bureaucratique » (« The " overdeveloped " postcolonial state : a re-evaluation », *Review of African Political Economy*, 5, 1976, pp. 39-48), après que Issa Shivji l'eut introduite dans le « débat tanzanien » (voir en particulier son *Class Struggles in Tanzania*, New York, Monthly Review Press, 1976, d'un accès plus aisé que ses travaux antérieurs). E. Hutchful utilise la notion de « bourgeoisie d'État » (« A tale of two regimes : imperialism, the military and class in Ghana », *Review of African Political Economy*, 14, 1979, pp. 36-55) et est en cela suivi par Y.-A. Fauré et J.-F. Médard (*État et bourgeoisie en Côte d'Ivoire, op. cit.*). J.-L. Amselle compare la « nomenklatura » malienne à celle des pays de l'Est (« Socialisme, capitalisme et précapitalisme au Mali. 1960-1982 » *in* H. Bernstein, B.K. Campbell, eds., *Contradictions of Accumulation in Africa. Studies in Economy and State*, Beverly Hills, Sage Publications, 1985, pp. 249-266.)

47. J.-L. Vellut, « Articulations entre entreprises et État : pouvoirs hégémoniques dans le bloc colonial belge (1908-1960) » in Laboratoire « Connaissance du Tiers-Monde », *Entreprises et entrepreneurs en Afrique. XIXe et XXe siècles*, Paris, L'Harmattan, 1983, t. II, pp. 49-100.

48. J. Vansina, *Les Anciens Royaumes de la savane*, Léopoldville, IRES, 1965; R. Pelissier, *Les Guerres grises. Résistance et révolte en Angola (1845-1941)*, Orgeval, Pelissier, 1977 et *La Colonie du minotaure. Nationalismes et révoltes en Angola (1926-1961)*, Orgeval, Pelissier, 1978, pp. 127-128 et 462-463; M. Cowen, K. Kinyanjui, *Some Problems of Capital and Class in Kenya*, Nairobi, Institute for Development Studies, 1977, multigr., pp. 15 et suiv.

49. R.W. Shenton, *The Development of Capitalism in Northern Nigeria*, Londres, James Currey, 1986, pp. 122 et suiv.

50. Témoignage de Mme Dugast en 1942, Archives nationales du Cameroun, Yaoundé, cité par J.-L. Dongmo, *Le Dynamisme bamiléké (Cameroun)*, vol. I : *La Maîtrise de l'espace agraire*, Yaoundé, Centre d'édition et de production pour l'enseignement et la recherche, 1981, pp. 122-124. Voir également J.-P. Olivier de Sardan, *Les Sociétés songhay-zarma (Niger-Mali). Chefs, guerriers, esclaves, paysans...*, Paris, Karthala, 1984, chap. XI; M. Kilson, *Political Change in a West African*

State. A Study of the Modernization Process in Sierra Leone, Harvard, Harvard University Press, 1966.

51. M. DELAUNEY, *Kala-Kala. De la grande à la petite histoire, un ambassadeur raconte*, Paris, Robert Laffont, 1986, p. 88; entretiens.

52. D. RIMMER, « Elements of the political economy » *in* K. PANTER-BRICK, ed., *Soldiers and Oil. The Political Transformation of Nigeria*, Londres, Franck Cass, 1978, pp. 146 et suiv.; R.L. SKLAR, *Nigerian Political Parties, op. cit.* (en particulier pp. 446-460).

53. G. KITCHING, *Class and Economic Change in Kenya, op. cit.*, chap. VII. Pour des données similaires à propos de la Sierra Leone, *cf.* M. KILSON, *Political change in a West African State, op. cit.*, chap. XIII, et au sujet des « quatre communes » du Sénégal H.-J. LÉGIER, « Institutions municipales et politique coloniale : les communes du Sénégal », *Revue française d'histoire d'outre-mer*, 55 (201), 1968, pp. 414-465.

54. J. SPENCER, *KAU. The Kenya African Union*, Londres, KPI, 1985, pp. 63 et suiv.; A.R. ZOLBERG, *One-Party Government in the Ivory Coast*, Princeton, Princeton University Press, 1964, pp. 192 et suiv.; R.A. JOSEPH, *Radical Nationalism in Cameroun. Social Origins of the UPC Rebellion*, Oxford, Oxford University Press, 1977, p. 155; R. RATHBONE, « Businessmen in Politics : Party Struggle in Ghana, 1949-1957 », *Journal of Development Studies*, 9 (3), avr. 1973, pp. 391-401.

55. R. UM NYOBÉ, *Le Problème national kamerunais, présenté par J.A. Mbembé*, Paris, L'Harmattan, 1984, p. 158. Voir également, pour des cas de corruption dans le Mungo, *La Voix du Cameroun*, 15, mai-juil. 1954, cité par R. JOSEPH, *Radical Nationalism in Cameroun, op. cit.*, p. 230.

56. UPS, *Troisième congrès de l'UPS, 4, 5, 6 février 1962, Rapport sur la vie du parti par Ousmane Ngom, secrétaire politique*, multigr., pp. 6-7.

57. Documents cités par B. VERHAEGEN, *Rébellions au Congo.* t. II : *Maniema*, Bruxelles, CRISP, Kinshasa, IRES, 1969, p. 263. *Cf.* également pp. 267 et suiv., 436 et suiv., 632 et suiv., 637 et suiv.

58. Voir, par exemple, à propos du Kenya, G. KITCHING, *Class and Economic Change in Kenya, op. cit.*, p. 309 et G.C. MUTISO, *Kenya, Politics, Policy and Society*, Nairobi, East African Literature Bureau, 1975, chap. I; à propos du Cameroun, J.-Y. MARTIN, « Appareil scolaire et reproduction des milieux ruraux » *in* ORSTOM, *Essais sur la reproduction de formations sociales dominées*, Paris, ORSTOM, 1977, pp. 55-67; P. GESCHIERE, *Village Communities and the State, op. cit.*, pp. 275-276; R. SANTERRE, C. MERCIER-TREMBLAY, dir., *La Quête du savoir. Essais pour une anthropologie de l'éducation camerounaise*, Montréal, Presses de l'Université de Montréal, 1982; à propos de la Tanzanie, J. SAMOFF, « Education in Tanzania : class formation and reproduction », *Journal of Modern African Studies*, 17 (1), 1979, pp. 47-69; à propos du Zaïre, M.G. SCHATZBERG, *Politics and Class in Zaïre, op. cit.*, pp. 56 et suiv. Nuançons, toutefois : l'agriculture a pu assurer à des illettrés une certaine ascension sociale à l'échelle du village, dont nous avons vu qu'elle débouchait sur une accumulation limitée. Mais c'est précisément la scolarisation qui distingue les véritables « planteurs entrepreneurs » de ces

« planteurs villageois » (J.-M. GASTELLU, S. AFFOU YAPI, « Un mythe à décomposer : la "bourgeoisie de planteurs"» *in* Y.-A. FAURÉ, J.-F. MÉDARD, dir., *État et bourgeoisie en Côte d'Ivoire, op. cit.,* pp. 159-160 et p. 178.

59. R.A. JOSEPH, *Democracy and Prebendal Politics in Nigeria. The Rise and Fall of the Second Republic,* Cambridge, Cambridge University Press, 1987, chap. VIII et S. BERRY, *Fathers Work for their Sons, op. cit.,* chap. V.

60. E. ABREU, *The Role of Self-Help in the Development of Education in Kenya (1900-1973),* Nairobi, Kenya Literature Bureau, 1982; F. HOLMQUIST, *State, Class, Peasants and the Initiative of Kenya Self-Help,* s. 1, Hampshire College, 1982, multigr.; J.-P. DOZON, *La Société bété. Côte d'Ivoire,* Paris, Karthala, ORSTOM, 1985, pp. 329 et suiv.; S. BERRY, *Fathers Work for their Sons, op. cit.,* chap. v.

61. *Le Messager* (Douala), 25 janv. 1985, p. 10. Pour des cas similaires au Zaïre, *cf. Marchés tropicaux et méditerranéens,* 20 sept. 1985, p. 2332.

62. Voir, par exemple, K. KINYANJUI, *The Distribution of Educational Resources and Opportunities in Kenya,* Nairobi, Institute of Development Studies, 1974, multigr., p. 39; P. GESCHIERE, *Village Communities and the State, op. cit.,* pp. 329 et suiv.; J.-Y. MARTIN, « Appareil scolaire et reproduction des milieux ruraux » *in* ORSTOM, *Essais sur la reproduction de formations sociales dominées, op. cit.,* pp. 55-67; M. MBILINYI, « Contradictions in Tanzanian education », *in* A. COULSON, ed., *African Socialism in Practice, op. cit.,* pp. 217-227 et J. SAMOFF, « Education in Tanzania », art. cité; I. JACQUET, « Viens, je t'emmène de l'autre côté des nuages... Aspects de la vie quotidienne au Zaïre », *Politique africaine,* 27, sept.-oct. 1987, p. 106.

63. M.P. COWEN, « The British state, State enterprise and an indigenous bourgeoisie in Kenya after 1945 », *Conference on the African Bourgeoisie,* Dakar, 1980, multigr., p. 32.

64. C. YOUNG, T. TURNER, *The Rise and Decline of the Zaïrian State, op. cit.,* p. 118; M.G. SCHATZBERG, *Politics and Class in Zaïre, op. cit.,* pp. 49-50.

65. Sur les avantages dont bénéficiaient les fonctionnaires ivoiriens avant les mesures d'ajustement structurel, *cf.* République Française, ministère de la Coopération, *Déséquilibres structurels et programmes d'ajustement en Côte d'Ivoire, op. cit.;* P. ANTOINE, A. DUBRESSON, A. MANOU-SAVINA, *Abidjan « côté cours ». Pour comprendre la question de l'habitat,* Paris, Karthala, ORSTOM, 1987, chap. VI et, pour la période des années cinquante, A.R. ZOLBERG, *One-Party Government in the Ivory Coast, op. cit.,* pp. 192 et suiv.

66. Discours de M. HOUPHOUËT-BOIGNY, *Fraternité-Matin* (Abidjan), 29 avr. 1983, p. 17.

67. *Le Manifeste du negro-mauritanien opprimé. Février 1966-avril 1986. De la guerre civile à la lutte de libération nationale,* s.l. [Nouakchott], 1986, multigr., p. 15.

68. Témoignages cités par A. SISSOKO, *Aspects sociologiques de l'intégration nationale en Afrique noire occidentale : espace politico-administratif et intégration à l'État : le cas de la Côte d'Ivoire,* Nice, Faculté des lettres et sciences humaines, 1982, multigr., pp. 536 et 545.

69. Sources : « La justice telle qu'elle est vécue en Alantika-Faro », Archives du diocèse de Garoua, oct. 1984, multigr. Voir également N. BARLEY, *The Innocent Anthropologist. Notes for a Mud Hut,* Harmondsworth, Penguin Books, 1986, p. 96.

70. Sources : « Dossier concernant les souffrances des gens de l'arrondissement de Koza », Archives du diocèse de Maroua-Mokolo, nov. 1984, multigr. Voir également, sur la complicité des chefs avec les « coupeurs de route », *Cameroon Tribune* (Yaoundé), 29-30 mars 1987, p. 9.

71. « Zambie : L'élite du pays impliquée dans un trafic de drogue », *Marchés tropicaux et méditerranéens,* 18 oct. 1985, p. 2591; *ibid.,* 15 nov. 1985, p. 2830; M. WARSAMA, « The plotters », *The Express* (Nairobi), II (2), 1985, pp. 10-14; *Cameroon Tribune* (Yaoundé), 7 avr. 1987, p. 10; *ibid.,* 7 juil. 1987, p. 11; *La Gazette* (Douala), 515, 6 déc. 1984, pp. 3 et 14.

72. D.J. GOULD, *Bureaucratic Corruption and Underdevelopment in the Third World. The Case of Zaïre,* New York, Pergamon Press, 1980, pp. 123-149. Voir également R.M.PRICE, *Society and Bureaucracy in Contemporary Ghana,* Berkeley, University of California Press, 1975; R.A. JOSEPH, *Democracy and Prebendal Politics in Nigeria, op. cit.;* R.TANGRI, *Politics in Sub-Saharan Africa,* Londres, James Currey, Portsmouth, Heinemann, 1985, chap. II; J.D. GREENSTONE, « Corruption and self-interest in Kampala and Nairobi : a comment on local politics in East Africa », *Comparative Studies in Society and History,* VIII (2), janv. 1966, pp. 199-210; M.SZEFTEL, « The political process in post-colonial Zambia : the structural bases of factional conflict » in Centre of African Studies, *The Evolving Structure of Zambia Society,* Edinburgh, University of Edinburgh, 1980, multigr., pp. 76 et suiv.; J.-F. MÉDARD, « One year of corruption in the political life of Kenya », *ECPR Workshop « Political Corruption in Comparative Perspective »,* Freiburg-im-Brisgau, 20-25 mars 1983, multigr.; Republic of Zambia, *Report of the Commission of Inquiry into the Salaries, Salary Structures and Conditions of Service of the Zambia Public and Teaching Services, etc.* vol. I : *The Public Service,* Lusaka, Government Printer, 1975; Republic of Zambia, *Report of the Commission of Inquiry into the Affairs of the Lusaka City Council, nov. 1968,* Lusaka, Office of the President, 1969.

73. « Lettre ouverte au citoyen président-fondateur du Mouvement populaire de la révolution, président de la République, par un groupe de parlementaires », *Politique africaine,* 3, sept. 1981, pp. 122 et 126-128.

74. Chiffres donnés par D.J. GOULD in G. GRAN, ed., *Zaïre : the Political Economy of Underdevelopment,* New York, Praeger, 1979, p. 102 et cités par C. YOUNG, T. TURNER, *The Rise and Decline of the Zaïrian State, op. cit.,* p. 245.

75. N. CASSWELL, « Autopsie de l'ONCAD », art. cit., pp. 58 et 69; R.H. BATES, *Markets and States in Tropical Africa, op. cit.,* pp. 26 et suiv.

76. Voir, outre la recherche en cours de Y.-A. FAURÉ et B. CONTAMIN (Bordeaux, Centre d'étude d'Afrique noire), République Française, ministère de la Coopération, *Déséquilibres structurels et programmes d'ajustement en Côte d'Ivoire, op. cit.*

77. *Marchés tropicaux et méditerranéens,* 22 mai 1987, p. 1272; *Africa Confidential,* 13 mai 1987.

L'ÉTAT EN AFRIQUE

78. S. Othman, « Classes, crises and coup : the demise of Shagari's regime », African Affairs, 83 (333), oct. 1984, pp. 450-451.
79. Spartacus, *Opération Manta, Tchad. 1983-1984. Les documents secrets,* Paris, Plon, 1985, p. 63; *Financial Gazette* (Harare), citée par *Marchés tropicaux et méditerranéens,* 20 mars 1987, p. 717. Voir par exemple D.S. MacRae, « The import licensing system in Kenya », *Journal of Modern African Studies,* 17 (1), 1979, pp. 29-46.
80. Voir par exemple S. Othman, art. cité, pp. 449-450; L. Gouffern, « Les limites d'un modèle? A propos d'*État et bourgeoisie en Côte d'Ivoire* », *Politique Africaine,* 6, mai 1982, pp. 19-34; L. Durand-Reville, « La fin de l'industrie en Afrique? », *Marchés tropicaux et méditerranéens,* 16 oct. 1987, pp. 2729-2730; E. Grégoire, *Les Alhazai de Maradi (Niger). Histoire d'un groupe de riches marchands sahéliens,* Paris, ORSTOM, 1986, pp. 132 et 180; J. MacGaffey, *Entrepreneurs and Parasites, op. cit.,* chap. VI; D. Newbury, « From " frontier " to " boundary " : some historical roots of peasant strategies of survival in Zaïre » *in* Nzongola-Ntajala, ed., *The Crisis in Zaïre. Myths and Realities,* Trenton, Africa World Press, 1986, pp. 87-97.
81. « Gaspillages technologiques », *Politique africaine,* 18, juin 1985, pp. 3-87; J.-C. Willame, *Zaïre, l'épopée d'Inga. Chronique d'une prédation industrielle,* Paris, L'Harmattan, 1986; A. Postel-Vinay, « Réflexions hétérodoxes sur les drames du Tiers monde », *Marchés tropicaux et méditerranéens,* 10 juil. 1987, pp. 1881-1882.
82. G. Williams, T. Turner, « Nigeria » *in* J. Dunn, ed., *West African States. Failure and Promise. A Study in Comparative Politics,* Cambridge, Cambridge University Press, 1978, p. 156 et T. Turner, « Commercial capitalism and the 1975 coup » *in* K. Panter-Brick, ed., *Soldiers and Oil. The Political Transformation of Nigeria, op. cit.,* pp. 166-197.
83. S. Othman, art. cité, p. 452.
84. A. Dahmani, « Un grand scandale en perspective », *Jeune Afrique,* 27 mai 1987; J.-L. Amselle, « Socialisme, capitalisme et précapitalisme au Mali (1960-1982) » *in* H. Bernstein, B.K. Campbell, eds., *Contradictions of Accumulation in Africa, op. cit.,* pp. 257-259 et « Famine, prolétarisation et création de nouveaux liens de dépendance au Sahel. Les réfugiés de Mopti et de Léré au Mali », *Politique africaine,* 1, janv. 1981, pp. 5-22.
85. R. Joseph, *Democracy and Prebendal Politics in Nigeria, op. cit.* Sur la distinction entre prébende et domaine patrimonial, voir également E. Wolf, *Peasants,* New York, Prentice Hall, 1966, pp. 51-56.
86. C. Leys, *Underdevelopment in Kenya. The Political Economy of Neo-Colonialism 1964-1971,* Londres, Heinemann, 1975, pp. 193 et suiv. et 249-250; N. Swainson, *The Development of Corporate Capitalism in Kenya, 1918-1977,* Londres, Heinemann, 1980, p. 191; M. Cowen, K. Kinyanjui, *Some Problems of Capital and Class in Kenya, op. cit.,* pp. 3-32; *Weekly Review* (Nairobi), 6 avr. 1984.
87. D.-C. Martin, *Tanzanie, op. cit.,* pp. 193-202; B. Joinet, *A Letter to my Superiors* (Dar es Salaam), 1985-1986; « Nyerere catches tiddlers but big fish still swim », *New African,* mars 1982, pp. 23-24.
88. *Fraternité* (Abidjan), 4 oct. 1963.

89. C. DE MIRAS, « L'entrepreneur ivoirien ou une bourgeoisie privée de son état » *in* Y.-A. FAURÉ, J.-F. MÉDARD, dir., *État et bourgeoisie en Côte d'Ivoire, op. cit.*, pp. 212-229; République Française, ministère de la Coopération, *Déséquilibres structurels et programmes d'ajustement en Côte d'Ivoire, op. cit.* et *Analyse « ex post » de la promotion des PME et de l'artisanat en Côte d'Ivoire*, Paris, 1986, multigr.

90. Y. LACOSTE, *Contre les anti-tiers mondistes et contre certains tiers mondistes*, Paris, La Découverte, 1985, pp. 107-109.

91. J.-L. PIERMAY, « Le détournement d'espace. Corruption et stratégies de détournement dans les pratiques foncières urbaines en Afrique centrale », *Politique africaine*, 21, mars 1986, pp. 25-28. Voir également C. LEYS, *Underdevelopment in Kenya, op. cit.*, p. 194 et M.A. COHEN, *Urban Policy and Political Conflict in Africa, op. cit.*, pp. 42 et suiv.

92. *Le Manifeste du négro-mauritanien, op. cit.*, pp. 18 et suiv.; J.-L. AMSELLE, « Socialisme, capitalisme et précapitalisme au Mali (1960-1982) » *in* H. BERNSTEIN, B.K. CAMPBELL, eds., *Contradictions of Accumulation in Africa, op. cit.*, p. 253.

93. C. LEYS, *Underdevelopment in Kenya, op. cit.*, chap. III; Y.-A. FAURÉ, J.-F. MÉDARD, « Classe dominante ou classe dirigeante » *in* Y.-A. FAURÉ, J.-F. MÉDARD, dir., *État et bourgeoisie en Côte d'Ivoire, op. cit.*, pp. 145-146 et J.-M. GASTELLU, S. AFFOU YAPI, « Un mythe à décomposer : la bourgeoisie de planteurs », *ibid.*, pp. 177-179.

94. C. YOUNG, T. TURNER, *The Rise and Decline of the Zaïrian State, op. cit.*, p. 337. Pour ces événements, voir *ibid.*, chap. XI et M.G. SCHATZBERG, *Politics and Class in Zaïre, op. cit.*, chap. VII.

95. M.G. SCHATZBERG, *ibid.*

96. D.J. GOULD, « Underdevelopment, administration and disorganisation theory : systematic corruption in the public bureaucracy of Mobutu's Zaïre », *Conference on Political Clientelism, Patronage and Development*, Bellagio, août 1978, multigr. p. 56.

97. M.G. SCHATZBERG, *Politics and Class in Zaïre, op. cit.*, pp. 130 et suiv. Là aussi, les conclusions de J. MACGAFFEY divergent quelque peu (*Entrepreneurs and Parasites, op. cit.*, pp. 96 et suiv.)

98. J. LONSDALE, « States and social processes in Africa : a historiographical survey », *African Studies Review*, XXIV (2-3), juin-sept. 1981, p. 193.

99. M. VON FREYHOLD a fait de cette expression un concept (*The Workers and the Nizers*, Dar es Salaam, University of Dar es Salaam, 1973, multigr.).

CHAPITRE III : L'ILLUSION BOURGEOISE

1. P. GESCHIERE, *Village Communities and the State. Changing Relations among the Maka of Southeastern Cameroon since the Colonial Conquest*, Londres, Kegan Paul International, 1982.

2. S.S. BERRY, *Fathers Work for their Sons. Accumulation, Mobility and Class Formation in an Extended Yoruba Community*, Berkeley, University of California Press, 1985; R.A. JOSEPH, « Affluence and underdevelopment : the nigerian experience », *Journal of Modern Afri-*

can Studies, 16 (2), 1978, pp. 221-239 et *Democracy and Prebendal Politics in Nigeria. The Rise and Fall of the Second Republic*, Cambridge, Cambridge University Press, 1987, pp. 10 et 83-87; D. RIMMER, « Elements of the political economy » et T. TURNER, « Commercial capitalism and the 1975 coup » *in* K. Panter-Brick, ed., *Soldiers and Oil. The Political Transformation of Nigeria*, Londres, Frank Cass, 1978, pp. 141-197; T. FORREST, « State capital in Nigeria », *Conference on the African Bourgeoisie*, Dakar, 1980, multigr.

3. C. YOUNG, T. TURNER, *The Rise and Decline of the Zairian State*, Madison, The University of Wisconsin Press, 1985, pp. 178 et suiv.; T.M. CALLAGHY, *The State-Society Struggle. Zaïre in Comparative Perspective*, New York, Columbia University Press, 1984, p. 179; M.G. SCHATZBERG, *Politics and Class in Zaïre. Bureaucracy, Business and Beer in Lisala*, New York, Africana Publishing Company, 1980, pp. 136 et suiv.; « Political and economic situation in Zaïre. Fall 1981 », *Hearing before the Sub-Committee on Africa of the Committee on Foreign Affairs, House of Representatives, Ninety-Seventh Congress, First Session, September 15, 1981*, Washington, U.S. Government Printing Office, 1982, pp. 33-36.

4. E. BLUMENTHAL, *Zaïre : rapport sur sa crédibilité financière internationale*, cité *in Jeune Afrique*, 3 nov. 1982, p. 32.

5. S. ANDRESKI, *The African Predicament*, Londres, Michael Joseph, 1968, p. 92; J.L., « La reconduction de M. Ahmed Abdallah à la présidence des Comores », *Marchés tropicaux et méditerranéens*, 23 nov. 1984, p. 2856; R. JEFFRIES, « Rawlings and the political economy of underdevelopment in Ghana », *African Affairs*, 81 (324), juil. 1982, pp. 314-315; S. OTHMAN, « Classes, crises and coup : the demise of Shagari's regime », *African Affairs*, 83 (333), oct. 1984, pp. 451-452; D. BIGO, *Forme d'exercice du pouvoir et obéissance en Centrafrique, (1966-1979)*, Paris, Université de Paris-I, 1985, multigr, p. 247; C. TOULABOR, *Le Togo sous Eyadema*, Paris, Karthala, 1986, pp. 250 et suiv.; M. SELHAMI, « Un seul gouvernement : la famille », *Jeune Afrique plus*, 8, juin 1984, pp. 18-21; J.-L. AMSELLE, « Socialisme, capitalisme et précapitalisme au Mali (1960-1982) » *in* H. BERNSTEIN, B.K. CAMPBELL, eds., *Contradictions of Accumulation in Africa. Studies in Economy and State*, Beverly Hills, Sage Publications, 1985, pp. 249-266; C. GILLARD, *Le Règne de Francisco Macias Nguema sur la Guinée équatoriale : un népotisme méconnu*, Bordeaux, Institut d'études politiques, 1980, multigr.; M. LINIGER-GOUMAZ, *Guinée équatoriale, un pays méconnu*, Paris, L'Harmattan, 1979; J. OTO, *Le Drame d'un pays, la Guinée équatoriale*, Yaoundé, Ed. C.L.E., 1979.

6. J. BARRY, *The Sunday Times* (Londres), 17 août 1975, cité par G. DAUCH, D. MARTIN, *L'Héritage de Kenyatta. La Transition politique au Kenya, 1975-1982*, Aix-Marseille, Presses Universitaires d'Aix-Marseille, Paris, L'Harmattan, 1985, pp. 37-38.

7. *Africa Confidential*, 14 avril 1986; entretiens.

8. J.-L. PIERMAY, « Le détournement d'espace », *Politique africaine*, 21, mars 1986, p. 27; P. PÉAN, *Affaires africaines*, Paris, Fayard, 1983, pp. 102 et suiv.; A. ASSAM, *Omar Bongo ou la raison du mal gabonais*, Paris, La Pensée universelle, 1985, chap. IV.

9. Discours de M. HOUPHOUËT-BOIGNY, *Fraternité-Matin* (Abidjan), 29 avr. 1983, p. 17. M. Houphouët-Boigny s'exprime en francs CFA. Voir également le communiqué du bureau politique du PDCI-RDA annonçant, en novembre 1987, l'interdiction en Côte d'Ivoire des publications du groupe Jeune Afrique (« Certes, grâce à Dieu, le président Houphouët-Boigny ne manque pas d'argent. Mais ne vaut-il pas mieux faire envie que pitié? », cité *in Jeune Afrique*, 18 nov. 1987, p. 70) et J. BAULIN, *La Politique intérieure d'Houphouët-Boigny*, Paris, Eurafor-Press, 1982.

10. *Africa Confidential*, 18 fév. 1987, p. 5. Voir également, sur le président Abdou Diouf, G. FOUGER, « Les fossoyeurs du Sénégal », *Taxi ville*, 5, fév.-mars 1988, pp. 14-16.

11. Interview du Dr Idoko Obe, cité par R.A. JOSEPH, *Democracy and Prebendal Politics in Nigeria, op. cit.*, p. 150.

12. Sur ce concept et son application aux sociétés subsahariennes, voir J.L. LINZ, « Totalitarian and authoritarian regimes » *in* F.I. GREENSTEIN, N. POLSBY, eds., *Handbook of Political Science*, Reading, Addison Wesley Co, 1975, t. III, p. 240; J.-C. WILLAME, *Patrimonialism and Political Change in the Congo*, Stanford, Stanford University Press, 1972; J.-F. MÉDARD, « La spécificité des pouvoirs africains », *Pouvoirs*, 25, 1983, pp. 15 et suiv.; R. SANDBROOK, J. Barker, *The Politics of Africa's Economic Stagnation*, Cambridge, Cambridge University Press, 1985 et « Personnalisation du pouvoir et stagnation capitaliste. L'État africain en crise », *Politique africaine*, 26, juin 1987, pp. 23 et suiv.; C. CLAPHAM, ed., *Private Patronage and Public Power : Political Clientelism in the Modern State*, Londres, Frances Pinter Ltd, 1982; T.M. CALLAGHY, *The State-Society Struggle, op. cit.*

13. I. WILKS, *Asante in the Nineteenth Century. The structure and Evolution of a Political Order*, Cambridge, Cambridge University Press, 1975, pp. 195-196, 267 et suiv., 689 et suiv.; E. TERRAY, « L'économie politique du royaume abron du Gyaman », *Cahiers d'études africaines*, 87-88, XXII-3-4, 1982, pp. 261-262; P.E. LOVEJOY, *Salt of the Desert Sun. A History of Salt Production and Trade in the Central Sudan*, Cambridge, Cambridge University Press, 1986, pp. 177 et suiv.

14. I. WILKS, *Asante in the Nineteenth Century, op. cit.*, pp. 720 et suiv.

15. C. DE MIRAS, « L'entrepreneur ivoirien ou une bourgeoisie privée de son état » *in* Y.-A. FAURÉ, J.-F. MÉDARD, dir., *État et bourgeoisie en Côte d'Ivoire*, Paris, Karthala, 1982, pp. 181-229.

16. A. COURNANEL, « Économie politique de la Guinée (1958-1981) » *in* H. BERNSTEIN, B.K. CAMPBELL, eds., *Contradictions of Accumulation in Africa, op. cit.*, pp. 207-247.

17. N. SWAINSON, *The Development of Corporate Capitalism in Kenya, 1918-1977*, Londres, Heinemann, 1980.

18. J. MACGAFFEY, *Entrepreneurs and Parasites. The Struggle for Indigenous Capitalism in Zaïre*, Cambridge, Cambridge University Press, 1987. Les conclusions de J. MacGaffey semblent être confirmées par une thèse que nous n'avons pu consulter (V. MUKOHYA, *African Traders in Butembo, Eastern Zaïre (1960-1980). A Case Study of Informal Entrepreneurship in a Cultural Context of Central Africa*, Madison, University of Wisconsin, 1982).

19. République Française, ministère de la Coopération, *Déséquilibres structurels et programmes d'ajustement en Côte d'Ivoire*, Paris, 1986, multigr. pp. 99 et suiv. et République Française, ministère des Relations extérieures, Coopération et Développement, *Analyse « ex post » de la promotion des PME et de l'artisanat en Côte d'Ivoire*, Paris, 1986, multigr.

20. *Marchés tropicaux et méditerranéens*, 31 oct. 1986, p. 2719.

21. J. GOODY, *Technology, Tradition and the State in Africa*, Cambridge, Cambridge University Press, 1980, pp. 51-52. Voir, par exemple, A. COHEN, *Custom and Politics in Urban Africa. A Study of Hausa Migrants in Yoruba Towns*, Berkeley, University of California Press, 1969; J.-L. AMSELLE, *Les Négociants de la savane*, Paris, Anthropos, 1977; E. GRÉGOIRE, *Les Alhazai de Maradi (Niger). Histoire d'un groupe de riches marchands sahéliens*, Paris, ORSTOM, 1986.

22. J.-P. WARNIER, *Échanges, développement et hiérarchies dans le Bamenda précolonial (Cameroun)*, Stuttgart, Franz Steiner Verlag Wiesbaden, 1985; J. CHAMPAUD, *Villes et campagnes du Cameroun de l'ouest*, Paris, ORSTOM, 1983, pp. 267 et suiv.

23. M.A. ADUAYOM, A. KPONTON, « Place des revendeuses de tissus dans l'économie togolaise », in Laboratoire Connaissance du Tiers-Monde, *Entreprises et entrepreneurs en Afrique (XIXᵉ et XXᵉ siècles)*, Paris, L'Harmattan, 1983, t. II, pp. 385-400; J.-Y. WEIGEL, « Nana et pêcheurs du port de Lomé », *Politique africaine*, 27, sept.-oct. 1987, pp. 37-46; E. AYINI, « Pagnes et politique », *ibid.*, pp. 47-54; M.C. DIOP, « Les affaires mourides à Dakar », *Politique africaine*, 4, nov. 1981, pp. 90-100; D. FASSIN, « Du clandestin à l'officieux. Les réseaux de vente illicite des médicaments au Sénégal », *Cahiers d'études africaines*, 98, XXV-2, 1985, pp. 161-177.

24. K. POLANYI, *La Grande Transformation. Aux origines politiques et économiques de notre temps*, Paris, Gallimard, 1983; K. MARX, F. ENGELS, *L'Idéologie allemande*, Paris, Éditions Sociales, 1974.

25. M. MAMDANI, *Politics and Class Formation in Uganda*, Londres, Heinemann, 1976.

26. J.-L. AMSELLE, « Socialisme, capitalisme et précapitalisme au Mali (1960-1982) » *in* H. BERNSTEIN, B.K. CAMPBELL, eds., *Contradictions of Accumulation in Africa, op. cit.*, pp. 249-252 et 260-265. Voir également J.-L. AMSELLE, E. GRÉGOIRE, « Complicités et conflits entre bourgeoisies d'État et bourgeoisies d'affaires au Mali et au Niger » *in* E. TERRAY, dir., *L'État contemporain en Afrique*, Paris, L'Harmattan, 1987, pp. 23-47; J.-L. AMSELLE, « La politique de la Banque mondiale en Afrique au sud du Sahara », *Politique africaine*, 10, juin 1983, pp. 113-118; C. MEILLASSOUX, « A class analysis of the bureaucratic process in Mali », *Journal of Development Studies*, VI (2), janv. 1970, pp. 97-110.

27. G. DAUCH, D. MARTIN, *L'Héritage de Kenyatta, op. cit.*, pp. 58, 73 et suiv., 137-139 et G. DAUCH, « Kenya : la chute de la maison Njonjo (1983) », *Annuaire des pays de l'océan Indien*, IX, 1982-1983, pp. 349-350. Néanmoins, G. DAUCH écrit ailleurs : « L'affrontement n'est donc pas classe contre classe, ou nationalistes contre " multinationalistes " comme on l'a quelquefois écrit; mais entre deux coalitions de groupes rivaux au sein de la même classe, en alliances où les mêmes intérêts

peuvent se trouver d'un bord *et* de l'autre » (« Kenya : J.M. Kariuki ou l'éthique nationale du capitalisme », *Politique africaine*, 8, déc. 1982, p. 40).

28. J. CHAMPAUD, *Villes et campagnes du Cameroun de l'ouest, op. cit.*, p. 286.

29. « Muyenga et Takala sur le trottoir », *Le Messager* (Douala), 106, 18 mars 1987. Dans une autre chronique, Takala précise : « Je crois, moi qui suis dans les affaires, qu'il est facile aux hauts fonctionnaires de s'enrichir très vite en nous faisant de la concurrence déloyale [...]. Ces messieurs créent partout dans les quartiers, sous les noms de leurs épouses, maîtresses ou d'autres hommes de paille, des sociétés fictives qui nous disputent tous les marchés de fourniture à l'État en mettant dans leur jeu les gestionnaires des crédits. L'argent de l'État passe ainsi du Trésor à leurs comptes bancaires privés, contre factures gonflées ou fausses. Je crois enfin que grâce aux centaines de millions ainsi gagnés en marge de son salaire et des avantages dus à ses fonctions, chaque fonctionnaire haut placé peut aisément entretenir son " réseau " des racines au sommet et jouir d'une assurance d'impunité – tous risques » (*ibid.*, 114, 4 août 1987, p. 2). Voir également P. EBOLLO, « Des larmes pour le malheureux Moussa Yaya? », *La Gazette* (Douala), 23 août 1984, p. 8; « Fraude douanière : rebondissement d'une vieille affaire », *ibid.*, 27 juin 1982; « La fraude douanière : un mal qui répand la terreur », *Cameroon Tribune* (Yaoundé), du 4 au 8 sept. 1983.

30. J.-L. AMSELLE, « Le wahabisme à Bamako (1945-1983) », *Table ronde internationale : les agents religieux islamiques en Afrique tropicale*, Paris, Maison des sciences de l'Homme, 1983, multigr.; J. COPANS, *Les Marabouts de l'arachide*, Paris, Le Sycomore, 1980; M.C. DIOP, « Les affaires mourides à Dakar », art. cité; D.B. CRUISE O'BRIEN, *Saints and Politicians. Essays on the Organisation of a Senegalese Peasant Society*, Cambridge, Cambridge University Press, 1975.

31. M.P. COWEN, K. KINYANJUI, *Some Problems of Capital and Class in Kenya*, Nairobi, Institute for Development Studies, 1977, multigr. pp. 3-30.

32. N. SWAINSON, *The Development of Corporate Capitalism in Kenya, op. cit.*, pp. 200 et suiv.; NATIONAL CHRISTIAN COUNCIL, *Who Controls Industry in Kenya? Report of a Working Party*, Nairobi, East African Publishing House, 1968.

33. J. ILIFFE, *The Emergence of African Capitalism*, Londres, MacMillan, 1983, pp. 30-31 et 65 et suiv.

34. J.D.Y. PEEL, *Ijeshas and Nigerians. The Incorporation of a Yoruba Kingdom. 1890s-1970s*, Cambridge, Cambridge University Press, 1983, p. 164; R.L. SKLAR, *Nigerian Political Parties*, Princeton, Princeton University Press, 1963, pp. 446-460.

35. J. CHAMPAUD, *Villes et campagnes du Cameroun de l'ouest, op. cit.*, p. 271. *Cf.* également J.-P. WARNIER, *Échanges, développement et hiérarchies dans le Bamenda pré-colonial, op. cit.*, pp. 82 et suiv.; J.-L. DONGMO, *Le Dynamisme bamiléké (Cameroun)*, vol. II : *La Maîtrise de l'espace urbain*, Yaoundé, Centre d'édition et de production pour l'enseignement et la recherche, 1981, pp. 173 et suiv.

36. J.-J. BEAUSSOU, « Genèse d'une classe marchande au Niger : continuité ou rupture dans l'organisation sociale? » *in* Laboratoire « Connais-

sance du Tiers-Monde » *Entreprises et entrepreneurs en Afrique, op. cit.*, t. I, pp. 205-220; M.A. ADUAYOM, A. KPONTON, « Place des revendeuses de tissus dans l'économie togolaise », *ibid.*, t. II, pp. 398-400; M.C. DIOP, « Les affaires mourides à Dakar », art. cité, pp. 90-100; E. GRÉGOIRE, *Les Alhazaï de Maradi (Niger), op. cit.*; P. LABAZÉE, *Entreprises et entrepreneurs du Burkina Faso*, Paris, Karthala, 1988.

37. D.B. CRUISE O'BRIEN, *Saints and Politicians, op. cit.*; République Française, ministère des Relations extérieures, Coopération et Développement, *Déséquilibres structurels et programmes d'ajustement au Sénégal*, Paris, 1985, multigr., pp. 76-77; N. CASSWELL, « Autopsie de l'ONCAD : la politique arachidière au Sénégal. 1966-1980 », *Politique africaine*, 14, juin 1984, pp. 66 et suiv.

38. A. MORICE, « Commerce parallèle et troc à Luanda », *Politique africaine*, 17, mars 1985, p. 118.

39. J.-L. AMSELLE, « Socialisme, capitalisme et précapitalisme au Mali (1960-1982) » *in* H. BERNSTEIN, B.K. CAMPBELL, eds., *Contradictions of Accumulation in Africa, op. cit.*, pp. 257-258.

40. J.S. SAUL, « The unsteady state : Uganda, Obote and general Amin », *Review of African Political Economy*, 5, janv.-avr. 1976, p. 17.

41. A. COURNANEL, « Économie politique de la Guinée (1958-1981) » *in* H. BERNSTEIN, B.K. CAMPBELL, eds., *Contradictions of Accumulation in Africa, op. cit.*, p. 230.

42. M.P. COWEN, « The British state, state enterprise and an indigenous bourgeoisie in Kenya after 1945 », *Conference on the African Bourgeoisie*, Dakar, 1980, multigr. p. 34.

43. M.C. NEWBURY, « Dead and buried or just underground? The privatization of the state in Zaïre », *Canadian Journal of African Studies*, XVIII (1), 1984, pp. 112-114.

44. T. FORREST, « State capital in Nigeria », art. cité, pp. 29-33; T. TURNER, « Commercial capitalism and the 1975 coup » *in* K. PANTER-BRICK, ed. *Soldiers and Oil, op. cit.*

45. C. DE MIRAS, « L'entrepreneur ivoirien ou une bourgeoisie privée de son état » *in* Y.-A. FAURÉ, J.-F. MÉDARD, dir., *État et bourgeoisie en Côte d'Ivoire, op. cit.*, p. 222.

46. J.-J. BEAUSSOU, « Genèse d'une classe marchande au Niger » *in* Laboratoire Connaissance du Tiers-Monde, *Entreprises et entrepreneurs en Afrique, op. cit.*; E. GRÉGOIRE, *Les Alhazaï de Maradi, op. cit.*

47. G. KITCHING, *Class and Economic Change in Kenya. The Making of an African Petite-Bourgeoisie*, New-Haven, Yale University Press, 1980, pp. 451-452.

48. Voir la recherche en cours de Y.-A. FAURÉ et B. CONTAMIN (Bordeaux, Centre d'études d'Afrique noire).

49. T. FORREST, « State capital in Nigeria », art. cité, pp. 8 et suiv. et 30; République Française, Ministère de la Coopération, *Déséquilibres structurels et programmes d'ajustement en Côte d'Ivoire, op. cit.*, pp. 22, 45, 131 et suiv. Voir également République Française, Ministère des Relations extérieures, Coopération et Développement, *Déséquilibres structurels et programmes d'ajustement au Sénégal, op. cit.*; G. ROCHETEAU, J. ROCH, *Pouvoir financier et indépendance économique en Afrique. Le cas du Sénégal*, Paris, ORSTOM, Karthala, 1982;

J.-C. WILLAME, « Cameroun : les avatars d'un libéralisme planifié », *Politique africaine*, 18, juin 1985, pp. 44-70. Signalons enfin quelques exceptions, celle, par exemple de la république Centrafricaine, où la consommation publique est passée de 20 % du PIB au début des années soixante à près de 11 % en 1984 (république Française, ministère des Relations extérieures, Coopération et Développement, *Déséquilibres structurels et programmes d'ajustement en République centrafricaine*, Paris, 1985, multigr., p. 10).

50. N. KASFIR, « State, *magendo* and class formation in Uganda », *Journal of Commonwealth and Comparative Politics*, XXI (3), nov. 1983, pp. 84-103; A. MORICE, « Commerce parallèle et troc à Luanda », art. cité; N. CHAZAN, *An Anatomy of Ghanaian Politics, Managing Political Recession, 1969-1982*, Boulder, Westview Press, 1983, p. 196; D. FASSIN, « Du clandestin à l'officieux », art. cité et « La vente illicite des médicaments au Sénégal. Économies " parallèles ", État et société », *Politique africaine*, 23, sept. 1986, pp. 123-130; J. MACGAFFEY, « How to survive and become rich admist devastation : the second economy in Zaïre », *African Affairs*, 82 (328), juil. 1983, pp. 351-366; J.-L. AMSELLE, E. LE BRIS, « De la " petite production marchande " à l'économie mercantile » *in* I. DEBLÉ, P. HUGON et al., *Vivre et survivre dans les villes africaines*, Paris, PUF, 1982, p. 173.

51. Dans l'important compte rendu par lequel il avait tenté de faire découvrir au public français le « débat kenyan », J. COPANS avait traduit la notion de « *straddling class* », chez M.P. COWEN, par « bourgeoisie mixte » (J. Copans, « Le débat sur l'expérience kenyane », *Le Monde diplomatique*, nov. 1981, pp. 19-20).

52. C. YOUNG, T. TURNER, *The Rise and Decline of the Zairian State, op. cit.*, pp. 110 et suiv.; M.G. SCHATZBERG, *Politics and Class in Zaïre, op. cit.* M.C. NEWBURY (« Dead and buried or just underground? », art. cité, p. 113) remarque néanmoins que le clivage entre la « classe commerciale » et la « classe bureaucratique », largement effacé au sommet, est sensible au sein des conseils régionaux élus en juin 1982.

53. R.A. JOSEPH, « Theories of the african bourgeoisie : an exploration », *Conference on the African Bourgeoisie*, Dakar, 1980, multigr., pp. 17 et suiv.; M.G. SCHATZBERG, *Politics and Class in Zaïre, op. cit.*

54. B. FREUND, *The Making of Contemporary Africa. The Development of African Society since 1800*, Bloomington, Indiana University Press, 1984, pp. 90-91 et p. 140; S.B. KAPLOW, « The mudfish and the crocodile : underdevelopment of a west african bourgeoisie », *Science and Society*, XII (3), automne 1977, pp. 317-333.

55. R.W. SHENTON, *The Development of Capitalism in Northern Nigeria*, Londres, James Currey, 1986, pp. 125-126. Voir également, pour un exemple similaire au Niger, E. GRÉGOIRE, *Les Alhazaï de Maradi, op. cit.*, pp. 68 et suiv. et 81 et suiv.

56. N. SWAINSON, *The Development of Corporate Capitalism in Kenya, op. cit.*, pp. 180 et suiv.

57. S. CRONJE, *Lonrho*, Harmondsworth, Penguin Books, 1976.

58. N. SWAINSON, *The Development of Corporate Capitalism in Kenya, op. cit.*, chap. VII. Sur la collaboration économique entre chefs d'État et opérateurs étrangers, voir, par exemple, *Africa Confidential*,

24 juin 1987 (au sujet du Kenya); *ibid.*, 17 sept. 1986, 7 janv. 1987 et 24 juin 1987 (au sujet de la Sierra Leone); C. YOUNG, T. TURNER, *The Rise and Decline of the Zaïrian State, op. cit.*, pp. 302-303; et J.-C. WILLAME, *Zaïre. L'Épopée d'Inga. Chronique d'une prédation industrielle*, Paris, L'Harmattan, 1986.

59. G. KITCHING, « Politics, method and evidence in the " Kenya debate " » *in* H. BERNSTEIN, B.K. CAMPBELL, eds., *Contradictions of Accumulation in Africa, op. cit.*, p. 131.

60. Voir en particulier « L'Afrique sans frontière », *Politique africaine*, 9, mars 1983, pp. 3-83.

61. Sources : République Française, ministère des Relations extérieures, Coopération et Développement. *Déséquilibres structurels et programmes d'ajustement en République centrafricaine*, Paris, 1985, multigr. p. 20; *Marchés tropicaux et méditerranéens*, 24 mai 1985, p. 1297. Voir également *ibid.*, 10 avr. 1987, pp. 849-850; O.J. IGUE, *Le Commerce de contrebande et les problèmes monétaires en Afrique occidentale*, Cotonou, CEFAP, Université nationale du Bénin, 1977, multigr. et Association des Banques centrales africaines, Centre africain d'études monétaires, *Le Commerce frontalier en Afrique*, s.l. (Dakar), 1984, multigr.

62. *Fraternité-Matin* (Abidjan), 29 avr. 1983, p. 16.

63. République Française, *Déséquilibres structurels et programmes d'ajustement en Côte d'Ivoire, op. cit.*, pp. 11-13.

64. Sources : FMI, *Statistiques financières internationales*, 1981-1987.

65. A. POSTEL-VINAY, « Réflexions hétérodoxes sur les drames du Tiers monde. L'aggravation de ces drames est-elle fatale? », *Marchés tropicaux et méditerranéens*, 10 juil. 1987, p. 1882.

66. S. LANGDON, « The state and capitalism in Kenya », *Review of African Political Economy*, 8, 1977, pp. 90-98; S. AMIN, *Le Développement du capitalisme en Côte d'Ivoire*, Paris, Éd. de Minuit, 1967.

67. « Les relations cardinales. Polarisation internationale et changement politique dans les sociétés du Tiers monde », *Revue française de science politique*, 36 (6), déc. 1986, pp. 733-861.

68. Voir notamment G. SALEM, « De la brousse sénégalaise au Boul'Mich : le système commercial mouride en France », *Cahiers d'études africaines*, 81-83, XXI (1-3), 1981, pp. 267-288.

69. G. KITCHING, *Class and Economic Change in Kenya, op. cit.*, pp. 444 et suiv.; S. BERRY, *Fathers Work for their Sons, op. cit.*, pp. 193-194.

70. République Française, *Déséquilibres structurels et programmes d'ajustement au Sénégal, op. cit.* et *Déséquilibres structurels et programmes d'ajustement en Côte d'Ivoire, op. cit.*

71. L. GOUFFERN, « Les limites d'un modèle? A propos d'*État et bourgeoisie en Côte d'Ivoire* », *Politique africaine*, 6, mai 1982, pp. 19-34; « Gaspillages technologiques », *ibid.*, 18, juin 1985, pp. 3-92; J.-C. WILLAME, *Zaïre : l'épopée d'Inga, op. cit.*

72. M. WEBER, *L'Éthique protestante et l'esprit du capitalisme*, Paris, Plon, 1985, p. 71 et R. COLLINS, « Weber's last theory of capitalism : a systematisation », *American Sociological Review*, 45 (6), déc. 1980, pp. 931-932. Voir sur ce point les « lectures » nuancées de J. ILIFFE, *The Emergence of African Capitalism, op. cit.* (notamment le chap. III), et les

remarques de D.B. CRUISE O'BRIEN, *Saints and Politicians, op. cit.* pp. 79-81 et de T.M. CALLAGHY, « The state and the development of capitalism in Africa : theoretical, historical and comparative reflections » *in* D. ROTHCHILD, N. CHAZAN, eds *The Precarious Balance. State and Society in Africa*, Boulder, Westview Press, 1988, pp. 67-99. Depuis la rédaction de ce chapitre, P. Kennedy a publié une excellente synthèse sur la question, dont nous n'avons malheureusement pu tenir compte (*African Capitalism. The Struggle for Ascendency*, Cambridge, Cambridge University Press, 1988).

CHAPITRE IV : L'OPPORTUNITÉ ÉTATIQUE

1. P. ANDERSON, *L'État absolutiste*, t. II : *L'Europe de l'Est*, Paris, Maspero, 1978, p. 247. Voir également L.A. FALLERS, *Inequality. Social Stratification Reconsidered*, Chicago, The University of Chicago Press, 1973.
2. Nous reprenons ici la critique de F. Cooper, « Africa and the world economy », *African Studies Review*, 24 (2-3), juin-sept. 1981, pp. 14-15. Voir également E.P. THOMPSON, *The Poverty of Theory and Other Essays*, Londres, Monthly Review Press, 1978.
3. Sur la non-pertinence des concepts de féodalité et d'aristocratie au sujet des sociétés africaines, *cf.* – outre P. ANDERSON, *op. cit.*, pp. 227 et suiv. – G. BALANDIER, *Anthropologie politique*, Paris, PUF, 1969 (2ᵉ éd.), pp. 113-116 et J. GOODY, *Technology, Tradition and the State in Africa*, Cambridge, Cambridge University Press, 1971, pp. 13-14 et 76, ainsi que I. WILKS, « The state of the Akan and the Akan state : a discursion », *Cahiers d'études africaines*, 87-88, XXII (3-4), 1982, pp. 231-249 et J.D.Y. PEEL, *Ijeshas and Nigerians. The Incorporation of a Yoruba Kingdom. 1890s-1970s*, Cambridge, Cambridge University Press, 1983, pp. 45-46 pour des études de cas suggestives.
C'est bien volontiers que nous nous rangeons aux arguments de certains de nos lecteurs en ce qui concerne notre usage extensif des concepts d'aînés et de cadets sociaux dans *L'État au Cameroun* : voir notamment J.-C. BARBIER, « Alliance ou conflit entre le haut et le bas? », *Politique africaine*, 1, janv. 1981, pp. 130-137 et la réponse de R.A. JOSEPH in *Cahiers d'études africaines*, 71, XVIII (3), 1978, pp. 455-457, ainsi que P. GESCHIERE, *Village Communities and the State. Changing Relations among the Maka of Southern Cameroon since the Colonial Conquest*, Londres, KPI, 1982, pp. 10 et suiv.
4. F. BRAUDEL, *L'Identité de la France. Espace et histoire*, Paris Arthaud, Flammarion, 1986, pp. 61-62.
5. A.B. DIOP, *La Société wolof. Tradition et changement*, t. I : *Les Systèmes d'inégalité et de domination*, Paris, Karthala, 1981, p. 36. Voir également, pour le cas, à cet égard convergent, du Futa Tooro, J. SCHMITZ, « L'État géomètre : les leydi des Peul du Fuuta Tooro (Sénégal) et du Maasina (Mali) », *Cahiers d'études africaines*, 103, XXVI (3), 1986, pp. 349-394.
6. J.-P. OLIVIER DE SARDAN, *Les Sociétés songhay-zarma (Niger-Mali). Chefs, guerriers, esclaves, paysans...*, Paris, Karthala, 1984, pp. 58-60 et 128.

7. *Ibid.*, pp. 34-35 et 201 et suiv.

8. Propos d'un noble, cité par E. POLLET, G. WINTER, *Les Sociétés soninké*, Bruxelles, Éd. de l'Université de Bruxelles, 1972, p. 259.

9. R. SANTERRE, « Maîtres coraniques de Maroua » *in* R. SANTERRE, C. MERCIER-TREMBLAY, dir., *La Quête du savoir. Essais pour une anthropologie de l'éducation*, Montréal, Presses de l'Université de Montréal, 1982, pp. 364-365.

10. A.B. DIOP, *La Société wolof, op. cit.*, pp. 98 et suiv.; J.-M. GASTELLU, *L'Égalitarisme économique des Serer du Sénégal*, Paris, ORSTOM, 1981, pp. 668 et suiv., 681 et suiv., 750 et suiv.

11. Voir, par exemple, J. WEBER, « Types de surproduit et formes d'accumulation. La province cacaoyère du centre-sud Cameroun » *in Essais sur la reproduction de formations sociales dominées (Cameroun, Côte d'Ivoire, Haute-Volta, Sénégal, Madagascar, Polynésie)*, Paris, ORSTOM, 1977, pp. 76-77; J.M. GASTELLU, S. AFFOU YAPI, « Un mythe à décomposer : la "bourgeoisie de planteurs" » *in* Y.A. FAURÉ, J.-F. MÉDARD, dir., *État et bourgeoisie en Côte d'Ivoire*, Paris, Karthala, 1982, pp. 156-157. De plus, il convient de garder à l'esprit la fluidité des systèmes historiques d'inégalité : « Malgré l'apparente rigidité d'une société que certains auteurs ont qualifiée de " société de castes ", on s'aperçoit qu'il n'y a pas d'endogamie stricte de chaque groupe statutaire envisagée du point de vue de la longue durée : au contraire, chaque lignage noble ou ingénu se situe sur un vecteur de changement de condition – et donc, à terme, d'identité », écrit, par exemple, J. SCHMITZ à propos du Fouta Toro (« L'État géomètre », art. cité, p. 354).

12. Voir, par exemple, C. MEILLASSOUX, *Femmes, greniers et capitaux*, Paris, Maspero, 1975; J.-P. DOZON, *La Société bété, Côte d'Ivoire*, Paris, ORSTOM, Karthala, 1985, pp. 318-319; J.-P. OLIVIER DE SARDAN, *Les Sociétés songhaï-zarma, op. cit.*, pp. 247 et suiv.; M. SAMUEL, *Le Prolétariat africain noir en France*, Paris, Maspero, 1978; F.G. SNYDER, *Capitalism and Legal Change. An African Transformation*, New York, Academic Press, 1981; G. KITCHING, *Class and Economic Change in Kenya. The Making of an African Petite-Bourgeoisie, 1905-1970*, New Haven, Yale University Press, 1980, pp. 210-211; P. DEVAUGES, *L'Oncle, le ndoki et l'entrepreneur. La petite entreprise congolaise à Brazzaville*, Paris, ORSTOM, 1977; P.M. LUBECK, *Islam and Urban Labor in Northern Nigeria : the Making of a Muslim Working Class*, Cambridge, Cambridge University Press, 1986.

13. R.W. SHENTON, *The Development of Capitalism in Northern Nigeria*, Londres, James Currey, 1986, p. 120.

14. G. et M. WILSON, *The Analysis of Social Change Based on Observations in Central Africa*, Cambridge, Cambridge University Press, 1954. Voir par exemple J.D.Y. PEEL, *Ijeshas and Nigerians, op. cit.*

15. G. KITCHING, *Class and Economic Change in Kenya, op. cit.*, pp. 282 et suiv.

16. Propos cités respectivement *in* S. BERRY, *Fathers Work for their Sons. Accumulation, Mobility and Class Formation in an Extended Yoruba Community*, Berkeley, University of California Press, 1985, p. 193; A. BONNASSIEUX, *De Dendraka à Vridi-Canal. Chronique de la précarité à Abidjan*, Paris, EHESS, 1982, multigr., p. 158; J.-P. OLIVIER DE SARDAN, *Les Sociétés songhaï-zarma, op. cit.*, p. 109.

17. F. Cooper, *From Slaves to Squatters. Plantation Labour and Agriculture in Zanzibar and Coastal Kenya. 1890-1925*, New Haven, Yale University Press, 1980; R.W. Shenton, *The Development of Capitalism in Northern Nigeria, op. cit.*; L.A. Fallers, ed., *The King's Men: Leadership and Status in Buganda on the Eve of Independence*, Londres, Oxford University Press, 1964.

18. Cf., par exemple, G. Balandier, *Sociologie actuelle de l'Afrique noire. Dynamique sociale en Afrique centrale*, Paris, PUF, 1971 (3e éd.); G. Dupré, *Les Naissances d'une société. Espace et historicité chez les Beembé du Congo*, Paris, ORSTOM, 1985 et *Un ordre et sa destruction*, Paris, ORSTOM, 1982; J.-P. Olivier de Sardan, *Les Sociétés songhaï-zarma, op. cit.*, IIe partie; J.D.Y. Peel, *Ijeshas and Nigerians, op. cit.*; P. Geschiere, *Village Communities and the State, op. cit.*; M. Staniland, *The lions of Dagbon: Political Change in Northern Ghana*, Cambridge, Cambridge University Press, 1975; J. Dunn, A.F. Robertson, *Dependence and Opportunity: Political Change in Ahafo*, Cambridge, Cambridge University Press, 1973. Voir également, sur les effets de l'expansion arabe en Afrique centrale au XIXe siècle, B. Abemba, *Pouvoir et conflit dans la collectivité du Maniema. Essai de description et d'interprétation des phénomènes politiques conflictuels locaux à partir de trois cas concrets*, Bruxelles, Université libre, 1974, multigr.; J. Vansina, *Les Anciens Royaumes de la savane*, Léopoldville, IRES, 1965, chapitre IX.

19. J.-F. Bayart, *L'État au Cameroun*, Paris, Presses de la Fondation nationale des sciences politiques, 1979. Pour un commentaire, voir P. Geschiere, « Hegemonic regimes and popular protest – Bayart, Gramsci and the State in Cameroon », *Les Cahiers du CEDAF*, juil. 1986, pp. 309-347.

20. Voir, pour une remarquable méthodologie de la crise, G. Bois, *Crise du féodalisme*, Paris, Presses de la Fondation nationale des sciences politiques, EHESS, 1976.

21. R. Lemarchand, *Rwanda and Burundi*, Londres, Pall Mall Press, 1970, pp. 472 et suiv.; J.D.Y. Peel, *Ijeshas and Nigerians, op. cit.*, pp. 45-46. Voir également la remarque de J. Schmitz à propos du Fouta Toro que nous citons en note 11.

22. A. Gramsci, *Passato e presente*, Turin, Einaudi, 1966, p. 38.

23. I. Wilks, *Asante in the Nineteenth Century. The Structure and Evolution of a Political Order*, Cambridge, Cambridge University Press, 1975, pp. 699-720.

24. J. Lonsdale, « States and social processes in Africa: a historiographical survey », *African Studies Review*, XXIV (2-3), juin-sept. 1981, p. 180.

25. F. Braudel, *Écrits sur l'histoire*, Paris, Flammarion, 1969, p. 313.

26. J.-F. Bayart, *L'État au Cameroun, op. cit.*, p. 19. Cf. également P. Geschiere, « Hegemonic regimes and popular protest », art. cit.

27. L. Cambrezy, P. Couty, A. Lericollais, J.-Y. Marchal, C. Raynaut, « La région, territoire de recherche » *in* C. Blanc-Pamard et al., *Le développement rural en questions*, Paris, ORSTOM, 1984, pp. 132 et suiv.; J.-P. Olivier de Sardan, *Les Sociétés songhaï-zarma, op. cit.*, pp. 232 et suiv.

28. F. Cooper, « Africa and the world economy », art. cité, p. 18.

29. Pour l'une des rares réflexions sur le rôle de l'armement dans la structuration politique et sociale postcoloniale, voir R. Luckham, « Armaments, underdevelopment and demilitarization in Africa », *Alternatives* VI, 1980, pp. 179-245.

30. P. Laburthe-Tolra, *Les Seigneurs de la forêt. Essai sur le passé historique, l'organisation sociale et les normes éthiques des anciens Beti du Cameroun*, Paris, Publications de la Sorbonne, 1981, pp. 369 et suiv.

31. R.A. Joseph, *Radical Nationalism in Cameroun. Social Origins of the UPC Rebellion*, Oxford, Oxford University Press, 1977.

32. P. Laburthe-Tolra, *Minlaaba. Histoire et société traditionnelle chez les Bëti du Sud-Cameroun*, Paris, Université René-Descartes, 1974, multigr.; C. von Morgen, *A travers le Cameroun du sud au nord*, Paris, Serge Fleury, Publications de la Sorbonne, 1982; P. Laburthe-Tolra, *Yaoundé d'après Zenker (1895)*, Yaoundé, Université fédérale du Cameroun, 1970; F. Quinn, « Charles Atangana of Yaoundé », *Journal of African History*, 21, 1980, pp. 485-495.

33. A. Wirz, « La rivière du Cameroun : commerce précolonial et contrôle du pouvoir en société lignagère », *Revue française d'histoire d'outre-mer*, 60 (219), 1973; R. Gouellain, *Douala. ville et histoire*, Paris, Institut d'ethnologie, 1975.

34. J.D.Y. Peel, *Ijeshas and Nigerians, op. cit.*, chap. V; V. Azarya, *Aristocrats Facing Change. The Fulbe in Guinea, Nigeria and Cameroun*, Chicago, University of Chicago Press, 1978.

35. F. Braudel, *L'Identité de la France. Espace et histoire, op. cit.*, p. 156.

36. G. Balandier, *Anthropo-logiques*, Paris, PUF, 1974, pp. 46-47.

37. Parti socialiste, Circulaire nᵒ 013/86/PS/SG, du 13 mai 1986, signée de M. Abdou Diouf.

38. G. Balandier, *Anthropo-logiques, op. cit.*, chap. II; M. Abeles, C. Collard, dir., *Age, pouvoir et société en Afrique noire*, Paris, Karthala, Presses de l'Université de Montréal, 1985; J.-P. Dozon, *La Société bété, op. cit.*, pp. 223 et suiv.; P. Geschiere, *Village Communities and the State, op. cit.*, Iʳᵉ partie; D. Desjeux, *Stratégies paysannes en Afrique noire. Le Congo (Essai sur la gestion de l'incertitude)*, Paris, L'Harmattan, 1987, pp. 54 et suiv.; J.-P. Olivier de Sardan, *La Société songhaï-zarma, op. cit.*, pp. 113 et suiv.

39. Voir, par exemple, J.-C. Barbier, dir., *Femmes du Cameroun. Mères pacifiques, femmes rebelles*, Paris, Karthala, 1985 ou M. Abeles, C. Collard, dir., *Age, pouvoir et société, op. cit.*

40. Voir, par exemple, J.-F. Vincent, *Traditions et transition. Entretiens avec des femmes beti du Sud Cameroun*, Paris, ORSTOM, Berger-Levrault, 1976; D. Paulme, dir., *Femmes d'Afrique noire*, Paris, La Haye, Mouton, 1960.

41. G. Balandier, *Sociologie actuelle de l'Afrique noire, op. cit.*, p. 155; J.-P. Dozon, *La Société bété, op. cit.*, p. 171.

42. J.-P. Dozon, *La Société bété, op. cit.*, pp. 228-229; D. Desjeux, *Stratégies paysannes en Afrique noire, op. cit.*, chap. VI; P. Geschiere, *Village Communities and the State, op. cit., passim*.

43. J.-F. Bayart, « L'énonciation du politique », *Revue française de science politique*, 35 (3), juin 1985, pp. 346-347.

44. « Des femmes sur l'Afrique des femmes », *Cahiers d'études africaines*, 65, XVII (1), 1977, pp. 5-199 et « Gens et paroles d'Afrique », *ibid.*, 73-76, XIX (1-4), 1979, pp. 219-327; C. ROBERTSON, I. BERGER, eds., *Women and Class in Africa*, New York, Africana Publishing Company, 1986; F. LE GUENNEC-COPPENS, *Femmes voilées de Lamu (Kenya). Variations culturelles et dynamiques sociales*, Paris, Éditions Recherche sur les civilisations, 1983; J.Y. WEIGEL, « *Nana* et pêcheurs du port de Lomé : une exploitation de l'homme par la femme? », *Politique africaine*, 27, sept.-oct. 1987, pp. 37-46; J. MACGAFFEY, *Entrepreneurs and Parasites. The Struggle for Indigenous Capitalism in Zaïre*, Cambridge, Cambridge University Press, 1987, chap. VII; S.B. STICHTER, J.L. PARPART, eds., *Patriarchy and Class, African Women in the Home and the Workforce*, Boulder, Westview Press, 1988; M. MONSTED, *Women's Groups in Rural Kenya and their Role in Development*, Copenhague, Centre for Development Research, 1978; G. DUPRÉ, *Les Naissances d'une société, op. cit.*, chap. XV; P. L'HOIRY, *Le Malawi*, Paris, Karthala, Nairobi, CRÉDU, 1988, p. 143; D. BIGO, *Forme d'exercice du pouvoir et obéissance en Centrafrique (1966-1979). Éléments pour une théorie du pouvoir personnel*, Paris, Université de Paris-I, 1985, multigr., pp. 231 et suiv. et 330-332.

45. B. VERHAEGEN, *Rébellions au Congo*, t. I, Kinshasa, CRISP, INEP, IRES, 1966, p. 109 et t. II : *Maniema*, Bruxelles, CRISP, Kinshasa, IRES, 1969, pp. 334-335 et 489 et suiv.

46. W. SOYINKA, *Aké, les années d'enfance*, Paris, Belfond, 1984.

47. Propos d'un ancien recueillis à Abidjan par A. BONNASSIEUX, *De Dendraka à Vridi-Canal, op. cit.*, p. 215.

48. G. BALANDIER, *Sociologie actuelle de l'Afrique noire, op. cit.*, pp. 388-389; J.-D. GANDOULOU, *Entre Paris et Bacongo*, Paris, Centre Georges-Pompidou, Centre de création industrielle, 1984 et *Jeunes de Bacongo. Dynamique du phénomène sapeur congolais*, Paris, Université René-Descartes, 1988, multigr.; S. BEMBA, *50 ans de musique du Congo-Zaïre*, Paris, Présence africaine, 1984.

49. Voir, par exemple, J.D.Y. PEEL, *Ijeshas and Nigerians, op. cit.*, chap. VI.

50. A.A. NWAFOR ORIZU, *Without Bitterness, Western Nations in Post-War Africa*, New York, Creative Age Press, 1944, pp. 293 et 297 (cité par R.L. SKLAR, *Nigerian Political Parties*, Princeton University Press, 1963, p. 73).

51. Chiffres cités *in* J.M. LOUCOU, *La vie politique en Côte d'Ivoire de 1932 à 1952*, s.l. [Aix], Université de Provence, 1976, multigr., p. 398.

52. F. BEBEY, *Le Roi Albert d'Effidi*, Yaoundé, Éd. C.L.É., 1976.

53. J.D.Y. PEEL, *Ijeshas and Nigerians, op. cit.*, p. 211.

54. B. VERHAEGEN, *Rébellions au Congo*, t. I, *op. cit.*, pp. 109-110; R.C. FOX, W. DE CRAEMER, J.M. Ribeaucourt, « " The second independence " : a case study of the Kwilu rebellion in the Congo », *Comparative Studies in Society and History*, VIII (1), oct. 1965, p. 101.

55. P. BONNAFÉ, « Une classe d'âge politique. La JMNR de la République du Congo-Brazzaville », *Cahiers d'études africaines* 31, VIII (3), 1968, p. 357.

56. J.-F. BAYART, *L'État au Cameroun, op. cit.*, p. 19.

DEUXIÈME PARTIE

Les scénarios de la recherche hégémonique

CHAPITRE V : MODERNISATION CONSERVATRICE OU RÉVOLUTION SOCIALE?

1. J.-F. Bayart, *L'État au Cameroun,* Paris, Presses de la Fondation nationale des sciences politiques, 1979; P. Geschiere, « Hegemonic regimes and popular protest – Bayart, Gramsci and the state in Cameroon », *Les Cahiers du CEDAF,* juil. 1986, pp. 322 et suiv.

2. C. Coulon, « Pouvoir oligarchique et mutations sociales et politiques au Fouta-Toro » *in* J.-L. Balans, C. Coulon, J.-M. Gastellu, *Autonomie locale et intégration nationale au Sénégal,* Paris, Pedone, 1975, pp. 23-80; C. Coulon, *Le Marabout et le Prince. Islam et pouvoir au Sénégal,* Paris, Pedone, 1981; D.B. Cruise O'Brien, *Saints and Politicians,* Cambridge, Cambridge University Press, 1975, p. 64.

3. J.-F. Bayart, *L'État au Cameroun, op. cit.,* pp. 23 et suiv.

4. C.H. Kane, *L'Aventure ambiguë,* Paris, Julliard, 1961, p. 53.

5. R. Lemarchand, « Introduction : in search of the political kingdom » *in* R. Lemarchand, ed., *African Kingships in Perspective. Political Change and Modernization in Monarchical Settings,* Londres, Frank Cass, 1977, pp. 6-7.

6. C.P. Potholm, « The Ngwenyama of Swaziland : the dynamics of political adaptation » *in* R. Lemarchand, ed., *African Kingships in Perspective, op. cit.,* pp. 129-159.

7. R. Lemarchand, *Rwanda and Burundi,* Londres, Pall Mall Press, 1970 et « Burundi » *in* R. Lemarchand, ed., *African Kingships in Perspective, op. cit.,* pp. 93-126; J.-P. Chrétien, « Hutu et Tutsi au Rwanda et au Burundi » *in* J.-L. Amselle, E. M'Bokolo, dir., *Au cœur de l'ethnie. Ethnies, tribalisme et État en Afrique,* Paris, La Découverte, 1985, pp. 129-165; F. Gaulme, « Succès et difficultés des pays des Grands Lacs : le Burundi », *Marchés tropicaux et méditerranéens,* 24 juil. 1987, p. 2007 et « Un coup d'État chasse l'autre », *ibid.,* 11 sept. 1987, p. 2359, ainsi que la polémique entre R. Botte, d'une part, J.-P. Chrétien et G. Le Jeune, de l'autre, *in Politique africaine,* 12, déc. 1983, pp. 99-108.

8. R. Lemarchand, *Rwanda and Burundi, op. cit.,* et « Rwanda » *in* R. Lemarchand, ed., *African Kingships in Perspective, op. cit.,* pp. 67-92.

9. C. Young, « Buganda » *in* R. Lemarchand, ed., *African Kingships in Perspective, op. cit.,* pp. 193-235; L.A. Fallers, ed., *The King's Men : Leadership and Status in Buganda on the Eve of Independence,* Londres, Oxford University Press, 1964.

10. G.L. Caplan, « Barotseland : the secessionist challenge to Zambia », *The Journal of Modern African Studies,* 6 (3), 1968, pp. 343-360; W. Tordoff, ed., *Politics in Zambia,* Manchester, Manchester Univer-

sity Press, 1974; B. FREUND, *The Making of Contemporary Africa. The Development of African Society since 1800,* Bloomington, Indiana University Press, 1984, p. 240.

11. V. AZARYA, *Aristocrats Facing Change. The Fulbe in Guinea, Nigeria and Cameroon,* Chicago, University of Chicago Press, 1978; J. SURET-CANALE, « La fin de la chefferie en Guinée », *Journal of African History,* VII (3), pp. 459-493.

12. M. KILSON, *Political Change in a West African State. A Study of the Modernization Process in Sierra Leone,* Cambridge, Harvard University Press, 1966, chap. IX et XI; R. TANGRI, *Politics in Sub-Saharan Africa,* Londres, James Currey, Portsmouth, Heinemann, 1985, pp. 39 et suiv.; F.M. HAYWARD, « The state in Sierra Leone : consolidation, fragmentation and decay », *Conference on West African States Since 1976,* Londres, Centre for African Studies, School of Oriental and African Studies, 1987, multigr.

13. J. LONSDALE, « States and social processes in Africa : A historiographical survey », *African Studies review,* XXIV (2-3), juin-sept. 1981, p. 203; J. ILIFFE, *The Emergence of African Capitalism,* Londres, MacMillan, 1983; P. LUBECK, *Islam and Urban Labor in Northern Nigeria : the Making of a Muslim Working Class,* Cambridge, Cambridge University Press, 1986; M. WATTS, *Silent Violence. Food, Famine and Peasantry in Northern Nigeria,* Berkeley University of California Press, 1983.

14. R.L. Sklar, *Nigerian Political Parties,* Princeton, Princeton University Press, 1963, pp. 88 et suiv., 321 et suiv., 365 et suiv., 442 et suiv.; C.S. WHITAKER Jr., *The Politics of Tradition. Continuity and Change in Northern Nigeria. 1946-1966,* Princeton, Princeton University Press, 1970.

15. J.N. PADEN, *Ahmadu Bello, Sardauna of Sokoto. Values and Leadership in Nigeria,* Londres, Hodder and Stoughton, 1986.

16. Cité par C.S. WHITAKER Jr, *The Politics of Tradition, op. cit.,* pp. 353-354.

17. NEPU, *Sawaba Declaration of Principles,* Jos, Baseco Press, 1950, citée par C.S. WHITAKER, Jr, *The Politics of Tradition, op. cit.,* pp. 358-359.

18. R.L. SKLAR, *Nigerian Political Parties, op. cit.,* pp. 335-337, pp. 371 et suiv.; C.S. WHITAKER, Jr, *The Politics of Modernization, op. cit.,* pp. 372-373.

19. C.S. WHITAKER Jr, *op. cit.,* p. 354.

20. Sur ce coup d'État, voir R. LUCKHAM, *The Nigerian Military. A Sociological Analysis of Authority and Revolt. 1960-1967,* Cambridge, Cambridge University Press, 1971, chap. I.

21. J.N. PADEN, *Ahmadu Bello, op. cit.,* p. 495.

22. *Ibid.,* pp. 459 et suiv. et 696 et suiv.

23. R.A. JOSEPH, *Democracy and Prebendal Politics in Nigeria. The Rise and Fall of the Second Republic,* Cambridge, Cambridge University Press, 1987, p. 130.

24. J.N. PADEN, *Ahmadu Bello, op. cit.,* p. 705.

25. R.A. JOSEPH, *Democracy and Prebendal Politics in Nigeria, op. cit.,* chap. IX; S. OTHMAN, « Classes, crises and coup : the demise of Shagari's regime », *African Affairs,* 83 (333), oct. 1984, pp. 444-450.

380   L'ÉTAT EN AFRIQUE

26. R.A. JOSEPH, *Democracy and Prebendal Politics in Nigeria, op. cit.*, pp. 142 et suiv. et G. NICOLAS, « Contradictions d'un parti révolutionnaire. Le PRP nigérian », *Politique africaine*, 8, déc. 1982, pp. 74-102.

27. G. NICOLAS, « Guerre sainte à Kano », *Politique africaine*, 4, nov. 1981, pp. 47-70; P. LUBECK, « Islamic protest under semi-industrial capital : 'yan Tatsini explained », Urbana, University of Illinois, 1984, multigr. et P.M. LUBECK, *Islam and Urban Labor in Northern Nigeria, op. cit.*

28. R.A. JOSEPH, *Democracy and Prebendal Politics in Nigeria, op. cit.*, pp. 132, 140-141 et 149.

29. S. OTHMAN, « Classes, crises and coup », art. cité, pp. 450-456.

30. R.A. JOSEPH, « Principles and Practices of Nigerian military government » *in* J. HARBESON, ed., *The Military in African Politics*, New York, Praeger, 1987, pp. 79-91.

31. Voir, par exemple, les discussions lancées par l'ouvrage de L.A. FALLERS, *Bantu Bureaucracy*, Cambridge, Heffer, 1956 ou par la typologie de R. HORTON (« Stateless societies in the history of West Africa » *in* J.F.A. AJAYI, M. CROWDER, eds., *History of West Africa*, New York, Columbia University Press, 1976, pp. 72-113).

32. G. DUPRÉ, « Une mise en perspective » *in* B. JEWSIEWICKI, J. LETOURNEAU, eds., *Mode of Production : the Challenge of Africa*, Sainte Foy, Safi Press, 1985, pp. 46-50; J.-P. DOZON, *La Société bété, Côte d'Ivoire*, Paris, Karthala, 1985, pp. 65 et suiv.; P. BONTE, « Classes et parenté dans les sociétés segmentaires », *Dialectiques*, 21, 1977, pp. 103-115.

33. Voir leurs critiques de *L'État au Cameroun* in P. GESCHIERE, *Village Communities and the State. Changing Relations among the Maka of Southeastern Cameroon since the Colonial Conquest*, Londres, KPI, 1982, pp. 10-13 et « Hegemonic regimes and popular protest », art. cité, pp. 309-347; J.-C. BARBIER, « Alliance ou conflit entre le haut et le bas? », *Politique africaine*, 1, janv. 1981, pp. 130-137; R.A. JOSEPH, « Richard Joseph répond », *Cahiers d'études africaines* 71, XVIII (3), 1978, pp. 455-457.

34. P. LABURTHE-TOLRA, *Les Seigneurs de la forêt. Essai sur le passé historique, l'organisation sociale et les normes éthiques des anciens Bëti du Cameroun*, Paris, Publications de la Sorbonne, 1981. P. BONNAFÉ parle également des « seigneurs » du pays kukuya *(cf. infra)*.

35. P. BONNAFÉ, « Age et sexe matériels et sociaux. Un exemple congolais » *in* M. ABELES, C. COLLARD, dir., *Age, pouvoir et société en Afrique noire*, Paris, Karthala, Montréal, Presses de l'Université de Montréal, 1985, p. 40. Voir surtout, du même auteur, *Nzo Lipfu, le lignage de la mort. La sorcellerie, idéologie de la lutte sociale sur le plateau kukuya*, Nanterre, Labethno, 1978 et *Histoire sociale d'un peuple congolais*, livre I : *La Terre et le ciel*, Paris, ORSTOM, 1987.

36. G. DUPRÉ, *Les Naissances d'une société. Espace et historicité chez les Beembé du Congo*, Paris, ORSTOM, 1985, pp. 164 et suiv.

37. E.E. EVANS-PRITCHARD, *Les Nuer*, Paris, Gallimard, 1968.

38. J.-C. BARBIER, « Alliance ou conflit entre le haut et le bas? », art. cité, p. 132. Voir à ce sujet P. TITI NWEL, « Mbombok à la tête du lignage basaa » et « Débat » *in* ORSTOM, *Nature et formes de pouvoir dans les*

sociétés dites acéphales. Exemples camerounais, Paris, ORSTOM 1982, pp. 99, 107, 109; C. DIKOUMÉ, *Étude concrète d'une société traditionnelle: les Elog-Mpoo,* Lille, Université de Lille II, s.d., multigr., pp. 210-211.

39. J.-C. BARBIER, « Alliance ou conflit entre le haut et le bas? », art. cité, p. 132. *Cf.* en particulier P. GESCHIERE, *Village Communities and the State, op. cit.,* pp. 50 et suiv.; G. DUPRÉ, *Les Naissances d'une société, op. cit.,* pp. 259 et suiv.

40. J.-P. DOZON, *La Société bété, op. cit.,* pp. 223-240 (en particulier pp. 236-237). L'auteur critique de la sorte l'une des thèses majeures de l'anthropologie économique française d'inspiration marxiste.

41. P. GESCHIERE, *Village Communities and the State, op. cit., passim* (en particulier pp. 45-54, 147-152, 169-181, 194-202, 256-262, 277-280, 313-335).

42. J.-P. DOZON, *La Société bété, op. cit.,* pp. 311-312.

43. Voir – outre de nombreuses études de cas – R. HORTON, « Stateless societies in the history of West Africa » *in* J.F.A. AJAYI, M. CROWDER, eds., *History of West Africa, op. cit.,* pp. 72-113.

44. F. DE CHASSEY, « L'évolution des structures sociales en Mauritanie de la colonisation à nos jours » et J.-L. BALANS, « Le système politique mauritanien » *in* CRESM, CEAN, *Introduction a la Mauritanie,* Paris, CNRS, 1979, pp. 235-319.

45. Voir *Le Manifeste du negro-mauritanien opprimé – Février 1966-avril 1986. De la guerre civile à la lutte de libération nationale,* s.l. [Nouakchott], 1986, multigr.

46. P. GESCHIERE, « Hegemonic regimes and popular protest », art. cité, p. 339.

47. Nous suivons l'analyse de G. DUPRÉ, *Les Naissances d'une société, op. cit., passim* (en particulier pp. 121-122, 139, 142, 144-145, 194-195).

48. *Ibid.,* p. 211.

49. H. BERTRAND, *Le Congo. Formation sociale et mode de développement économique,* Paris, Maspero, 1975, p. 98.

50. *Ibid.,* pp. 103-104 et 177; P.-P. REY, *Colonialisme, néo-colonialisme et transition au capitalisme. Exemple de la « COMILOG » au Congo-Brazzaville,* Paris, Maspero, 1971.

51. Sources : entretiens.

52. P. BONNAFÉ, *Histoire sociale d'un peuple congolais. Livre I. La Terre et le ciel, op. cit.,* pp. 70 et 83.

53. P.-P. REY, « Le marxisme congolais contre l'État » *in* A. CORTEN, M. SADRIA, M.B. TAHON, dir., *Les Autres Marxismes réels,* Paris, C. Bourgois, 1985, pp. 178-179. Voir également D. DESJEUX, *Stratégies paysannes en Afrique noire. Le Congo (Essai sur la gestion de l'incertitude),* Paris, L'Harmattan, 1987.

54. P.-P. REY, *Colonialisme, néo-colonialisme et transition au capitalisme, op. cit.,* p. 456.

55. E. TERRAY, « Le climatiseur et la véranda », *in Afrique plurielle, Afrique actuelle. Hommage à Georges Balandier,* Paris, Karthala, 1986, pp. 37-44.

56. Voir, par exemple, G. BALANDIER, *Sociologie actuelle de l'Afrique noire, op. cit.,* pp. 63-64; P. GESCHIERE, *Village Communities and the State, op. cit.,* pp. 49-50.

57. F. Cooper, *From Slaves to Squatters. Plantation Labour and Agriculture in Zanzibar and Coastal Kenya. 1890-1925,* New Haven, Yale University Press, 1980, p. 72.

58. M.F. Lofchie, *Zanzibar : Background to Revolution,* Princeton, Princeton University Press, 1965; J. Okello, *Revolution in Zanzibar,* Nairobi, East African Publishing House, 1967.

59. F. Cooper, *From Slaves to Squatters, op. cit.*; H. Kindy, *Life and Politics in Mombasa,* Nairobi, East African Publishing House, 1972.

60. C. Clapham, *Liberia and Sierra Leone. An Essay in Comparative Politics,* Cambridge, Cambridge University Press, 1976; A. Cohen, *The Politics of Elite Culture,* Los Angeles, University of California at Los Angeles Press, 1981; T.P. Wrubel, « Liberia : the Dynamics of Continuity », *Journal of Modern African Studies,* 9 (2), août 1971, pp. 189-204.

61. Interprétation hagiographique reprise par A. Sesay, « Le coup d'État du Liberia. Facteurs internes et effets régionaux », *Politique africaine,* 7, sept. 1982, pp. 91-106. Pour une analyse contraire, voir A. Sawyer, *Effective Immediately. Dictatorship in Liberia, 1980-1986 : a Personal Perspective,* Brême, Liberia Working Group, 1987.

62. M. Lowenkopf, « Political modernization in Liberia : a conservative model », *Western Political Quarterly,* XXV (1), mars 1972, p. 99; C. Clapham, « Liberia » *in* J. Dunn, ed., *West African States. Failure and Promise,* Cambridge, Cambridge University Press, 1978, p. 122.

63. C. Clapham, « Liberia », *Conference on West African States since 1976,* Londres, Center for African Studies, School of Oriental and African Studies, 1987, multigr.

64. *Muntu Dimanche* (Dakar), 19, déc. 1986, p. 3. Sur l'élite afrobrésilienne, voir C.M. Toulabor, *Le Togo sous Eyadema,* Paris, Karthala, 1986, pp. 232-235 et *Peuples du golfe du Bénin,* Paris, Karthala, 1984, pp. 143 et suiv.

65. H.S. Morris, *The Indians in Uganda,* Londres, Weidenfeld and Nicholson, 1968, pp. 8-9, 17-18, 144. Voir également F. Constantin, « Sur les modes populaires d'action diplomatique. Affaires de famille et affaires d'État en Afrique orientale », *Revue française de science politique,* 36 (5), oct. 1986, pp. 672-694; J.-C. Penrad, « La présence isma'ilienne en Afrique de l'Est. Note sur l'histoire commerciale et l'organisation communautaire » *in Marchands et hommes d'affaires asiatiques,* Paris, EHESS, 1988, pp. 221-236.

66. J. Iliffe, *A Modern History of Tanganyika,* Cambridge, Cambridge University Press, 1979, pp. 264, 375, 521, 555, 562-563.

67. J. Hartmann, *Development Policy-Making in Tanzania. 1962-1982 : A Critique of Sociological Interpretations,* Hull, The University of Hull, 1983, multigr., pp. 109 et suiv.

68. Chiffre cité par D.-C. Martin, *Tanzanie : l'invention d'une culture politique,* Paris, Presses de la Fondation nationale des sciences politiques, Karthala, 1988, pp. 123-124.

69. Entretien avec Gervase Clarence-Smith, Londres, SOAS, 1987; C. Young, T. Turner, *The Rise and Decline of the Zaïrian State,* Madison, The University of Wisconsin Press, 1985, p. 108; M. Mamdani, *Imperialism and Fascism in Uganda,* Nairobi, Heinemann, 1983, pp. 38

et suiv.; N. Kasfir, « State, *magendo* and class formation in Uganda », *Journal of Commonwealth and comparative politics,* XXI (3), nov. 1983, pp. 84-103; *Africa Confidential* 28 (13), 24 juin 1987.

Le problème des « Libanais » en Afrique occidentale concerne sans doute moins directement les fondements sociaux de l'État, sauf peut-être en Sierra Leone et en Côte d'Ivoire. Bien que des publicistes coloniaux aient pu parfois s'inquiéter, avec le sens de la mesure qui les caractérisait, de l' « angoissante invasion syrienne » et aient vu s'approcher le moment « où l'élément français, blanc ou de couleur, sera submergé par nos hôtes d'Asie Mineure » (*L'Acajou,* 7, 2 oct. 1936), le nombre de ceux-ci (21 000 en 1953) n'a jamais été comparable à celui des « Asiatiques » en Afrique orientale. Et surtout la marche vers l'indépendance des pays ouest-africains ne se heurtait pas à l'épineux obstacle du multiracialisme, en l'absence de colonie notable de peuplement européen. Dès 1951, le Sénégal, qui avait été la plate-forme du déploiement régional des Libanais, tournait le dos à la tentation politique créole. Simultanément, la commercialisation du cacao et du café par des *marketing boards,* au Ghana et au Nigeria, les privait de l'un de leurs meilleurs créneaux économiques. L'indépendance généralisa ces limitations du négoce de traite en accordant la préférence, voire le monopole, à des opérateurs nationaux ou, plus fréquemment, à des sociétés d'État (en particulier en Guinée, au Mali, au Sénégal).

En Sierra Leone, en revanche, la connexion entre le régime de Siaka Stevens et les réseaux libanais, par l'intermédiaire d'un puissant homme d'affaires, M. Jamil Saïd Mohammed, était inscrite plus profondément dans la texture de l'État et est devenue l'une des principales pommes de discorde entre l'ancien président de la République et son successeur, M. Momoh, en 1986-1987. De façon plus discrète, l'association, au sein de la chambre de commerce et d'industrie, d'entrepreneurs libanais avec les hommes liges de la classe politique ivoirienne et les milieux d'affaires français installés sur place a été l'un des ressorts économiques et financiers du régime de M. Houphouët-Boigny. La dure crise des années quatre-vingt semble avoir servi les intérêts libanais dans la mesure où ils ont pu tirer parti du recul des positions commerciales françaises. En même temps qu'elle suggère le caractère profondément extraverti et compradore d'une société en définitive plus proche du Liberia ou du Sierra Leone que ne le laisse accroire la mythologie houphouétiste, la place de cette communauté allogène dans l'économie du pays apparaît d'ores et déjà comme l'un des grands enjeux de la succession présidentielle. (R. Charbonneau, « Les Libano-Syriens en Afrique noire », *Revue française d'études politiques africaines,* 26, févr. 1968, pp. 56-71; S. Ellis, « Les prolongements du conflit israélo-arabe », *Politique africaine,* 30, juin 1988, pp. 69-75; *Africa Confidential,* 1986-1988).

70. R. Pélissier, *Le Naufrage des Caravelles. Études sur la fin de l'Empire portugais (1961-1975),* Orgeval, Pelissier, 1979.

71. W.G. Clarence-Smith, « Class structure and class struggle in Angola in the 1970s », *Journal of Southern African Studies,* 7 (1), oct. 1980, pp. 109-126.

Au Mozambique, l'indépendance a surtout profité aux intellectuels des provinces de Maputo et de Gaza, dont étaient originaires Eduardo Mondlane et Samora Machel et dont est également natif le successeur de ce dernier, Joaquim Chissano. L'influence des 20 000 Luso-Mozambicains a été partiellement tenue en échec par la présence soviétique, par le maintien d'une communauté « asiatique » relativement prospère bien que sous-représentée dans l'appareil d'État et, de plus en plus, par l'arrivée d'experts étrangers. Les grands perdants de la dernière décennie semblent bien être les cadres « negro-africains » originaires du Nord qui ont fourni à la lutte de libération nationale le gros de ses combattants mais qui déplorent aujourd'hui de se voir relégués dans une position seconde; ils paraissent incarner, au sein du FRELIMO, l'orthodoxie de l'alliance avec l'Union soviétique, par la voix de Mariano Matsinhe et de Armando Guebuza (*Africa Confidential*, 28 (17), 19 août 1987).

72. P. GESCHIERE, *Village Communities and the State, op. cit.*, pp. 201-202.

73. H.S. MORRIS, *The Indians in Uganda, op. cit.*, pp. 144-145.

74. *Marchés tropicaux et méditerranéens*, 14 août 1987, p. 2179.

75. M. KILSON, *Political Change in a West African State, op. cit.*, pp. 71 et suiv. et 157 et suiv.

76. C. COULON, « Pouvoir oligarchique et mutations sociales et politiques au Fouta-Toro », *in* J.-L. BALANS, C. COULON, J.-M. GASTELLU, *Autonomie locale et intégration nationale au Sénégal, op. cit.*, p. 53.

77. C.S. WHITAKER Jr., *The Politics of Tradition, op. cit.*, pp. 466-467; R.L. SKLAR, *Nigerian Political Parties, op. cit.*, pp. 327 et suiv.; J.N. PADEN, *Ahmadu Bello, op. cit.*, pp. 145 et suiv., 172 et suiv., 465 et suiv.; P. LUBECK, *Islam and Urban Labor, op. cit.*, pp. 35 et suiv.

78. A. GRAMSCI, *Note sul Machiavelli, sulla politica e sullo Stato moderno*, Turin, Einaudi, 1966, p. 60 et *Cahiers de prison*, Paris, Gallimard, 1983, vol. II, p. 503 (« Dans le cas de César et de Napoléon I⁰ʳ, on peut dire que A et B, tout en étant distinctes et opposées, ne l'étaient pourtant pas au point de ne pouvoir arriver « absolument » à une fusion et à une assimilation réciproques après un processus moléculaire »).

CHAPITRE VI : L'ASSIMILATION RÉCIPROQUE DES ÉLITES

1. J.-F. BAYART, *L'État au Cameroun*, Paris, Presses de la Fondation nationale des sciences politiques, 1979, pp. 137-138 et 228 et suiv.

2. *Ibid.*, p. 138.

3. J.-F. BAYART, « La société politique camerounaise (1982-1986) », *Politique africaine*, 22, juin 1986, pp. 5-35.

4. *Le Messager* (Douala), 47, 27 sept. 1984, p. 3.

5. R.L. SKLAR, *Nigerian Political Parties*, Princeton, Princeton University Press, 1963, pp. 480 et suiv. et « The nature of class domination in Africa », *Journal of Modern African Studies*, 17 (4), 1979, p. 534.

6. Cité par R.A. JOSEPH, *Democracy and Prebendal Politics in Nigeria. The Rise and Fall of the Second Republic*, Cambridge, Cambridge University Press, 1987, p. 140.

7. R.L. SKLAR, « The nature of class domination in Africa », art. cité, pp. 531-552; J.-F. BAYART, « Les sociétés africaines face à l'État », *Pouvoirs*, 25, 1983, pp. 23-39.

8. A.R. ZOLBERG, *One-Party Government in the Ivory Coast,* Princeton, Princeton University Press, 1964 (en particulier le tableau 20, p. 275) et Y.-A. FAURÉ, J.-F. MÉDARD, dir., *État et bourgeoisie en Côte d'Ivoire,* Paris, Karthala, 1982; D.B. CRUISE O' BRIEN, *Saints and Politicians,* Cambridge, Cambridge University Press, 1975; J.-L. BALANS, C. COULON, J.-M. GASTELLU, *Autonomie locale et intégration nationale au Sénégal,* Paris, Pedone, 1975; J.-P. OLIVIER DE SARDAN, *Les sociétés songhay-zarma (Niger-Mali). Chefs, guerriers, esclaves, paysans...,* Paris, Karthala, 1984; D.-C. MARTIN, *Tanzanie. L'invention d'une culture politique,* Paris, Presses de la Fondation nationale des sciences politiques, Karthala, 1988 et G. DAUCH, D. MARTIN, *L'Héritage de Kenyatta. La transition politique au Kenya. 1975-1982,* Paris, L'Harmattan, 1985 (encore que ces auteurs doutent de la pertinence d'une telle hypothèse); G. KITCHING, *Class and Economic Change in Kenya. The Making of an African Petite-Bourgeoisie,* New Haven, Yale University Press, 1980; C. GERTZEL, *The Politics of Independent Kenya,* Nairobi, East African Publishing House, Londres, Heinemann, 1970.

9. Voir, par exemple, J. BENJAMIN, *Les Camerounais occidentaux. La minorité dans un État bicommunautaire,* Montréal, Les Presses de l'Université de Montréal, 1972 et D. DARBON, *L'Administration et le paysan en Casamance (Essai d'anthropologie administrative),* Paris, Pedone, 1988.

10. M.G. SCHATZBERG, *Politics and Class in Zaïre,* New York, Africana Publishing Company, 1980, pp. 53-55 et pp. 115 et suiv.

11. D. DESJEUX, *Stratégies paysannes en Afrique noire. Le Congo (Essai sur la gestion de l'incertitude),* Paris, L'Harmattan, 1987 et « Le Congo est-il situationniste? 20 ans d'histoire politique de la classe dirigeante congolaise », *Revue française d'études politiques africaines,* 178-179, oct.-nov. 1980, pp. 16-40.

12. N. CHAZAN, « Politics and the State in Ghana : a third decade reassessment », *Conference on West African States since 1976,* Londres, Center for African Studies, School of Oriental and African Studies, 1987, multigr.

13. R. BUIJTENHUIJS, *Le Frolinat et les révoltes populaires du Tchad, 1965-1976,* La Haye, Paris, New York, Mouton, 1978 et *Le Frolinat et les guerres civiles du Tchad (1977-1984),* Paris, Karthala, Leiden, Afrika-Studiecentrum, 1987, pp. 92 et suiv.

14. N. KASFIR, « State, *magendo* and class formation in Uganda », *Journal of Commonwealth and Comparative Politics,* XXI (3), nov. 1983, pp. 84-103 et G. SALONGES, « En Ouganda comme ailleurs, un mythe peut en cacher un autre », *Politique africaine,* 11, sept. 1983, pp. 41-44.

15. K. MARX, F. ENGELS, *L'Idéologie allemande,* Paris, Éditions Sociales, 1974, p. 71. Voir également Z.A. PELCZYNSKI, « Nation, civil society, state : Hegelian sources of the marxian non theory of nationality », *in* Z.A. PELCZYNSKI, ed., *The State and Civil Society. Studies in Hegel's Political Philosophy,* Cambridge, Cambridge University Press, 1984, pp. 275-276.

16. P.-F. NGAYAP, *Cameroun. Qui gouverne?,* Paris, L'Harmattan, 1983, p. 14.

17. M.A. COHEN, *Urban Policy and Political Conflict in Africa. A Study of the Ivory Coast,* Chicago, The University of Chicago Press, 1974, p. 196.

18. R. LUCKHAM, *The Nigerian Military. A Sociological Analysis of Authority and Revolt. 1960-1967,* Cambridge, Cambridge University Press, 1971, p. 90.

19. J. SPENCER, *The Kenya African Union,* Londres, KPI, 1985, p. 19.

20. A.R. ZOLBERG, *One-Party Government in the Ivory Coast, op. cit.,* p. 67.

21. R.L. SKLAR, « The nature of class domination », art. cité, p. 535.

22. C. VIDAL, « Funérailles et conflit social en Côte-d'Ivoire », *Politique africaine,* 24, déc. 1986, pp. 13-14.

23. A.R. ZOLBERG, *One-Party Government in the Ivory Coast, op. cit.,* p. 73.

24. J.-P. CHAUVEAU, J.-P. DOZON, « Au cœur des ethnies ivoiriennes... l'État » *in* E. TERRAY, dir., *L'État contemporain en Afrique,* Paris, L'Harmattan, 1987, p. 270.

25. *Fraternité-Matin* (Abidjan), 29 avr. 1983.

26. *Ibid.,* 13 janv. 1986.

27. J.N. PADEN, *Ahmadu Bello, Sardauna of Sokoto. Values and Leadership in Nigeria,* Londres, Hodder and Stoughton, 1986, p. 314.

28. *Africa Confidential,* 17 oct. 1984, p. 2.

29. F.M. HAYWARD, J.D. KANDEH, « Perspectives on twenty-five years of elections in Sierra Leone » *in* F.M. HAYWARD, ed., *Elections in independent Africa,* Boulder, Westview Press, 1987, p. 43.

30. Propos rapportés par G. BALANDIER, *Afrique ambiguë,* Paris, Union générale d'éditions, 1962, p. 272.

31. Sur l'expansion des sectes en Afrique, voir le dossier publié in *Pirogue,* 40, janv.-mars 1981; *Marchés tropicaux et méditerranéens,* 27 févr. 1987, p. 474.

32. *Africa Confidential,* 27 mai 1987; P. PÉAN, *Affaires africaines,* Paris, Fayard, 1983, pp. 34-36; M. MAGASSOUBA, *L'Islam au Sénégal. Demain les mollahs?* Paris, Karthala, 1985, pp. 186 et suiv.; A. COHEN, *The Politics of Elite Culture,* Los Angeles, University of California at Los Angeles Press, 1981, pp. 95 et suiv.; C.M. TOULABOR, *Le Togo sous Eyadema,* Paris, Karthala, 1986, pp. 211-212 et 248 et suiv. Sur le rite njobi, voir G. DUPRÉ, *Un ordre et sa destruction,* Paris ORSTOM, 1982, chap. XVI.

33. M. GUERY, s.j., *Christianisme céleste. Notes de travail. L'Église, la vie spirituelle,* s.l. [Abidjan], 1973, multigr. pp. 31-33; *Marchés tropicaux et méditerranéens,* 27 févr. 1987, p. 474; F. GAULME, *Le Gabon et son ombre,* Paris, Karthala, 1988, pp. 149-150.

34. Sources : entretiens.

35. J. DEHASSE, *Le rôle politique des associations de ressortissants à Léopoldville,* Louvain, Institut de sciences politiques et sociales, 1965, multigr., pp. 32-34 et 98 et suiv.

36. E. GOFFMAN, *La mise en scène de la vie quotidienne,* Paris, Éd. de Minuit, 1973 et *Les rites d'interaction,* Paris, Éd. de Minuit, 1974.

37. A. COHEN, *The Politics of Elite Culture, op. cit.* (en particulier le chap. VIII) et J. Vansina, « Mwasi's trials », *Daedalus,* CXI (2), 1982, p 60.

38. K. MARX, F. ENGELS, *L'Idéologie allemande, op. cit.*, p. 128.

39. J.-P. WARNIER, *Échanges, développement et hiérarchies dans le Bamenda pré-colonial (Cameroun)*, Stuttgart, Franz Steiner Verlag Wiesbaden, 1985, pp. 82 et suiv. et 116 et suiv.

40. Se reporter au chap. I, ainsi qu'à J. CHAMPAUD, *Villes et campagnes du Cameroun de l'Ouest*, Paris, ORSTOM, 1983, pp. 263 et suiv. et J.-L. DONGMO, *Le Dynamisme bamiléké (Cameroun). Volume II. La maîtrise de l'espace urbain*, Yaoundé, Centre d'édition et de production pour l'enseignement et la recherche, 1981, pp. 247 et suiv.

41. S. OTHMAN, « Classes, crises and coup : the demise of Shagari's regime », *African Affairs*, 83 (333), oct. 1984, pp. 448 et 454.

42. P. ANYANG' NYONG'O, « Succession et héritage politiques. Le président, l'État et le capital après la mort de Jomo Kenyatta », *Politique africaine*, 3, sept. 1981, pp. 19-20.

43. K. MARX, F. ENGELS, *L'Idéologie allemande, op. cit.*, p. 128.

44. Voir M.A. COHEN, *Urban Policy and Political Conflict, op. cit.*

45. G. DUPRÉ, *Les Naissances d'une société. Espace et historicité chez les Beembé du Congo*, Paris, ORSTOM, 1985, pp. 297 et suiv.

46. A. GRAMSCI, *Note sul Machiavelli, sulla politica e sullo Stato moderno*, Turin, Einaudi, 1966, p. 68.

47. Pour une comparaison du concept de « société civile » chez Marx et chez Gramsci, *cf.* N. BOBBIO, « Gramsci and the conception of civil society » *in* C. MOUFFE, ed., *Gramsci and Marxist Theory*, Londres, Routledge and Kegan Paul, 1979, pp. 29-31.

48. Voir notamment N. CHAZAN, *An Anatomy of Ghanaian Politics. Managing Political Recession, 1969-1982*, Boulder, Westview Press, 1983, chap. II. Sur la fréquence du phénomène associatif dans l'Afrique ancienne, *cf.* P. ALEXANDRE, *Les Africains*, Paris, Éd. Lidis, 1981, p. 165.

49. Sur cette notion d'État « bien policé », *cf.* M. RAEFF, *Comprendre l'ancien régime russe. État et société en Russie impériale*, Paris, Le Seuil, 1982.

50. J.-F. BAYART, « La revanche des sociétés africaines », *Politique africaine*, 11, sept. 1983, pp. 99 et suiv.; G. HYDEN, *Beyond Ujamaa in Tanzania. Underdevelopment and an Uncaptured Peasantry*, Londres, Heinemann, 1980.

51. *Marchés tropicaux et méditerranéens*, 17 mai 1985, p. 1233.

52. G. LAVAU, « A propos de trois livres sur l'État », *Revue française de science politique*, 30 (2), avr. 1980, pp. 396-412; B. LACROIX, « Ordre politique et ordre social. Objectivismes, objectivation et analyse politique » *in* M. GRAWITZ, J. LECA, dir., *Traité de science politique*, Paris, PUF, 1985, t. I, p. 471; Y. CHEVRIER, « Une société infirme : la société chinoise dans la transition " modernisatrice " » *in* C. AUBERT, Y. CHEVRIER, J.-L. DOMENACH et al., *La Société chinoise après Mao. Entre autorité et modernité*, Paris, Fayard, 1986, pp. 229-315.

53. R. FOSSAERT, *La Société*, t. V. *Les États*, Paris, Le Seuil, 1981, p. 174.

54. T.S. COX, *Civil-Military Relations in Sierra Leone*, Cambridge, Harvard University Press, 1976; F. DE MEDEIROS, « Armée et instabilité : les partis militaires au Bénin » *in* A. ROUQUIÉ, dir., *La Politique de Mars. Les processus politiques dans les partis militaires contemporains*, Paris,

Le Sycomore, 1981, pp. 123-149; R.A. Joseph, *Democracy and Prebendal Politics in Nigeria, op. cit.*

55. R.L. Sklar, *Nigerian Political Parties, op. cit.*, chap. vi. Voir également J.D.Y. Peel, *Ijeshas and Nigerians. The Incorporation of a Yoruba Kingdom. 1890s-1970s,* Cambridge, Cambridge University Press, 1983, pp. 233-235 pour une critique de certains points de l'argumentation de R.L. Sklar.

56. J.-P. Olivier de Sardan, *Les Sociétés songhay-zarma, op. cit.*, pp. 202-203.

57. A.R. Zolberg, *One Party Government in the Ivory Coast, op. cit.*, p. 275.

58. G. Balandier, *Sociologie actuelle de l'Afrique noire,* Paris, PUF, 1971 (nouvelle édition), p. 262 et *Afrique ambiguë, op. cit.*, pp. 269-272.

59. Voir par exemple J.-F. Bayart, *L'État au Cameroun, op. cit.*, p. 189.

60. Voir par exemple J. Spencer, *The Kenya African Union, op. cit.*

61. J.-F. Bayart, *L'État au Cameroun, op. cit.*

62. *Cf.* par exemple D. Bourmaud, *Le Système politique du Kenya : centre et périphérie,* Bordeaux, Institut d'études politiques, multigr., s.d. [1985], pp. 218 et suiv.

63. J.-F. Bayart, *L'État au Cameroun, op. cit.*

64. Propos des dirigeants ivoiriens rapportés *in* A.R. Zolberg, *One-Party Government in the Ivory Coast, op. cit.*, p. 326. Sur les théoriciens d'un parti de militants d'inspiration léniniste, au Ghana et en Tanzanie, voir Y. Benot, *Idéologies des indépendances africaines,* Paris, Maspero, 1972 (nouvelle édition), pp. 333-334 et H. Bienen, *Tanzania : Party, Transformation and Economic Development,* Princeton, Princeton University Press, 1970.

65. J.-F. Bayart, *L'État au Cameroun, op. cit.*, pp. 126-127; G. Dauch, « Kenya : l'ébranlement », *Annuaire des pays de l'océan Indien,* IX, 1982-1983, p. 323.

66. J.-F. Bayart, *L'État au Cameroun, op. cit.*, pp. 53 et 233.

67. R.L. Sklar, *Nigerian Political Parties, op. cit.*, p. 481.

68. R. Michels, *Les Partis politiques. Essai sur les tendances oligarchiques des démocraties,* Paris, Flammarion, 1971, p. 131.

69. I. Wallerstein, « The decline of the party in single-party African states » *in* G. La Palombara, M. Weiner, eds., *Political Parties and Political Development,* Princeton, Princeton University Press, 1966, pp. 201-214. Voir également A.R. Zolberg, *One Party Government in the Ivory Coast, op. cit.*, pp. 185 et suiv. et *Creating Political Order. The Party States of West Africa,* Chicago, Rand MacNally, 1966, pp. 21-34; R.S. Morgenthau, « Single-party systems in West Africa », *The American Political Science Review,* LV (2), juin 1961.

70. Centre d'étude d'Afrique noire, Centre d'études et de recherches internationales, *Aux urnes l'Afrique! Élections et pouvoirs en Afrique noire,* Paris, Pedone, 1978; F.M. Hayward, ed., *Elections in Independent Africa, op. cit.*

71. M.G. Schatzberg, *Politics and Class in Zaïre, op. cit.*, pp. 117-119; C. Newbury, « Dead and buried, or just underground? The privatization of the State in Zaïre », *Canadian Journal of African Studies,* 18 (1), 1984, p. 113.

72. Sources : observation personnelle et *Fraternité-Matin* (Abidjan).

73. J.-F. BAYART, « La société politique camerounaise (1982-1986) », art. cité, pp. 26-28.

74. *Le Messager* (Douala), 84, 31 mars 1986, p. 6.

75. RDPC, Comité central, *Rapport de la sous-commission de supervision du renouvellement des organes de base du RDPC de l'Extrême-Nord*, Yaoundé, multigr., 12 mars 1986 et *Rapport de mission sur le renouvellement des bureaux des organes du RDPC et de ses organisations annexes* [*dans le Centre*], Yaoundé, multigr., 25 mars 1986.

76. F.M. HAYWARD, ed., *Élections in Independent Africa, op. cit.;* CEAN, CERI, *Aux urnes l'Afrique! op. cit.*; J.-F. BAYART, *L'État au Cameroun, op. cit.*

77. J. SAMOFF, « Single party competitive elections in Tanzania » *in* F.M. HAYWARD, ed., *op. cit.*, p. 181.

78. J.D. BARKAN, « The electoral process and peasant-state relations in Kenya » *in* F.M. Hayward, ed., *op. cit.*, pp. 228 et 234-235.

79. F.M. HAYWARD, S.N. GROVOGUI, « Persistence and change in Senegalese electoral processes » *in* F.M. HAYWARD, ed., *op. cit.*, p. 240 et D.B. CRUISE O'BRIEN, « Senegal » *in* J. DUNN, ed., *West African States. Failure and Promise. A Study in Comparative Politics*, Cambridge, Cambridge University Press, 1978, pp. 187-188.

80. Voir en particulier R. LUCKHAM, *The Nigerian Military, op. cit.*, chap. v; A. Cohen, *The Politics of Elite Culture*, op. cit.

81. C.M. TOULABOR, *Le Togo sous Eyadema, op. cit.;* D. DESJEUX, « Le Congo est-il situationniste? », art. cité; F. DE MEDEIROS, « Armée et instabilité : les partis militaires au Bénin » *in* A. ROUQUIÉ, dir., *La Politique de Mars, op. cit.*, pp. 123-149.

82. Voir par exemple E. FEIT, « Military coups and political development : some lessons from Ghana and Nigeria », *World Politics*, 20 (2), janv. 1968, pp. 179-193; R.A. JOSEPH, *Democracy and Prebendal Politics, op. cit.* et « Principles and practices of Nigerian military government » *in* J. HARBESON, ed., *The Military in African Politics*, New York, Praeger, 1987, pp. 79-91.

83. J.N. PADEN, *Ahmadu Bello, op. cit.*, chap. XIV.

84. R. LUCKHAM, *The Nigerian Military, op. cit.*, p. 112.

85. J.-F. BAYART, *L'État au Cameroun, op. cit.*, chap. VI; D.C. MARTIN, *Tanzanie : l'Invention d'une culture politique, op. cit.*, chap. V et VI et J. HARTMANN, *Development Policy-Making in Tanzania, 1962-1982 : A Critique of Sociological Interpretations*, Hull, The University of Hull, 1983, multigr.; A.R. ZOLBERG, *Creating Political Order, op. cit.*

86. J. CHAMPAUD, *Villes et campagnes du Cameroun de l'Ouest, op. cit.*, pp. 206-207.

87. J.H. B. DEN OUDEN, « In Search of personal mobility : changing interpersonal relations in two Bamileke chiefdoms, Cameroon », *Africa*, 57 (1), 1987, pp. 3-27.

88. *La Gazette* [Douala], 510, 27 sept. 1984, pp. 3, 6 et 9; *ibid.*, 515, 6 déc. 1984, p. 10.

89. *Cameroon Tribune*, 1-2 déc. 1985; *ibid.*, 24 mai 1986; *ibid.*, 15 avr., 1983.

90. *Ibid.*, 17 déc. 1985.

91. J.D.Y. Peel, *Ijeshas and Nigerians, op. cit.,* pp. 137-145; P.C. Lloyd, « Ijebu » *in* R. Lemarchand, ed., *African Kingships in Perspective. Political Change and Modernization in Monarchical Settings,* Londres, Frank Cass, 1977, pp. 260-283; S.T. Barnes, *Patrons and Power. Creating a Political Community in Metropolitan Lagos,* Manchester, Manchester University Press, 1986, chap. v.

92. R.L. Sklar, *Nigerian Political Parties, op. cit.,* pp. 480-481, critiqué par J.D.Y. Peel, *Ijeshas and Nigerians, op. cit.,* pp. 201 et suiv.

93. Y.-A. Fauré, J.-F. Médard, « Classe dominante ou classe dirigeante? » *in* Y.-A. Fauré, J.-F. Médard, dir., *État et bourgeoisie en Côte d'Ivoire, op. cit.,* p. 134.

94. J.-F. Bayart, *L'État au Cameroun, op. cit.,* pp. 188 et suiv.

95. Conférence de presse de M. Ayissi Mvodo, ministre de l'Administration territoriale, *L'Unité* (Yaoundé), 562, 31 juill. 1973, p. 6.

96. J.-F. Bayart, « La société politique camerounaise », art. cité, p. 32.

97. T.M. Callaghy, *The State-Society Struggle. Zaïre in Comparative Perspective,* New York, Columbia University Press, 1984, chap. vii.

98. E. Veron, « Semiosis de l'idéologique et du pouvoir », *Communications,* 28, 1978, p. 15.

99. S. Decalo, « Ideological rethoric and scientific socialism in Benin and Congo-Brazzaville » et K. Jowitt, « Scientific socialist regimes in Africa : political differentiation, avoidance and unawareness » *in* C.G. Rosberg, T.M. Callaghy, eds., *Socialism in Subsaharan Africa. A New Assessment,* Berkeley, Institute of International Studies, University of California, 1979, pp. 231-264 et 133-173; Z. Laïdi, *Les Contraintes d'une rivalité. Les Superpuissances et l'Afrique (1960-1985),* Paris, La Découverte, 1986; A. Corten, M. Sadria, M.B. Tahon, eds., *Les Autres Marxismes réels,* Paris, C. Bourgois, 1985, p. 15.

100. Cité par P.-H. Siriex, *Houphouët-Boigny, ou la sagesse africaine,* Paris, Nathan, Abidjan, Les Nouvelles Éditions Africaines, 1986, p. 122; *Fraternité-Hebdo* (Abidjan), 2 oct. 1981. Sur la pensée de J. K. Nyerere, *Cf.* H. Goulbourne, « Some aspects of ideological functions in the development of the post-colonial state in Tanzania », *Utafiti,* III (2), 1978, pp. 377-396.

101. D. Bigo, *Formes d'exercice du pouvoir et obéissance en Centrafrique (1966-1979). Éléments pour une théorie du pouvoir personnel,* Paris, Université de Paris-I, 1985, multigr.

102. *Cameroon Tribune* (Yaoundé), 20 févr. 1987. Pour le cas zaïrois, voir M.G. Schatzberg, *The Dialectics of Oppression in Zaïre,* Bloomington, Indiana University Press, 1988, chap. v.

103. Discours prononcé à Seguéla en 1978, cité par P.-H. Siriex, *Houphouët-Boigny, op. cit.,* pp. 379-380.

104. G.N. Anyou Mbida, « Longévité à notre cher président El Hadj Ahmadou Ahidjo à ce dixième anniversaire de notre indépendance », *La Presse du Cameroun* [Yaoundé], 31 déc. 1969 et 1er janv. 1970. Le début du poème – manifestement écrit par un « intellectuel » en mal de promotion sociale et politique – compare M. Ahidjo à Moïse ramenant les Juifs en Israël en dépit de leur découragement et de leurs erreurs. L'inspiration chrétienne est aussi évidente que le registre familial.

105. B. ANDERSON, *Imagined Communities. Reflections on the Origin and Spread of Nationalism,* Londres, Verso, 1983, p. 122.

106. J. ILIFFE, *A Modern History of Tanganyika,* Cambridge, Cambridge University Press, 1979, pp. 208-210 et 530.

107. Sur la place du lingala dans la Deuxième République zaïroise, cf. C. YOUNG, T. TURNER, *The Rise and Decline of the Zaïrian State, op. cit.,* pp. 152-157 et N.M. NGALASSO, « État des langues et langues de l'État au Zaïre », *Politique africaine,* 23, sept. 1986, pp. 7-27; pour une appréciation moins négative de la politique somalienne en matière de langue nationale, voir D. MORIN, « Le parcours solitaire de la Somalie », *ibid.,* pp. 57-66.

108. G. BALANDIER, « Problématique des classes sociales en Afrique noire », *Cahiers internationaux de sociologie,* XII (38), 1965, p. 139.

109. Ligne d'analyse que nous nous sommes efforcé de développer *in L'État au Cameroun, op. cit.;* « Permanence des élites traditionnelles et nouvelles formes de pouvoir », *Le Monde diplomatique,* nov. 1981, pp. 17-18; « Les sociétés africaines face à l'État », *Pouvoirs,* art. cité; « État et société civile en Afrique de l'Ouest. Note bibliographique », *Revue française de science politique,* XXXIII (4), août 1983, pp. 747-753 – en opposition au courant « radical » incarné, en particulier, par la *Review of African Political Economy* mais aussi à la thèse adverse de J.-F. MÉDARD et Y.-A. FAURÉ *in État et bourgeoisie en Côte d'Ivoire, op. cit.,* Sur le « modèle de réciprocité », voir M. KILSON, *Political Change in a West African State. A Study of the Modernization Process in Sierra Leone,* Cambridge, Harvard University Press, 1966, pp. 259 et suiv., ainsi que D.B. CRUISE O'BRIEN, *Saints and Politicians, op. cit.*

110. M. G. SCHATZBERG, *Politics and Class in Zaïre, op. cit.,* pp. 166-169.

111. J.D. Y. PEEL, *Ijeshas and Nigerians, op. cit.,* pp. 163-164.

112. S.F. NADEL, *Byzance noire. Le royaume des Nupe du Nigeria,* Paris, Maspero, 1971, p. 224.

113. P.E. LOVEJOY, *Salt of the Desert Sun. A History of Salt Production and Trade in the Central Sudan,* Cambridge, Cambridge University Press, 1986, pp. 255 et suiv.

114. J.S. SAUL, *The State and Revolution in Eastern Africa,* Londres, Heinemann, 1979, pp. 178, 182, 194.

115. E.P. THOMPSON, *The Making of the English Working Class,* New York, Vintage Books, 1963; E.K. TRIMBERGER, « E.P. Thompson : understanding the process of history » *in* T. SKOCPOL, ed., *Vision and Method in Historical Sociology,* Cambridge, Cambridge University Press, 1984, pp. 211-243.

116. M. HENRY, *Marx,* t. I : *Une Philosophie de la réalité,* Paris, Gallimard, 1976, pp. 235-236.

117. M. WEBER, *Economy and Society,* Berkeley, University of California Press, 1978, vol. II, pp. 927 et suiv.

118. G. BALANDIER, *Anthropo-logiques,* Paris, PUF, 1974, pp. 152-162; P. BOURDIEU, *Ce que parler veut dire. L'économie des échanges linguistiques,* Paris, Fayard, 1982, pp. 157-158; F. COOPER, « Africa and the world economy », *African Studies Review,* 24 (2-3), juin-sept. 1981, p. 19.

119. Reprise par G. BALANDIER, « Problématique des classes sociales en Afrique noire », art. cité, pp. 140-141 et *Sens et puissance*, Paris, PUF, 1971, pp. 279-280.

120. Voir, par exemple, R. SANDBROOK, R. COHEN, eds., *The Development of an African Working Class. Studies in Class Formation and Action*, Toronto, University of Toronto Press, 1975; M. AGIER, J. COPANS, A. MORICE, dir., *Classes ouvrières d'Afrique noire*, Paris, Karthala, ORSTOM, 1987; C. VAN ONSELEN, *Chibaro. African Mine Labour in Southern Rhodesia, 1900-1933*, Londres, Pluto Press, 1976; P.M. LUBECK, *Islam and Urban Labor in Northern Nigeria. The Making of a Muslim Working Class*, Cambridge, Cambridge University Press, 1986; R. JEFFRIES, *Class, Power and Ideology in Ghana. The Railwaymen of Sekondi*, Cambridge, Cambridge University Press, 1978; B. FREUND, *The African Worker*, Cambridge, Cambridge University Press, 1988.

121. A. MORICE, « Commerce parallèle et troc à Luanda », *Politique africaine*, 17, mars 1985, p. 119.

122. D.-C. MARTIN, *Tanzanie, op. cit.*, p. 204. Voir également J.-F. BAYART, *L'État au Cameroun, op. cit.*, pour la notion d' « alliance hégémonique ».

123. Y.-A. FAURÉ, J.-F. MÉDARD, « Classe dominante ou classe dirigeante? » *in* Y.-A. FAURÉ, J.-F. MÉDARD, dir., *État et bourgeoisie en Côte d'Ivoire, op. cit.*, p. 146.

124. M.G. SCHATZBERG, *Politics and Class in Zaïre, op. cit.*; R. PRICE, « Politics and culture in contemporary Ghana : the big-man small-boy syndrome », *Journal of African Studies*, I (2), été 1974, p. 176; A. GIDDENS, *The Class Structure of the Advanced Societies*, Londres, Hutchinson University Library, 1973.

125. J.-F. BAYART, *L'État au Cameroun, op. cit.*, pp. 183-185 et pp. 224-232 et « Les sociétés africaines face à l'État », art. cité.

CHAPITRE VII : LA FORMATION DU BLOC HISTORIQUE POSTCOLONIAL

1. C. BUCI-GLUCKSMANN, *Gramsci et l'État. Pour une théorie matérialiste de la philosophie*, Paris, Fayard, 1975, pp. 360 et suiv.

2. P. GINSBORG, « Gramsci and the era of bourgeois Revolution » *in* J.A. DAVIS, ed., *Gramsci and Italy's Passive Revolution*, Londres, Croom Helm, New York, Barnes and Noble Books, 1979, p. 48.

3. J. LONSDALE, « States and social processes in Africa : a historiographical survey », *African Studies Review*, XXIV (2-3), juin-sept. 1981, p. 201.

4. B. MOORE, Jr., *Les Origines sociales de la dictature et de la démocratie*, Paris, Maspero, 1969; A.F.K. ORGANSKI, *The Stages of Political Development*, New York, A.A. KNOPF, 1965.

5. P. GINSBORG, « Gramsci and the era of bourgeois revolution », *in* J.A. Davis, ed., *Gramsci and Italy's Passive Revolution, op. cit.*, p. 47.

6. A. GRAMSCI, *Note sul Machiavelli, sulla politica e sullo Stato moderno*, Turin, Einaudi, 1966, p. 60.

7. A. CABRAL, *Unité et lutte*, Paris, Maspero, 1980 (nouvelle édition); P. CHABAL, *Amilcar Cabral. Revolutionary Leadership and People's War*, Cambridge, Cambridge University Press, 1983.

8. R. MICHELS, *Les Partis politiques. Essai sur les tendances oligarchiques des démocraties*, Paris, Flammarion, 1971, pp. 135 et 197.

9. Cité par Y.-A. FAURÉ, J.-F. MÉDARD, « Classe dominante ou classe dirigeante? », *in* Y.-A. FAURÉ, J.-F. MÉDARD, dir., *État et bourgeoisie en Côte d'Ivoire*, Paris, Karthala, 1982, p. 129. Le programme de M. Houphouët-Boigny lors des élections du 21 octobre 1945 est reproduit *in* J. BAULIN, *La Politique intérieure d'Houphouët-Boigny*, Paris, Eurafor Press, 1982, annexe IV.

10. R.W. JOHNSON, « The Parti démocratique de Guinée and the Mamou " deviation " », *in* C. ALLEN, R.W. JOHNSON, eds., *African Perspectives*, Cambridge, Cambridge University Press, 1970, pp. 347-369; J.-P. ALATA, *Prison d'Afrique. 5 ans dans les geôles de Guinée*, Paris, Le Seuil, 1976, pp. 70-75; I. BABA KAKÉ, *Sékou Touré, le héros et le tyran*, Paris, Éd. Jeune Afrique, 1987.

11. A.R. Zolberg, *One-Party Government in the Ivory Coast*, Princeton, Princeton University Press, 1964, pp. 152 et suiv., 188 et suiv., 208 ct suiv., 250, 278.

12. Discours de M. Houphouët-Boigny, Abidjan, 7 sept. 1958, cité par J. BAULIN, *La Politique intérieure, op. cit.*, p. 100.

13. L. GGAGBO, *Côte d'Ivoire. Économie et société à la veille de l'indépendance (1940-1960)*, Paris, L'Harmattan, 1982 et *Côte d'Ivoire. Pour une alternative démocratique*, Paris, L'Harmattan, 1983; M. AMONDJI, *Félix Houphouët-Boigny et la Côte d'Ivoire. L'envers d'une légende*, Paris, Karthala, 1984.

14. A.R. ZOLBERG, *One-Party Government, op. cit.*

15. J. BAULIN, *La Politique africaine d'Houphouët-Boigny*, Paris, Eurafor Press, 1980.

16. J. BAULIN, *La Politique intérieure..., op. cit.*, pp. 128 et suiv.

17. *Ibid.*, pp. 153 ct suiv.; M.A. COHEN, *Urban Policy and Political Conflict in Africa. A Study of the Ivory Coast*, Chicago, The University of Chicago Press, 1974, pp. 174 et suiv., 196 et suiv.

18. *Fraternité-Matin* (Abidjan), 3 oct. 1980; J.-F. MÉDARD, « Jeunes et aînés en Côte d'Ivoire. Le VIIᵉ Congrès du PDCI-RDA », *Politique africaine*, 1, janv. 1981, pp. 102-113.

19. J.-F. BAYART, *L'État au Cameroun*, Paris, Presses de la Fondation nationale des sciences politiques, 1979.

20. C. COULON, « Élections, factions et idéologies au Sénégal », *in* CEAN-CERI, *Aux urnes l'Afrique! Élections et pouvoirs en Afrique noire*, Paris, Pedone, 1978, p. 172. Voir également F.M. HAYWARD, S.N. GROVOGUI, « Persistence and change in Senegalese electoral processes », *in* F.M. HAYWARD, ed., *Elections in independent Africa*, Boulder, Westview Press, 1987, pp. 248 et 254.

21. D.B. CRUISE O'BRIEN, « Les élections sénégalaises du 27 février 1983 », *Politique africaine*, 11, sept. 1983, p. 8. Pour décrire la politique de libéralisation de MM. Senghor et Abdou Diouf, R. FATTON Jr. recourt, de manière théoriquement assez contestable, aux notions gramsciennes de « crise organique » et de « révolution passive » (« The democratization of Senegal (1976-1983) : " passive revolution " and the democratic limits. of liberal democracy », Los Angeles, XXVIIᵉ Congrès de l'African Studies Association, 1984, multigr. et « Organic crisis, organic

intellectuals and the Senegalese passive revolution », Nouvelle-Orléans, XXVIIᵉ Congrès de l'African Studies Association, 1985, multigr.).

22. A. SYLLA, « De la grève à la réforme. Luttes enseignantes et crise sociale au Sénégal », *Politique africaine*, 8, déc. 1982, pp. 61-73.

23. *Independent Kenya*, Londres, Zed Press, 1982, *passim*.

24. J.D. BARKAN, J.J. OKUMU, « Patrons, machines et élections au Kenya », *in* CEAN-CERI, *Aux urnes l'Afrique!* op. cit., pp. 132-134.

25. Sources : entretiens. Voir J.-C. WILLAME, « Chronique d'une opposition politique : l'UDPS (1978-1987) », *Les Cahiers du CEDAF*, 7-8, déc. 1987, pp. 1-118 et N. Karl I BOND, *Mobutu ou l'incarnation du mal zaïrois*, Londres, Rex Collings, 1982.

26. Cité *in* R. DUMONT, *Pour l'Afrique, j'accuse*, Paris, Plon, 1986, p. 44.

27. A. ADAMS, *La Terre et les gens du Fleuve*, Paris, L'Harmattan, 1985, chap. VIII, G. HESSELING, *Histoire politique du Sénégal. Institutions, droit et société*, Paris, Karthala, Leiden, Afrika-Studiecentrum, 1985, pp. 260-261 et 316-320; J. COPANS, « From Senegambia to Senegal : the evolution of peasantries », *in* M.A. KLEIN, ed., *Peasants in Africa. Historical and Contemporary Perspectives*, Beverly Hills, Sage Publications, 1980, pp. 77-103.

28. Voir par exemple J. CHAMPAUD, *Villes et campagnes du Cameroun de l'Ouest*, Paris, ORSTOM, 1983, pp. 235-259; D. DESJEUX, *Stratégies paysannes en Afrique noire. Le Congo (Essai sur la gestion de l'incertitude)*, Paris, L'Harmattan, 1987.

29. M. VON FREYHOLD, *Ujamaa villages in Tanzania. Analysis of a Social Experiment*, Londres, Heinemann, 1979, pp. 72-77; G. HYDEN, *Beyond Ujamaa in Tanzania. Underdevelopment and an Uncaptured Peasantry*, Londres, Heinemann, 1980, p. 106; D.-C. Martin, *Tanzanie. L'invention d'une culture politique*, Paris, Presses de la Fondation des sciences politiques, Karthala, 1988, chap. VII et XIV.

30. Pour reprendre la célèbre expression de G. HYDEN, *Beyond Ujamaa in Tanzania, op. cit.*

31. R. JEFFRIES, *Class, Power and Ideology in Ghana. The Railwaymen of Sekondi*, Cambridge, Cambridge University Press, 1978; R. SANDBROOK, R. COHEN, eds., *The Development of an African Working Class. Studies in Class Formation and Action*, Toronto, University of Toronto Press, 1975; I. TOURÉ, *Le Travail en Côte d'Ivoire : du collectivisme de fait à la participation provoquée*, Abidjan, Faculté des lettres et sciences humaines, 1978, multigr. et « L'UGTCI et le " développement harmonieux ". Un syndicalisme anticonflits? », *Politique africaine*, 24, déc. 1986, pp. 79-90; D.-C. MARTIN, *Tanzanie, op. cit.*, pp. 100 et suiv.; P. MIHYO, »Expériences autogestionnaires dans l'industrie tanzanienne », *Politique africaine*, 8, déc. 1982, pp. 44-60.

32. M. CAHEN, *Mozambique. La Révolution implosée*, Paris, L'Harmattan, 1987, p. 28. *Cf.*, du même auteur, « État et pouvoir populaire dans le Mozambique indépendant », *Politique africaine*, 19, sept. 1985, pp. 52 et suiv., et « Corporatisme et colonialisme : approche du cas mozambicain, 1933-1979. II. Crise et survivance du corporatisme colonial, 1960-1979 », *Cahiers d'études africaines*, 93, XXIV (1), 1984, pp. 5-24.

33. W.G. CLARENCE-SMITH, « Class structure and class struggles in Angola in the 1970 », *Journal of Southern African Studies*, VII (1), oct. 1980, pp. 109-126; M. CAHEN, *Syndicalisme urbain, luttes ouvrières et questions ethniques : Luanda (Angola) : 1974-1977/1981. Notes sur une recherche*, Paris, L.A. Tiers-Monde, Afrique, 1985, multigr.

34. M. CAHEN, « État et pouvoir populaire dans le Mozambique indépendant », art. cité; N. CHAZAN, « Politics and the State in Ghana : a third decade reassment », *Conference on West African States since 1976*, Londres, Center for African Studies, School of Oriental and African Studies, 1987, multigr.; P. LABAZÉE, « Réorganisation économique et résistances sociales. La question des alliances au Burkina », *Politique africaine*, 20, déc. 1985, pp. 10-28; R. OTAYEK, « Burkina Faso : quand le tambour change de rythme, il est indispensable que les danseurs changent de pas », *Politique africaine*, 28, déc. 1987, pp. 116-123; « Discours populistes, mouvements populaires », *Politique africaine*, 8, déc. 1982, pp. 3-102.

35. M. CHEGE, « A tale of two slums : electoral politics in Mathare and Dagoretti », *Review of African Political Economy*, 20, janv.-avr. 1981, pp. 74-88; G. MAINET, *Douala. Croissance et servitudes*, Paris, L'Harmattan, 1985, pp. 474 et suiv.; L. BRET, « La zone Nylon à Douala », *Projet*, 162, 1982, pp. 163-174; M. ROUMY, « L'animation, sa place, son rôle dans les problèmes actuels d'intégration et de cohésion sociales au quartier Nylon » et L. BARBEDETTE, « Formation non conventionnelle au service de l'animation urbaine (quartier Nylon – Douala) », *Session de formation sur l'environnement urbain en Afrique intertropicale de l'IDEP*, Douala, 1973, multigr., D. FASSIN, E. JEANNÉE, G. SALEM, M. REVILLON, « Les enjeux sociaux de la participation communautaire. Les comités de santé à Pikine (Sénégal) », *Sciences sociales et santé*, IV (3-4), nov. 1986, pp. 205-221.

36. Voir par exemple S. BAGAYOGO, « L'État au Mali. Représentation, autonomie et mode de fonctionnement », *in* E. TERRAY, dir., *L'État contemporain en Afrique*, Paris, L'Harmattan, 1987, pp. 107-110; J. FAME NDONGO, *Le Prince et le scribe. Lecture politique et esthétique du roman négro-africain postcolonial*, Paris, Berger-Levrault, 1988.

37. J. GOODY, *La Raison graphique. La domestication de la pensée sauvage*, Paris, Éditions de Minuit, 1979, chap. II.

38. T. O. RANGER, « Religious movements and politics in sub-saharan Africa », Nouvelle-Orléans, XXVIIe Congrès de l'African Studies Association, 1985, multigr.

39. W. M.J. VAN BINSBERGEN, *Religious Change in Zambia. Exploratory Studies*, Londres, KPI, 1981; M. SCHOFFELEERS, « Economic change and religious polarization in an african rural district », *in* Centre of African Studies, *Malawi, an Alternative Pattern of Development*, Edinburgh, University of Edinburgh, 1985, pp. 189-242. Voir également le curieux essai de G.C. MUTISO, *Kenya. Politics, Policy and Society*, Nairobi, East African Litterature Bureau, 1975, chap. I.

40. *Marchés tropicaux et méditerranéens*, 10 janv. 1986, p. 85.

41. G. DAUCH, D. MARTIN, *L'héritage de Kenyatta. La transition politique au Kenya. 1975-1982*, Paris, L'Harmattan, Presses Universitaires d'Aix-Marseille, 1985, p. 128.

42. Dossier 381, « Église chrétienne », Bruxelles, CEDAF (sur le conflit entre M. Mobutu et le cardinal Malula); P. CHAMAY, « L'Église au Burundi. Un conflit peut en cacher un autre », *Études*, fév. 1987, pp. 158-170; J.-P. CHRÉTIEN, A. QUICHAOUA, « Burundi, d'une République à l'autre », *Politique africaine*, 29, mars 1988, pp. 87-94; J.-F. BAYART, *L'État au Cameroun, op. cit., passim* et « Les rapports entre les Églises et l'État du Cameroun de 1958 à 1971 », *Revue française d'études politiques africaines*, 80, août 1972, pp. 79-104.

43. M.G. SCHATZBERG, *Politics and Class in Zaïre*, New York, Africana Publishing Company, 1980, p. 50. Voir également « Essai de profil des prêtres de l'an 2000 au Zaïre. Message du cardinal Malula », *La Documentation catholique*, 1er mai 1988, pp. 463-469.

44. Voir en particulier D.B. CRUISE O'BRIEN, *The Mourides of Senegal*, Oxford, Clarendon Press, 1971; J. COPANS, *Les Marabouts de l'arachide*, Paris, Le Sycomore, 1980; C. COULON, *Le Marabout et le prince. Islam et pouvoir au Sénégal*, Paris, Pedone, 1981.

45. C.S. WHITAKER, JR., *The Politics of Tradition. Continuity and Change in Northern Nigeria. 1946-1966*, Princeton, Princeton University Press, 1970, p. 315; P.M. LUBECK, *Islam and Urban Labor in Northern Nigeria : the Making of a Muslim Working Class*, Cambridge, Cambridge University Press, 1986, pp. 35-36.

46. R. DELVAL, *Les Musulmans du Togo*, Paris, Publications orientalistes de France, 1980; J.-L. TRIAUD, « L'islam et l'État en République du Niger (1974-1981) », *in* O. CARRÉ, dir., *L'Islam et l'État dans le monde d'aujourd'hui*, Paris, PUF, 1982, pp. 246-257; F. CONSTANTIN, « Minorité religieuse et luttes politiques dans l'espace ougandais », *Politique africaine*, 4, nov. 1981, pp. 71-89; C. COULON, *Les Musulmans et le pouvoir en Afrique noire*, Paris, Karthala, 1983, chap. IV; M. LOBE EWANE, « Des intégristes entre le marabout et le prince. La montée du discours fondamentaliste musulman au Sénégal », *Le Monde diplomatique*, avr. 1985, p. 15. Pour un cas assez différent, voir R. OTAYEK, « La crise de la communauté musulmane de Haute-Volta. L'islam voltaïque entre réformisme et tradition, autonomie et subordination », *Cahiers d'études africaines*, 95, XXIV-3, 1984, pp. 299-320.

47. J. MACCRACKEN, *Politics and Christianity in Malawi. 1875-1940. The Impact of the Livingstonia Mission in the Northern Province*, Cambridge, Cambridge University Press, 1977, chap. VIII.

48. S. ASCH, *L'Église du prophète Kimbangu. De ses origines à son rôle actuel au Zaïre*, Paris, Karthala, 1983; W. MACGAFFEY, *Modern Kongo Prophets, op. cit.*

49. Discours d'Augustin Denise, 1er novembre 1968, cité *in* C. PIAULT, dir., *Prophétisme et thérapeutique. Albert Atcho et la communauté de Bregbo*, Paris, Hermann, 1975, pp. 70-72.

50. A. ZEMPLENI, « De la persécution à la culpabilité » et M. AUGÉ, « Logique lignagère et logique de Bregbo », *ibid.*, pp. 153-236.

51. A l'instar de ce qu'affirme, après d'autres, G. HYDEN, *No Shortcuts to Progress. African Development Management in Perspective*, Londres, Heinemann, 1983, p. 19.

52. J. MACCRACKEN, *Politics and Christianity in Malawi, op. cit.*, chap. VIII; W. MACGAFFEY, *Modern Kongo Prophets, op. cit.*, chap. III et IV.

53. *Africa Confidential*, 25 (21), 17 oct. 1984; *Marchés tropicaux et méditerranéens*, 27 févr. 1987, p. 474 et 12 févr. 1988, p. 375. Voir également, au sujet du Congo, M.-E. GRUENAIS, D. MAYALA, « Comment se débarrasser de l' " inefficacité symbolique " de la médecine traditionnelle? », *Politique africaine*, 31, oct. 1988, pp. 51-61; A. KOUVOUAMA, « A chacun son prophète! », *ibid.*, pp. 62-65; J. TONDA, « Marx et l'ombre des fétiches. Pouvoir local contre *ndjobi* dans le Nord-Congo », *ibid.*, pp. 73-83.

54. Dossier 404/3, « religion », CREDU, Nairobi (en particulier *The Standard* (Nairobi), 23 avr. 1984, 30 mai 1984, 12 juil. 1984, 17 juil. 1984; *Daily Nation* (Nairobi), 9 déc. 1982, 13 août 1985; *Nairobi Times* (Nairobi), 9 déc. 1982); W.M.J. VAN BINSBERGEN, *Religious Change in Zambia, op. cit.*; W.M.J. VAN BINSBERGEN, M. SCHOFFELEERS, eds., *Theoretical Explorations in African Religion*, Londres, KPI, 1985; A. WIPPER, *Rural Rebels. A Study of two Protest Movements in Kenya*, Nairobi, Oxford University Press, 1977; G.S. WERE, « Politics, religion and nationalism in Western Kenya, 1942-1962 : Dini ya Msambwa revisited », *in* B.A. OGOT, ed., *Politics and Nationalism in Colonial Kenya*, Nairobi, East African Publishing House, 1972, pp. 85-104.

55. E. DE ROSNY, *Les Yeux de ma chèvre*, Paris, Plon, 1981; J.-M. GIBBAL, *Tambours d'eau*, Paris, Le Sycomore, 1982.

56. Voir à ce propos les commentaires de H. PORTELLI, *Gramsci et le bloc historique*, Paris, PUF, 1972; de C. BUCI-GLUCKSMANN, *Gramsci et l'État, op. cit.*, p. 75; de M.-A. MACCIOCHI, *Pour Gramsci*, Paris, Le Seuil, 1974; de C. MOUFFE, « Hegemony and ideology in Gramsci », *in* C. MOUFFE, ed., *Gramsci and Marxist Theory*, Londres, Routledge and Kegan Paul, 1979, p. 201.

57. Sur ce point, *cf.* H. PORTELLI, *Gramsci et le bloc historique, op. cit.*, pp. 86-89.

58. A. GIDDENS, *Central Problems in Social Theory. Action, Structure and Contradiction in Social Analysis*, Londres, MacMillan, 1979, p. 206.

59. F. BRAUDEL, *L'Identité de la France. Espace et histoire*, Paris, Arthaud, Flammarion, 1986, p. 278.

60. Voir, sur ces différents exemples, C. YOUNG, T. TURNER, *The Rise and Decline of the Zaïrian State*, Madison, The University of Wisconsin Press, 1985, pp. 152 et suiv.; E. M'BOKOLO, « La triple stratification zaïroise », *Le Monde diplomatique*, nov. 1981, p. 21; M.G. SCHATZBERG, *Politics and Class in Zaïre, op. cit.*, p. 91; F. GAULME, « Succès et difficultés des pays des Grands Lacs : le Burundi », *Marchés tropicaux et méditerranéens*, 24 juil. 1987, p. 2007; R.A. JOSEPH, *Democracy and Prebendal Politics in Nigeria. The Rise and Fall of the Second Republic*, Cambridge, Cambridge University Press, 1987; *Africa Confidential*, 28 (22), 4 nov. 1987; *ibid.*, 28 (5), 4 mars 1987.

61. *Cf.* notamment J.-P. CHAUVEAU et J.-P. DOZON, « Colonisation, économie de plantation et société civile en Côte d'Ivoire », *Cahiers ORSTOM, série Sciences humaines*, XXI (1), 1985, pp. 63-80 et « Au cœur des ethnies ivoiriennes... l'État », *in* E. TERRAY, dir., *L'État contemporain en Afrique*, Paris, L'Harmattan, 1987, pp. 221-296.

62. Voir, par exemple, C.M. TOULABOR, *Le Togo sous Eyadema*, Paris, Karthala, 1986; H. OSSEBI, *Affirmation ethnique et discours idéo-*

logique au Congo. Essai d'interprétation, Paris, Université René-Descartes, 1982, multigr.

63. J.-P. CHAUVEAU, J.-P. DOZON, « Au cœur des ethnies ivoiriennes... l'État », *in* E. TERRAY, dir., *L'État contemporain en Afrique, op. cit.*, p. 269.

64. J.-F. BAYART, *La Politique africaine de François Mitterrand*, Paris, Karthala, 1984, pp. 140 et suiv.

65. Voir notamment N. SWAINSON, *The Development of Corporate Capitalism in Kenya. 1918-1977*, Londres, Heinemann, 1980.

66. C. BUCI-GLUCKSMANN, *Gramsci et l'État, op. cit.*, p. 75.

67. *Cahiers de prison*, VII, paragr. 28, *in* A. GRAMSCI, *Cahiers de prison*, vol. II : *Cahiers 6, 7, 8, 9*, Paris, Gallimard, 1983.

68. A. GRAMSCI, *Il Risorgimento*, Turin, Einaudi, 1966, p. 191.

69. Manifeste du Parti de la solidarité sénégalaise, *Dakar-Matin*, 2 févr. 1959 et *Solidarité* (Dakar), 6, 29 août 1959, cités *in* C. COULON, *Le Marabout et le Prince, op. cit.*, pp. 216-217.

70. Propos cités par P.-H. SIRIEX, *Houphouët-Boigny ou la sagesse africaine*, Paris, Nathan, Abidjan, Les Nouvelles Éditions africaines, 1986, pp. 185 et 193. Voir également A.R. ZOLBERG, *One-Party Government in the Ivory Coast, op. cit.*, pp. 234 et suiv. et, pour le cas de Léon Mba, F. GAULME, *Le Gabon et son ombre*, Paris, Karthala, 1988, pp. 133-134.

71. Propos cités par J.-F. BAYART, *La Politique africaine de François Mitterrand, op. cit.*, p. 140.

72. J.-M. KALFLÈCHE, « Comment Cheysson est devenu " la bête noire " des Africains », *Le Quotidien de Paris*, 17 août 1983 et « Mitterrand l'Africain : le risque de l'incohérence », *ibid.*, 3 nov. 1981.

73. P.-H. SIRIEX, *Houphouët-Boigny, op. cit.*, p. 88.

74. C. et A. DARLINGTON, *African Betrayal*, New York, David McKay, 1968, p. 115-121.

75. J.-F. BAYART, *La Politique africaine de François Mitterrand, op. cit.*

76. G. DURUFLÉ, *L'Ajustement structurel en Afrique (Sénégal, Côte d'Ivoire, Madagascar)*, Paris, Karthala, 1988 et C. FREUD, *Quelle coopération? Un bilan de l'aide au développement*, Paris, Karthala, 1988.

77. J.-P. CHAUVEAU, J.-P. DOZON, « Au cœur des ethnies ivoiriennes... l'État » *in* E. TERRAY, dir., *L'État contemporain en Afrique, op. cit.*, p. 221-296.

78. J. BAULIN, *La politique africaine d'Houphouët-Boigny, op. cit.*

79. Mouvement de redressement national, *Gabon : livre blanc. 1981*, s.l., s.d., multigr., p. 29 (souligné par nous).

80. J.-F. MÉDARD, « Charles Njonjo : portrait d'un " big man " au Kenya », *in* E. TERRAY, dir., *L'État contemporain en Afrique, op. cit.*, p. 55.

81. Voir J. ILIFFE, *The Emergence of African Capitalism*, Londres, MacMillan, 1983 et P.M. LUBECK, *Islam and Urban Labor in Northern Nigeria, op. cit.*

82. N. CHAZAN, *An Anatomy of Ghanaian Politics : Managing Political Recession. 1969-1982*, Boulder, Westview Press, 1982; H.B. HANSEN, M. TWADDLE, eds., *Uganda now. Between Decay and Development*,

Londres, James Currey, Athen, Ohio University Press, Nairobi, Heinemann, 1988.

83. M. CAHEN, *Mozambique, op. cit.*

84. *Africa Confidential*, 29 (3), 5 févr. 1988; J.-C. WILLAME, « Zaïre : système de survie et fiction d'État », *Canadian Journal of African Studies*, 18 (1), 1984, pp. 83-88; J. MACGAFFEY, *Entrepreneurs and Parasites; the Struggle for Indigenous Capitalism in Zaïre*, Cambridge, Cambridge University Press, 1987, chap. VI.

85. « Les puissances moyennes et l'Afrique », *Politique africaine*, 10, juin 1983, pp. 3-74.

86. J. OKELLO, *Revolution in Zanzibar*, Nairobi, East African Publishing House, 1967; A. SESAY, « Le coup d'État au Liberia. Facteurs internes et effets régionaux », *Politique africaine*, 7, sept. 1982, pp. 91-106; Y.-A. FAURÉ, « Ouaga et Abidjan : divorce à l'africaine? Les raisons contre la raison », *Politique africaine*, 20, déc. 1985, pp. 78-86.

87. *Africa Confidential*, 28 (4), 2 déc. 1987.

88. *Ibid.*; C. COULON, *Le Marabout et le prince, op. cit.*, pp. 259 et suiv. et *Les Musulmans et le pouvoir en Afrique noire, op. cit.*, chap. V; J.H. PADEN, *Religion and Political Culture in Kano,* Los Angeles, University of California Press, 1973.

89. Sources : entretiens et observation personnelle.

90. M. KILSON, *Political Change in a West African State. A Study of the Modernization Process in Sierra Leone*, Cambridge, Harvard University Press, 1966.

91. G. DAUCH, D. MARTIN, *L'Héritage de Kenyatta, op. cit.*, chap. VII et VIII.

92. M. VOVELLE, *Idéologies et Mentalités,* Paris, Maspero, 1982, pp. 321 et suiv.

93. G. DUPRÉ, *Un ordre et sa destruction*, Paris, ORSTOM, 1982, pp. 366 et suiv.

94. E. DE ROSNY, *Les Yeux de ma chèvre, op. cit.*, p. 93. Pour des représentations similaires, voir W. MACGAFFEY, *Modern Kongo Prophets, op. cit.*, pp. 130-140.

95. Voir, par exemple, les notions de *sama* (« chez les Blancs ») au Togo pour désigner le Sud développé et ceux qui y travaillent (C.M. TOULABOR, *Le Togo, op. cit.*, p. 37); de « pays des Blancs » pour nommer en pays maka la ville (P. GESCHIERE, *Village communities and the State. Changing Relations among the Maka of Southeastern Cameroon since the Colonial Conquest,* Londres, KPI, 1982, p. 206); de *Kôgo mindélé* (« ceux qui se croient les Blancs du Congo ») dans le Haut-Congo pour désigner les Bakongo (G. BALANDIER, *Sociologie actuelle de l'Afrique noire*, Paris, PUF, 1971, nouvelle éd., p. 293; de *Kimundele* (européen, par opposition à *kindombe*, noir) et de *Mputu* (Europe) chez les Bakongo de Matadi au Zaïre (W. MACGAFFEY, *Modern Kongo Prophets, op. cit.*, pp. 97 et 130-140).

TROISIÈME PARTIE
L'Action politique

CHAPITRE VIII : ENTREPRENEURS, FACTIONS ET RÉSEAUX POLITIQUES

1. C. Mouffe, ed., *Gramsci and Marxist Theory,* Londres, Routledge and Kegan Paul, 1979.

2. E.P. Thompson, *The Making of the English Working Class,* Londres, Victor Gollancz, 1963.

3. *L'Invention du quotidien,* M. de Certeau, vol. I : *Arts de faire* et L. Giard, P. Mayol, vol. II : *Habiter, cuisiner,* Paris, Union générale d'éditions, 1980. Voir par exemple R. de Maximy, *Kinshasa, ville en suspens. Dynamique de la croissance et problèmes d'urbanisme. Approche sociopolitique,* Paris, ORSTOM, 1984; A. Bonnassieux, *L'Autre Abidjan. Chronique d'un quartier oublié,* Abidjan, INADES, Paris, Karthala, 1987; P. Antoine, A. Dubresson, A. Manou-Savina, *Abidjan « côté cours »,* Paris, ORSTOM, Karthala, 1987.

4. J.-F. Bayart, « Le politique par le bas en Afrique noire. Questions de méthode », *Politique africaine,* 1, janv. 1981, pp. 53-82.

5. J.-F. Bayart, *L'État au Cameroun,* Paris, Presses de la Fondation nationale des sciences politiques, 1979, pp. 256 et suiv. et « La revanche des sociétés africaines », *Politique africaine,* 11, sept. 1983, pp. 95-127; R. Cohen, « Resistance and Hidden Forms of Consciousness amongst African Workers », *Review of African Political Economy,* 19, sept.-déc. 1980, pp. 8-22.

6. M. de Certeau, *L'Invention du quotidien,* vol. I, *Arts de faire, op. cit.*

7. B. Verhaegen, *Rébellions au Congo,* Bruxelles, Kinshasa, CRISP, INEP, IRES, 1966 et 1969.

8. R. Buijtenhuijs, *Le Frolinat et les guerres civiles du Tchad (1977-1984),* Paris, Karthala, Leiden, Afrika-Studiecentrum, 1987. Sur le régime de Yoweri Museveni, *cf.* G. Prunier, « Le phénomène NRM en Ouganda. Une expérience révolutionnaire originale », *Politique africaine,* 23, sept. 1986, pp. 102-114 et « La réforme économique ougandaise de mai 1987 », *ibid.,* 28, déc. 1987, pp. 129-134.

9. A. Peace, « Prestige power and legitimacy in a modern Nigerian town », *Canadian Journal of African Studies,* 13 (1-2), 1979, pp. 26-51; P.C.W. Gutkind, « The view from below : political consciousness of the urban poor in Ibadan », *Cahiers d'études africaines,* 57, XV (1), 1975, pp. 5-35; M. Peil, *Nigerian Politics. The People's View,* Londres, Cassel, 1976; C.M. Toulabor, « L'énonciation du pouvoir et de la richesse chez les jeunes " conjoncturés " de Lomé (Togo) », *Revue française de science politique* 35 (3), juin 1985, pp. 446-458.

10. J.-F. BAYART, « Les sociétés africaines face à l'État », *Pouvoirs*, 25, avr. 1983, pp. 23-39; C. COULON, *Les Musulmans et le pouvoir en Afrique noire*, Paris, Karthala, 1983, ainsi que – pour des exemples extra-africains – M. CHAUI, « Le Brésil et ses phantasmes », *Esprit*, oct. 1983, pp. 200 et suiv.; H. BÉJI, *Le Désenchantement national*, Paris, Maspero, 1982; J.-L. DOMENACH, « Chine : la victoire ambiguë du vieil homme », *Revue française de science politique*, 35 (3), juin 1985, pp. 374-400; B. JOBERT, « La crise de l'État indien », *Économie et humanisme*, 266, juil.-août 1982, pp. 17-27; S. UWAIS, « Sur quelques modes égyptiens de résistance à l'oppression et aux épreuves », *Modes populaires d'action politique*, 2, 1984, pp. 3-11; M.P. MARTIN, s.j., « Égypte : les modes informels du changement », *Études*, avr. 1980, pp. 435-452.

11. C. VAN ONSELEN, *Chibaro. African Mine Labour in Southern Rhodesia. 1900-1933*, Londres, Pluto Press, 1976; F. COOPER, *On the African Waterfront. Urban Disorder and the Transformation of Work in Colonial Mombasa*, New-Haven, Yale University Press, 1987; P.M. LUBECK, *Islam and Urban Labor in Northern Nigeria. The Making of a Muslim Working Class*, Cambridge, Cambridge University Press, 1986; A. PEACE, *Choice, Class and Conflict. A Study of Southern Nigerian Factory Workers*, Londres, Harvester Press, 1979; M. PEIL, *The Ghanaian Factory Worker*, Cambridge, Cambridge University Press, 1970; R. JEFFRIES, *Class, Ideology and Power in Africa : the Railwaymen of Sekondi*, Cambridge, Cambridge University Press, 1978; B. FREUND, *The African Worker*, Cambridge, Cambridge University Press, 1988; R. SANDBROOK, R. COHEN, eds., *The Development of an African Working Class*, Londres, Longman, 1975; M. AGIER, J. COPANS, A. MORICE, dir., *Classes ouvrières d'Afrique noire*, Paris, Karthala, 1987.

12. T. RANGER, *Peasant Consciousness and Guerilla War in Zimbabwe. A Comparative Study*, Londres, James Currey, Berkeley, University of California Press, 1985.

13. A. GIDDENS, *The Class Structure of the Advanced Societies*, Londres, Hutchinson University Library, 1973, p. 132.

14. D. AUSTIN, « Introduction » in D. AUSTIN, R. LUCKHAM, eds., *Politicians and Soldiers in Ghana. 1966-1972*, Londres, Franck Cass, 1975, pp. 7-12.

15. Voir par exemple l'itinéraire de R. SANDBROOK, de *The Development of an African Working Class* (en collaboration avec R. COHEN, *op. cit.*) et de *The Politics of Basic Needs. Urban Aspects of Assaulting Poverty in Africa* (Toronto, University of Toronto Press, 1982) à *The Politics of Africa's Economic Stagnation* (Cambridge, Cambridge University Press, 1985), en passant par « Patrons, clients and factions : new dimensions of conflict analysis in Africa », *Canadian Journal of Political Science*, 5 (1), mars 1972, pp. 104-119. C'est certainement R. Lemarchand qui a analysé avec le plus de constance et de rigueur cette dimension factionnelle de la vie politique au sud du Sahara (voir notamment « Political clientelism and ethnicity in tropical Africa : competing solidarities in nation-building », *American Political Science Review*, LXVI (1), mars 1972, pp. 68-90; S.N. EISENSTADT, R. LEMARCHAND, eds., *Political clientelism, Patronage and Development*, Beverly Hills, Sage Publications, 1981; « Bringing factions back into the state » in NZONGOLA-

NTALAJA, ed., *The Crisis in Zaïre : Myth and Realities*, Trenton, Africa World Press, 1982, pp. 51-66).

16. A. PRZEWORSKY, « Proletariat into a class : the process of class formation from Karl Kautsky's *The Class Struggle* to recent controversies », *Politics and Society*, 7, 1977, pp. 343-401 (fréquemment cité par certains auteurs africanistes, en particulier l'historien F. COOPER).

17. D.B. CRUISE O'BRIEN, *Saints and Politicians. Essays in the Organization of a Senegalese Peasant Society*, Cambridge, Cambridge University Press, 1975, chap. v. Voir également C. COULON, *Le Marabout et le Prince. Islam et pouvoir au Sénégal*, Paris, Pedone, 1981 et « Elections, factions et idéologies au Sénégal » *in* CEAN, CERI, *Aux urnes l'Afrique! Élections et pouvoirs en Afrique noire*, Paris, Pedone, 1978, pp. 149-186; W.G. FOLTZ, « Social structure and political behavior of Senegalese elites », *Behavior Science Notes*, 4 (2), 1969, pp. 145-163; O.B. DIOP, *Les Héritiers d'une indépendance*, Dakar, Nouvelles Éditions africaines, 1982, p. 95.

18. Parti socialiste du Sénégal, Groupe d'études et de recherches, *Séminaire sur le thème : les tendances et les clans*, Dakar, 1er déc. 1984, multigr., p. 7; *Le Soleil* (Dakar), 3 déc. 1984 et *Muntu-Dimanche* (Dakar), 19, déc. 1986, p. 2. Voir également les règles édictées par le Secrétariat général du Parti pour la vente des cartes, Parti socialiste du Sénégal, circulaire sur la vente des cartes, Dakar, 28 mars 1984, no 001/84/SG/PS, multigr., complétée par les circulaires du 4 mai 1984, no 02/84/SG/PS et du 3 fév. 1986, no 011/85/SG/PS.

19. A. DIOUF, secrétaire général, *Rapport de politique générale. Le PS, parti de développement*, Dakar, congrès ordinaire du Parti socialiste du Sénégal, 20-21 déc. 1986, multigr., pp. 56-58.

20. D.B. CRUISE O'BRIEN, « Senegal » *in* J. DUNN, ed., *West African States. Failure and Promise. A Study in Comparative Politics*, Cambridge, Cambridge University Press, 1978, pp. 187-188.

21. Parti socialiste du Sénégal, Groupe d'études et de recherche, *Séminaire sur le thème : les tendances et les clans, op. cit.*, pp. 5-6.

22. *Ibid.*, p. 4.

23. J. SCHMITZ, « Un politologue chez les marabouts », *Cahiers d'études africaines*, 91, XXIII (3), 1983, pp. 332 et 335.

24. Voir en particulier E.S. NDIONE, *Dynamique urbaine d'une société en grappe : un cas, Dakar,* Dakar, ENDA, 1987 et D. FASSIN, E. JEANNÉE, G. SALEM, M. RÉVEILLON, « Les enjeux sociaux de la participation communautaire. Les comités de santé à Pikine (Sénégal) », *Sciences sociales et santé*, IV (3-4), nov. 1986, pp. 205-221. Sur les luttes factionnelles au sein des confréries islamiques, *cf.* C. COULON, *Le Marabout et le Prince, op. cit.*, pp. 244 et suiv.

25. J. SCHMITZ, « Un politologue chez les marabouts », art. cité, pp. 334-335. Pour une analyse plus nuancée, refusant de réduire les conflits politiques du royaume d'Oyo, au Nigeria, à des conflits entre lignages, *cf.* R. LAW, « Making sense of a traditional narrative : political disintegration in the kingdom of Oyo », *Cahiers d'études africaines*, 87-88, XXII (3-4), 1982, p. 396.

26. D. MARTIN, G. DAUCH, *L'Héritage de Kenyatta. La transition politique au Kenya. 1975-1982,* Aix, Presses universitaires d'Aix-Marseille, Paris, L'Harmattan, 1985, p. 101.

27. *Ibid., passim*; *Weekly Review* (Nairobi), 1978-1986; Dossiers 140/221 « Élites politiques : Charles Njonjo », et 404/3 « Religion », Nairobi, CREDU, 1980-1984; R. SANDBROOK, « Patrons, clients and factions », art. cit.; J.D. BARKAN, J.J. OKUMU, « Patrons, machines et élections au Kenya » *in* CEAN, CERI, *Aux urnes l'Afrique!, op. cit.,* pp. 119-147; G. HYDEN, C. LEYS, « Elections and politics in single party systems : the case of Kenya and Tanzania », *British Journal of Political Science,* 2 (4), oct. 1972, pp. 389-420; D. BOURMAUD, *Le Système politique du Kenya : centre et périphérie,* Bordeaux, Institut d'études politiques, s.d. (1985), multigr., pp. 261 et suiv.

28. M. SZEFTEL, « The political process in post-colonial Zambia : the structural bases of factional conflict » *in* Centre of African Studies, *The Evolving Structure of Zambia Society,* Edinburgh, University of Edinburgh, 1980, multigr., pp. 64-95; R. TANGRI, *Politics in sub-saharan Africa,* Londres, James Currey, Portsmouth, Heinemann, 1985, chap. II; N. CHAZAN, *An Anatomy of Ghanaian Politics. Managing Political Recession. 1969-1982,* Boulder, Westview Press, 1983, pp. 95 et suiv.; et, pour la Somalie, *Africa Confidential,* 27 (12), 4 juin 1986 et 27 (22), 29 oct. 1986.

29. D.-C. MARTIN, *Tanzanie : l'invention d'une culture politique,* Paris, Presses de la Fondation nationale des sciences politiques, Karthala, 1988, chap. XIV; J.-F. BAYART, *L'État au Cameroun,* Paris, Presses de la Fondation nationale des sciences politiques, 1979, *passim.*

30. PDCI, *Séminaires d'information et de formation des secrétaires généraux. Yamoussoukro : 3-7 mai 1982. Abidjan : 10-11 décembre 1982. Yamoussoukro : 27-29 décembre 1983,* Abidjan, Fraternité-Hebdo, 1985, pp. 8-10 et 11-14. Voir également A. BONNAL, « L'administration et le parti face aux tensions », *Politique africaine,* 24, déc. 1986, pp. 20-28.

31. F. AMANI GOLY, inspecteur du Parti pour la région du Centre-Ouest, « Entraves internes et externes à la bonne marche des sections » *in* PDCI, *Le Quatrième Séminaire des secrétaires généraux, Yamoussoukro : 7, 8 et 9 mars 1985,* Abidjan, Fraternité-Hebdo, 1985, p. 17.

32. Déclaration de Ansoumane Magassouba, citée *in* I. BABA KAKÉ, *Sékou Touré, le héros et le tyran,* Paris, Jeune Afrique, 1987, p. 60.

33. J. SPENCER, *KAU. The Kenya African Union,* Londres, KPI, 1985; R. UM NYOBÉ, *Le Problème national kamerunais.* Présenté par J.A. Mbembé, Paris, L'Harmattan, 1984; N. CHAZAN, *An Anatomy of Ghanaian Politics, op. cit.,* pp. 95 et suiv.; R. RATHBONE, « Businessmen in politics : party struggle in Ghana, 1949-1957 », *Journal of Development Studies,* 9 (3), avril 1973, pp. 391-401; D.E. APTER, *Ghana in Transition,* Princeton, Princeton University Press, 1972.

34. Voir par exemple J.-C. WILLAME, « Chronique d'une opposition politique : l'UDPS (1978-1987) », *Les Cahiers du CEDAF,* 7-8, déc. 1987, pp. 1-118; R. BUIJTENHUIJS, *Le Frolinat et les guerres civiles du Tchad, op. cit.;* R.M. PRICE, *Society and Bureaucracy in Contemporary Ghana,* Berkeley, University of California Press, 1975.

35. Voir, par exemple, F. DE MEDEIROS, « Armée et instabilité : les partis militaires au Bénin » *in* A. ROUQUIÉ, dir., *La Politique de Mars. Les processus politiques dans les partis militaires contemporains,* Paris,

Le Sycomore, 1981, pp. 123-149; A. MORICE, « Commerce parallèle et troc à Luanda », *Politique africaine*, 17, mars 1985, pp. 105-120; ou les documents produits par un groupuscule zaïrois, les Étudiants congolais progressistes (ECP) – fondamentalistes (notamment les tracts de l'automne 1982, dans la veine « J.B. Mulemba et A. Kalabela : deux escrocs politiques, deux faussaires, deux anti-démocrates, deux agitateurs »).

36. P. PÉAN, *Affaires africaines*, Paris, Fayard, 1983.

37. M.MAMDANI, *Imperialism and Fascism in Uganda*, Nairobi, Heinemann, 1983, pp. 98-99; J.-C. WILLAME, *Zaïre. L'épopée d'Inga. Chronique d'une prédation industrielle*, Paris, L'Harmattan, 1986, pp. 137-138; N. SWAINSON, *The Development of Corporate Capitalism in Kenya. 1918-1977*, Londres, Heinemann, 1980, pp. 274-276; C. YOUNG, T. TURNER, *The Rise and Decline of the Zaïrian State*, Madison, The University of Wisconsin Press, 1985, pp. 171 et 176; *Africa Confidential*, 1984-1988.

38. Dossier 140/221, « Élites politiques : Charles Njonjo », Nairobi, CREDU, 1983-1984; *Weekly Review* (Nairobi), 1983-1984; Republic of Kenya, *Report of Judicial Commission Appointed to Inquire into Allegations Involving Charles Mugane Njonjo (Former Minister for Constitutional Affairs and Member of Parliament for Kikuyu Constituency)*, Nairobi, The Commissions of Inquiry Act, 1984. Un autre cas intéressant à étudier serait celui du puissant homme d'affaires Shariff Nassir, le « roi de la côte », qui contrôle la section de la KANU à Mombasa.

39. *Africa Confidential*, 28 (13), 24 juin 1987.

40. M. CROZIER, *Le phénomène bureaucratique*, Paris, Le Seuil, 1963; J.-C. THOENIG, F. DUPUY, *L'Administration en miettes*, Paris, Fayard, 1985; T. LUPTON, C.S. WILSON, « The social background and connections of "top decision-makers" », *Manchester School of Economics and Social Studies*, 27 (1), 1959, pp. 30-51.

41. Voir, par exemple, A.J. NATHAN, « A factionalism model for CCP politics », *The China Quarterly*, janv.-mars 1973, pp. 34-66; W. CORNELIUS, « Leaders, followers and official patrons in urban Mexico » *in* S.W. SCHMIDT, L. GUASTI, J.C. SCOTT, eds., *Friends, Followers and Factions*, Berkeley, University of California Press, 1977, pp. 337-353; M.D. SAHLINS, « Poor man, rich man, Big-man, chief : political types in Melanesia and Polynesia », *Comparative Studies in Society and History*, V (3), avr. 1963, pp. 285-303; J.C. SCOTT, « Patron-client politics and political change in South-East Asia », *American Political Science Review*, LXVI, mars 1972, pp. 91-113; J. DUNCAN POWELL, « Peasant society and clientelist politics », *ibid.*, LXIV (2), juin 1970, pp. 411-425; C.A.O. VAN NIEUWENHUIJZE, *Sociology of the Middle East. A Stock-Taking and Interpretation*, Leiden, Brill, 1971, pp. 668 et suiv.; J.-M. BOUISSOU, « Le Parti libéral-démocrate existe-t-il? », *Pouvoirs*, 35, 1985, pp. 71-84 et « Les factions dans le système politique japonais : le cas du Parti libéral-démocrate », « *Revue du droit public et de la science politique en France et à l'étranger*, hiver 1981, pp. 1271-1345.

42. J.-P. DOZON, *La Société bété. Histoire d'une « ethnie » de Côte d'Ivoire*, Paris, Karthala, ORSTOM, 1985, p. 84. Voir également J. VANSINA, *Les Anciens Royaumes de la savane*, Léopoldville, Institut de

recherches économiques et sociales, s.d. (1965); J.-P. WARNIER, *Échanges, développement et hiérarchies dans le Bamenda précolonial*, Stuttgart, Franz Steiner Verlag Wiesbaden, 1985.

43. J. VAN VELSEN, *The Politics of Kinship : a Study in Social Manipulation among the Lakeside Tonga of Nyasaland*, Manchester, Manchester University Press, 1964; P.H. GULLIVER, *Neighbours and Networks. The Idiom of Kinship in Social Action among the Ndendeuli of Tanzania*, Berkeley, University of California Press, 1971; P. GESCHIERE, *Village Communities and the State. Changing Relations among the Maka of Southeastern Cameroon since the Colonial Conquest*, Londres, KPI, 1982.

44. D. FASSIN et al., « Les enjeux sociaux de la participation communautaire », art. cit., pp. 217-218.

45. S.T. BARNES, *Patrons and Power. Creating a Political Community in Metropolitan Lagos*, Manchester, Manchester University Press, 1986; A. PEACE, « Prestige power and legitimacy in a modern Nigerian town », art. cit.; A. COHEN, *Custom and Politics in urban Africa. A Study of Hausa Migrants in Yoruba Towns*, Berkeley, University of California Press, 1969, pp. 96-97; R. PRICE, « Politics and culture in contemporary Ghana : the big-man small-boy syndrome », *Journal of African Studies*, I (2), été 1974, pp. 173-204.

46. B. JOINET, *Tanzanie, manger d'abord*, Paris, Karthala, 1981, pp. 189-191. Voir également, au sujet de l'Angola, L. MONNIER, « L'écrivain, le chien et la poétique de l'informel à Luanda (Angola) », *Revue européenne des sciences sociales*, XXVI (81), 1988, pp. 101-119.

47. S.T. BARNES, *Patrons and Power, op. cit.*; E.S. NDIONE, *Dynamique urbaine d'une société en grappe, op. cit.*

48. R. PRICE, *Society and Bureaucracy in Contemporary Ghana, op. cit.*

49. *Cf.*, par exemple, J.D. BARKAN, J.J. OKUMU, « Patrons, machines et élections au Kenya » *in* CEAN, CERI, *Aux urnes l'Afrique! op. cit.*, p. 142; G. DAUCH, D. MARTIN, *L'Héritage de Kenyatta, op. cit.*, pp. 66 et suiv. et 75 et suiv.

50. E. TERRAY, « Le climatiseur et la véranda » *in Afrique plurielle, Afrique actuelle. Hommage à Georges Balandier*, Paris, Karthala, 1986, pp. 37-44.

51. A. COHEN, *The Politics of Elite Culture*, Los Angeles, University of California at Los Angeles Press, 1981.

52. D.-C. MARTIN, *Tanzanie, op. cit.*; D. MARTIN, G. DAUCH, *L'Héritage de Kenyatta, op. cit.*; J.-D. BARKAN, « The electoral process and peasant-state relations in Kenya » *in* F.M. HAYWARD, ed., *Elections in Independent Africa, op. cit.*, pp. 213-237; D. BOURMAUD, « Les élections au Kenya : tous derrière et Moi devant... » et B. SMITH, « Les élections au Kenya : du passé faisons table rase! », *Politique africaine*, 31, oct. 1988, pp. 85-92; D.B. CRUISE O'BRIEN, *Saints and Politicians, op. cit.*

53. J. BAZIN, « Guerre et servitude à Ségou » *in* C. MEILLASSOUX, dir., *L'Esclavage en période précoloniale*, Paris, Maspero, 1975, pp. 135-181.

54. J. VANSINA, *Les Anciens Royaumes de la savane, op. cit.*, p. 149.

55. J.N. PADEN, *Ahmadu Bello, Sardauna of Sokoto. Values and Leadership in Nigeria*, Londres, Hodder and Stoughton, 1986, pp. 202 et suiv. et 313 et suiv.

56. Voir en particulier N. Chazan, *An Anatomy of Ghanaian politics*, *op. cit.*, pp. 95 et suiv.; J.-F. Bayart, *L'État au Cameroun*, *op. cit.*; C. Young, T. Turner, *The Rise and Decline of the Zaïrian State*, Madison, University of Wisconsin Press, 1985, pp. 153-154.

57. *Africa Confidential*, 17 oct. 1984.

58. G. Deleuze, F. Guattari, *Rhizome. Introduction*, Paris, Éd. de Minuit, 1976 (en particulier pp. 45-46 et pp. 60-63).

59. D. Easton, *Analyse du système politique*, Paris, A. Colin, 1974 et R. Kothari, « Implications of nation-building for the typology of political systems », *VIIᵉ Congrès de l'AISP*, Bruxelles, 1967, multigr.

60. R. Tangri, *Politics in Sub-Saharan Africa*, *op. cit.*, p. 103.

61. I. Baba Kaké, *Sékou Touré*, *op. cit.*, pp. 168 et suiv.

62. *Ibid.*, pp. 171-172 et 179.

63. A. Diallo, *La Mort de Diallo Telli, premier secrétaire général de l'OUA*, Paris, Karthala, 1983, p. 19. *Cf.* également M. Selhami, « Un seul gouvernement : la famille », *Jeune Afrique plus*, 8, juin 1984, pp. 18-21.

64. Voir, au sujet du dossier LBZ (c'est-à-dire Louis Behanzin), par l'intermédiaire duquel les clans Touré et Keïta s'affrontèrent durement en 1971, les témoignages de deux détenus de Boiro : J.-P. Alata, *Prison d'Afrique. Cinq ans dans les geôles de Guinée*, Paris, Le Seuil, 1976, pp. 196-197, 204 et suiv., 211-213, 237-238 et A.A. Diallo, *La Vérité du ministre. Dix ans dans les geôles de Sékou Touré*, Paris, Calmann-Lévy, 1985, pp. 114 et suiv.

65. C. Gillard, *Le Règne de Francisco Macias Nguema sur la Guinée équatoriale : un népotisme méconnu*, Bordeaux, Institut d'études politiques, 1980, multigr.; M. Liniger-Goumaz, *Guinée équatoriale, un pays méconnu*, Paris, L'Harmattan, 1979.

66. Cité *in Marchés tropicaux et méditerranéens*, 7, févr. 1986, p. 322. *Cf. ibid.*, 29 août 1986, p. 2203 sur la répression de la tentative de coup d'État du 17 juillet 1986, due à des membres du « clan de Mongomo ».

67. J. Oto, *Le Drame d'un pays. La Guinée équatoriale*, Yaoundé, Éd. C.L.E., 1979, p. 124.

68. A.R. Zolberg, *Creating Political Order. The Party-States of West Africa*, Chicago, Rand Mac Nally, 1966, pp. 33 et suiv.

69. A.R. Zolberg, *One-Party Government in the Ivory Coast*, Princeton, Princeton University Press, 1964.

70. *Fraternité* (Abidjan), 4 oct. 1963.

71. M. Warsama, « The plotters », *The Express* (Nairobi), II (1), 1985, pp. 5-12; D. Goldsworthy, *Tom Mboya. The Man Kenya Wanted to Forget*, Nairobi, Heinemann, New York, Africana Publishing Company, 1982.

72. H. Bienen, *Kenya : the Politics of Participation and Control*, Princeton, Princeton University Press, 1974, p. 75.

73. *Cf.* notamment J. Karimi, P. Ochieng, *The Kenyatta Succession*, Nairobi, Transafrica, 1980; D. Goldsworthy, « Kenyan politics since Kenyatta », *Australian Outlook* 36 (1), avr. 1982, pp. 27-31; G. Dauch, « Kenya : l'ébranlement », *Annuaire des pays de l'océan Indien*, IX, 1982-1983, pp. 319-351 et « Kenya : la chute de la maison Njonjo », *ibid.*, pp. 335-351; G. Dauch, D. Martin, *L'Héritage de Kenyatta*, *op. cit.*; J.-F.

MEDARD, « Jeunes et aînés en Côte d'Ivoire. Le VIIᵉ Congrès du PDCI-RDA », *Politique africaine,* 1, janv. 1981, pp. 102-113 et Y.-A. FAURÉ, « Nouvelle donne en Côte d'Ivoire. Le VIIIᵉ Congrès du PDCI-RDA (9-12 octobre 1985) », *ibid.,* 20, déc. 1985, pp. 96-109; C. WAUTHIER, « Grandes manœuvres en Côte d'Ivoire pour la succession de M. Houphouët-Boigny », *Le Monde diplomatique,* juil. 1985, pp. 1 et 20-21; J.-M. KALFLÈCHE, « Le congrès de la consolidation », *Géopolitique africaine,* mars 1986, pp. 113-119; J.-F. BAYART, « La société politique camerounaise (1982-1986) », *Politique africaine,* 22, juin 1986, pp. 5-35; H. BANDOLO, *La flamme et la fumée,* Yaoundé, SOPECAM, 1985; *Africa Confidential,* 27 (19), 17 sept. 1986; *ibid.,* 28 (1), 7 janv. 1987; *ibid.,* 28 (13), 24 juin 1987; *ibid.,* 28 (21), 21 oct. 1987 (sur la Sierra Leone); *Africa Confidential,* 28 (22), 4 nov. 1987 (sur la Tanzanie); et, pour une réflexion plus générale, L. SYLLA, « Succession of the charismatic leader : the gordian knot of African politics », *Daedalus* III (2), printemps 1982, pp. 11-28.

74. *Cf.* notamment J.-F. MÉDARD, « Charles Njonjo : portrait d'un " big man " au Kenya » *in* E. TERRAY, dir., *L'État contemporain en Afrique,* Paris, L'Harmattan, 1987, pp. 49-87; D. BIGO, *Forme d'exercice du pouvoir et obéissance en Centrafrique (1966-1979),* Paris, Université de Paris-I, 1985, multigr.; P. L'HOIRY, *Le Malawi,* Paris, Karthala, Nairobi, CREDU, 1988, pp. 128-129; J.-F. BAYART, *L'État au Cameroun, op. cit.* et « La société politique camerounaise (1982-1986) », art. cit.; ainsi que le témoignage de NGUZA KARL I BOND, *Mobutu ou l'incarnation du mal zaïrois,* Londres, Rex Collings, 1982.

75. J. HARTMANN, *Development Policy-Making in Tanzania, 1962-1982 : a Critique of Sociological Interpretations,* Hull, The University of Hull, 1983, multigr.; J.-F. BAYART, *L'État au Cameroun, op. cit.* et « La société politique camerounaise », art. cit.; F. DE MEDEIROS, « Armée et instabilité : les partis militaires au Benin » *in* A. ROUQUIÉ, *La Politique de Mars, op. cit.,* pp. 141 et suiv.

76. D. BOURMAUD, « Élections et autoritarisme. La crise de la régulation politique au Kenya », *Revue française de science politique,* 35 (2), avril 1985, pp. 206-234; J.-F. BAYART, *L'État au Cameroun, op. cit.,* et « La société politique camerounaise », art. cit.; J.-M. KALFLÈCHE, « Le congrès de la consolidation », art. cit.; Y.-A. FAURÉ, « Nouvelle donne en Côte d'Ivoire », art. cit.

77. Voir la recherche en cours de B. CONTAMIN et Y.-A. FAURÉ sur les sociétés d'État en Côte d'Ivoire (Bordeaux, Centre d'étude d'Afrique noire); *Africa Confidential,* 28 (10), 13 mai 1987; *Marchés tropicaux et méditerranéens,* 7 mars 1986, pp. 577-580; *ibid.,* 28 mars 1986, pp. 857-858; *ibid.,* 19 sept. 1986, pp. 2375-2376; *ibid.,* 31 oct. 1986, p. 2750; N. CASSWELL, « Autopsie de l'ONCAD. La politique arachidière au Sénégal, 1966-1980 », *Politique africaine,* 14, juin 1984, pp. 66 et suiv.

78. KAMITATU MASSAMBA, *Problématique et rationalité dans le processus de nationalisation du cuivre en Afrique centrale : Zaïre (1967) et Zambie (1969),* Paris, Institut d'études politiques, 1976, p. 181; D.C. MARTIN, *Tanzanie, op. cit.,* p. 123.

79. F. BEKALÉ, « Le " Makaya " gabonais », *Politique africaine,* 26, juin 1987, pp. 112-114; L. GREILSAMER, « La télévision tire à vue », *Le*

Monde, 10-11 nov. 1985; A. TOURÉ, « La petite histoire de Nalewe Kpingbin Tiecoroba. Une émission de la radiodiffusion nationale ivoirienne », *Politique africaine*, 3, sept. 1981, pp. 44-54; F. CONSTANTIN, « Dr. Folhumour, I presume », *ibid.*, pp. 72-74; *The Best of Kapelwa Musonda*, Lusaka, Neezam, 1979.

80. S. ELLIS, « Les prolongements du conflit israélo-arabe : le cas du Sierra Leone », *Politique africaine*, 30, juin 1988, pp. 69-75; *Africa Confidential*, 1986-1988.

81. C. LEYS, *Unverdevelopment in Kenya. The Political Economy of Neo-Colonialism*, Londres, Heinemann, 1975, chap. VII; J.-F. BAYART, « Régime de parti unique et systèmes d'inégalité et de domination au Cameroun : esquisse », *Cahiers d'études africaines*, 69-70, XVIII (1-2), 1978, pp. 5-35.

82. K. MARX, *Le 18 Brumaire de Louis Bonaparte*, Paris, Éditions Sociales, 1969, p. 92. Eu égard à la figure, très sartrienne, du « bâtard », voir, outre J. BAZIN (note 53), l'autobiographie de J. OKELLO, *Revolution in Zanzibar*, Nairobi, East African Publishing House, 1967, ou le témoignage de H. BANDOLO, *La flamme et la fumée, op. cit.*, sur le personnage de M. Ahidjo. Des condottieres comme Yoweri Museveni en Ouganda et John Garang au Soudan correspondent bien à ce modèle.

CHAPITRE IX : LA POLITIQUE DU VENTRE

1. C. COULON, « Élections, factions et idéologies au Sénégal » *in* CEAN, CERI, *Aux urnes l'Afrique! Élections et pouvoirs en Afrique noire*, Paris, Pedone, 1978, pp. 174 et suiv.; J.D. BARKAN, « The electoral process and peasant-state relations in Kenya » *in* F.M. HAYWARD, ed., *Elections in independent Africa*, Boulder, Westview Press, 1987, p. 228.

2. Voir, par exemple, K. CURRIE, L. RAY, « State and class in Kenya. Notes on the cohesion of the ruling class », *Journal of Modern African Studies*, 22 (4), 1984, pp. 559-593 (sur l'affaire Njonjo).

3. G. BALANDIER, *Anthropologie politique*, Paris, PUF, 1969 (seconde édition), pp. 82-83.

4. *Ibid.*, p. 83.

5. *Jeune Afrique*, 17 févr., p. 30.

6. D. FASSIN et al., « Les enjeux sociaux de la participation communautaire. Les comités de santé à Pikine (Sénégal) », *Sciences sociales et santé*, IV (3-4), nov. 1986, pp. 209-217 (et plus spécialement pp. 215-216).

7. Parti socialiste du Sénégal, *Rapport introductif par Monsieur Abdou Diouf, Secrétaire général*, Dakar, Conseil national du 31 juillet 1982, multigr., p. 14.

8. C. COULON, *Le Marabout et le Prince. Islam et pouvoir au Sénégal*, Paris, Pedone, 1981, p. 245.

9. Lettre manuscrite du 22 avril 1963 des militants UPS du *secco* de Bossolel, Dakar, archives de l'UPS, carton Sine Saloum, 1963.

10. YORO KANDÉ, *Rapport sur les opérations de vente des cartes du parti et les formations des cellules de base*, Kolda, 9 avr. 1963, multigr., Dakar, archives de l'UPS, Carton Casamance, cercle de Kolda, 1963.

Pour des cas similaires d'opérations de « placement des cartes » en Côte d'Ivoire, *cf.* PDCI, *Le quatrième séminaire des secrétaires généraux, Yamoussoukro : 7, 8 et 9 mars 1985,* Abidjan, Ed. Fraternité-hebdo, 1985, *passim.*

11. Sources : entretiens.

12. *Les Cahiers de Gamboma. Instructions politiques et militaires des partisans congolais (1964-1965),* Bruxelles, CRISP, 1965, p. 57.

13. Voir, par exemple, C. RAYNAUT, « Disparités économiques et inégalités devant la santé à Maradi (Niger) », Dakar-Pikine, *Colloque santé et urbanisation,* 2-6 déc. 1986, multigr.

14. B. MALINOWSKI, *Freedom and Civilization,* Londres, Allen and Unwin, 1947, pp. 266 et 253.

15. Voir par exemple E. TERRAY, « Le climatiseur et la véranda », *in Afrique plurielle, Afrique actuelle. Hommage à Georges Balandier,* Paris, Karthala, 1986, pp. 37-44 et J. VANSINA, « Mwasi's trials », *Daedalus,* CIII (2), printemps 1982, pp. 49-70.

16. J.-P. ALATA, *Prison d'Afrique. Cinq ans dans les geôles de Guinée,* Paris, Le Seuil, 1976, pp. 140-141. Voir également *ibid.,* pp. 193-194 et A. DIALLO, *La Mort de Diallo Telli, premier secrétaire général de l'OUA,* Paris, Karthala, 1983, pp. 24-25.

17. C. et A. DARLINGTON, *African Betrayal,* New York, David McKay, 1968, p. 121.

18. A. DIALLO, *La Mort de Diallo Telli, op. cit.,* pp. 18, 106 et 118.

19. *Cf.,* par exemple, A. PEACE, « Prestige power and legitimacy in a modern nigerian town », *Canadian Journal of African Studies,* XIII (1-2), 1979, pp. 26-51 ; C. COULON, « Élections, factions et idéologies au Sénégal » *in* CEAN, CERI, *Aux urnes l'Afrique! op. cit.,* p. 160 ; P. LABURTHE-TOLRA, *Les Seigneurs de la forêt. Essai sur le passé historique, l'organisation sociale et les normes éthiques des anciens Beti du Cameroun,* Paris, Publications de la Sorbonne, 1981, pp. 353-375.

20. R. PRICE, « Politics and culture in contemporary Ghana : the Bigman Small-boy syndrome », *Journal of African Studies,* I (2), 1974, pp. 173-204.

21. R. JEFFRIES, *Class, Power and Ideology in Ghana : the Railwaymen of Sekondi,* Cambridge, Cambridge University Press, 1978, p. 182.

22. Définition rappelée par F. COOPER, « Africa and the world economy », *The African Studies Review,* 24 (2-3), juin-sept. 1981, p. 18.

23. C. AKE, « Presidential adress to the annual conference of the Nigerian Political Science Association, 1981 », *West Africa,* 25 mai 1981, pp. 1162-1163 ; R.A. JOSEPH, *Democracy and Prebendal Politics in Nigeria. The Rise and Fall of the Second Republic,* Cambridge, Cambridge University Press, 1987, p. 75.

24. G. DAUCH, « Kenya : J.M. Kariuki ou l'éthique nationale du capitalisme », *Politique africaine,* 8, déc. 1982, pp. 21-43.

25. F. DE MEDEIROS, « Armée et instabilité : les partis militaires au Benin » *in* A. ROUQUIÉ, dir., *La Politique de Mars. Les processus politiques dans les partis militaires contemporains,* Paris, Le Sycomore, 1981, pp. 141 et suiv.

26. A.A. DIALLO, *La Vérité du ministre. Dix ans dans les geôles de Sékou Touré,* Paris, Calmann-Lévy, 1985, pp. 68-69. Voir également la

description des clans Touré et Keïta *in* I. Baba Kaké, *Sékou Touré. Le héros et le tyran,* Paris, Jeune Afrique, 1987, pp. 168 et suiv.

27. S. Andreski, *The African Predicament,* Londres, Michael Joseph, 1968, p. 92; R. Jeffries, « Rawlings and the political economy of under-development in Ghana », *African Affairs,* 81 (324), juil. 1982, p. 314.

28. A. Kourouma, *Les Soleils des indépendances,* Paris, Seuil, 1970.

29. Anonyme, *La Vie dans les forces aériennes zaïroises,* s.l., s.d., multigr.

30. A. Morice, « Guinée 1985 : État, corruption et trafics », *Les Temps modernes,* 487, févr. 1987, pp. 112-115.

31. *Horoya* (Conakry), 28 mars 1985.

32. A. Morice, « Guinée 1985 », *art. cit.,* pp. 108-136; F. Gaulme, « La Guinée à l'heure des réformes », *Marchés tropicaux et méditerranéens,* 13 juin 1986, pp. 1565 et suiv.; *ibid.,* 2 août 1985, pp. 1939-1940.

33. Voir, par exemple, sur le détournement de l'aide alimentaire, J.-L. Amselle, « Famine, prolétarisation et création de nouveaux liens de dépendance au Sahel. Les réfugiés de Mopti et de Léré au Mali », *Politique africaine,* 1, janv. 1981, pp. 5-22.

34. J.-C. Willame, *Zaïre : l'épopée d'Inga. Chronique d'une prédation industrielle,* Paris, L'Harmattan, 1986, p. 128.

35. « Les massacres de Katekelayi et de Luamuela (Kasaï oriental) », *Politique africaine,* 6, mai 1982, pp. 82-83.

36. C. Young, T. Turner, *The Rise and Decline of the Zaïrian State,* Madison, University of Wisconsin Press, 1985, pp. 181 et pp. 452-453, note 27; « Les massacres de Katekelayi et de Luamuela (Kasaï oriental) », art. cit., p. 87 (« Vous cherchez à toucher le commissaire sous-régional, nous ont-ils demandé. C'est imprudent. Bien qu'il soit lui aussi trafiquant comme tous les hauts cadres du MPR qui se respectent (y compris le président fondateur et son fils aîné que nous avons tous vu acheter du diamant surtout après l'opération de démonétisation), etc. »).

37. *Marchés tropicaux et méditerranéens,* 12 fév. 1988, p. 378.

38. *La Gazette de la nation* (Douala), 2 août 1984. Les déséquilibres psychiques que suscite l'accaparement du marché des femmes par les puissants ne sont pas particuliers à l'Afrique : *cf.,* par exemple, J.-L. Domenach, Hua Chang-Ming, *Le Mariage en Chine,* Paris, Presses de la Fondation nationale des sciences politiques, 1987, pp. 86 et 114.

39. Débat à la suite du rapport du secrétaire politique *in* Union nationale camerounaise, *Procès-verbal des travaux du Ier Congrès extraordinaire de l'Union nationale camerounaise tenu à Yaoundé les 2 et 3 juin 1972,* s.l. (Yaoundé), s.d. (1972), multigr., p. 85. Voir, dans la même veine, *Fraternité-Hebdo* (Abidjan), 15 sept. 1983 : « Une certaine forme de banditisme est un véritable manifeste politique qui vise autant à dépouiller autrui, à tuer, qu'à créer des désordres politiquement déstabilisateurs. » Évoquant la délinquance, une banderole déployée à Korhogo proclamait : « La subversion ne passera pas par le Nord. » *(Ibid.)*

40. R.A. Joseph, *Radical Nationalism in Cameroun. Social Origins of the UPC Rebellion,* Oxford, Oxford University Press, 1977, p. 163, note 3.

41. F. Cooper, *On the African Waterfront. Urban Disorder and the Transformation of Work in Colonial Mombasa,* New Haven, Yale University Press, 1987.

42. P.M. LUBECK, *Islamic Protest under Semi-Industrial Capital: 'yan Tatsini Explained*, Urbana, University of Illinois, 2-3 avril 1984, multigr.

43. Tibamanya mwene Mushanga, *Criminal Homicide in Uganda*, Kampala, East African Literature Bureau, 1974, p. 106. Sur les lynchages des voleurs par la foule, *cf.* par exemple, de Nairobi, *Sunday Nation*, 1er fév. 1981; *Standard*, 21 janv. 1980; *Daily Nation*, 20 déc. 1979 et, pour ce qui concerne le Nigeria, G. NICOLAS, « Cette loi qu'on prend entre ses mains. La pratique de l'*instant justice* au Nigeria sous la Seconde République nigériane (1979-1983) », *Droit et cultures*, 7, 1984, pp. 5-29.

44. Union nationale camerounaise, *Procès-verbal des travaux du IIe Conseil national de l'Union Nationale camerounaise tenu à Yaoundé du 21 au 23 janvier 1971*, s.l. (Yaoundé), s.d. (1971), multigr., p. 65.

45. D. POITOU, *La Délinquance juvénile au Niger. Approche sociologique*, Paris, EHESS, 1975, multigr.

46. D. CRUMMEY, ed., *Banditry, Rebellion and Social Protest in Africa*, Londres, James Currey, 1986; W.G. CLARENCE-SMITH, *Slaves, Peasants and Capitalists in Southern Angola. 1840-1926*, Cambridge, Cambridge University Press, 1979, pp. 37 et suiv.; C. COQUERY-VIDROVITCH, *Afrique noire. Permanences et ruptures*, Paris, Payot, 1985, pp. 230 et suiv.

47. C. VIDAL, « Guerre des sexes à Abidjan. Masculin, féminin, CFA » *in* « Des femmes sur l'Afrique des femmes », *Cahiers d'études africaines*, 65, XVII-1, 1977, pp. 121-153. Outre l'ensemble de cette livraison, *cf.* C. ROBERTSON, I. BERGER, eds., *Women and Class in Africa*, New York, Africana Publishing Company, 1986 et, pour un cas explicitement politique, au cœur de l'appareil zaïrois de pouvoir, N. KARL I BOND, *Mobutu ou l'incarnation du mal zaïrois*, Londres, Rex Collings, 1982, p. 29.

48. Voir en particulier J. MACGAFFEY, *Entrepreneurs and Parasites. The Struggle for Indigenous Capitalism in Zaïre*, Cambridge, Cambridge University Press, 1987, chap. VII; J.M. BUJRA, « Production, Property, Prostitution. " Sexual politics " in Atu », *Cahiers d'études africaines*, 65, XVII (1), 1977, pp. 13-39; M. VANDERSYPEN, « Femmes libres de Kigali », *ibid.*, pp. 95-120.

49. C. COULON, « Élections, factions et idéologies au Sénégal » *in* CEAN, CERI, *Aux urnes l'Afrique!*, *op. cit.*, p. 160. Voir aussi J.-P. OLIVIER DE SARDAN, « Captifs ruraux et esclaves impériaux du Songhay » *in* C. MEILLASSOUX, dir., *L'Esclavage en Afrique précoloniale*, Paris, Maspero, 1975, p. 116 (qui rappelle que la « libéralité est le signe de la noblesse, et plus les dons sont élevés, plus leur auteur se situe haut dans l'échelle sociale ») et C.M. TOULABOR, « L'énonciation du pouvoir et de la richesse chez les jeunes " conjoncturés " de Lomé (Togo) », *Revue française de science politique*, 35 (3), juin 1985, pp. 455 et suiv.

50. L. GBAGBO, *Côte-d'Ivoire. Pour une alternative démocratique*, Paris, L'Harmattan, 1983, p. 80.

51. *Fraternité-Matin* (Abidjan), 29 avr. 1983, p. 16.

52. *Weekly Review* (Nairobi), 30 mars 1984.

53. G. DAUCH, « Kenya : J.M. Kariuki ou l'éthique nationale du capitalisme », art. cit., pp. 30 et 37; J. SPENCER, *KAU. The Kenya African*

Union, Londres, KPI, 1985, pp. 66-67. Voir également, sur le rôle de l'argent dans les campagnes électorales, la polémique entre M. Kibaki et M. Shikuku (*Daily Nation* (Nairobi), 12 juin 1983) et G. DAUCH, D. MARTIN, *L'Héritage de Kenyatta. La transition politique au Kenya. 1975-1982,* Paris, L'Harmattan, Aix-en-Provence, Presses Universitaires d'Aix-Marseille, 1985, p. 104.

54. Réflexion relevée au sein de l'Association Bannus Bobangis à Léopoldville par J. DEHASSE, *Le Rôle politique des associations de ressortissants à Léopoldville,* Louvain, Institut des sciences politiques et sociales, 1965, multigr., p. 93. Sur le personnage de Nnamdi Azikiwe, voir R.L. SKLAR, *Nigerian Political Parties,* Princeton, Princeton University Press, 1963, p. 230.

55. P. ALEXANDRE, *Les Africains,* Paris, Lidis, 1981, p. 211; P. LABURTHE-TOLRA, *Les Seigneurs de la forêt, op. cit.,* pp. 353-375; J.-L. LONSDALE, « La pensée politique kikuyu et les idéologies du mouvement mau-mau », *Cahiers d'études africaines,* 107-108, XXVII (3-4), 1987, p. 347.

56. T. TODOROV, *Mikhaïl Bakhtine, le principe dialogique,* suivi de *Écrits du cercle de Bakhtine,* Paris, Seuil, 1981, pp. 123-131.

57. G. HESSELING, *Histoire politique du Sénégal. Institutions, droit et société,* Paris, Karthala, Leiden, Afrika-Studiecentrum, 1985, pp. 360-361; D. DARBON, *L'Administration et le Paysan en Casamance (Essai d'anthropologie administrative),* Paris, Pedone, 1988; J.-F. BAYART, *L'État au Cameroun,* Paris, Presses de la Fondation nationale des sciences politiques, 1979, pp. 157-158; R. LUCKHAM, « The constitutional commission, 1966-1969 » *in* D. AUSTIN, R. LUCKHAM, eds., *Politicians and Soldiers in Ghana. 1966-1972,* Londres, Franck Cass, 1975, p. 69; K. PANTER-BRICK, ed., *Soldiers and Oil. The Polical Transformation of Nigeria,* Londres, Franck Cass, 1978, pp. 291-350; D.C. BACH, « Nigeria et États-Unis : convergences d'intérêts et relations de pouvoir », *Politique africaine,* 2, mai 1981, pp. 23-24.

58. B.A. OGOT, « Revolt of the elders : an anatomy of the loyalist crowd in the Mau Mau uprising. 1952-1956 » *in* B.A. OGOT, ed., *Politics and Nationalism in Colonial Kenya,* Nairobi, East African Publishing House, 1972, pp. 134-148; D.L. BARNETT, Karari NJAMA, *Mau Mau from within. Autobiography and Analysis of Kenya's Peasant Revolt,* New York, Modern Reader, Paperbacks, 1970.

59. J. KARIMI, P. OCHIENG, *The Kenyatta Succession,* Nairobi, Transafrica, 1980; D. GOLDSWORTHY, « Kenyan politics since Kenyatta », *Australian Outlook,* 36 (1), avril 1982, pp. 27-31.

60. R.H. JACKSON, C.G. ROSBERG, *Personal Rule in Black Africa. Prince, Autocrat, Prophet, Tyran,* Berkeley, University of California Press, 1982.

61. K. DEUTSCH, *Nationalism and Social Communication,* New York, Chapman and Hall, 1953.

62. J.-C. WILLAME, *Zaïre, l'épopée d'Inga, op. cit.,* pp. 118-119.

63. *Cf.* par exemple, C.M. TOULABOR, *Le Togo sous Eyadema,* Paris, Karthala, 1986; T.M. CALLAGHY, *The State-Society Struggle. Zaïre in Comparative Perspective,* New York, Columbia University Press, 1984, pp. 284 et suiv.; M.G. SCHATZBERG, *The Dialectics of Oppression in*

Zaïre, Bloomington, Indiana University Press, 1988; ou, pour le cas moins dramatique mais aussi moins connu de la Tanzanie, K. MITI, « L'opération Nguvu Kazi à Dar es Salaam. Ardeur au travail et contrôle de l'espace urbain », *Politique africaine,* 17, mars 1985, pp. 88-104.

64. Cité par P. GESCHIERE, *Village Communities and the State. Changing Relations among the Maka of Southeastern Cameroon since the Colonial Conquest,* Londres, KPI, 1982, p. 206.

65. C. MOORE, *Fela, Fela, cette putain de vie,* Paris, Karthala, 1982, p. 122.

66. M.G. SCHATZBERG, *The Dialectics of Oppression in Zaïre, op. cit.,* chap. III. Voir également, pour la période coloniale, colonel VANDEVALLE, J. BRASSINE, *Les rapports secrets de la Sûreté congolaise,* s.l. (Belgique), Lucien de Meyer, 1973.

67. *Jeune Afrique,* 12 nov. 1986, p. 25.

68. J.-F. BAYART, *L'État au Cameroun, op. cit.,* pp. 206 et 220-221. Voir A. MUKONG, *Prisoner without a Crime,* s.l., Alfresco Books, 1985.

69. W. SOYINKA, *Cet homme est mort,* Paris, Belfond, 1986.

70. Republic of Kenya, *Report of Judicial Commission Appointed to Inquire into Allegations Involving Charles Mugane Njonjo (Former Minister for Constitutional Affairs and Member of Parliament for Kikuyu Constituency),* Nairobi, The Commissions of Inquiry Act, 1984.

71. D. BOURMAUD, *Le Système politique du Kenya : centre et périphérie,* Bordeaux, Institut d'études politiques, s.d. (1985), multigr.; T.M. CALLAGHY, *The State-Society Struggle. Zaïre in Comparative Perspective, op. cit.,* chap. V, VI, VII; J.-F. BAYART, *L'État au Cameroun, op. cit.,* chap. VI; C. COULON, *Le Marabout et le Prince, op. cit.,* pp. 283 et suiv.; A. COHEN, *The politics of elite culture,* Los Angeles, University of California at Los Angeles Press, 1981.

72. P. BOURDIEU, *La Distinction. Critique sociale du jugement,* Paris, Éd. de Minuit, 1979, p. 465.

73. M. VOVELLE, *Idéologies et mentalités,* Paris, Maspero, 1982, pp. 319 et suiv.

74. A.R. ZOLBERG, *Creating Political Order. The Party-States of West Africa,* Chicago, Rand Mc Nally, 1966, p. 65.

75. J.-A. MBEMBE, *Les Jeunes et l'ordre politique en Afrique noire,* Paris, L'Harmattan, 1985, pp. 99 et suiv.; R. CLIGNET, M. STARK, « Modernization and Football in Cameroon », *The Journal of Modern African Studies,* 12 (3), sept. 1974, pp. 409-421.

76. M. de CERTEAU, *L'Invention du quotidien, t. I : Arts de faire,* Paris, U.G.E., 1980, pp. 108 et suiv.

77. Sur l'importance des représentations de l'invisible au Congo, voir R. DEVAUGES, *L'Oncle, le ndoki et l'entrepreneur. La petite entreprise congolaise à Brazzaville,* Paris, ORSTOM, 1977, IIIᵉ partie; G. DUPRÉ, *Un ordre et sa destruction,* Paris, ORSTOM, 1982, chap. XVI; J. TONDA, « Marx et l'ombre des fétiches. Pouvoir local contre *ndjobi* dans le Nord-Congo », *Politique africaine,* 31, oct. 1988, pp. 73-83.

78. T. TODOROV, *Mikhaïl Bakhtine, op. cit.,* pp. 123 et suiv.

79. Voir J-F. BAYART, « Quelques livres consacrés à l'étude des représentations et des pratiques thérapeutiques d'origine pré-coloniale », *Revue française d'études politiques africaines,* 133, janv. 1977, pp. 100-

108; J.-P. Dozon, *La Société bété, Côte d'Ivoire*, Paris, Karthala, ORS-TOM, 1985, pp. 127 et suiv., P. Geschiere, *Village Communities and the State*, *op. cit.* (par contraste avec M. Augé, *Théorie des pouvoirs et idéologie. Étude de cas en Côte d'Ivoire*, Paris, Hermann, 1975 et P. Bonnafé, *Nzo Lipfu, le lignage de la mort. La sorcellerie, idéologie de la lutte sociale sur le plateau kukuya*, Nanterre, Labethno, 1978).

80. M. Godelier, *L'Idéel et le matériel. Pensée, économies, sociétés*, Paris, Fayard, 1984, pp. 23 et suiv. et 205 et suiv.; G. Balandier, *Le Détour. Pouvoir et modernité*, Paris, Fayard, 1985, p. 101. Mais précisons, avec M. Foucault, en quoi « le pouvoir n'est pas de l'ordre du consentement » : « Il n'est pas en lui-même renonciation à une liberté, transfert de droit, pouvoir de tous et de chacun délégué à quelques-uns (ce qui n'empêche pas que le consentement puisse être une condition pour que la relation de pouvoir existe et se maintienne); la relation de pouvoir peut être l'effet d'un consentement antérieur ou permanent; elle n'est pas dans sa nature propre la manifestation d'un consensus » (« Le pouvoir, comment s'exerce-t-il? » *in* H. Dreyfus, P. Rabinow, *Michel Foucault, un parcours philosophique*, Paris, Gallimard, 1984, p. 312).

81. N. Kasfir, *The Shrinking Political Arena. Participation and Ethnicity in African Politics with a Case-Study of Uganda*, Berkeley, University of California Press, 1976, p. 227.

82. C. Tardits, *Le Royaume bamoum*, A. Colin, Edisem, Publications de la Sorbonne, 1980, pp. 773-775 et 787-788.

83. Lettre de Thérèse, camerounaise, dont le mari, accusé du viol d'une mineure mais plus probablement victime d'un conflit de sorcellerie, a été condamné à cinq ans de prison, Douala, le 5 avril 1980 (citée *in Politique africaine*, 1, janv. 1981, p. 85).

84. I. Baba Kaké, *Sékou Touré, le héros et le tyran*, Paris, Jeune Afrique, 1987, pp. 180 et suiv; A.A. Diallo, *La Vérité du ministre. Dix ans dans les geôles de Sékou Touré*, Paris, Calmann-Lévy, 1985, pp. 168 et suiv. et 172-173.

85. P. Bourdieu, *La Distinction, op. cit.*, pp. 536 et suiv.

86. Sources : diverses archives de l'UPS et du PS de Dakar, du PDCI à Abidjan, de l'UC et de l'UNC à Yaoundé et Douala. Voir, par exemple, J.-F. Bayart, *L'État au Cameroun, op. cit.*, pp. 272 et suiv.; P. Geschiere, *Village Communities and the State, op. cit.*, pp. 242 et 249 et suiv.; D. Desjeux, *Stratégies paysannes en Afrique noire. Le Congo (Essai sur la gestion de l'incertitude)*, Paris, L'Harmattan, 1987, pp. 68 et suiv.; R.H. Bates, *Rural Responses to Industrialization. A Study of village Zambia*, New Haven, Yale University Press, 1976, p. 209; W. Tordoff, *Government and Politics in Africa*, Londres, McMillan, 1984, chap. v; H. Bienen, *Tanzania. Party Transformation and Economic Development*, Princeton, Princeton University Press, 1970; N.N. Miller, « The rural African party : political participation in Tanzania », *American Political Science Review*, LXIV (2), juin 1970, pp. 548-571. Un sondage – dont les conditions de réalisation, il est vrai, demanderaient à être précisées – a révélé que les Gabonais faisaient plus confiance au parti qu'au gouvernement (*Marchés tropicaux et méditerranéens*, 26 sept. 1986, p. 2437).

87. Voir, par exemple, au sujet de la Côte d'Ivoire, A. Bonnal, « L'administration et le parti face aux tensions », *Politique africaine*, 24,

déc. 1986, pp. 20-28; A. Sissoko, *Aspects sociologiques de l'intégration nationale en Afrique noire occidentale : espace politico-administratif et intégration à l'État : le cas de la Côte d'Ivoire*, Nice, Faculté des lettres et sciences humaines, 1982, multigr.

88. Sur l'Organisation des femmes de l'Union nationale camerounaise, voir J.-F. Bayart, *L'État au Cameroun, op. cit., passim*. Sur l'intégration, plus ou moins conflictuelle, des jeunes dans le parti, *cf.*, par exemple, J.-L. Balans, « Le système politique mauritanien » *in* CRESM, CEAN, *Introduction à la Mauritanie*, Paris, CNRS, 1979, pp. 299-300; les archives de l'UPS et du PS à Dakar; J.-F. Médard, « Jeunes et aînés en Côte d'Ivoire. Le VIIe congrès du PDCI-RDA », *Politique africaine*, 1, janv. 1981, pp. 102-119; P. Bonnafé, « Une classe d'âge politique. La JMNR de la République du Congo-Brazzaville », *Cahiers d'études africaines*, 31, VIII-3, 1968, pp. 327-368. Sur les abus des milices, voir, par exemple, la presse kenyane de mars 1981 et *Weekly Review* (Nairobi), 13 déc. 1985, pp. 7 et suiv.; J. Oto, *Le Drame d'un pays, la Guinée équatoriale*, Yaoundé, Éd. C.L.E., pp. 18 et 19; D.-C. Martin, *Tanzanie. L'invention d'une culture politique*, 1979, Paris, Presses de la Fondation nationale des sciences politiques, Karthala, 1988, pp. 113 et suiv. et K. Miti, « L'opération Nguvu Kazi à Dar es Salaam », *art. cité*.

89. D. Martin, « Zizanie en Tanzanie? Les élections tanzaniennes de 1975 ou les petits nons du Mwalimu » *in* CEAN, CERI, *Aux urnes l'Afrique! op. cit.*, pp. 79-117 et « La houe, la maison, l'urne et le maître d'école. Les élections en Tanzanie, 1965-1970 », *Revue française de science politique*, XXV (4), août 1975, pp. 677-716.

90. J.-A. Mbembé, « Pouvoir des morts et langage des vivants. Les errances de la mémoire nationaliste au Cameroun », *Politique africaine*, 22, juin 1986, pp. 37-72.

91. G. Dauch, D. Martin, *L'héritage de Kenyatta, op. cit.*, pp. 35 et suiv., 59 et suiv., 68 et suiv.; G. Dauch, « Kenya : J.M. Kariuki ou l'éthique nationale du capitalisme », *art. cit.*; D.-C. Martin, *Tanzanie, op. cit.*, pp. 80 et suiv.; *Marchés tropicaux et méditerranéens*, 6 mars 1987, p. 575; J.-C. Willame, « Chronique d'une opposition politique : l'UDPS (1978-1987) », *Les Cahiers du CEDAF*, 7-8, déc. 1987, pp. 1-118; J.-F. Bayart, « La fronde parlementaire au Zaïre (1979-1980) », *Politique africaine*, 3, sept. 1981, pp. 90-140.

92. F. Eboussi, *Christianisme sans fétiche. Révélation et domination*, Paris, Présence africaine, 1981, p. 88.

93. *Cf.* par exemple, lettre multigr., s.l. (Likasi), s.d. (nov. 1982), Bruxelles, CEDAF, dossier « opposition » 016.4.; PDCI, *Le Quatrième Séminaire des secrétaires généraux, op. cit., passim*; D. Martin, « Zizanie en Tanzanie? » *in* CEAN, CERI, *Aux urnes l'Afrique!, op. cit.*, pp. 79-117; J.-F. Bayart, *L'État au Cameroun, op. cit.*, pp. 259-260; *Marchés tropicaux et méditerranéens*, 8 mai 1987, pp. 1170 (au sujet de l'UNIP à Lusaka).

94. Voir, notamment, outre la collection de *Politique africaine* (1981-1988), R. Jeffries, *Class, Power and Ideology in Ghana, op. cit.*, p. 208; R.H. Bates, *Rural Responses to Industrialization, op. cit.*, pp. 256 et suiv.; et les travaux du Groupe d'analyse des modes populaires d'action politique, Paris, Centre d'études et de recherches internationales, 1980-1985.

95. C.M. Toulabor en donne une remarquable illustration (« Jeu de mots, jeu de vilains. Lexique de la dérision politique au Togo », *Politique africaine*, 3, sept. 1981, pp. 55-71).

96. C.M. Toulabor, « L'énonciation du pouvoir et de la richesse chez les jeunes " conjoncturés " de Lomé (Togo) », art. cit.

97. S. Bemba, *50 ans de musique du Congo-Zaïre*, Paris, Présence africaine, 1984, p. 158. Sur la culture des bars, *cf.* R. Jeffries, *Class, Power and Ideology in Ghana, op. cit.*; M.G. Schatzberg, *Politics and Class in Zaïre, op. cit.*, chap. v; A. Bonnassieux, *L'Autre Abidjan. Chronique d'un quartier oublié*, Paris, Karthala, Abidjan, INADES, 1987, pp. 131 et suiv.; H. Ossebi, « Un quotidien en trompe l'œil. Bars et " nganda " à Brazzaville », *Politique africaine*, 31, oct. 1988, pp. 67-72. Sur la progression de la toxicomanie, voir le compte rendu des IXᵉ journées médicales de Dakar (*Le Monde*, 23 févr. 1979) ou *Fraternité-Matin* (Abidjan), 28 janv. 1986, p. 17.

98. M. Bakhtine, *L'œuvre de François Rabelais et la culture populaire au Moyen Age et sous la Renaissance,* Paris, Gallimard, 1970.

99. J.-F. Bayart, *L'État au Cameroun, op. cit.*, p. 257.

100. G. Hyden, *Beyond Ujamaa in Tanzania. Underdevelopment and an Uncaptured Peasantry*, Londres, Heinemann, 1980 et *No Shortcuts to Progress. African Development Management in Perspective*, Londres, Heinemann, 1983. Pour une critique de cette notion d'une « paysannerie non capturée », voir notamment P. Geschiere, « La paysannerie africaine est-elle captive? », *Politique africaine*, 14, juin 1984, pp. 13-33 et le débat dans les colonnes de *Development and Change*, 1986-1987, ainsi que la critique de l' « économie morale » par S.L. Popkin, *The Rational Peasant. The Political Economy of Rural Society in Vietnam*, Berkeley, University of California Press, 1979.

101. P. Gonzales Casanova, *La Démocratie au Mexique*, Paris Anthropos, 1969; F.W. Riggs, *Administration in Developing Countries. The Theory of Prismatic Society*, Boston, Houghton Mifflin, 1969, chap. vi.

102. R. Deniel, *Voix de jeunes dans la ville africaine*, Abidjan, INADES, 1979, p. 69.

103. Capitaine Vallier, cité in P.-P. Rey, *Colonialisme, néo-colonialisme et transition au capitalisme, exemple de la « COMILOG » au Congo-Brazzaville*, Paris, Maspero, 1971, p. 363. Voir également G. Balandier, *Sociologie actuelle de l'Afrique noire*, Paris, PUF, 1971, (3ᵉ éd.), pp. 171 et suiv. et M. Michel, *L'Appel à l'Afrique. Contributions et réactions à l'effort de guerre en AOF. 1914-1919*, Paris, Publications de la Sorbonne, 1982, pp. 51 et suiv. et 256.

104. J. Boesen, *Tanzania : from Ujamaa to Villagization*, Copenhague, Institute of development studies, 1976, p. 9; G. Spittler, « Peasants and the State in Niger (West Africa) », *Peasant Studies*, VIII (1), hiver 1979, pp. 30-47.

105. J.-P. Olivier de Sardan, *Les Sociétés songhay-zarma (Niger-Mali). Chefs, guerriers, esclaves, paysans...*, Paris, Karthala, 1984, p. 186.

106. M. Izard, *Gens du pouvoir, gens de la terre. Les institutions politiques de l'ancien royaume du Yatenga (Bassin de la Volta blanche)*,

Cambridge, Cambridge University Press, Paris, Éditions de la Maison des sciences de l'Homme, 1985, pp. 481-482.

107. J. BOESEN, *Tanzania, op. cit.*, p. 7; C. YOUNG, T. TURNER, *The Rise and Decline of the Zairian State, op. cit.*, p. 241. Pour un processus moins spectaculaire de délitement de l'habitat regroupé, *cf.* J.-L. DONGMO, *Le Dynamisme bamiléké (Cameroun),* vol. I : *La Maîtrise de l'espace agraire*, Yaoundé, Centre d'édition et de production pour l'enseignement et la recherche, 1981, pp. 155 et suiv. et A. BEAUVILAIN, J.-L. DONGMO, et al., *Atlas aérien du Cameroun. Campagnes et villes*, Yaoundé, Université de Yaoundé, Département de géographie, 1983, p. 62.

108. C. YOUNG, T. TURNER, *The Rise and Decline of the Zairian State, op. cit.*, p. 241.

109. R. VAN DEN BOGAERD, *L'Église zaïroise au service de la nation?* s.l., 1978, multigr., pp. 29-40 (Bruxelles, CEDAF, dossier 381.1, « Église chrétienne »). Voir aussi *Construire une Église zaïroise authentique*, Idiofa, 1974-1977, multigr.

110. E.J. KELLER Jr., « A twentieth century model : the mau mau transformation from social banditry to social rebellion », *Kenya Historical Review*, I (1), 1973, pp. 189-205; R. BUIJTENHUIJS, *Le Mouvement Mau Mau. Une révolte paysanne et anti-coloniale en Afrique noire*, Paris, La Haye, Mouton, 1971; J. ILIFFE, « The organization of the Maji Maji rebellion », *Journal of African history*, VIII (3), 1967, pp. 495-512; D. LAN, *Guns and Rain. Guerrillas and Spirit Mediums in Zimbabwe*, Londres, James Currey, Berkeley, University of California Press, 1985; P. DOORNBOS, « La révolution dérapée. La violence dans l'est du Tchad (1978-1981) », *Politique africaine*, 7, sept. 1982, pp. 5-13; C. GEFFRAY, M. PERDERSEN, « Nampula en guerre », *ibid.*, 29, mars 1988, pp. 28-40.

111. M. AUGÉ, *Pouvoirs de vie, pouvoirs de mort*, Paris, Flammarion, 1977; M. SAHLINS, *Au cœur des sociétés. Raison utilitaire et raison culturelle*, Paris, Gallimard, 1980.

112. B. ANDERSON, *Imagined Communities. Reflections on the Origin and Spread of Nationalism*, Londres, Verso, 1983, p. 122.

113. F. DE POLIGNAC, *La Naissance de la cité grecque*, Paris, La Découverte, 1984.

114. *Ivoire-Dimanche* (Abidjan), 769, 3 nov. 1985, p. 8.

115. *Conférence de presse, 1er déc. 1980* (vraisemblablement par R. van den Bogaert, pour le compte de *Links*, un hebdomadaire du Socialistische Partij), Bruxelles CEDAF, dossier 016.4 « opposition », multigr.; D. JEAN et P. BOREL, « J'ai marché pendant 600 km dans les maquis du Zaïre », *Oxygène* (Bruxelles), s.d. (1981), pp. 4-7; « Entretiens avec le PRP dans les maquis du Zaïre », *Info-Zaïre* (Bruxelles), 37, déc. 1982-fév. 1983, pp. 2-35; B. NATER, « Dans les provinces " libérées " avec les guérilleros de la Résistance nationale », *Le Monde*, 2 janv. 1987, p. 2; C. GEFFRAY, M. PEDERSEN, « Nampula en guerre », art. cit.

116. *Salongo* (Kinshasa), 8 déc. 1982, p. 6.

117. S. ASCH, *L'Église du prophète Kimbangu. De ses origines à son rôle actuel au Zaïre*, Paris, Karthala, 1983.

118. M.G. SCHATZBERG, *The Dialectics of Oppression in Zaïre, op. cit.*, pp. 125 et suiv.

119. W.M.J. VAN BINSBERGEN, *Religious Change in Zambia. Exploratory Studies*, Londres, Kegan Paul International, 1981, pp. 288 et suiv.
120. M.G. SCHATZBERG, *The Dialectics of Oppression in Zaïre, op. cit.*, pp. 116 et suiv.
121. Cités *in* C. COULON, *Le Marabout et le prince, op. cit.*, p. 276.
122. *Ibid.*, pp. 277 et suiv.
123. P.-P. REY, *Les Alliances de classes*, Paris, Maspero, 1973; P.-P. REY, dir., *Capitalisme négrier. La marche des paysans vers le prolétariat*, Paris, Maspero, 1976 (notamment p. 66); C. MEILLASSOUX, *Femmes, greniers et capitaux*, Paris, Maspero, 1975; M. SAMUEL, *Le Prolétariat africain noir en France*, Paris, Maspero, 1978; J.-L. AMSELLE, dir., *Les Migrations africaines*, Paris, Maspero, 1976. Sur la complexité du phénomène migratoire, voir par exemple J. BOUTRAIS et al., *Le Nord du Cameroun. Des hommes, une région*, Paris, ORSTOM, 1984, IVe partie; J. BAROU, « L'émigration dans un village du Niger », *Cahiers d'études africaines*, 63-64, XVI (3-4), 1976, pp. 627-632; J.-P. OLIVIER DE SARDAN, *Les Sociétés songhay-zarma, op. cit.*, pp. 255 et suiv.; A. ADAMS, *Le Long Voyage des gens du Fleuve*, Paris, Maspero, 1977; O. DIA, R. COLIN-NOGUES, *Yâkâré, L'Autobiographie d'Oumar*, Paris, Maspero, 1982; S. BERRY, *Fathers Work for their Sons. Accumulation, Mobility and Class Formation in an Extended Yoruba Community*, Berkeley, University of California Press, 1985, chap. II; R.H. BATES, *Rural Responses to Industrialization, op. cit.*, pp. 252 et suiv.
124. W.G. CLARENCE-SMITH, *Slaves, Peasants and Capitalists in Southern Angola, op. cit.*, pp. 37 et suiv. et 79-80; M. MICHEL, *L'Appel à l'Afrique, op. cit.*, pp. 51 et suiv.; G. PONTIÉ, *Les Guiziga du Cameroun septentrional. L'organisation traditionnelle et sa mise en contestation*, Paris, ORSTOM, 1973, pp. 206 et suiv.; J.-F. BAYART, *L'État au Cameroun, op. cit.*, pp. 260-261; G. SPITTLER, « Peasants and the State in Niger », art. cit.
125. *Cameroon Tribune* (Yaoundé), 16 juil. 1983.
126. N. CHAZAN, *An Anatomy of Ghanaian Politics. Managing Political Recession, 1969-1982*, Boulder, Westview Press, 1983, pp. 193 et suiv.

CONCLUSION : DES TERROIRS ET DES HOMMES

1. G. NICOLAS, « Les nations à polarisation variable et leur État : le cas nigérian » *in* E. TERRAY, dir., *L'État contemporain en Afrique*, Paris, L'Harmattan, 1987, pp. 157-174.
2. *Ibid.*; J.D.Y. PEEL, *Ijeshas and Nigerians : the Incorporation of a Yoruba Kingdom, 1890s 1970s*, Cambridge, Cambridge University Press, 1983; R.A. JOSEPH, *Democracy and Predendal Politics in Nigeria. The Rise and Fall of the Second Republic*, Cambridge, Cambridge University Press, 1988; T.M. CALLAGHY, *The State-Society Struggle : Zaïre in Comparative Perspective*, New-York, Columbia University Press, 1984; M.G. SCHATZBERG, *Politics and Class in Zaïre*, New-York, Africana Publishing Company, 1980 et *The Dialectics of Oppression in Zaïre*, Bloomington, Indiana University Press, 1988.

3. J.N. PADEN, *Ahmadu Bello, Sardauna of Sokoto. Values and Leadership in Nigeria*, Londres, Hodder and Stoughton, 1986.

4. E. BLOCH, *La Philosophie de la Renaissance*, Paris, Payot, 1974, pp. 59 et suiv. Voir également, pour le cas de la Russie, M. RAEFF, *Comprendre l'Ancien régime russe. État et société en Russie impériale*, Paris, Le Seuil, 1982, chap. I.

5. R. KOTHARI, « Démocratie et non-démocratie en Inde », *Esprit*, 107, 1985, p. 21 et *Politics in India*, Boston, Little, Brown, 1970; C. HURTIG, *Les Maharajahs et la politique dans l'Inde contemporaine*, Paris, Presses de la Fondation nationale des sciences politiques, 1988; S. MARDIN, *The Genesis Young Ottoman Thought. A Study in the Modernization of a Turkish Political Ideas*, Princeton, Princeton University Press, 1962; B. LEWIS, *The Emergence of Modern Turkey*, Londres, Oxford University Press, 1968 (2e éd.); A. KAZANCIGIL, E. ÖZBUDUN, eds., *Atatürk, Founder of a Modern State*, Londres, C. HURST, 1981; O. ROY, *L'Afghanistan. Islam et modernité politique*, Paris, Le Seuil, 1985; L. BINDER, *Iran, Political Development in a Changing society*, Berkeley, University of California Press, 1962; J.A. BILL, *The Politics of Iran: Groups, Classes and Modernization*, Columbus, C.E. MERRILL, 1972; M. ZONIS, *The Political Elite of Iran*, Princeton, Princeton University Press, 1971.

6. C. COULON, *Le Marabout et le Prince. Islam et Pouvoir au Sénégal*, Paris, Pedone, 1981, pp. 289-290; J. COPANS, *Les Marabouts de l'arachide. La confrérie mouride et les paysans du Sénégal*, Paris, Le Sycomore, 1980.

7. E. DE LATOUR, « Maîtres de la terre, maîtres de la guerre », *Cahiers d'études africaines*, 95, XXIV (3), 1984, pp. 273-297; J. SCHMITZ, « L'Etat géomètre : les leydi des Peul du Fuuta Tooro (Sénégal) et du Maasina (Mali) », *ibid.*, 103, XXVI (3), 1986, pp. 349-394; M. IZARD, *Gens du pouvoir, gens de la terre. Les institutions politiques de l'ancien royaume du Yatenga (Bassin de la Volta blanche)*, Cambridge, Cambridge University Press, Paris, Éditions de la Maison des sciences de l'Homme, 1985, pp. 558 et suiv.; H.L. MOORE, *Space, Text and Gender. An Anthropological Study of the Marakwet of Kenya*, Cambridge, Cambridge University Press, 1986.

8. C. TARDITS, *Le Royaume bamoum*, Paris, A. Colin, 1980.

9. G. LAVAU, « A propos de trois livres sur l'État », *Revue française de science politique*, 30 (2), avril 1980, pp. 398-399.

10. E. WEBER, *La Fin des terroirs. La modernisation de la France rurale (1870-1914)*, Paris, Fayard, Recherches, 1983; K. POMIAN, *L'Ordre du temps*, Paris, Gallimard, 1984.

11. F. DE POLIGNAC, *La Naissance de la cité grecque*, Paris, La Découverte, 1984, p. 16.

12. M. FOUCAULT, *Histoire de la sexualité*, t. III : *Le Souci de soi*, Paris, Gallimard, 1984, pp. 102-103 (reprenant à son compte les travaux de F.H. Sandbach, M. Rostovtzeff, J. Gagé).

13. M. WEBER, *L'Éthique protestante et l'esprit du capitalisme*, Paris, Plon, 1985, p. 11.

14. J.-F. BAYART, « L'hypothèse totalitaire dans le Tiers monde : le cas de l'Afrique noire » *in* G. HERMET, dir., *Totalitarismes*, Paris, Economica, 1984, pp. 201-214.

15. G. Hermet, « L'autoritarisme », *in* M. Grawitz, J. Leca, dir., *Traité de science politique*, Paris, PUF, 1985, t. II, p. 271.

16. R. Hodder-Williams, *An Introduction to the Politics of Tropical Africa*, Londres, George Allen and Unwin, 1984, p. 233.

17. Raisonnons par l'absurde, et de manière partielle, donc partiale. Chacun s'accorde à voir dans la Renaissance un moment décisif de ce processus. Or qui, cent ans plus tard, au XVIIᵉ siècle, aurait juré de l'avènement en France d'un État de facture weberienne si, par une prescience extraordinaire, il avait conçu un tel modèle pour le confronter aux pratiques échevelées d'accumulation et de « chevauchement » d'un Mazarin, d'un Richelieu, d'un Fouquet, d'un Colbert? *Cf.*, notamment, D. Dessert, *Argent, pouvoir et société au Grand Siècle*, Paris, Fayard, 1984.

18. R.F. Stevenson, *Population and Political Systems in Tropical Africa*, New York, Columbia University, 1968.

19. B. Badie, P. Birnbaum, *Sociologie de l'État*, Paris, Grasset, 1979, pp. 135-136.

20. Sur ces bandes d'enfants, voir, par exemple, A. Agbo, H. Ouattara, Y. Kore, *La Marginalité sociale. La délinquance juvénile : manifestations et perspectives (le cas des gardiens de voitures du Plateau)*, Abidjan, Faculté des lettres et sciences humaines, 1985, multigr.; le roman de M. Sow, *Su suuf seddee. L'échec*, Dakar, ENDA, 1984; D. Poitou, *La délinquance juvénile au Niger. Approche sociologique*, Paris, EHESS, 1975 et, avec R. Collignon, *Délinquance juvénile et marginalité des jeunes en milieu urbain d'Afrique noire. Éléments de bibliographie (1950-1984)*, Paris, EHESS, Centre d'études africaines, 1985, multigr.; et, sur l'univers de la marginalité urbaine, les romans du Kenyan Meja Mwangi.

21. G. Dauch, D. Martin, *L'Héritage de Kenyatta. La transition politique au Kenya. 1975-1982*, Paris, L'Harmattan, Aix-en-Provence, Presses Universitaires d'Aix-Marseille, 1985, pp. 203 et suiv.; J.D. Barkan, « Comment : further reassesment of conventional wisdom : political knowledge and voting behaviour in rural Kenya », *American Political Science Review*, 70 (2), juin 1976, pp. 452-455; D. Berg-Schlosser, « Modes and meaning of political participation in Kenya », *Comparative Politics*, 14 (4), juil. 1982, pp. 397-415; D. Bourmaud, « Élections et autoritarisme : la crise de la régulation politique au Kenya », *Revue française de science politique*, 35 (2), avr. 1985, pp. 206-235 et « Les élections au Kenya : tous derrière et Moi devant », *Politique africaine*, 31, oct. 1988, pp. 85-87.

22. *Cf.*, par exemple, B Verhaegen, *Rébellions au Congo.*, t. II : *Maniema*, Bruxelles, CRISP, Kinshasa, IRES, 1969, pp. 215 et suiv., 288 et suiv., 319 et suiv; B. Abemba, *Pouvoir et conflit dans la collectivité du Maniema. Essai de description et d'interprétation des phénomènes politiques conflictuels locaux à partir de trois cas concrets*, Bruxelles, Université libre, 1974, multigr.; J. Dunn, A.F. Robertson, *Dependence and Opportunity : Political Change in Ahafo*, Cambridge, Cambridge University Press, 1973, chap. VI; A. Sissoko, *Aspects sociologiques de l'intégration nationale en Afrique noire occidentale : espace politico-administratif et intégration à l'État : le cas de la Côte d'Ivoire*, Nice, Faculté des lettres et sciences humaines, 1982, multigr.;

J.-P. CHAUVEAU, J. RICHARD, *Bodiba en Côte d'Ivoire. Du terroir à l'État : petite production paysanne et salariat agricole dans un village gban,* Abidjan, Centre ORSTOM de Petit Bassam, 1977, multigr.; G. DUPRÉ, *Un ordre et sa destruction,* Paris, ORSTOM, 1982, chap. XIV et *La Naissance d'une société,* Paris, Éd. de l'ORSTOM, 1985, pp. 158 et suiv.; F. GAULME, *Le Pays de Cama. Un ancien État côtier du Gabon et ses origines,* Paris, Karthala, Centre de recherches africaines, 1981, pp. 84-85; T.O. RANGER, *Dance and Society in Eastern Africa. 1890-1970. The Beni Ngoma,* Londres, Heinemann, 1975, p. 112.

23. Voir, par exemple, J. SCHMITZ, « L'État géomètre : les leydi des Peul du Fouta Toro (Sénégal) et du Maasina (Mali) », *Cahiers d'études africaines* 103, XXVI (3), 1986, pp. 349-394; J. GALLAIS, *Hommes du Sahel. Espaces-temps et pouvoirs : le delta intérieur du Niger, 1960-1980,* Paris, Flammarion, 1984; J.-P. WARNIER, *Échanges, développement et hiérarchies dans le Bamenda pré-colonial (Cameroun),* Stuttgart, Franz Steiner Verlag, 1985; A. BEAUVILAIN, J.-L. DONGMO et al., *Atlas aérien du Cameroun. Campagnes et villes,* Yaoundé, Université de Yaoundé, 1983; J. BOUTRAIS et al., *Le Nord du Cameroun. Des hommes, une région,* Paris, ORSTOM, 1984, IIe partie; *Atlas linguistique du Cameroun. Inventaire préliminaire,* Paris, ACCT, Yaoundé, CERDOTOLA et DGRST, 1983; P. LABURTHE-TOLRA, *Les Seigneurs de la forêt. Essai sur le passé historique, l'organisation sociale et les normes éthiques des anciens Beti du Cameroun,* Paris, Publications de la Sorbonne, 1981, pp. 44 et suiv. et 261 et suiv.

24. P. BOIS, *Paysans de l'ouest. Des structures économiques et sociales aux options politiques depuis l'époque révolutionnaire,* Paris, La Haye, Mouton, 1960.

25. J. DUNN, A.F. ROBERTSON, *Dependence and Opportunity, op. cit.,* pp. 33-37.

26. P. GESCHIERE, *Village Communities and the State. Changing Relations among the Maka of Southeastern Cameroon since the Colonial Conquest,* Londres, KPI, 1982, p. 206.

27. J.-F. BAYART, « L'énonciation du politique », *Revue française de science politique,* 35 (3), juin 1985, pp. 947-949.

28. B. BADIE, P. BIRNBAUM, *Sociologie de l'État, op. cit.;* P. BIRNBAUM, « La fin de l'État? », *Revue française de science politique,* 35 (6), déc. 1985, pp. 381-398 et « L'action de l'État. Différenciation et dédifférenciation » *in* M. GRAWITZ, J. LECA, dir., *Traité de science politique,* Paris, PUF, 1985, t. III, pp. 643-682.

29. E. SHILS, *Political Development in the New States,* Gravenhage, Mouton, 1962, pp. 37 et suiv. Sur le concept de « holisme », voir L. DUMONT, *Homo aequalis. Genèse et épanouissement de l'idéologie économique,* Paris, Gallimard, 1977 et, pour une critique de cette approche, P. BIRNBAUM, J. LECA, dir., *Sur l'individualisme,* Paris, Presses de la Fondation nationale des sciences politiques, 1986.

30. J.H.B. DEN OUDEN, « In search of personal mobility : changing interpersonal relations in two Bamileke chiefdoms, Cameroun », *Africa,* 57 (1), 1987, pp. 3-27; G. LE MOAL, « Les activités religieuses des jeunes enfants chez les Bobo », *Journal des africanistes,* 51 (1-2), 1981; J.-P. DOZON. *La Société bété, Côte d'Ivoire,* Paris, Karthala, Éd. de

l'ORSTOM, 1985, pp. 229 et suiv.; G. KITCHING, *Class and Economic Change in Kenya. The Making of an African Petite-Bourgeoisie*, New-Haven, Yale University Press, 1980, pp. 291 et 309-310; P. GESCHIERE, *Village Communities and the State, op. cit.,* pp. 50 et suiv., et 238 et suiv.; L.U. EJIOFOR, *Dynamics of Igbo Democracy. A Behavioural Analysis of Igbo Politics in Aguinyi Clan*, Ibadan, University Press Ltd., 1981, chap. IV.

31. Voir, par exemple, J. RABAIN. *L'Enfant du lignage. Du sevrage à la classe d'âge*, Paris, Payot, 1979; P. GESCHIERE, *Village Communities and the State, op. cit.*, pp. 321 et suiv.; G. BALANDIER, *Sociologie actuelle de l'Afrique noire*, Paris, PUF, 1971 (3e éd.), pp. 140 et suiv.; W. MacGAFFEY, *Modern Kongo Prophets. Religion in a Plural Society*, Bloomington, Indiana University Press, 1983, p. 146.

32. Voir, sur les limites de la notion d'individualisme, M. FOUCAULT, *Histoire de la sexualité*, t. III : *Le Souci de soi, op. cit.*, pp. 56 et suiv., et, sur la conception de la personne en Afrique, CNRS, *La Notion de personne en Afrique noire*, Paris, CNRS, 1981 et P. RIESMAN, « The person and the life cycle in African social life and thought », *XXVIIIe congrès de l'African Studies Association*, Nouvelle-Orléans, 23-26 nov. 1985, multigr.

33. E. DE ROSNY, *Les Yeux de ma chèvre*, Paris, Plon, 1981.

34. J.D.Y. PEEL, *Ijeshas and Nigerians, op. cit.*, pp. 222-226; D.L. COHEN, « Elections and election studies in Africa » *in* Y. BARONGO, ed., *Political Science in Africa. A Critical Review*, Londres, Zed Press, 1983, pp. 80 et suiv.

35. J. GOODY, *La Raison graphique. La domestication de la pensée sauvage*, Paris, Éd. de Minuit, 1979, pp. 62 et suiv.; G. BALANDIER, *Anthropo-logiques*, Paris, PUF, 1974, pp. 175-176, 183, 212.

36. R.H. JACKSON, C.G. ROSBERG, *Personal Rule in Black Africa. Prince, Autocrat, Prophet, Tyran*, Berkeley, University of California Press, 1982.

37. M. HENRY, *Marx*, t. I : *Une philosophie de la réalité*, Paris, Gallimard, 1976, pp. 232 et suiv.

38. P. GESCHIERE, *Village Communities and the State, op. cit.*, p. 334.

39. M. FOUCAULT, *Histoire de la sexualité*, t. III : *Le Souci de soi, op. cit.* Voir, au sujet de l'Afrique, C. PIAULT, dir., *Prophétisme et thérapeutique. Albert Atcho et la communauté de Bregbo*, Paris, Hermann, 1975, et M. AUGÉ, *Théorie des pouvoirs et idéologie. Étude de cas en Côte d'Ivoire*, Paris, Hermann, 1975.

40. M. FOUCAULT, « Le pouvoir, comment s'exerce-t-il? » *in* H.L. DREYFUS, P. RABINOW, *Michel Foucault, un parcours philosophique*, Paris, Gallimard, 1984, pp. 313-314.

41. *Cameroon Tribune* (Yaoundé), 8-9 mai 1988.

42. Voir notamment T. RANGER, *Peasant Consciousness and Guerilla War in Zimbabwe. A Comparative Study*, Londres, James Currey, Berkeley, University of California Press, 1985.

43. R. BOUDON, *L'Idéologie ou l'origine des idées reçues*, Paris, Fayard, 1986, pp. 109-110.

44. Voir notamment G. BALANDIER, *Le Détour. Pouvoir et modernité*, Paris, Fayard, 1985.

45. C. CASTORIADIS, *L'Institution imaginaire de la société*, Paris, Seuil, 1975, p. 491. Voir également P. VEYNE, *Les Grecs ont-ils cru à leurs mythes?* Paris, Seuil, 1983.

46. R. NEEDHAM, dir., *La Parenté en question. Onze contributions à la théorie anthropologique*, Paris, Le Seuil, 1977.

47. M. LEIRIS, *L'Afrique fantôme*, Paris, Gallimard, 1988, p. 222.

48. Voir, par exemple, l'autobiographie d'un Peul mbororo, recueillie en fulfulde et traduite en français : elle utilise cette notion de « manger » dans ces différents sens (H. BOCQUENÉ, *Moi un Mbororo, Ndoumi Oumarou, peul nomade du Cameroun*, Paris, Karthala, 1986, *passim*).

49. C. GEERTZ, *The Interpretation of Cultures*, New York, Basic Books, 1973, chap. I.

50. R. BOUDON, *L'Idéologie, op. cit.*, p. 280.

51. C. LÉVI-STRAUSS, « Les champignons dans la culture. A propos d'un livre de M.R.G. Wasson », *L'Homme*, X (1), janv. mars 1970, pp. 5-16; J. POUILLON, « Une petite différence? » *in* B. BETTELHEIM, *Les Blessures symboliques. Essai d'interprétation des rites d'initiation*, Paris, Gallimard, 1977, pp. 235-247.

52. M. FOUCAULT, *Histoire de la sexualité, op. cit.*; K.J. DOVER, *Homosexualité grecque*, Grenoble, La Pensée sauvage, 1982; J. BOSWELL, *Christianity, Social Tolerance and Homosexuality*, Chicago, The University of Chicago Press, 1980; T. LABIB DJEDIDI, *La Poésie amoureuse des Arabes : le cas des 'Udrites*, Alger, SNED, 1974; R. VAN GULIK, *La Vie sexuelle dans la Chine ancienne*, Paris, Gallimard, 1971.

53. R. BOUDON, *L'Idéologie, op. cit.*, pp. 128 et 25.

54. P. ANDERSON, *L'État absolutiste*, t. II : *L'Europe de l'Est*, Paris, Maspero, 1978, pp. 21-22; B. BADIE, P. BIRNBAUM, *Sociologie de l'État, op. cit.*, pp. 73-74; S. FINER, « State building, state boundaries and border control », *Social Sciences Information*, 13 (4-5), pp. 80-82 et 98.

55. C. CASTORIADIS, *L'Institution imaginaire de la société, op. cit.*, p. 371.

56. *Ibid.*, p. 481.

57. M. DE CERTEAU, *L'Invention du quotidien*, t. I : *Arts de faire*, Paris, UGE, 1980, pp. 105 et suiv.

58. E. GOFFMANN, *Façons de parler*, Paris, Éd. de Minuit, 1987 (notamment le chap. III).

Index onomastique

Abdallah (Ahmed) : 120.
Abidjan : 11, 32, 50, 57, 121, 136, 143, 230, 231, 232, 248, 252, 265, 266, 312.
Abiola (Chief M.K.O.) : 206.
Aboisso : 220.
Abron : 218.
Abu Lafiyas : 134.
Accra : 252, 322.
Acheampong (général) : 120.
Action Group : 80, 130, 218.
Adamaoua : 73, 148.
Adebayo : 214.
Ademulegun : 214.
Adingra (Kwame) : 218-219.
Adiou-Krou : 78.
Aderemi II (Sir Adesoji) : 218.
Afrique australe : 38, 39, 42, 96, 185, 203, 252, 267.
Afrique centrale : 38, 45, 96, 189.
Afrique équatoriale : 34.
Afrique occidentale (ou de l'Ouest) : 34, 38, 96, 108, 124, 130, 136, 137, 145, 150, 161, 164, 203, 231, 248, 251, 270.
Afrique-Occidentale française (AOF) : 34, 59.
Afrique orientale : 10, 26, 39, 51, 96, 97, 108, 109, 121, 130, 137, 150, 188-190, 203, 252, 267.
Afro-Brésiliens, ou Amaro : 188.
Afro-Shirazi Party : 186-187.
Afro-Shirazi Union : 186.
Agni : 202, 243, 248.

Ahafo : 322.
Ahidjo (Ahmadou) : 68, 70, 71, 74, 124, 128, 158, 192, 195, 211, 217, 219, 220, 232, 243, 272, 275, 279, 280, 297, 299, 302.
Aïzi : 78.
Akan : 37, 39, 51.
Alantika-Faro : 106.
Algérie : 109, 252.
Alladian : 78.
Allemagne : 34, 35, 148, 189, 243.
Alliali (Camille) : 265.
All People's Congress : 164.
Alves (Nito) : 190, 235.
Amérique latine : 12, 23, 24, 58, 144, 326.
Amicale Gilbert Vieillard (AGV) : 162-163.
Amin Dada (Idi) : 27, 117, 122, 190, 214.
Amondji (Marcel) : 232.
Anga : 168.
Angola : 15, 34, 40, 45, 47, 49, 81, 94, 98, 99, 104, 131, 133, 183, *190*, 195, 200, 220, 222, 225, 235, 240, 250, 252, 259, 302, 312.
Antiquité : 139, 146, voir également Rome et Grèce.
Aoussou (Koffi) : 251.
Arabes : 39, 45, 76, 77, 82, 125, 183-187, 245, 267.
– Choa : 70, 195.
arabe (monde) : 38, 58, 59, 141, 146, 252, 253.

Table des matières

DEUXIÈME PARTIE

Les scénarios de la recherche hégémonique

TROISIÈME PARTIE

L'action politique

Cet ouvrage a été réalisé par la
SOCIÉTÉ NOUVELLE FIRMIN-DIDOT
Mesnil-sur-l'Estrée
pour le compte des Éditions Fayard
en juillet 2000

Imprimé en France
Dépôt légal : juillet 2000
N° d'édition : 4580 - N° d'impression : 51857
ISBN : 2-213-02305-0
35-62-8077-05/6